2019

LICANG
YEAR BOOK

中共青岛市李沧区委员会
青岛市李沧区人民政府 主办
青岛市李沧区档案馆（局） 编

中国海洋大学 出版社
CHINA OCEAN UNIVERSITY PRESS

· 青岛 ·

李沧区地图

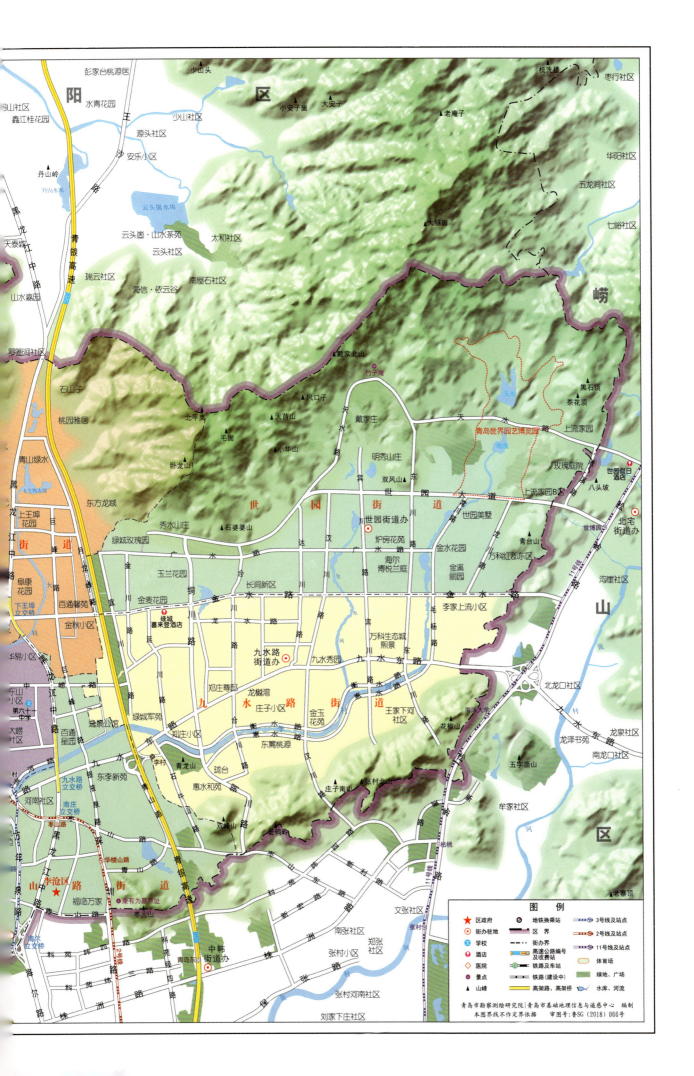

宜 业　　宜 居
Fit Career　　Fit Living

创 新 型 花 园 式
Innovative Garden

LICANG QINGDAO CHINA

中国·青岛·李沧

宜身　　宜心

Fit Health　　Fit Spirit

中心城区

Downtown

习近平总书记视察上流佳苑社区

李沧年鉴

2019

LICANG YEARBOOK 2019

2018年6月12日，中共中央总书记、国家主席、中央军委主席习近平来到青岛市李沧区上流佳苑社区。在社区市民中心，他听取了青岛市城市发展规划建设和旧城风貌保护情况汇报，察看村史馆内旧村老屋复原场景，了解社区实施旧城改造、加强基层党建以及居民生活变化情况。中午时分，习近平走进社区便民食堂，同正在这里用餐的居民热情交谈，询问饭菜可不可口、价格贵不贵、对社区便民服务还有什么新要求。

习近平还沿着小道步入社区，察看社区整体环境和居民居住情况。社区小广场上，一些居民正在健身休闲，看到总书记来了，大家热情鼓起掌来。习近平走到他们身边，向大家问好。

习近平强调，城市是人民的城市，要多打造市民休闲观光、健身活动的地点，让人民群众生活更方便、更丰富多彩。要推动社会治理重心向基层下移，把更多资源、服务、管理放到社区，更好地为社区居民提供精准化、精细化服务。

离开社区时，路旁挤满了群众，习近平频频挥手，向大家致意。

2018年6月12日，习近平总书记视察李沧区上流佳苑社区后，广大群众备受鼓舞。

（世园街道）

第二届海外院士青岛行
暨青岛国际院士论坛

　　为深入贯彻习近平总书记视察山东重要讲话精神，切实把新发展理念落到实处，不断取得高质量发展新成就，不断增强经济社会发展创新力，更好地发挥海外院士高端人才和智力优势，更好地满足人民日益增长的美好生活需要，第二届海外院士青岛行暨青岛国际院士论坛于2018年8月16日至18日在青岛举行。该活动由欧美同学会（中国留学人员联谊会）和青岛市人民政府主办，青岛市委组织部、青岛市人力资源和社会保障局、青岛市科技局协办，青岛市李沧区人民政府承办。

　　本次大会以"落实新理念、培育新动能、推动新发展"为主题，吸引来自22个国家和地区的109名院士参会。另有218家企业、金融机构，106所高校及科研机构参加了开幕式及分论坛活动。

　　海内外院士实地观摩青岛市规划展览馆、青岛国际院士港、院士港二期、院士产业加速器、院士产业核心区试验区、青岛丝路协创中心、青岛—亚马逊AWS联合创新中心、青岛海水稻研发中心试验基地。院士们纷纷为李沧区、为青岛国际院士港的创新发展点赞。此次会议，共有71名院士签约入驻青岛国际院士港，有53家企业及金融机构和41所高校及科研院分别与青岛国际院士港达成合作意向。

山东移动首个 5G 实验基站开通

　　2018 年 4 月 18 日下午 15 时 55 分，山东移动首个 5G 通话已经由青岛移动公司及华为公司技术人员在青岛市李沧区打通，系首个基于真实核心网和外场 5G 基站的通话，速率达到 1.8Gbps。此举进一步加速了 5G 商用进程，为万物互联时代开启新篇章。

携北美人工智能企业对话青岛
合创新业构建全球领先的 AI 产业发展生态

2018 年 7 月 17 日，汇聚了海外人工智能领域优质资源的"PANDA TRIP-2018 北美人工智能企业中国行暨 AI 资源对接峰会"首站在青岛隆重启动。来自北美的 AI 领域专家、企业创始人、投融资机构代表等嘉宾，参观了青岛一亚马逊 AWS 联合创新中心展厅及国际孵化器。

AWS、青岛一亚马逊 AWS 联合创新中心执行委员会、合创新业、北美人工智能企业四方代表团队就人工智能领域海外高层次人才、前沿科技以及优质创新企业的落地合作等进行了深入的交流探讨。

河道综合整治

　　完成李村河中游、楼山河下游污染点源治理 200 余处，进一步提升了河道整洁度，顺利通过全国黑臭水体督查，李村河中游综合整治工程荣获"2017 年山东人居环境范例"奖；对曲哥庄、西流庄、晓翁村、东李村 4 个社区 7 千米进行雨污分流改造；积极开展"河长制"，加强河道巡查，有效提升辖区河道生态环境质量。

绿化建设

完成楼山公园、牛毛山公园 2 座山体公园综合整治，开工建设老虎山、十梅庵、坊子街山、烟墩山 4 处山体公园建设，改建、新建"口袋公园"17 处，新增绿化面积 50 万平方米，城区绿化覆盖率提升到 43.7%，真正实现"300 米见绿、500 米见园"。

宜居

惠民安居工程

　　全力推进刘家下河、北王、庄子、苏家等7个安置房项目建设，涉及居民3541户；建设安置房4838套，目前于家下河、王家下河社区、铜川路自建楼项目已完成安置房回迁1228户，回迁房屋2263套；完成8个城中村调查摸底，300户棚改任务圆满完成；完成公租房配租配售825套，完成率100%，首次推出无障碍公租房房源，满足不同家庭选房需求；建成人才公寓6.7万平方米，新开工建设5万平方米；完成11617户房产证办理。

学校幼儿园建设

完成大枣园 48 班小学、徐水路小学、东川路小学等 5 所续建学校、幼儿园的竣工交付；积极推进佛耳崖小学、北王幼儿园等 4 所学校幼儿园建设，北王幼儿园、博悦兰亭幼儿园预计 2018 年底竣工，2019 年投入使用，新增学位约 5200 个，惠及居民 1 万余户，有力解决居民上学难问题，南岭 48 班小学工程荣获"山东省建筑工程优质结构"奖。

建筑节能改造

完成既有居住建筑节能保暖改造 220 万平方米，涉及 583 个楼座，惠及居民 3.1 万余户，切实提升既有建筑的防寒保温性能，改善了居住舒适度。

停车泊位建设

　　通过楼院改造及道路泊位、微循环，改造改建车位 4000 余个，新增泊位 3000 个，有效缓解了市民出行停车难的问题。

城市管理精细化

　　建设一支知识型、技能型、创新型、匠心型的高素质城市养护管理队伍，不断提升城市精细化管理水平，以高水准的城市管理保障城市的高质量发展。

广播体操比赛

　　2018年11月10日，由李沧区总工会举办的"2018年李沧区职工广播体操比赛"在青岛财经学校举行。来自区机关、企业共40支代表队的600多名职工参加了比赛。

"服务百姓健康行动"大型义诊活动

2018年9月6日，区卫计局在沧口维客广场组织开展了大型义诊活动。来自市第八人民医院、市中心医院、市第三人民医院、市胸科医院、市第六人民医院、区中心医院的医疗、中医、药学、护理专家，以及全区各社区卫生服务中心、妇幼保健计生服务机构、疾病预防控制机构、卫生监督机构的90多名医务人员参加。

通过活动的开展，方便群众在家门口看病就医，受到了辖区居民的一致好评，提高了广大人民群众的健康意识，培养了正确的就医和用药理念。近年来，区卫计局积极整合医疗资源，实现优质医疗资源下沉，方便百姓看名医，极大地提高了李沧区的医疗服务质量。

青岛市食品安全宣传周在我区启动

宣传周以"尚德守法 食品安全让生活更美好"为主题，自 2018 年 7 月 17 日起至 7 月 29 日，青岛市食品药品监督管理局在全市范围内开展一系列食品安全宣传活动，如优秀食品企业推介、食品快检、食安知识科普等。

宣传周期间，李沧区 115 个社区全部打造了食品安全宣传阵地，依托社区科普宣传站，联合街道食药所，邀请食品品牌企业，开展形式多样、内容丰富的食品安全进学校、进社区、进家庭、进企业、进市场等"五进"活动，让广大群众了解最新食品安全知识，积极参与到食品安全社会共治的行动中。

宜心

2018 "李沧之春" 文化系列活动

李沧年鉴 2019 LICANG YEARBOOK 2019

　　"李沧之春"文化系列活动是李沧区大型品牌文化活动之一，活动以丰富群众节日精神文化生活为主题，在春节、元宵节期间，深入全区各街道广场、社区等，举办丰富多彩的文化活动，集参与性、知识性、趣味性、观赏性于一体，极富李沧传统文化特色。第二十四届"李沧之春"文化系列活动通过"福进万家"送春联、"元宵节"民间艺术展演、戏曲票友大赛等主题活动，让广大群众在缤纷多彩的文化活动中度过欢乐祥和的新春佳节。

"国学李沧"活动

    2018年3月31日,"国学李沧"活动启动仪式在李沧区市民公共服务中心多功能厅拉开序幕。本届"国学李沧"以"弘扬优秀传统文化 共建宜身宜心李沧"为主题,深入挖掘中华优秀传统文化蕴含的思想观念、人文精神、道德规范,结合时代要求继承创新,通过国学进社区、进家庭、进校园和国学文化推广等系列活动,从社区、家庭、青少年、文化活动等层面多层次、全覆盖、立体式打造文化李沧。

李沧区第十八届社区文化节

　　2018年11月15日，由中共李沧区委宣传部、李沧区文化新闻出版局主办，李沧区文化馆承办，李沧区各街道办事处、李沧区广播电视台、李沧剧院、相关单位协办的2018李沧区第十八届社区文化节闭幕暨群文创作文艺汇演在李沧剧院成功举办。

《李沧年鉴（2019）》
编审人员

主　　审　　王希静　张友玉

副 主 审　　纪明涛

主　　编　　赵　蓉

副 主 编　　孙丕乐

执行主编　　姜笑葵

编　　辑　　冷国庆　王　丽　孙永玉
　　　　　　夏　萍　仲维荣　张　玥
　　　　　　冯雯雯　胡孝斌

编辑说明

一、《李沧年鉴》是中共青岛市李沧区委、李沧区人民政府主办，李沧区档案馆（局）、李沧区史志办公室负责逐年编纂的综合性年鉴。

二、《李沧年鉴（2019）》为第十卷。本卷年鉴以中共十九大以来的路线、方针、政策及习近平新时代中国特色社会主义思想和习近平总书记系列讲话精神为指导，严格按照《山东省地方综合年鉴编纂出版业务规范》的要求，全面、真实、系统地记录了2018年度李沧区政治、经济、文化和社会生活等各方面的基本情况，为领导决策提供依据，为中外人士了解和研究李沧提供资料，也为地方史志编修志留下宝贵史料。

三、《李沧年鉴（2019）》采用条目式记事体，分类编辑的方式，以篇目、分目、条目组成框架结构。年鉴正文框架设计充分体现分类合理、主题明晰、特色鲜明的特点。为体现记述的完整性，年鉴中记述的个别事件跨越年度，适当上溯追记。

四、全书总量49.8万字，267幅图片。文中图片未明确标注作者的皆与该文撰稿人为同一人；前彩页文字和图片除标注作者外，均由李沧区委宣传部供稿；最后彩页文字和图片由李沧区委宣传部、李沧区总工会供稿。

五、年鉴所采用资料，由全区各单位及驻区有关单位提供，并经单位领导审阅。区档案馆编纂，区年鉴编委会审定。截止时间为2018年12月31日。

六、年鉴征稿工作得到全区和驻区各部门、各单位、各街道的大力支持和帮助，在此深表谢意！由于编辑水平有限，不足之处恳请广大读者批评指正。

目　　录

法治·军事

经济事务管理

工　业

商贸·服务业

城市建设与管理

交通·物流

社会事业

生态文明建设

街道办事处

人　物

附　录

特　载

中共青岛市李沧区委常委会
2018年工作要点

（2017 年 12 月 28 日中国共产党青岛市李沧区
第六届委员会第五次全体会议通过）

2018 年是贯彻党的十九大精神的开局之年，新时代要有新气象更要有新作为。区委常委会工作的总体要求是：全面贯彻党的十九大精神，以习近平新时代中国特色社会主义思想为指导，按照高质量发展的要求，统筹推进"五位一体"总体布局，协调推进"四个全面"战略布局，紧扣市委"一三三五"新举措，以构筑创新发展"18844"格局为核心，突出加强政治建设，突出重塑发展基因，突出增进民生福祉，突出保障上合组织青岛峰会，扎实推进全区百项重点工作，坚定不移突出"重点"、攻克"难点"、打造"亮点"、创造"高点"，在努力率先走在前列中创造新业绩、展现新作为、提振精气神，加快建设宜业宜居宜身宜心的创新型花园式中心城区。

一、深入学习宣传贯彻党的十九大精神

把学习宣传贯彻党的十九大精神作为首要政治任务，自觉用习近平新时代中国特色社会主义思想武装头脑、指导实践、推动工作，树牢"四个意识"，增强"四个自信"，提升政治能力，坚定不移拥护以习近平同志为核心的党中央权威和集中统一领导。认真贯彻落实习近平总书记重要指示精神，大兴调查研究之风，开展"机关病"十治行动，坚决克服形式主义、官僚主义顽疾。推进"两学一做"学习教育常态化制度化，开展"不忘初心、牢记使命"主题教育。

二、加快建设青岛国际院士港

把"加快推进"作为院士港建设的主基调，实施省市支持院士港系列政策落地工程，推动全区上下强化"一切为了院士港、一切围绕院士港、一切服务院士港"的合力。加快推进院士项目落地和成果转化，率先在新能源新材料领域打造主营业务收入百亿级产业链。组建院士港开发建设、运营管

理、投资管理、产业促进等专业公司，谋划整体上市。加快建设院士港二期、院士产业核心区，加快构筑院士经济生态体系。在人才和科研体制机制创新上大胆探索。在谋划布局超级数据中心、超级实验中心、大科学装置上寻找切实路径、积累积极因素。

三、构筑现代产业"四梁八柱"

深化供给侧结构性改革，加快新旧动能转换，保持主要经济指标中高速增长。围绕培育"4+N"产业体系，推动产业资源向平台汇聚，招商引资围绕平台展开，着力构筑青岛国际院士港、丝路协创中心、军民融合中心、青岛—亚马逊 AWS 联合创新中心、国有金控中心、影视文化中心、邮政跨境电商中心、地下空间开发中心等8个产业平台。坚持实体经济与现代金融融合发展，做实做强国有金控平台，发挥产业引导基金和股权投资基金作用，探索创设大宗商品交易、技术交易、数字交易平台。建立产业平台建设和招商引资工作定期调度机制。

四、激发改革开放活力

着眼于围绕调动人的积极性，以改革激发动力，以开放增进活力，推进"四百名士聚李沧"。推进国有企业优化重组和混合所有制改革，大力引进战略投资者，推行员工持股，聘请一流高管人才。深化"放管服"改革，支持民营经济快

速发展，激发各类市场主体活力。弘扬企业家精神和"工匠精神"。推动"十百千"人才工程取得新突破。抢抓"一带一路"建设机遇，融入"海外青岛"建设格局，加快建设丝路协创中心，实现100个国家签约，打造国际多元交流平台。探索实行重点难点工作招投标制，突破一批征迁难、手续难、信访难、机制难等问题。下决心破解东部违法建筑处置问题。

五、加快建设花园式城区

实施城市设计上的"经典工程"、城市建设上的"精品工程"、城市塑造上的"精当工程"、城市管理上的"精致工程"，谋划推进一批示范引领项目。深入开展建设"全面提升城市环境品质建设美丽青岛三年行动"（简称"美丽青岛行动"），实施唐山路、枣山路、青山路等主次干道建设工程，强力推进违法建筑拆除工作。加强大气污染和水污染防治工作，解决群众关注的突出问题，巩固和拓展中央环保督察成效。持续推进"山水园圈"工程，实施老虎山公园建设；推进李村商圈交通疏解、环境提升、长期繁荣。

六、加强思想文化建设

严格落实党委（党组）意识形态工作责任制，牢牢把握意识形态工作主动权。强化文化自觉和文化自信，系统实施和提升宣传思想文化建设"量子工程"。积极推介"李沧印记""李沧故事""李沧贡献""李

沧模式"。深化城市文明建设，建设"道德李沧""国学李沧""信用李沧""秩序李沧"，推动社会主义核心价值观落小落细落实。深入实施文化惠民工程，完善公共文化服务体系。启动李村大集民俗博物馆建设和李村大集文化发掘传承专题创作工程，传承和升华李沧人、青岛人一份可贵的共同记忆。做好第24届省运会承办有关工作。

七、大力保障和改善民生

加强住房保障，加快建设北王、杨哥庄等8个安置房项目，推进一批危旧房改造和人才公寓建设，基本解决历史遗留的居民不动产权证办理难问题。精准落实一批民生实事，着力解决中小学、幼儿园、医疗卫生、养老等公共服务供给不平衡不充分问题。完善困难群体托底保障措施。扎实做好对口帮扶菏泽单县、甘肃陇南康县工作，为国家脱贫攻坚事业贡献力量。

八、服务保障上合组织青岛峰会

加强组织领导，强化重大事项社会稳定风险评估，加强技防能力建设，提升安保维稳能力和"平安李沧"建设水平，确保峰会期间，安全稳定方面不出现任何问题，让中央和省市放心、群众满意。坚持总体安全观，切实维护政治安全、生态安全、生产安全、质量安全、食品药品安全等。设立专项奖励项目，注重考察干部在关键

时刻的表现。做好城市运行和氛围营造各项工作。

九、深化干部激励系统工程

坚持严管和厚爱结合，侧重正向激励，突出奖励到个人，完善提升"四个一"痕迹工作法，注重在基层一线和困难艰苦岗位培养锻炼年轻干部，健全"激励、约束、关爱、保护"四位一体的激励体系。推动《李沧区关心关爱基层干部减轻基层负担的十条意见（试行）》落到实处，形成干部争相到街道一线、项目一线、信访一线干事创业的浓厚氛围，打造干事创业好团队，争当担当作为好干部。

十、加强基层基础建设

严格落实"书记抓、抓书记"基层党建工作责任制，一个不落、一次性完成社区"两委"换届任务，换出好班子、好风气。积极探索实施"一核统筹、四化推进"城市基层党建模式。逐步化解长期存在的社区二元治理模式问题。强化大抓基层导向，大力培育选树一些在全市、全省乃至全国叫得响、站得住的基层党建典型。

十一、压实全面从严治党政治责任

强化巡察监督，突出政治巡察，创新巡察方式，开展巡察"回头看"，着力发现问题、形成震慑。坚持无禁区、全覆盖、零容忍，坚持重遏制、强高压、长震慑，坚决查处侵害群众利益的不正之风和腐败问题。按照中央和省、市委部署

要求，扎实做好深化监察体制改革试点工作。

十二、加强区委常委会自身建设

始终把区委常委会自身建设摆在突出位置，建立区委常委同志向常委会述职制度，增强班子凝聚力战斗力，不断提高把方向、谋大局、定政策、促改革的能力和定力。加强党的全面领导，支持人大及其常委会依法履行职能，支持政协履行政治协商、民主监督、参政议政职能，支持司法体制综合配套改革，发挥群团组织桥梁纽带作用，做好统一战线工作，更好发挥总揽全局、协调各方的领导核心作用，充分团结和调动一切积极因素，凝聚形成推动李沧发展的强大力量。

附件：

全区 2018 年百项重点工作

一、政治建设类（10 项）

1. 把学习宣传贯彻党的十九大精神作为首要政治任务，抓"关键少数"表率化，抓思想理论"大众化"，不断兴起学习宣传贯彻热潮。

2. 认真贯彻落实习近平总书记重要指示精神，坚持纠正"四风"不止步，贯彻《中共中央政治局贯彻落实中央八项规定实施细则》精神，大兴调查研究之风，扎实开展"机关病"十治行动。

3. 加强党章学习，弘扬红

船精神，开展"不忘初心、牢记使命"主题教育，推进"两学一做"学习教育常态化制度化，在我区进一步深化为具象化习惯化。

4. 以习近平新时代中国特色社会主义思想为指导，贯彻落实市委"一三三五"行动大纲，聚焦推动高质量发展，经济发展、民主法治、文化建设、社会事业、生态文明和党的建设各项工作都要率先走在前列。

5. 加强区委常委会自身建设，落实民主集中制各项制度，建立常委同志每季度向常委会述职制度，增强班子凝聚力、战斗力、执行力、落实力。

6. 以区委常委同志以普通党员身份参加支部组织生活为切入点，以把常委同志所在支部打造成示范支部为抓手，从严从实抓好党内政治生活，坚决防止和反对形式主义、官僚主义、个人主义、分散主义、自由主义、本位主义、好人主义、教条主义。

7. 严格落实党委（党组）意识形态工作责任制，建立区委领导下的意识形态工作联席会议制度，特别是针对新媒体特点加强和创新具体措施，牢牢把握意识形态工作主动权。

8. 建立区人大常委会、区政府、区政协、区法院、区检察院五个党组和区纪委常委会向区委常委会报告工作制度，每半年报告一次。

9. 区委常委会定期听取党的建设、纪律检查、巡察、作

风建设及信访稳定等工作汇报，推动全面从严治党向纵深发展。

10. 按照中央和省、市委部署要求，扎实做好深化监察体制改革试点工作，并且敢于亮剑、善于用剑，在大案要案查处上实施重大突破。

二、创新驱动类（青岛国际院士港 10 项）

11. 组建院士港开发建设、运营管理、投资管理、产业促进等专业公司，走集团化运作发展路子，推动构筑院士经济生态系统。

12. 建立院士项目及团队动态评估管理制度，签约引进院士突破 100 名且外籍院士占比超过 70%，在引进诺贝尔奖获得者等顶尖人才上取得突破。

13. 加快推进院士项目落地和成果转化，力争落地运营项目 30 个左右，加快已落地项目成果市场推广，打造主营业务收入百亿级产业链。

14. 加快建设院士港二期。

15. 加快建设院士产业核心区。

16. 争取国家重点研发计划、科技重大专项，为布局建设超级数据中心、超级实验中心、大科学装置积累积极因素。

17. 在人才和科研体制机制创新上大胆探索、先行先试，推动目标导向制、问题导向制、资金补贴制等构想实质运作。

18. 举办首届"院士技术论坛"，尽快启动相应基础设施建设。

19. 着眼打造国际顶尖人才生活区，开展"院士特色风情居"规划论证和设计，筹划建设国际性教育、医疗、文化设施。

20. 实施省市支持院士港系列政策落地工程，用足用好省人才工作领导小组支持院士港建设"19 条"。

三、现代产业类（10 项）

21. 深化供给侧结构性改革，实施"双百千"行动，加快新旧动能转换，保持主要经济指标中高速增长。

22. 创新发展数字经济，充分放大青岛—亚马逊 AWS 联合创新中心平台效应，聚合 5G 联合创新中心、百度创新中心等资源，寻求与 ARM、钢研集团等合作，组建跨境并购基金体系，确立国际特别创新区总体格局。

23. 充分发挥金融工作促进委员会职能作用，在引进实力金融机构上下功夫，培育发展现代金融业态，探索发展数字金融，显著提升金融业经济贡献度和税收贡献度。

24. 探索创设大宗商品交易、技术交易、数字交易平台。争取设立非标准金回购中心。

25. 做强国有金控平台，发挥产业引导基金和股权投资基金作用，激发市场投资活力。

26. 创新理念、整合资源，明确影视文化产业发展基点，实现产业发展破题，构建影视文化中心—文化经济平台。

27. 依托军民融合协同创新研究院、海洋技术军民融合联合实验室等，对接海军研究院、海军工程大学、海军潜艇学院，落实产学研合作项目，推动军民融合深度发展新突破。

28. 高水平运营邮政跨境电商产业园，实现二期运营，推进三期规划建设，实现跨境交易额跃升，打造精品精致消费平台，发展时尚经济。

29. 积极寻求和拓展与国家能源集团、中冶集团、中电科集团、中邮集团、华为科技、中国广电影视集团等世界 500 强、中国 500 强企业的战略合作。

30. 围绕推动百名院士项目落地，完善人才发展与经济社会发展深度融合的有效机制，打通科技和经济转移转化的通道。

四、改革开放类（10 项）

31. 加强国有企业领导和监督管理委员会职能作用，对业务相近的区属国有企业进行优化重组。

32. 推进区属国有企业混合所有制改革，大力引进战略投资者，推行员工持股，促进国有资本做优做大做强。

33. 推进政务服务便利化、信息化、透明化、高效化，提升"只跑一次腿""零跑腿"事项办理水平，持续优化营商环境。

34. 积极推进综合行政执法体制改革，提升综合执法水平。

35. 探索实行重点难点工作招投标制，激励干部自主组建工作团队，突破一批征迁难、手续难、信访难、机制难等问题。

36. 拓展和规范政府购买专业服务的范围、方式和评价机制，为重点工作推进提供专业力量支撑。

37. 加强对全面深化改革工作的领导、协调和督察，充分发挥重点改革事项对全局工作的牵引拉动作用。

38. 抢抓"一带一路"建设机遇，融入"海外青岛"建设格局，加快建设丝路协创中心，实现 100 个国家签约，全面启用签证中心，打造国际多元交流平台。

39. 成立丝路协创中心理事会，理顺工作推进机制，全面拓展经济贸易、现代金融、教育医疗、文化旅游四大板块国际合作，落实落地一批合作项目，转化为具体实在的经济指标贡献。

40. 嫁接利用中西部政策资源和亚马逊 AWS 等平台资源，加快辖区企业在国内外上市步伐。

五、民主法治类（10 项）

41. 支持区人大及其常委会依法履行职能，健全人大组织制度和工作制度。

42. 支持区政协履行政治协商、民主监督和参政议政职能，推动协商民主广泛、多层、制度化发展。

43. 加强"两代表一委员"双岗履职能力建设，建立动态管理和制度化退出机制。

44. 有序推进司法体制综合配套改革。

45. 着力增强依法执政本领，加强法治政府建设，推动重大事项社会稳定风险评估制度化、常态化。

46. 强化党对政法工作的绝对领导，推出保护干警严格执法具体举措，落实从优待警各项措施，在推动政法干部队伍"有灵魂、有血性、有担当、有威慑"方面取得新进展。

47. 深入推进"七五"普法，加强公共法律服务体系建设，努力推动法律途径成为解决社会问题的主渠道。

48. 着眼去"四化"、强"三性"，推动群团活动多样化、常态化、品牌化、实绩化，在充分发挥联系群众的桥梁纽带作用中彰显群团改革实效。

49. 强化"大统战"理念，提升大团结、大联合、大凝聚、大统一"四大工程"，最大限度调动一切积极力量。

50. 深化构建"亲""清"新型政商关系，促进非公有制经济及企业家队伍健康成长。

六、思想文化类（10 项）

51. 紧紧围绕习近平新时代中国特色社会主义思想这条主线，强化文化自觉和文化自信，系统实施和提升宣传思想文化建设"量子工程"。

52. 围绕"发布好声音、弘扬正能量"，推动新闻宣传工作向专题化、系列化、深度化转型，推介"李沧印记""李沧故事""李沧贡献""李沧模式"。

53. 深入实施"文明李沧"十大工程，突出建设"道德李沧""国学李沧""信用李沧""秩序李沧"。

54. 加强社会信用体系建设。

55. 立足于为民利民惠民，扎实开展新一轮全国文明城市创建工作。

56. 提升"悦读·悦心"全民阅读品牌，完善基础阅读设施建设，营造浓郁书香氛围和人文气息。

57. 深入实施文化惠民工程，完善公共文化服务体系，鼓励群众性文艺创作，丰富群众性文化活动。

58. 启动李村大集民俗博物馆建设和李村大集文化发掘传承专题创作工程。

59. 大力培育和弘扬企业家精神。

60. 广泛开展全民健身活动，做好第 24 届省运会承办有关工作。

七、民生共享类（10 项）

61. 着眼于改善小学区域性供需矛盾与初中学位供给缺口，合理确定中小学建设布局和时序，加快推进建设一批中小学项目。

62. 加强幼儿园建设，深化、完善幼儿教育办学规范制度，提升学前教育水平。

63. 实施"一带一路"教育国际化战略，加强国际理解教育，打造"丝路精神从娃娃抓起"品牌。

64. 加强住房保障工作，加快建设北王、杨哥庄等 8 个安置房项目，推进一批危旧房改造和人才公寓建设，基本解决历史遗留的居民不动产权证办理难问题。

65. 实施"路畅其通"工程，推进唐山路、枣山路、青山路等主次干道建设，提升路网整体功能。

66. 实施"匠心李沧"工程，弘扬"工匠精神"，启动"百名能工巧匠出李沧"工程。

67. 推进市八医东院区、世园街道社区卫生服务中心建设。加强社区卫生服务体系建设，巩固全市首批国家中医药综合改革试验区先行区成果，倡导健康文明生活方式。

68. 加强食品药品安全治理，注重加强对农贸市场、网络餐饮服务、学校（托幼机构）食堂等源头管控。

69. 完善困难群体托底保障措施，健全老年人、残疾人关爱服务体系。

70. 扎实做好对口支援菏泽单县、甘肃陇南康县工作，为国家脱贫攻坚事业贡献力量。

八、生态宜居类（10项）

71. 实施城市设计上的"经典工程"、城市建设上的"精品工程"、城市塑造上的"精当工程"、城市管理上的"精致工程"，谋划推进一批示范引领项目。

72. 推进超高层建筑选址论证和规划设计工作。

73. 创新探索城市地下空间深度综合开发利用"李沧模式"。

74. 落实美丽青岛三年行动计划，提升城市环境品质。

75. 持续推进"山水园圈"工程，实施老虎山公园建设。

76. 扎实推进国家海绵城市试点。

77. 加快推进楼山后河中下游综合治理和生态修复。

78. 抓好地下综合管廊建设。

79. 加强大气污染和水污染防治工作，解决群众关注的突出问题，巩固和拓展中央环保督察成效。

80. 加快协调推进后海热电搬迁工作。

九、难点攻坚类（10项）

81. 下决心破解东部违法建筑处置难题。

82. 推进李村商圈交通疏解、环境提升、长期繁荣。

83. 逐步化解长期存在的社区二元治理模式问题。

84. 抓好楼山片区规划和重点项目实施。

85. 推动理顺"后世园经济"发展工作体制机制问题。

86. 研究破解剩余8个城中村改造问题。

87. 强力推进违法建筑拆除，拓展城市公共空间，维护社会公平正义。

88. 加大依法调处化解力度，持续攻坚化解信访积案。

89. 坚持总体安全观，加强安保维稳能力建设和平安李沧建设，有力保障上合组织青岛峰会举办。

90. 推动李沧区关心关爱基层干部减轻基层负担的十条意见落到实处。

十、党的建设类（10项）

91. 坚持把政治标准放在首位，深化精细识人、精准察人、精诚选人、精当用人，注重在基层一线和困难艰苦岗位锻炼年轻干部，建设高素质专业化干部队伍。

92. 坚持严管与厚爱相结合，实施干部激励系统工程，不断完善"激励、约束、关爱、保护"四位一体的激励体系，打造干事创业好团队，争当担当作为好干部。

93. 突出闭环、简便、精准、管用的原则，完善提升"四个一"痕迹工作法。

94. 加强干部教育培训，加强智库建设，提升干部队伍专业能力、专业精神。

95. 完成市考核"保四争三"任务。

96. 一个不落、一次性完成社区"两委"换届任务。抓好新一届社区"两委"班子建设。

97. 强化大抓基层导向，培育选树一些在全市、全省乃至全国叫得响、站得住的基层党建典型。

98. 坚持党管人才原则，大力推进"十百千"人才工程。

99. 强化巡察监督，突出政治巡察，创新巡察方式，强化机动巡察和巡察"回头看"，着力发现问题、形成震慑。

100. 保持惩治腐败高压态势，坚决查处侵害群众利益的不正之风和腐败问题。

（区委办公室）

政府工作报告

——在青岛市李沧区第六届人民代表大会第三次会议上
（2019年1月14日）
青岛市李沧区人民政府代理区长　张友玉

各位代表：

现在，我代表李沧区人民政府，向大会报告工作，请予审议，并请各位政协委员和其他列席人员提出意见。

一、2018年工作回顾

刚刚过去的2018年，是李沧区乘势而上、多点突破、加快发展的重要一年。一年来，在市委、市政府和区委的坚强领导下，在区人大、区政协以及社会各界的监督支持下，区政府紧紧依靠全区人民，坚持以习近平新时代中国特色社会主义思想为指导，深入学习贯彻党的十九大和十九届二中、三中全会精神，坚定贯彻新发展理念，加快推进新旧动能转换，突出创新引领、实现三个更加目标要求，落实"一三三五"工作思路，深入开展解放思想大讨论，全力构筑创新发展"18844"工作格局，经济社会发展取得明显成效。预计区内生产总值增长10%左右，固定资产投资增长13%左右，社会消费品零售总额增长12%左右；实现一般公共预算收入100.17亿元、增长24.96%，主要经济指标增幅均位居全市前列。

刚刚过去的2018年，是李沧人民幸福感、获得感、自豪感极大增强的重要一年。上海合作组织青岛峰会期间，全区人民心往一处想、劲往一处使，空前团结、齐心奋斗，营造了喜庆祥和的氛围，为峰会成功举办做出了李沧贡献。峰会结束后，习近平总书记亲临上流佳苑视察指导，亲切看望社区群众，关心生产生活情况，详细了解院士港发展，对民生工作做出重要指示，充分彰显出以人民为中心的发展思想，饱含着对青岛、对李沧的厚爱关怀，是对我们的最高褒奖、巨大鼓舞和有力鞭策，全区上下热情空前高涨，精气神得到极大提升。这一切凝聚着广大干部群众的辛勤汗水，荣誉属于全体李沧人民！

一年来，围绕全区经济社会持续健康发展，我们重点做了以下工作：

（一）聚发展之势，院士港建设迈上更高水平

影响力不断提升。成功举办第二届海外院士青岛行，正式启动青岛国际院士论坛，全国人大常委会副委员长陈竺现场致辞、省委书记刘家义专门致信、省委副书记杨东奇到场致辞，22个国家和地区109名院士参会，诺贝尔化学奖获得者丹尼·舍特曼等71名院士新签约院士港。院士总量达到108名，外籍院士占85%。在中国国际进口博览会、第四届东方经济论坛、全国工商联主席高端峰会、外交部全球推介活动和山东儒商大会上，刘家义书记、龚正省长7次推介院士港。省委省政府、市委市政府领导同志到院士港调研6次，省市相关部门调研指导93批次。省委常委会、市委常委会等重要会议予以充分肯定，提出更高要求。院士港列入山东省新旧动能转换重大工程，成为省委党校教学基地，国际国内知名度持续提升。

竞争力不断增强。坚持基础研究、应用研究、成果转化"三位一体"的功能定位，容淳铭、雅克·鲁热力、培祝等32个院士项目落地运营，小核酸抗肿瘤新药、全自主导航系统、新

型基因工程疫苗等 13 个项目产出 38 种产品。举办"新动力·新引擎"院士项目招商推介会，10 个项目现场签约，合同额近 30 亿元。院士港功能持续放大，与武船重工、济钢集团等企业开展战略合作，产业化项目覆盖即墨、胶州等区市和济南、淄博、烟台等地市。实现主营业务收入 100 亿元、综合税收 10 亿元。

协同力不断显现。院士港综合服务中心投入使用，257 套人才公寓建成交付。10 万平方米的院士产业加速器一期投入运营、二期主体封顶，30 家院士企业及上下游企业入驻办公。125 万平方米的院士产业核心区试验区生物医药板块已见雏形，102 万平方米的院士研究院实现地下 6 层开发。启动组建总规模 100 亿元的院士港产业基金，探索建立院士港统计监测体系。院士技术论坛进入修建性规划设计阶段，院士顶尖荟、院士特色风情居、院士综合服务网等板块协同推进。

（二）谋转型之道，高质量发展取得积极成效

产业结构持续升级。数字经济产业加速聚集，青岛—亚马逊 AWS 联合创新中心在孵企业 107 家、完成税收 1 亿元，实现税收亿元楼的历史性突破。10 万平方米的国际特别创新区启动运营。百度创新中心 5 家企业获得风险投资，3

家企业在"四板"挂牌。文化产业加快发展，融源·文化艺术街区开街运营，工业遗产文创基地承接影视剧拍摄 6 部。移动电影院项目落户李沧。优化整合区属国有企业，组建融学教育集团，成立信联科创混合所有制公司。信联天地等总投资 700.9 亿元的 48 个重点产业项目加快推进，8 个地块 524.6 亩（1 亩 =0.67 平方千米 =666.67 平方米，下同）土地实现招拍挂，新增产业发展空间 167.9 万平方米。

开放合作持续深化。积极开展"双招双引"，引进外国专家 293 人，引进和培养省级以上高层次人才 8 人、市级高层次人才 7 人。城晖新能源、首创文体等 53 个过亿元项目注册落地，投资额 296.7 亿元。落户中邮证券青岛分公司等金融机构 10 家。丝路协创中心设立对外经贸大学预科教育基地，便民签证中心全面启用，实现获取境外金融牌照的重大突破。邮政跨境电商产业园完成贸易额 100 亿元，在美国、加纳建设海外仓，建成青岛首家邮政跨境电商直购平台。

创新要素持续聚集。中艺 1688 创意产业园二期建成运营，优创数据等 100 余家企业签约入驻，成为国家小微企业双创示范基地。培育科普研发技术中心等"专精特新"企业 9 家，新增中特科技等高新技术企业 83 家。泰德轴承、石化

检安获评省企业技术中心，纳米纤维生产线等 120 个项目列入市技术创新重点项目。政策性扶持创业 1707 人，百特恒基、家庭服务业广场获评市级创业孵化示范基地。新增"四上"企业 167 家，完成规模以上企业股份制改造 44 家。新发展市场主体 2.4 万户、增长 26.2%，总量突破 10 万户。

（三）塑城市之美，花园式城区建设步伐加快

城市功能更加健全。调整完善全区建设开发体制，成立区开发建设推进中心，探索城市更新、产城融合新模式。高标准推进国家海绵城市试点，竣工项目 132 个、占总量的 73%，完成试点 17 平方千米。刘家下河和铜川路自建楼安置项目竣工，3 个项目 1432 户居民搬进新居。完成公租房配租配售 825 套，开工建设人才公寓 6.2 万平方米。青山路等 10 条道路主线通车，遵义路东段等 9 条道路开工建设。新增停车泊位 3967 个，完成交通微循环改造 4 处。新建排水管网 8.2 千米，改造老旧管网 6 千米。新增供热 138.6 万平方米。新增公厕 18 座。完成节能保暖改造 220 万平方米，惠及居民 3.1 万户。

城市管理成效明显。投资 4 亿元，扎实推进美丽青岛三年行动，为上合峰会举办营造良好环境。积极推行街长制，整治提升重庆中路、九水东路

等主次干道54.2万平方米。加大铁路沿线环境整治力度，拆除青钢、碱业等企业老旧厂房16.2万平方米，清理白泥45万立方米。提升老旧小区居住环境，整治百通馨苑、金水翠园等居民楼院51个，惠及居民4.4万户。深入开展违法建设治理三年行动，拆除违建220万平方米。加大青岛北站、青银高速两侧等区域亮化力度，城市夜景更加靓丽。顺利通过国家卫生城市复审。

城市生态加快改善。完成中央环保督察"回头看"，主办群众反映问题16件，数量10区市最少。启动第二次全国污染源普查，完成省环保督察保障工作。加大环境违法处置力度，整治"散乱污"企业99家，查处违法案件160起、行政处罚643万元。启动重化工企业土壤修复，完成红星化工厂4.4万立方米修复任务。全面推行河长制、湖长制、湾长制，经验做法在全市推广。新建、改建口袋公园17处，楼山公园、牛毛山公园等4个公园整治工程竣工。新增绿地120万平方米，绿化覆盖率达到43.7%。

（四）解民生之忧，百姓获得感实现持续提升

民生保障精准有力。全面完成10类40项区办实事，民生支出占一般公共预算支出比重达到76.2%。加大弱势群体关爱力度，发放各类帮扶资金1.2亿元。新增城镇就业4.9万人，办理退役士兵公益性岗位744个，为符合条件的所有164名退役士兵发放保险救助1993.6万元。免费为适龄儿童接种一类疫苗25.3万人次，免费为5.2万名60岁以上老年人健康查体。新建助老大食堂6处。实现残疾人就业209人，实施康复救助2578人。破解15716户不动产权证办理难题，完成三年目标任务，经验做法得到市政府主要领导批示推广。在产业、人才、医疗等领域与陇南康县、菏泽单县开展扶贫协作，提供资金支持2509万元，连续两年获评甘肃省东西部扶贫协作先进集体。

公共服务不断完善。区实验初中、青山路幼儿园等3所学校和6所幼儿园建成启用，新增学位4950个。君峰路中学、平川路幼儿园等4所学校和3所幼儿园开工建设，建成标准化食堂5处。40条健身路径、5处笼式足球场投入使用。面向全国引进骨干教师和新教师143名。全面推行"3+X+1"家庭医生服务模式，惠及居民17万人。青岛市第八人民医院东院区（以下简称市八医东院区）积极推进。建成互联网远程会诊中心14家。打造军民融合社区公共服务中心，改善提升8处社区综合服务用房条件。交付社区党群服务中心用房14处。

文化事业繁荣发展。开展"道德李沧""国学李沧""信用李沧""秩序李沧"系列活动1370场次，成功举办2018年青岛邻居节现场交流观摩会，社会主义核心价值观更加深入人心。新图书馆、档案馆竣工交付，改善提升15处社区文化活动中心功能。配备社区文化器材5000余件、图书5万余册。举办百场儿童剧进校园、第二届够级文化节、梅花节等各类文化旅游活动1200余场次。打造文艺精品11件，获国家奖1项、省级奖2项。小小志愿者公益演出入选国家基层文化志愿服务典型案例。我区被评为文化强省先进区。

社会治理切实加强。坚持稳定压倒一切，组织1.6万余人参与峰会安保维稳，实现"六个坚决防止"和"三个确保"目标。化解信访积案38件，实现重要时期零上访"三连冠"。全面开展扫黑除恶专项斗争，打掉犯罪集团4个、犯罪团伙13个。打造"有事来商量"等基层社会治理品牌，顺利通过"七五"普法中期考核验收。加大安全生产执法式检查力度，查处违法案件48起、行政处罚168.6万元，完成省政府安委会安全生产巡查。查处食品药品违法案件222起、行政处罚244.6万元，建设标准化食用农产品快速检测室15处，顺利通过省级食品安全先进区验收。开展应急演练74次，山林防火、防汛防雪、防震减灾等工作扎实开展。

（五）担使命之责，服务型政府建设深入推进

旗帜鲜明讲政治。坚持党对一切工作的领导，将习近平总书记的亲切关怀和殷切希望，转化为更加树牢"四个意识"，坚定"四个自信"，坚决做到"四个服从""两个维护"的思想行动自觉，始终在政治立场、政治方向、政治原则、政治道路上同党中央保持高度一致。坚决服从区委领导，始终在思想上同心、目标上同向、行动上同步，对区委重大决定和决策第一时间研究、第一时间落实、第一时间报告。

依法行政重规则。坚持依法办事，向区人大常委会、区政协报告工作38次，办理区人大代表建议99件、政协委员提案107件。加快推进简政放权，调整行政权力事项442项。组建区行政审批服务局，实现"一枚印章管审批"。制定重大行政执法决定法制审核办法，审核执法决定58件。加大信息公开力度，主动公开12671条，办理依申请公开119件，省基层政务公开标准化规范化试点顺利完成。

高效勤政转作风。坚持为民务实，深入开展"治官治吏便民利民""大学习、大调研、大改进、大督促""新时代、新担当、新作为、新奇迹"等活动，不断提升政府工作效能。创新实事征集方式，征集居民意见建议1.2万条，实现区办实事"居民点菜、政府买单"。扎实推进"四到"工作，155项依申请公共服务事项和178项行政许可事项100%打通"零跑腿"路径，许可事项"零跑腿"实际办件比例由4%提升到45%。全市政务服务向基层延伸工作现场会在我区召开。完善"奖、罚、情、制"正向激励体系，表彰奖励2017人次、问责履职不力37人次，经验做法获省委主要领导批示推广。

严格自律守底线。坚持廉洁从政，坚决贯彻落实中央八项规定及实施细则精神，驰而不息整治"四风"，"三公"经费下降18.4%。加强政府投资建设项目审计监督，强化公共投资审计转型升级。创新审计监督方式，启动领导干部自然资源资产离任审计。成立区国有企业领导和监督管理委员会，深化国有企业改革和绩效考核，确保国有资产保值增值。

另外，工会、共青团、妇联、科协、工商联、红十字、慈善、民族宗教、侨务、对台、档案、国防动员、双拥共建、人防建设等工作均取得新成效。

各位代表，2018年，我们在压力挑战下砥砺奋进，在攻坚克难中阔步前行。成绩的取得，是习近平新时代中国特色社会主义思想科学指导的结果，是市委、市政府和区委正确领导的结果，是区人大、区政协和社会各界监督支持的结果，是全区上下齐心协力、拼搏奋进的结果。在此，我代表区政府，向全区人民，向人大代表和政协委员，向民主党派、工商联和人民团体，向社会各界人士和离退休老同志，向驻区单位、部队和武警官兵，向所有关心、支持李沧发展的朋友们，致以崇高的敬意和衷心的感谢！

在报告成绩的同时，我们也清醒看到，李沧发展不平衡不充分的问题依然存在，主要表现为：经济总量还不够大，新兴产业发展不快，新旧动能转换任重道远；城市管理还不够精，小区整治、物业管理、环境保护等依然是群众反映的热点，花园式城区建设任务艰巨；公共服务还不够优，教育、医疗、养老、出行等方面还存在短板，离满足人民美好生活需要还有较大差距。对这些问题，我们将高度重视，在今后工作中尽职尽责、尽心尽力，采取有效措施切实加以解决。

二、2019年工作安排

各位代表，2019年是新中国成立70周年，是全面建成小康社会关键之年。当前，我国经济已由高速增长阶段转向高质量发展阶段，中央继续实施积极的财政政策和稳健的货币政策，出台一系列针对性更强的政策措施，经济总体态势长期稳中向好；上海合作组织青岛峰会成功举办，青岛迈入现代化国际大都市行列，为我们带来千载难逢的发展机遇。李沧正处于爬坡过坎的关键时期，

使命在肩、时不我待,各项工作必须提质提速。我们要看到,青岛国际院士港建设具备天时、地利、人和,各大板块全面推进,得到更高层次、更大范围、更深程度的认可和支持,取得了丰硕成果,前景无限光明。我们还要看到,近年来的拼搏奋进,锻造出一支忠诚干净、担当表率的干部队伍,培育了自信包容、实干创新的精神风尚,特别是习近平总书记亲临李沧,更为全区齐心协力谋发展注入新的强大动力。只要我们牢记总书记嘱托,不畏浮云、登高望远,立足新时代、抢抓新机遇、突出新战略、勇创新奇迹,凝聚"爬坡过坎、自信自强"的共识,保持"坚定坚持、善作善成"的干劲,就一定能够将院士港打造成新时代的红旗渠,创造李沧经济社会发展的新奇迹。

2019年政府工作的指导思想是:坚持以习近平新时代中国特色社会主义思想为指导,全面贯彻党的十九大和十九届二中、三中全会精神,深入贯彻落实习近平总书记视察山东、视察青岛重要讲话、重要指示批示精神,统筹推进"五位一体"总体布局,协调推进"四个全面"战略布局,牢固树立以人民为中心的发展思想,坚持稳中求进工作总基调,坚持新发展理念,坚持推动高质量发展,坚持以供给侧结构性改革为主线,坚持深化市场化改革,扩大高水平开放,突出创新引领、实现三个更加目标要求,落实"一三三五"工作思路,推进构筑创新发展"18844"工作格局,加快新旧动能转换重大工程落地落实,放大青岛国际院士港功能,提高全球高端要素配置能力,打造对外开放新高地,推动经济发展、城市建设、民生保障再上新台阶,推动各项工作在全市进位争先,加快建设宜业宜居宜身宜心的创新型花园式中心城区,以优异成绩庆祝中华人民共和国成立70周年。

综合考虑各种因素,2019年全区经济社会发展的主要预期目标是:区内生产总值增长11%左右,一般公共预算收入增长9%左右,固定资产投资增长11%左右,社会消费品零售总额增长11%左右,完成节能减排任务。围绕上述目标,我们将重点做好以下工作:

(一)聚焦院士港建设,全力构筑院士经济生态体系

充分发挥省、市、区三级联动机制优势,积极争取上级支持,按照"9+3+1"基本架构,坚定不移加快各板块建设,奋力冲击国际大科学计划和大科学工程,推动李沧转型升华为"院士区"。

推动核心板块全面展开。围绕9个核心板块,以"基因改造"铸就创新之核。提升打造院士工作站,在签约108名院士基础上,规范引进的标准和程序,以产业需求为导向,以与高校、企业对接合作为基础,引进6名顶尖院士,促进院士引进由规模集聚向结构优化转变。加强与俄罗斯科学院的交流合作,建立联合科研攻关体制。举办第三届海外院士青岛行暨青岛国际院士论坛,推动活动系列化、规范化、制度化、常态化。高效建设运营院士产业加速器,确保二期竣工交付、三期开工建设;建立"一周、一院士、一项目、一系列产品"的推介机制,努力在科技成果转化上创造可复制、可推广的经验。在高端装备制造、新能源新材料、生物医药等产业领域,力争打造千亿级产业集群。全面建成院士研究院、院士产业核心区试验区已开工项目。多渠道吸纳社会资金,发挥院士产业基金效用,突破院士项目成果转化的资金瓶颈。高水平规划建设院士技术论坛固定会址和院士特色风情居。积极推进院士顶尖荟,为争取布局超级数据中心、超级实验中心奠定基础。完善院士港综合服务中心功能,提供法律、金融、知识产权保护等"一站式"服务。以丹尼·舍特曼院士特色国际学校为引领,统筹规划教育、医疗、文化等服务设施,构建国际化公共服务网络。

推动辅助板块加快成长。发挥3个辅助板块协同作用,为院士港建设发展提供国际化人才、产业化载体、市场化渠道。聚合丝路协创中心国际资源，引入百国经贸、科技、教育、文旅机构，设立百国经贸联络中心，吸引400家中外企业入驻，实现税收1亿元；升级便民签证中心，建成5.9万平方米的丝路协创中心二期。加快青岛—亚马逊AWS联合创新中心、国际特别创新区发展，推进小微企业孵化加速，拓宽规模企业国际化渠道，实现税收2亿元以上；加快信联天地项目建设，打造数字经济产业平台。提升邮政跨境电商产业园运营质量，抢抓上合组织地方经贸合作示范区建设机遇，在哈萨克斯坦设立贸易办事处，拓展中亚5国及欧洲市场；加快跨境综合服务平台建设，引入优秀外贸企业，争取上升为示范区核心板块，实现贸易额120亿元。

推动配套片区先行先试。坚持产城融合理念，围绕功能转换与更新、产业优化与升级、生态修复与建设三大战略任务，加快推进15.7平方千米楼山配套片区建设，探索弹性土地租赁、出让政策，拓展院士产业新空间。聚焦高端制造，深入研究产业规划，突出示范性、引领性，先期启动6.9平方千米试点片区建设。推动本土企业与青岛国际院士港、科研院所协同创新，加快突破技术瓶颈，开展院地院企合作项目6项，助推片区企业转型升级，打造院士智能制造产业区。

冲击国际大科学计划和大科学工程。着力激发外籍院士集聚效应，围绕生物医药、新能源新材料等重点领域，积极争取承接我国牵头组织的国际大科学计划和大科学工程。促进科学院与工程院科研优势直通，东西方科研思维和体制机制融会贯通，港内港外资源联通，科学家、企业家与政府创新力三维贯通，打造新时代的"创新特区"。聚合顶尖院士、一流装置、国际论坛等要素，探索建立聚焦原创性、前瞻性、引领性、颠覆性课题研究的"院士后"机制，努力打造"院士后大学"。采取与海内外院士灵活多样的合作方式，最大限度汇聚全球院士资源，加快实现"十百千万"院士汇聚格局，构筑"国际院士网络"。

（二）聚焦新旧动能转换，全速推动经济质效提升

坚持以"四新"促"四化"，激发转型升级新活力，壮大经济发展新动能。

坚持创新驱动与创业带动共同发力。深入推进创新发展，在培育壮大科技型中小企业、增强企业自主创新能力等方面给予支持，营造良好的创新创业生态。成立技术交易市场，实现技术合同交易登记额8亿元。引导企业走"专精特新"发展道路，组织实施科技项目20项，投入科技创新专项经费1800万元，争取上级资金1500万元以上。加快百度创新

中心发展，孵化企业100家以上，创造就业岗位500个。中艺1688创意产业园新入驻企业100家以上，税收突破3亿元。调整完善创业孵化评审扶持政策，鼓励社会力量建设创业孵化基地，新建创业孵化基地2家，政策性扶持创业1500人。

坚持先进制造业与现代服务业共同发展。不断提高制造业科技含量和市场竞争力，支持纳微科技、聚纳达科技、纳肽得生物等企业加快发展，支持中特科技、麦科三维、一达生物等企业持续壮大，加快培育"独角兽""瞪羚"企业。推动"动力珠峰"项目落地，开展特型电机设计研发与装备制造，借助军民两用船建设，吸引上下游配套企业组团发展。提高商贸服务业发展质量，支持商圈重点商贸企业转型升级，大力发展体验式消费，塑造李沧消费品牌。拓宽企业直接融资渠道，推动20家企业进入资本市场。深入开展品牌建设工程，培育驰名商标、名牌产品、服务名牌12个，国内商标注册申请量增加2000个。

坚持国有经济与民营经济共同繁荣。坚定不移做强做优做大国有企业，建立健全职业经理人制度，推行核心员工持股计划，提高企业管理水平。做强国有金控平台，建立多渠道融资体系，支持实体经济发展。毫不动摇鼓励支持引导民营经济发展，制定支持民营经

济发展实施细则，帮助民营企业破解成本、资金、市场等难题。完善区领导和部门联系企业制度，为企业茁壮成长提供阳光雨露。鼓励民营企业参与国有企业混改，激发民间资本投资活力。推动160家企业"小升规"，新发展市场主体2.3万户以上。

坚持招商引资与招才引智共同推进。以院士项目成果转化和产业化推广为切入点，聚焦重点院士、重点团队、重点项目，开展高质量"双招双引"。大力实施"四百名士聚李沧"工程，既重视"高精尖缺"人才，又注重专业技术人才、金蓝领技能型人才、工匠人才，引进各类人才1万人以上。搭建经纪人平台，建立中外文化艺术名人数据库，着力引进名人大师。完善招商引资和财源建设政策措施，健全招商评估机制。提高招商队伍专业化水平，充分发挥第三方机构作用，主动对接国内外龙头企业和行业领军企业，引进科技含量高、税收贡献度大、产业带动力强的项目。全年引进过亿元项目60个以上，总投资超过310亿元，总部企业项目不少于10个。

（三）聚焦宜居李沧建设，全域提升城区形象品质

落实城市是人民的城市理念，深入开展建设美丽青岛三年行动，让群众真正感受到变化、体验到便利。

高起点编制规划。充分发挥规划的战略引领作用，加快北站机场片区、金水路北片区等控规推进，实现控规全覆盖。启动河湖管理、防洪等专项规划编制，进一步完善全区规划体系。加快"地下李沧"建设，完成地下空间规划编制，从规划层面为地下深度开发提供指导。围绕产城融合、空间拓展开展专题研究，为城市有机更新探明路径。扎实开展第三次全国土地调查，全面摸清土地资源现状。

高标准完善功能。完成海绵城市建设试点，确保通过国家验收。加快北王、杨哥庄等5个安置房项目建设，回迁居民1259户。推进升平路25号等300户零星危旧房改造。加快华外二期市政配套路等12条道路建设，实现宜川路等6条道路主线通车。优化道路交通组织18处，实施交通微循环改造3处。将43处信号灯联入智能交通网络，新增停车泊位3000个。新增供热80万平方米。新增公厕6座。完成老旧小区节能保暖改造230万平方米。

高水平实施管理。拆除违法建设65万平方米以上，完成三年治违行动任务，实现新增违建零增长。投资2亿元，整治秀峰路片区、虎山路片区等老旧小区34个。倡导绿色环保生活方式，积极开展垃圾分类，居民小区覆盖率达到70%。采取疏堵结合方式，全面整治露天烧烤、占路经营等群众反映

突出的问题。加大建筑废弃物运输监管力度，实现核准车辆数字化管理。整治提升遵义路、大崂路等15条道路、11千米。

高质量保护生态。积极推进"四减四增"三年行动，严厉查处大气、水、土壤、噪声等环境违法行为，坚决打赢蓝天保卫战等5场标志性战役。完成第二次全国污染源普查，实现环境质量持续改善。对李村河、大村河、板桥坊河进行截污整治，同步提升沿岸景观品质。推进烟墩山、十梅庵等7个公园绿地改造项目，新建广水路、重庆中路等道路节点口袋公园10个。新增绿地40万平方米，绿化覆盖率提高到44%。

（四）聚焦美好生活向往，全心全意增进民生福祉

落实以人民为中心的发展思想，办好12类61项区办实事，努力在发展中补齐民生短板，让群众有更多获得感、幸福感、安全感、便利感。

精准抓牢社会保障。推进基层人社服务平台标准化、信息化、一体化建设，不断提升公共服务效能。多措并举扩大就业，新增城镇就业2万人，组织技能培训2000人，安置就业困难人员2000人。全力做好退役士兵安置保障，积极为退役士兵送岗位、送政策、送技术。免费为全区60岁以上老年人健康查体，为计生特殊家庭购买住院陪护险。健全"三位一体"

残疾人托养服务体系，加大残疾人创业就业扶持力度，在3个社区建立出行辅助器具适配站。加大对陇南康县、菏泽单县扶贫协作力度，助力脱贫攻坚取得更大成果。

精心布局公共服务。加快推进君峰路中学、虎山路第二小学等29所学校和幼儿园建设。建设健身路径30条、笼式足球场3处。建成学校食堂5处，实现学校标准化食堂全覆盖。大力开展教学质量三年提升行动，不断提升教育教学水平。积极推进市八医东院区建设，对2处社区卫生服务中心开展标准化改造，新建国医馆3家、急救站3个。改善提升汾阳路等8处社区综合服务用房条件，提升助老大食堂运营质量。积极开展爱国卫生运动。扎实推进第四次全国经济普查。推动工会、共青团、妇联、科协、工商联、红十字、慈善、民族宗教、侨务、对台、档案、国防动员、双拥共建、人防建设等工作再创新佳绩。

精致构建文化环境。广泛开展社会主义核心价值观宣传教育，深入实施文化建设"量子工程"，实现文明城市创建常态化、制度化。建设新时代文明实践中心和融媒体中心。举办第三届够级文化节等文化旅游活动不少于1200场次，惠及群众200万人次。发挥文艺作品的社会效益和经济效益，创作高质量文艺作品不少于100

件。引进灵思云途移动院线总部，设立项目专项基金。提升融源·文化艺术街区运营水平，聚集影视经纪、文化金融、文化体验、文化消费等业态，打造法兰西艺术院中国创作基地。新培育规上文化企业不少于20家。健全区、街道、社区三级文物保护网络，加大文化遗产传承和保护力度。

精细推进社会治理。扎实开展"七五"普法，创新发展"枫桥经验"，夯实司法行政基层基础。深化信访积案攻坚，市级以上交办积案化解率达到100%，保持信访工作走在全市前列。深入推进扫黑除恶专项斗争，坚决打掉黑恶势力"关系网""保护伞"。标准化打造大崂路、虎山花苑社区综治服务中心。实施"雪亮工程"，新增监控点位800个，提高平安智慧社区覆盖率。坚持用"一失万无"的理念和"万无一失"的标准抓好安全生产，加大综合监管和执法检查力度。积极开展危化品综合治理，加强企业全员安全生产培训，创建小微企业双重预防体系。加强食品药品安全"五进"科普宣传，新建标准化食用农产品快速检测室3处、升级改造7处。将40家学校和托幼机构食堂纳入远程监控体系，开展食品安全定性定量检测6000批次。完善应急预案，抓好应急演练，打造全方位应急管理平台，积极做好山林防火、防汛防雪、防

震减灾等工作。

三、全面加强政府自身建设

不忘初心、牢记使命，进一步解放思想，深化"治官治吏便民利民"专项行动，持续增强政府公信力和执行力，努力建设人民满意的服务型政府。

做到心中有党，坚定忠诚。把党的领导贯穿政府工作全方位、全过程，树牢"四个意识"，坚定"四个自信"，坚决做到"四个服从""两个维护"。自觉落实全面从严治党要求，强化党性教育、坚定理想信念、严肃党内政治生活。坚决贯彻区委各项决策部署，加强政府党组建设，改进工作作风，令行禁止，坚决打造"四个绝对"的干部队伍。加强督促检查，扎实推进各项工作落地见效。

做到心中有民，担当作为。深入推进"四到"工作，发挥"一枚印章管审批"优势，不断提高群众和企业获得感。利用政务大数据资源，提升政务服务实效，让数据多跑路、群众少跑腿。做好政务公开，涉及公众利益的重大事项，主动听取人民意见，体现人民意愿。加强学习研究，在动能转换、城市治理、公共服务等工作主战场，突出重点、攻克难点、打造亮点、创造高点。

做到心中有责，依法行政。严格遵守宪法法律，认真执行区人大及其常委会的决议决定，自觉接受区人大法律监督、工

作监督和区政协民主监督，高质量办好建议提案，广泛听取民主党派、工商联、无党派人士和人民团体意见建议。优化政府机构设置和职能配置，完成机构改革，形成职责明确、依法行政的政府治理体系。加强行政执法监督，规范行政复议流程，实现行政复议办理信息化。

做到心中有戒，干净干事。坚持把纪律和规矩挺在前面，严格落实中央八项规定及实施细则精神，带头执行廉洁从政各项规定，持之以恒克服形式主义、官僚主义，久久为功祛除享乐主义和奢靡之风。完成事业单位和国有企业公车改革。严格财经纪律，严控"三公"经费。加大领导干部经济责任、公共资金、国有资产、国有资源审计力度，做到应审尽审、凡审必严。

各位代表，新目标开启新征程，新使命召唤新作为。让我们紧密团结在以习近平同志为核心的党中央周围，深入贯彻落实党的十九大和十九届二中、三中全会精神，在市委、市政府和区委的坚强领导下，锐意进取、攻坚克难，为加快建设宜业宜居宜身宜心的创新型花园式中心城区努力奋斗！

名词解释：

"一三三五"工作思路：坚持"一个率先"，率先走在前列。找准"三个坐标"，在全省坐标中，当好全省经济发展的龙头；在全国坐标中，争创国家中心城市；在全球坐标中，努力建设国际海洋名城。聚力"三个提升"，提升思想境界，提升工作标准，提升责任担当。做到"五个突出"，突出党的全面领导，突出全面深化改革，突出扩大对外开放，突出新旧动能转换，突出以人民为中心。

"18844"工作格局：包括一个目标定位：率先走在前列；八个产业方向：数字经济、海洋经济、设计研发、现代金融、影视文化、生物医药及生命科学、新能源新材料、时尚经济；八个产业平台：青岛国际院士港、丝路协创中心、军民融合中心、青岛—亚马逊AWS联合创新中心、产业创新金融中心、影视文化中心、邮政跨境电商中心、地下空间开发研究中心；四百名士聚李沧：百名院士驻李沧、百名使节进李沧、百名高管入李沧、百名工匠出李沧；四大经典工程：科技建筑经典、商务建筑经典、文化建筑经典、人居建筑经典。

四板：区域性股权交易市场。

双招双引：招商引资和招才引智。

"四上"企业：规模以上工业企业、资质等级建筑业企业、限额以上批零住餐企业、规模以上服务业企业。

"散乱污"企业：不符合产业政策，不符合当地产业布局规划，未办理土地、规划、环保等相关审批手续，不能稳定达标排放的企业。

"3+X+1"家庭医生服务模式："3"指由全科医生、公共卫生医生、护士组成的服务团队，"X"指根据每个家庭不同需求配置1名中医师、药师、健康管理师、心理咨询师、计生专干、社（义）工、护工等，"1"指每个团队聘请1名二级以上医疗机构的专家进行指导。

四到：服务到企业、服务到项目、服务到社区、服务到居民。

"9+3+1"基本架构："9"指院士港9个核心板块，包括院士工作站、院士产业加速器、院士研究院、院士产业核心区试验区、院士技术论坛、院士技术双创银行+、院士特色风情居、院士综合服务网、院士顶尖荟；"3"指院士港3个辅助板块，包括丝路协创中心、青岛—亚马逊AWS联合创新中心、青岛邮政跨境电商产业园；"1"指院士港1个配套片区，即院士智能制造产业区。

十百千万："十"，就是以10名左右的国际顶尖大师级院士为引领；"百"，就是以100名左右驻港工作的知名院士为主体，以外籍院士和长期在海外工作的中国籍院士为主；"千"，就是汇聚1000名注册院士、咨询院士、荣誉院士；"万"，就是以新媒体介质为载体联系全球万名院士，构筑"国际院士网络"，并在院士港建立常设秘书处，实现联系常态化、活动规范化、合作规则化。

以"四新"促"四化"：通过发展新技术、新产业、新业态、新模式，实现产业智慧化、智慧产业化、跨界融合化、品牌高端化，推动经济保持中高速增长，产业迈上中高端水平。

"独角兽"企业：创办时间相对较短、估值超过10亿美元的创业企业。

"瞪羚"企业：对成长性好、具有跳跃式发展态势的高新技术企业的通称。

四减四增：调整产业结构，减少过剩和落后产业，增加新的增长动能；调整能源结构，减少煤炭消费，增加清洁能源使用；调整运输结构，减少公路运输量，增加铁路运输量；调整农业投入结构，减少化肥农药使用量，增加有机肥使用量。

"三位一体"残疾人托养服务体系：残疾人居家托养、残疾人机构安养、残疾人机构托管服务体系。

枫桥经验：发动和依靠群众，坚持矛盾不上交，就地解决，实现捕人少，治安好。

红旗渠精神：自力更生、艰苦创业、团结协作、无私奉献。

（区政府办公室）

专 文

青岛国际院士港

【概况】 2018 年，青岛国际院士港建设纳入了国务院批复的《山东新旧动能转换综合试验区建设总体方案》，进一步确立了省、市、区三级联动机制，精心打造 9 个核心板块、3 个协同板块和院士智能制造产业区。

【院士引进】 坚持国际性、顶尖性、中坚性、市场性四项原则，聚焦生物医药、新一代信息技术、高端装备制造、新能源新材料等方向，聚焦引进国际知名院士，特别是外籍院士。2018 年 8 月，青岛国际院士港承办第二届海外院士青岛行暨青岛国际院士论坛，山东省委副书记杨东奇到会宣读省委书记、省人大常委会主任刘家义的贺信并致辞。期间，共签约海内外院士 71 名。截至

2018 年底签约引进院士 108 名，其中外籍院士占 85%。

【平台建设】 坚持高点定位、整体规划，着力打造院士工作站、院士产业加速器、院士研究院、院士产业核心区试验区、院士技术论坛、院士技术双创银行＋、院士特色风情居、院士综合服务网和院士顶尖荟 9 个核心板块，丝路协创中心、青岛—亚马逊 AWS 联合创新中心和青岛邮政跨境电商产业园 3 个协同板块以及院士智能制造产业区，为入驻院士

青岛国际院士港。

团队提供全方位平台支撑。截至 2018 年，共配建人才公寓 481 套。

【成果转化】 坚持把推动科研成果转化摆在突出位置，建立院士产业基金，促进人才、机构、装置、资金、项目等创新要素充分汇聚。现已有 32 个院士项目落地，13 个项目产出 38 种产品。

附 落地产品简介

【袁隆平院士项目】 由世界"杂交水稻之父"、中国工程院院士袁隆平领衔成立青岛海水稻研发中心，已实现重大科研突破，6‰盐碱度种植条件下的耐盐碱水稻测产达到 620.95 千克／亩，近期目标是在全国推广种植 1 亿亩。

海水稻（耐盐碱水稻） 海水稻生长周期长、富含硒、无农药残留、不含重金属，植物蛋白含量高达 12%（是普通大米的 2 倍）、含水率高达 16%、直链淀粉含量达 13.6%，达到国际一级优质粳稻标准。具有安全、珍贵、营养、口感好等特点。

耐盐碱水稻。

【帕克院士项目】 帕克院士是国际材料学领域权威科学家，加拿大皇家科学院、加拿大工程院、韩国科学院、韩国工程院院士，致力于在轻质高强度 PET 纤维增强 PP 领域进行合作研发并实现产业化。项目中试、生产厂房选址于即墨区青岛环保产业园内，面积 8000 平方米，目前中试厂房主体改造完成，第一条年产 7000 吨（1 吨 =1000 千克）试验线正在使用调试。其产品将在汽车轻量化、电动汽车、智能高端家电、高铁、医疗、航空航天等广阔领域替代传统材料。

原位成纤纳米新材料 产品将 PP 和 PET 按一定比例混合，经特殊工艺加工成改良的聚丙烯材料，具有优秀的机械性能、阻气性和发泡性，可以进一步扩大 PP 材料的市场，应用于其他高价值领域，包括汽车、航空航天、医疗设备等。

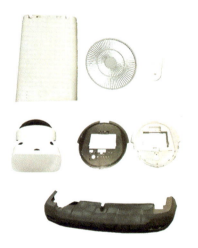

原位成纤纳米新材料主要产品。

【陈璞院士项目】 陈璞院士是纳米技术生物医药领域国际知名专家，加拿大工程院院士，致力于小核酸抗肿瘤新药研发，包括纳米多肽转运试剂、小核酸抗肿瘤新药、3D 肿瘤模型等。项目产品爽口液已上市销售。

纳米多肽 –NP1 通过静电吸引结合带负电的小核酸，自组装形成纳米颗粒，利用内吞的方式进入细胞内。该产品成本低，优于脂质体 2000 的转运效率，细胞毒性较后者低于 20%，尤其在 3D 细胞球中效果更明显。

纳米多肽 –NP1。

舒口汰——抗菌爽口液 产品特异性地作用于有害细菌类的细胞壁，通过阴阳离子的静电结合来改变细胞壁的通透性，最终导致细胞死亡。与传统抗生素相比，具有迅速、强大的杀菌力。

舒口汰——抗菌爽口液。

【西拉姆院士项目】 由当代"静电纺丝纳米纤维之父"、英国皇家工程院外籍院士西拉姆领衔，致力于提供静电纺丝纳米纤维新材料的整体工业解决方案及纳米纤维新材料在生活民用、工业化工、生物医药等领域的产业化开发。项目产业化厂房选址李沧区瑞金路55号，面积6000平方米。

纳米纤维涂附设备　中国唯一的纳米纤维量产生产设备，填补国内技术空白，可用于加工和制造高性能过滤材料、智能服装面料、工业催化材料和高性能锂电池隔膜等。

纳米纤维涂附设备。

止血枪　在世界上首次提出用静电纺丝实现纳米止血技术，止血枪将生物医用材料转变成纳米纤维，可实现几秒内对伤口的迅速止血，同时具有透气、隔离病毒细菌的优良效果。在生物医疗等领域具有广阔应用前景。

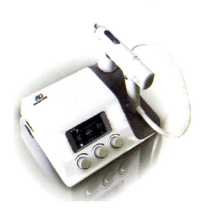

止血枪。

防霾净化窗　产品采用静电纺丝与纳米纤维技术，每平方厘米密布百万微孔，孔径分布在100～300纳米，能有效地阻隔雾霾和灰尘进入室内，且不影响空气流通，对$PM_{2.5}$的过滤效率达到95%，具有节能、环保、杀菌、消毒、防辐射等功能。

防霾净化窗。

防霾防病毒口罩　采用超细纳米纤维滤材作为主要功能材料，具有超高的拦截效率，同时降低呼吸气阻，可有效拦截细菌、病毒、$PM_{2.5}$等有害物质，同时保证佩戴的舒适度。

防霾防病毒口罩。

高效长寿命滤纸　产品可用于新风、工业过滤、VOC、分子筛等方面，具有一次性过滤效率高，可反复多次使用等特点。

高效长寿命滤纸。

纳米锂电池隔膜　耐高温、缺陷少，具有更高的孔隙率以及透气性，更有利于电解液的渗透，同时具有较好的化学稳定性以及耐热性能，整体性能更加优良。

纳米锂电池隔膜。

功能性床上用品纺织材料　对标欧洲X-static产品，独特的银纳米纤维具有导热、抗静电、抗微生物、去异味和防潮等功能。对于体弱者、高血压患者和皮肤敏感者等有显著的保健作用。

功能性床上用品纺织材料。

【王玉田院士项目】 王玉田院士是国际著名神经生物学家、加拿大皇家科学院院士，从事神经系统疾病创新专利药物的研发及生产。目前已获得PMS-001（戒毒、老年痴呆适应证）、PMS-002（中风适应证）、PMS-003（痤疮适应证）3项专利。计划6年内完成PMS-001（戒毒适应证）临床试验，获取生产批件，实现产业化生产和销售。

PMS-001 适应证为戒毒、阿兹海默症（AD）。目前新型毒品成瘾市场上无药可治，因此，PMS-001具有广阔的市场前景，初步测算国内市场容量将超过百亿，PMS-001上市后将占据70%以上的新型毒品戒毒市场份额。

PMS-001。

PMS-002 适应证为脑中风。目前，世界上没有药物可以有效地减轻脑中风引起的脑损伤以及一系列后遗症。未来

PMS-002在脑中风市场将占领20%的市场。

PMS-002。

PMS-003 是一种减少皮脂腺细胞脂肪酸和胆固醇合成的干扰肽。高浓度可以作为痤疮的局部治疗药物，而低浓度是可以开发为控油和预防痤疮的化妆品。该药物可投入到化妆品市场，达到控油、去痤疮及局部减肥的功效。

PMS-003。

【侯立安院士项目】 侯立安院士是环境工程专家，中国工程院院士。项目将在空气净化材料、水净化膜材料及环境净化装备等领域进行产业化研究，为全国乃至全球的环境改善提供社会化服务。产业化厂房选址胶州市胶西镇杜村工业园，面积约2万平方米，现已投入使用。

薄型石材装饰保温一体板产品系统地解决了墙体保温与饰面一体化的技术瓶颈，为节能减排、环保绿色建筑提供可靠保障。

薄型石材装饰保温一体板。

贝壳水性涂料 材料采用沿海地区的天然贝壳，制造成健康环保的建筑结构体"水性涂层材料"，具有净化空气、防霉抑菌、去除甲醛等多种功能。

贝壳水性涂料。

新风环境净化系统 产品为建筑工程提供室内空气净化

解决方案，将环境中的 PM_{2.5}、有机挥发物、有毒有害污染气体等催化分解成无害元素，创造空间优异的净化新风环境。

新风环境净化系统。

车载空气净化器 产品通过高压静电电离技术产生的负离子对空气进行净化，解决颗粒物沉降，同时具有杀菌抑菌和祛除甲醛的作用，无须耗材。

车载空气净化器。

【何满潮院士项目】 何满潮院士是我国矿山工程岩体力学专家，中国科学院院士，项目首批筛选地下中子能电站、立体能源云技术及应用、无煤柱自成巷 N00 工法工业扩展性装备项目，力争 5 年内打造国家级重点实验室或国家级工程中心。

复杂深海工程地质原位长期观测设备（SEEGEO） 设备能够对沉积物电学、声学、孔压、水动力（波潮位、海流）、气体（甲烷）等进行现场实时监测，实现海底工程地质参数的远程实时长期原位监测。

复杂深海工程地质原位长期观测设备。

全海深海水溶解氧电池供电系统 海水溶解氧电池（SWB）属于敞开式结构，安全可靠，能量密度高达 700Wh/kg（瓦时每千克），体积比功率密度 10 瓦/立方米，解决了以年为单位的海洋长期观测供电瓶颈问题。

全海深海水溶解氧电池供电系统。

海床孔隙水压力动态变化监测系统（地下水位动态变化监测系统）用于长期原位监测海床界面以下不同深度的沉积物孔隙水压力响应及地下水位动态变化。

海床孔隙水压力动态变化监测系统。

滩浅海静力触探设备（SS-CPTu） 设备最大贯入深度 10 米，具有海上连续走航测试的优势，服务于海床地基承载力、地层划分以及液化势的快速测量与判别，在海洋工程地质勘查中具有很好的应用前景。

滩浅海静力触探设备。

NPR 锚杆 具有无磁、高强、高韧、高均匀延伸，能够适应大变形的特点，解决了普通锚杆局部变形断裂的情况，属于国内外首创，有望应用在军事地下工程、大变形隧道、煤矿大变形巷道支护、抗震建筑、桥梁等领域。

NPR 锚杆。

【治疗性生物制品项目】 致力于在传染病和肿瘤治疗性

抗体及免疫细胞治疗研究与产业化开发方面，打造国家级基因工程抗体研究中心。计划5年内研发新型禽类抗体、高纯度长效干扰素、人和动物新型基因工程疫苗。

基因工程抗体　运用基因工程技术进行目标抗体的表达，突破传统抗体制备过技术，实现抗体的靶人源化，减少抗体使用过程中抗体反应，更加有效地抵制疫病对机体的侵害，降低疫病造成的经济损失。

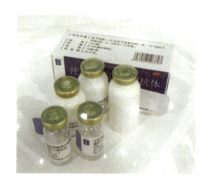

基因工程抗体。

生物标准物质　将病原体的抗原、抗体、核酸等制备成标准试剂，为生物医学实验提供评判依据，使实验数据更具准确性、可比性和可追溯性。

生物标准物质。

生物工程酶及相关检测试剂盒　根据病原核酸特点，项目团队研发出多种生物工程酶，

在此基础上开发出特异性脱氧核糖核酸／核糖核酸免提试剂盒，可用于检测人类疾病和动物疾病分子诊断中的组织、血清、血浆、全血和病毒培养液等标本材料中的脱氧核糖核酸／核糖核酸病毒。

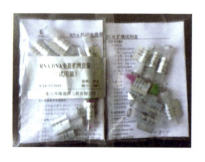

生物工程酶及相关检测试剂盒。

新型基因工程疫苗　利用基因工程技术将具有强免疫原性的抗原蛋白制备成疫苗，与普通疫苗相比，无病毒培养过程，不存在毒力回升或灭活不完全问题，具有安全性高，稳定性好，产量高等优点。

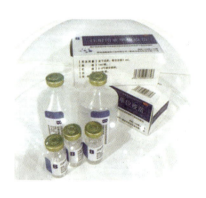

新型基因工程疫苗。

细胞因子类产品　利用基因工程技术，高效表达促进细胞修复等相关细胞因子。如团队研制的愈合贴，以石蜡纱布为载体，敷于创口表面，具有促进伤口愈合及消毒作用，适

用于擦伤、局部深度创伤、手术伤口、烫伤、1度和2度烧伤等。

细胞因子类产品。

【张东晓院士项目】　张东晓院士是美国国家工程院院士，项目主要研究方向为非常规油气开发技术（页岩油气、煤层气、可燃冰等）、新能源材料开发与高效利用、储能材料与设备等。

太阳能相变蓄热供暖系统　该装置可将电能、太阳能转换为热能存储于蓄热箱内，可缓解太阳能在时间和空间上不匹配的矛盾；采暖季期间，可仅利用低电价（谷电）及太阳能进行蓄热采暖；能够满足家庭供暖及生活热水的使用需求，具有运行成本低、放热稳定性高、噪音低、零排放等优点。

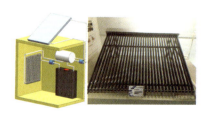

太阳能相变蓄热供暖系统。

相变储能复合板材　主要用于建筑节能保温领域，具有储能密度高、导热系数可调、

环保等优点。可直接铺设于地板、墙板等室内围护结构。铺设后可吸收利用建筑余热，从而减少室内温度波动，提高人体舒适度，在各类建筑节能改造、新建建筑装修等领域具有广阔的前景。

相变储能复合板材。

相变储能复合颗粒及粉体具有储能密度高、导热系数可调、环保等优点。既可直接用于各类建筑或对热能利用有需求的相关领域，又可作为建筑材料（石膏板、水泥、混凝土等）的添加剂，提高建筑材料的节能保温效果。

相变储能复合颗粒及粉体。

相变复合蓄冷材料　相变温度为−25℃～10℃，具有蓄冷量大、过冷度小、导热率可调、无污染、可循环使用等优点。可根据需要组合搭配而构成个性化的冷链保温系统，适用于医药冷链运输、食品冷藏保鲜等领域，也可作为蓄冷材料用于食品、化工等行业的低温蓄冷设备。

相变复合蓄冷材料。

相变复合储热材料　相变温度为20℃～80℃，具有蓄热量高、导热率可调、无污染、可循环使用的优点。既可将其用于建筑节能复合材料的制备，也可用于蓄热装置进行热存储及管理，实现高效供热。

相变复合储热材料。

【倪维斗院士项目】倪维斗院士是动力机械工程专家，中国工程院院士。项目通过非并网专用风机与新型海水淡化装备一体化柔性连接、协同运行，能耗实现"零"边际成本，即100%应用风（光）能进行海水淡化，设备折旧后的成本几乎为"零"。

非并网风电海水淡化一体化装备　实现了核心装备一体化，体积小、效率高、成本低，并且没有传统的高压泵、能量回收器和增压泵，利用数字液压柱塞缸将海水更高效、更稳定、更经济地转化为淡水。

非并网风电海水淡化一体化装备。

【王子才院士项目】王子才院士是中国工程院院士，自动控制、系统仿真领域专家。项目针对目前导航产品过于依赖无线信号传输的瓶颈问题，致力于突破一系列智能信息融合领域的关键技术，形成从原创性理论成果、关键技术到样机研制和产品应用的成果链条。

新型全自主导航系统　产品可作为目前导航产品的增强型产品和更新换代产品，广泛应用于武器装备、航空航天航海、深海探测、遥感测绘、远洋监测、土地调查和国防安全等领域。

新型全自主导航系统。

【周寿桓院士项目】周寿桓院士是我国著名光电子学与

激光技术专家，中国工程院院士。成立了青岛海镭激光科技有限公司，公司研发团队在脆性材料加工等方面多点发力，特别是在 OLED 先进显示装备技术方面取得重大突破。

激光精密切割打孔机　主要应用于手机面板、车载玻璃面板、精密光学玻璃元件、医疗类玻璃器皿的切割，打孔速度快、精度高、稳定性好、成品率高，可直接加工多种玻璃、石英等透明脆性材料。

激光精密切割打孔机。

激光清洗机　产品可以高速有效地清除表面附着物或表面涂层，不会伤害金属基材，不需要任何破坏臭氧层的 CFC 类有机溶剂，无污染、无噪声，对人体和环境无害，是一种"绿色"清洗技术。

激光清洗机。

【贾瓦德院士项目】　贾瓦德院士是加拿大工程院、加拿大皇家科学院院士，现任加拿大多伦多大学等离子体工程领域特聘教授。项目成立青岛贝尔肯能源工程技术研究院有限公司，拟在能源和制造领域开发新的热喷涂应用。

新型无菌水封　产品通过对水封内安置金属涂层，利用小型电源产生电势激活涂层形成表面活化离子，主要针对水封内表面附着层上的细菌，在孕育期内即可杀死细菌病毒，同时对流入的污水已经携带的细菌或病毒进行消除。

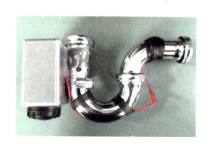

新型无菌水封。

（赵倩）

区情综述

李沧区概要

【历史沿革】 李沧地域历史悠久，隶属多变。夏、商、周为莱夷地，春秋时属东莱地，战国时期属齐国。秦朝时属胶东郡不其县，汉朝时先属琅琊郡、后属东莱郡不其县。南北朝时属长广郡不其县。隋、唐、宋时期属莱州即墨县。元朝时先隶胶州、后隶莱州即墨县。明朝初隶青州府即墨县仁化乡、后属莱州府胶州即墨县仁化乡。清朝初隶莱州府胶州即墨县仁化乡、后属胶州直隶州即墨县仁化乡。1897年11月，德国出兵侵占胶澳。1898年3月，德国强行迫使清朝签订《胶澳租界条约》，境域被划入胶澳租借地，称作李村区。1914年11月，日本打败德国，武力占领胶澳，李沧境域随之被日本攫为己有。至1922年12月，在全国人民不断流血牺牲和艰难奋斗下，中国终于收回青岛主权，将胶澳租借地改称胶澳商埠督办公署，李沧境域属李村区和四沧区。1929年4月，南京国民政府接管胶澳商埠，改称青岛特别市，直隶国民政府行政院，境域隶属未变。1938年1月，日本又趁侵略中国之机，第二次侵占青岛，李沧地域隶属日占李村警察分局（支署）和沧口警察分局（支署）。

1945年8月，日本战败，宣布无条件投降。9月，美国海军在青岛登陆，在美国的帮助下，南京国民政府抢先接管青岛市，李沧境域的沧口部分改属市区、李村部分属崂山行政办事处。

1949年6月，青岛解放，青岛市人民政府成立，李沧境域分属李村区（农村区）和四沧区（郊区）。1951年4月，原崂山行政办事处（先后隶南海、胶州专区）划归青岛市，李沧境域分属四沧区和崂山行政办事处李村区。7月，沧口地域从四沧区拆出，建立沧口区。1953年6月，崂山行政办事处改称崂山郊区。1958年，李村区改称李村人民公社，隶属崂山郊区。1961年，崂山郊区改称崂山县。1984年，李村人民公社改置李村镇。1994年4月，经国务院批准，青岛市区划调整，撤销沧口区建制，将沧口区之大部与李村镇之大部合并建立李沧区。

附 **小资料**

李沧区名称之由来

据史料载，古时，今日的李村和沧口地域属即墨。唐、宋时期，因海运已在今沧口湾岸建粮仓，初称粮仓海口，后简称仓口。明、清时期，随着海防海运与易物通商，仓口发展成为海关分关。1436～1449年（明正统年间），李氏从云南迁址即墨留村，复迁至今李村河北岸，以李姓命名而立村。经过几个世纪的演变，到清朝中后期，李村逐步成为即墨南部通都名邑之重镇。在1873年（清同治十二年）版《即墨县志》中，对"李村集"和"沧口"有简要标现和诠释。1897年（清光绪二十四年）德国侵占胶澳后设立的李村乡区，辖今沧口之大部。李村镇名始于1936年，沧口区名始于1932年。1949年6月和1951年7月，李村区和沧口区人民政府分别成立。1984年2月，李村人民公社改称李村镇。1994年4月23日，"李沧区"之名称首次出现在国务院的文件上，青岛市经国务院批准，撤销沧口区，将其所辖的8个街道办事处和1个乡与原崂山区李村镇张村河以北的李村区域，合并划归成新设的李沧区，取两地之首字，称李沧区，区政府驻李村。李沧区从此定名。

【行政区划】　李沧区辖11个街道办事处：李村街道办事处、虎山路街道办事处、浮山路街道办事处、振华路街道办事处、沧口街道办事处、兴华路街道办事处、兴城路街道办事处、楼山街道办事处、湘潭路街道办事处、九水路街道办事处、世园街道办事处。共115个社区居委会。

【地理位置及面积】　李沧区位于青岛中心位置。地处东经120°26′，北纬36°10′。东部属低山丘陵，中部地势平坦。东沿茶花顶、青台山、花椒山、围子山与崂山区接壤，西濒胶州湾，南至李村河与原四方区隔水相望，北与城阳区接壤。辖区内海岸线长约11千米，与崂山区、市北区、城阳区的边界线分别长20.2千米、6千米、16.5千米。

李沧区的行政区划平面图大体上呈展飞的多彩色蝴蝶形。最大纵距约11千米，最大横距约14千米，总面积99.10平方千米，占青岛主城区总面积的51%，李沧区是青岛市内3区之一，在市内区域中，面积最大。东枕崂山山脉，西临胶州湾，南接市北区，北连城阳区，东与崂山区接壤，是进出青岛市的咽喉之地，2014青岛世界园艺博览会主办地。

【地质环境】　青岛地区地处郯庐断裂带、燕山—渤海断裂带及南黄海断裂带的环绕之中，此三条断裂皆属活动断裂带。在历史上，该活动断裂带曾经发生过多次地震，并且多次波及青岛地区，也连带李沧地域。但因青岛地域位于中朝古陆胶辽地盾之上，其整体上的稳固性在近代一直未见有较大震中以及较大的地震灾害的纪录，也较少有四级以上的地震灾害发生。发生于1992年1月23日的南黄海5.3级地震，

震中距青岛市区117千米，市区震感强烈，影响烈度为5度。

李沧域内虽有夏庄—丹山—沧口断裂带和李村—青岛断裂带，但因地质构造的不同，地震活动较微弱，小震的分布具有随机性，与域内断裂构造无明显关系。在李沧地域的地震史录中，虽然有过不同等级的地震，也只是小震、弱震。曾有过几次较大的地震，但不是震中，仅是反映其他地域地壳板块活动过程中给域内断裂生成连带作用的迹象。

【地貌植被】　境内地形主要为丘陵地貌类型，可分为丘陵、平原、滨海低洼地三种形态。地势东高西低，中部平坦，西部胶州湾沿岸低洼。土壤主要为棕壤、褐土。草木植被大多分布在东、北部，城区植被主要为人工造林与人工绿地草坪，覆盖率较低。20世纪90年代中期开始，随着城市化进程加快，农业生产日渐式微，农业植被大幅度减少。

【山脉】　境内有卧狼齿山、老虎山、烟墩山、楼山、北平岚山、凤山、枣儿山、牛毛山、东南山、坊子街山、花椒山、双峰山、青台山、戴家山、围子山、绵羊顶山、双龙山、黑石沟山、杨家北山等19座山，均系崂山余脉。其中，卧狼齿山海拔428米，是全区最高点。卧狼齿山、老虎山、戴家山等山区，已是李沧区东部的绿色风景线。

附 小资料

山脉简介

虎山 位于李村北3.3千米，由9个山头组成，山势绵延起伏，古时又称九顶山。主峰海拔172米，占地面积600公顷。山上植有黑松、刺槐，覆盖率约40%。其中一山头上有一巨石，高约2米，上面又摞一石，高约2.5米，俗称"摞摞人"，远看像虎头，故名"虎头石"。

卧狼齿山 又名"恶狼齿""卧狼匙"，位于李村东北4.5千米，属石门山脉中支，面积约1.5平方千米，主峰海拔428米。山腰植有黑松、刺槐，覆盖率约80%。该山高陡险峻，峰峦叠嶂，怪石嶙峋，像一只龇牙咧嘴的恶狼，卧伏在那里，故名"卧狼齿"或"恶狼齿"。

楼山 清同治版《即墨县志》中有记载，由4个山头组成。主峰海拔98.2米，占地面积约0.44平方千米。1986年建楼山公园。为青岛市北部工业区居民提供游览、休憩场所。

花椒山 位于王家下河村南，属李村南山支脉，是九水路街道辖区与崂山区中韩街道办事处、沙子口街道办事处分界处。主峰海拔139米，占地面积约0.76平方千米。下部为梯田，栽植果树；山上种植黑松、刺槐等，覆盖率达30%以上。

双峰山 位于李村东2.7千米，老鸦岭西侧。系李村南山支脉，主峰海拔153米，占地面积约0.25平方千米。种植黑松、刺槐，覆盖率约80%以上。是李村至沙子口、李村至仰口的咽喉要地。该山有两个主峰，故名"双峰山"。

青台山 位于李村东北8公里，李家上流村东北1.5千米。山体为椭圆形，主峰海拔179米，占地面积约0.24平方千米，植黑松、板栗、刺槐，覆盖率约80%。山半腰有一长约1.3米、宽0.7米的石窝子，石缝内常年渗水，旱天不枯，清澈甘洌，被称为"凉水窝子"。由此源出的水流成一条小溪，山坡土层因之湿润，多生青苔，故名"青苔山"，后演化为青台山。

烟墩山 在旧志中，此山只作为一个山头被统称在楼山中。因其位于胶州湾畔，所以明代即建有烽火台，倭寇侵犯时，白日举烟，晚间燃火。烽火台俗称"烟墩"，以此得名。西临胶州湾，海拔63米，占地面积约0.11平方千米。1986年，建烟墩山公园，于山顶建亭廊一体的观景亭，环山修车道与景门，同时设"黄道婆"雕塑、喷泉池、小型儿童活动设施等。书法家修德先生题写山名"烟墩山公园"，并题词："烟笼绿阴静，墩辉碧树高"。

【河流】 域内河流均为季节雨源型山溪性河流，河流水系的发育和分布明显受地形地貌的控制，每逢暴风雨，洪水宣泄，西渐于海。主要河流有：李村河、张村河、西流庄河、王埠河、楼山河、板桥坊河、湾头河。其中，李村河流域是青岛市区最大的水系，也是李沧区行洪于海的主要河道。全长17千米，河流最宽处约100米。流域面积52.30平方千米。

【海域】 域内海岸线位于西侧，在胶州湾的东岸中部地带，南端起始于李村河口中线点，向北至城阳区流亭街道双埠社区前。1991年，海岸线长约13千米。由于围堰填海和环胶州湾高速公路建设，使海岸线向海内推进而形成明显的人工岸线，2011年，岸线缩减为11千米。海岸人工地貌与海上工程主要有围堰、挡潮墙、防浪堤、胶州湾高速路堤等，形成堤岸埝坝纵横交错的海湾景观。

【浅海滩涂】 浅海滩涂分布于楼山河口至李村河口之间，多为淤泥质粉砂、砂粉砂质淤泥，浅海滩涂总面积约18平方千米，已开发利用面积5平方千米左右。北部近岸区域被划定为规划污染防治区，南部近岸有少部分滩涂养殖区。

气候气象

李沧区 2018 年各月降水量、平均气温统计表

月　份	平均气温（℃）	降水量（mm）	备注
1	1.4	-0.4	
2	0.3	1.5	
3	30.6	7.1	
4	26.2	13.7	
5	48.8	18.7	
6	64.3	22.7	
7	141.1	26.5	
8	119.4	28.6	
9	43.4	23.0	
10	11.5	16.1	
11	21.3	10.6	
12	31.2	2.3	
全年	（合计）539.5	（月平均）14.2	

自然资源

【土地资源】 全区土地总面积 99.1 平方千米。其中，耕地面积 0.34 平方千米，占土地总面积的 0.35％；园地面积 1.34 平方千米，占土地总面积的 1.35％；林地面积 12.17 平方千米，占土地总面积的 12.28％；草地面积 0.46 平方千米，占土地总面积的 0.46％；居民点及工矿用地面积 78.32 平方千米，占土地总面积的 79.03％；水域面积 4.12 平方千米，占土地总面积的 4.16％；交通运输用地面积 1.71 平方千米，占土地总面积的 1.72％；其他用地面积 0.64 平方千米，占土地总面积的 0.65％。

【淡水资源】 域内淡水资源的丰歉程度随大气降水量的多少而变化，因地形地貌的差异不大。2018 年，全区年降水量 539.5 毫米。在季节上降水多集中在 5～9 月份，降水量达 417 毫米，占年降水量的 77.3％，1～4 月春灌期的降水量仅为 58.5 毫米，占年降水量的 10.84％，10～12 月降水量为 64 毫米，占年降水量的 11.86％，形成春旱、夏涝、秋冬又旱的局面。

旅游资源

李沧区旅游资源丰富，其主要特点是：山海一体、气候宜人、风景秀丽、交通方便，具有得天独厚的自然条件和自然景观。区内主要有国家 4A 级景区、2014 世界园艺博览会举办地——百果山森林公园（世博园）；国家 3A 级景区、"山东省原生态旅游示范点""中国最美村镇"竹子庵公园和百果山森林公园；国家 2A 级景区中防商街；名胜古迹有古城顶遗址、大枣园牌坊、于家下河仙姑塔、明贞观、李村基督教堂、竹子庵（玄阳观）、靴子石山、三清洞等。其中古城顶遗址、大枣园牌坊、李村基督教堂是山东省政府确定的省级文物保护单位；另外还有万亩桃园、十梅庵风景区等。

地理交通

李沧区域内交通便利，地理位置优越。该区域距青岛市政府仅 10 余千米。区域东部生态商住区南北纵向主干道有重庆路、黑龙江路、青银高速公

路等与滨海公路和济青高速公路连接。东西横向主干道有金水路、九水路等连接滨海公路和济青高速公路。西部拥湾区域毗邻青岛市北部商业圈，通过青岛胶州湾大桥连接青岛、黄岛、红岛、崂山。近邻国际空港，距离青岛流亭国际机场仅13千米。铁路青岛北站青岛汽车北站座居其中，胶州湾大桥桥头矗立在区域内，始发途径辖区公交线路数条，地铁1、3、8号线在此汇集、环湾大道、跨海大桥高架路途经我区，沧口海湾为开辟海上旅游通道提供良好条件，拓宽改造后的金水路成为贯通主城北部东西的靓丽风景，是进出青岛市的咽喉要道，成为拥湾乃至半岛区域的交通枢纽。

（区史志办）

2018年李沧区机构设置及主要领导名单

（截至 2018 年 12 月 31 日）

中共青岛市李沧区委员会

书　记：王希静

副书记：张友玉（11.23 任）于洋

常　委：魏瑞雪　谭　鹏　郑海涛　陈忠伟　仲伟富　于永志　纪明涛　郭振勇（2.2 任）

区委工作部门

部门名称	主要领导	职务	地址	电话
区委办公室	纪明涛	主任	黑龙江中路 615 号	87610816
区委组织部	陈忠伟	部长	黑龙江中路 615 号	87610789
区委宣传部	郑海涛	部长	黑龙江中路 615 号	87637187
区委统战部	谭　鹏	部长	黑龙江中路 615 号	87612588
区委政法委	于永志	书记	黑龙江中路 615 号	87691712
区编委办	戴建利	主任	黑龙江中路 615 号	87615998
区委巡察办	高佃智	主任	黑龙江中路 615 号	87610828

区委部门管理机构

部门名称	主要领导	职务	地址	电话
区委区政府信访局	戴　兵	局长	黑龙江中路 615 号	87629602
区委老干部局	姜福明	局长	夏庄路 128 号	87681333

区委直属事业单位

部门名称	主要领导	职务	地址	电话
区委党校	赵德森	书记（常务副校长）	金水路 1501 号	87067017
区新旧动能转换促进中心	王　浩	副主任		

区委部门管理事业单位

部门名称	主要领导	职务	地址	电话
区档案馆（区档案局）	王学青	局长	黑龙江中路 615 号	87637952
区委党史研究室		主任	黑龙江中路 615 号	87630237
区老干部服务中心	徐　建	主任	夏庄路 128 号	87688696

区委派出机构

部门名称	主要领导	职务	地址	电话
区委区直机关工委	王润强	书记	黑龙江中路 615 号	87616589
区委企业工委	吉素琴	书记	黑龙江中路 615 号	87633220

李沧区人民代表大会常务委员会

主　任：管习会

副主任：盛祥柏　李　燕　房　艳　韩川德　王庆胜

工作部门

部门名称	主要领导	职务	地址	电话
区人大常委会办公室	张璞（5.15 免）			
	孙君伟（5.15 任）	主任	黑龙江中路 615 号	87062966
区人大常委会人事代表工作委员会	许家超	主任	黑龙江中路 615 号	87616833
区人大常委会预算工作委员会	韩庆萍（5.15 免）	主任	黑龙江中路 615 号	87619533
区人大常委会内务司法与法制工作委员会	李锡龄	主任	黑龙江中路 615 号	87619529
区人大常委会财政经济工作委员会	吕良海	主任	黑龙江中路 615 号	87636889
区人大常委会城市建设和环境资源保护工作委员会	王悦茂	主任	黑龙江中路 615 号	67707159 67707159
区人大常委会教科文卫工作委员会	王　牛（5.15 免）			
	杜　强（5.15 任）	主任	黑龙江中路 615 号	67707167

李沧区人民政府

区　长：李兴伟（1.15 辞）

副区长：张友玉（兼代理区长　12.6 任）　魏瑞雪　朱元庆　刘学辉　刘春花　张在厚

区政府工作部门

部门名称	主要领导	职务	地址	电话
区政府办公室	袁　波	主任	黑龙江中路 615 号	87610928
区发展改革局	包　宏	局长	黑龙江中路 615 号	87895878
区教体局	王晓光	局长	黑龙江中路 615 号	87617797
区科技局	徐敬青	局长	黑龙江中路 615 号	87610810
区民政局	王胜（5.23 免）	局长	黑龙江中路 615 号	87636910
区司法局	孙兰泉	局长	黑龙江中路 615 号	87636039
区财政局	张在厚	局长	黑龙江中路 615 号	87636517
区人力资源社会保障局	程远志（5.23 免）			
	任言力（5.23 任）	局长	黑龙江中路 615 号	87637001
区建管局	王海建（8.28 任）	局长	书院路 62 号	87639889
区商务局	王忠于（5.23 免）			
	张敦义（5.23 任）	局长	黑龙江中路 615 号	87620231
区文新局	刘从岭	局长	黑龙江中路 615 号	87612127
区卫生和计生局	韩传密（2.26 免）	书记	黑龙江中路 615 号	87629721
	李　蕾	局长	黑龙江中路 615 号	87629722

部门名称	主要领导	职务	地址	电话
区审计局	江守奎（5.23免）			
	李　坚（5.23任）	局长	黑龙江中路615号	87628667
区统计局	李　坚（5.23免）			
	魏可爱（5.23任）	局长	黑龙江中路615号	87061680
区安全监管局	于志刚	局长	黑龙江中路615号	87899767
区旅游局	毕志坚	局长	黑龙江中路615号	87636316
区食品药品监督局	杜　强（5.23免）			
	王忠于（5.23任）	局长	果园路9号	87892067
区市场监督管理局	王彤宣	局长	夏庄路127号	87660789
区综合执法局	陆兆纲（5.23免）			
	王仕君（5.23任）	局长	九水东路3号	84631777
区退役军人局	邓　杰（12.27任）	局长	黑龙江中路615号	84894167
区行政审批局	姜可新（12.27任）	局长	九水东路3号	66088357
区政府法制办	李德岗	主任	黑龙江中路615号	87637917
区人防办	甄孝刚（5.23免）			
	张国宾（5.23任）	主任	九水东路188号	87639377
区金融办	许德林（5.23免）			
	吴小凡（5.23任）	主任	黑龙江中路615号	87639967

区政府派出机构

部门名称	主要领导	职务	地址	电话
区政务服务和公共资源交易管理办公室	姜可新	主任	九水东路3号	66088377
火车北站周边区域管理办公室	孙开功	副主任	火车北站西广场静乐路1号	58701707

区政府直属事业单位

部门名称	主要领导	职务	地址	电话
区交通商务办	王子兴	主任	沧海路1号	84693666
区企业托管中心		主任	书院路52号	87896483

区政府部门管理事业单位（正处级及以上单位）

部门名称	主要领导	职务	地址	电话
区机关事务局	汤　建	局长	黑龙江中路615号	87630266
区教育研发中心	刘国宏	主任	黑龙江中路615号	87895837
区房产管理一处、二处	孙　琦	处长		
区服务业发展局	王加青（3.29免）	局长		
区招商局		局长		
区开发建设推进中心	周　诚（4.28任）	主任		

区政府部门管理机构

部门名称	主要领导	职务	地址	电话
区政府应急办	王仕君（4.28 免）			
	宋　强（4.28 挂）	主任	黑龙江中路 615 号	87610752
区地震局	高大明	局长	黑龙江中路 615 号	87636621

派出机构

部门名称	主要领导	职务	地址	电话
李村街道办事处	徐有福（3.29 免）	党工委书记	果园路 11 号	87639288
	杨晶海（2.23 任）			
	王旭梅（5.15 免）	办事处主任		87631717
	王旭梅（3.29 任）			
	徐有福（5.11 免）	人大工作室主任		87617952
	范寿昌（5.15 任）			
	王旭梅（5.11 任）	政协工作委员会主任		87631717
虎山路街道办事处	单　伟	党工委书记	金水路 1317 号	68072666
	任志敏	办事处主任		68073666
	闫　博	人大工作室主任		87066377
	任志敏	政协工作委员会主任		68073666
浮山路街道办事处	李振洪	党工委书记	万年泉路 33 号	87612777
	孙君伟（4.28 免）			
	陈　军（4.28 任）	办事处主任		87616666
	吴小凡（5.15 免）			
	孙学强（5.15 任）	人大工作室主任		87891928
	孙君伟（5.11 免）			
	陈　军（5.11 任）	政协工作委员会主任		87616666
振华路街道办事处	陈兴泉	党工委书记	隆昌路 8 号	66081797
	崔　翔（4.28 免）			
	李珺竹（4.28 任）	办事处主任		66081789
	陆　蕾	人大工作室主任		66081799
	崔　翔（5.11 免）			
	李珺竹（5.11 任）	政协工作委员会主任		66081789
沧口街道办事处	魏　华（4.15 免）			
	张　璞（4.15 任）	党工委书记	升平东路 16 号	84632288
	王宪军（10.12 免）			
	曲　振（10.12 任）	办事处主任		84637277
	王德战	人大工作室主任		84610882
	王宪军（11.28 免）			
	曲　振（11.28 任）	政协工作委员会主任		84637277

部门名称	主要领导	职务	地址	电话
兴华路街道办事处	杨晶海（2.23 免）			
	姜岱尧（2.23 任）	党工委书记	兴华路 30 号	84632908
	王　栋（4.28 任）	办事处主任		
	高占玲	人大工作室主任		84666829
	王　栋（5.11 任）	政协工作委员会主任		
兴城路街道办事处	许德林（4.15 任）	党工委书记	兴城路 9 号	84686178
	门　杰（4.28 免）	办事处主任		
	孙俊鹏	人大工作室主任		66085033
	门　杰（5.11 免）	政协工作委员会主任		
楼山街道办事处	李大鹏（4.15 免）			
	赵洪兴（4.15 任）	党工委书记	楼山路 13 号	84819666
	刘　涛	事处主任		84816971
	张爱萍	人大工作室主任		84816375
	刘　涛	政协工作委员会主任		84816971
湘潭路街道办事处	赵洪兴（4.15 免）			
	门　杰（4.18 任，9.18 免）			
	朱旺棠（9.18 任）	党工委书记	十梅庵路 19 号	84831078
	刘　宏	办事处主任		84831108
	徐晓青	人大工作室主任		84836150
	刘　宏	政协工作委员会主任		84831108
九水街道办事处	迟克新（2.26 免）			
	陆兆纲（2.26 任）	党工委书记	衡水路 77 号	87603738
	兰功杰（4.28 免）	办事处主任		87603238
	姜继红	人大工作室主任		87605190
	兰功杰（4.28 免）	政协工作委员会主任		87603238
世园街道办事处	李大鹏（4.15 任）	党工委书记	金水东路 187 号	68076277
	周　敏	办事处主任		68076176
	杜咏华	人大工作室主任		68076178
	周　敏	政协工作委员会主任		68076176

政协青岛市李沧区委员会

主　席：李桂锡
副主席：李　蕾　戴玉环　吕伟烈　朱光亮　张崇英
秘书长：李　革

区政协工作部门

部门名称	主要领导	职务	地址	电话
区政协办公室	李　革	主任	黑龙江中路615号	87610003
区政协提案与委员活动工作办公室	石丰华	主任	黑龙江中路615号	87637786
区政协经济与人口资源环境工作办公室	王　辉	主任	黑龙江中路615号	87630270
区政协社会和法制工作办公室	邓宪林	主任	黑龙江中路615号	87630278
区政协教科文卫体与文史工作室	李青莉	主任	黑龙江中路615号	87637198
区政协港澳台侨外事和民族宗教工作室	仇建华	主任	黑龙江中路615号	87630278

中共李沧区纪律检查委员会

书　记：仲伟富

副书记：秦光明　王　惠

常　委：高佃智　孙　华　徐联群　卢红军

办公地址：黑龙江中路615号

办公电话：87610828

李沧区监察委员会

主　任：仲伟富（1.31任）

副主任：秦光明（1.31任）　王　惠　（1.31任）

委　员：徐联群（1.31任）　卢红军（1.31任）　唐辉涌　（1.31任）

办公地址：黑龙江中路615号

办公电话：87610828

李沧区人民法院

部门名称	主要领导	职务	地址	电话
李沧区人民法院	陈永奎	院长	金水路1303号	66878699

李沧区人民检察院

部门名称	主要领导	职务	地址	电话
李沧区人民检察院	张春宜	检察长	金水路1305号	83012101

公安李沧分局

部门名称	主要领导	职务	地址	电话
公安李沧分局	金瑞谟	局长	金水路1307号	66576501
	马　强	政委		66576502

群团组织机构

部门名称	主要领导	职务	地址	电话
区总工会	盛祥柏	主席	黑龙江中路 615 号	87617757
	袁和久	常务副主席		87637727
团区委	刘殿帅（4.18 任）	书记	黑龙江中路 615 号	87626090
区妇联	魏可爱（4.18 免）		黑龙江中路 615 号	87610345
	姜蕾（4.18 任）	主席		
区科协	史玉芳	主席	黑龙江中路 615 号	87637309
区残联	吴　忠	理事长	九水路 46 号	87630811
区工商联	吕伟烈	主席	黑龙江中路 615 号	87626101
	杨增远	党组书记		
区红十字会	王玉萍	常务副会长	黑龙江中路 615 号	87637531

（区委组织部、区编委办）

2018年区政府实事完成情况

2018年区政府实事10大类、40项具体项目完成确定的目标任务。完成情况如下：

一、加快教育基础设施建设，增加优质教育资源供给

1. 建成并开办3所学校，开办6所幼儿园。完成青山路小学、区实验初中、徐水路小学建设，于2018年9月正式开校办学，提供学位2520个；完成合水路、惠水和苑、青山路、衡水路、金水龙泽苑、华煜金海湾6所幼儿园建设，于2018年9月正式开园办学，提供学位2430个。

2. 建设4所学校、3所幼儿园。君峰路中学正在进行基础施工，平川路幼儿园正在进行主体施工，虎山路第二小学、青岛市第二实验小学分校、赤水路小学3所学校及汉川路幼儿园、东山二路幼儿园2所幼儿园正在进行基坑开挖及支护。

3. 新建4处学校食堂。建成徐水路小学、区实验初中、青山路小学、青岛27中、大枣园小学5处学校食堂。

二、加快文体设施建设，扩大文体服务覆盖面

4. 新建30条健身路径、3处笼式场地。完成中崂路1005号院、青峰路72号院等40条健身路径建设。完成虎山路街道桃园社区、浮山路街道东李社区、九水街道刘家下河社区等5处笼式场地建设。

5. 完成李沧区图书馆、档案馆建设。2018年10月通过竣工验收。

6. 开展100场国学经典下基层、100场优秀儿童剧进校园、100场街道社区够级比赛、100场市级院团演出和优秀戏曲进剧院进社区进市民文化活动中心、100场优秀电影进社区活动。举办"群文大舞台"各类文化活动800场。开展国学经典下基层110场、优秀儿童剧进校园100场、够级比赛100场、市级院团演出和优秀戏曲进剧院进社区进市民文化活动中心106场、优秀电影进社区活动128场。举办"群文大舞台"各类文化活动985场。

7. 提升15个社区文化活动中心服务功能，为街道、社区配置文化活动器材5000余件（套）、图书5万册。向中小学生发放优惠购书券5万张。完成李村街道东兴社区、兴城路街道汾阳路社区等15个社区文化活动中心服务功能提升，为街道、社区配置文化活动器材5000余件（套）、图书50753册。向中小学生发放优惠购书券5万张。

三、实施关爱工程，促进老幼群体健康发展

8. 加强基本公共卫生服务项目管理，形成覆盖全区儿童的预防接种服务网络。累计为适龄儿童接种一类疫苗25.3万针次，实现全区儿童预防接种服务网络全覆盖。

9. 为符合条件的60周岁以上李沧户籍老年人进行免费健康体检。免费为符合条件的60周岁以上老年人查体5.2万人。

10. 继续为70周岁以上李沧户籍老年人发放高龄补贴。完成全区33338名70周岁以上李沧户籍老年人高龄补贴信息申报、录入、审核工作，发放高龄补贴745.5万元。

11. 新建6处社区助老大食堂。沧口街道永河社区、湘潭路街道枣园社区、世园街道炉房社区等6处助老大食堂建成并投入使用。

四、实施暖心工程，完善残疾人服务保障水平

12. 为困难重度残疾人提供居家托养服务，实现全覆盖。对符合条件的残疾人和辅助性机构进行政策性补贴。完成残疾人托养服务456人；为符合条件重度残疾人发放补助金581人、65.5万元，学生奖励

救助金166人、33.3万元；完成5处辅助性就业机构就业申报209人、资金补贴754.6万元。

13. 为符合条件的残疾人实施白内障复明手术、精神病服药、精神病住院、残疾儿童康复训练、健康奶等康复救助。完成白内障复明手术救助1498例、精神残疾人服药救助773人、0～15岁残疾儿童康复训练救助165人、困难残疾人家庭0～14岁儿童健康奶补助142人次。

14. 为全区60周岁以下二级残疾人进行健康体检，为60周岁以下符合条件的残疾人购买意外保险。完成60周岁以下二级残疾人健康体检300人，为60周岁以下符合条件的残疾人购买意外保险6190人。

15. 对符合条件的困难重度残疾人家庭进行无障碍改造，建设3处辅助器具无障碍出行社区服务站。完成117户重度残疾人家庭无障碍改造，打造沧口街道升平苑社区、楼山街道翠湖社区等3处无障碍出行社区。

五、完善社区综合服务功能，改善基层便民服务条件

16. 建立军民融合社区公共服务中心。四流中路第一社区军民融合社区公共服务中心于2018年11月底建成。

17. 完善7处社区综合服务用房功能，改善服务面积1万平方米。完成李村街道东北庄社区、浮山路街道枣山路社

区、九水街道于家下河社区等8处社区综合服务用房功能完善提升，改善服务面积1.1万平方米，方便周边群众办事。

六、推进农贸市场改造，强化食品安全科学监管

18. 对符合条件的农贸市场进行升级改造。完成河南农贸市场升级改造，于2018年10月竣工验收。

19. 建设15处标准化食用农产品快速检测室。在丽达购物中心绿城店、利客来金川路店等15处商超建设快速检测室并投入使用。

20. 完成食品安全定性定量检测5000批次以上。累计完成食品安全定性定量检测6003批次，合格率98.7%。

七、加大安全教育力度，提升全民安全意识

21. 组织安全知识进社区大讲堂100场次，开展社区和生产经营单位安全应急演练60场次。累计组织安全知识进社区大讲堂100场，开展安全应急演练活动74场次。

22. 组建社区安全应急骨干队伍，提升社区居民安全应急能力。完成220人的安全应急队伍建设及业务培训。

八、加大就业创业和高技能人才培养扶持力度

23. 新增就业1.8万人以上，政策性扶持创业1500人以上。累计完成城镇新增就业48537人，政策性扶持创业1707人。

24. 组织技能培训2000人以上，培养高技能人才1000人以上，组织开展高技能人才大赛，大力培育能工巧匠。累计组织就业技能培训4000人，培养高技能人才1097人；承办安全评价师、中式烹调师等市级一类竞赛2场，认定区级技师工作站1处；1人获评山东省突出贡献技师、山东省技术能手，3人进入第六届青岛市突出贡献技师候选人名单。

25. 启用人脸识别认证系统，提高退休认证智慧化服务水平。2018年4月底完成人脸识别认证系统设备安装、调试和人员培训，并投入使用。

九、加快安居惠民工程建设，提升宜居品质

26. 推进刘家下河、庄子、北王、杨哥庄等社区安置房建设。加快刘家下河、庄子、北王、杨哥庄等5处社区安置房建设，正在进行室内外装修施工。

27. 开工建设5万平方米人才公寓，建成474套公租房。开工建设永平路76号地块、东李商圈改造二期共6.2万平方米人才公寓；配租配售保利中央公园、奋进路2号地块、上臧炉房公租房共825套。

28. 对符合条件的老旧楼院进行公共设施及环境综合整治。对符合条件的老旧小区进行应急性维修维护。完成青山绿水、楼山后社区等14座居民楼综合整治，累计整治面积约7.1万平方米。全年各街道累

计投入1100万元，对有需求的100个老旧小区项目进行应急性维修维护。

29. 打通青山路、南崂路等6条道路。完成青山路（万年泉路－黑龙江路）、君峰路（金水路－虎山路）、南崂路（东山五路－黑龙江路）等6条道路建设。

30. 实施居民小区交通微循环改造。完成永青苑、升平苑等4个小区周边区域道路微循环改造，缓解道路停车难行车难矛盾。

31. 新增停车泊位3000个以上。结合楼院改造、新增道路泊位及道路微循环改造，新增泊位3967个。

32. 新增供热100万平方米以上。完成王家下河、于家下河、上臧等14个安置房及商品房项目供热配套建设，新增供热138.6万平方米。

十、落实"美丽青岛行动"要求，提升城区管理及生态水平

33. 实施环湾路、青银高速、重庆路沿线综合整治。完成环湾路、青银高速、重庆路沿线等25处绿化补植、景观提升，累计完成绿地改造面积8.5万平方米，完成"美丽青岛行动"年度目标。

34. 对符合条件的市政道路及背街小巷进行综合整治。完成十梅庵路（重庆路－文昌路）、万年泉路（跨海大桥连接线－九水路）等17条市政道路及背街小巷施工，累计完成改造13.4万平方米。

35. 改造提升李沧文化公园、牛毛山公园2处山头公园。完成李沧文化公园、牛毛山公园海绵化改造提升，2018年10月对外开放。

36. 对90万平方米居民楼院、大村河汇水分区等进行海绵化改造，翻建约6千米老旧管网。完成百通馨苑小区、大村河汇水分区、板桥坊河汇水分区等300余个楼座及街头绿地海绵化改造，累计完成海绵化改造98万平方米，改造老旧管网6千米。

37. 实施环境空气网格化对比预警监测。2018年6月正式启用，累计提供监测数据10万余个。

38. 完善李村河流域内截污措施和污水管网。完成大村河、李村河等河道61处污染点源治理，水质达标排放。

39. 建设李沧区建筑废弃物运输监控平台。2018年9月启动设备安装调试，12月正式投入使用。

40. 拆除违法户外广告6万平方米以上，拆除违法建设50万平方米以上。全年累计拆除违法户外广告10.1万平方米，拆除违法建设220万平方米。

（区政府办公室）

2018年大事记

1月

3日

凤凰网《政能亮》在青岛市李沧区绿城·喜来登3楼大宴会厅举行"大国崛起 英才聚力"沙龙活动。特邀著名经济学家、北京大学数字中国研究院副院长、北京大学经济学院系主任、教授、博士生导师、中国经济规律研究会副会长曹和平、山东大学法学院博士研究生、现任全国人大内司委内务室一处处长、2014～2017年担任全国两会"部长通道"主持人朱恒顺、凤凰网评论频道总监、政能亮总编辑、中国人民大学新闻学院兼硕士生导师高明勇等嘉宾出席。区委书记王希静、区人大主任管习会、区政协主席李桂锡、副区长魏瑞雪等应邀参加。

4日

青岛市国土局局长潘奇一行到李沧区实地考察指导工作。

省科协党组成员、副主席纪洪波一行到我区参观调研，考察青岛国际院士港工作情况。

5日

王希静会见青岛移动副总经理徐智江一行，就物联网合作深入交流。

9日

国务院食安办督查组范学慧一行现场督察我区畜禽水产品专项整治工作。

11日

区委书记王希静会见中国高科技产业化研究会副理事长、北京人大环资委副主任、博导、全国政协委员张寿全一行，就李沧区的产业科技化等问题进行商谈。

12日

区委书记王希静会见青岛交运集团董事长刘永康并对接相关工作。

15日

区委副书记于洋主持召开专题会议，研究2018年东西协作对口扶贫甘肃陇南康县事宜。

16日

区委书记王希静会见东营市河口区委书记苟增杰，洽谈海水稻推广相关工作。

17日

《大众日报》内参特派记者组副组长（主持工作）王学文到我区调研青岛国际院士港和痕迹工作法，区委书记王希静陪同。

召开甘肃康县旅游招商暨特色生态旅游产品推介会。

18日

举行青岛国际院士港集团有限公司揭牌仪式，区人大主任管习会、区政协主席李桂锡、区委副书记于洋参加。

19日

召开全区保障房建设土地

供应专题会议。

22 日

市商务局局长马卫刚一行到李沧区考察指导工作，区委书记王希静陪同。

召开 2017 年第四季度项目观摩及总结会。

23 日

区残联召开第五次代表大会。

召开 2018 年区级重点项目专题调度会议。

25 日

区委书记王希静会见中国海洋大学党委书记鞠传进并就发展海洋经济对接合作事宜。

26 日

王希静主持召集专题会，研究青岛国际院士港院士引进相关工作。

区委常委、副区长魏瑞雪主持召开专题会议，研究调度 2018 年区政府实事筛选情况，修改完善部分实事项目。

30 日

区委书记王希静会见法兰西艺术院院士阿兰·查理·佩洛特、布鲁诺·巴贝、迪埃·贝奈姆、雅克·鲁热力一行并洽谈合作事宜。

31 日

青岛市李沧区监察委员会挂牌，区委书记王希静、区人大主任管习会、区政协主席李桂锡参加。

郑庄工业园四期企业搬迁，区人大主任管习会现场查看搬迁及建筑物拆除情况，研究有关拆迁遗留问题解决事宜。

区委副书记于洋主持召开专题会，分析研究退役士兵安置工作法律法规及相关政策。

区委常委、副区长魏瑞雪召集各有关部门专题研究围绕省市新旧动能转换工程总体方案，研究我区下一步具体工作措施。

2 月

1 日

王希静会见青啤总裁并洽谈相关合作事宜。

青岛市旅游发展委员会领导现场督导喜来登酒店改造提升工作。

2 日

王希静会见山东黄金到访客人并洽谈合作相关事宜。

召开全区老干部迎新春座谈会，区人大主任管习会、区政协主席李桂锡、副区长魏瑞雪参加。

市政协开展送文化到社区活动，走进百通馨苑社区送对联，市政协副主席李众民、区政协主席李桂锡参加。

5 日

新疆生产建设兵团副秘书长胡建新一行到海水稻研发中心实验基地考察，区委书记王希静陪同。

区人大主任管习会会见太平洋海洋工程公司负责人，就有关事宜进行洽谈交流。

6 日

区人大召集专题会协调集

体土地自主拆迁收尾项目涉及资金、搬迁、拆除等工作。

7 日

区委书记王希静会见云贝集团董事长侯彦卫一行并洽谈相关合作事宜。

区人大主任管习会召集专题会议，研究拆迁后相关稳定工作，安排指挥部做好近期各类涉及拆迁矛盾隐患排查工作。

区委常委、副区长魏瑞雪专题调度 2018 年亿元以上项目新开工情况及 2018 年区级重点项目。

8 日

区委书记王希静实地调度帕克院士项目工厂建设推进情况。

区人大主任管习会、区委副书记于洋等主持召开专题会议，研究信访包案化解工作，明确基本原则、方法步骤，并协调相关部门给予支持配合，研究重点信访积案化解方案并落到实处。

魏瑞雪与培诺教育到访客人洽谈有关项目事宜。

9 日

区人大主任管习会、区政协主席李桂锡、副区长魏瑞雪等带队开展春节走访慰问部队活动。

11 日

青岛市红十字会党组书记、常务副会长王建中到李沧区协调对接相关工作。

12 日

区委书记王希静与市国土局局长张希田协调对接李沧区

公共租赁房土地相关事宜，区委常委、副区长魏瑞雪参加。

区委副书记于洋主持召开区基层党建述职评议会议。

13 日

区委书记王希静召集专题会研究调度海创公司土地供应相关工作。

区人大主任管习会、区政协主席李桂锡、副区长魏瑞雪主持召开青岛国际院士港集团公司调度会议。

14 日

区人大主任管习会召集专题会议，研究加强院士产业核心区项目全过程资金审计监督等事宜。

区委常委、副区长魏瑞雪主持召开青岛—亚马逊 AWS 联合创新中心及邮政跨境电商产业园调度会。

22 日

区委书记王希静会见北京繁星互动传媒有限责任公司董事长樊星、总经理任晓凡一行，洽谈文化传媒合作事宜。

23 日

区委副书记于洋主持专题会议，研究并确定全区重点难点工作招投标办法相关配套指标及实施细则（初稿）。

24 日

区委常委、副区长魏瑞雪调研氢燃料电池研发生产基地项目了解相关工作开展情况。

27 日

区委书记王希静陪同中国人才杂志社副主编、编辑部副

主任张圣华一行到李沧区采访调研。

区委常委、副区长魏瑞雪调度海洋化工厂、文体中心、南岭三路地块等项目进展情况，研究项目堵点问题解决办法；研究我区政务服务提质增效，压缩审批时间、打造优质营商环境等事宜。

28 日

区委书记王希静主持召开"美丽青岛行动"工作调度会议。

区人大主任管习会研究对接涉产业核心区相关拆迁收尾、信访稳定、安全生产及环保、舆情等工作，明确有关工作要求和联动机制。

省委督导组一行到我区调度兴华、兴城、楼山、湘潭、九水、世园街道信访维稳安保工作，区委副书记于洋陪同并汇报相关情况。

3 月

1 日

区委书记王希静出席青岛国际院士港二期项目奠基仪式并致辞，区人大主任管习会、区政协主席李桂锡参加仪式。

区委副书记于洋走访慰问市公安消防支队李沧大队。

2 日

区委书记王希静陪同省纪委一行到李沧区调研。

区人大主任管习会主持专题会研究有关信访事项处置工作，逐案确定应对措施；对有

关涉诉拆迁事项明确了依法依规、合情合理、不留后患的原则及相关措施。

5 日

潍坊医学院党政班子一行到李沧区考察学习。

7 日

区委书记王希静赴公安青岛市消防局走访慰问。

区政协主席李桂锡调度政协委员培训工作；围绕落实中央环保督察，研究如何发挥委员作用，对已收集的委员建议转送有关部门办理。

区委常委、副区长魏瑞雪研究调度梅花节组织筹备相关工作，对安全稳定舆情等工作提出要求。

8 日

区人大主任管习会与市政务服务管理办对接加快重点项目手续办理等事宜，明确工作路径、联动机制等；召集国土分局、指挥部征收拆迁组、土地规划组等研究加快核心区供地手续办理等工作。

9 日

召开全国两会期间信访维稳安保工作专题会议，区委书记王希静、区人大主任管习会、区委副书记于洋等参加会议，并分别到各街道实地督导全国两会期间信访维稳工作，与相关部门研究协调解决的积案化解办法和措施，提出应急要求，看望一线维稳人员。

区委常委、副区长魏瑞雪调研丝路协创中心与蒙古国合

作事宜。

12 日

区委书记王希静带领相关人员参加李沧区植树节活动。

区人大主任管习会与联系院士项目团队研发主管董铭心博士进行工作对接，就加快项目产业化进度、通过吸引专业投资、社会跟投等实现境外上市以及结合项目进展统筹考虑实验室建设等事项进行沟通交流；听取国土分局、土地规划组有关地块土地资料查询情况，研究下一步供地工作推进路径。

13 日

全区机关人员专题学习张江汀同志在市委党校 2018 年春季开学典礼上的讲话精神和习近平总书记参加十三届全国人大一次会议部分代表团审议时的重要讲话精神，区委书记王希静、区政协主席李桂锡参加。

区人大主任管习会到郑庄工业园督导拆除工作，要求在加快进度的同时一定要严格落实好安全生产、环保等要求；现场研究调度先导区施工前期工作。

市维稳安保督导组到我区检查工作，区委副书记于洋陪同。

14 日

区委书记王希静会见瑞典皇家科学院青年院士吴耀文。

市人大常委会到我区视察"美丽青岛行动"实施情况，区人大主任管习会陪同。

区委副书记于洋主持专题会议，研究 2018 年对口帮扶及东西协作扶贫意见，调度赴陇南康县、菏泽单县扶贫方案。

市储备中心副主任杨波一行到我区调研南岭三路北侧地块项目土地招拍挂、旧村改造成本核算等相关事宜。

区委常委、副区长魏瑞雪与相关人员专题研究外国人来华工作许可办理及人才引进办法等工作。

15 日

区委书记王希静会见日本工程院外籍院士高伟俊一行。

区委副书记于洋陪同市委常委、统战部部长王久军，市委副秘书长、市直机关工委书记于宏伟一行到浮山、虎山、振华街道督导全国两会信访维稳安保工作。

16 日

区人大主任管习会到工业园区内各科技孵化器现场了解情况，要求相关部门做好孵化器企业工作，积极配合征迁；到郑庄工业园现场调度已搬迁企业建筑物拆除、已签约企业尽快腾迁、净地等工作；现场调度先导区施工场地整理工作以及相关保障工作。

区委常委、副区长魏瑞雪与中新苏州工业园区开发运营方沟通洽谈有关产城融合项目。

19 日

区委书记王希静会见加拿大工程院院士、加拿大滑铁卢大学化学工程系、物理系双聘正教授、纳肽得（青岛）生物医药有限公司董事长兼总经理陈璞一行。

区委常委、副区长魏瑞雪主持召开专题会议，研究加快新旧动能转换工程具体措施、产业项目梳理和招商引资有关事宜。

20 日

区委书记王希静会见加拿大皇家科学院、加拿大工程院、韩国科学技术翰林院、韩国工程翰林院四院院士帕克一行。

区委常委、副区长魏瑞雪与参加吉林大学科技成果推介活动的专家学者等商谈有关合作项目。

21 日

区委书记王希静会见青岛农商银行党委书记、董事长刘仲生一行。

22 日

区委书记王希静、区人大主任管习会、区政协主席李桂锡、副区长魏瑞雪陪同山东科技大学党委成员一行到李沧区考察。

区委常委、副区长魏瑞雪与上海众联董事长欧阳柳等到访客人商谈有关项目。

23 日

区委书记王希静会见大众报业集团战略运营部主任、山东省文交所董事长曲涛一行。

区政协主席李桂锡会见与山东财经大学国际经贸学院院长一行，就开展李村商圈转型升级问题进行座谈，商谈有关事项。

市科技局局长姜波一行现场调研吉大汽车研究院、国际院士港、希拉姆院士项目等重点平台和项目，区委常委、副区长魏瑞雪陪同并介绍有关项目进展情况。

26 日

陇南康县考察团一行到我区考察调研，区委副书记于洋陪同。

区委常委、副区长魏瑞雪分别拜访海军研究院、北京云途影视科技公司、东方网络科技公司，商谈有关合作项目。

27 日

区委书记王希静陪同省委副书记、省长龚正，省委常委、市委书记张江汀一行到青岛国际院士港视察指导工作。

区委常委、副区长魏瑞雪陪同省外办主任薛庆国检查我区重点酒店改造提升工作。

28 日

青岛国际院士产业核心区先导区举行开工奠基仪式。

中国电建路桥集团、山东大学青岛校区管委会考察团到我区参观考察，区人大主任管习会、区委常委、副区长魏瑞雪陪同接待。

29 日

住建部海绵城市专家及加拿大工程院院士、香港中文大学教授孟庆虎一行到李沧区考察，区委、区政府主要领导陪同。

30 日

区委书记王希静会见美国国家工程院院士、北京大学工学院院长张东晓一行。

区人大主任管习会到市土

地整理储备中心对接产业核心区相关土地手续办理工作，落实对重点项目重点支持。

区委常委、副区长魏瑞雪与东方电气到访客人洽谈有关合作项目。

4 月

2 日

区委书记王希静主持召开专题会议研究民兵调整改革工作。

区委常委、副区长魏瑞雪召开专题会议，研究推进北京繁星文化产业项目合作及文化产业有关事宜。

3 日

区委书记王希静陪同威海市环翠区区委书记张宏璞一行到青岛国际院士港参观考察。

4 日

区委副书记于洋调度赴陇南康县、菏泽单县扶贫方案。

区委常委、副区长魏瑞雪到青岛市水务集团对接海水淡化院士项目。

8 日

区委书记王希静陪同国务院发展研究中心研究院一行到李沧区调研，区人大主任管习会、区委副书记于洋、区委常委、副区长魏瑞雪参加。

区人大主任管习会与院士产业核心区指挥部、九水街道、融海公司现场研究先导区加快有关手续办理、进一步优化下步施工方案等事宜。

区委常委、副区长魏瑞雪

会见中南集团董事局副主席兼总裁鲁贵卿一行，就有关项目进行沟通协商。

9 日

市政府办公厅离退休老干部参观院士港，区委副书记于洋陪同。

区委常委、副区长魏瑞雪调度一季度重点项目招商建设工作完成情况，梳理我区有关项目并提出下步工作要求。

10 日

区委书记王希静会见中国工程院院士、清华大学热能工程系教授倪维斗一行。

区人大主任管习会调研国有土地征收资金保障、组织专家论证产业核心区地下空间开发及交通事宜。

区委常委、副区长魏瑞雪召集专题会议，研究楼山街道产业用地，承接国际大科学计划、大科学工程相关事项。

11 日

区委书记王希静陪同省住房城乡建设厅党组书记李力一行到李沧区调研海绵城市示范项目，区委常委、副区长魏瑞雪参加。

区委副书记于洋与交运集团研究相关土地合作开发事宜。

《李村大集》编辑出版及书画联谊会成立。

区委常委、副区长魏瑞雪与中国科学院过程工程研究所刘春朝教授一行洽谈有关项目。

12 日

区委书记王希静陪同市检

察院检察长李建新一行到李沧区调研。

13日

区委书记王希静陪同省外侨办主任薛庆国一行到我区调研，区人大主任管习会参加。

区政协主席李桂锡主持召开院士港二期项目调度会，研究项目融资、变电站建设工程协议等事项，明确工作任务和下一步工作安排，区人大主任管习会参加。

省外侨办薛庆国一行到我区调研。

区委常委、副区长魏瑞雪召集主题会议研究楼山片区青钢、碱业地块产业规划及重点项目情况，提出有关修改意见及下步工作要求。

16日

区委书记王希静陪同市委副书记、市长孟凡利一行到我区检查指导"美丽青岛行动"工作开展情况。

17日

区委书记王希静、区委副书记于洋陪同市委书记张江汀一行到海水稻研发中心调研。

区委副书记于洋陪同省信访局督查专员刘强一行到区调研座谈。

18日

区委书记王希静到徐家社区、重庆路929号房屋征收现场、东北庄幼儿园施工现场、绿城华川置业闲置地块查问题、解难题并沿途督导"美丽青岛行动"推进工作。

市委副秘书长于钦德一行调研我区信访工作，区委副书记于洋陪同。

19日

区委常委、副区长魏瑞雪与省委党校中青年干部培训班学员座谈互动交流。

区委副书记于洋对接加拿大工程院沈学民院士项目，研究评审前应解决的相关问题。

20日

区委书记王希静陪同生态环境部水环境管理司司长张波一行到李村河中游水体治理现场调研。

市土地整理储备中心有关人员到我区进行工作对接。

区委常委、副区长魏瑞雪参加市新旧动能转换基金推介暨创业投资高峰论坛，与联储证券签约并进行有关推介活动。

23日

区委书记王希静参加山东移动首个5G基站开通仪式暨5G firstcall体验活动，区委常委、副区长魏瑞雪参加。

区委副书记于洋到海军潜艇学院应邀参加中国人民解放军海军成立69周年阅兵仪式。

24日

区委副书记于洋到区法院与法院部分班子成员、相关庭长以及加舜律师事务所团队，调研座谈信访积案依法破解路径。

区委常委、副区长魏瑞雪会见华夏幸福小镇集团客人一行。

25日

山钢集团总经理陶登奎一

行到李沧区参观考察，区委书记王希静陪同。

全区第一季度项目观摩总结会暨第二季度项目建设三促动员大会召开，区人大主任管习会、区政协主席李桂锡、区委副书记于洋、区委常委、副区长魏瑞雪参加。

26日

区委书记王希静参加丁文华院士青岛融合传播智能创新研究院项目启用仪式。

区委副书记于洋调度研究楼山街道、九水街道、虎山街道信访积案化解方案，形成联席会意见。

区委常委、副区长魏瑞雪与市财政局，市海绵管廊办协调研究海绵城市试点区建设中央资金使用等相关事宜。

27日

区委书记王希静会见对外经济贸易大学党委书记蒋庆哲一行。

市信访维稳督导组到我区检查工作，区委副书记于洋接待并研究部署重点群体稳控应急措施。

28日

丝路协创学院暨对外经贸大学预科教育基地（青岛）揭牌仪式举行，区委书记王希静参加。

区委常委、副区长魏瑞雪现场调研重点区域流浪乞讨人员居留点，研究部署重大活动期间专项救助管理工作相关事宜。

5 月

2 日

区委书记王希静组织调研"四到"（服务到企业、服务到项目、服务到家门、服务到人心）活动开展情况，区委常委、副区长魏瑞雪参加。

4 日

青岛警备区一行到李沧区参观考察，区委书记王希静、区委副书记于洋陪同参观青岛国际院士港、丝路协创中心。

7 日

区委书记王希静现场督导院士港二期、海尔海创汇、院士产业核心区先导区、信联天地项目推进情况。

举办 2018 青岛国际院士港院士项目招商推介会。

8 日

区委书记王希静现场督导荣花边地块商务楼宇、永平路76 号、虎山路二小、东北庄幼儿园项目推进情况。

区委常委、副区长魏瑞雪召集专题会议，研究外籍人才绿色通行证相关事宜。

9 日

区委书记王希静陪同省财政厅副厅长孙庆国一行到我区调研，区人大主任管习会参加。

区委副书记于洋调度全区市重大活动期间不同领域、不同群体安保维稳工作，并研究工作方案；调度涉军群体稳控工作。

区委常委、副区长魏瑞雪参加云途时代移动影院发布活动，与灵思云途移动电影院创始合伙人兼总经理夏军洽谈有关合作项目。

10 日

区委书记王希静现场调度青岛海水稻研发中心工作推进情况。

14 日

举行青岛军民融合协同创新研究院启用仪式，区委书记王希静参加。

区委副书记于洋陪同省、市信访局局长实地查看分流点建设情况。

区政协主席李桂锡主持召开机关全体人员会议，就参与重大活动保障提出要求；研究加强委员管理工作。

15 日

区委书记王希静会见青岛武船重工有限公司董事长韩兵一行。

16 日

市安保督导组到我区督导重大活动期间安全保卫工作，与重大活动安保工作指挥部办公室细化修改相关工作手册。

17 日

省新旧动能转换第二督查组组长、省政府办公厅副主任邵靖一行到青岛国际院士港调研，区委书记王希静陪同。

18 日

市政务服务办主任陈立新一行到李沧区调研，区委书记王希静陪同，区委常委、副区长魏瑞雪参加。

市督导组到我区督查政务信息系统整合工作，区委常委、副区长魏瑞雪陪同。

21 日

济南历城区考察团一行到访，区委常委、副区长魏瑞雪接待。

22 日

挪威工程院院士 Bernt Johan Leira（伯恩特·约翰·莱拉）一行到青岛国际院士港考察，区委书记王希静陪同。

区委常委、副区长魏瑞雪与青岛生产力促进中心、青岛高创科技公司有关负责同志对接科技服务等事宜。

23 日

武船集团党委书记、董事长杨志钢一行到李沧区考察并签订战略合作协议，区委书记王希静陪同。

区委常委、副区长魏瑞雪参加青岛新闻网民生在线访谈活动。

24 日

山东省社科联党组书记、副主席刘致福一行到李沧区参加山东省暨青岛市第十五届社科普及周开幕式，区委书记王希静陪同。

区人大主任管习会现场调度产业核心区先导区标准化施工整改、污水管道迁移等工作；研究有关历史遗留问题处置事宜。

区委常委、副区长魏瑞雪与住建部海绵专家调研试点区建设项目进展情况等。

青岛二中校长孙先亮一行考察我区有关项目，区委常委、副区长魏瑞雪陪同。

25 日

国家信访局接访司司长林完红一行到李沧区调研，区委书记王希静、区委副书记于洋陪同。

29 日

区委书记王希静与市督导组副组长刘维书专题研究李沧区服务保障相关工作开展落实情况。

30 日

区委书记王希静到区行政审批大厅视察调度全面推行审批服务"零跑腿"，对"服务到企业、服务到项目、服务到家门、服务到人心"系列活动的深入开展情况进行调研。

市信访局副局长冠鸿平到我区督导信访工作，区委副书记于洋接待。

区委常委、副区长魏瑞雪调度全区农贸市场迎接国家卫生城市复审有关准备工作，重点强调相关安全工作要求；研究调度青岛火车北站东广场建设项目下一步推进措施等。

6 月

1 日

区委副书记于洋陪同市委副书记牛俊宪一行考察李沧区信访分流点。

区委副书记于洋、区政协主席李桂锡、区委常委、副区长魏瑞雪等走访永安路幼儿园安顺路园、区铜川路小学和夏庄路幼儿园金水园等，与孩子们一起庆祝六一国际儿童团。

4 日

国务院副秘书长、国家信访局局长舒晓琴一行到李沧区调研，区委书记王希静陪同。

6 日

省委常委、市委书记张江汀到李沧区视察"美丽青岛行动"相关工作，区委书记王希静陪同。

7～8 日

区委书记王希静到信联天地项目现场、青岛—亚马逊AWS联合创新中心、1688文化创业产业园、吉林大学青岛汽车研究院、邮政跨境电商产业园等调研上海合作组织青岛峰会期间全区安全生产和经济社会运行等相关工作情况。

开展双岗双责创品牌活动宣传工作，区政协主席李桂锡参加。

12 日

习近平总书记来到青岛市李沧区世园街道上流佳苑社区，与干部群众亲切交谈，详细了解社区实施旧城改造、加强基层党建以及居民生活变化等情况。

13 日

挪威科学院院士容淳铭到山东考察，区委书记王希静陪同。

区委常委、副区长魏瑞雪会见吉林大学丁世海院长一行，研究吉大汽车研究院发展相关事宜。

14 日

中国农业银行青岛分行党委书记、行长王延磊一行到我区考察，区委书记王希静接待。

15 日

市委常委、青岛警备区司令员王春杰同志到李沧区调研，区委书记王希静陪同。

市督导组到我区调度市重大活动安保维稳收尾工作，区委副书记于洋陪同。

20 日

区委书记王希静现场调研院士港二期、院士产业核心区先导区、信联天地、融海国际酒店、永平路76号地块重点项目推进情况和李村河、楼山河城市水生态环境建设提升工作及河长制责任落实情况。

21 日

省委办公厅信息调研室一级调研员田立滋一行到青岛国际院士港调研，区委书记王希静陪同。

区委常委、副区长魏瑞雪调度2018年行风在线热点问题解决情况。

22 日

区委书记王希静现场调研李沧区城市开发及产城融合相关工作推进情况。

区委常委、副区长魏瑞雪与亚马逊（中国）公共政策及政府事务总监王欣然、青岛市跨境电商综试区服务中心主任王大莒一行共同研究邮政跨境电商产业园下一步发展及合作等相关事宜。

25 日

区委书记王希静赴北京会见欧美同学会秘书长王丕君，协商海外院士青岛行活动筹备相关工作；落实国家机关部委对青岛国际院士港的支持政策。

区委副书记于洋实地查看市垃圾运转站、白泥地公园等沿湾一线湾长制职责落实情况。

26 日

市扫黑除恶专项斗争第三督导组组长李建新一行调度我区工作开展情况，区委副书记于洋陪同。

区委常委、副区长魏瑞雪参加"行风在线"线上访谈活动。

27 日

山东省委常委、省纪委书记、省监察委员会主任陈辐宽一行到李沧区调研，区委书记王希静陪同。

潍坊教育投资集团到我区考察，区委副书记于洋接待。

区委常委、副区长魏瑞雪会见华录健康养老发展有限公司客人，商谈有关产业项目。

28 日

举行青岛知识产权仲裁院（青岛国际院士港）揭牌仪式，区委书记王希静参加。

29 日

区委书记王希静会见法兰西美术院院士迪埃·贝奈姆、法兰西美术院院士雅克·鲁热里，共同探讨院士技术论坛筹备相关工作。

区委常委、副区长魏瑞雪与上海俟德教育公司洽谈科技

转化服务平台建设事宜；研究我区大数据发展实施意见。

7 月

2 日

区委书记王希静会见新加坡国立大学纳米纤维和纳米技术中心主任、机械工程系教授、英国皇家工程院外籍院士、新加坡工程院院士、印度国家工程院院士、东盟工程技术院院士西拉姆·拉玛克里西纳团队一行，研究项目落地相关推进工作。

区委副书记于洋与沈学民院士商谈确定下一步工作方案。

3 日

区委常委、副区长魏瑞雪到一汽解放青岛汽车有限公司走访调研。

4 日

区委书记王希静分别会见瑞典皇家科学院院士李卡德·霍德尔一行和新加坡工程院院士、美国电子工程协会会士、国家千人计划特聘专家连勇一行，洽谈合作事宜。

区委常委、副区长魏瑞雪参加青岛大学新旧动能转换项目发布活动，并与连勇院士及其团队一行座谈。

5 日

国家税务总局青岛市李沧区税务局举行挂牌仪式，区委书记王希静参加并致辞。

区委副书记于洋召开专题会议研究双治双民活动统筹推进措施。

6 日

区政协主席李桂锡与到访的山东财经大学国际贸易学院一行商讨李村商圈转型升级工作。

区委常委、副区长魏瑞雪参加市人大《青岛市城乡规划条例》执法检查，就后世园规划和地铁 2 号线东延段规划情况提出我区意见建议。

9 日

美国国家工程院院士张东晓、加拿大皇家科学院院士王玉田一行到访，区委书记王希静接待。

10 日

青岛大学党委书记胡金焱一行到李沧区考察合作交流相关事宜，区委书记王希静陪同。

区委常委、副区长魏瑞雪为单县专题培训班学员授课，介绍我区经济社会发展情况。

12 日

开封市委组织部考察团一行参观青岛国际院士港，区委常委、副区长魏瑞雪陪同。

13 日

日喀则市委常委、桑珠孜区委书记姚常雨一行到我区考察调研，区委副书记于洋陪同。

16 日

区委副书记于洋召集海外院士青岛综合协调办公室及下设 10 个工作组，专题调度院士行活动筹备工作。

区委常委、副区长魏瑞雪到市科技局对接高企和科技创新平台考核指标及技术市场建设等相关事宜。

17 日

市政协主席杨军一行视察我区残疾人康复服务工作，区政协主席李桂锡陪同。

市委统战部常务副部长胡义瑛及各区市统战部一行到我区座谈民主党派暨结对共建工作，区委副书记于洋陪同，区领导谭鹏参加。

18 日

中国工程院院士孙颖浩一行到访，区委书记王希静接待。

区委副书记于洋召集律师、街道相关人员研究确定信访积案化解方案；研究确定"四个一"痕迹工作法中考核、项目、信访等大数据对比分析显示，近期投入试运行。

19 日

与市交运集团确定合作协议。

区政协主席李桂锡调研举办委员界别活动周事项。

市科技局徐凌云局长一行查看技术交易市场建设现场，落实市场建设有关事项，区委常委、副区长魏瑞雪陪同。

20 日

区委书记王希静主持专题会议研究第二届海外院士青岛行暨国际化招才引智高峰论坛筹备工作。

召开区委重点事项调度会及海外院士青岛行活动汇报会，区委副书记于洋，区委常委、副区长魏瑞雪参加，与组织部、团区委对接海外院士青岛行志愿者相关工作，研究存在问题和下一步工作。

22 日

区委常委、副区长魏瑞雪调度东广场地下空间、南岭三路北侧地块、海化地块等重点项目进展情况。

23 日

加拿大皇家科学院和工程院两院院士，国际电子和电气工程协会（IEEE）会士（FELLOW），加拿大蒙特利尔大学工学院电气工程系终身教授吴柯一行到访，区委书记王希静接待。

区委常委、副区长魏瑞雪参加全市旅游项目观摩会，汇报并推介我区重点旅游项目和招商项目。

24 日

区委书记王希静会见中国工程院院士侯立安一行。

青岛警备区司令王春杰一行实地检验民兵预备役集结演练，区委副书记于洋陪同。

25 日

市委副书记、市长孟凡利一行到李沧区调研，区委书记王希静陪同。

26 日

上海财经大学教授、博士生导师于研一行到李沧区参观考察，区委书记王希静陪同。

27 日

中国矿业大学（北京）教授、博士生导师杨晓杰到访，区委书记王希静接待。

30 日

区委书记王希静陪同山东省经信委总工程师李英锋一行

到李沧区考察。

31 日

驻区部队首长实地考察李沧区经济社会发展和军民共建、军民融合工作开展情况，区委书记王希静陪同。

2018 年八一军地座谈会召开，区人大主任管习会、区委副书记于洋、区委常委、副区长魏瑞雪参加并介绍我区情况。

8 月

1 日

区委书记王希静、区人大主任管习会、区政协主席李桂锡、区委副书记于洋、区委常委、副区长魏瑞雪等分别走访慰问驻区部队。

2 日

市人大常委会副主任张大勇一行到李沧区就《青岛市城乡规划条例》贯彻实施情况进行执法检查，区委书记王希静、区人大主任管习会陪同。

区各界人士半年工作通报协商会议召开，区委副书记于洋参加。

区委常委、副区长魏瑞雪与桑德集团到访人员就海绵城市项目建设履行合同问题中涉及的资金、停工等问题进行协商洽谈。

6 日

区委书记王希静到青岛国际院士港调度海外院士青岛行相关筹备工作，并会见英国皇家学会院士弗兰克·卡鲁索一行。

博码物联公司一行到访，区委常委、副区长魏瑞雪接待并洽谈有关项目。

7 日

区委常委、副区长魏瑞雪到部分街道便民服务大厅、区残联、婚姻登记处等职能大厅督导一次办好事项落实情况，对窗口人员业务不熟练、无法实现一窗办理等问题提出整改要求。

8 日

区委书记王希静到省经信委与海军工程大学和中国移动通信集团山东有限公司洽谈项目落地和招商引资工作。

区人大主任管习会到重点项目施工现场了解工程进展情况，加强重点项目建设、为民办实事项目监督工作。

9 日

区委常委、副区长魏瑞雪与广东新南方集团公司一行座谈交流，现场考察李沧政务大厅营商环境，推动双方合作事宜。

10 日

区委书记王希静接受媒体约见，交流青岛国际院士港相关工作推进情况。

区委常委、副区长魏瑞雪巡查板桥坊河、永平路支流河道状况，对板桥坊河雨污混流、水上漂造成污染等系列问题提出整改要求，部署下一步工作。

13 日

区委书记王希静现场调研区政务服务大厅、青岛—亚马逊 AWS 联合创新中心、院士港二期、院士产业加速器、院士

产业核心区先导区、青岛国际院士港（人才公寓）项目推进工作情况。

14 日

市纪委副书记、监委副主任宋明杰一行到李沧区调研。

市政府第三督查组实地督查我区国务院大督查工作准备情况，区委常委、副区长魏瑞雪陪同。

15 日

区委副书记于洋与区发改局分管同志研究落实市对口支援和扶贫协作工作领导小组会议精神，部署筹备区领导小组会议。

市国土局副局长潘琦一行到我区调研，区委常委、副区长魏瑞雪接待，共同研究我区部分土地项目情况。

16～17 日

第二届海外院士青岛行暨青岛国际院士论坛隆重开幕，区委书记王希静、区人大主任管习会、区政协主席李桂锡以及区委常委、副区长魏瑞雪参加有关日程活动，并分别与重点意向企业洽谈。

20 日

区委书记王希静会见俄罗斯科学院通讯院士、俄罗斯科学院冶金和材料学研究所所长弗拉基米尔·谢尔盖耶维奇·科姆列夫一行。

21 日

市政法委书记宋永祥一行到李沧区调研，区委书记王希静、区委副书记于洋陪同。

北京云途时代一行到访，区委常委、副区长魏瑞雪接待商谈有关合作项目。

22 日

青岛市发展和改革委员会主任李刚一行到李沧区调研重点项目推进工作，区委书记王希静陪同。

区委副书记于洋主持召开信访联席会议，调度研究奥克斯网点房、东部违建等信访事项，区领导于永志、王子兴参加。

市发改委主任李刚一行到我区检查部分重点项目和园区进展情况，区委常委、副区长魏瑞雪陪同。

23 日

区委书记王希静现场督导永平路 76 号、国际特别创新区项目建设推进工作。

区委副书记于洋到浮山街道东李社区督导基层组织建设及扫黑除恶工作。

省食品安全督导组一行到我区检查食品安全示范城市创建工作，区委常委、副区长魏瑞雪陪同并汇报推进情况。

24 日

区委书记王希静陪同山东省外侨办党组副书记、副主任孙传尚一行到青岛国际院士港、青岛国际院士港二期、院士产业加速器、院士产业核心区先导区参观考察。

省信访局复查复核办主任李学增到我区举办专题培训。

区委副书记于洋主持召开信访积案百日攻坚推进会议。

27 日

区委书记王希静、区政协主席李桂锡赴菏泽市单县开展东西部扶贫协作考察。

区委副书记于洋召集信访联席会研究推进区旅游局、人防办、执法局、审批中心、安监局等主要负责人所包信访积案。

全区双重预防体系建设工作会议召开,区委常委、副区长魏瑞雪参加。

28 日

区委副书记于洋陪同青岛市副市长阎希军在我区走访调研。

与民生证券、民生期货举行签约仪式,区委常委、副区长魏瑞雪参加。

30 日

区委书记王希静主持召开支持青岛国际院士港建设现场会全要素演练及专题调度会,区委常委、副区长魏瑞雪参加。

举办区人大代表、政协委员集中培训暨加快推进军民融合深度发展专题讲座。

31 日

区委书记王希静主持专题会议部署全区扫黑除恶相关工作。

9 月

3 日

区委书记王希静赴武汉对接海军工程大学项目落地相关事宜。

4 日

市检察院巡查组一行就我区检察院从严治检等工作进行座谈交流,区委副书记于洋参加。

6 日

市信访局督查专员张智厚一行督导我区四个重点信访化解攻坚情况,区委副书记于洋陪同。

区委常委、副区长魏瑞雪与市邮政公司到访人员商谈跨境电商产业园事宜。

7 日

区委书记王希静专题调度全区扫黑除恶工作开展情况,区委副书记于洋参加。

区委常委、副区长魏瑞雪参加市城乡规划委员会执行和审议委员会召开 2018 年第 3 次会议,研究李沧区三个片区控规事宜。

10 日

区委书记王希静赴俄罗斯与俄罗斯科学院远东分院深入沟通关于与青岛国际院士港合作相关事宜,签署俄罗斯科学院远东分院与青岛国际院士港合作建设太平洋科技园合作备忘录。

开展教师节走访慰问活动,区人大主任管习会,区政协主席、区委副书记于洋,区委常委、副区长魏瑞雪分别到全区各学校、幼儿园走访慰问。

11 日

召开全区创建全省双拥模范城工作推进会议,区委常委、副区长魏瑞雪主持,区人大主任管习会参加。

12 日

住鲁全国人大代表和参加 2018 年青岛邻居节现场会的全国各地代表观摩青岛国际院士港,开展相关调研活动。

13 日

全国人大副委员长白玛赤林一行到李沧区视察李村河治理情况,区委书记王希静陪同。

全国人大到我区进行海洋环境保护执法检查活动,区人大主任管习会接待。

14 日

区人大主任管习会、区政协主席李桂锡率有关人员走访慰问老干部。

区委副书记于洋召集信访联席会研究区政府办、政协办、九水街道、世园街道、政法委等负责人所包信访积案化解,区领导于永志、王子兴参加。

17 日

海军研究院政委赖如鑫一行到李沧区考察,区委书记王希静陪同。

省委党校培训班学员到我区青岛国际院士港开展现场教学活动,区人大主任管习会接待,区政协主席李桂锡参加。

18 日

省武警总队政治工作部保卫处处长胡波等省、市双拥考评检查组一行视察我区创建全省双拥模范城工作,区委副书记于洋陪同。

市政协副主席杨宏钧一行到我区视察城市垃圾分类精细化管理工作,区政协主席李桂锡陪同。

召开双拥模范城年度考评会,区委常委、副区长魏瑞雪主持。

19日

省双拥模范城考评组到李沧区考察创建山东省双拥模范城工作，区委书记王希静陪同。

区委副书记于洋主持召开土地领导小组联席会议。

19～21日

住青省人大代表到李沧区考察调研，区委书记王希静、区人大主任管习会接待。

21日

区委常委、副区长魏瑞雪带队检查青岛石化公司等重点监管企业安全生产工作。

25日

区委书记王希静主持召开李沧区宗教相关工作的专题研究会。

区人大主任管习会带队赴甘肃陇南康县开展对口帮扶工作。

召开全区统战工作会议，区委副书记于洋参加。

26日

市深改组到我区调研一社区一法律顾问工作情况，区委副书记于洋接待。

28日

省委党校秋季学期主体班到李沧区开展现场教学活动，区委书记王希静陪同。

召开院士技术论坛概念性规划方案专题会，区人大主任管习会、区委副书记于洋参加。

29日

区委书记王希静召开专题会调度三季度经济指标及考核相关工作。

10月

8日

中国科学院院士何满潮到李沧区考察，区委书记王希静陪同。

召开区属国有公司融资工作专题会议，区委常委、副区长魏瑞雪参加。

9日

市委常委、统战部部长王久军带领第八督导组到李沧区实地督导中央环保督察反馈意见整改工作，区委书记王希静陪同。

李沧区政府与上海普道咨询公司正式签约，区委常委、副区长魏瑞雪参加签约仪式。

10日

市人大常委会副主任刘圣珍一行到我区调研食品安全工作，区人大主任管习会陪同。

市老领导一行到我区参观丝路协创中心、青岛国际院士港，区委副书记于洋陪同。

12日

李沧区人民政府与中国人民财产保险股份有限公司青岛市分公司签订合作协议，区委书记王希静参加签约仪式。

市政协副主席李众民一行到我区调研历史文化保护工作，区政协主席李桂锡陪同。

民政部政策研究中心一行到访，区委常委、副区长魏瑞雪陪同考察调研上流佳苑社区。

15日

区委书记王希静到海军研究院、空军研究院调研对接合作事宜。

区委常委、副区长魏瑞雪到区税务局调研协商招商企业税收政策、服务支持等相关事宜。

16日

区委书记王希静赴北京参加引领可持续发展解决方案会议，并与容淳铭院士签约项目合作协议。

市解放思想大讨论调研组一行到访，区委副书记于洋接待并汇报我区推进情况。

17日

省委副书记、省总工会主席杨东奇同志一行到青岛国际院士港调研，区委书记王希静陪同。

省七五普法检查组到我区检查七五普法等相关工作，区委常委、副区长魏瑞雪陪同。

19日

区委书记王希静召开专题会研究区属国有企业和发展平台发展情况。

举行亚马逊联合创新中心红帆动力驿站揭牌暨浮山路街道区域化党建签约仪式，区委副书记于洋参加。

区委常委、副区长魏瑞雪组织相关人员研究、调度个转企纳统情况及《李沧区促进个转企五条意见》。

22日

区委书记王希静会见北京云途时代影业科技有限公司首席执行官、移动电影院创始合伙人兼首席执行官高群耀博士一行。

李沧区第一期党政领导干部党性教育专题培训班开课，区人大主任管习会、区委常委、副区长魏瑞雪等参加。

23 日

区委书记王希静赴济南济钢集团有限公司实地考察。

市食药局局长孙利国一行到李沧区召开现场会，区委副书记于洋陪同。

24 日

中国科学院院士、俄罗斯科学院外籍院士、东盟工程与技术科学院外籍院士、西北工业大学常务副校长黄维一行到访，区委书记王希静接待。

25 日

中国残联党组书记、理事长周长奎同志一行到李沧区调研，区委书记王希静陪同。

太原市政协主席一行到我区考察青岛国际院士港，区政协主席李桂锡陪同。

26 日

区委书记王希静陪同中组部研究室调研处处长张文灿一行到青岛国际院士港调研。

31 日

国家电网山东省电力公司党委委员、青岛供电公司总经理、党委副书记孙旭日一行到访，区委书记王希静接待并举行座谈会。

区委常委、副区长魏瑞雪与 GG 生物科技项目团队洽谈有关合作项目。

11 月

1 日

市检察院检察长李建新一行到李沧区检查指导工作，区委书记王希静陪同。

市扫黑除恶督导组到李沧区检查工作，区委副书记于洋陪同。

市基层政协组织建设视察李沧区社区活动中心工作筹备情况，区政协主席李桂锡陪同。

2 日

市政协主席杨军一行到李沧区开展青岛市基层政协组织建设视察活动，区委书记王希静陪同。

5 日

中国太平洋财产保险股份有限公司青岛分公司党委书记、总经理、经济师于璇一行到李沧区考察，区委书记王希静陪同。

5～6 日

区委常委、副区长魏瑞雪分别走访国家科技部、首创置业、兆易创新、中关村集成电路设计园、中粮集团健康科技产业园、智慧生态园等，与中粮集团置地公司、华润集团等座谈交流，对接我区有关项目。

7～9 日

区委书记王希静赴北京与中国海外控股集团有限公司、中国农业银行洽谈相关合作事宜，会见中国科学院院士何满潮并参加 NPR 锚杆钢新材料产品产业化可行性分析专题会议。

8 日

省市发改委调研组一行到青岛国际院士港实地调研、座谈，区委副书记于洋陪同参加。

9 日

市城乡建设委、市统战部领导视察楼山公园综合整治项目，区委常委、副区长魏瑞雪陪同并介绍项目情况。

12 日

区委书记王希静实地调研督导部分重点教育项目推进工作。

区委常委、副区长魏瑞雪到区环保局调研中央环保督查回头看工作相关事宜。

13 日

省委宗教工作回头看工作组到访，区委书记王希静接待。

北斗天汇公司一行到访，区委常委、副区长魏瑞雪接待并洽谈有关项目情况。

14 日

贵州安顺东西协作考察团到我区参观考察，区委副书记于洋接待陪同。

15 日

市委副书记、市长孟凡利一行到李沧区实地调研"美丽青岛行动"及环保督查相关工作开展情况，区委书记王希静陪同。

开展贯彻实施大气污染防治法和水污染防治法检查活动，区人大主任管习会参加。

区委常委、副区长魏瑞雪赴上海参加青岛市民营经济招商项目对接会，考察天亿集团总部。

16 日

俄罗斯科学院通讯院士、俄罗斯科学院化学与材料学部院士、中国工程院外籍院士、俄罗斯科学院原副院长索恩采夫·康斯坦丁·亚历山德罗维奇一行到访，区委书记王希静接待。

19 日

区委常委、副区长魏瑞雪主持召开全区民营经济企业座谈会，与企业代表座谈交流。

20 日

青岛市税务局第一巡视组组长董於青到李沧区调研走访，区委书记王希静陪同。

21 日

区委书记王希静召集专题会，研究部署省委、市委关于加快打造青岛国际院士港要求的相关工作落实情况。

22 日

美国国家工程院院士、北京大学工学院院长张东晓考察青岛国际院士港发展情况，区委书记王希静陪同。

23 日

区委书记王希静到青岛国际院士港现场调研，传达省委、市委和市政府关于加快打造青岛国际院士港平台建设的要求精神，并实地督导青岛国际院士港综合服务中心、院士港二期、院士产业核心区试验区项目推进情况。

26 日

中国工程院副院长钟志华一行到青岛国际院士港参观考察，区委书记王希静陪同。

27 日

青岛市税务局局长、党委书记冯光泽一行到青岛国际院士港考察，区委书记王希静陪同。

中建一局国际工程公司、绿城中国客人到访，到 1688 产业园走访调研园区运营情况，区委常委、副区长魏瑞雪陪同。

28 日

区委常委、副区长魏瑞雪与灵思云途到访人员洽谈有关合作项目并参加签约仪式。

29 日

马格里布国家和北非国家政党干部考察团一行到李沧区考察，区委书记王希静陪同。

30 日

世茂集团助理总裁、山东地区公司董事长兼总裁陆术东一行到访，区委书记王希静接待。

12 月

3 日

市政协主席杨军同志一行到李沧区调研唐山路社区棚改项目，区委书记王希静陪同。

4 日

省委常委、市委书记张江汀一行到李沧区中特科技工业（青岛）有限公司开展民营企业调研，区委书记王希静陪同。

区委常委、副区长魏瑞雪陪同市委区委主要领导走访中特环保仪器有限公司。

4～5 日

市委常委、统战部部长王

久军到我区督导环保等相关工作，到李村街道调研，区委副书记于洋陪同，区领导房艳、朱元庆参加。

5 日

省科技厅厅长唐波一行到青岛国际院士港调研，区委书记王希静陪同。

召开土地出让工作领导小组项目调度会、院士产业加速器项目推进工作调度会，区委常委、副区长魏瑞雪参加。

6 日

省委常委、市委书记张江汀一行到李沧区调研，区委书记王希静陪同。

7 日

省教育厅副厅长白皓一行到李沧区调研，区委书记王希静陪同。

区长张友玉陪同市委副书记、市长孟凡利一行走访深圳海王集团。

10 日

区委书记王希静会见中国建设银行董事长田国立一行。

区委常委、副区长魏瑞雪与同大控股到访客人洽谈有关项目合作事宜。

11 日

中国建设银行总行战略客户部总经理刘广良一行到青岛国际院士港考察，区委书记王希静陪同。

13 日

区委书记王希静召集专题会，研究 2018～2019 年蓝天保卫战工作方案。

14 日

区委书记王希静与市金融办对接产业基金相关事宜。

区委常委、副区长魏瑞雪率队走访调研军旅空间公益组织，研究下一步服务退役军人有关工作。

17 日

区委书记王希静接待法兰西建筑院院长马丁·罗班、法兰西艺术院院士迪埃·贝奈姆一行。

18 日

古巴驻华大使代表团到李沧区考察，区委书记王希静陪同。

市安监局局长张建刚一行到我区调研，区长张友玉接待并汇报我区安全生产及考核等有关工作。

区委常委、副区长魏瑞雪与北京建工到访人员座谈，对接海绵城市项目建设、招商引资等工作。

19 日

海尔地产董事长盛中华一行到李沧区考察，区委书记王希静陪同。

区长张友玉现场调研青岛—亚马逊 AWS 联合创新中心工作情况，会见项目企业负责人。

20 日

全市法院执行工作现场会在我区召开，区委副书记于洋参加并讲话。

山东重工集团客人考察青岛国际院士港，区委常委、副区长魏瑞雪陪同。

21 日

中国科学院院士、第三世界科学院院士，复旦大学化学系教授、博士生导师、复旦大学先进材料实验室主任赵东元一行到青岛国际院士港参观考察，区委书记王希静陪同。

区长张友玉陪同财政部驻青岛专员办一行到李沧区调研。

24 日

区长张友玉陪同省统计局副局长马金栋一行到世园街道调研。

新华社青岛记者站修国华站长一行到访，区长张友玉接待。

26 日

青岛警备区司令员刘尧、政委刘建辉一行到李沧区视察，区委书记王希静陪同。

全区贯彻执行市第四次经济普查活动。

27 日

青岛农商银行李沧支行行长一行到访，区长张友玉接待。

28 日

李沧区行政审批服务局举行揭牌仪式，区委常委、副区长魏瑞雪参加仪式并调研相关工作。

29 日

区委书记王希静、区长张友玉实地调研兴山路农贸市场节假日市场供应及沧口片区居民温暖过冬等工作。

区委副书记于洋召集维稳办、应急、信访、执法、公安、退役事务局等部门部署重点时期信访维稳安保工作，区领导于永志、王子兴参加。

在全区组织开展退役军人和其他优抚对象信息采集工作，区委常委、副区长魏瑞雪调度区民政局、各街道、社区配合完成。

（区委办公室）

政治·政务

中共青岛市李沧区委员会

重要会议

2018年1月22日，召开2017年第四季度项目观摩总结会。会议分两个阶段进行，第一阶段组织现场观摩，第二阶段召开2017年第四季度项目观摩总结会。区级领导、各街道党工委和办事处、区委区政府各部门、区直各单位、驻区各单位、区属各国有企业主要负责同志参加会议。

2018年2月8日，召开中共李沧区纪委六届三次全体会议。会议分两个阶段召开。区级领导、区纪委领导、各街道党工委和办事处、区委区政府各部门、区直各单位、驻区各单位、区属各国有企业主要负责同志参加会议。

2018年2月12日，召开2017年度党（工）委书记履行全面从严治党责任和抓基层党建工作述职评议会议。青岛市委组织部有关负责同志到会指导，区委常委、区委党的建设工作领导小组成员、各街道党工委书记及有关方面负责同志参加会议。

2018年2月23日，召开全区领导干部会议。区委委员、候补委员、现职副区级领导、近10年退出领导岗位的正区级老同志和上次换届以来退出领导岗位的副区级老同志及有关部门负责同志参加会议。

2018年2月27日，举行区委理论学习中心组集体学习。区委理论学习中心组全体成员集体学习《山东新旧动能转换综合试验区建设总体方案》。

2018年3月3日，召开李沧区加快新旧动能转换落地落实工作会议。区级领导、区纪委（监委）领导班子成员、巡察组组长、各街道党工委和办事处、区委和区政府各部门、区直各单位、驻区各单位、区属各国有企业主要负责同志参加会议。

2018年3月13日，举行区委理论学习中心组集体学习。区委常委，区人大常委会、区政府、区政协领导班子成员，区委党校党委书记，区人大常委会办公室、区政府办公室、区政协办公室主要负责同志及有关部分负责同志参加会议。会议学习了《张江汀同志在市委党校2018年春季开学典礼上的讲话》和习近平总书记参加十三届全国人大一次会议部分代表团审议时的重要讲话精神。

2018年4月1日，召开全区组织、宣传、统战、政法工作会议暨全区开展"大学习、大调研、大改进、大督促"工作会议。区级领导、各民主党派、各街道党工委和办事处、区委区政府各部门、区直各单位、驻区各单位、区属各国有企业主要负责同志参加会议。

2018年4月8日，召开全区领导干部会议。区委委员、候补委员、现职副区级领导、近10年退出领导岗位的正区级老同志和上次换届以来退出领导岗位的副区级老同志及有关部门负责同志参加会议。

2018年4月14日，召开2018年一季度区委常委、区政府副区长、街道党工委书记向区委常委会述职会议，会议分两个阶段。区委常委、区政府副区长、各街道党工委、区纪委、区委办、区委组织部、区委宣传部及有关方面负责同志参加会议。

2018年4月15日，举办区委理论学习中心组集中学习暨宪法修正案专题辅导报告会。区委理论学习中心组成员、各街道党工委和办事处，区委和区政府各部门，区直各单位主要负责同志、分管负责同志及部分处、科级干部等参加报告会。中国宪法学研究会副会长、青岛大学法学院院长、博士生导师董和平从修宪过程、修宪内因、修宪特点等三个方面，讲解了宪法修改的重大意义、精神实质和主要内容。

2018年4月21日，举行区委理论学习中心组集体学习。区委理论学习中心组成员，区委办公室、区委组织部、区委宣传部分管负责同志共同学习研讨《开放共创繁荣 创新引领未来——习近平同志在博鳌亚洲论坛2018年会开幕式上的主旨演讲》。

2018年4月25日，召开李沧区2018年第一季度项目观摩总结暨第二季度项目建设"三促"动员会。会议分两个阶段进行，第一阶段组织现场观摩，第二阶段召开2018年第一季度项目观摩总结暨第二季度项目建设"三促"动员会。区级领导、各街道党工委和办事处、区委区政府各部门、区直各单位、驻区各单位、区属各国有企业主要负责同志参加会议。

2018年5月5日，召开区委常委班子"大学习、大调研、大改进、大督促"务虚会议。区委常委，区人大常委会党组书记、区政协党组书记，九水街道党工委、区发展改革局党委、区建管局党委、中基四维公司主要负责同志及有关负责同志参加会议。

2018年5月7日,举行"新动能、新引擎"——2018青岛国际院士港院士项目招商推介会。区级领导王希静、管习会、李桂锡、魏瑞雪、谭鹏、郑海涛、陈忠伟、纪明涛、张在厚、李蕾等及有关部门负责同志参会。

2018年5月27日，召开全区峰会服务保障暨扫黑除恶专项斗争和迎接国家卫生城市复审动员大会。区安保指挥部成员、区人大常委会主任、区政协主席、各街道党工委和办事处、区委和区政府各部门、区直各单位主要负责同志及有关部门负责同志参加会议。

2018年6月30日，举办区委理论学习中心组集体学习暨《地方党政领导干部安全生产责任制规定》专题辅导报告会。区委理论学习中心组成员、各街道党工委和办事处，区委、区政府各部门，区直各单位主要负责同志、分管负责同志及部分处、科级干部等参加报告会。国家应急管理部研究中心理论研究所副所长黄典剑就《地方党政领导干部安全生产责任制规定》做专题解读。

2018年7月21日，举办区委理论学习中心组集体学习暨全区党政领导干部"军事日"活动。区委理论学习中心组成员、各街道党工委和办事处，区委、区政府各部门，区直各单位主要负责同志、分管负责同志及部分处、科级干部等参加报告会。著名军事专家、资深媒体评论员、中国军事文化研究会网络研究中心主任、军委科技委兼职委员，原军事科学院研究员杜文龙就贯彻落实习近平新时代强军思想，着力推进党管武装工作落实情况做专题报告。

2018年7月29日至7月30日，召开中共青岛市李沧区委六届六次全体扩大会议，会议分五个阶段。区委委员，区委候补委员及有关单位负责同志参加会议。

2018年8月4日，举办区委理论学习中心组集体学习暨"领导干部学国学"讲座。区委理论学习中心组成员、各街道党工委和办事处，区委和区政府各部门，区直各单位主要负责同志、分管负责同志及部分处、科级干部等参加报告会。中央党校哲学部教授、中外哲学教研室副主任、中华炎黄文化研究会领导干部学国学促进会会长王杰做专题报告。

2018年8月5日，举办区委理论学习中心组集体学习暨国民经济核算专题报告会。区委理论学习中心组成员、各街道党工委和办事处，区委和区政府各部门，区直各单位主要负责同志、分管负责同志及部分处、科级干部等参加报告会。青岛市统计局副巡视员刘建华就相关内容做专题报告。

2018年8月25日，召开区委常委班子巡视整改专题民主生活会。青岛市纪委监委机关、青岛市委组织部有关领导到会指导，区委常委，区人大常委会党组书记、区政协党组

书记及有关部门负责同志参加会议。

2018年9月1日，举办区委理论学习中心组集体学习暨保密工作形势与任务专题辅导报告会。区委理论学习中心组成员、各街道党工委和办事处，区委和区政府各部门，区直各单位主要负责同志、分管负责同志及部分处、科级干部等同志参加报告会。中央保密办原副主任，国家保密局原副局长、新闻发言人杜永胜做专题报告。

2018年9月30日，召开李沧区解放思想大讨论动员部署会议。区级领导、区纪委（监委）领导班子成员、各街道党工委和办事处主要负责同志及部分处科级干部，区委和区政府各部门、区直各单位党政主要负责同志及部分领导班子成员及有关部门负责同志参加会议。

2018年10月1日至6日举办区委理论学习中心组读书班。区级领导、区纪委副书记、各街道党政主要负责同志及有关部门负责同志参加读书班。

2018年11月11日，召开李沧区2018年第三季度项目观摩总结暨党政干部党性教育专题培训班总结会。会议分两个阶段进行，第一阶段组织现场观摩，第二阶段召开2018年第三季度项目观摩总结暨党政干部党性教育专题培训班总结会。区级领导、各街道党工委和办事处、区委和区政府各部门、

区直各单位、区人大常委会和区政协各工作部门、驻区各单位、区属各国有企业主要负责同志及有关方面负责同志参加会议。

2018年12月2日，召开李沧区副区级以上领导干部会议。青岛市委组织部常务副部长杨锡祥宣布任命并讲话，副区级以上领导参加会议。

2018年12月22日，召开全区工作务虚会暨解放思想大讨论小结会。区级领导、各街道党工委和有关部门负责同志参加会议。

2018年12月31日，召开中共青岛市李沧区委六届七次全体会议。区委委员，区委候补委员及有关单位负责同志参加会议。会议听取区委常委会工作报告；审议通过《关于深化"双治双民"活动打造"四个绝对"基层组织和干部队伍的决定（草案）》；审议通过《关于加快青岛国际院士港各功能板块建设冲击国际大科学计划和大科学工程全力打造"院士区"的决议（草案）》。

（区委办公室）

政策研究

【概况】 2018年，政策研究工作紧紧围绕区委中心工作，聚焦理论学习、文件起草、调研辅政三大主业，着力提升"三服务"水平，团结协作，苦干实干，努力打造学习型、研究型、

创新型团队，推动全区政策研究工作迈出新步伐、实现新提升。

【理论武装】 深化贯彻落实。坚持以习近平新时代中国特色社会主义思想为指导，全面贯彻落实党的十九大精神，深入学习贯彻习近平总书记视察山东重要讲话、重要指示批示精神，始终把思想政治建设摆在首位，树牢"四个意识"，坚定"四个自信"，坚决做到"四个服从""两个维护"。

丰富学习形式。采用集体学习、集中座谈等多种方式，邀请区直业务部门的同志讲解经济、财政、环保、城建等知识，拓宽知识面，进一步加深对习近平新时代中国特色社会主义思想的理解和把握，将思想和行动统一到党中央决策部署和省、市、区委的工作要求上来。

注重学以致用。积极学习党中央和省、市、区重要会议、重要文件精神，精读细研深思，提升思想方法，改造工作方法，不断提高创造性贯彻落实水平，推动学习贯彻走深走实，做到知行合一、以知促行、以行求知。

【文稿起草】 始终把服务区委工作大局、服务领导科学决策作为工作的出发点和落脚点，认真履行以文辅政职能，力促各项任务全面落实。在文稿起草工作中，深刻领会领导意图，积极建言献策，主动分析探讨，升华文稿主题；广泛收集材料，深入调查研究，勤

于总结分析，充实文稿内容；统筹段落层次，合理谋篇布局，精心组织语言，凝练文稿篇幅。高质量完成第二届海外院士青岛行暨青岛国际院士论坛，区委六届五次、六次、七次全会等重大活动、会议文稿起草工作，起草《中共青岛市李沧区委关于深入学习贯彻习近平总书记视察山东重要讲话精神的意见》《关于对习近平总书记视察山东重要讲话重要指示批示精神贯彻落实情况"回头看"的报告》等材料和青岛国际院士港系列汇报材料，起草材料约320篇、330万字。特别是《爬坡过坎自信自强》《坚定坚持善作善成》等重要文稿，在全区广大党员干部和人民群众中达到了凝聚共识、激发斗志、促进工作的目的。

【调研辅政】 坚持问题导向，紧盯关键节点，牢牢把握调研这一谋事之基。围绕全区中心工作和发展大局，延伸调研路径，既坚持和完善走访、抓典型等传统调查方法，又紧盯国家政策新动态、理论研究最前沿、经济社会发展新趋势、先进城市发展新经验，及时反映新情况、新动向，为区委领导科学决策提供参考借鉴，把微观调查和宏观调查、定性分析和定量分析结合起来，更有效、更准确地把握问题，为研判形势、做出决策提供坚实基础。先后围绕探索建立核心技术攻坚体制加快建设青岛国际

院士港纵深发展、"服务到企业、服务到项目、服务到社区、服务到居民"工作、"治官治吏便民利民"专项行动等课题开展调查研究。

（丁程）

督查工作

【概况】 2018年，区委督查室紧紧围绕区委中心任务和部署，突出重点，整体推进，创新方法手段，坚持一线督查、跟踪问效，确保区委重大决策部署落地见效，确保各项工作顺利开展。

【重点督查】 重大决策落实督查。制定《李沧区深入学习贯彻习近平总书记视察山东重要讲话精神的意见推进台账》，每月对100项工作进行梳理汇总，加强调度推进；根据区委"大学习、大调研、大改进、大督促"领导小组要求，确定全区168项重点整改事项，落实责任，严格督查，已整改完成159项，其余正在推进整改；对区委常委会、区委常委扩大会议决定进行责任分解，确保重大决策部署全部落地做实；纳入督查范畴的事项，编号登记，持续跟踪督查，"当日转办、按期督促、到期反馈，突出实效"，全年共办理领导批示事项2735件。

维稳督查。贯彻落实区委关于全国"两会"和上海合作组织青岛峰会期间维稳工作要

求，连续 24 小时不间断对各稳控点进行督查，确保党的十九大、全国"两会"、上海合作组织青岛峰会期间"零上访"，成为全市唯一实现"零上访""三连冠"区市。

重点项目督导。 加大对 157 个省市区三级重点项目及 31 所学校幼儿园建设项目督导力度，协调解决影响项目推进的土地证办理、苗木迁移、临电设置、基坑排水、渣土清运、地铁安全论证等堵点、痛点问题 52 个。国际特别创新区项目正在加快入驻企业招商工作；院士产业核心区试验区、院士研究院、信联天地、永平路 76 号地块、融海国际酒店项目均突破制约瓶颈，按程序稳步推进。

专项督查。 按照区委部署要求，开展李沧东部渣土堆影响环境专项治理、强降水期间工地安全防汛夜查、国际特别创新区装修施工、市区两级河长制湾长制落实、老虎山怀念堂信访处置上报、污染点源整治、黑臭水体整治、既有建筑节能改造、棚户目标任务落实、中央省市环保督察回头看等专项督查 60 余次。

【网上问政】 行风、民生在线。组织民生在线、行风在线活动，5 位区领导上线接受网民提问获好评。督查局对网民提出的 738 个民生问题、254 个行风问题，均按要求及时回复并落实责任单位予以解决。

组织完成华中蔬菜批发市场公厕设置、君峰路大崂路打通问题线下追访活动 2 次。

大数据平台。 建立居民意见征集分析决策大数据平台，累计征集居民意见建议 12597 条，从中确定 12 类 61 项作为 2019 年区办实事，加强一事一督办，确保工作进展。

办理网民留言。 及时办理回复市委办公厅网政处转发市委主要领导人民网网民留言 57 条，满意率居全市前列。对李沧文化公园内私办卡拉 OK 扰民、保利中央公园楼顶违章建筑拆除等难点问题，及时协调处理并严格督办，获网民好评。

【提案办理】 完成 225 件市区两级人大代表建议、政协委员提案办理工作。院士港发展、"一带一路"发展、房产证办理等建议答复获代表、委员通过。《以痕绩工作擦亮督查利剑》经验材料在山东省政务督查第 7 期刊发；《推动建议提案办理新跨越工作做法》在市建议提案办理工作简报第 13 期做经验交流。

【创新方法】 围绕区委区政府中心工作和重要决策部署，选取安置房建设、重点项目、政府实事等重点难点事项，纳入"五位一体"联合督查，重点跟踪督办，实现督查、问责、考核"一条龙"；升级更新金宏督查系统，健全完善手机金宏"四个一"痕绩工作法（每日一事、每周一悟、每月一报、每

季一评）办公系统，实现随时随地网上办公、调度工作；聘请专业公司研发专业督查板块，引入"红绿灯"管理，重点项目的基本情况、责任单位、实时进展、制约因素、时间节点随时显见，便于区领导即时掌握信息和调度指挥。

【重要活动】 成功组织筹备海外院士青岛行及主会场论坛活动，组织完成省委党校人大政协培训班、地厅级干部培训班、中青年干部培训班到青岛国际院士港现场教学活动及项目观摩组织工作，精心筹备全市项目现场观摩会和区内每季度现场观摩活动。

（周光华）

组织工作

【概况】 2018 年，李沧区委组织部以习近平新时代中国特色社会主义思想为指导，全面贯彻落实党的十九大精神，牢牢把握坚决维护习近平总书记党中央的核心、全党的核心地位，坚决维护党中央权威和集中统一领导这个根本政治责任，牢牢把握坚持和加强党的全面领导这个根本原则，牢牢把握坚持党要管党、全面从严治党这个指导方针，全面落实新时代党的建设总要求，以党的政治建设为统领，认真落实省市区党代会部署，履行政治责任、强化政治担当，深入开展"治官治吏便民利民"专项

行动，着力加强领导班子政治建设和思想建设，着力建设高素质专业化干部队伍，着力提升基层党组织组织力，着力以服务院士港建设为重点激发人才创新创造活力，推动组织工作高质量发展，为打造宜业宜居宜身宜心的创新型花园式中心城区提供了坚强组织保证。

【政治建设】 强化党的领导，完善党的建设工作机制。发挥区委党的建设工作领导小组作用，制定《中共青岛市李沧区委党的建设工作领导小组工作规程》《中共青岛市李沧区委党的建设工作领导小组2018年工作要点》，确定28大项全区党的建设重点工作，压实责任、跟进督察、抓好落实。制定并落实《中共青岛市李沧区委关于加强区委常委会党的政治建设的十条意见》，发挥好政治建设示范带动引领作用。

深化政治历练，厚植党员干部政治情感。把区委对全体干部"绝对忠诚核心、坚决拥戴核心、始终紧跟核心、誓死捍卫核心"的要求作为政治建设重中之重，提高政治站位，明确政治责任。扎实推进"两学一做"学习教育常态化制度化，深入开展"大学习、大调研、大改进、大督促"，区级领导班子成员和区管党政"一把手"全部手写学习心得体会，每月下发"两学一做"配档表明确"学""做""督"重点，梳理群众最不满意事项168项，形成

院士港等15个优秀改进案例；开展"新时代、新担当、新作为、新奇迹"活动，结合工作实际确定"新奇迹"工作目标，强化措施，扎实推进；落实区委常委、党员区级领导参加所在党支部、指导下级党支部组织生活会要求，指导开好民主生活会，组织党员过好"政治生日"；对机关、社区、两新、学校、国企等7个党支部"主题党日"活动进行网络直播，累计观看人员达240万人次。

突出政治素质，抓实干部教育培训。落实《李沧区2018年干部教育培训计划》，组织筹办区管党政主要领导干部党性教育专题培训班、处级干部培训班等班次38期，培训干部5239人次。组织区管党政"一把手"等到焦裕禄干部学院、红旗渠干部学院等红色教育基地开展党性教育；组织47名年轻干部集中3个月开展全脱产培训，到海外院士青岛行活动等进行跟岗实训。

细化政治标准，开展经常性考察调研。制定《2018年区管领导班子和区管干部经常性考察调研工作方案》，突出政治标准，细化领导干部政治表现17种情形，对全区63个单位进行全面考察。结合巡察对22个单位选人用人情况进行专项检查。抽调1340名干部参与上海合作组织青岛峰会、海外院士青岛行暨青岛国际院士论坛等重大活动服务保障，派出11

名干部考察员实施一线跟踪考察，及时掌握干部在关键时刻的政治表现，对政治过硬、业绩突出的381名干部进行表彰奖励，对44名干部进行提拔重用或职级晋升。

【干部正向激励】 深入推进"奖、罚、情、制"干部正向激励系统工程建立健全、落实落地，在全区形成担当作为、干事创业的氛围，相关做法在中央组织部《组工研讨》、省委办公厅《参阅件》和省委组织部《内部参阅》刊发。

坚持有功必奖。落实《李沧区重点工作突出贡献奖励办法》，强化考核调度督促和结果运用，结合每季一评，对表现突出的单位和个人向区委提出表彰建议，共给予44名同志记三等功，137名同志嘉奖奖励。大力提拔敢当善为的干部，2018年提拔重用的干部中，70%以上来自基层一线和困难艰苦岗位。加大年轻干部培养选拔力度，安排9名干部到区委办、区政府办挂职锻炼。

坚持失责必罚。对未完成2017年考核任务的单位、个人提出惩戒建议，责成13个单位向区委、区政府做书面检查，在区委常委会上表态发言，6个单位党政主要负责同志由纪委进行诫勉谈话，3个单位党政主要负责同志由分管区领导约谈。

坚持真情厚爱。常态化开展"干部大谈心"活动，积极

帮助解决实际困难，抽调 10 名干部组成 5 个组，对 536 名区管干部实现谈心谈话全覆盖。减轻基层负担，建立"街道权力和责任清单"，区直单位通过签订责任状、下达考核指标等方式将工作责任、考核权力等下放给街道的，实行"责任捆绑"，突出区直单位的主体责任，明确街道单位的协助责任，实现同奖同罚。结合年轻干部理论测试，对从街道借调的人员进行清退，除区委区政府研究决定之外，禁止私自从街道借调人员或采用任何方式变相借调，保证基层工作力量。

坚持建章立制。以强化担当作为为导向，将干部激励制度化、常态化，累计出台并落实正向激励制度 10 余项，构建起系统完整的干部激励制度体系。强化综合考核督促引领作用，全年共召集调度会 81 个，编发考核专报 63 期，提出工作建议 79 件次，从 7 月 10 日到 9 月 6 日坚持每日向区委、区考核委等报送重点指标推进情况，为精准奖罚奠定坚实基础。

【基层党建】 6 月 12 日，习近平总书记莅临李沧区视察上流佳苑社区，对社区党建引领、村居改制、服务民生有关做法予以充分肯定。

创新推进各领域党建。完善《关于全面加强城市基层党建工作的实施意见》，探索"一核统筹，四化推进"城市基层党建模式。突出典型示范引领，

以习近平总书记视察上流佳苑社区为契机，总结提升"党员联户"工作机制，确定以组建团队聚力联，创建清单定向联，搭建平台智慧联；着力党建工作标准化，促基层组织力提升；着力为民服务精准化，促群众幸福感提升；着力共驻共建拓展化，促发展新动能提升为主要内容的"三建三联、三化三促"党建整体提升举措。建立区级领导帮包联系薄弱社区制度，32 名区级领导全部帮包联系社区。推进两新领域"两个覆盖"，成立非公有制经济组织、社会组织 2 个综合党委及 3 个行业党委，打造青岛—亚马逊 AWS 联合创新中心、"红帆动力驿站"等两新党建示范点，建立两新组织党务工作人才库，遴选党建工作指导员 234 名、党务工作后备人才 165 名。抓好典型培树，李存业、王军同志荣获全省城市社区"担当作为好书记"，楼山街道翠湖社区荣获全省城市社区"干事创业好班子"，4 名党员、4 名党务工作者、5 个先进基层党组织受到市委表彰。选派第三批 16 名第一书记，确定第一书记"问题清单"和"任务清单"74 项，制定出台《李沧区第一书记行使"一票否决权"工作制度》。

强化党建责任落实。制定《关于健全完善述职评议考核制度落实党（工）委书记抓基层党建工作责任的实施意见》，一年两次召开党（工）委书记抓

基层党建工作述职评议会，落实"问职"、实名测评、"党建督查员"参与评分等创新举措，提升工作实效。逐级指导制定党组织书记抓基层党建工作问题清单、整改清单、责任清单，压实各级党组织和党组织书记抓基层党建工作责任。建立并落实党（工）委书记履行抓基层党建工作季通报制度，推出旭东社区党群服务中心、上流佳苑社区、红帆动力驿站 3 个优秀突破项目纳入全区"每季一评"党建项目观摩。组建 10 个督导组，对各党（工）委（党组）及全部 115 个社区开展全覆盖集中督导，现场反馈问题，实施销号管理，强化整改落实。

夯实基层工作基础。以扫黑除恶专项斗争为契机，组织各街道对软弱涣散社区进行重新梳理，将有班子不团结、内耗严重、存在涉黑涉恶势力等 10 类情形的社区纳入软弱涣散社区党组织整顿范围，督导各街道党工委书记与社区党组织书记围绕扫黑除恶工作进行专题谈话，并对排名位列街道后 30% 的社区党组织书记进行警示约谈。做好中央扫黑除恶第 5 督导组反馈问题整改，对 11 个街道 115 个社区扫黑除恶工作部署落实、知识学习掌握及基层党建重点任务完成情况进行督导。扎实开展社区"两委"换届"回头看"，会同纪委监委、政法机关等对现任 819 名社区"两委"成员进行拉网式排查，

抓好"两委"人选质量"二次体检"。举办 185 名社区"两委"负责人研修班和 125 名社区党组织专职副书记、组织委员研修班，组织 3 名社区党组织书记赴上海社区挂职学习。

抓实党员教育管理。严把发展党员"入口关"，组织开展 2018 年发展对象培训班，对 161 名参训学员逐一进行面审谈话，成绩不合格的 6 名学员取消当年发展资格。对 2013 年以来 254 名发展党员情况进行集中检查。出台党组织"评星创优"和党员质量积分管理考核实施意见，分机关、社区、国企、两新组织等 4 个领域，对党组织和党员进行规范化管理。用好"灯塔—党建在线"，提报经验信息 374 篇，采用 134 篇。开展党组织和党员信息集中排查，调整完善党组织和单位信息 180 余项、党员信息 3700 余项，完整录入党员信息 30496 名。

【人才工作】 青岛国际院士港建设发展得到中央和省市领导高度关注、强力支持。第二届海外院士青岛行活动期间，全国人大常委会副委员长陈竺出席并致辞，省委书记刘家义发来贺信，签约院士 71 名，与 41 所高校和科研机构、53 家企业和金融机构达成合作意向。

进一步完善省市区三级联动机制。青岛国际院士港建设列入山东省新旧动能转换重大工程，省委党校秋季学期 5 个主体班次共 340 名学员到青岛国际院士港现场教学。牵头做好省市支持院士港政策落地工作，积极为院士团队争取人才公寓 16 套，明确我区在建人才公寓优先分配的政策倾斜，为院士港落实泰山人才工程、"千人计划"专家工作站等单列指标名额。健全院士港建设发展工作领导小组办公室运行机制，明确工作制度、组建联络员队伍，强化工作职能整合。加快院士科研成果转化。"创新开展海外院士青岛行暨青岛国际院士论坛活动，积极构筑世界院士联盟"，获评 2018 年"全省人才工作创新案例提名案例"。

进一步完善高层次人才引进政策。在第二届海外院士青岛行暨青岛国际院士论坛活动举办期间，抽调 220 名处科级干部、45 名中青班学员、198 名志愿者为参会院士提供服务。目前，院士港已累计签约引进院士 108 名，其中外籍院士 92 名。围绕人才支撑新旧动能转换，大力实施"十百千"人才工程，出台涵盖创业创新扶持、个人生活补贴、平台载体助建、人才成长激励、引才中介扶持、综合服务保障在内的 20 条人才政策，提升人才政策扶持力度。制定深入推进科技创新发展、人才计划扶持资金奖励、技能人才支撑计划、首席技师选拔等 5 个改革文件，通过搭建"1+X"人才政策体系，实现人才数量与人才质量双提升。

全年全职引进"千人计划"专家 1 人，自主推报省级以上人才 9 人，引进外国专家 293 人，各方面人才持续集聚。加强高端"智库"建设，成立 7 个"智库"专项小组，为区委区政府决策提供支持。

进一步提升服务高层次人才水平。畅通人才服务通道，实行人才服务专员制度，主动上门为何满潮、帕克、陈璞等 3 名院士开辟"绿色通道"，做好首批山东惠才卡办理工作，在户籍办理、出入境、车驾管等方面提供便利。落实党委联系服务专家制度，帮助院士及团队核心成员解决创新创业、生产生活中遇到的问题。搭建高层次人才交流合作平台，以"产业互联、资源共通"为导向，于"每月第三周周三下午三点"举办"333 菁英荟"，全年共举办 12 期，在人才项目合作、政策服务、凝聚发展共识等方面发挥作用，促成袁隆平院士项目与倪维斗院士团队签订正式合作协议、陈璞院士项目与青岛国风药业股份有限公司达成合作意向。

（童建辉）

宣传思想工作

【概况】 区委宣传部深入学习贯彻党的十九大精神和习近平总书记视察山东视察青岛重要讲话、重要批示精神，围绕区委重点工作，大力推进宣传思想工作。深入开展理论武装、精神文明建设和新闻宣传舆论引导工作，全力维护意识形态领域稳定。2018年，李沧区荣获第三届山东省文化强省建设先进区。全年共开展各类惠民宣讲1600余场，国学讲堂1000余场，受众20余万人次。1人被评为山东省道德模范、5人被评为青岛市文明市民。中央电视台《新闻联播》6次播发李沧区先进工作经验，宣传青岛国际院士港建设、海外院士青岛行、邻居节等先进工作成果。

【理论宣传教育】 党委（党组）理论中心组学习。把学习宣传贯彻习近平新时代中国特色社会主义思想和党的十九大精神作为当前和今后一个时期的首要政治任务，制定印发《贯彻〈中国共产党党委（党组）理论学习中心组学习规则〉实施细则》《2018年度区委理论学习中心组学习安排方案》和《2018年区直党委（党组）中心组理论学习意见》，为各级理论学习中心组和党组织理论学习提供制度规范，推动理论学习形成长效机制。精心组织区委理论学习中心组学习，共组织区委理论学习中心组成员集体学习27次。中心组成员围绕"新旧动能转换"、《习近平谈治国理政》第二卷部分专题、省委书记刘家义同志在省委理论学习中心组读书班上的讲话精神等内容进行了4次集体学习

研讨，举行区委理论学习中心组读书班1期，举办专题报告会8场。坚持"月赠经典1本书"活动，每月给区委理论学习中心组成员和各街道各单位主要领导赠阅相关学习书籍，共赠阅20余本、2600余册，用最新理论知识武装党员干部，引导全区广大党员干部在学懂弄通做实上下功夫。

意识形态工作。建立健全意识形态工作领导体制和工作机制，成立由区委书记任组长的区委意识形态工作领导小组，建立由区委宣传部牵头的意识形态工作联席会议制度。将意识形态工作责任制落实情况纳入全区综合考核指标体系并实施"负面清单"考核，完善明责、履责、担责、追责的制度机制，把意识形态工作的规矩立起来。召开全区意识形态工作联席会议，部署安排意识形态责任制和党委（党组）理论学习中心组学习情况督导调研及各单位对中央第七巡视组《关于巡视检查山东省委落实意识形态工作责任制情况的报告》的整改落实方案。对全区11个街道、所有党委（党组）、区意识形态联席会议成员单位共60余个部门单位开展下半年意识形态工作责任制和党委（党组）理论学习中心组学习情况全面督导调研。

理论惠民活动。制定印发《李沧区"理响李沧"理论惠民宣讲活动实施方案》，组建36

支李沧区特色品牌宣讲队伍。举办"李沧区百姓宣讲骨干培训班"，邀请青岛市专家学者现场授课，全面提升基层宣讲骨干宣讲水平。共举办各类惠民宣讲1600余场，发放《新时代面对面》《逐梦路上党旗红》《理论宣讲惠民精品课》等各类理论惠民书籍手册2000余册。举办李沧区学习宣传贯彻习近平新时代中国特色社会主义思想理论惠民宣讲文艺专场演出，挖掘打造一批讴歌党和国家改革发展成果，反映李沧巨变的优秀作品。制定印发《关于认真组织开展学习贯彻习近平总书记视察山东重要讲话精神宣讲工作的通知》，推动理论惠民活动进机关、进企业、进社区、进学校、进军营、进网络。7月20日，省广播电台到上流佳苑社区录制并播出特别访谈节目《增进民生福祉就是发展的根本目的》；在青岛市举行的"起航新时代·共筑中国梦"宣讲比赛中，李沧区参赛节目《心中的话儿对您说》《请你尝尝鲜儿》分获故事类、曲艺类第一名，并代表青岛市参加山东省"中国梦·新时代"百姓宣讲大赛。高标准筹办改革开放四十年系列活动，讲好李沧故事，充分展示李沧区改革开放以来的伟大成就。组织开展"改革颂·中国梦"——2018青岛市合唱展演，获得社团组一等奖、区市组三等奖、优秀组织奖等三个奖项。

基层现场交流推进机制。自6月份起，每月安排两次李沧区宣传思想文化工作基层现场交流推进会，每次会议确定一个主题，在基层现场进行讨论交流，并深入11个街道的典型社区，实地参观、查看档案，听取汇报，查摆不足，提出建议，共查摆出基层问题56个，并要求及时整改。会议围绕宣传思想文化工作，建立持续、有效联系沟通机制，不断推动基层宣传思想文化工作上水平见实效。

【新闻宣传】 推介创新亮点。围绕区委重要部署及全区重点亮点工作，聚焦高端媒体，积极打通渠道，推出了一系列有质量、有高度、有深度的重点宣传。2018年，共在中央和省级媒体发稿240余篇。中央电视台《新闻联播》6次播发我区先进工作经验和工作成果；《人民日报》《光明日报》《经济日报》《大众日报》等各级重点媒体头版头条报道习近平总书记视察我区上流佳苑社区；《学习时报》刊发区委书记王希静同志理论文章《全面重塑高质量发展基因推进供给侧结构性改革》，解读青岛国际院士港建设初衷、院士引进、成果转化、体制机制等方面的探索创新和实践成果；中央级内参多次深入解读院士港建设的原创性创新思路成果，《经济日报》内参《应加大对原创性科技创新集聚地的扶持力度》受到省委书记刘家义同志肯定性批示；《人民日报》、新华社、《光明日报》《经济日报》、中央人民广播电台等媒体开设的"百城百县百企调研行"专栏聚焦李沧点赞青岛国际院士港；央视《第一时间》栏目先后深入邮政跨境电商产业园、丝路协创中心，对我区"一带一路"建设进行重点报道。

传播基层经验。讲好李沧故事，将镜头对准基层，把版面留给群众，充分发挥《青岛日报》《青岛新闻》等媒体平台作用，在《青岛日报》开设"今日李沧"专版，每月两期，深度报道全区发展中的典型经验和典型故事，借助《青岛日报》"都市+"专版，推出基层一线亮点工作；围绕改革开放40周年专题策划，在《青岛日报》《青岛早报》《青岛晚报》等媒体开设的"回首来时路 再启新征程"等巡礼专栏推出领导访谈、述评文章、李沧大事记，展现全区改革开放40年取得的成就亮点。围绕基层亮点工作，在大众网推出"遇见李沧·情在街道"媒体走基层系列宣传，在网易、凤凰网、青岛新闻网、李沧发布和微李沧等平台开展"新动能·新李沧""新李沧·生态美""新李沧·惠民生""百名名医汇李沧"等系列专题，多角度、多侧面开展宣传推介活动。

创建政务自媒体。"微李沧""李沧发布"平台得到长足发展，成为李沧区新媒体内容投送的重要平台。各街道以及各部门均建立政务微博、微信平台，全区共建立政务微博62个，政务微信51个，拓展了内容传播渠道。广泛应用新媒体传播手段。MG动漫、微视频、微音频、微直播、微电影以及长图、H5、微信朋友圈广告、应用程序开屏广告等一系列新的宣传形态展现在公众面前。依托腾讯策划"我正经历的城市蜕变"主题短视频大赛，群众广泛参与，涌现出很多质量高题材新的好作品。精心策划"映像李沧""喜马拉雅FM李沧声音"等精品新媒体栏目，制作"飞跃李沧"大型航拍纪录片，提升李沧知名度和美誉度。

守好网络舆论主阵地。成立李沧区网络安全和信息化委员会，印发实施《李沧区党委（党组）网络意识形态工作责任制实施规范》，细化舆情工作流程，明确具体职责，构建并完善包含舆情收集、处置、稳控、反馈全流程的闭环舆情处置体系，推动形成网络空间和现实社会协调治理新局面。坚持"快速发现、诚意处置、引导有度"的工作要求，运用"技防+人防"方法，实施全方位无死角监测，密切关注网上热点，及时掌握舆情动态。对于重要或敏感舆情组建"舆情工作专班"，做到24小时值守，实现线上、线下同步部署、同步处置、同步稳控。2018年，全区共处置各类舆情590件，稳控应急舆情 40 余件，全区舆情总体平稳。成功完成"上合组织青岛峰会""习近平总书记视察上流佳苑社区""第二届海外院士青岛行"等重大活动期间舆情稳控工作。在处置重要或敏感舆情过程中，第一时间编成《舆情专报》通过手机报送至区主要领导，得到区委主要领导批示 7 次。组建 85 人骨干层网评论员队伍、1000 余人基础层网评论员队伍并加强教育培训。2018 年前 10 个月，完成中央和省市网评任务 80 余次，截图 81947 张。面对重大突发事件，尤其是对不良信息和恶意炒作，用好政务微博、微信，澄清事实真相，遏制网络谣言，掌控重大敏感事件的话语权。

（高新）

精神文明建设

【道德李沧】 深入挖掘、宣传践行社会主义核心价值观的时代楷模、道德模范、最美人物、身边好人，建立社区、街道、区三级典型推荐遴选机制，自下而上及时挖掘凡人善举。围绕社会公德、职业美德、家庭道德、个人品德"四德"建设与青岛电视台四台《青岛全接触》联合推出"最美李沧人"栏目自 8 月份开播共播出 29 期。"最美李沧人"中有 1 人获评山东省道德模范、5 人获评青岛市文明市民。李沧"公交小暖男"在网上广泛传播引起反响；运用道德模范事迹宣讲、公益广告等方式，在全区营造崇德向善、见贤思齐良好氛围。开展讲群众身边的感人故事等系列活动，感染引导居民群众自觉践行社会主义核心价值观，激发学先进赶先进的热情。

【国学李沧】 开展"国学进社区""国学进家庭""国学进校园""国学文化推广"四大系列活动，举行千场国学讲堂课，将传承和发扬优秀传统文化同百姓理论宣讲结合起来，受众 20 余万人。在街道、社区建设各具特色的国学文化墙 108 处、国学广场 10 处，制作专题宣传片 9 期，通过微信公众号发布各类文章 500 余篇。

【信用李沧】 通过在微李沧开设专栏，集中宣传报道各部门围绕诚信建设开展的亮点工作和经验做法,区法院的《失信联合惩戒让"老赖"寸步难行》、区司法局的《李沧打造新媒体普法长廊》以及区综合行政执法局的经验做法均被《大众日报》等媒体刊发。

【秩序李沧】 上海合作组织青岛峰会筹备期间，李沧区文明办根据城市运行志愿服务工作需求，编制城市运行志愿者队伍 1300 余人、公共文明引导志愿者队伍 225 人、交通志愿者队伍 380 人等多支队伍，并对志愿者就通识类、应急救援类、志愿者礼仪等知识进行培训，保证峰会有序开展；深化文明出行专项行动，发放文明出行、文明旅游相关宣传画，开展文明乘车、文明旅游、礼让斑马线等形式多样的文明出行和文明引导志愿服务活动；在青岛电视二台《生活在线》栏目推出"秩序李沧"系列报道，围绕交通秩序、乘车秩序、行车秩序、金融秩序、社会秩序等方面介绍李沧做法和经验，现已播出 3 期。

【文明城市创建】 印发《文明城市创建实地考察重点项目、要求及责任分工》，明确各单位自身所承担的指标和任务，将全市创城测评情况存在问题转发至各相关单位进行整改。针对创城测评中易出现的问题，组织人员进行重点督促检查，并制成视频短片，在创城联席会议中播放。调整创城联席会议成员，狠抓联席会议机制落实，针对涉及多个部门的重点、难点问题，形成齐抓共管局面。在过街天桥和主、次干道、建筑工地等公共场所制作社会主义核心价值观、中国梦公益广告宣传牌。在李沧有线台、李沧在线主页、中心区大屏幕等，滚动播发社会主义核心价值观公益广告，营造自觉践行社会主义核心价值观氛围。

【未成年人思想道德教育】 以社会主义核心价值观进校园为主题，开展"听美德少年讲故事、学美德少年做实事""向国旗敬礼""入队入团仪式"主题队会等活动，引导学生学习美德、践行美德、弘扬美德；

依托"我们的节日"等活动，在清明节、中秋节等节日期间在全区中小学校开展传统文化教育，增强广大师生的民族自豪感和自信心。

【青岛邻居节现场观摩会】9月12日，2018青岛邻居节启动仪式在李沧区星光剧场拉开帷幕。活动由中宣部宣教局指导、山东省委宣传部和青岛市委主办，来自全国15个省委宣传部代表、20个全国文明城市代表、省内17个地市宣传部代表及部分青岛市民参加当天活动。启动仪式结束后，与会代表参观世园街道上流佳苑社区、青岛国际院士港等观摩点，举行邻居节现场观摩会。社区邻里借助这一平台，弘扬和合理念和邻里一家亲精神，建立友好互助关系，展示李沧宜居幸福新形象。

（高新）

统战工作

【概况】 李沧区委统战部以习近平新时代中国特色社会主义思想为指导，深入贯彻落实习近平总书记视察山东重要讲话精神，按照区委部署，立足中心，服务大局，积极发挥统一战线作用，大力开展民主政治建设，全力做好重点领域统战工作，扎实开展民族宗教和台侨统战工作，全区统战工作取得突出成绩。院士港统战工作信息被中央统战部《每日

汇报》采用，"有事来商量"民主党派参与基层协商工作，得到市委常委、统战部部长王久军肯定性批示，并在中央统战部网站、山东统一战线微信公众号、《青岛日报》等主流媒体推广。

【民主政治建设】 理论学习。坚持把学习宣传贯彻习近平新时代中国特色社会主义思想及党的十九大、十九届二中、三中全会精神和习近平总书记视察山东重要讲话精神，特别是习近平总书记在上海合作组织青岛峰会后对青岛的重要批示指示精神，作为首要政治任务。开展"不忘合作初心，继续携手前进"系列主题教育活动，举办学习党的十九大专题辅导报告会，组织全区统战成员共同观看《厉害了，我的国》爱国纪录片，组织各民主党派围绕习近平总书记视察山东重要讲话精神开展"解放思想大

讨论"。组织开展李沧区纪念中共中央发布"五一口号"70周年活动，各民主党派积极响应、广泛参与，共收到活动征文57篇，28名民主党派成员参加朗诵和演讲活动。

培训举荐人才。分别举办党外干部和党派骨干成员培训班、新的社会阶层人士培训班，培训党外代表人士100人。邀请中央和省市社会主义学院优质师资力量为学员授课，并组织现场教学，取得良好效果。2018年，区委统战部向省委统战部推荐1名党外干部到烟台挂职锻炼，向市青联第十一届委员会推荐候选人3名，向市光彩事业促进会第二届理事会推荐候选人5名。

完善协商机制。制定年度政党协商计划，积极开展各民主党派、工商联和无党派人士政治协商活动。2018年，共召开各类座谈会、通报会4次，

李沧区统一战线学习贯彻中共十九大精神暨纪念中共中央发布"五一口号"70周年演讲朗诵比赛。

畅通各民主党派议政建言渠道。2018年共收到地下管网建设、李村商圈转型升级、城市环境建设、小微企业发展、军民融合发展等意见建议36条，其中14条建议获区委、区政府主要领导批示。

完善调研监督机制。健全民主党派调研工作机制，支持李沧区各民主党派开展重点考察调研。制定印发《关于2018年度李沧区民主党派和统战团体开展调研活动的通知》和《李沧区委统战部关于各民主党派和统战团体2018年度活动经费安排和使用管理意见》，在政策和制度上支持保障各民主党派围绕统战工作和经济社会发展开展调研。2018年共收到城市水环境综合治理、社区医疗中心疾病防治、创新养老服务机制等调研报告12篇。完善民主监督形式和程序，落实聘任党外人士担任特约人员工作，区检察院和区政府等39个部门共聘请75名特约人员，为党和政府接受民主监督提供有效途径。

与社区结对共建。组织引导7个民主党派与虎山路街道百通馨苑社区集中结对共建，建立"有事来商量"民主党派参与基层协商新模式。推荐虎山路街道党工委书记参加民进中央"基层协商推动基层社会治理"专题调研座谈会，介绍李沧区共建工作经验做法。2018年，全市各民主党派基层组织与社区结对共建工作座谈

统战部召开2018年全区各界人士半年情况通报协商会。

会在李沧区召开，全省民主党派工作研讨班和全市民主党派市委常委委员培训班到李沧区参观见学。2018年12月11日，市委常委、统战部部长对"有事来商量"民主党派参与基层协商工作做出肯定性批示。

【**重点领域统战工作**】 服务上海合作组织青岛峰会。峰会期间，区委统战部组织开展"同心迎峰会，共建做贡献"主题活动。7个民主党派到各结对社区走访慰问社区困难群众，参加社区传统节日庆祝活动，参与社区卫生清洁等，积极开展文化服务、健康服务、法律咨询服务等共建活动，得到一致好评。按照全区统一部署，统战部全体工作人员分工合作，每名处级干部作为楼长，参与不同片区的服务保障工作，对全区各清真餐饮场所、宗教活动场所进行摸排检查，形成"日汇报"制度，确保峰会期间民族宗教领域安全稳定。

院士港统战工作。发挥院士港统战成员参政议政作用，围绕区域经济社会发展建言献策，并从中发现和培养一批优秀党外代表人士，充实统战队伍。2018年9月，成功推荐何满潮院士作为科技界知名人士参加首届山东儒商大会。2018年，院士港被省委统部确定为"双招双引"现场教学点；协助民革大连市委会、民建青岛市委会等民主党派团体在院士港开展课题调研和座谈交流活动。全市基层侨联工作现场经验交流会在院士港召开。积极与省、市外侨办联系对接，协助区委区政府与省外侨办成功签订《山东省人民政府外事侨务办公室支持青岛国际院士港建设合作协议》，进一步做好院士港宣传推介，吸引更多海内外院士入港创新创业。

统一战线精准扶贫。召开统一战线精准扶贫动员会，全区统战成员共捐款26.4万余元，用于平度白沙河街道前麻兰村修建温室蔬菜大棚，大棚

于2018年12月底完工并验收。组织民营企业家分别与菏泽单县3个村委会开展结对帮扶，签订携手奔小康行动协议，深入推进精准脱贫工作。

非公经济领域统战工作。积极构建清亲新型政商关系，召开民营企业家座谈会2场，传达国家和省市民营企业座谈会精神，听取区民营企业家意见建议，并形成座谈会专报。调整并落实四大班子成员联系民营企业制度，每位成员到所联系企业进行走访调研。2018年，分别成立李沧区科技创新商会和李沧区大数据发展促进会。

党外知识分子工作。完善知识分子联谊会体制机制，建立"副会长轮值制度"，坚持每季度走进一个副会长工作单位，了解我区知识分子工作环境及工作成果。围绕党外知识分子阶层分布、思想状况和作用发挥等问题进行调研，摸清情况，理顺思路，制定措施，更好地服务党外知识分子。

退役军人工作。开展"红色宣讲""拥抱海洋""悦读悦心"等系列活动，建立"红色记忆"微史馆，打造社区红色基因传承教育基地；打造"军旅情文化空间"，为退役军人提供多元化服务，与北部战区海军某训练基地进行军民共建；组织一批海军退役军官前往临沂、菏泽等地开展"拥抱海洋——青少年爱国主义教育"。

市委统战部对我区"加强党建引领，做好红色基因传承"的新阶层工作给予充分肯定。

【民族宗教工作】 教育宣传。深入贯彻落实中央关于民族工作大政方针，组织少数民族代表参加全市宗教系统培训班，提高思想认识。开展民族团结进步宣传月活动，大力宣传民族宗教政策和法规，在浮山路街道百通花园社区举办全市少数民族文艺汇演，促进民族交往交流交融。区民族团结进步协会成立老年分会，丰富组织活动。

权益保障。重大节日期间，对辖区内各大商超和农贸市场进行清真食品监督检查，对"清真不真"情况进行认真清查，规范管理清真食品，防止清真概念泛化，全年未出现因清真食品问题引发的矛盾纠纷。2018年，共向穆斯林群众发放牛羊肉补贴43500元，走访少数民族代表人士和困难家庭10人次，送去价值10000余元的慰问金和慰问品。定期对各宗教活动场所进行检查，各堂点均指派两名以上安全管理员进行安全值守，确保宗教活动场所安全稳定。

【台侨统战工作】 走访解决问题。组织区台联、侨联、政协港澳台侨委员会等相关负责同志，实地走访青岛航运交易所、青岛嘉禾纺织有限公司、青岛雅斯贝尔幼儿园等3家台侨企业，听取企业负责人对当

前台侨企业发展的合理化建议。对企业提出的困难问题和意见建议，协调有关部门积极处理。联合省侨联青委会、区侨联举办法律宣传进侨企活动，为侨企提供法律支持。

搭建发展服务平台。承办"2018山东海外华商博士投资创业合作周暨青岛项目合作交流洽谈会"活动，全球60余名海外华商博士携带高新项目和专利技术到李沧区参加路演，进行合作洽谈。在青岛—亚马逊AWS联合创新中心成立"侨之家"，服务李沧区楼宇经济发展中的侨界人士。协调相关部门帮助解决台胞子女就近入学事宜。走访慰问全区台胞台属和归侨侨眷，特别加强与街道的沟通联系，做好贫困归侨侨眷的生活帮助工作，定期走访归侨侨眷，送去慰问金和慰问品。

（谭鹏）

机构编制

【概况】 2018年，李沧区委机构编制委员会办公室按照机构编制政策要求和区委区政府部署，围绕中心，服务大局，立足职能，扎实工作，精心组织实施监察体制改革，顺利完成区监察委员会机构设置和职能配置工作，扎实做好党政机关机构和事业单位机构编制调整，精心组织完成党政机构改革筹备工作，规范行政管理，

优化行政服务，为提高行政效能，服务全区经济社会发展提供有力保障。

【监察体制改革】 2018年1月，开展监察体制改革工作，设立李沧区监察委员会，区纪委、区监察委员会合署办公，履行纪检、监察职责，实行一套工作机构、两个机关名称。撤销李沧区监察局、李沧区人民检察院内部机构反贪污贿赂局和反渎职侵权局。将区检察院部分政法专项编制划入区纪委（区监察委员会）。区监察委员会主要承担维护宪法和法律法规权威，依法监察公职人员行使公权力的情况，调查职务违法和职务犯罪，开展廉政建设和反腐败工作等职责。2018年12月，明确区监委向辖区各街道派出监察室，派出监察室与街道纪工委合署办公，一套工作机构、两个机构名称。明确街道纪检监察机构应专职专责，单独设立运行，履行党的纪律检查和国家监察两项职能。

【机构编制调整】 2018年1月，依托区委组织部设立中共李沧区委非公有制经济组织和社会组织工作委员会，设在区委组织部，担负区委非公有制经济组织和社会组织工委日常工作；设立区行政执法监督局，设在区政府法制办公室；对区委办、区老干局、区发改局、区人社局有关机构编制事项进行了调整。对区委对外宣传办公室机构编制事项进行调整；对区服务业发展局隶属关系进行调整，由区政府直属管理调整为区发改局管理；将青岛第六十四中学更名为青岛李沧区实验初级中学；对区特殊教育学校机构编制情况进行调整，增加部分中小学机构编制，专门用于开展残疾学生随班就读教育工作。2018年8月，撤销青岛市人才市场李沧分市场、李沧区教育资金结算管理办公室两所事业单位；成立李沧区惠水路幼儿园、李沧区合水路幼儿园、李沧区衡水路幼儿园、李沧区九水东路幼儿园等四所幼儿园；成立青岛青山路小学，并对部分学校教职工编制进行调整。2018年12月，成立李沧区永宁路幼儿园；核定区公办幼儿园控制总量，对区公办幼儿园人员实行控制总量备案制度。为永清路、九水街道、湘潭路街道社区卫生服务中心增加编制。

【筹备机构改革】 2018年4月，组织对区40个党政群部门机构编制工作情况进行评估，重点对各单位机构设置、主要职责配置、实际履行、调整变化等情况进行调研，通过查阅各类材料、现场评估座谈等形式，掌握各单位实际情况。2018年8月，组织对18名副区级以上领导、27个涉改部门主要负责人进行访谈，内容包括加强党的全面领导、部门涉改事项、审批制度改革优化营商环境以及上下级部门事权等事项。2018年9月，李沧区委成立区委深化机构改革协调小组及办公室，明确主要职责、工作程序、纪律要求等事项，健全完善相关工作制度。在此基础上，李沧区党政机构改革各项筹备工作有序展开。

【规范优化行政管理】 行政权力事项调整。2018年3月，公布2018年第一批区级行政权力事项调整目录，取消会计从业资格证书核发等行政权力事

2018年8月21日，区编委召开2018年度第三次编委会。

项 45 项（其中行政许可 1 项、行政处罚 42 项、行政给付 1 项、其他行政权力 1 项）。2018 年 9 月，公布 2018 年第二批区级行政权力事项调整目录，取消对违规取得会计从业资格证行为的处罚等行政权力事项 29 项（其中行政许可 2 项、行政强制 1 项、行政处罚 26 项），新增教师资格认定等行政权力事项 280 项（其中行政许可 1 项、行政处罚 250 项、行政强制 10 项、行政确认 2 项、其他行政权力 17 项）。2018 年 10 月，公布 2018 年第三批区级行政权力事项调整目录，取消行政权力事项 1 项（企业集团设立登记、变更、注销登记）。

行政处罚事项调整。2018 年 6 月，明确区综合行政执法局在本行政区域内集中行使相关法律、法规、规章规定的原区发改局（价格监管部分职能）、区建管局（房产管理部分职能）、区商务局、区文新局（文化市场管理职能）行政处罚权。将 92 项行政处罚事项划入区综合行政执法局，原区城管执法局行政权力全部转入区综合行政执法局并予以公布。为确保行政权力的正常使用，明确原业务主管部门和区综合行政执法局要做好相关行政处罚权交接工作，厘清职责界限，确保工作平稳过渡。

优化行政服务。2018 年 8 月，为贯彻省市关于"一次办好"改革有关要求，李沧区为服务保障新旧动能转换重大工程，打造一流营商环境，结合"治官治吏便民利民"专项行动，制定李沧区《开展"一次办好"改革，深入推进"四到"工作、"零跑腿"政务服务便民化实施方案》。明确指导思想、工作目标、主要措施等，提出"优化企业开办行动"等六个优化营商环境专项行动目标任务。2019 年 9 月，组织对涉养老、教育、医疗领域"全链条"行政权力事项进行梳理并公布，方便养老、教育、医疗领域群众干事创业。

规范中介服务事项。2018 年 9 月，进一步梳理李沧区中介服务事项，明确李沧区保留编制的工程设计方案和施工图设计等 19 项区级政务服务事项中介服务项目，并以清单形式向社会公布。明确凡未纳入《清单》的政务服务事项中介服务项目一律不得作为政务服务的受理条件，各部门（单位）不得以任何形式要求申请人委托中介服务机构开展服务，不得要求申请人提供相关中介服务材料。

【日常管理】 顺利完成 2017 年度事业单位年度报告公示工作，全区 156 家需公示事业单位均按要求在 2018 年 3 月 31 日前完成公示。2018 年度共进行事业单位法人登记（备案）36 家；党政群机关统一社会信用代码赋码发证 34 家。完成全区核准法人登记的 156 家事业单位业务范围清单编制审核工作。加强机构编制实名制管理，在机构编制实名制系统内调整机构编制及人员信息 452 件次，审核"编制使用申请"59 件次，审批"科级领导职数使用"业务 45 件次。

（韩寒）

2018 年 10 月 23 日，区委编办组织人员到平度学习综合行政审批局有关工作经验。

机关工委

【概况】　机关工委按照区委部署，以党的建设为主线，突出重点，整体推进，认真抓好党的十九大精神学习，扎实推进"两学一做"学习教育，抓紧抓实机关党建工作，认真开展解放思想大讨论和党风廉政建设，做好巡查反馈问题整改，各项工作全面提升，取得明显成效。

【学习教育】　学习党的十九大精神。组织全体机关党员干部认真学习党的十九大报告，并要求每人撰写学习体会。组织各支部书记围绕党的十九大精神"上讲台，讲党课"，工委书记带头为机关党员和社区居民宣讲党的十九大精神。组织机关党员利用"灯塔－党建在线"管理服务平台积极参与党的十九大精神学习竞赛。通过参加党性教育讲座和党建研修班、培训班及各类专题辅导班等，帮助机关党员进一步加深对党的十九大精神的理解和把握。通过井冈山现场教学以及参观王尽美故居、纪念馆、观看《娜娜》《苏庆亮》等优秀电影，使广大机关党员干部接受红色文化教育，坚定理想信念。

"两学一做"常态化制度化。转发《"两学一做"学习教育常态化制度化学习材料清单》，保障日常学习。通过讲党课、召开座谈会、定期调研督导等形式，推动各项制度落实到位。以实践锻炼和服务群众为目标，每月以不同主题开展"主题党日＋"活动，突出实效性。

提高党建工作质量。依托党工委班子成员联系支部制度，进一步构建"督导－反馈－整改－观摩－提高"机制，通过开展经常性调研指导和督导检查，督促各支部制定整改清单，建立台账，立行立改。

解放思想大讨论。坚持读原著学原文悟原理，重点学习习近平系列著作和重要讲话，通过集体学习研讨，切实增强学习效果。通过查问题、议对策，找不足、挖根源，明确整改措施和计划，制定时间表、路线图，扎实推进。围绕"践行新思想，瞄准新目标，展现新作为，开启新征程"主题，通过开展"解放思想大讨论"征文活动，检验学习效果。

"大学习、大调研、大改进、大督促"活动。进一步明确学习任务、调研任务和重点改进的问题，建立有针对性的问题发现、防范、纠错机制，提升支部工作规范化、制度化。通过落实"三会一课"制度和主题党日，抓好自身建设。把开展"大学习、大调研、大改进、大督促"与争创示范支部、过硬支部结合起来，广泛听取群众意见，发挥表率作用。

【机关党建】　抓关键少数，压实责任。抓牢"关键少数"，分级制定"三项清单"和党建工作责任制，明晰工作职责。带头定期研究党建工作，解决党建工作中的问题，确保问题有人管、能解决。通过开办培训班、实地参观、举办讲座、观看电影等锤炼党务干部，增强履职尽责能力，提高抓党建工作的主动性和积极性。

抓突破项目规范党建日常工作。组织实施"每季一评优秀党员，弘扬干事创业正能量"书记抓基层党建突破项目，持续推进"两学一做"学习教育常态化制度化，着力发挥先进典型示范、激励、引领作用，营造比学赶超、干事创业浓厚氛围。实施党组织按期换届动态管理和提醒制度，严格按规定程序换届。对因人事变动需调整、增补的13个党组织及时健全完善班子成员组成；结合机构调整，先后转隶5个支部，撤销1个支部，换届1个支部，确保党组织工作正常开展。

抓质量严程序做好党员发展工作。做好入党积极分子和党员发展对象的培训工作，组织23名新党员和14名党员发展对象学习《中国共产党党章》并进行考试。严格党员发展程序，通过现场指导基层党组织召开党员发展对象"双推"会议，进一步规范党员发展工作。认真审查和把关新发展党员政审工作，在政治品行、党性修养和工作能力等方面进行全面考察，共谈心谈话 80 余人次。开展发展党员工作自查，重点检查 2013～2017 年坚持发展党员标准、履行发展党员程序、遵守发展党员纪律、执行发展党员计划、落实发展党员责任等 5 个方面 30 项具体问题，对发现的问题逐项整改落实。

抓平台建设推动党建工作智能化。通过举办党员组织关系网上转接培训班，培养网络党建工作队伍，实现组织关系转接全程网上操作，实现基层党建工作网络化、智能化。打通党建工作向基层延伸最后一公里，搭建网上平台、建立 e 支部。通过参加党员管理服务平台学习和竞赛，实现"口袋党建"，为党员党性锻炼开辟新途径。

抓好党费保障开展正向激励和帮扶工作。认真落实党费收缴制度，按时收缴党费。通过发放优秀典型奖励，发挥先进典型的引导示范作用，大力弘扬正能量，全年共发放优秀基层党组织奖金 105000 元。做好困难党员帮扶工作，通过走访慰问中华人民共和国成立前老党员和困难党员，共发放慰问金 23500 元。

【党风廉政建设】 制定党组织全面从严治党主体责任清单，将从严治党落实到位。通过集中培训和参观廉政教育展览，教育党员守底线、知敬畏，时刻以党员标准要求自己，对涉毒党员不定期开展谈心谈话，了解思想动态，做好帮教转化工作。落实民主评议党员制度，激励鞭策党员积极进取。通过专项检查督导，对发现的十余条问题召开专题会议，研究解决办法，进一步整改落实。根据区纪委工作安排，组织党组织书记述责述廉，对述责述廉材料进行严格预审把关，圆满完成述责述廉工作。

【巡察反馈问题整改】 根据区委第二巡察组巡察意见，机关工委召开专题会议、制定整改措施，列出整改台账，明确责任人和整改时限，确保在规定时间内，销号整改见成效，防止形式主义、走过场。

【活动开展】 社区结对共建。按照组织共建、资源共享、服务共抓、文明共创原则，与福岛路社区开展系列共建活动。机关工委全体人员均全程参与，共同开展春节送福、环境整治、调研联建、包粽子献爱心、主题党日、走访慰问困难老党员等活动，为提高党建共建水平，发挥党员先锋模范作用搭建平台。

文体活动。每月联合党员人数少的支部开展洁净社区、志愿服务、走访慰问、文化惠民等丰富多彩的活动，既丰富了社区居民文化生活，又密切了党群关系，增强党性锤炼。组织安全知识竞赛，强化广大干部职工的安全意识。开展健步行活动，倡导"运动、健康、快乐"健身理念，提高健身意识。组织开展评选"巾帼示范岗"活动，激励女同志积极进取，岗位建功。组织开展夏日送清凉活动，组织职工和劳模参加心理健康服务，举办"幸福家庭大讲堂"之"平衡观点说婚姻"讲座，进一步增进组织关怀，促进家庭和睦、社会和谐。通过发放慰问金和走访慰问，关怀帮助困难职工。

2018 年 10 月 15 日，区直机关工委到福岛路社区走访慰问困难老党员。

（林令军）

企业工委

【概况】 2018 年，区企业工委以习近平新时代中国特色社会主义思想为指导，深入学习贯彻党的十九大和习近平总书记视察山东重要讲话精神，紧紧抓住非公企业党建这一主责主业，履职尽责，探索创新，顺利完成各项任务。切实加强精神文明建设和廉政建设，取得明显成效。

【企业党建】 活动开展。为加强企业党建工作，工委书记带队走访、座谈 20 余次，形成《非公企业党建工作现状》调研文章，为区委决策提供可靠依据；组织开展党建材料专项检查，开展多种形式的党建活动，抓实基层党组织建设。开展工委书记讲党课、专题知识答卷、"主题党日＋"EAP 体验、集体过"政治生日"、为一线党员职工"送清凉"、参观党性教育基地等主题党日活动 10 次；加强"灯塔－党建在线"服务平台的综合管理，组织 260 名党员进行"灯塔党建"在线答题，参与率答题率均走在全区前列。参与开展"四个一"为主题的"悦读悦心"和"我们的节日"系列主题活动，进一步增强爱国爱家情感；积极参与"文明出行专项行动"，广泛征集社会主义核心价值观宣传品，积极推荐"最美李沧人"，开展"启航新时代、

共筑中国梦"百姓宣讲等活动，引导广大职工以饱满的精神状态积极投身决胜全面建成小康社会进程中，为实现中华民族伟大复兴的中国梦做出新贡献。

"牵手"制度。为切实加强企业党建和思想政治工作，制定出台《企业联系人"牵手"制度》。即每名机关干部联系 1～2 家企业党组织，每月走访企业，调研指导，对发现的问题和困难及时协调解决。推行一年来，帮助企业破解难题解决实际困难 3 件；发现挖掘企业亮点工作和先进人物典型事迹，评选表彰星级党员、优秀党务工作者 14 名；及时返还非公党建经费，无偿发放学习书籍 1200 册；"两节"期间，走访慰问困难职工、困难党员 1100 人次，发放慰问物资、资金 7 万元。

党员队伍建设。举办基层党建改革创新专题培训班、党性教育专题培训班，培训党员 60 余人。严把发展党员入门关，优先在生产经营一线业务骨干中发展党员，确保新发展党员质量。对入党积极分子进行严格规范的教育培训，坚定信仰，激励进取；通过党员过"政治生日"，开展赠送"一封信、一本党章、一本书、一支笔"活动，激发党员自豪感和荣誉感。

【廉政建设】 严格落实全面从严治党主体责任和监督责任。抓好党工委书记和班子成员抓基层党建"三张清单"工作，

组织开展基层党组织书记述职评议。结合"主题党日＋"活动，组织党员干部认真学习党纪党规，开展座谈讨论。把握运用监督执纪"四种形态"，定期听取班子成员述职汇报，定期与党员干部谈心。与 9 个基层党组织签订《党风廉政建设责任书》，定期组织全体党员干部参观"青岛市反腐教育基地"、观看廉政建设警示片。扎实开展"治官治吏便民利民"专项行动，制定负面清单，逐项进行整改。进一步加强对重点岗位开展监督执纪监察，确保不出问题。开展制定《区委企业工委贯彻落实意识形态工作责任制实施方案》，将意识形态工作作为基层党组织书记抓基层党建述职评议和年度述责述廉的重要内容，切实落实责任。

【落实整改】 根据区委统一部署，2018 年 4 月 2 日至 8 月 15 日，区委第四巡察组对区委企业工委（包括区企业托管中心党委、区供销社党委，以下同）进行巡察。根据巡察组反馈的四类问题和 24 项意见建议，坚持高标准、严要求，坚决抓好整改落实。共梳理整改具体事项 24 个，已全部完成。

（王瑛）

党校教育

【概况】 李沧区委党校在区委的正确领导下，全校上下深入学习贯彻党的十九大精神，

坚持以习近平新时代中国特色社会主义思想为指导，围绕中心、服务大局，以党建工作为引领，凝心聚力，开拓进取，扎实开展干部教育培训和教学科研工作，党校工作迈出新步伐。全年共举办培训班次10期（主体班次6期，扶贫人才合作班次4期），培训学员620人，培训周期26周。培训工作多次获得区委主要领导肯定性批示。

【党建工作】 组织党员按照学习配档表，深入学习习近平新时代中国特色社会主义思想、新党章和其他党内制度，提升党员思想理论水平，遵守党纪党规的自觉性；采取组织党员观看警示教育片并进行现场教学等形式，触动思想，增强党性修养；细化完善党委议事、组织生活、理论学习等30项规章制度。坚持集中学习与个人学习相结合，推动"两学一做"学习教育常态化、制度化。校党委书记带头讲党课，每周组织开展集体学习，每月开展主题党日活动。组织机关支部与主体班次学员临时支部、结对社区联合开展主题党日、关爱老党员困难党员等活动。认真落实意识形态工作责任制，坚持政策理论宣传的正确导向，对外请教授和异地培训授课内容严格审核把关，确保党校讲台方向正、无杂音。

【干部教育培训】 理论和党性教育。开设以习近平新时代中国特色社会主义思想作为核心教育内容的短期班和长期班两个班次，邀请宁德、正定、浙江等习近平总书记曾工作过的地方的专家、学者来党校授课，帮助学员更加深入系统地掌握习近平新时代中国特色社会主义思想精神实质和科学内涵。围绕"不忘初心，牢记使命"主题教育，深入开展党章、党规党纪、理想信念、党的宗旨、党史国史和革命传统教育。先后组织学员赴井冈山、延安、红旗渠、甘肃陇南康县进行党性教育；组织社区"两委"负责人研修班学员到上海党的一大会址、南京雨花台烈士陵园及侵华日军南京大屠杀遇难同胞纪念馆进行党性教育；机关党建研修班，组织学员赴井冈山"重走红军路，实地学传统"。围绕"七个一"开展教学活动；组织中青班到海军潜艇学院进行为期一周的军事训练。成立学员临时党支部，通过召开支部会议、党小组会议，开展主题党日活动等形式，进一步规范学员在校培训期间的组织生活。

改进教学方式。全年有8位党委领导班子成员到党校授课共11次，帮助学员进一步提高政治站位，增强担当意识。组织学员赴上海、广州、深圳等地学习培训，实地学习先进地区在经济发展、改革创新、基层党建、社区治理等方面的先进经验，寻标对标，进一步解放思想，开阔思路。组织中青班学员开展院士港跟岗实训，拜一线领导为"导师"，在"吃劲"岗位上经受历练，实现推进区重点工作与培养干部"双赢"。组织学员深入区直部门、街道社区、学校企业开展调研，撰写调研报告，提高分析问题解决问题的能力。开设学员论坛，要求学员上讲台、谈体会、论发展，提升综合能力。

严格管理。实行校领导带班和座谈制度，校领导靠上带学习班次并到学员中开展座谈交流；外出培训期间与学员同学习、同列队、同讨论，全程指导，从严管理。严格贯彻落实中央组织部《关于在干部教育培训中进一步加强学员管理的规定》和干部教育培训"十不准"纪律要求，从严治教、治学，确保教学秩序和教学质量。运用学员培训管理系统，对学员出勤、考试、作业、评学等进行全面考评，增强考评工作效率、客观性、系统性。

【教学与课题研究】 理论教学。积极推动习近平新时代中国特色社会主义思想和党的十九大精神进课堂。成立党的十九大新党章原文导学课题项目组，党委书记任组长，班子成员任副组长，全体党校教师为成员。开发党章原文导学课程，邀请原省委党校副校长王延超就党章的历史沿革和党的十九大新党章修改情况做辅导报告，邀请市委党校教授为课题组成员进行党章原文导学专题辅导。在社区党组织书记培训班、中青班等多个班次上讲授党章原文导学课。紧跟大局组织好理论专题宣讲，开发习近平新时代中国特色社会主义思想、党的十九大新党章专题课、新纪律处分条例等理论专题课程。2018年，共组织教师授课、宣讲近80场，受到基层党员群众的欢迎。

扩建现场教学点。新增院士港、青岛—亚马逊AWS联合创新中心、丝路协创中心、旭东社区、颐福养老院、政务大厅、广水路小学等10个教学点，梳理更新14个现场教学点目录和简介。承接省委党校主体班次、省委党校2018年春季学期中青年干部培训班、省委党校2018年秋季学期主体班次的现场教学工作。年内，共组织现场教学21场次，宣传推介53个教学点次。同时，紧紧围绕李沧发展中心工作，开发院士港案例教学课，维护更新"四个一"痕迹工作法案例教学课。

课题研究。围绕李沧区域经济发展、基层党建和干部作风建设等方面，撰写《新旧动能转换的李沧实践——青岛国际院士港案例》《新时代提高非公有制经济组织和社会组织基层党建质量对策研究——以青岛市李沧区为例》《2018～2019年李沧区建设新旧动能转换产业平台情况分析与预测》《建设产业平台激发新动能——以李

沧区为例》，提报省委党校，申报省委党校系统课题；撰写《抓落实须下真功夫》发表在《青岛日报》理论版。

（谭薇）

信访工作

【概况】　2018年，全区信访工作坚持以人民为中心的发展理念，突出重点抓稳定，服务群众抓化解，着眼长远抓规范，有力维护重大活动期间信访稳定，信访形势进一步优化。进京访大幅度下降，连续两年保持进京"零非访"，全国"两会"、上海合作组织青岛峰会期间信访维稳任务实现全市"三连冠"，进京和省市"三级"访"零登记"，国家和省市领导、信访部门主要领导先后到我区指导工作时给予充分肯定和认可。李沧区信访局荣获市委市政府颁发的"上海合作组织青岛峰会服务保障工作先进集体"称号。

【信访维稳】　针对全国两会、上海合作组织青岛峰会等重大活动标准高、要求严、时间长的特点，全区把维护重要时期信访稳定作为重大政治任务和政治责任，着眼大局、未雨绸缪、全力以赴，区委主要领导以身作则，率先垂范，亲自动员部署，亲自调度约谈、亲自督查检查；各级领导靠上、拼上、豁上，发挥强大的"头雁效应"，稳定大局；信访部门

和各责任单位查隐患、盯重点、筑防线，建立起全方位、多手段的防范体系，有效保证重要时期信访稳定。李沧区在全国"两会"、上海合作组织青岛峰会期间信访维稳工作做法在全市推介。

【积案化解】　将信访积案化解纳入全区重点工作和各级领导干部的主要工作。年初印发了《切实加强2018年信访积案攻坚化解工作实施意见》，梳理出95件信访积案分别由区级领导、街道党工委书记、区委和区政府各部门、区直各单位主要负责同志、区信访局领导班子成员一人一案，责任捆绑、分段推进、留痕见效。各级领导干部"勇于挑最重的担子、敢于啃最硬的骨头"，主动请缨，"揽事"不推事，有力促进了信访积案化解的稳步推进、落地见效。区委主要领导主动承包连续上访20余年的"骨头案"，亲自约谈调度，为全区做出了表率，带动各级领导化积案，完成了年初制订的工作目标。国家和省市交办的"四个重点"信访案件如期化解，化解率100%。

2018年9月，召开专题会议调度信访积案攻坚化解工作。

坚持开展经常性信访矛盾隐患排查化解活动。把涉法、涉军等信访群体和重点人全部纳入视线范围，建立不稳定信访人员信息数据库，全部纳入信访信息预警大平台，信访、

政法、公安、民政、金融、教体和火车站等部门建立排查信息共享机制。建立人员动态信息、工作落实信息互联网微信群，优化应急处置预案，实现多地、多部门工作联动，有效减少和避免失控失管现象。上半年共排查并妥善调处涉军维权、非法集资、拆建迁建、欠薪欠费、社区管理等重大群体性不稳定信访隐患51起，保证涉军等重点群体"零进京"。全国"两会"期间，反映虎山怀念堂迁建问题的群体访比较活跃，区委主要领导果断靠前处置，多次调度协调，较好地平息了事态。

区级领导公开接访。根据上级有关规定，认真落实区级领导公开接访制度。区委主要领导、区信访局认真制订区级领导公开接访计划，定期上报，全面公开，每天落实坐班接访，实行AB角接替，防止漏班。在接访时间内，区级领导根据事先计划，约谈信访人或接待来访群众，坚决防止以调度代替接访约谈。接访全过程录像录音、值班签到登记、信访谈话记录，从头到尾留痕抓实，保证公开接访落到实处。

提升办理质量和群众满意度。严格首接、首办负责制，强化服务意识和服务标准，提高服务绩效，实行全程留痕，全过程监督；坚持信访基础业务规范化检查"回头看"，定期检查督查信访事项办理过程

出现的问题，与责任单位面对面、一对一进行整改，提升信访事项办理质量和群众满意度。2018年，信访事项办理及时受理率、按期答复率和按期复查率均达到100%，网上信访事项办理群众满意度97.11%，同比提高1个百分点。

【信访秩序】 坚决贯彻市"四部门"《关于依法打击信访活动中违法行为的通告》，制作信访法规教育宣传片，深化信访法规宣传教育，全区集中开展"信访法规宣传月"活动，在重点大活动期间组织开展全区信访警示教育，引导群众依法逐级走访。坚持依法治访，信访部门和责任单位对违法行为固定违法证据，积极配合公安机关依法打击信访活动中的违法行为，进一步规范全区信访秩序。2018年，公安机关依法逮捕违法信访人3人、取保候审5人，刑事拘留6人、行政拘留10人，训诫教育80余人次。全区群众"四级"走访量明显下降，起数和人次数同比下降40.1%和39.9%。其中，来区访同比分别下降40.2%和37.2%；去市访同比分别下降20.8%和38.9%；到省访登记同比分别下降40.9%和43.2%；进京访登记同比分别下降80.2%和78.2%。

2018年12月，区信访局深入街道社区组织开展"信访法规集中宣传月"活动。

(戴兵)

党史研究

【概况】 2018年，李沧区委党史研究室在区委组织部正确领导下，在市委党史研究室的精心指导下，以隆重庆祝改革开放40周年为主线，编辑出版《青岛李沧区改革开放实录》《改革开放以来中共李沧(沧口)区历次代表大会文献汇编》，扎实有效推进党史研究、资料征集、宣传教育等各项工作，顺利完成各项任务。

【材料撰写】 按照省市委党史研究室工作部署要求，为纪念改革开放40周年，编辑出版发行《青岛李沧改革开放实录》。该书收录全区11个街道、54个部门单位的68篇专题，总字数110余万字，照片260余幅，汇编成上、下两卷，为全区深化改革、扩大开放提供历史借鉴。梳理全区改革开放40年来的辉煌成就，完成《天翻地覆慨而慷，风动筑梦新李沧》专题材料，在《青岛党史》刊发；与区委宣传部一同编辑整理改革开放以来李沧区历史大事记35条、图片12张，在《青岛日报》刊登。

【史料征集】 参照市历次党代会文献汇编出版要求，严把政治关、史实关、文字关，编辑出版《改革开放以来中共李沧(沧口)区历次代表大会文献汇编》，收录1978年以来李沧区十届党代会报告、决议

和领导成员名单，共计 25 万余字，既为党政领导科学决策提供历史借鉴，也为党史研究、宣传提供可靠史料。

【党史宣传】 打造大枣园社区党史馆为山东省党史教育基地，通过审核补充展馆内容、合理规划展馆陈列，提供一个党员群众学习党史、锤炼党性的教育平台。以"大学习、大调研、大改进、大督促"为契机，对全区拟打造的党史教育基地进行调研。在参加区政治生活馆座谈会、实地指导九水街道李村河党建生态广场规划建设中，严格遵循以习近平同志为核心的党中央对党的历史的重大判断和关于重大党史事件、重要党史人物的最新结论和口径，对涉及党史领域的文献材料进行审核把关，就党史部分提出意见建议。组织全区党组织开展参观"光辉历程——中国共产党发展历程图片展"活动。全年在《青岛党史》期刊、山东历史网、灯塔在线、红色轨迹等平台发布工作信息 14 篇。

【党史培训】 年初，党史研究室把举办专题培训班首次列入全区业务班次，旨在提升党史工作者的专业能力和使命担当。7 月 25 日至 27 日，在上海一大会址和嘉兴南湖红船举办有 50 名党史党建业务骨干参加的李沧区 2018 年党史业务培训班。作为区（市）党史部门第一次举办全区业务班次，

在全市党史工作会议上得到上级部门的认可。

（王丽君）

老干部工作

【概况】 全区有离退休干部 2550 人，其中离休干部 153 人。区老干部工作以习近平新时代中国特色社会主义思想为指导，以在全市先行先试构建离退休干部服务管理新机制为重点，实现新突破，开创新局面。获评全省老干部工作部门调研信息宣传工作先进单位，区老年大学和金秋书画院荣获省关心下一代工作先进集体、省优秀文艺团体。

【领导重视】 区委专题研究离退休干部工作。在区委第 46 次常委会上，专题学习全国全省全市老干部局长会议精神并研究我区贯彻落实意见，区委领导提出"优先服务、优先保障，弘扬正能量、树立正面形象"和"办法要想到穷尽，工作要做到极致"的要求；第 74 次常委上，专题研究区委离退休干部工委组成人员情况，加强离退休干部党建工作的领导。

领导小组发挥效能。召开全区离休退休干部工作领导小组会议，研究审议《关于进一步加强和改进离退休干部党建工作的意见》《关于建立健全离退休干部服务管理新机制工作实施方案》等文件。调整了离

退休干部工作领导小组成员单位，明确各成员单位职责，有效地促进成员单位履职尽责，凝聚工作合力，齐抓共管的离退休干部工作局面逐步形成。

人财物保障到位。在区财政坚持预算"只减不增"原则的前提下，突破增加年度工作经费 1100 多万元，居于全市首位，走在全省前列，确保离退休干部服务管理各项工作正常开展。在全区老干部工作会议上，要求各街道必须保障老干部党组织和协会组织办公及活动场所；特批通过政府购买服务形式配备了 5 名老干部联络员工作助理，真正把"有人干事、有钱办事、有处议事"落到实处。

【工作转型】 构建党建引领机制。发挥离退休干部工委指导、协调和推进作用，建立"三四五六"工作模式，创建"本色先锋"工作品牌，以党建引领离退休干部组织凝聚、政治引导、服务保障、文化养老、作用发挥。以创新组织体系建设为重点，按照单建、合建、混建、联建等方式统筹推进离退休干部党组织设置，在全区 11 个街道办事处全部成立离退休干部党委（总支），在 77 个社区成立了离退休干部党支部；创新特色党建，成立了老年大学党委（下设 6 个系党总支、43 个党支部）和关工委、老干部协会党支部，落实"离退休干部走到哪里，离退休干部党支部和社团组织就建到哪

里"的目标要求。

构建全员覆盖机制。 创"1234"工作法落实离退休干部到居住地联系报到制度,加强单位和社区对离退休干部的双重服务管理,各街道共接收离退休干部3149人。借助报到平台,无论是党员还是非党离退休干部,均就近纳入老干部协会,强化全员覆盖。加强特色队伍组建和活动带动,在各街道协会组建戏曲、舞蹈、太极、维稳、民族艺术、志愿服务等特色队伍,组织开展畅谈改革开放40周年、李沧区老干部协会第三届书画展,会员集体过生日等活动,实现老干部协会与和谐社会发展共赢。

构建作用发挥机制。 在各部门、街道和离休退休干部中开展"优先服务、优先保障,弘扬正能量、树正面形象"活动。相继组织《我的家风故事》征集汇编、"我眼中的魅力李沧"摄影比赛、"我奉献 我快乐"志愿服务、"纵比知足 横比知福"畅谈建言等深受老同志喜爱和欢迎的活动,并挖掘了义务教授新市民子女书画冯莲华、爱心义诊丁永刚、社区宣传能手李春增、孙华等优秀离退休干部志愿者,带领号召更多离退休干部和老年人加入志愿服务队伍中。

构建保障助推机制。 完善顶层设计,在全市率先出台《关于进一步加强和改进离退休干部党建工作的意见》,相继出台关于创建"本色先锋"党建品牌的意见、老干部协会工作意见、协会经费使用管理办法等配套措施。建立党工委工作规则、全委会制度、书记办公会制度等,推动各项工作有章可循、有序开展。在全区建立老干部联络员制度,选聘5名处级退休干部担任老干部工作联络员,举办老干部联络员聘任仪式暨述职会议,进一步加强与老干部和老干部管理服务单位的沟通联系,更好地适应新形势下老干部工作需要。

【服务管理】 做好政治思想引领工作。召开老干部迎新春座谈会,区四大班子主要领导与老同志贺新春话发展。召开老干部区情通报会,政府副区长半年向老同志通报我区社会经济发展情况,并通过邮寄方式将自办杂志《老干部之窗》送到老干部手中,确保离退休干部及时了解我区发展动向。

全年举办离退休干部党校4期学习班和5期名师讲坛,举办全区离退休干部党组织书记培训班并开展解放思想大讨论,赴贵州省红色革命教育基地举办"不忘初心强党性 发挥余热做贡献"老干部学习班,举办李沧区"不忘初心再起航 坚定信念跟党走"离退休干部主题党日活动。送学上门为全区离退休干部配发《党章》《宪法》、"三十讲"等学习资料,订阅《老干部之家》2724份、《老年教育》2653份,力促离退休干部政治坚定、思想常新。

做好精准服务工作。在离休干部中开展"面对面、户户到"走访调研活动;启动《山东省离休干部名录》编纂,共收录我区离休干部名录信息634条。积极对因重病住院、长期卧床、家庭意外变故等生活比较困难的9名离休干部及遗属进行困难救助,共发放帮扶金2

2018年2月2日,老干部迎新春座谈会上,区主要领导与离退休干部共贺新春、共话发展。(摄影:慕晓彤)

万余元。春节、中秋逐一登门走访离退休干部440余人，走访慰问独居、生病、生活困难和有特殊情况的老干部协会会员249人。为离退休干部提供免费家政服务由每年1次增加到2次，启动离休干部居家理发服务，每月为全区142名离休干部登门开展理发服务，提升个性化服务水平。

做好文化养老工作。举办第十一届老干部趣味运动会暨"健康年"启动仪式，是我区历次老干部运动会中规模最大、比赛项目和参加人数最多的一次。将老年大学重心下移，设立拨付经费强化对基层老年学校规范化办学支持力度。老年大学围绕纪念改革开放40周年主题开展了征文、书画展、大型文艺演出等系列活动，拓展第三课堂，在两个文明建设中展示出学员风采。组织参加各类文体赛事成绩斐然，我区组队作为青岛市唯一代表队参加山东省首届老干部高智尔球比赛，获优秀组织奖，推动文化养老向高质量发展。

做好弘扬正能量工作。拓展领域服务党政中心工作，组织老干部到青岛国际机器人展示中心、华为青岛基地等项目参观考察，开阔视野、解放思想。组织五老参观青岛国际院士港、丝路协创中心等项目，并赴上海、嘉兴、南京等地"充电"，在关心下一代宣讲中讲好中国故事，传播李沧好声音。举办庆祝建党97周年暨改革开放40周年李沧区"老干部先锋号"便民志愿服务活动，召开全区老干部志愿服务总结会，促志愿服务常态化、规范化、长效化。在保障上海合作组织青岛峰会期间，老干部志愿者们活跃在一线积极参与卫生清洁、社区维稳等工作，老有所为献余热，关键时期做贡献。

【队伍建设】 常态化推动作风建设。组织全局各科室及党员干部列出"双治双民"正面整改清单和负面问题清单各75条，结合周工作例会报告整改情况及新存在问题，梳理出全年118项重点工作挂牌督战。坚持用先进理论引导人、教育人，班子成员轮值为支部党员宣讲党课9场，把党的基本知识和创新理论传达和灌输给党员。严抓党员干部能力提升，创新培训成果分享制度，促学习成果转化。开展集中学习月活动，组织全员集中学习各级老干部工作文件政策，每人形成1篇经验材料，集智聚力推出了一批外宣成果，其中3篇被中国老年报、中国老干部等国家级刊物登载。

抓党建促工作。把扎实开展"四大""四新""解放思想大讨论"等活动作为推动工作落实的重要时机，走出去到乳山市、威海市等地学习借鉴先进经验，5次深入全区11个街道调研老干部工作，开展3轮头脑风暴，形成5篇调研报告。组织开展学弟子规、刘公岛现场教学、观影《厉害了我的国》、观摩区内重点项目等形式活泼、生动的主题党日＋活动。省委老干部局宣传调研处处长、省老干部之家杂志社主编、区政协界别活动、高唐县机关党务干部培训班等16批次莅临我局参观，均对党建工作给予充分肯定。

(李娜)

2018年12月29日，区老年大学举行纪念改革开放40周年暨教育教学工作汇报演出。(摄影：李朋利)

档案工作

【概况】 深入贯彻落实中央和省市各级档案史志工作会议精神，持续推进档案"三个体系"建设及史志"三全目标"落实，突出服务主线，筑牢安全底线，提升服务和治理能力，各项工作稳步推进。

【新档案馆建设】 新档案馆图书馆项目位于区政府院内东北角，概算总投资26285万元，规划用地总面积约7975.1平方米，总建筑面积29600.8平方米，地上建筑面积13400.3平方米，地下16200.5平方米。其中档案馆按县一类馆略超前规划设计，地上建筑面积9770.97平方米，库房面积4100平方米，对外服务用房面积3500平方米（其中展厅面积3120平方米）。

新馆以建成一座与李沧区地位相匹配，满足李沧档案事业发展需求，体现李沧特色，体现历史厚重感、富含文化品位的区域标志性建筑为目标，秉承以人为本的理念进行布局和规划，突出实用性、合理性、安全性、经济性、开放性、服务性特点，力争建设成为国家示范档案馆。2018年施工全面转入内外墙立面、内部装饰、设备安装、弱电系统、地下管线、路面铺设等方面。区档案局主动作为加强协调，全力推进档案新馆建设。配合建设单位加强管理，采取有力措施确保施工进度。现工程主体已竣工验收。精心组织，加快智慧档案平台系统、展厅、浮雕建设，各附属工程稳步推进。7月12日向区人大常委会做了《关于李沧区档案馆新馆建设情况的报告》，会后落实相关审议意见。新馆建设经验在国家档案局第八期全国县级档案局长（馆长）培训班上做交流发言。

【资源建设】 区档案局加强档案资源建设，积极拓展渠道，多种方式丰富馆藏。开展李沧老档案复制翻拍并接收进馆。强化档案征集，市民向本馆无偿捐赠族谱两套、图书一套，族谱收藏实现零的突破。开展"口述历史"工作，做好即青战役口述记录。做好"城市记忆工程"工作，开展无人机航拍，按年度计划完成重点区域拍摄。做好政务活动拍摄等其他工作。

【安全工作】 建立健全档案安全工作机制，定期组织开展档案安全教育，做到日常安全检查和每月安全巡查。加强档案风险防范管理，做好消防防火隐患排查，确保库房消防设备正常运转。继续开展数字档案馆系统涉密档案剥离，购置单独涉密计算机，开展保密工作自查；严格执行保密审查制度，确保档案信息安全。做好电子档案异地备份工作。2018年再次荣获"青岛市安保先进集体"，记三等功。

【资政服务】 夯实基础业务根基，提升规范化水平。从档案制度建设、档案资源建设、档案规范化管理、档案信息化建设、档案利用工作等方面，全面提升档案馆规范化建设。完善库房管理制度，实施档案库房精细化管理；严格执行《档案借阅利用制度》，提高文档服务质量。全年共接待查档792人次、800卷次、50件次。其中查阅就工就业档案70人次、70卷，查阅婚姻档案578人次、578卷，工作查考144人次、150卷、40件；严格依法开展档案统计工作，强化源头数据的真实性、准确性，确保档案事业统计年报及时上报；做好档案接收进馆工作。全程介入做好对档案移交进馆单位指导，共接收区交通商务办等档案4622件。

【档案数字化】 按照测评标准逐项自查整改，开展技能培训、存量档案数字化、数字档案馆档案质量核查等工作，完善存在的不足。按照应数字化档案清单，加快存量数字化工作步伐，聘请专业公司到馆开展数字化工作，确保数字化率达到标准要求。

【档案宣传】 联合区企业工委、利客来集团举行2018年"国际档案日"宣传活动；以"档案见证改革开放"为主题，为市民发放宣传品，用档案展现改革开放成就。普及档案知识，增强人们的档案意识，推动档案事业提质增效、创新发展。

连续三年荣获"档案宣传工作省级先进集体"。

【业务工作】 按照区委"大学习、大调研、大改进、大督促"工作要求，区档案局加大业务调研及监督指导力度，到街道、基层单位、社区深入开展调研及监督指导。街道调研全覆盖，通过调研了解街道办及所辖社区居委会档案管理现状，发现问题并提出改进意见，督促改进；多方式加强业务培训。召开全区机关档案业务培训会，对机关单位开展集中培训；联合区民政局为社区进行集中培训；到部分街道和单位开展强化培训。加强现场业务指导。对新设立单位、申报档案工作科学化管理先进单位档案、区"美丽青岛"行动等重大活动档案等进行现场指导。做好驻区单位业务指导。先后到李沧公安分局、李沧交警大队、李沧烟草专卖局等驻区单位调研工作，开展业务指导。

（仲维荣）

史志工作

【概况】 在区委区政府及档案局的正确领导下，在市史志办的精心指导下，区史志办认真学习贯彻落实党的十九大会议精神及习近平总书记系列重要讲话精神，深入贯彻落实国务院、山东省、青岛市、李沧区《地方史志事业发展规划纲要（2016～2020年）》（以下简称《规划纲要》），围绕中心，服务大局，勇于担当，积极作为，加快推进史志"三全目标"任务落实，较为圆满地完成了区史志办2018年工作任务。

【方志馆建设】 基本情况参照档案工作【新档案馆建设】条目。为配合新馆投入使用，提前谋划，做好志书年鉴等资料、书籍的收集、交换和采购工作。从办公经费中拿出8万余元，购买有特色的地方志224套，丰富方志馆藏书规模，确保方志馆顺利开馆，力争将方志馆建设成史籍文献、资政决策、地情教育、方志研究等多功能于一体的"内外兼修"的综合服务基地。

【编纂出版《李沧年鉴2018》】 认真做好年鉴编纂工作，推动年鉴编纂工作规范发展，牢固树立品牌意识，坚持高标准、严要求，通过调整优化年鉴框架和内容，做到与时俱进、常编常新，充分发挥存史、资政、教化作用。1月16日，区"两办"联合印发《关于做好〈李沧年鉴2018〉编纂征稿工作的通知》。根据《李沧年鉴2018》框架设计及供稿情况，对供稿进行归类整理、核对、修改、编辑。在编纂中严格按照《山东省地方综合年鉴编纂出版业务规范》执行。坚持正确立场、观点和方法，把好政治关；坚持围绕中心、服务大局，为社会保存与提供珍贵史料，把好史实关；坚持反复推敲稿件语句与用词，提高稿件质量，把好文字关；坚持做到稿件资料编纂规范、记述翔实，把好体例关；为体现记述的完整性，年鉴中记述的个别事件跨越年度，适当上溯追记。坚持提高排版、印刷质量，把好出版关。全书共设19个栏目，48.5万字，368幅图片，于12月份出版。

【网站服务】 按照市史志办对李沧区情网站的要求，将区内的政治、经济、文化、社会和生态等方面的资料、文献、信息实时予以发布。区情网站内容丰富，服务功能进一步强化，与市史志办和其他区（市）史志办沟通交流更加便捷。根据山东省、青岛市史志办要求，积极与电政办沟通，力争年底完成网站合并任务。

【基层史志工作】 为更好贯彻落实中共中央、国务院《关于实施乡村振兴战略的意见》《关于实施中华优秀传统文化传承发展工程的意见》，助力李沧区基层文化建设，李沧区史志办围绕区委、区政府战略部署和中心工作，与各相关部门积极配合，立足各街道办事处和社区实际情况，发挥自身专业优势，为做好街道、社区村志馆建设、村志编修和史志进社区等工作，采取一些行之有效的措施。

村志馆建设工作。为了让分散居住在各地的原村居民和他们的后人，不忘初心，了解自己村庄的发展变迁，感恩美好生活的来之不易，建设村史馆无疑是最好的做法。通过实物和文字展示以及影像、解说的补充，可以让村民直观地看到从村庄到社区的转变过程和发展变化。社区场馆建设过程中，区史志办从选址、馆内布局、资料收集等全程参与，会同街道办事处、社区一起选点，提出指导性意见建议；从技术层面对资料收集、展馆布置进行业务指导。目前大枣园社区、旭东社区、上流佳苑社区、坊子街社区等村史馆已投入使用，刘家社区村史馆已经封顶，2019年上半年将投入使用。

村史村志家谱的编修工作。随着经济发展逐步向好，温饱问题已不再是百姓家庭的主要问题，社区发展等民生问题是李沧区近几年来重要工作，各部门都非常重视，出台了很多优惠政策，同时社区也逐渐重视村史村志和家谱的编修工作，希望给后人留下更多的"念想"。"他山之石亦可攻玉"，李沧区史志办积极与党史办、区政协、组织部、宣传部、妇联等部门积极沟通，争取利好政策，为将村史村志、家谱列入编修计划的社区提供全方位支持。史志办到楼山、湘潭路、虎山路等街道办事处和刘家等社区调研，通过座谈会、听社区老人讲述往事等形式，进行动员、讲解编修村史村志和家谱的必要性和重要性。东小庄社区村志已编纂完成；长涧社区村志正在撰写中；刘家社区已将村志编纂工作列入计划，并成立了编纂委员会，收集到部分资料；东李社区村志编纂条件也基本成熟。

推广史志进社区工作。通过几年来的广泛宣传，史志存史、咨政等重要性已经不言而喻，也越来越受到政府的重视。积极推介上流佳苑、大枣园社区、旭东社区等村史馆、党建馆史志共建单位给相关部门、各街道办事处、社区等单位，结合"主题党日"等活动，前往参观学习，对街道办事处和社区的史志工作起到积极的启发、推动和推广作用。

（区史志办）

青岛市李沧区人民代表大会常务委员会

【概况】 2018年，区人大常委会深入学习贯彻落实习近平新时代中国特色社会主义思想，坚持党的领导、人民当家做主、依法治国有机统一，围绕全区工作大局和中心任务，依法履行宪法和法律赋予的职责，扎实推进各项工作，为推动全区经济社会发展做出积极贡献。全年召开常委会会议11次，主任会议20次，听取和审议"一府两院"专项工作报告和汇报29项，形成审议意见18项，组织调研、视察、执法检查等活动32次。

【监督工作】 经济工作监督。听取审议区政府上半年国民经济和社会发展计划执行情况报告、《李沧区国民经济和社会发展第十三个五年规划纲要》

实施情况中期评估报告，提出加快新旧动能转换提升发展质量、推进"双招双引"壮大经济总量、优化生态环境改善生活品质等意见。听取审议国有资产管理工作情况报告，开展地方金融组织发展情况、"走进税务、了解税务"等调研活动，提出强化国有资产管理监督、提升金融服务实体经济能力、优化税收结构等意见。加大预算监督工作力度，听取审议预算执行情况报告和审计报告，依法审查批准区级财政决算，视察我区财政预决算信息公开工作情况，分析和查找经济运行中出现的困难和问题，推动区政府进一步细化编制部门预算和专项资金预算，督促审计查出问题整改落实。听取

审议加快孵化器转型升级、创新搭建人才大数据平台、院士产业核心区土地规划利用、旅游工作、档案馆新馆建设等专项报告，视察我区物流业转型升级发展情况，调研院士经济生态体系打造情况，督促区政府优化经济发展环境，扎实推进各类项目建设，增强发展动力。

生态环境监督。视察我区"美丽青岛行动"工作执行情况，对《中华人民共和国大气污染防治法》《中华人民共和国水污染防治法》贯彻执行情况进行检查，开展环保督察"回头看"检查活动。围绕李村河水质净化、餐饮油烟排放、建筑工地和道路扬尘等问题提出意见，推动相关部门牢固树立环保意识，坚持标本兼治、科学治理，扎实做好环境保护工作。听取审议2017年城维费使用情况及2018年城维费计划，推进城市建设与维护工作有序开展。调研"地下李沧"建设工作情况，提出强化规划引领、研判产业布局、建立融资基金、地上地下有机结合等意见。视察李村商圈交通设施建设情况，围绕居民反映强烈的道路拥堵、配套不完善、道路修缮维护不及时等，督促相关部门强化责

区人大代表调研河道整治工作。

任意识，加强协同配合，提高管理水平。

民生监督。视察教育设施规划建设情况，提出加快推进在建项目进度、合理配置教育资源、提高教职工业务素质等意见，强调促进我区教育事业均衡优质发展。调研农贸市场建设管理和星级创建工作，协助市人大常委会调研我区食品安全情况，保障人民群众舌尖上的安全。调研全面推进社区治理现代化工作和加强特殊人群健康管理推行家庭医生签约服务情况。听取全民人防宣传教育工作情况报告。视察危险化学品企业"风险分级管控与隐患排查治理"两个体系建设工作，力促短板问题解决。

法治工作监督。对法检"两院"业务工作进行集中视察，提出进一步融入依法治区工作、深化司法体制改革等意见。出台《关于进一步加强区人民法院执行工作的决定》，促进区法院破解执行难问题。视察区法院商事审判工作情况，围绕推进商事审判融入社会经济体系、发挥保护融资环境作用等方面提出意见，要求提高商事案件审判质效。视察区检察院侦查监督检察工作情况，提出完善侦查监督检察工作体制机制、降低捕后轻刑比率、探索对职务犯罪侦查监督检察、提高侦查监督信息化水平等意见，推动侦查监督工作水平不断提高。严格进行执法检查，

对检查《中华人民共和国传染病防治法》《中华人民共和国审计法》贯彻执行情况发现的问题，提出落实整改意见，促进法律法规贯彻实施。听取法治政府建设、"七五"普法规划实施情况等工作报告，视察三年禁毒人民战争开展情况。配合市人大常委会开展《青岛市公共文化服务保障条例》立法调研，对《青岛市残疾人保障条例》《青岛市养犬管理条例》贯彻实施情况进行调研，提出改进意见和建议。开展规范性文件备案审查工作，不断提高审查质量。

【代表工作】提升履职能力。做好代表培训工作，组织代表赴全国人大北京培训基地、深圳培训基地、浙江大学等进行系统培训。全年共举办代表培训班或组织代表参加上级人大培训班11次，培训代表517人次。扩大代表对常委会活动的参与，全年共邀请77名区人大代表列席常委会会议，参加区人大常委会开展的视察、调研、执法检查等活动的市、区人大代表133名。制定《关于进一步健全区人大代表管理监督和退出机制的暂行办法》，建立"代表之家"、社区代表活动站等平台，为代表依法履职、为民履职提供法制保障和舞台。

发挥代表作用。常委会组成人员积极联系人大代表，通过召开座谈会、走访等形式，听取代表对"一府一委两院"

和人大工作的意见和建议。开展"代表联系选民月"活动，各位代表走访联系选民，收集反映群众诉求，为群众办实事，解难事。开展区人大代表向原选举单位报告履职情况并进行评议等活动，增强代表责任意识。协助组织住鲁全国人大代表、住青全省人大代表、住区市人大代表对院士生态体系、经济成长体系打造和重点项目建设进行调研，听取促进李沧发展的意见和建议。

代表建议办理。对区六届人大二次会议代表提出的100件建议，区常委会主动加强与各承办单位联系，跟踪督促办理工作。对"一带一路"助力李沧发展、农贸市场规范化建设管理等9件建议，牵头重点督办，推动问题解决。承办单位主动听取代表意见，积极回应社会关切，扎实做好办理工作，所有代表建议按时全部答复，办理质量较往年有新的提高。市人代会期间，住区市人大代表就院士经济生态体系建设、土地开发利用、教育、医疗等方面建言献策，提出建议57件，为争取市政府对我区发展提供政策、资金支持发挥积极作用。

注重基层建设。建立常委会领导联系街道人大工作制度，常委会领导经常到街道进行调研指导，定期召开街道人大工作室主任工作例会，传达上级工作精神，交流工作经验，提

升工作水平。常委会及时将街道人大工作动态在李沧人大微信公众号刊发，促进工作交流。各街道人大工作室发挥直接联系代表优势，组织代表学习培训，开展代表建言献策活动，基层人大工作扎实有效。

【自身建设】 学习与调研。建立学习制度，组织机关干部集中学习政治理论、政策法规和人大业务知识，不断提升理论水平和履职能力。加强调查研究，结合开展"大学习、大调研、大改进、大督促"活动，围绕改进监督工作、推进审计监督、打造文化旅游产业等议题开展专题调研，形成一批调研成果。其中《着眼打造院士生态体系加快推进院士风情居建设》《统筹规划加快推进我区地下空间的开发利用》《农贸市场建设管理情况调研报告》等调研文章，得到区委主要领导肯定并做出批示，并转有关部门办理，为区委决策和推动"一府一委两院"工作提供重要参考。

提升工作效率。修改常委会组成人员守则，制定和完善主任会议议事规则、常委会机关工作例会制度、机关请销假制度等规章制度；进一步优化工作流程，规范履职程序。严格执行民主集中制，坚持集体行使职权，集体讨论决定问题，提高常委会民主决策能力和水平。坚持问题导向，持之以恒地推进机关作风建设，严格落

实中央八项规定精神和党风廉政建设责任制，工作作风进一步改进，各专门委员会依法履职，工作质量工作效率进一步提高。及时向老干部通报常委会重要工作，积极为老干部提供生活、学习、就医等方面服务。

总结提高。及时总结常委会重大活动、特色亮点、基层人大工作、代表履职等情况，发挥李沧人大信息网、微信公众号等各类阵地作用，讲好人大故事，传播人大声音。《李沧人大：与时俱进、创新发展、改革前行》《全力助推青岛国际院士港建设》等经验做法文稿在新华网、《青岛日报》《青岛通讯》等报纸杂志上刊发。

重要会议

【第六届人民代表大会第二次会议】 2018年1月28～31日，在李沧区机关第二十八会议室召开。本次会议应出席代表180名，实到会代表176名。会议听取和审议李沧区人民政府工作报告；审议区2017年国民经济和社会发展计划执行情况与2018年国民经济和社会发展计划（草案）的报告，审查和批准区2018年国民经济和社会发展计划；审议区2017年财政预算执行情况和2018年财政预算（草案）的报告，审查和批准区2018年财政预算；审议关于加快青岛国际院士港院士经济生态体系建设

的报告；听取和审议区人大常委会工作报告、区人民法院工作报告、区人民检察院工作报告，并做出相应的决议；会议选举仲伟富为青岛市李沧区监察委员会主任，补选王牛、吕群英、安晖玲、许家超、张璞、韩庆萍为李沧区第六届人民代表大会常务委员会委员。

【常委会会议】 区六届人大常委会第八次会议。2018年1月15日，在区机关七号楼小礼堂举行。会议审议通过关于接受李兴伟辞职请求的决定；听取关于区六届人大代表变动情况的报告。

区六届人大常委会第九次会议。2018年1月26日，在区机关二号楼三楼会议室举行。会议听取区六届人大二次会议实施方案；通过关于召开区六届人大二次会议的决定，区六届人大二次会议建议议程，区六届人大二次会议主席团、秘书长建议名单，议案审查委员会建议名单，列席人员名单和区六届人大二次会议审议的区人大常委会工作报告。

区六届人大常委会第十次会议。2018年1月31日，在区机关七号楼小礼堂举行。会议表决通过人事任免议案，向新任命人员颁发任命书，组织宪法宣誓仪式。

区六届人大常委会第十一次会议。2018年3月31日，在区机关七号楼小礼堂举行。会议传达学习习近平总书记在

十三届全国人大一次会议上的重要讲话精神，习近平总书记参加十三届全国人大一次会议部分代表团审议时的重要讲话精神，全国和省、市人代会精神和《中华人民共和国宪法修正案》。

区六届人大常委会第十二次会议。2018年5月15日，在区机关七号楼小礼堂举行。会议听取审议区政府关于创新搭建人才大数据平台、《中华人民共和国统计法实施条例》贯彻落实情况、2017年城维费使用情况及2018年城维费计划安排以及旅游工作情况的报告；对审议区政府《关于综合行政执法管理工作情况的报告》和审议区检察院《关于未成年人刑事检察工作情况的报告》意见办理情况进行票决。会议表决通过关于接受代表辞职请求的决定和人事任免议案，向新任命人员颁发任命书，组织宪法宣誓仪式。

区六届人大常委会第十三次会议。2018年5月23日，在区机关七号楼小礼堂举行。会议表决通过人事任免议案，向新任命人员颁发任命书，组织宪法宣誓仪式。

区六届人大常委会第十四次会议。2018年7月12日，在区机关七号楼小礼堂举行。会议听取审议区政府关于2017年财政决算（草案）的报告，审查批准2017年财政决算；听取审议区政府关于国有资产管理

2018年7月12日，在区机关七号楼小礼堂举行区六届人大常委会第十四次会议。

工作情况、院士产业核心区土地规划利用情况、档案馆新馆建设工作情况的报告；听取审议区人大常委会执法检查组关于检查《中华人民共和国审计法》实施情况的报告；审议区政府关于法治政府建设情况的报告；表决通过《青岛市李沧区人大常委会组成人员守则》。

区六届人大常委会第十五次会议。2018年8月28日，在区机关七号楼小礼堂举行。会议听取审议区政府关于2018年上半年国民经济、社会发展计划执行情况的报告，关于2018年上半年财政预算执行情况的报告，关于2017年度区级预算执行和其他财政收支情况的审计工作报告和关于贯彻落实"七五"普法规划中期情况的报告；听取审议区政府关于李沧区2018年财政预算调整方案（草案）的报告，并审查批准了李沧区2018年财政预算调整方案；听取审议区政府和区

法院关于代表建议办理情况的报告。会议听取审议区人大常委会关于检查《中华人民共和国传染病防治法》实施情况的报告；听取并审议表决关于接受代表辞职请求和补选区六届人大代表的决定；表决通过人事任免议案。

区六届人大常委会第十六次会议。2018年10月30日，在区机关七号楼小礼堂举行。会议听取审议区政府关于人防宣传教育工作开展情况的报告和关于加快孵化器转型升级工作情况的报告，听取审议区法院关于执行工作情况的报告、并表决通过关于进一步加强区人民法院执行工作的决定，听取审议并表决通过关于接受代表辞职请求的决定、关于补选区六届人大代表的决定和区人大常委会代表资格审查委员会关于补选区第六届人民代表大会代表资格审查的报告，表决通过人事任命议案并颁发了任

命书。会议听取邢晓博、黄纯阳、常万军 3 名住区市人大代表的述职报告并进行评议，听取对区政府《关于创新搭建人才大数据平台工作情况的报告》《关于〈中华人民共和国统计法实施条例〉贯彻落实情况的报告》《关于 2017 年城维费使用情况及 2018 年城维费计划安排情况的报告》《关于旅游工作情况的报告》《关于国有资产管理工作情况的报告》和对《关于检查〈中华人民共和国审计法〉实施情况的报告》审议意见办理情况的报告并进行票决。

区六届人大常委会第十七次会议。2018 年 12 月 6 日，在区机关七号楼小礼堂举行。会议表决通过人事任命事项，决定任命张友玉为李沧区人民政府副区长，决定张友玉为李沧区人民政府代理区长；任命 3 名区法院审判员和 3 名区检察院检察员。表决通过关于任免区第六届人民代表大会部分专门委员会组成人员的议案和关于任命区六届人大常委会代表资格审查委员会组成人员的议案。做出关于补选区第六届人民代表大会代表的决定。

区六届人大常委会第十八次会议。2018 年 12 月 27 日，在区机关七号楼小礼堂举行。会议听取审议区政府关于《李沧区国民经济和社会发展第十三个五年规划纲要》实施情况的中期评估报告和关于李沧区 2019 年财政预算草案初步方案的报告、审查批准《关于李沧区 2019 年财政预算草案初步方案的报告》的审查意见；听取审议关于李沧区 2018 年财政预算调整方案（草案）的报告，审查批准李沧区 2018 年财政预算调整方案；听取审议关于检查《中华人民共和国大气污染防治法》《中华人民共和国水污染防治法》实施情况的报告；听取审议并通过了代表资格审查委员会关于补选代表资格审查的报告和关于部分人大代表资格终止的报告，书面印发了关于代表变动情况的报告（草案）。表决通过人事任命议案并颁发了任命书。会议听取审议关于召开区六届人大三次会议实施方案、表决通过关于召开区六届人大三次会议的决定、会议建议议程和区六届人大三次会议主席团、秘书长建议名单、议案审查委员会建议名单、列席人员名单以及区人大常委会工作报告和 2019 年工作要点等有关事项。会议还对区政府《关于 2018 年上半年国民经济和社会发展计划执行情况的报告》审议意见办理情况报告、《关于 2018 年上半年财政预算执行情况的报告》审议意见办理情况报告、《关于李沧区 2017 年区级预算执行和其他财政收支情况的审计工作报告》审议意见办理情况报告、《关于贯彻落实"七五"普法规划中期情况的报告》审议意见办理情况报告、《关于代表建议办理情况的报告》审议意见办理情况报告进行票决。

【主任会议】 区六届人大常委会第 17 次主任会议。1 月 9 日在区机关二号楼三楼会议室召开，会议研究确定关于召开第八次常委会有关事宜。

区六届人大常委会第 18 次主任会议。1 月 26 日在区机关二号楼三楼会议室召开，会议研究确定区六届人大二次会议有关事项；研究确定第九次常委会会议有关事项。

区六届人大常委会第 19 次主任会议。1 月 31 日在区机关二号楼三楼会议室召开，会议研究召开区人大常委会第十次会议有关事宜。

区六届人大常委会第 20 次主任会议。3 月 17 日在区机关二号楼三楼会议室召开，会议听取关于区六届人大二次会议代表建议分办情况汇报，听取区人大常委会拟重点督办代表建议、2018 年代表培训计划及"建设院士特色风情居，提升我区宜居城市品质"情况调研方案汇报，研究确定第十一次常委会会议有关事项。

区六届人大常委会第 21 次主任会议。4 月 8 日在区机关二号楼三楼会议室召开，会议听取关于对我区农贸市场建设管理工作情况进行调研的方案（草案）、关于检查《中华人民共和国审计法》执行情况的实施方案（草案）以及关于对我区特殊人群健康管理和家庭医生签约服务进行调研的方案(草案)汇报。

区六届人大常委会第22次主任会议。5月7日在区机关二号楼三楼会议室召开,会议听取拟提请区人大常委会任免干部情况介绍、听取关于接受代表辞职请求的决定(草案)及《关于对〈中华人民共和国传染病防治法〉贯彻执行情况进行执法检查方案》(草案)汇报、研究确定区六届人大常委会第十二次会议有关事项。

区六届人大常委会第23次主任会议。5月13日在区机关二号楼三楼会议室召开,会议研究确定区六届人大常委会第十二次会议召开时间调整事宜。

区六届人大常委会第24次主任会议。5月18日在区机关二号楼三楼会议室召开,会议听取拟提请区人大常委会任免干部情况介绍、研究确定区六届人大常委会第十三次会议有关事项。

区六届人大常委会第25次主任会议。5月25日在区机关二号楼三楼会议室召开,会议听取区六届人大常委会第十二次会议对区政府关于创新搭建人才大数据平台工作情况的报告、《关于〈中华人民共和国统计法实施条例〉贯彻落实情况的报告》、2017年城维费使用情况和2018年城维费计划安排情况的报告、关于旅游工作情况的报告审议意见(草案)汇报;听取李沧区人民代表大会常务委员会组成人员守则(草案)和关于召开区六届人大常委会第十四次会议预备通知的汇报。

区六届人大常委会第26次主任会议。7月4日在区机关二号楼三楼会议室召开,会议听取李村商圈交通设施建设情况视察方案汇报、研究确定区六届人大常委会第十四次会议有关事项。

区六届人大常委会第27次主任会议。7月23日在区机关二号楼三楼会议室召开,会议听取了区六届人大常委会第十四次会议对区政府关于国有资产管理工作情况的报告、关于检查中华人民共和国审计法实施情况的报告、关于院士产业核心区土地规划利用情况的报告、关于档案馆新馆建设情况的报告审议意见(草案)汇报,听取关于开展"代表联系选民月"活动的方案(草案)及区六届人大常委会第十五次会议预备通知有关事项汇报。

区六届人大常委会第28次主任会议。8月21日在区机关二号楼三楼会议室召开,会议听取区委组织部关于人事任命情况介绍、听取关于提请人事任命议案(草案)的说明、听取关于补选区人大代表资格审查报告(草案)和李沧区街道人大工作室评价办法(草案)的汇报、研究确定增开区六届人大常委会第十七次会议有关事宜。

区六届人大常委会第29次主任会议。9月10日在区机关二号楼三楼会议室召开,会议听取区六届人大常委会第十五次会议对区政府关于2018年上半年国民经济、社会发展计划执行情况的报告、关于财政预算执行情况的报告、关于2017年度区级预算执行和其他财政收支情况的审计工作报告、关于贯彻落实"七五"普法规划中期情况的报告、关于代表建议办理情况的报告以及听取《关于检查〈中华人民共和国传染病防治法〉实施情况的报告审议意见(草案)》的汇报。

区六届人大常委会第30次主任会议。10月17日在区机关二号楼三楼会议室召开,会议听取关于举办2018年度区六届人大代表履职能力提升培训班的方案(草案)、关于接受代表辞职请求的决定(草案)、关于补选区六届人大代表的决定(草案)、关于检查《中华人民共和国大气污染防治法》《中华人民共和国水污染防治法》贯彻实施情况的方案(草案)以及李沧区人民代表大会常务委员会主任会议议事规则(主任会审议稿)汇报,研究确定区六届人大常委会第十六次会议有关事项。

区六届人大常委会第31次主任会议。10月29日在区机关二号楼三楼会议室召开,会议听取拟提请区人大常委会任免干部情况介绍和关于进一步加强区人民法院执行工作的决定（草案）汇报，研究确定区六届人大常委会第十六次会议召开时间调整事宜。

区六届人大常委会第 32 次主任会议。11 月 12 日在区机关二号楼三楼会议室召开，会议听取区六届人大常委会第十六次会议对区政府关于人防宣传教育工作开展情况的报告、关于加快孵化器转型升级工作情况的报告的审议意见（草案）汇报，听取区人大常委会帮扶共建北顶子村"科普文化长廊"建设预算方案汇报，听取关于视察我区财政预决算信息公开工作情况的实施方案（草案）及区六届人大三次会议筹备工作方案（草案）汇报。

区六届人大常委会第 33 次主任会议。12 月 5 日在区机关二号楼三楼会议室召开，会议听取区委组织部关于人事任命情况介绍和关于提请人事任命报告的说明，听取区法院提请任命员额法官、区检察院提请任命员额检察官情况汇报，听取区人大专门委员会和区人大常委会代表资格审查委员会组成人员调整的说明，听取关于补选区六届人大代表的决定（草案）及李沧区街道人大工作评价办法（草案）起草情况的汇报，研究确定增开区六届人大常委会第十七次会议有关事宜。

区六届人大常委会第 34 次主任会议。12 月 6 日在区机关七号楼小礼堂召开，会议听取

关于提请区人大常委会任命报告的说明。

区六届人大常委会第 35 次主任会议。12 月 21 日在区机关二号楼三楼会议室召开，会议听取关于检查《中华人民共和国大气污染防治法》《中华人民共和国水污染防治法》实施情况的报告（草案）汇报，听取区六届人大三次会议实施方案（草案）、会议建议议程以及关于召开区六届人大三次会议的决定（草案）汇报，听取区人大常委会工作报告（主任会汇报稿）汇报、研究确定区人大常委会 2019 年工作要点（主任会汇报稿），听取区六届人大三次会议主席团、秘书长建议名单、议案审查委员会建议名单、列席人员名单（草案）汇报，听取关于组织人大代表开展会前集中视察活动方案（草案）汇报，研究确定区六届人大常委会第十八次会议有关事宜。

区六届人大常委会第 36 次主任会议。12 月 26 日在区机关二号楼三楼会议室召开，会议听取拟提请区人大常委会任命干部情况介绍。

重要活动

2 月至 8 月，区人大常委会组成调研组开展"着眼打造院士生态体系，加快推进院士风情居建设"专题调研。

3 月 23 日，区人大常委会组织内务司法（法制）委员会

成员及区人大常委会部分专职委员前往李沧区法院，对区法院的商事审判工作进行视察。

4 月，区人大常委会组织部分常委会组成人员和人大代表，围绕加强和改进监督工作、提高人大代表闭会期间履职实效、统筹规划我区地下开发空间的思考等 7 个调研课题开展调研活动。

4 月至 10 月，区人大常委会组成调研组开展"统筹规划，加快推进我区地下空间的开发利用"专题调研。

4 月 11 日，区人大常委会部分常委会组成人员、财经委员会委员、人大代表和区人大机关相关工作委员会人员组成的检查组，对我区贯彻执行《中华人民共和国审计法》情况进行执法检查。

4 月 13 日、14 日，区人大常委会围绕正确认识代表职权、树立宪法权威、加快新旧动能转换等专题进行为期一天半的履职能力提升培训，参加培训代表 220 余人次。

4 月 26 日，区人大常委会城市建设和环境资源保护工作委员会所属成员，围绕"院士生态体系和经济体系"建设情况到青岛国际院士港管委会进行工作调研。

5 月 10 日，区人大常委会由区人大常委会有关领导，部分区人大常委会组成人员、教科文卫委员会组成人员，部分人大代表以及相关部门负责人

组成执法检查组,对我区贯彻实施《中华人民共和国传染病防治法》情况进行执法检查。

6月14日,区人大常委会组成视察组,对区检察院侦查监督检察工作进行视察,听取区检察院的工作汇报,现场观看提审办案过程视频,并进行座谈交流。

6月24日至30日,区人大常委会在北京全国人大培训基地,围绕加强县乡人大工作、新时代人大代表工作、我国周边安全形势等专题,举办区人大常委会组成人员培训学习班,参加培训常委会组成人员和部分人大工作人员33人。

7月5日,区人大常委会部分成员和区人大内务司法(法制)委员会成员,对公安李沧分局三年禁毒人民战争工作情况进行视察。

7月5日,区人大常委会部分财政经济委员会成员、区人大代表,视察李沧区危险化学品企业安全生产"风险分级管控与隐患排查治理"两个体系建设工作情况。

7月13日,区人大常委会组织部分市人大代表,对青岛国际院士港信联天地、上流佳苑青岛国家海洋实验室、即墨古城等进行视察,参加视察的市代表和区人大机关干部50余人。

7月19日,区人大城建环资专委会成员、部分区人大代表和区建管、城管、交警、规划、市政等相关部门单位的负责人,对李村商圈道路交通设施的建设情况进行视察。

7月25日,区人大常委会部分组成人员、财经委员会成员和部分区人大代表组成调研组,对我区农贸市场建设管理、市办实事星级农贸市场创建工作情况进行调研。

8月2日,市人大城乡规划条例贯彻实施情况检查组到我区进行执法检查,区人大常委会和区政府有关领导陪同。

8月22日,区人大常委会组成调研组到环保李沧分局围绕迎接省环保督察组检查的备检准备工作情况和我区近年来在大气和水污染综合治理方面进行调研。

8月30日,区人大常委会在区机关大礼堂举办加快推进军民融合深度发展专题讲座,参加培训的人大代表、政协委员、机关干部360余人。

9月15日至9月21日,区人大常委会组织区人大代表和部分人大机关干部,围绕推动基层人大代表履职工作、如何提出高质量的人大代表议案和建议人民代表大会制度的理论与实践等主题,在深圳全国人大培训基地开展培训,50余人参加。

9月,区人大常委会组织对区域内地下空间建设情况进行调研,围绕推进"地下空间"建设加快发展工作情况形成调研报告。

10月11日,区人大常委

会部分组成人员和人大代表对我区教育设施规划建设情况进行视察。

10月11日,区人大常委会组织区人大城建环资委成员和部分区人大代表,对我区推进"美丽青岛行动"加强突出环境问题的整治工作进行视察。

11月8日,区人大常委会组织部分组成人员和人大代表到李沧区税务局开展"走进税务、了解税务"调研,实地察看税务办理大厅运行情况,详细了解税务工作推进情况。

11月1日至16日,区人大常委会对《中华人民共和国大气污染防治法》《中华人民共和国水污染防治法》贯彻实施情况进行执法检查。

11月18日至24日,区人大常委会赴浙江大学,围绕创新思维与创新管理、习近平的治国理政、转型期社会热点难点问题与社会管理创新等专题,开展人大代表和干部能力提升培训,参加培训的有市、区人大代表和区人大机关干部60余人。

11月28日上午,区人大常委会部分组成人员、内务司法(法制)委员会组成人员和部分区人大代表组成视察组,对区法院和区检察院的工作进行视察。

12月19日,区人大常委会组织部分住区市人大代表、区人大常委会组成人员40余人对市中级人民法院、市检察院开展会前集中视察活动。

附：

青岛市李沧区人民代表大会常务委员会工作报告

——2019年1月8日在青岛市李沧区第六届人民代表大会第三次会议上

青岛市李沧区人民代表大会常务委员会主任　管习会

各位代表：

我受区六届人大常委会的委托，向大会报告工作，请予审议。

一、关于2018年工作回顾

2018年是全面贯彻落实党的十九大精神的开局之年，是中国改革开放40周年。一年来，区人大常委会在区委的坚强领导下，深入学习贯彻落实习近平新时代中国特色社会主义思想，坚持党的领导、人民当家做主、依法治国有机统一，围绕中心、服务大局，牢记使命、勇于担当、创新进取，为推动全区经济社会发展做出了积极贡献。全年召开常委会会议11次，主任会议35次，听取和审议"一府两院"专项工作报告和汇报29项，形成审议意见18项，组织调研、视察、执法检查等活动30余次，依法有效履行了宪法和法律赋予的各项职责，充分发挥了地方国家权力机关职能作用。

（一）突出思想引领，坚定正确政治方向

旗帜鲜明讲政治。常委会把坚持和依靠党的领导作为做好人大工作的根本保证，按照学懂弄通做实的要求，深入学习习近平新时代中国特色社会主义思想和党的十九大精神，牢固树立"四个意识"，坚定"四个自信"，做到"四个服从"，践行"两个维护"，切实以科学理论武装头脑、指导实践、推动工作，在思想上、政治上、行动上同以习近平同志为核心的党中央保持高度一致。深入学习贯彻落实习近平总书记关于坚持和完善人民代表大会制度的重要思想，进一步明确新时代人大工作的职能定位和任务要求，提高政治站位，强化政治担当，积极推进社会主义民主法治建设，充分彰显社会主义民主政治的巨大优越性和强大生命力。

忠诚履职勇担当。自觉维护区委统揽全局、协调各方的领导地位，聚焦大事要事、服从服务中心，坚决贯彻落实区委重大决策部署，并贯穿于决定、监督、代表等各项工作之中。认真落实重大事项向区委请示报告制度，按照区委指示要求做好人大工作。依法行使重大事项决定权，对院士经济生态体系、预算调整等，及时依法做出决议决定，把区委的主张通过法定程序转化为全区人民的共同意志和自觉行动。坚决执行区委人事安排意图，严格执行任前基本知识考试、审议表决、颁发任命书、向宪法宣誓等程序，全年依法决定任免工作人员54人次。高度重视区委交办事项，服从区委统一安排，一年来，常委会组成人员和机关干部积极参与到上合组织青岛峰会服务保障、院士港建设发展、信访积案包案化解、乡村振兴帮扶、重要时期安保维稳、社区"两委"换届等重点工作之中，为区域发展贡献人大力量。

全面从严抓党建。发挥常委会党组在管党治党中的核心作用，扎实开展常委会党组理论学习中心组集中学习研讨，进一步坚定理想信念，切实增强党性修养。认真履行党组主体责任，抓好全面从严治党和党风廉政建设，推进"两学一做"学习教育常态化制度化，扎实开展解放思想大讨论。落实意识形态工作责任制，将意识形态工作列入年度重点工作，与业务工作同部署、同检查、同落实。规范机关党建各项工作，坚持"每周一次集中学习，每月一次主题党日，半年一次工作总结"，不断创新党组织活动形式，以扎实有效的党建成果，努力锻造一支忠诚、干净、担当、表率的人大工作队伍。

（二）突出工作大局，实施精准有效监督

推进动能转换，着力服务经济建设。主动适应经济发展新常态，密切关注经济运行动态，听取审议区政府上半年国民经济和社会发展计划执行情况报告、《李沧区国民经济和社会发展第十三个五年规划纲要》实施情况中期评估报告，提出加快新旧动能转换提升发展质量、推进"双招双引"壮大经济总量、优化生态环境改善生活品质等意见。听取审议国有资产管理工作情况报告，开展地方金融组织发展情况、"走进税务、了解税务"等调研活动，提出强化国有资产管理监督、提升金融服务实体经济能力、优化税收结构等意见，推动全区经济社会持续健康发展。加大预算监督工作力度，听取审议预算执行情况报告和审计报告，依法审查批准区级财政决算，视察我区财政预决算信息公开工作情况，及时分析和查找经济运行中出现的困难和问题，推动区政府进一步细化编制部门预算和专项资金预算，加强审计查出问题整改落实，提升财政资金使用绩效。助力经济转型升级，关注区域重大项目建设情况，听取审议加快孵化器转型升级、创新搭建人才大数据平台、院士产业核心区土地规划利用、旅游工作、档案馆新馆建设等专项报告，视察我区物流业转型升级发展情况，调研院士经济生态体系打造情况等，督促区政府优化经济发展环境，全力推进各类项目，增强加快发展的动力源泉。

关注生态环境，着力促进文明进步。坚持"绿水青山就是金山银山"的发展理念，视察我区美丽青岛三年行动工作执行情况，对《中华人民共和国大气污染防治法》《中华人民共和国水污染防治法》贯彻执行情况进行检查，开展环保督察"回头看"检查活动等。围绕李村河水质净化、餐饮油烟排放、建筑工地和道路扬尘等问题提出意见，推动相关部门牢固树立环保意识，坚持标本兼治、科学治理，扎实做好环境保护工作。听取审议2017年城维费使用情况及2018年城维费计划，推进城市建设与维护工作有序开展。调研"地下李沧"建设工作情况，提出强化规划引领、研判产业布局、建立融资基金、地上地下有机结合等意见，进一步提升城市承载力。视察李村商圈交通设施建设情况，围绕居民反映强烈的道路拥堵、配套不完善、道路修缮维护不及时等，督促相关部门强化责任意识，加强协同配合，提高城市管理水平，提升居民宜居程度。

促进民生改善，着力提升幸福指数。牢固树立以人民为中心的发展思想，以保障和改善民生为监督重点，切实维护最广大人民的根本利益。围绕学有所教，视察我区教育设施规划建设情况，提出加快推进在建项目进度、合理配置教育资源、提高教职工业务素质等意见，促进我区教育事业均衡优质发展。围绕食有所安，调研我区农贸市场建设管理和星级创建工作，协助市人大常委会调研我区食品安全情况，保障人民群众舌尖上的安全。围绕弱有所扶和住有所居，调研我区全面推进社区治理现代化工作和加强特殊人群健康管理推行家庭医生签约服务情况，提升社区治理现代化水平和社区卫生机构服务能力。听取全民人防宣传教育工作情况报告，视察危险化学品企业"风险分级管控与隐患排查治理"两个体系建设工作，力促民生短板问题的解决，提高居民幸福指数。

维护公平正义，着力推进法治建设。对法检"两院"业务工作进行集中视察，提出进一步融入依法治区工作、深化司法体制改革等意见。出台《关于进一步加强区人民法院执行工作的决定》，助力区法院破解执行难题。视察区法院商事审判工作情况，围绕推进商事审判融入社会经济体系、发挥保护融资环境作用等方面提出意见，力促提高商事案件审判质效。视察区检察院侦查监督检察工作情况，提出完善侦查监督检察工作体制机制、降低捕后轻刑比率、探索对职务犯罪侦查监督检察、提高侦查监督信息化水平等意见，推动侦查监督工作水平不断提高。严格进行执法检查，对检查《中华人民共和国传染病防治法》《中华人民共和国审计法》贯彻执行情况发现的问题，提出落实整改意见，促进法律法规在我区的贯彻实施。听取法治政府建设、"七五"普法规划实施情况等工作报告，视察三年禁毒人民战争开展情况，切实维护社会公平正义。配合市人大常委会开展《青岛市公共文化服务保障条例》立法调研，对《青岛市残疾人保障条例》《青岛市养犬管理条例》贯彻实施情况进行调研，结合我区实际提出建议。重视加强信访工作，及时转办落实，维护社会和谐稳定。积极开展规范性文件备案审查，不断提高审查质量。

（三）突出主体作用，加强和改进代表工作

注重创新载体，搭建履职平台。做好代表培训工作，组织代表赴全国人大北京培训基地、深圳培训基地、浙江大学等进行系统培训，为代表讲授履职相关知识和履职经验，全年共举办代表培训班或组织代表参加上级人大培训班11次，培训代表517人次，有效提高了代表知识素养和履职能力。区委主要领导对代表培训工作多次做出肯定性批示。扩大代表对常委会活动的参与，全年共邀请77位区人大代表列席常委会会议，133位市、区人大代表参加了常委会开展的视察、调研、执法检查等活动，使代表更多参与常委会监督工作，也使常委会工作更加贴近民情、反映民意。强化代表履职管理，制定《关于进一步健全区人大代表管理监督和退出机制的暂行办法》，对代表日常履职管理、代表资格终止等事项进行系统规定。加强"代表之家"、社区代表活动站和信息化新载体建设，为依法履职、为民履职搭建平台。

注重广泛联系，发挥代表作用。常委会组成人员积极联系人大代表，通过召开座谈会、走访等形式，听取代表对"一府一委两院"和人大工作的意见和建议，搭建沟通平台，促进工作提升。开展"代表联系选民月"活动，广泛走访联系选民，准确反映群众诉求，热心为群众办好事、办实事，切实拉近代表与群众之间的关系。积极开展区人大代表向原选举单位报告履职情况并进行评议等活动，代表的责任意识进一步增强。做好各级代表的联系和服务保障，协助组织住鲁全国人大代表、住青全省人大代表、住区市人大代表调研院士生态体系和经济成长体系打造、重点项目建设等，赢得广大代表对李沧发展的关注和支持。

注重建议办理，回应社会关切。对区六届人大二次会议代表提出的100件建议，常委会主动加强与各承办单位联系，跟踪督促办理工作。选择借助"一带一路"助力李沧发展、农贸市场规范化建设管理等9件建议，牵头重点督办，加大协调力度，推动问题解决。承办单位把办理代表建议作为接受人民监督的重要渠道，主动听取代表意见，积极回应社会关切，扎实做好办理工作。所有代表建议按时全部答复代表，

代表建议办理质量较往年有了新的提高。市人代会期间，住区市人大代表就院士经济生态体系建设、土地开发利用、教育、医疗等方面建言献策，提出建议57件，为争取市政府对我区发展政策、资金的支持发挥了积极作用。

注重基层建设，推进工作提升。扎实推动基层人大组织建设，建立常委会领导联系街道人大工作制度，常委会领导经常性到街道调研、指导人大工作，激发了人大工作的源头活水。定期召开街道人大工作室主任工作例会，传达上级工作精神，交流工作经验，增进工作协同，街道人大工作水平稳步提升。各街道人大工作室充分发挥联系代表紧密的优势，在组织代表学习培训、开展代表活动、提出代表建议等方面发挥了积极作用。常委会及时将街道人大工作动态在李沧人大公众号刊发，促进工作交流，推动全区人大工作整体联动和创新发展。

（四）突出自身建设，夯实人大工作基础

加强舆论宣传，营造良好氛围。及时总结常委会重大活动、特色亮点、基层人大工作、代表履职等情况，充分发挥李沧人大信息网、微信公众号等各类阵地作用，讲好人大故事，传播人大声音。一年来，《李沧人大：与时俱进、创新发展、改革前行》《全力助推青岛国际院士港建设》等工作做法在新华网、青岛日报、

青岛通讯等报纸杂志上刊发，工作影响力不断扩大。

加强理论研究，提高决策水平。组织机关干部集中学习政治理论、政策法规和人大业务知识等，把稳思想之舵、补足精神之钙、筑牢履职之基。强化调查研究，结合开展"大学习、大调研、大改进、大督促"活动，围绕改进监督工作、推进审计监督、打造文化旅游产业等议题开展专题调研，形成了一批针对性强、富有建设性的调研成果。其中《着眼打造院士生态体系加快推进院士风情居建设》《统筹规划加快推进我区地下空间的开发利用》《农贸市场建设管理情况的调研报告》等，得到区委主要领导肯定性批示，并转有关部门办理，为区委决策和推动"一府一委两院"工作提供了重要参考。

加强内部管理，提升工作效率。修改常委会组成人员守则，制定和完善主任会议议事规则、常委会机关工作例会制度、机关请销假制度等规章制度，进一步优化工作流程，规范履职程序。严格执行民主集中制，坚持集体行使职权，集体讨论决定问题，进一步提高了常委会民主决策制度化、规范化水平。重视发挥各专门委员会的职能作用，各专门委员会认真敬业、依法履职，为提高人大工作质量做出了积极贡献。坚持问题导向，持之以恒地推进机关作风建设，认真落实党风廉政建设责任制，严格执行中央八项规定，工作作风进一步改进，工作效率进一步提高。重视机关老干部工作，及时向老干部通报常委会的重要工作，积极为老干部在生活、学习、就医等方面提供服务。

各位代表！区人大常委会过去一年取得的成绩，是区委正确领导、"一府一委两院"密切配合、社会各界大力支持的结果，是全体代表和常委会组成人员共同努力的结果。在此，我谨代表区人大常委会，向所有关心支持人大工作的各个方面和各界人士，表示衷心的感谢！

一年来，区人大常委会工作有成绩，也有差距，许多问题还有待今后认真解决。主要是：监督工作形式需要进一步完善，监督成效需要进一步提升，联系代表和群众的途径需要进一步拓宽，机关干部作风需要进一步抓实，人大代表思想政治和作风建设有待进一步加强。我们将认真听取全体代表和各方面意见，采取有效措施，进一步改进工作，不断推动人大工作与时俱进。

二、关于2019年的工作任务

各位代表，党的十九大做出了中国特色社会主义进入新时代的重大判断，对发展社会主义民主政治，坚持和完善人民代表大会制度提出了新要求，为进一步加强与改进人大工作指明了方向、明确了任务。面对新形势、新任务，2019年区人大常委会工作的总体思路是：坚持以习近平新时代中国特色社会主义思想为指导，认真贯彻党的十九大精神和十九届历次全会精神，紧紧围绕构筑创新发展"18844"工作格局和青岛国际院士港"9+3+1"基本架构，履行宪法和法律赋予的各项职责，服务深化改革、强化创新驱动、关注民生民利、促进社会和谐，切实发挥"两个机关"作用，为把李沧打造成为宜业宜居宜身宜心的创新型花园式中心城区做出更大贡献，以优异成绩喜迎新中国成立70周年。

（一）牢记新使命，努力在政治能力上再上新水平。习近平新时代中国特色社会主义思想，对坚持和完善人民代表大会制度、支持和保证人大行使职权提出了新的更高要求。要深入学习贯彻落实习近平总书记关于坚持和完善人民代表大会制度的重要思想，坚定人民代表大会制度自信，把坚持党的领导贯穿于人大依法履职的全过程，落实到人大工作的方方面面，努力在建设全面担负起宪法法律赋予各项职责的工作机关和同人民群众保持密切联系的代表机关中展现新作为。认真贯彻落实区委各项决策部署，在区委的坚强领导下，勇于担当、积极履职，只要是改革发展需要、人民群众期盼、属于人大职权范围内的事项，都大胆地推进，马上就办，真抓实干，保证区委决策部署在人大得到全面贯彻落实。发挥常委会党组在人大工作中把方向、管大局、保落实的领导作用，坚持重大事项向区委请示报告制度，努力为推动李沧高质量发展发挥更大更好的作用。

（二）把握新任务，努力在监督实效上再求新突破。坚持依法监督、正确监督、有效监督，把监督"一府一委两院"工作同支持他们依法履行职责有机统一起来，寓支持于监督之中，进一步提高监督的针对性、实效性，形成加强和改进工作的合力。关注经济发展，在审议年度财政决算和收支审计、计划和预算半年执行情况等议题的同时，围绕孵化器转型升级、院士港九大板块规划建设、楼山后片区规划等情况，加强对区重点工程、新兴产业项目等情况的监督，支持和督促政府坚持稳中求进的总基调，推动经济转向高质量发展。关注民生改善，坚持民有所呼，我有所应，围绕教师队伍建设、社区文化中心、交通组织优化、养老机构发展等开展监督，推动相关问题解决，不断满足人民群众日益增长的美好生活需要。关注生态环境优化，加强生态环境保护工作、环保督查反馈问题整改的监督，凝聚各方的力量，打赢蓝天保卫战。关注公平公正，加强和改进执法检查及规范性文件备案审查工作，发挥好"法律巡视"的作用；强化对"两院"工作的监督，共同打通实现社会公平正义的"最后一公里"；探索开展对监察委员会的工作监督，切实维护法制权威。不断拓展监督方式方法，探索开展专题询问，围绕区委中心工作，科学选定议题，提高监督刚性。

（三）拓展新思路，努力在代表服务上再有新提升。持续深入开展常委会组成人员联系代表、代表联系群众的"两个联系"活动，不断完善代表反映群众意见的处理反馈机制。坚持邀请代表列席常委会会议，精心组织代表开展视察、专题调研和执法检查，提升代表活动的质量和效果。把服务代表履职的信息化建设摆在突出位置，及时向代表通报人大工作情况，推动"一府一委两院"密切与代表的联系，进一步拓宽代表知情知政渠道。把认真办理代表建议作为支持代表履职和发挥作用的关键环节，组织代表视察建议办理情况，评选表彰优秀代表建议和优秀建议办理案例，不断提高代表建议办结率和代表满意率。精心组织代表小组活动，探索创新代表活动形式，提高代表参加代表小组活动积极性和主动性。建立健全代表日常履职监管机制，继续开展代表述职评议，落实好《关于进一步健全区人大代表管理监督和退出机制的暂行办法》，加大履职优秀代表事迹的宣传力度，引导和激励代表争做政治坚定的明白人、服务群众的贴心人、产业发展的带头人、勤于履职的热心人。

（四）适应新形势，努力在自身建设上再迈新台阶。着眼新形势新任务新要求，坚持把常委会机关的自身建设摆上突出位置，全面贯彻新时代党的建设总要求，持续推进"两学一做"学习教育常态化、制度化，重视意识形态工作，切实加强常委会及机关的政治、思想、组织、作风、纪律和制度建设。充分发挥人大专门委员会和常委会各工作机构的职能作用，进一步提升人大工作整体效能。持续改进工作作风，变"身入"基层为"心入"基层，既要"在场"，又要"在状态"，开展好调查研究，不断提高常委会的集体议事水平。加强和改进人大宣传工作，办好李沧人大信息网和微信公众号，为人大工作营造浓厚的舆论氛围。进一步加强对街道人大工作的联系指导，督促街道人大工作规范化建设，不断提升全区人大工作整体水平。

各位代表，新时代要有新气象，更要有新担当新作为。人民群众对我们充满期待，李沧区改革发展需要我们倍加努力。让我们在区委的领导下，不忘初心、牢记使命、持续奋斗，以更加饱满的政治热情和强烈的责任担当，开拓创新、锐意进取，在李沧打造新奇迹的征程中贡献人大力量、写好人大篇章。

（王纳新）

青岛市李沧区人民政府

重要会议

【全体会议】 李沧区第六届人民政府第一次全体会议。2018年1月26日召开。主要听取区政府工作报告起草说明、《关于青岛市李沧区2017年国民经济和社会发展计划执行情况与2018年国民经济和社会发展计划（草案）的报告》起草说明、《关于青岛市李沧区2017年财政预算执行情况和2018年财政预算草案的报告》起草说明、关于加快青岛国际院士港院士经济生态体系建设的汇报，讨论通过区政府工作报告、区国民经济计划草案报告和区财政预算草案报告。

李沧区第六届人民政府第二次全体会议。2018年12月31日召开。主要听取区政府工作报告（政府全体会讨论稿）起草说明、《关于青岛市李沧区2018年国民经济和社会发展计划执行情况与2019年国民经济和社会发展计划（草案）的报告（政府全体会讨论稿）》起草说明、《关于青岛市李沧区2018年财政预算执行情况和2019年财政预算（草案）的报告（政府全体会讨论稿）》起草说明、《关于加快青岛国际院士港各功能板块建设冲击国际大科学计划和大科学工程打造"院士区"的报告（政府全体会讨论稿）》起草说明。

【常务会议】 区五届人民政府第20次常务会议。2018年1月26日召开。主要听取关于2018年区政府工作报告起草情况的汇报、关于《青岛市李沧区2017年国民经济和社会发展计划执行情况与2018年国民经济和社会发展计划（草案）的报告》起草情况汇报、关于《青岛市李沧区2017年预算执行情况和2018年财政预算草案的报告》起草情况汇报、关于加快青岛国际院士港院士经济生态体系建设的汇报、关于2018年区政府实事筛选情况的汇报。

区五届人民政府第21次常务会议。2018年2月23日召开。主要听取关于区六届人大二次会议代表建议、区政协六届二次会议委员提案分办情况的汇报、关于《李沧区政务信息系统整合共享实施方案》起草情况的汇报、关于成立青岛市海绵城市试点区（李沧区）建设PPP项目公司的汇报、关于与省侨办签订支持院士港建设合作协议的汇报、关于成立青岛国际院士港集团有限公司的汇报。

区五届人民政府第22次常务会议。2018年3月10日召开。主要听取关于2018年第一批区级行政权力事项调整情况的汇报、关于2018年区级重点项目工作情况的汇报、关于李沧区政务服务工作进一步提速增效实施方案的汇报、关于苏家社区旧村改造资金缺口解决方案的汇报、关于安顺路（衡阳路-遵义路）地下综合管廊项目PPP实施方案的汇报、关于安顺路（汾阳路-衡阳路）综合管廊相关工程PPP项目合同的汇报、关于社区微型消防站统一招标建设的汇报、关于《世园街道社区卫生服务中心项目融资建设实施方案》的汇报、关于《秀峰路小学项目融资建设实施方案》的汇报。

区五届人民政府第23次常务会议。2018年3月29日召开。主要听取关于《青岛国际院士港资助服务暂行办法》及其《补充规定》有关条款解释制定情况的汇报、关于与潍坊医学院签订合作协议的汇报、关于2018年度院士项目公司资助资金预算申请的汇报、关于《2018年区级领导定向联系院士工作方案》起草情况的汇报、关于青岛火车北站管理办建设北站核心区域智慧监控系统情况的汇报、关于青岛火车北站管理办设置三分钟自动抓拍终端服务器情况的汇报、关于李家庵第二小学项目的土地配置的汇报。

区五届人民政府第24次常务会议。2018年4月19日召开。主要听取集体学习《青岛市纪委关于4起形式主义官僚主义典型问题的通报》、传达学习孟凡利同志在《刘家义同志在省国家安全厅〈省内个别政府公开网站内容涉上合峰会敏感信息〉上的批示》上的批示精神、关于全区旅游工作情况的汇报、关于我区创新搭建"人才李沧"网络信息平台工作情况的汇报、关于《李沧区人民政府关于〈中华人民共和国统计法实施条例〉贯彻落实情况》起草情况的汇报、关于《李沧区人民政府关于〈李沧区人大常委会审议区政府2017年度城维费使用情况及2018年度城维费计划安排的报告〉》起草情况的汇报、关于《李沧区政府投资项目审计监督办法》修订情况的汇报、关于九水东路130号物业买卖签订补充协议的汇报。

区五届人民政府第25次常务会议。2018年4月23日召开。主要听取关于2018年一季度重点工作节点考核表彰情况的汇报。

区五届人民政府第26次常务会议。2018年5月7日召开。主要听取关于暂付海水淡化项目部分借款资金的汇报。

区五届人民政府第27次常务会议。2018年5月18日召开。主要听取关于全面推行审批服务"零跑腿"，深入开展"四到"活动的实施方案的汇报、关于涉及综合执法体制改革部分行政权力调整情况的汇报、关于确定全区重点难点工作招投标有关事项的汇报、关于《2018年李沧区迎接国家卫生城市复审方案》起草情况的汇报、关于对小枣园三期保障性住房项目配建幼儿园实施政府回购情况的汇报、关于申请各街道办事处"美丽青岛行动"及迎接国家卫生城市复审经费的汇报、关于申请打造街道公共法律服务站建设专项经费的汇报、关于申请社区矫正、安置帮教工作专项经费的汇报、关于《青岛国际院士港资助服务暂行办法》修订情况的汇报、关于吴耀文院士项目情况的汇报、关于申请院士港一期园区绿化修缮经费的汇报、关于为全区部分中小学和幼儿园采购安装纳米纤维防霾净化纱窗的汇报、关于青岛—亚马逊AWS联合创新中心项目补助资金拨付事宜的汇报、关于申请人员密集场所防冲撞硬质隔离设施建设资金的汇报、关于《关于实行安全生产监管监察岗位津贴的实施意见》起草情况的汇报、关于重大活动消防工作经费有关问题的汇报。

区五届人民政府第28次常务会议。2018年6月12日召开。主要听取关于2018年既有居住建筑节能改造工作情况的汇报、关于全国生态环境保护大会、全省生态环境保护大会暨"四减四增"年行动动员大会、青岛市贯彻落实措施及我区下一步贯彻落实情况的汇报、关于后海热电搬迁项目工作的汇报、关于拟对山东粮油进出口公司地块进行土地一级整理开发情况的汇报、关于与华夏幸福基业股份有限公司签订合作备忘录及成立李沧区楼山河北片区产业小镇项目工作领导小组的汇报、关于调整李沧区30号线道路工程总投资的情况汇报、关于申请预防性体检经费的汇报、关于招聘特勤队员辅助执行区监委留置措施有关事项的汇报。

区五届人民政府第29次常务会议。2018年7月3日召开。主要听取关于促进大数据发展的实施意见、关于《在市场体系建设中建立公平竞争审查制度实施方案（汇报稿）》的汇报、关于《关于青岛市李沧区2018年财政预算调整方案（草案）的报告》起草情况的汇报、关于李沧区第二次全国污染源普查2018年经费预算方案的汇报、关于机关事业单位工作人员2017年度考核优秀等次人员记功、嘉奖情况的汇报、关于《关于李沧区国有资产管理工作情况的报告》起草情况的汇报、关于《关于李沧区2017年财政决算（草案）的报告》起草情况的汇报、关于《2018年上半年李沧区依法行政工作暨法治政府建设工作报告》起草情况的汇报、关于院士产业核心区土地规划利用情况的汇报、关于区档案馆新馆建设工作情况的汇报。

区五届人民政府第30次常务会议。2018年7月25日召开。主要听取关于2018年二季度重点工作节点考核表彰情况的汇报、关于拟对李沧区重大活动期间安保维稳工作中表现突出人员进行表彰的汇报。

区五届人民政府第31次常务会议。2018年8月4日召开。主要听取关于做好迎接2018年国务院大督查有关情况的汇报、关于《开展"一次办好"改革深入推进"四到"工作、"零跑腿"政务服务便民化实施方案（汇报稿）》起草情况的汇报、关于李沧区2018年1～6月份经济运行情况及下步工作措施建议的汇报、关于第四次经济普查工作的汇报、关于《李沧区质量品牌提升专项资金管理暂行办法》起草情况的汇报、关于《青岛市李沧区人民政府 民生证券股份有限公司合作协议》《青岛市李沧区人民政府 民生期货有限公司合作协议》起草情况的汇报关于人保财险李沧总部项目2016年和2017年扶持政策兑现和新合作协议签订事项的汇报、关于入驻青岛国际院士港军民融合类项目合作协议修改情况的汇报、关于《李沧

区人民政府 交运集团有限公司战略合作协议》起草情况的汇报、关于李沧区纪委监委办公场所改造装修工作情况的汇报、关于青荣铁路沿线环境整治涉及刘家老村非住宅房屋搬迁资金的汇报、关于重庆中路199号地块中山东省肉食蛋品进出口公司曲戈庄食品厂土地补偿清算事宜的汇报、关于加快推进院士港二期项目建设工作的汇报、关于青岛—亚马逊AWS联合创新中心项目2018年补助资金拨付事宜的汇报、关于申请四板挂牌和企业股改补贴的汇报。

区五届人民政府第32次常务会议。2018年8月10日召开。主要听取关于补偿青岛东方实业有限公司情况的汇报、关于申请追加中国邮政青岛分公司和青岛市跨境电商协会第一年度房屋租赁补贴的汇报、关于拨付李沧区外经贸发展专项资金的汇报、关于李沧区政府与济钢集团签订深化合作协议的汇报。

区五届人民政府第33次常务会议。2018年8月23日召开。主要听取关于2018年第一批新增政府投资建设项目情况的汇报、关于《关于李沧区2018年上半年国民经济和社会发展计划执行情况的报告》起草情况的汇报、关于《关于区六届人大二次会议代表建议、批评和意见办理情况的报告》起草情况的汇报、关于《关于李沧

区2018年上半年财政预算执行情况的报告》起草情况的汇报、关于《关于贯彻落实"七五"普法规划中期情况的报告》起草情况的汇报、关于《关于李沧区2017年区级预算执行和其他财政收支情况的审计工作报告》起草情况的汇报。

区五届人民政府第34次常务会议。2018年8月31日召开。主要听取关于《关于开展"百名局长进政务服务大厅"工作的通知（汇报稿）》起草情况的汇报、关于2018年第二批区级行政权力事项调整情况的汇报、关于《关于确立李沧区楼山河北片区产城融合项目实施机构的批复》的汇报、关于全区扫黑除恶专项斗争情况的汇报、关于小枣园社区借款支付法院判决赔偿金的汇报、关于申请南岭三路北侧地块青义锅炉搬迁资金的汇报。

区五届人民政府第35次常务会议。2018年9月8日召开。主要听取关于《青岛实验中学分校、遵义路学校、虎山路幼儿园、枣山路南侧商业改造项目等四个项目规划方案》的汇报、关于第二届海外院士青岛行活动签约情况的汇报、关于《青岛国际院士港综合管理委员会与俄罗斯科学院远东分院签署合作意向备忘录》的汇报。

区五届人民政府第36次常务会议。2018年9月21日召开。主要听取关于《青岛市李沧区人民政府 上海普道财

务咨询有限公司合作协议》起草情况的汇报、关于申请我区对口帮扶单县和康县扶贫资金的汇报、关于 2018 年李沧区棚户区改造项目专项债券发行工作的汇报、关于 2018 年调整李沧区机关事业单位退休人员基本养老金工作的情况汇报、关于扫黑除恶专项斗争工作进展情况的汇报。

区五届人民政府第 37 次常务会议。 2018 年 9 月 21 日召开。主要听取关于 2017 年度区直企业经营业务考核情况的汇报、关于《关于深入推进人民防空改革发展意见》起草情况的汇报、《李沧区人民政府关于〈李沧区推进相对集中行政许可权组建区行政审批服务局改革方案〉的请示（汇报稿）》起草情况的汇报、《关于在全面展开新旧动能转换重大工程中深入推进科技创新发展的意见》起草情况的汇报、关于对李村街道办事处进行通报批评的汇报、关于优质招商企业、留存企业总部集中办公及配套有关情况的汇报、关于调整河南庄旧村改造市政配套规划一号线路基及渣土清运工程总投资的情况汇报、关于申请兑现 2017 年李沧区鼓励商贸业发展奖励资金的汇报、关于容淳铭院士项目合作协议情况的汇报。

区五届人民政府第 38 次常务会议。 2018 年 10 月 16 日召开。主要听取《关于人防宣传教育工作开展情况的报告》起草情况的汇报、关于区六届人大常委会第十四次会议对区政府《关于李沧区国有资产管理工作情况的报告》审议意见办理情况的报告起草情况的汇报、《关于加快孵化器转型升级工作情况的报告》起草情况的汇报、关于区六届人大常委会第十二次会议对区政府《关于创新搭建人才大数据平台工作情况的报告》审议意见办理情况的报告起草情况的汇报、关于区六届人大常委会第十二次会议对区政府《关于中华人民共和国统计法实施条例贯彻落实情况的报告》审议意见办理情况的报告起草情况的汇报、关于区六届人大常委会第十二次会议对区政府《关于城市维护费 2017 年执行情况及 2018 年计划安排情况的报告》审议意见办理情况的报告起草情况的汇报、关于区六届人大常委会第十二次会议对区政府《关于旅游工作情况的报告》审议意见办理情况的报告起草情况的汇报、关于区六届人大常委会第十四次会议对区政府《关于检查中华人民共和国审计法实施情况的报告》审议意见办理情况的报告起草情况的汇报。

区五届人民政府第 39 次常务会议。 2018 年 11 月 8 日召开。主要听取关于《李沧区促进"个转企"五条意见》起草情况的汇报、关于《青岛职多多服务外包有限公司合作协议》起草情况的汇报、关于成立东望社区、龙苑社区居委会的汇报、关于 2018 年三季度重点工作节点考核表彰情况的汇报、关于成立青岛融学教育集团有限公司相关情况的汇报、关于《青岛国际院士港与济钢集团有限公司全方位深度战略合作协议》起草情况的汇报、关于《青岛国际院士港与昆明理工大学全面战略合作协议》起草情况的汇报、关于加快推进青岛国际院士港二期拓展区项目的汇报、关于《青岛市李沧区人民政府与灵思云途营销顾问有限公司合作备忘录》起草情况的汇报。

区五届人民政府第 40 次常务会议。 2018 年 11 月 8 日召开。主要听取关于市综合考核指标情况的汇报、关于《李沧区打赢蓝天保卫战作战方案暨 2013～2020 年大气污染防治规划三期行动计划（2018～2020）》起草情况的汇报、关于省政府《支持实体经济高质量发展若干政策》贯彻落实情况的汇报、关于《李沧区新旧动能转换重大工程实施规划（汇报稿）》起草情况的汇报、关于表彰确认 2017 年度区级文明单位和文明社区工作情况的汇报、关于《青岛国际院士港统计监测体系建设方案》起草情况的汇报、关于《李沧区加强政府性债务管理的实施意见》起草情况的汇报、关于《李沧区国民经济和社会发展第十三个五年规划纲要实施情况的中期评估报告》起草情况的汇报、关于《李沧区2019年财政预算草案初步方案的报告》起草情况的汇报、关于《李沧区2018年财政预算调整方案（草案）的报告》起草情况的汇报、关于解决潜艇学院青台山院区前广场绿化更换改造相关情况的汇报。

区五届人民政府第41次常务会议。2018年12月24日召开。主要听取关于《全力支持青岛国际院士港重点项目建设确保2019年底竣工使用的决定》的情况汇报、关于2019年区办实事项目筛选情况的汇报、关于《政府工作报告》起草情况的汇报、关于《李沧区2018年国民经济和社会发展计划执行情况与2019年国民经济和社会发展计划（草案）的报告》起草情况的汇报、关于《李沧区2018年财政预算执行情况和2019年财政预算（草案）的报告》起草情况的汇报。

区五届人民政府第42次常务会议。2018年12月29日召开。主要听取关于《2019青岛国际院士港"千帆竞渡 创赢未来"院士项目全球推介活动实施方案》起草情况的汇报、《加快推进院士项目落地及集群化发展激励办法》起草情况的汇报、关于李沧区机关事业单位2017年度精神文明奖发放办法的汇报。

（区政府办公室）

政务督查

【**重点项目督查**】 建立全覆盖与随机抽查、白天与夜间、集体与专项相结合的重点项目督查机制，强化157个省市区三级重点项目及31所学校幼儿园督导力度，累计组织市区领导实地督查项目32次，完成各类服务保障43次，深入现场实地督导项目189次，协调解决影响项目推进的土地证办理、苗木迁移、临电设置等堵点、痛点问题52个；完成5个区委主要领导重点关注项目24小时视频监控；指导区发改局做好区级重点项目监控考核、节点设置、大册子汇编、大屏幕滚动显示等工作，确保重点项目按计划节点有序推进；国际特别创新区、院士研究院、院士产业核心区试验区、信联天地、永平路76号地块、融海国际酒店等项目均突破制约瓶颈，加快推进。

【**专项督查**】 按照区委部署要求，圆满完成李沧东部渣土堆影响环境专项治理、李村大集无形资产划转、院士港二期项目用地规划许可证办理、全国"两会"及大活动信访稳控、强降水期间工地安全防汛夜查、院士产业核心区国有土地征迁、国际特别创新区装修施工、市区两级河长制湾长制落实、老虎山怀念堂信访处置、污染点源整治、黑臭水体整治、既有建筑节能改造、棚户目标任务落实、海水稻研发中心试验基地项目进展、中央省市环保督察回头看等专项督查69次。

【**政府实事**】 邀请市政府督查室5次到我区现场调研、座谈，会诊把脉既有建筑节能改造、黑臭水体整治、交通微循环等市政府实事项目进展，高质量完成10大类、22项市政府实事项目市定目标，10大

2018年12月26日，区领导带队调研青岛邮政跨境电商产业园。

类、40项、66个区办实事项目区定目标。圆满完成民生在线、行风在线组织活动，738个民生在线问题、254个行风在线问题高质量回复。

【议案办理】　完成265件市区两级代表建议、委员提案办理工作。主动介入，协助办公厅议案处、市区两级人大政协有关处室做好市领导及代表委员视察、调研等活动21次。关于院士港发展、新旧动能转换、房产证办理等具有代表性、影响区域发展及民生关注的建议提案答复得到代表委员肯定。

【批示件办理】　按照"当日转办、按期督促、到期反馈，突出实效"原则，狠抓批示件分解、转办、落实、办理、反馈和督查各环节，全年共办理领导批示事项3106件，撰写领导批示月度、季度办理情况专报15期，专题事项督办报告10期。坚持把批示件办理向全区中心工作聚焦，对以党建、宣传为代表的意识形态方面，以青岛国际院士港、院士产业核心区、学校幼儿园项目、违法建设拆除为重点的城市建设管理方面，以信访为重点的维稳方面进行重点督办，及时将区委、区政府工作要求传达、督导到位。在日常转办工作中，注重通过协调部门及街道联动落实好领导批示，如在办理"香溢紫郡二期违法建筑拆除"批示件时，会同综合行政执法局、区政府法制办、世园街道办事处等部门，多次召开现场会，研究解决办法，探索长效机制，整改效果得到市政府和周边居民的充分肯定。

（周光华）

政务调研

【概况】　围绕服务全区经济社会发展和民生保障，起草调研报告13篇，6.1万字。起草李沧区落实国务院决策部署的经验材料1篇，上报国办督查室；起草青岛国际院士港建设经验材料1篇，上报省政府研究室；起草新旧动能转换经验材料1篇，上报市政府研究室。围绕招商引资、城中村改造、放管服改革、高技能人才等主题，赴建管局、四大产业平台、联储证券、华安期货、盛世光明青岛总部、虎山路街道办事处等单位开展调查研究11次，形成调研报告10篇，《李沧区市场主体发展情况调研报告》荣获省政府优秀调研成果三等奖。通过调研，帮助企业协调解决办公场所、市场需求等问题17个，梳理协调解决国有企业难题19个。信联天地和荣花边商务楼宇项目供电、秀峰路小学土地证等群众关心关注的问题得到有效破解。

【文稿起草】　起草全区应急工作会议讲话、政府廉政工作会议讲话、全区保密工作会议讲话、党校培训班经济社会发展情况介绍、院士项目推介会市领导致辞、办公室组织生活会讲话等讲话材料44篇，起草市政府常务会议议题、全市"放管服"改革会议发言、世博园片区发展建议、区委常委会发言、对照检查材料、违建处置和信访维稳等各类汇报材料72篇，起草区政府工作要点、国务院督查室案例征文、新旧动能转换重大工程建议、常委述职报告、全区经济社会发展情况等其他类材料100余篇。全年共起草综合文稿210余篇、60余万字。其中青岛军民融合协同创新研究院建设情况材料得到市政府主要领导肯定性批示。青岛国际院士港案例入选落实国务院决策部署典型案例，"四到"工作经验做法作为青岛市贯彻"一次办好"经典案例上报省政府。

【服务工作】　为领导上线提供辅助工作。"民生在线"期间，梳理41个单位提报的重点问题218个、8.6万字，"行风在线"期间，梳理42个单位提报的重点问题362个、10.4万字，准备谈话素材2万余字，与其他部门、科室形成联动，制定周密的上线工作方案，组织召开相关调度会议，积极做好对上衔接和各方协调。深入分析全区的热点、难点和焦点问题，准备上线参阅材料，为领导全面掌握问题提供依据，保障上线工作顺利完成。通过领导上线，推动解决了一批群众关心的切身利益问题。

服务重大活动。上海合作组织青岛峰会期间，起草李沧区经济社会发展情况、世园街道经济社会发展情况、上流佳苑社区发展情况、上流佳苑市民中心各功能室简介等拟考察项目简介和观摩预案 26 份，为习近平总书记视察上流佳苑社区提供重要保障。精心准备丝路协创中心外国元首接待工作，顺利完成活动策划、展厅布置等工作。在市区两级峰会表彰中，1 名同志荣获市先进个人，1 名同志荣获区三等功。

（胡学琛）

政务信息

【信息上报】 为让政务信息接地气、有新意，实行"信息面对面"和"采访式调研"制度，逐一走访政府重点部门了解工作、挖掘亮点，并围绕全区新旧动能转换到青岛国际院士港、青岛—亚马逊 AWS 联合创新中心、邮政跨境电商产业园、海水稻研发中心等进行调研。全年编发《政务信息》28 期，上报我区相关工作2000 余篇，院士港、海水稻试种、省侨办到我区调研、政务服务提速增效、审批服务"零跑腿"、破解房产证办理难题、上流佳苑经济发展反哺民生等545 篇信息被国家和省市媒体采用，《青岛市李沧区加快国际院士港建设助推新旧动能转换》《第二届海外院士青岛行暨青岛

国际院士论坛成果丰硕成效显著》《李沧区突出"三个精准"破解历史遗留房产证未办难题》等 17 篇信息被省、市《专报信息》单独刊发，获得省市区各级领导肯定批示 26 篇次。《青岛市李沧区加快国际院士港建设助推新旧动能转换》在全省政务信息网络年会上荣获一等奖。信息工作连续 8 年荣获"青岛市政务信息先进单位"称号；荣获 2018 年度山东省政务信息报送工作成绩突出单位。

【舆情控制与对外宣传】 认真做好办公室新闻舆论引导工作，监控网络、报纸、电视等各类媒体涉及政府工作舆情120 余条，办结市政府办公厅舆情督办单 8 件次，未出现遗漏和丢分现象。做好对外宣传工作，组织网评员进行微信转发统计上报，办公室对外宣传工作在所在考核组单位中名列前茅。完成《沧口变迁实录》撰稿工作，承接完成全市为基层减负工作调研。

【考核培训】 制定印发《2018 年李沧区政府系统信息工作分组管理考评办法》，并将信息工作首次纳入全区综合考核，引导各单位建立完善全员办信息工作机制，实现目标任务下达、工作动态通报、年终考评总结、评先评优表彰全面统一。加强全区信息队伍建设，选派人员到市信息调研室"以干带训"；针对信息工作人员变动大、新手多、业务素质亟待

提升的状况，制定《信息工作制度》《"每周一学"学习制度》等，组建全区信息工作群，梳理编发《各类信息范例汇编》，加强信息工作人员对各级新政策、新知识、优秀信息的学习，提高信息挖掘、文稿起草等能力和规范；定期印发《信息工作需求要点》，分解目标，加强培训，引导单位瞄靶射箭。

（张霓）

应急管理

【队伍建设】 2018 年，李沧区应急办按照市应急队伍建设的相关要求，先后建立多支应急救援队伍，保证突发事件发生时，拉得出，用得上。依托李沧消防大队成立由 90 名专业人员组成的区综合应急救援大队，配备专业救援装备以及专业车辆；组建由 29 名专职救援人员组成的森林防火队伍，配备专业灭火装备及应急车辆；组建基层救援队伍 23 支，共490 余人，配备防汛清雪、山林防火等方面基础物资和装备；依托各医疗机构组建医疗救护队伍 7 支，共 118 人，配备专业急救装备及专业车辆；依托辖区企业组建危化品事故处置队伍 2 支，共 98 人，配备专业救援装备及应急车辆；组建由42 名专业救援人员组成的环保事件处置队伍，配备专业救援装备；依托辖区企业组建 28 人专职电梯事故救援队伍，配备

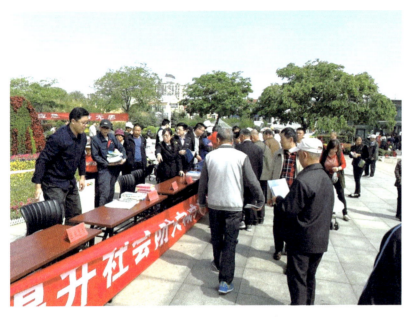

2018年11月1日，区应急办在李沧文化公园组织开展主题宣传日活动。

专业救援装备及应急车辆；依托辖区三大高校，成建制组建900余人的李沧区青年应急志愿者队伍；组建由64名专业人员组成的"沧鹰"地震应急救援志愿队，配备专业救援装备及救援车辆；建立由32名各类专家组成的区级应急专家组。

【宣传教育】 为提高辖区居民防灾减灾意识，李沧区应急办积极组织应急知识宣传教育活动，先后开展宣教培训20余场次，并利用主题宣传日、应急知识进社区、应急知识讲座、印发宣传材料、"李沧应急"微信公众号等形式加强应急知识宣传。6月至9月，在各街道社区组织开展应急知识进社区活动，聘请相关专家为居民现场讲解、高层逃生、心肺复苏、安全疏散等内容，设置火灾逃生、模拟灭火等体验环节，切实提高居民应对突发事件能力

和自救互救意识。在李沧文化公园组织开展"5·12"防灾减灾日和"11·1、11·9"主题宣传日活动。向市民免费发放各类宣传材料5万余份，收到了很好的宣传普及效果。组织辖区部分小学生在青岛艺术学校开展暑假前安全教育课，并观看应急安全剧《奇妙梦旅行》，进一步增强学生自救互救能力。区应急办在学校、社区、农贸市场等人员密集场所建设应急能力综合信息平台30余个，提高了预警信息的实效性、精准性。

（杜超）

电子政务

【政务公开】 主动公开有序开展。2018年，李沧区围绕群众关心关注的问题，主动公开各类政府信息11370余条。

在公开的同时加大保密审查力度，印发《关于进一步明确政府信息公开保密审查制度的通知》（李沧公开办发〔2018〕1号），在全区范围内开展严格保密检查工作。对《政府信息公开指南》进行修改，规范区政府门户网站网址，明确依申请公开渠道，去掉关于依申请公开收费表述。根据全市2018年政务公开工作要点要求，开展公共企事业单位信息公开工作，新增公开责任单位106个。10月中下旬开展全区电子政务综合能力培训班，取得良好效果。2018年，全区共受理各类依申请公开案件较去年明显增加，全年共受理各类依申请公开120余件。

政务公开标准化规范化。按照省、市办公厅的要求，区电政办承担山东省和青岛市两级基层政务公开标准化规范化试点工作。围绕公共法律服务、公共文化服务、重大建设项目、公共资源交易、财政预决算、安全生产、食品药品监管、城市综合执法、就业创业、义务教育、医疗卫生等领域，较好地完成试点工作各项任务，并形成系统的基层政务公开体系标准，省政府办公厅予以通报肯定。

【公共服务】 试点与培训。2018年，李沧区电政办承担全市"互联网＋政务服务"试点工作。4月，率先在兴华路街道组织召开加快推进"互

联网＋政务服务"现场会，将公共服务"零跑腿"工作在全区推开。6月27日，青岛市"互联网＋政务服务"现场培训会在兴华路街道办事处召开，来自全市各区（市）近60名从事"互联网＋政务服务"的业内人士参加本次会议。7月12日，青岛市政务服务向基层延伸工作现场会在李沧区兴华路街道召开，李沧区公共服务事项"零跑腿"工作受到全市同行的认可和肯定。

"零跑腿"落到实处。电政办先后印发《关于线下线上充分结合，努力实现"一次办好"的通知》《李沧区基层便民服务中心（点）首席员业务指导手册》《李沧区公共服务"零跑腿"工作管理办法》等一系列工作制度，为街道和部门开展"零跑腿"工作提供切实可行的操作规范。采取纯网上办事、网上预审＋出件快递、网上预审＋双向快递、网上预审＋现场勘查＋现场出证、便民服务小分队、区一街一居三级联动"六种工作新模式"，集中人力物力，组织技术单位全面打通"零跑腿"事项各路径，实现网上咨询、网上申报、网上预审、网上办理、网上反馈。李沧区依申请公共服务事项155项，全部实现"一次办好"和"零跑腿"，完成率达100%。区电政办在全区各街道推动使用《李沧区公共服务办理情况统计系统》，基层公共服务单

2018年8月17日，省经信委主要领导到李沧行政审批大厅调研"四到"服务开展情况。

位将公共服务工作办理情况随办随登，建立大数据工作台账，随时掌握全区公共服务"零跑腿"工作开展情况，便于对"零跑腿"工作进行督办。

创新信息支撑系统。2018年，区电政办将全区155项依申请公开服务事项中的45项需要向群众提供的服务要件进行整合，并主动与市有关部门对接，将省市有关17类政务数据信息资源进行汇集，推出"李沧区政务大数据应用支撑系统"，从根本上解决了群众办事申请材料多、手续烦琐等问题，只要提供居民身份证号，申请办理的各类要件（数据），均由"系统"提供，真正实现"数据多跑腿、群众少跑腿"的目标。

【网站工作】网站管理。2018年，区电政办注重加强区政府网站的日常监管和对各政

务公开单位的督促检查，确保发布的信息准确、无误。2018年3月，区政府网站改版，发布新版网站，根据上级要求设立标准栏目，启动区级信息系统向市政务云迁移工作。2018年4月底，区政府网站迁入市统一平台。2018年10月底，区电政办完成我区山东省公务安全邮箱创建工作。

网络问政。2018年，区电政办继续推进"7+3"网络问政模式，将问政时间前置，责任部门提前7天发布问政主题，宣传并引导群众参与互动，同时延长答复时间，除现场解答群众提问以外，网络问政将继续保留3天，留给群众更多的互动参与时间，提高网络问政实效。2018年共组织开展网络问政20期，解答群众问题400余条，开展意见征集活动26期。

（尹兆磊）

机关事务管理

【概况】 区机关事务局在区委、区政府的正确领导下，坚持以习近平新时代中国特色社会主义思想和党的十九大精神为指导，紧紧围绕区委、区政府中心工作，始终坚持忠诚、干净、担当、表率，坚决落实全面从严治党要求，扎实履职尽责，为区机关高效有序运转提供保障。

【党建工作】 认真组织学习习近平新时代中国特色社会主义思想和党的十九大精神，制定学习方案，按照时间节点扎实推进。班子成员带头讲党课7次，组织开展"入党为什么、在党干什么、为党留什么"主题演讲，分层次进行专题学习研讨，交流心得。扎实开展"大学习、大调研、大改进、大督促""新时代、新担当、新作为、新奇迹"及解放思想大讨论，结合实际找问题、定措施。局党委召开8次会议，专门研究部署党建工作，组织集中学习12次，组织党员干部赴青岛市党史馆、廉政教育基地开展党性教育。全力做好基层党组织换届工作，选齐配强领导班子，局党委机关党支部荣获全区"先进党支部"。

【日常管理】 办公用房管理。扎实进行党政机关办公用房清理整改工作，做到统一权属登记、统一维修改造、统一使用

2018年4月19日，召开公务用车管理工作调度会。

调配、统一处置。做好调配管理，参与解决区纪委监委、区人武部、区退役军人事务局等部门办公用房问题，年内统筹调配12家单位办公用房17间。

公务用车管理。对公务用车实行定点加油、定点保险、定点维修。"公车管理平台"建设有序启动，落实财政专项资金，完成公务用车标识化喷涂工作，按规定配备更新调配车辆，招标社会汽车维修服务企业13家。推广新能源汽车分时租赁项目。深化公务用车制度改革，全面详细摸排事业单位公车信息，参与起草事业单位公车改革工作方案，推进事业单位公车改革。

公共机构节能。开展节能示范单位创建活动，李沧区市民公共服务中心和青岛沧口学校荣获青岛市第三批节约型示范单位称号。对垃圾分类工作加强督导，推动区机关大院率

2018年12月25日，青岛市公共机构节能工作考核组一行到我区检查考核公共机构节能工作。

先完成生活垃圾分类。组织各公共机构大力实施绿色行动和重点工程，扎实做好能源审计、能耗统计、节能监测和节能宣传工作，节能降耗取得实效。2018 年，区公共机构节能工作荣获优秀等次。

【服务保障】 按照机关车辆停放管理要求，对泊车区域进行划线改造，缓解停车难、乱停车等问题。会议服务突出精细化、人性化，做到会前准备、会中协调、会后跟踪专人化，确保每次会议顺利进行。严格落实设备保养和安全隐患排查制度，高标准、严要求，保证各类设备设施运行状态良好。促进机关食堂餐饮服务优化升级。在提高烹饪技能、改进菜品质量、提升服务品质上下功夫。坚持食品索证制度，严把采购进货关，坚持蔬菜检测制度，确保质量和安全。努力丰富膳食品种，提升餐饮质量和水平，节约饮食成本。绿化美化机关大院环境，新增腊梅、茶梅、无刺枸骨等植物品种，实现四季有花、四季常绿。为区市民公共服务中心驻楼单位及市民提供良好的安全和服务保障，共接待观摩活动 21 次，获赠锦旗 2 面。

（李洪超）

中国人民政治协商会议青岛市李沧区委员会

【概况】 区政协牢牢把握团结和民主两大主题，聚焦新旧动能转换、生态环保、社会治理等大事要事，完善协商议政格局，积极建言献策；搭建平台，创新形式，强化民主监督；立足时代要求，严格标准，推动提案工作上水平；创新形式，凝心聚力，大力拓展团结联谊工作；联系自身实际，采取有力措施，大力加强履职能力建设和队伍建设。全年召开全体会议1次、常委会议6次、主席会议11次，组织召开各类协商会议8次。

【协商议政】 聚焦新旧动能转换献计出力。围绕青岛国际院士港建设，组织委员视察院士港综合服务中心和青岛国际院士港经济生态体系建设情况，联系实际，积极建言献策。围绕推动李村商圈转型升级，成立专题调研组，组织外出考察、座谈讨论，开展现场调研、调查问卷，广泛收集各方意见，深入研讨论证，提出政策建议。

聚焦生态环境保护建言献策。围绕开展李沧区实施"美丽青岛行动"召开委员协商座谈会，就提高城区建设管理人性化、旧楼改造和临街立面美化、地下管网建设等方面提出建议30余条。持续关注环境保护工作，重点就"李村河流域水污染防治工作"进行协商监督，共收到委员建议117条，遴选7项建议作为重点内容，采取全方位全过程跟踪督办，并形成专题监督报告。相关部门认真落实委员建议，逐一反馈办理情况，建立了定期向委员通报环保工作信息制度，为推动宜居李沧建设贡献力量。

聚焦社会治理开展专题议政。为贯彻习近平总书记在视察上流佳苑社区时做出的"要推动社会治理重心向基层下移"的重要指示精神，10月份召开"构建多元化调解大格局"协商座谈会，8名政协委员、街道和社区代表围绕调解队伍建设、多元化调解信息化建设等提出具体意见和建议。11月份召开专题议政性常委会议，围绕"加强和创新社会治理"建言献策。11名常委、委员围绕社区治理精细化、提升城区品质、嵌入式养老模式、老旧小区物业管理等方面，多层次、多角度议政建言，提出11项54条意见和建议。区委区政府督查局对委员建议逐项分解，列入督办事项。

聚焦政务服务提升建言献策。着眼于提升行政审批服务水平、优化营商环境，围绕"落实'治官治吏便民利民'专项行动、提升政务服务效能"进行协商讨论，委员们从提高服务效能、优化微信公众号和应用程序功能、防范法律风险、实现信息共享共用、加强行政审批政策宣传、打造优秀服务团队等方面提出具体意见和建议，推动促进审批服务便民化见成效。

【民主监督】 搭建知情明政平台。建立区情政情通报制度，每半年选取一项专题召开通报会，区发展改革局、区建管局等5个部门主要领导分别就经济、城市建设和管理工作向委员们进行通报。区政府分管副区长、部门负责同志和委员互动交流，并现场对委员提出的意见和建议做出回应。区政协六届第八次常委会议，听取全区经济社会发展和区办民生实事进展情况通报，听取区教体局、区民政局、区人力资源和社会保障局、区卫生和计划生育局等部门工作汇报，并提出意见和建议。

调研视察突出民生。聚焦群众高度关注的学前教育问题，在2017年调研基础上持续跟进，通过实地察看20余所幼儿园，召开专题会议等方式，探讨分析问题，研究推进方案，

2018年3月20日，区政协主要领导带队调研学前教育工作。

并形成调研报告。区委常委会专题研究，提出工作措施并监督落实，"入园难"问题得到有效解决。围绕道路交通、文化场所建设等课题，深入调查研究，提出意见建议。组织全体委员会前集中视察经济、教育、医疗、城市建设、社区治理等重点工作和区办民生实事项目，深入知情明政，为资政建言创造条件。全年共开展调研视察活动40余次，形成报告13篇。

民主监督聚焦民生。发挥协商式监督优势，将民生热点问题纳入年度监督计划，寓监督于会议、视察、专题调研、大会发言、社情民意信息等工作之中，做到监督有计划、有题目、有载体、有成效。围绕"传承和推广中医药发展，提升

基层中医药服务能力"开展专题协商，提出意见和建议20余条。聚焦食品安全工作，召开季度协商座谈会，就强化监管责任、创新监管方法、形成监管合力等方面提出意见和建议。健全社情民意收集信息网络，共收集信息180余件，报送区委、区政府和市政协38件；关于全面推广互联网＋医联体发展模式促进卫生体制改革更好更快发展、加强职工社会保险征收管理、创新小区物业服务模式等14条建议，被山东省政协和青岛市政协采纳，并分别报全国政协和省政府、市政府。

创新民主监督形式。在全市创新开展监督性议题监督。从群众关注的焦点问题选择监督性议题，开展调研、视察、监督，届内持续关注、跟踪问效，切实提高监督质量和成效。创新网络议政方式，利用政协云平台"微议政"，向全体委员发布协商监督议题，共收集委员意见和建议28条。打破委员界别界限，从不同专委会委员选取委员，组成专项监督组，提高委员参与监督的广泛性。

【提案工作】 区政协围绕新时代新要求，把提高质量作为提案工作的立足点，严格标准，务求实效作为提案工作的着力点，推动委员提案由追求数量向讲求质量转变，推动承办单位由注重答复向务实办理转变。2018年，广大政协委员、参加政协的各民主党派、工

2018年6月28日，区政协召开"传承和推广中医药发展，提升基层中医药服务能力"季度协商座谈会。

商联、人民团体和政协各专门委员会，围绕区委、区政府的中心工作，开展调查研究，积极建言献策，共提出提案144件，经审查立案109件。其中区委部门办理2件，区政府部门（单位）办理107件，26个承办单位已如期办复。立案的109件提案中，已落实或基本落实的78件，占立案总数的71.56%；正在落实或已列入计划逐步落实的31件，占立案总数的28.44%。从反馈情况看，提案面复率为100%，答复满意率99.1%。

【委员工作】　委员培训。组织委员分别赴厦门大学、哈尔滨工程大学进行新旧动能转换和社会治理专题培训，在全国政协青岛培训基地进行全体委员培训，围绕习近平总书记关于加强和改进人民政协工作的重要思想、新修订的宪法、政协章程等内容，邀请专家学者进行专题辅导，深刻把握人民政协性质定位，凝聚发展共识，提升履职能力。全年共组织370余人次参加各类培训。

服务管理。建立主席、副主席联系委员制度，开展走访调研活动40余次，帮助协调解决委员企业在经营、发展等方面存在的问题10余件。建立委员退出机制，明确"软要求"，增强"硬约束"，实现委员退出的制度化、规范化。建立常委、委员述职评议制度，对委员履职情况进行量化考核，健全履职档案，强化动态管理。开发手机端委员履职管理"云系统"信息化平台，实现委员履职实时统计。充分发挥政协网站和微信公众号作用，为委员搭建学习、交流、沟通平台。

"双岗双责"创品牌。持续开展政协委员"双岗双责创品牌"活动，全年评选表彰优秀政协委员18名，创立"闻汇双创""创新先导""心灵导师""护心使者"等20多个委员服务品牌，16名政协委员履职风采在市电视台和广播电台、区有线台播出。举办委员履职成果展，42名委员岗位建功、履行职责的优秀成果得到展示。2名委员获评青岛市劳动模范，部分委员企业获评中国驰名商标、国家高新技术企业、中国优秀工业设计奖等荣誉。举办政协委员联系群众"界别活动周"，倾听民声、反映民意、服务群众。一年来，广大委员参加双招双引、市区两级"向市民报告、听市民意见、请市民评议"、党建和重点项目评议、城管工作评估、信访听证、扶贫救助等活动170余人次。

【文史书画】　坚持亲历、亲见、亲闻，深入挖掘李村大集百年历史文化和民俗风情，走访400余人次，收集稿件、图片资料等3000余件，编纂出版李沧记忆丛书《李村大集（上、下卷）》。协助市政协征集《见证青岛解放》和《文史资料第二十四辑》李沧部分，拍摄《见证青岛解放》李沧区战争遗迹。成立李沧区政协书画艺术联谊会，举办"庆祝改革开放40周年"书画摄影艺术作品展，展出书画、篆刻、摄影、陶艺等作品近200件，讴歌经济社会发展的辉煌成就，丰富群众的精神文化生活。

【自身建设】　促进团结合作。充分发挥政协的团结统战功能，采取多种形式，促进各党派和无党派人士团结合作。通过专题议政、协商座谈、调研视察、提案、社情民意等方式，为民主党派和无党派人士在政协更好发挥作用创造条件。加强与民族宗教界人士联系，努力团结更多民族宗教界人士，促进民族团结、宗教和睦、社会稳定。一年来，各党派团体在政协领导下齐心协力，团结合作，积极建言献策，共提交调研材料16篇、社情民意信息58条。

基层建设。重视发挥政协街道工委作用，做到人员、制度、经费、办公场所"四落实"。将全体委员按街道区域划分为11个活动组、联系115个社区，建立社区委员工作室50个。引导委员发挥自身优势，带着业务职能走进社区，送服务、送医疗、送法律、送文化，走访困难家庭120余人次。在双招双引、重点项目征收等活动中，形成委员活跃在基层、服务在基层、奉献在基层的生动局面。政协李村街道工委在全市政协系统党的建设工作座谈会上，做了题为《以党建为引领，创新基层履职》的典型发言。政协虎山路街道工委打造"有事来商量"协商品牌，列为全市基层政协组织建设视察观摩项目，《人民政协报》进行了报道。市政协主要领导做出批示："为我市基层政协组织建设特别是加强'双向发力'、推进民主协商、融入社会治理提供了有益借鉴"。

（张帅）

2018年1月28日至30日，政协青岛市李沧区第六届委员会第二次会议召开。

重要会议

【政协青岛市李沧区第六届委员会第二次会议】 中国人民政治协商会议青岛市李沧区第六届委员会第二次会议，于2018年1月28日至30日，在区机关7号楼小礼堂举行。会议应出席委员183名，实到181名。

中共李沧区委书记王希静同志出席会议并讲话。会议听取并审议通过李桂锡主席代表六届区政协常务委员会所做的工作报告和张崇英副主席代表六届区政协常务委员会所做的提案工作报告。委员们列席区六届人大二次会议，听取和讨论政府工作报告，对报告表示赞同并给予高度评价。会议听取和讨论李沧区人民法院工作报告、李沧区人民检察院工作报告；讨论李沧区2017年国民经济和社会发展计划执行情况

与2018年计划（草案）的报告、李沧区2017年财政预算执行情况和2018年财政预算（草案）的报告、关于加快青岛国际院士港院士经济生态体系建设的报告，对以上报告表示赞同。

委员们围绕李沧经济社会发展的重大问题和涉及群众切身利益的实际问题，深入协商讨论，认真履职尽责，并通过提案、小组讨论、社情民意信息等形式积极发表意见、交流思想、增进共识。会议发挥协商民主重要渠道和专门协商机构作用，收到委员提案127件，立案102件。

会议通过了政协李沧区第六届委员会第二次会议政治决议；补选7名政协李沧区第六届委员会常务委员；表彰区政协六届一次会议以来的优秀提案、提案承办先进单位、先进政协街道工作委员会、优秀政协委员。

区人大常委会主任、党组书记管习会，区委副书记于洋，区委常委、副区长魏瑞雪，区委常委、统战部部长谭鹏，区委常委、宣传部部长郑海涛，区委常委、组织部部长陈忠伟，区委常委、纪委书记仲伟富，区委常委、区委办公室主任纪明涛，区法院院长陈永奎，区检察院检察长张春宜，公安李沧分局局长金瑞谟，以及历届区政协主席黄守诚、都基贤、党治瑞、袁学法等，出席开幕、闭幕大会，并在主席台就座。

【政协青岛市李沧区第六届委员会常务委员会会议】 第五次会议。2018年1月26日召开。区政协主席李桂锡主持会议并讲话。会议审议通过关于召开区政协六届二次会议有关事宜；协商通过调整政协李沧区第六届委员会委员事宜。区政协副主席李蕾、戴玉环、吕伟烈、朱光亮、张崇英，

秘书长李革出席会议。

第六次会议。2018年1月29～30日召开。区政协主席李桂锡主持会议。第一次会议审议通过区政协六届二次会议政治决议（草案），区政协六届二次会议选举办法（草案），候选人建议名单，总监票人、监票人建议名单。第二次会议听取大会讨论情况的汇报、大会提案情况的汇报和大会各组讨论选举办法（草案），候选人建议名单，总监票人、监票人建议名单情况的汇报。区政协副主席李蕾、戴玉环、吕伟烈、朱光亮、张崇英，秘书长李革出席会议。

第七次会议。2018年5月11日召开。区政协主席李桂锡主持会议并讲话。会议传达学习汪洋主席在全国政协十三届常委会第一次会议上的讲话精神；协商通过调整六届区政协委员名单；审议通过专委会副主任任免职名单；审议通过有关人事事项；5名常委进行述职评议。区政协副主席李蕾、戴玉环、朱光亮，秘书长李革出席会议。政协各街道工委主任、不是政协常委的区政协机关副处级以上干部列席会议。

第八次会议。2018年8月3日召开。区政协主席李桂锡出席会议并讲话。会议传达学习习近平总书记视察山东重要讲话精神；传达学习区委六届六次全体扩大会议精神；审议通过撤销委员资格的决定；通过调整六届区政协委员名单；听取区委常委、副区长魏瑞雪同志关于2018年上半年全区经济社会发展情况和区政府实事进展情况通报、区政府关于区政协六届二次会议以来提案办理情况的通报；听取区教体局、区民政局、区人力资源和社会保障局、区卫计局工作情况汇报，委员们提出了意见和建议。区政协副主席李蕾主持会议，区政协副主席戴玉环、吕伟烈、朱光亮、张崇英，秘书长李革出席会议。政协各街道工委主任、不是政协常委的区政协机关副处级以上干部列席会议。

第九次会议。2018年11月28日召开。区委书记王希静、区政协主席李桂锡出席会议并讲话。会议传达学习全国和省、市政协系统党的建设工作座谈会精神；传达学习全国和省、市政协召开习近平总书记关于加强和改进人民政协工作的重要思想理论研讨会精神；审议通过有关人事事项；审议通过《李沧区政协委员退出机制的暂行规定（草案）》。会议围绕"加强和创新社会治理"专题议政建言，11名政协常委、委员围绕社区治理精细化、提升城区品质、嵌入式养老模式、老旧小区物业管理等方面，多层次、多角度建言献策。区委常委、副区长魏瑞雪，区政协副主席李蕾、吕伟烈、朱光亮、张崇英，秘书长李革出席会议。区综治办、区民政局、区司法局、区建管局、区商务局、区文新局、区卫计局、区政务服务办等部门负责同志，政协各街道工委主任、不是政协常委的区政协机关副处级以上干部列席会议。

第十次会议。2018年12月26日召开。区政协主席李桂锡主持会议并讲话。会议审议通过关于召开政协青岛市李沧区第六届委员会第三次会议的决定；政协李沧区第六届委员会第三次会议议程（草案）、日程（草案）；政协李沧区第六届委员会常务委员会工作报告，确定李桂锡为报告人；政协李沧区第六届委员会常务委员会提案工作报告，确定张崇英为报告人；政协李沧区第六届委员会第三次会议每日执行主席建议名单；政协李沧区第六届委员会第三次会议大会秘书长、副秘书长建议名单；政协李沧区第六届委员会第三次会议各组召集人名单；关于授权主席会议审议政协李沧区第六届委员会常务委员会第十次会议未尽事宜的决定。审议通过区政协六届二次会议以来的优秀提案、提案承办先进单位、先进政协街道工委、优秀政协委员、"双岗双责"优秀品牌；协商通过调整政协李沧区第六届委员会常委、委员事项；3名区政协常务委员向常委会进行述职，并接受评议。区政协副主席李蕾、吕伟烈、朱光亮、张崇英，秘书长李革出席会议。政协各街道工委主任、不是政协常委的区政协机关副处级以上干部列席会议。

（区政协办公室）

重要活动

3月14日，区政协主席李桂锡就推动学前教育工作，到在建的金川路、合水路、奇峰路、九水东路等4个幼儿园，了解工程建设和进展情况，研究推进措施。

3月20日，区政协主席李桂锡带队，到在建的武川路、平川路、衡水路等8个幼儿园项目现场，察看工程进度、时间节点完成情况。区政府副区长刘春花参加活动。

3月25日至30日，区政协组织部分委员赴厦门大学，举办新旧动能转换专题培训班。区政协副主席戴玉环、朱光亮参加培训活动。

3月27日，区政协主席李桂锡到区第二实验幼儿园、沔阳路幼儿园、虎山路幼儿园等6个在建幼儿园调研，并召开工作调度会，研究梳理幼儿园工作存在的问题及推进措施。区政府副区长刘春花、区教体局主要负责同志参加活动。

4月4日，区政协主席李桂锡到五洲佳世、百合、教工绿城幼儿园进行调研，了解教师、幼儿教育等情况，并召开座谈会，与部分公办、普惠、民办等幼儿园的负责同志进行交流，听取意见和建议。区政府副区长刘春花、区教体局主要负责同志参加活动。

4月18日，省政协常委、省政协委员联络工作委员会主任高峰岗带领部分住鲁全国政协委员、省政协委员到我区就"高水平建设'海上粮仓'、国家级海洋牧场示范区"专题调研，实地考察青岛国际院士港海水稻实验室。区政协副主席张崇英参加活动。

4月26日至28日，区政协在全国政协干部培训中心青岛培训基地，举办全体政协委员培训班。委员们实地考察青岛武船重工有限公司、华大基因北方中心、中铁青岛世界博览城、明月海藻集团有限公司等项目。

6月28日，区政协召开季度协商座谈会，围绕"传承和推广中医药发展，提升基层中医药服务能力"协商议政，建言我区中医药发展。区政协主席李桂锡，区政府副区长朱元庆出席会议并讲话。区政协副主席李蕾出席会议，区政协副主席戴玉环主持会议，秘书长李革参加会议。

6月29日，区政协召开街道工委主任工作例会。政协各街道工委主任现场观摩李村街道君峰路社区和中崂路社区委员工作室建设情况，分别汇报2018年上半年工作情况，并进行座谈讨论。区政协主席李桂锡出席会议并讲话，区政协副主席张崇英主持会议，秘书长李革参加会议。

7月2日，区政协机关召开半年工作总结会。会议传达学习习近平总书记视察山东视察青岛重要讲话精神，学习王希静书记在上流佳苑社区举行的区委常委会"学习习近平总书记重要讲话、庆祝建党97周年"主题党日活动上的讲话精神，总结政协机关2018年上半年工作和"大学习、大调研、大改进、大督促"开展情况，对下半年工作做出部署。区政协主席李桂锡主持会议并讲话。

7月10日，区政协副主席吕伟烈带领部分政协委员，到区政务服务大厅调研我区政务服务工作。委员们听取区政务服务和公共资源交易管理办公室有关工作情况汇报，进行座谈讨论。

7月13日，区政协主席李桂锡带领政协机关干部赴即墨区考察学习。考察团一行实地参观青岛海洋科学与技术国家实验室、国家深海基地管理中心、蓝色硅谷规划馆和即墨古城项目，听取有关情况介绍，了解即墨区实施创新驱动发展战略等工作情况。

7月17日，市政协主席杨军带领省市区政协委员围绕"加强残疾康复服务，努力实现弱有所扶"到我区视察。杨军一行实地察看李沧区裕华残疾人辅助性就业中心、李沧区残疾人综合服务中心。随后召开座谈会，听取市残联党组书记、理事长管艾宏关于我市残疾人康复服务工作情况的介绍。副市长栾新，市政协副主席李众民，市政协秘书长王纪刚参加活动，区政协主席李桂锡，区委副书记于洋陪同视察。

7月25日，区政协副主席张崇英带领部分区政协委员到区建管局开展提案督办活动。委员们听取区建管局相关工作情况汇报，实地察看海信南岭风情小区海绵城市改造和李村河中游综合整治情况，并进行座谈。

8月3日，区政协召开各界别召集人会议，部署区政协六届九次常委会发言材料的征集和举办"界别活动周"工作。区政协副主席李蕾主持会议并讲话。

8月28日，区政协副主席吕伟烈带领部分委员，对我区食品药品监督管理工作进行视察。委员们实地察看睿星农贸市场、兴山路农贸市场运营情况，听取区食品药品监督管理局工作情况汇报，并进行座谈讨论。

9月3日至7日，区政协组织部分委员赴哈尔滨工程大学，举办社会治理专题培训班。

9月12日，区政协召开区情通报会。委员们听取区发展改革局、区商务局、区市场监督管理局等部门工作情况通报，并提出意见建议。区政协主席李桂锡，区政府副区长刘学辉出席会议并讲话。区政协副

席朱光亮主持会议。

9月13日，区政协副主席吕伟烈、张崇英带领部分政协委员视察六届二次会议以来的提案办理情况。委员们实地察看象耳山公园公厕建设、李沧区初级实验中学国学教育、丝路协创中心二期、雅荷幼儿园、沧口街道社区卫生服务中心、汾阳路社区文化中心、青岛北站西广场等，并与区教体局、区建管局、区文新局、区卫计局、交警李沧大队等部门负责人进行座谈讨论。

9月18日，市政协副主席杨宏钧带领港澳台侨部分委员围绕"城市垃圾分类精细化管理"到我区视察。杨宏钧一行实地视察李沧万达广场餐厨垃圾收运情况，并召开座谈会，听取市城市管理局关于我市垃圾分类工作情况的介绍。区政协主席李桂锡，副主席吕伟烈陪同。

9月28日，区政协"庆祝改革开放40周年"书画摄影艺术作品展暨书画艺术联谊会成立仪式在李沧区东部市民文化活动中心举行。区政协主席李桂锡出席成立仪式并讲话。青岛市文联原主席李恺心、青岛市书协副主席田文玲、区政府副区长刘春花应邀出席仪式。区政协副主席戴玉环主持仪式，区政协副主席吕伟烈、朱光亮、张崇英，秘书长李革参加活动。

10月12日，市政协副主席李众民带领部分市政协委员

围绕"利用名城名镇名村历史文化资源建设美丽青岛"到我区调研，并召开座谈会。区政协主席李桂锡，副主席戴玉环陪同。

10月12日，区政协召开监督性议题协商座谈会，围绕"李村河水污染防治工作"议题，听取环保李沧分局、区河道办相关工作开展情况介绍，并召开座谈会。区政协副主席朱光亮参加会议并讲话。

10月18日，区政协召开政协委员区情通报会暨"美丽青岛行动"协商座谈会。委员们听取区建管局、区综合行政执法局相关工作情况通报，提出意见建议。区政协主席李桂锡，区政府副区长朱元庆出席会议并讲话。区政协副主席吕伟烈出席会议，区政协副主席朱光亮主持会议，秘书长李革参加活动。

11月2日，市政协主席杨军带领各区市政协主席、副主席以及部分区（市）、街道（镇）政协委员联络工作室负责人等，到我区视察基层政协组织建设情况。杨军一行来到虎山路街道金秋社区政协委员活动中心，现场观看"有事来商量"宣传片，参观金成龙红色党史展和红色党史馆，听取政协委员"五进五送"活动开展情况工作汇报。市政协副主席李众民，秘书长王纪刚参加视察。区委书记王希静，区政协主席李桂锡陪同。

11月19日，区政协副主席吕伟烈到青岛仿生导航技术研究院走访。听取关于王子才院士项目进展情况的介绍，并征求意见和建议。区政府副区长龙云泽参加活动。

11月20日，区政协主席李桂锡到青岛致友机电开发有限公司走访，了解企业经营情况，并就营造良好的营商环境征求意见和建议。

11月20日，区政协副主席李蕾带队到青岛博隆基因工程有限公司调研。通过座谈交流，听取企业运营情况、存在问题以及发展规划等相关情况。

11月20日，区政协围绕"加强学前教育工作"议题召开监督性议题协商座谈会。委员们听取区教体局工作情况汇报，提出意见和建议。区政协副主席戴玉环出席会议并讲话。

11月20日，区政协副主席戴玉环带领部分政协委员，围绕我区公共文化设施建设情况进行调研。委员们实地察看浮山路街道旭东社区服务中心、区图书馆建设情况，听取区文新局关于我区公共文化设施建设的情况介绍，并进行座谈讨论。

11月20日，区政协副主席朱光亮带队到青岛风生海水淡化研究院有限公司了解有关情况，并进行座谈。

11月22日，区政协副主席戴玉环到青岛鲁碧混凝土工程有限公司进行走访。了解公

2018年12月12日，区政协组织全体委员会前视察区部分重点项目和政府实事。

司的基本情况、存在的问题和后续转型发展规划等情况，并进行了座谈。

11月23日，区政协召开街道工委主任工作例会。会议传达学习市政协基层组织建设座谈会精神，对2018年政协各街道工委工作进行了民主评议。政协各街道工委总结2018年工作开展情况和组织委员活动情况、存在的问题，汇报2019年工作打算。区政协主席李桂锡出席会议并讲话，区政协副主席张崇英主持会议，秘书长李革出席会议。

11月27日，区政协副主席张崇英到青岛海通车桥有限公司调研。在听取企业负责人基本情况和发展规划的情况介绍后，进行了座谈。

12月3日，市政协主席杨军带领部分政协委员围绕"城乡建设和改善民生所办实事完成情况"到我区视察。杨军一

行实地考察唐山路社区棚改项目，并听取有关部门和单位关于社区棚改项目进展情况的汇报。市政协副主席刘赞松、姜巧珍，区委书记王希静，区政府副区长朱元庆，区政协副主席李蕾陪同。

12月12日，区政协组织全体区政协委员、住区市政协委员开展会前集中视察活动。委员们实地察看李沧区实验初级中学、青岛国际院士港综合服务中心、上流佳苑社区、上流家园社区卫生服务中心、百通馨苑海绵改造工程、信联天地等重点项目和区政府实事项目，听取相关部门和单位的情况介绍。区政协主席李桂锡，区委常委、副区长魏瑞雪，区委常委、区委统战部部长谭鹏，副主席李蕾、戴玉环、吕伟烈、张崇英，秘书长李革参加相关视察活动。

（区政协办公室）

附：

中国人民政治协商会议青岛市李沧区第六届委员会常务委员会工作报告

——2018年1月28日在政协青岛市李沧区第六届委员会第二次会议上

李桂锡

各位委员：

我代表政协李沧区第六届委员会常务委员会，向大会报告工作，请予审议，并请列席会议的同志提出意见。

一、2017年工作回顾

2017年，区政协常委会在中共李沧区委的坚强领导下，高举中国特色社会主义伟大旗帜，坚持团结和民主两大主题，围绕中心、服务大局，强基础、求创新、重实效，认真履行政治协商、民主监督、参政议政职能，为建设宜业宜居宜身宜心的创新型花园式中心城区做出了积极贡献，实现了新一届政协的良好开局。

（一）坚定政治方向，思想政治基础更加牢固

强化理论武装。坚持把思想政治建设摆在首位。认真学习宣传贯彻中共十九大精神和习近平新时代中国特色社会主义思想，通过召开党组会议、主席会议、常委会议、专委会议等及时传达学习有关精神，引导委员进一步坚定理想信念，把握大局大势，增进政治认同，牢固树立"四个意识"，确保中央和省、市、区委重大决策部署在政协全面贯彻落实。在政协各参加单位和广大政协委员中进一步凝聚共识，在政治立场、政治方向、政治原则、政治道路上始终与以习近平总书记为核心的中共中央保持高度一致，确保政协工作正确政治方向。认真学习区第六次党代会和区委全会等重要会议精神，明确履职的方向和重点，自觉将区委的部署要求贯彻到政协履职各项工作中。

凝聚政治共识。深入贯彻落实中共十九大对政协工作的新部署新要求和中央和省、市、区委关于政协工作的决策部署，围绕发挥协商民主重要渠道和专门协商机构作用，准确把握新时代人民政协的性质定位、职能作用，努力以改革创新精神推进政协工作，增强履职尽责的使命感。坚持"请进来""走出去"，举办两期委员专题培训班，邀请有关领导和专家，围绕市党代会精神、政协理论和新旧动能转换进行专题辅导，深入知情明政，广泛凝聚共识。

（二）坚持服务大局，助推发展更加有力

围绕改革发展协商议政。常委会议听取全区经济社会发展情况和政府实事进展情况通报，听取区发展改革局、区财政局、区市场监督管理局、区金融办等部门工作情况汇报，为推动新旧动能转换议政建言。

围绕"打造宜业宜居宜身宜心的创新型花园式中心城区"召开专题议政性常委会议，9名常委、委员分别就研发设计、文化建设、社会法制、物业管理等提出意见和建议。区委主要领导同志到会听取委员意见，并给予充分肯定。聚焦新旧动能转换，组织全体委员实地考察中德生态园、董家口循环经济区、哈尔滨工程大学、青岛船舶科技园等项目，开阔了视野，增长了见识；组织委员集中视察丝路协创中心、新旧动能转换创新中心，就青岛—亚马逊AWS联合创新中心建设和运营情况、科技创新等，开展调研视察，为全区发展添助力、增合力。

围绕建设宜居城区献智出力。聚焦生态环境保护，组织委员就胶州湾岸线整治工程、大气污染防治、城市管理等开展调研视察，形成多篇视察报告。主席会议成员带领部分委员调研环境保护突出问题综合整治工作，提出对策措施，积极助力我区迎接中央环保督察工作。围绕"打造宜居环境，加快建设花园式中心城区"，召开季度协商会，提出20余条有针对性的意见和建议。

围绕落实区委决策部署履职尽责。坚持把服务全区重点项目、重点工作作为履职重中之重。按照区委部署和要求，区政协领导全力以赴做好青岛国际院士港二期项目建设协调、

相关院士项目产业化、青连铁路项目征收、信访包案调处化解、招商引资、社区"两委"换届工作，取得阶段性成果。"海外院士青岛行"活动中，区政协领导和机关各室主任10名同志积极参与、全力靠上、细致服务，5名同志荣获区委、区政府三等功。

（三）践行履职为民，促进和谐更加有效

积极助推保障和改善民生。牢固树立以人民为中心的发展思想，坚持履职为民，让人民群众有更多获得感、幸福感。聚焦回迁安置房不动产权证办理，分别召开季度协商座谈会和专题协商会，市、区两级委员与区建管局等部门负责同志进行互动交流，形成的协商意见、建议报送市政协和区委、区政府。市委、市政府、市政协主要领导均做出批示，要求有关部门妥善解决。聚焦加强和创新社会治理，就养老服务业、旅游公共服务体系建设、疾病预防控制体系建设、多元调解工作、小区物业管理等，组织调研视察活动10余次。聚焦幼有所育，围绕学前教育发展情况进行调研，形成《关于我区学前教育工作情况的调研报告》。区委主要领导高度重视，做出批示。

着力提高提案办理实效。健全和完善重点提案领导包案、提案二次办理、提案视察督办等机制，提高提案工作质量，增强办理实效。选取群众关注的热点问题，确定6件重点提案，由主席、副主席包案领衔督办。对区教体局、区民政局、区建管局、区卫计局等提案承办大户，重点督办提案的二次办理情况，提高了提案的落实率。区政协六届一次会议以来立案的121件委员提案，经过各承办单位的共同努力，得到有效落实。

畅通反映社情民意信息渠道。加强信息员队伍建设，不断完善社情民意信息征集、报送及反馈平台，及时、准确反映群众呼声，发挥好社情民意信息"直通车"作用。全年共收集社情民意信息350余件，向区委、区政府和市政协报送60余件。《合理利用保险进行精准扶贫的建议》被全国政协单篇采用，《关于以"总消费"作为我省消费水平统计指标的建议》《关于尽快解决已入住居民未办理不动产权证的建议》等社情民意信息被省、市政协采用。我区在全市政协宣传和反映社情民意信息工作会议上做典型发言。区政协被市政协评为反映社情民意信息工作先进单位。

（四）坚持凝心聚力，团结联谊更加广泛

积极促进合作共事。重视发挥各民主党派、无党派人士和工商联在政协中的作用，积极为各党派团体、各界别搭建知情明政、建言献策平台，通过专题议政、协商座谈、调研视察、提案等形式，认真听取他们对李沧经济社会发展的意见建议。加强与民族宗教界人士的联系，团结汇聚更多民族宗教界人士发挥正能量，促进民族团结、宗教和睦、社会稳定。一年来，各民主党派、工商联提交调研材料11篇、社情民意信息52篇、大会发言材料7篇，参政议政作用充分体现。

"双岗双责"展现作为。制定下发《关于在全区政协委员中开展"双岗双责创品牌"活动的实施意见》，激励委员发挥自身特长、优势和影响，在本职岗位上尽职尽责、建功立业，在委员岗位上议政建言、发挥作用，在服务社会、服务群众中体现价值，做优品牌，切实发挥好在本职工作中的带头作用、政协工作中的主体作用、界别群众中的代表作用。活动开展以来，委员们积极参与招商引资、重点项目征收、扶贫救助等工作，参加市、区两级"向市民报告、听市民意见、请市民评议"、党建工作评议、城管工作评估、信访听证、食品安全、行政执法等监督活动180余人次。全年评选表彰优秀委员18名，录制委员风采7篇。举办"双岗双责创品牌"活动成果展，以图文展板、实物模型、多媒体等形式，展出42名委员的履职成果。

扎实推进文史联谊。发挥文史资料"存史、资政、团结、育人"作用，认真做好文史资料工作。《李沧记忆》丛书第一辑《印象沧口》荣获省政协优秀文史书刊二等奖。发掘传承李村大集百年历史文化和民俗风情，启动《李沧记忆》第二辑《李村大集》文史资料征集工作，成立 30 多个单位参加的征编组委会。坚持亲历、亲见、亲闻，累计采访老领导、大集经营者和知情人等 160 余人，通过作者约稿和查阅、整理资料等，广泛收集文史资料。目前，《李村大集》已形成初稿。认真搜集《见证青岛解放》文史资料，已征集 6 篇。积极发挥书画联谊会平台作用，举办"喜迎党的十九大"书画作品精品展和专家讲座、笔会等形式多样的联谊活动，弘扬优秀传统文化，拓宽书画艺术交流渠道，促进我区文化事业繁荣。

（五）加强自身建设，工作基础更加坚实

规范工作制度。深入贯彻落实中共中央和省委、市委关于加强人民政协民主监督工作的部署要求，丰富监督内容，创新监督形式，完善工作机制。建立完善《全体会议工作规则》《视察工作办法》等多项制度，形成了较为完善的政协工作和委员履职制度体系、程序规定、规范要求，推动了履行职能的制度化、规范化、程序化。制定《关于加强常委会自身建设的意见》，完善《关于政协委员履行职责的有关规定》《政协委

员年度考核办法》，建立委员履职清单和常委述职评议制度，强化对常委、委员的激励约束，激发委员履职的积极性和主动性。

加强基层工委建设。完善政协街道工委工作机制，强化管理考评，进一步增强履职活力和成效。将全体委员按街道区域划分为 11 个活动组、联系 115 个社区，推动委员走进社区、服务群众。政协各街道工委组织委员开展形式多样的学习考察、调研视察、创建文明城市等活动 46 次。不断拓展和丰富委员联系群众、服务群众的形式和内容，设立委员社区工作室 16 个，组织引导委员发挥自身优势，与群众面对面、与基层"零距离"，让群众感受到政协委员就在身边、人民政协离自己很近。省政协先后 2 次到我区调研，对基层政协履职给予充分肯定。政协李村街道工委在全省基层政协工作座谈会上做交流发言。

提升服务保障水平。扎实推进"两学一做"学习教育常态化制度化，认真组织实施"三会一课"，每月开展一次主题党日活动，通过重温入党誓词、观看教育片、组织专题讨论、参观专题展等形式，切实加强机关党的建设。开设"政协讲堂"，定期邀请专家学者为机关人员进行授课，提升机关干部能力素质。加强政协宣传工作，开通政协微信公众号，为委员打造学习、交流、沟通平

台。大力宣传政协履职成果和委员履职风采，在《人民政协报》《联合日报》等省级以上媒体发表稿件 20 余篇，2 篇稿件获评首届全市"宣传人民政协好新闻"一等奖、二等奖。区政协被评为 2017 年度全省政协宣传工作先进集体。做好干部教育培训、考核评价、管理监督工作，不断提高机关干部的政治素质、服务意识、业务能力和工作水平，努力打造"忠诚、干净、担当、表率"的政协机关干部队伍。

一年来，区委高度重视政协工作，定期听取区政协党组工作汇报，研究政协年度协商计划，下发了《关于加强和改进人民政协民主监督的实施意见》。市、区党政主要领导和市政协主要领导先后对区政协工作做出肯定性批示 11 次。新一届政协取得的成绩，是中共李沧区委坚强领导、区政府大力支持的结果，是历届区政协老领导、老同志热忱关心的结果，是全体委员、政协各参加单位和社会各界人士团结奋斗的结果。在此，我代表政协常委会表示崇高的敬意和衷心的感谢！

在总结成绩的同时，也要清醒地看到工作中还存在一些问题：议政建言的针对性、有效性需要进一步加强，民主监督的方式方法和实效性还需要进一步探索和改进，委员的主体作用还有待于进一步发挥，

政协机关的服务保障能力需要进一步提高等。对这些问题，常委会将高度重视，认真研究，切实加以改进。

二、2018 年工作任务

2018 年是全面贯彻中共十九大精神的开局之年。区政协工作的总体要求是：以习近平新时代中国特色社会主义思想为指导，深入学习宣传贯彻中共十九大精神，在中共李沧区委的领导下，牢牢把握团结和民主两大主题，紧紧围绕落实"创新+三个更加"目标要求和"一三三五"工作举措，紧紧围绕落实区第六次党代会和区委六届五次全会提出的目标任务，紧扣构筑创新发展"18844"工作格局，认真履行职能，为加快建设宜业宜居宜身宜心的创新型花园式中心城区贡献政协智慧和力量。

（一）加强理论武装，思想政治建设要有新高度

加强思想理论建设是政协坚定正确政治方向的重要保证。要把学习宣传贯彻中共十九大精神作为首要政治任务，深入学习领会习近平新时代中国特色社会主义思想这个主线和灵魂，增进高度的政治认同、思想认同、理论认同、情感认同，夯实团结奋斗的共同思想政治基础。要始终坚持党对政协工作的领导，树牢"四个意识"，坚定"四个自信"，坚决维护以习近平总书记为核心的中共中央权威和集中统一领导，确保把中央和省、市、区委的决策部署贯彻到政协各项工作之中。要准确把握习近平总书记对新时代人民政协事业提出的新部署新要求，切实把中共十九大精神贯彻落实到思想和行动中，推进人民政协事业创新发展。

（二）紧扣中心任务，服务全区发展要有新作为

要全面把握新时代中国特色社会主义的新要求和我国社会主要矛盾的新变化，为助推我区率先走在前列创造新业绩、展现新作为。贯彻落实新发展理念，紧紧围绕市委提出的"创新+三个更加"目标要求和"一三三五"工作举措，紧扣构筑创新发展"18844"工作格局和落实全区"百项重点工作"，聚焦新旧动能转换、"4+N"产业体系、八大产业平台，深入开展调查研究、协商议政，建真言、献良策。聚焦增进民生福祉，积极关注幼有所育、学有优教、老有应得、病有良医、老有颐养、住有宜居、贫有力助，重点围绕就业保障、民主法治、文化教育、医疗卫生、养老事业等问题，开展调研视察、咨询论证和议政建言，为党委政府科学决策提供参考。充分运用提案、视察、反映社情民意信息等多种形式，认真开展民主监督，推进民生工程实施和民生政策落实，助推民生改善，实现共享发展。

（三）坚持创新发展，协商民主建设要有新亮点

认真贯彻落实中共十九大对新时代人民政协性质定位、职能作用的新要求，不断推进人民政协工作理念创新、制度创新、工作创新。要务实有效推进协商民主，把协商民主贯穿政治协商、民主监督、参政议政全过程。定期举办区情通报会，邀请区直部门和驻区单位通报工作，为委员履职搭建好知情明政平台。坚持不调研不协商，调研不透不协商，切实提高协商建言的针对性和实效性。减少一般性视察内容，增加监督性议题，重点围绕我区学前教育、美丽青岛三年行动、食品安全等议题，开展专项监督，改进和推动相关工作。视察监督活动要打破专委会界限，组织不同行业、不同领域委员参与，实现专业上的互补。建立完善民主监督的组织领导、权益保障、知情反馈、沟通协调、第三方评估机制，提高政协民主监督的组织化水平。加强对提案、调研视察报告、委员建议、社情民意信息办理情况的跟踪问效，确保履职成果落到实处。

（四）坚持团结民主，促进社会和谐要有新成效

坚持团结和民主两大主题，着力增进共识、促进团结。坚持民主协商、平等议事、求同存异、体谅包容，支持和保障各民主党派、工商联和无党派人士参加政协活动，深化合作共事。充分发挥政协界别组

织的结构优势、民主协商的功能优势、联系广泛的渠道优势，积极做好新形势下的群众工作，理顺情绪，化解矛盾，凝聚正能量。充分发挥委员的桥梁纽带作用，把增共识、聚人心的工作延伸到委员所属界别、所在领域，延伸到基层单位，努力把社会各界的积极性和创造性调动好、发挥好。积极推进文史工作，编辑出版《李村大集》，启动《文物古迹》文史资料征集工作，发挥文史资料"存史、资政、团结、育人"作用。积极发挥书画联谊会平台作用，不断拓宽书画艺术交流渠道，开展形式多样、丰富多彩的联谊活动，为繁荣我区的文化事业提供智力支持。

（五）加强自身建设，履职能力水平要有新提升

紧扣新时代政协工作需要，进一步加强政协自身建设，增强履职本领。要把政治建设摆在政协党建工作的首位，开展"不忘初心，牢记使命"主题教育，从严从实建设政治过硬、本领过硬的干部队伍。加强常委会建设，健全工作机制，完善常委述职评议制度，进一步发挥好常委会的表率作用。加强委员队伍建设，强化教育管理考核，举办2～3期委员培训班，努力打造一支政治素质好、议政能力强、群众威信高、作风形象优的委员队伍。深入开展"双岗双责创品牌"活动，全面推进委员社区工作室建设，组织引导委员带着责任、带着热情、带着专长走进社区服务群众，做到履职有计划，管理有制度，活动有载体，不断扩大政协在基层群众中的影响力、亲和力、感召力。加强纪律作风建设，持之以恒纠"四风"、改作风，提升工作标准，提升责任担当，提升工作效能。办好"政协讲堂"，注重培养机关干部专业精神，提高专业能力，建设高素质专业化干部队伍，不断提高政协机关的服务保障水平。加强信息化建设，充分发挥好区政协微信公众号和网站作用，打造信息化管理平台，不断提高政协工作的科学化、智能化水平。

各位委员，新时代赋予新使命，新征程要有新作为。让我们更加紧密地团结在以习近平总书记为核心的中共中央周围，在中共李沧区委的坚强领导下，不忘初心，牢记使命，扎实履职，为打造宜业宜居宜身宜心的创新型花园式中心城区努力奋斗！

（区政协办公室）

纪检监察

【概况】 全区纪检监察机关深入贯彻落实党的十九大精神，坚持以习近平新时代中国特色社会主义思想为指导，按照中央纪委和省、市纪委、区委部署要求，加强政治建设，打造忠诚担当纪检监察队伍。完善监察体制改革，认真履行监督执纪问责和监督调查处置职责，整风肃纪，深入开展反腐败斗争，努力推动纪检监察工作高质量发展，纪检监察工作迈出新步伐，取得新成效。

【政治建设】 把"两个维护"贯穿到强化监督、执纪审查、调查处置、政治巡察、问责追责的全过程，做到绝对忠于核心、坚定拥护核心、时刻紧跟核心、坚决捍卫核心。加强对党章党规

执行和党的十九大精神、党中央大政方针贯彻落实情况以及省、市、区委重大决策部署落实情况的监督检查，坚决做到令行禁止，为顺利完成上海合作组织青岛峰会服务保障、中央巡视组反馈意见整改落实、中央环保督察"回头看"等重大任务提供执纪监督保障。严明政治纪律和政治规矩，聚焦"七个有之"，坚决查处两面人、两面派。召开全区纪检监察工作会议，正确处理站位与定位、激励担当作为与全面从严治党、全面履行职责与抓基层基础工作等"八个关系"，统一思想、凝聚共识。举办区纪委监委理论学习中心组（扩大）读书班，深入学习贯彻习近平新时代中国特色社会主义思想、党的十九大精

神和习近平总书记视察山东视察青岛重要讲话指示精神，全员查摆问题，提出整改措施，强化工作落实；开展解放思想大讨论，形成共识，紧密联系实际，推动成果转化，在开展精准监督、优化营商环境方面趟出新路径。

【监察体制改革】 按照中央和省、市、区委部署要求，成立李沧区监察委员会，实现对李沧区所有行使公权力的公职人员监察全覆盖，全区监察对象由改革前的0.17万人增加到1.62万人。全要素试用"12+3"项调查措施，全年共留置4人，4人均被依法移送司法机关。科学设置纪委监委内设机构，监督执纪和审查调查部门占机构总数的83.3%，人员编制占行政编制总数的84.2%。认真落实中央纪委国家监委和省纪委监委、市纪委监委关于国家监察体制改革的制度规定，严格执行青岛市纪委监委机关监督执纪监察工作暂行规程和6项配套制度，切实遵守案件移交审理、证据审核等工作规范，协助区委反腐败协调小组制发《关于建立反腐败工作机制的通知》《李沧区委反腐败协调小组工作规则》，促进纪法贯通、法法衔接。建立完善纪检监察室联系街道和部门单位工作制度，完成11个派出街道监察室组建。

2018年1月31日，青岛市李沧区监察委员会组建挂牌。

深化派驻机构改革，对区一级党和国家机关纪检干部进行调研摸底，制定改革方案，明确派驻机构职责权限和工作规范，发挥"派""驻"的优势。

【管党治党】 纪律教育。组织全区2845名党员干部和公职人员参加党纪法规和德廉知识测试、1736名党员干部参加党纪处分条例在线学习竞赛，让广大党员干部知敬畏、存戒惧、守底线。强化警示教育，及时通报典型案例，组织全区干部观看警示教育片，改造升级"青莲苑"廉政教育基地，组织1800余名党员干部参观学习，保持警钟长鸣。

廉政监督。部署区四大班子、11个街道和71个区直部门单位、115个社区"三级责任清单"制定工作，逐级夯实全面从严治党政治责任。协助区委制定李沧区党员领导干部述责述廉实施办法，组织11名街道党工委、区直党委（党组）书记向区纪委全会述责述廉，首次把区属国有企业党组织主要负责同志纳入范围，邀请区级党代表及党的工作部门负责同志参加。协助区委制定廉政谈话实施办法，开展区纪委常委同党（工）委书记廉政谈话14人次，任职谈话117人次，约谈8人次。督促严格执行青岛市村（社区）党员干部廉洁履行职责若干规定。

从严执纪。对11个街道和7个区直单位履行全面从严治党主体责任情况进行重点检查，发现问题30个，提出整改意见32条；对66个单位开展民主生活会、组织生活会情况严格督导检查。围绕区重点工作，对重点项目推进不力、信访维稳不力等问题坚决追责问责，共问责干部68人次，其中处级干部14人次，分4批对11人次进行全区通报。严肃党内问责，针对党的领导弱化、党的建设缺失、管党治党不力等问题问责22起。其中，问责党组织2个、党员领导干部28人，纪律处分4人，对3起落实管党治党主体责任和监督责任不力典型问题全区通报。坚持把纪律挺在前面，运用"四种形态"处理234人次，其中第一、二种形态占89.3%，第三种形态占5.6%，第四种形态占5.1%，实现"惩治极少数"和"管住大多数"相统一。把政治生态研判作为协助党委推进全面从严治党的重要内容，通过政治巡察、日常监督检查、个案剖析等方式，深入分析研判，强化监督整改。

【巡察监督】 制定区委巡察工作规划（2018～2022年）和进一步加强巡察工作的意见，出台被巡察党组织配合区委巡察工作规范等10余项制度。按照"六个围绕、一个加强"要求，综合运用常规巡察、专项巡察、延伸巡察等多种方式，强化市、区联动，构建立体化巡察监督体系；完成六届区委第二、三轮巡察，巡察24个街道和区直部门单位，共发现问题270个，移交问题线索82个，督促整改问题559个，完善规章制度240项。第四轮巡察正在有序推进中。

【作风整治】 集中整治形式主义、官僚主义，开展"治官治吏便民利民"专项行动监督执纪工作，开展"大查体、治未病、扯袖子、出重拳、清源头"五大行动，共查处问题30起，处理45人，党纪政务处分17人。开展违规配备使用公车、滥发津补贴、违规公款吃

2018年12月14日，区监察委员会派出街道监察室成员宣誓。

喝、违规收送礼品礼金专项治理工作，全区查处违反中央八项规定精神典型问题41起，处理78人，给予党纪政务处分67人，通报曝光典型问题7次19起30人。加强与公安机关联动，严肃处理并通报曝光党员干部和公职人员酒驾醉驾典型问题7起7人、涉毒典型问题5起5人。配合中央生态环保督察"回头看"工作，问责5人；配合省生态环保督察工作，问责30人，查处区环保局移交问题线索3件，党纪政务立案6人。激励干部担当作为，按照"三个区分开来"要求，认真贯彻中央及省、市委关于进一步激励广大干部新时代新担当新作为的实施意见精神，严格执行《李沧区关于支持党员干部干事创业担当作为容错免责工作办法（试行）》有关规定，建立和完善党员干部澄清保护制度，严查诬告陷害诽谤行为，营造激浊扬清、干事创业的良好政治生态。

【反腐败斗争】 坚持无禁区、全覆盖、零容忍，坚持受贿行贿一起查，坚定不移、精准有序惩治腐败。全区共接受信访举报340件次，立案143件168人，党纪政务处分136人，其中处分处级干部18人；立案调查涉嫌行贿人员5人。严肃查处群众身边的腐败和作风问题，查处10起，处理16人，党纪政务处分16人，其中扶贫领域问题4起，处理4人，党纪政务处分4人。对全区党员干部涉黑涉恶问题线索大起底，建立完善线索快速双向移送等工作机制，聚焦三类重点问题，查实处结涉黑涉恶腐败和"保护伞"问题线索5件8人，给予4人开除党籍处分，查处涉黑涉恶"保护伞"案件2件，通报党员干部涉黑涉恶典型问题3起3人。办结中央巡视组转交件32件，查实率84.6%，党纪政务处分7人，移送司法机关1人。抓好审查调查安全，制定留置日报制度，编印谈话安全手册"口袋书"，对"走读式"谈话室进行消防安全大检查，开展落实执纪审查安全"60个是否"每关必问制度"回头看"，压紧压实全链条责任。完成清川苑办案基地建设，招录特勤人员50名，组建专业化、正规化公安看护队伍。

【自身建设】 召开领导班子民主生活会，带头严肃党内政治生活。按照青岛市纪检监察干部"十严禁"要求，出台纠正"四风"加强作风建设实施方案，制定李沧区纪检监察领域负面行为30条，设定作风"红线"，划出行为"禁区"。深化"四一工作法"（即每日看新闻、每周学理论、每月讲政策、每季评优秀），举办培训班7期，培训纪检监察干部390人次，增强大局思维、纪律法规运用、运用科技手段解决问题等"六项本事"。严格干部监督管理，制定纪检监察干部工作责任追究办法、委机关各室考核办法，健全干部管理正负清单制度，全年累计调整处、科级纪检监察干部6批58人。坚持刀刃向内，对2名街道纪工委干部履行监督责任不力问题全区通报。按照市纪委督察街道纪工委履职情况反馈意见要求，积极做好整改落实工作，对6个方面17类问题、214个具体问题逐一制定整改措施，加强调度指导，确保整改实效，顺利通过市纪委督察组验收。

（杜腾腾）

民主党派

中国国民党革命委员会青岛市委员会李沧区支部

【概况】 2018年，中国国民党革命委员会青岛市委员会李沧区支部（以下简称"民革青岛李沧支部"）以习近平新时代中国特色社会主义思想为指导，在民革市委会和区委领导下，在区委统战部的正确指导下，发挥自身优势，带领全体党员围绕中心、服务大局，在思想建设、组织建设、参政议政、社会服务、"美丽青岛行动"及上海合作组织青岛峰会服务保障方面履职尽责，取得可喜成绩。李沧支部荣获民革市委会2018年度优秀支部、区政协参政议政优秀支部。

【思想建设】 以习近平新时代中国特色社会主义思想为指导，带领广大党员认真学习中共十九大和十九届二中、三中全会精神，及时传达学习中央和省委、市委、区委相关文件精神，特别是习近平总书记视察青岛、视察山东重要讲话和批示精神，学习区委关于构筑"18844"产业格局、打造院士经济体系等系列工作部署，定期组织专题活动。积极选派党员参加区委统战部举办的纪念"五一口号"发布七十周年演讲、朗诵比赛，积极参加民革市委会及区委统战部组织的骨干党员培训班等，组织支部党员到李家上流社区开展重温习总书记视察关怀主题教育活动，凝心聚力，做到在思想上政治上与中共中央、民革中央、省市区委保持高度一致，努力打造讲政治、顾大局、重团结、有爱心的党派队伍。

【组织建设】 2018年，注重加强支部组织管理，增选两名新党员并进行入党培训。明确责任分工，健全、落实各项工作制度、学习制度、财务制度、档案管理制度等。设专人负责填写《支部工作手册》，全面记录支部工作开展情况和党员参加活动情况，定期通报党费收支。关心老党员生活，定期走访慰问结对社区困难群众，通过多种方式调动党员积极性，形成凝心聚力、团结有爱、互帮互助精神面貌和良好风气。

【参政议政】 李沧支部始终将参政议政作为支部工作主要内容，积极参加市委会相关处室及其他支部组织的履职经验交流学习活动，安排支部党员参加民革省市委社情民意学习培训班，定期组织党员进行参政议政交流座谈，切实提高党员建议献策能力。2018年，在提案建议、关注社情民意方面履职尽责，扎实工作，取得较好成绩。《关于建立地下排水管网检查井铭牌制度的建议》在中央统战部《零讯》刊载；《关于推进我区跨境电商产业快速发展的建议》等4篇社情民意被省政协、民革省委采用；《关于解决环卫工人住房困难的建议》等7件建议被青岛市第十六届二次人代会采纳；《关于城市管理综合养护的建议》等7件提案被区政协六届二次会议采纳。另有多篇反映社情民意的文稿被市政协、市委统战部、民革市委采用上报。按照区委统战部要求，撰写《青岛市李沧区水环境综合治理策略研究》等4篇调研报告，区委区政府主要领导对其中2篇做出专门批示。

【重要活动】 积极参与区委统战部"结对共建共享""同心迎峰会　共建做贡献"等活动，与九水街道结对社区两委成员进行座谈交流，了解社区换届后居民思想状况、社区回迁计划、社区未来经济发展等情况。对社区党建办公用房的装修策划、国学知识讲堂、安置房回迁等方面提出党派与社区互帮互助、共建共促共赢的意见建议。与社区建立联系机制，对相关法律问题提供咨询服务，定期到社区向居民开展普法宣讲，结对帮扶社区困难群众，帮助解决实际困难。发挥党员专业特长，坚持送法律服务进社区活动，开展多场宪法知识、物权法、相邻权益等法律知识讲座。部分党员利用业余时间赴西藏、贵州等地开展扶贫慰问和捐资助学等社会服务活动。

（高展）

中国民主同盟
青岛市委员会
李沧区工作委员会

【概况】 2018年，中国民主同盟青岛市委员会李沧区工作委员会（以下简称"民盟李沧区工委"）在民盟青岛市委的领导下，在李沧区委统战部指导下，团结带领全体盟员，不忘初心，牢记使命，紧紧围绕李沧区委、区政府中心工作，积极履行政治协商、民主监督、参政议政职能，为李沧区的经济健康发展，社会和谐稳定做出积极贡献。在政协双岗双责活动中，创建"闻汇双创"工作品牌，盟员隋雪丽被评为青岛市宣传工作先进个人。

【参政议政】 "两会"期间，为李沧区经济社会发展积极建言献策，民盟李沧区、市两级代表委员共提交提案建议15件。盟员杨超撰写的《关于

加大国学教育力度、弘扬社会主义核心价值观、中华传统文化》获得区政协六届二次会议优秀提案；聚焦养老问题，积极参加调研，撰写调研文章《优化养老服务体系　推广嵌入式养老模式》，在政协常委会上做专门发言；盟员姚文汇围绕李沧区统战部重点课题撰写调研文章3篇，获民盟市委参政议政二等奖，区工委为其颁发特殊贡献奖；盟员马改蓉撰写的有关财产型执行的调研文章在民盟中央盟讯刊登，获青岛民盟参政议政二等奖。2018年，盟员发表文章、撰写论文共计40余篇。

【社会服务】 持续开展"凝心聚力·共建共享"民主党派与社区结对共建活动。继续与沩阳路社区做好结对共建；开展与虎山路街道百通馨苑社区开展共建活动，结对帮扶一名孤寡老人。盟员杨萍创建政协双岗双责"礼仪大师"工作品牌，多次进社区宣讲传统文化、传统礼仪；盟员张长青、王惠荣多次走进社区开办健康讲座；盟员张长青创建政协双岗双责"护心使者"工作品牌，组织盟员参加沩阳路社区奉献活动，义务为居民理发、理疗，清理卫生。组织区内盟员奉献爱心，捐款捐物，向平度农村捐款1万元，在李沧区"慈善一日捐"活动中捐款2万余元。8月30日，参加统战部、红十字协会慰问青岛市文明市民、

遗体器官捐献者夏长旭家庭活动。盟内政协委员、人大代表定期走访结对帮扶的困难家庭，帮助解决实际困难。

【组织建设】 每月召开一次民盟领导班子例会，班子成员参加各支部活动5至7次。将民盟酒店管理学院小组顺利改选为支部；完成艺校支部和师范支部合并改选工作。组织20位盟员参加李沧区委统战部集中学习培训，提高思想理论水平和参政议政能力。组织离退休老盟员参加组织活动，建言献策，发挥余热。

（王平）

中国民主建国会
李沧区基层委员会

【概况】 2018年，中国民主建国会李沧区基层委员会（以下简称"民建李沧区基层委员会"）在民建青岛市委和中共李沧区委领导下，在中共李沧区委统战部指导帮助下，团结带领全区广大会员，坚持以习近平新时代中国特色社会主义思想为指导，紧紧围绕李沧区中心工作，积极落实民建青岛市委和中共李沧区委统战部的各项工作部署。不断加强自身建设，认真履行参政党职能，积极开展社会服务工作，努力提高通讯宣传工作水平，为推进李沧区政治、经济和社会发展做出积极贡献。

【思想政治建设】 深入学

习贯彻习近平新时代中国特色社会主义思想和中共十九大精神。印发学习通知，制定学习方案，发放学习资料。切实增强"四个意识"，坚决维护习近平总书记中共中央的核心、中共全党的核心地位，坚决维护中共中央权威和集中统一领导，确保在政治立场、政治方向、政治原则、政治道路上同以习近平同志为核心的中共中央保持高度一致。进一步加强支部建设，每季度召开支部主任会议，落实支部工作任务。各支部通过开展解放思想大讨论、集体调研、参观学习、与会员企业联谊等活动，提升思想政治水平和队伍凝聚力。

【建言献策】 2018年，李沧民建政协委员和人大代表共提交提案议案20余件，专题调研报告3篇，在区政协常委会做专题发言2次，获区优秀提案、重点提案3篇，获评区优秀政协委员1人。在李沧区政协六届常委会第九次会议上，做"提升城区品质，建设美丽李沧"专题发言，获得区主要领导充分肯定。在中共李沧区委统战部组织的年度重点课题调研报告报送中，提交调研报告2篇。各基层委员会收集反映社情民意信息100余条，涉及社区服务、公共卫生、市场管理、城乡一体化建设、市政建设、法治建设、绿色办公、基础教育等方面，获2018年度反映社情民意信息工作先进单位，两人获得反映社情民意信息工作先进个人称号。《李村商圈的升级转型和规范发展建议》等多篇反映社情民意的调查报告获奖并由省政协、市民建采用并发表在专门刊物上。

【社会服务】 创建"思源·助学圆梦"和"重阳节敬老活动"李沧民建社会服务品牌，积极开展各类助学活动和慈善助捐活动。对困难学生夏浩源及家庭进行定点帮扶；在中共李沧区委统战部组织的精准扶贫活动中捐款2万元。全年各支部举办公益讲座10余场，法律援助10余次，慈善捐款共计16万余元。

【宣传工作】 重视做好新闻宣传工作，把坚持正确的舆论导向放在首位，贴近实际、贴近生活、贴近会员，组织人员撰写各类新闻宣传稿件，树正气，鼓干劲，增强凝聚力和向心力。《坚持文化自信，践行十九大报告精神》等多篇通讯报道和征文稿件在民建中央、民建山东、民建青岛以及各级统战系统官方网站、公众号、报刊发表、转载。获得民建市委会纪念"五一口号"70周年征文活动优秀组织奖、优秀征文一等奖等。

（崔宪会）

中国民主促进会
青岛市李沧区支部

【概况】 2018年，中国民主促进会青岛市李沧区支部（以下简称"民进李沧支部"）在民进市委会、李沧区统战部正确领导和支持帮助下，紧紧依靠广大会员，进一步加强基层组织建设，切实履行参政党职能，为推动李沧区经济社会发展积极建言献策，开展社会服务。2018年，民进李沧支部荣获山东省优秀基层组织，王岩、王滨范、汤云青、杨越获得山东省优秀会员。

【思想政治建设】 认真组织学习贯彻习近平总书记新

民建李沧企业委学习习总书记关于改革开放40周年讲话精神暨2018年总结会。

时代中国特色社会主义思想和中共十九大精神、习近平总书记在全国政协联组会上的重要讲话精神、全国两会精神；学习贯彻民进十二大精神和新会章，不断提高会员思想理论水平和自身素质，增强政治责任感。多方式多途径开展教育宣传活动，将思想政治教育寓于各项活动全过程，感同身受，提高成效。组织民进李沧支部会员积极参加纪念中共中央发布"五一口号"70周年座谈会、文艺演出、交响乐团汇演、演讲朗诵比赛等活动，强化责任意识和使命担当。2018年4月27日，参加李沧区区委统战部在全区统一战线成员中开展"不忘合作初心 继续携手共进——李沧区统一战线学习贯彻党的十九大精神暨纪念中共中央发布'五一口号'70周年演讲朗诵比赛"中，黄宇飞会员朗诵的《风雨同舟 共创伟业》获得"最佳台风奖"、黄琦会员《不忘初心才能不负新时代》的演讲获得"最佳魅力奖"。

【建言献策】 2018年5月15日，民进青岛李沧支部委员会组织"不忘初心 携手前进——赴中国（寿光）国际蔬菜科技博览会与当地民主人士座谈调研活动"，参观中国（寿光）国际蔬菜科技博览会，与当地人士就党的近几年一号文件对农村经济发展的影响进行座谈交流，对现代农业发展高科技生产和品种研发并带动相关旅游业发展

形成共识。积极参与区"两会"，针对李沧区经济、文化、城建、旅游等重大问题及人民群众关心的热点、难点问题，积极建言献策。向区政协提交《关于土地问题的建议》政协提案，为区政府新旧动能转换科学决策提供依据；2018年10月，向李沧区统战部提交《关于李沧区小微企业发展的调查与思考》调研文章，得到充分肯定。

【社会服务】 继续创建"和谐共振、助推民生"社会服务品牌，在李沧区虎山路街道办事处支持下，整合其他兄弟党派资源，发挥各党派特色和优势，探索基层协商民主新形式。与楼院共建"党派协商小组"，与社区共商"社区协商议事厅"，与街道共享"民主协商共建平台"，建立"有事好商量"民主协调机制。组织民进会员走进红黄蓝幼儿园，指导幼儿教师提高业务水平。与李沧区虎山路街道办事处阜康社区共同举办"不忘合作初心 继续携手前进"书画笔会。组织开展迎新春书画笔会、送春联进万家等老百姓喜闻乐见的活动，弘扬中国传统文化。

（李帅）

中国农工民主党
青岛市委
李沧区委员会

【概况】 中国农工民主党青岛市委李沧区委员会（以下

简称"农工党李沧区委员会"）在农工党青岛市委正确领导和中共李沧区委统战部关心指导下，深入贯彻中共十九大精神，坚持以习近平新时代中国特色社会主义思想为指导，加强思想政治建设，切实履行政治协商、民主监督、参政议政和社会服务职能，取得明显成效，为李沧区经济社会发展做出应有贡献。

【思想政治建设】 组织全体党员集中学习中共十九大报告和习近平新时代中国特色社会主义思想，增强"四个意思"，坚定"四个自信"。组织全体党员认真学习中共党史和党章，增强从思想上政治上行动上与党中央保持一致的自觉性。组织支部成员参加农工市委组织的农工党基层领导成员培训班，交流自觉接受中国共产党领导和基层支部思想政治建设工作经验，强化责任担当和使命感。组织支部骨干党员参加李沧区委统战部统战知识培训及李沧区委组织部和统战部联合组织的民主党派主委和党外干部培训，主要领导参加青岛市委统战部组织的民主党派基层组织负责人培训班。通过培训，提高理论素养，坚定理想信念。

【参政议政】 紧紧围绕李沧区委、区政府中心工作，积极组织引导支部成员为李沧区经济社会发展建言献策，发挥参政议政作用。在农工党青岛

农工党李沧区委员会参政议政培训活动。

农工党李沧区委员会组织参观青岛国际院士港。

市委开展2018年度参政议政调研课题招标工作中，区农工党承担市委立项调研课题3项，《传承和发展中医药，提升基层中医药服务能力》被列为重点课题；撰写的《关于发展多模式养老的建议》被列为李沧区政府重点督办提案，并荣获李沧区五届三次会议优秀提案；《关于开通深圳路的建议》被市政协十二届三次会议采纳，被区政府列入重点实事并落实；《关于缩小南北差距，改善李沧区就医条件的建议》被市政协十二届四次会议采纳，被评为市政协优秀提案。

2018年，基层委党员共上报《零讯：美国的贸易政策必将导致全球经济危机》《书画艺术振兴乡村文化建设》《关于中医药文化走进乡村的提案》《公路电子眼闪光太刺眼易致车祸发生望交管部门改革》《处理好自然掉落水果减少果农损失》等课题报告和提案共20件。反映社情民意的《关于地铁中设立自行车位的建议》《关于建立精神（心理）疾病（问题）防控三级网络体系及全民精神卫生知识普及长效机制的建议》《关于全面推广DRGs付费推进公立医院改革步伐的建议》等12条建议被有关部门采纳，受到农工省委、市委、李沧区委统战部表扬。

【社会服务】 根据农工市委的要求，结合支部自身实际，大力开展社会服务工作。积极组织支部党员参加农工青岛市委与九三学社青岛市委、市政协教科文卫体与文史工作室联合开展"送健康、进村镇"活动，组织党员到城阳惜福镇街道后金社区开展医务服务，向村民宣讲健康知识、进行免费查体和送医送药活动。重阳节前夕配合农工市委去崂山养老院进行义务查体、免费送药。全年参加各种扶贫活动捐款2万余元。捐赠帮助两名王戈庄小学贫困学生，送去2000元及学习用品。

（辛华）

中国致公党
青岛市委
李沧区支部

【概况】 中国致公党青岛市委李沧区支部（以下简称"致公党李沧支部"）在致公党青岛市委正确领导和中共李沧区委统战部的指导下，团结带领全体党员，深入贯彻中共十九大和习近平总书记系列重要讲话精神，认真履行政治协商、民主监督、参政议政和社会服务职能，为李沧区经济社会发展做出应有贡献。

【思想建设】 认真组织学

习中共十九大精神和习近平新时代中国特色社会主义思想，提升全体党员的思想理论水平，坚定正确的政治方向。先后有30多人次参加市委会和区委统战部组织的座谈会、培训班，进一步增强了思想上政治上同以习近平同志为核心的党中央保持一致的自觉性。参加纪念"五一口号"70周年座谈会并组织党员参加区委统战部组织的演讲比赛和市委会庆祝改革开放四十周年宣讲活动，更加坚定自觉接受中国共产党领导，做好参政议政工作的信念。

【参政议政】 组织党员到西海岸开展军民融合课题调研；到淄博市临淄区开展厕所革命主题调研；围绕城乡分散式污水处理、无害化卫生厕所、海绵城市及城市地下管廊的高效系统解决方案进行调研。发动党员针对李沧区政治、经济、文化和社会生活中的重要问题以及人民群众普遍关心的问题，开展调查研究并撰写提案。

【社会服务】 在升平苑社区开展"赏花灯猜灯谜"活动；在永青苑社区开展"端午粽飘香温暖社区情"等文化进社区活动；在庄子社区和东昌社区开展法律知识讲座；在区文化馆开展书法专题讲座，深受社区书法爱好者欢迎；在李沧华泰老年护理院开展"夕阳美致公情"重阳节志愿服务活动，为老年人理发并交流谈心；组织党员到共建单位紫荆苑社区等走访困难家庭6户；为李沧区德瑞康复中心自闭症儿童捐赠价值8500元急需教具；对口帮扶困难家庭15000元。2018年，被市委会评选为社会服务优秀基层组织，获批省级优秀党员2人，市级优秀党员2人。

（杨云峰）

九三学社
青岛市李沧区委员会

【概况】 九三学社李沧区委员会在社市委和区统战部领导下，高举爱国主义和社会主义旗帜，遵循"长期共存，互相监督，肝胆相照，荣辱与共"方针，牢记"爱国、民主、科学"宗旨，发挥"政治协商，民主监督，参政议政"作用，不断加强自身建设，为推动李沧区经济社会发展发挥了应有作用。

【组织建设】 严把入口关，加强对新社员入社前的考察工作。班子成员到申请人所在单位详细了解其思想品德、工作能力等情况，真正把德才兼备的优秀人才吸收到九三学社队伍中来。2018年，发展新社员3人，截至2018年底，李沧区委员会共有社员41人，平均年龄明显下降，其中本科以上学历占85%以上，社员的专业构成和知识结构进一步拓宽，为更好地开展工作打下良好基础。

【参政议政】 2018年"两会"召开期间，发挥九三学社知识和专业优势，组织社员尤其是担任区人大代表和区政协委员的社员，关注社情民意，积极踊跃建言献策，共上报社市委意见建议11条，完成两个调研课题，上报李沧区统战部调研报告1篇。

【服务社会】 立足自身优势，积极服务社会。程磊、陶海涛等在上海合作组织青岛峰会、马拉松医疗保障以及送医疗进社区、帮扶基层医院等活动中表现突出，得到好评；丛媛多次进校园为师生们开展法律及安全知识讲座；董淑英、张翠玲等在乡村振兴、联镇帮村等活动中做出重要贡献；科普惠农服务小组社员采用多种方式，为古岘镇六曲山"盛世桃林"基地提供全方位技术支持。在李沧区统战部发起的扶贫捐款活动中，广大社员慷慨解囊，共捐款5500元，为精准扶贫贡献一份力量。2018年，在国家级刊物发表论文4篇，获得实用新型专利授权2项。

【重要活动】 2018年，社市委、青岛市统战部、李沧区统战部组织五一口号发布70周年系列纪念活动，九三学社社员马平获得李沧区统战部组织的演讲比赛演讲最佳潜力奖、朗诵最佳立意奖；社员刘玲、宫兆钦、张立峰等参加社市委组织的知识竞赛，获得纪念奖；

九三学社李沧区委员会举办 2018 年终总结会。

社员刘玲、宫兆钦、张立峰等参加社市委、青岛市统战部、李沧区统战部组织的征文活动中获得奖励。组织社员观看电影《厉害了，我的国》和交响音乐会《永远跟党走》。组织老社员交流座谈会，征求意见建议。关心老社员生活，走访慰问过世老社员家属并送上慰问金，组织"同心九三健康行女性健康知识"讲座。通过多种形式的活动调动社员积极性，形成凝心聚力、团结进取的良好氛围。

【精修社史】 为完成社市委下达的基层社史编写工作，李沧区委员会成立社史沿革编写小组，并明确分工，落实责任。编写人员采取到老社员家中走访，深入社区和走访有关部门等办法，确保获取第一手真实资料。通过参编人员的共同努力，顺利完成 9500 字的李沧九三学社史编纂工作。社员董淑英多方走访获取资料，历时 3 个月，四易其稿，完成《杨进与苹果的一世情缘》传记作品。

（董淑英）

李沧区工商业联合会

【概况】 2018 年，李沧区工商业联合会（以下简称"区工商联"）紧紧围绕全区工作中心，加强商会思想和组织建设，按照"五好"县级工商联要求，健全工作机制，履行各项职能，拓展服务领域，为促进我区非公有制经济科学发展，做出应有贡献。区工商联被省工商联评为 2018 年度全省"五好"县级工商联。

【思想建设】 组织区工商联班子、基层商会班子认真学习习近平新时代中国特色社会主义思想、党的十九大精神和习近平总书记视察山东、视察青岛重要指示批示精神，引导广大非公有制经济人士牢固树立"四个意识"，坚定"四个自信"。组织商会非公经济人士赴蒙阴革命纪念馆、孟良崮战役纪念馆参观，"传承红色基因、坚定理想信念"。

【组织建设】 4 月份、11 月份，指导成立科技创新商会和大数据发展促进会，为促进科技和大数据的快速发展奠定组织基础。组织商会企业家开展"互联、互学、互帮、互促"企业行活动，推进民营企业间实现优势互补、资源共享、协同发展。2018 年，共发展会员企业 140 多家，会员增长率

11.7%，规模、质量不断扩大和优化。为促进李沧区新生代企业家群体健康成长，区工商联与上海财经大学青岛财富管理研究院联合举办新生代企业家培训班，明确发展方向，提升综合素质。

【扶贫工作】 组织协调民营企业家赴菏泽市单县、陇南市康县、平度市白沙河镇前马兰村实施精准扶贫工作，捐款捐物价值195万元。采用商会"爱心基金＋企业"方式，捐助特困学生，并由爱心企业长期帮扶救助。

【服务民企】 组织各基层商会、企业家参加"丝路协创中心"新旧动能转换动员大会，为非公有制经济企业积极融入"一带一路"建设创造条件。开展大招商大走访活动，区工商联走访会员企业，探讨企业发展方向，分别引进5000万元和1亿元项目，顺利完成招商引税任务。聘请市委党校程国有教授举办《新旧动能转换及经济转型方面的知识》讲座，指导民营企业加快新旧动能转换。为提高民营企业家法律素质，维护其合法权益，协调三个律师事务所15名律师组建李沧区法律服务专家委员会，免费为民营企业提供法律咨询、法律培训、法律体检等服务。为帮助会员企业解决遇到的困难和问题，工商联配合区委统战部协调区委、区政府组织召开民营企业家座谈会2次，广泛听取企业家面临的经营困难以及对民营经济发展的意见建议。

（刘尧）

群众团体

李沧区总工会

【概况】 2018年，李沧区总工会（以下简称"区总工会"）坚持以习近平新时代中国特色社会主义思想为指导，按照区委区政府和市总工会部署，立足时代要求，紧密联系实际，扎实推进基层工会组织建设、积极开展困难职工帮扶工作、精心组织职工文体活动，大力弘扬劳模精神，工会各项工作取得明显成效。

【工会建设】 基层组织建设。根据李沧区经济社会发展和基层新设园区的需要，为加强基层工会组织建设，区总工会先后组织指导成立李村大集园区工会、亚马逊园区工会和

百度园区工会，涵盖区内营业摊位600余家，区内企业31家，发展会员1043人，并指导开展各项工会活动。

制度建设。为更好地贯彻执行山东省工会《工会财务会计管理规范》办法、《青岛市工会会计预审制度》，结合本单位实际，制定《李沧区总工会财务管理制度（暂行）》。根据《李沧区群团改革意见》，制定印发《关于授权街道总工会履行基层工会组织建设批复管理职责的通知》，授权各街道总工会履行基层工会组织建设批复管理职责。根据市总工会对区（市）工会实行委托审计的工作意见要求，每年委托青岛仲勋志同有限责任会计事务所对全区50家区直工会、

基层工会进行工会经费使用情况审计。

干部培训。6月底在黄岛干校举办全区工会干部骨干培训班；9月举办区直工会、基层工会主席、工会财务人员培训班，共培训基层工会干部120多人；10月组织工会干部赴莱西观摩学习。通过系统培训，进一步提高工会干部的理论素养和业务水平。

【文体活动】 为丰富职工文体生活，精心组织多项大型文体活动。2018年年初，区总工会联合区电政办开展"我爱我家——李沧人拍李沧"摄影大赛，共收到摄影作品500余幅。2018年5月5日，在青岛文正小学体育馆举办李沧区篮球比赛，来自全区机关和企业共10余支代表队参加。2018年6月25日，主办以"中国梦""社会主义核心价值观"为主题的"迎七一"职工书画展，共展出书画作品100余幅。2018年9月15日，联合区委宣传部、区直机关工委、区妇联、区教体局和环保李沧分局承办"迎国庆·环保行"活动，2000多名干部职工参加徒步健走；2018年11月10日上午，举办2018年李沧区职工广播体操大赛，来自区机关、企业共40支

2018年6月25日，李沧区总工会举办迎"七一"职工书画展。

李沧区 2018 年市级及市级以上劳动模范合影。

代表队参加比赛。

【关爱劳模】 向市总工会推荐并表彰 2015 年以来为推动全区经济社会发展做出突出贡献的全区市级劳模 21 人，省级劳模 1 人。联合区委宣传部、文明办、组织部等单位对评选出的劳模先进事迹在大众网、青岛日报、李沧有线电视台等媒体进行专题报道，在全区制作发放宣传劳模事迹的《劳模纪事》300 册；开展劳模讲师团宣讲活动。10 月 11 日，李沧区总工会组织区级及以上劳模代表走进甘肃省陇南县，进行为期九天的健康疗养活动。2018 年 1 月，对在全区重点工作中攻坚克难、做出突出成绩的 10 个先进集体和 10 名个人分别授予"工人先锋号""工人先锋"称号，并分别给予物质奖励。

【救助保障】 根据市总工会印发的《青岛市总工会困难职工档案管理办法》，制定《关于李沧区总工会困难职工认定程序的意见》，完善《李沧区困难职工临时医疗救助办法》《李沧区困难职工临时生活救助办法》，确保在严重自然灾害、突发事故及其他突发紧急事件导致职工遭遇严重困难和职工因患重大疾病急需住院却无支付能力的情况下，不让一名困难职工因病而生活不下去，不让一名困难职工子女上不了学。制定《李沧区总工会关于实施职工医疗互助保障计划的意见（暂行）》，在市总工会减免的基础上，区总工会为参保职工每人减免 20 元，为 1600 余名职工赔付医疗费 178 余万元。启动迎新年"送温暖"走访慰问活动，筹集资金 129 万元，对全区 625 名困难职工、15 户困难劳模、3000 名环卫职工、550 余名交通秩序维护者给予救助，并发放米、面、油等慰问物品。

（魏宏）

中国共产主义青年团李沧区委员会

【概况】 在区委正确领导和团市委的精心指导下，中国共产主义青年团李沧区委员会（以下简称"团区委"）紧紧围绕区委区政府中心工作，强化思想引领，大力加强基层团建，深化群团改革，加强自身建设，全面从严治团，团结带领全区广大团员青年在新时代实现新作为、做出新业绩，为我区建设宜业宜居宜身宜心的创新型花园式中心城区贡献青春和力量。

【思想引领】 始终把思想政治教育作为首要政治任务，以习近平新时代中国特色社会主义思想为指导，深入学习贯彻党的十九大精神、共青团十八大精神和习近平总书记"7·2"重要讲话精神，采取线上线下相结合方式，广泛深入开展形式多样、生动活泼的学习、教育、宣传活动。面向团员青年、少先队员开展有特色、接地气的传承红色基因"红色大讲堂"线上主题活动，每期线上参与人数均突破 6000 人次。通过线下基层团组织专题学习培训，引导广大团员青年坚定正确的政治方向，增强对党的基本理论、基本路线、基本方略的思想认同、政治认同，坚定听党话、跟党走的信念。

【基层团建】 牢固树立大抓基层的鲜明导向，把加强团的基层建设作为重要任务、重要基础抓实抓细。按照问题和需求导向，团区委结合"三联四促"活动，依托街道社区党建中心，以"党团引领、基层主导、社会参与"为工作主线，构建"党建带团建、团建带队建、区域化团建"工作模式，强化"团干部＋社工＋青年志愿者"基层团建力量；利用"青年之家"团建阵地搭建"组织建设、学习教育、志愿服务、创新创业、权益保障"五大平台，推动建立广泛覆盖、富有活力的共青团基层组织，增强基层团组织的吸引力、凝聚力和战斗力。在浮山路街道旭东社区，依托党建中心打造基层团建工作示范点，结合社区实际，在规范"三会两制一课"基础上，为社区团员青年搭建跨界融合、互动交流、主动作为、助力赋能平台，通过社区党团组织引领主导、团员青年

2018 年 5 月 4 日，团区委举行"崇德心向党　奋斗最青春"五四青年节主题团日活动暨新团员入团仪式。

自发组织、社会组织积极参与，每月开展不少于 2 次主题活动，团员青年融入社区生活、参与社区事务、服务社区居民的主动性、积极性显著增强。创建"青心向党筑梦李沧"团建工作品牌，并将 VIS 系统规范设计应用在团建工作中，推动基层团建工作品牌化、规范化。

【服务大局】 始终把围绕中心、服务大局作为工作主线，带动青年围绕全区重点工作、重点项目和团市委交办工作贡献青春正能量。围绕新旧动能转换，发挥青岛—亚马逊 AWS 联合创新中心、邮政跨境电商产业园、百度创新中心等 8 个青年创新创业基地的资源优势，组织动员青年积极投身创新创业、新旧动能转换的主战场；围绕全区百项重点工作，以"奋斗的青春最美丽"为主题，开展争创青年文明号、青年突击队和争当青年岗位能手

活动，引导青年以更加积极的心态和更加扎实的作风，服务全区重点工作；围绕第二届海外院士青岛行暨青岛国际院士论坛，精心组织筹备，招募、培训 198 名志愿者，为与会的 109 名院士提供全程"一对一"志愿服务，得到与会院士的一致认可和赞扬；围绕第三届上合青年交流营活动，在团市委的指导下，圆满完成承办来自上海合作组织成员国的 200 余位青年代表走进李沧参观活动，得到团市委的肯定。

【自身建设】 在区委领导和团市委指导下，按照《共青团李沧区委改革实施方案》，进一步改革组织设置体制，加强团干部配备，会同区委组织部门推进共青团李沧区委的挂兼职工作。目前，区委组织部和团区委正在按照程序酝酿推荐合适人选。以"机关化、行政化、贵族化、娱乐化"问题为导向，

坚决整治形式主义、官僚主义，深入基层开展工作调研，广泛联系团员青年，狠抓工作落实。在机关和街道团组织中，狠抓组织建设和作风建设，强化联系青年、服务青年的意识和能力；在基层团组织和"两新"团组织组织覆盖基础上，推进工作覆盖，发挥团组织生力军作用。严格按照要求落实"智慧团建"相关工作，严把团员发展关，严格规范入团程序，严肃团内组织生活，落实"三会两制一课"制度，引导团员发挥模范带头作用。

（丁一方）

李沧区
科学技术协会

【概况】 2018年，李沧区科学技术协会（以下简称"区科协"）在省市科协大力支持和关心指导下，按照区委区政府部署，采取有力措施，大力开展科学普及工作；发挥自身优势，大力推进院士港建设；发挥桥梁纽带作用，团结服务广大科技工作者。全年获评国家级科普示范社区1个、市级科普示范社区1个、市级科普教育基地2个、市级反邪教先进集体3个。

【科普工作】 阵地建设。投入33万元，打造8处科普阵地（邢台路社区科普广场和坊子街社区科普体验馆已建成，金水路北等社区科普广场正在

建设中）。扶持培育坊子街社区科普体验馆创建国家2018年科普示范社区，获得20万元科普奖励和价值20万元科普设备；为弘德路小学科普馆落实价值20万元科普设备。

科普宣传。利用社区科普大学、社区科普馆等科普平台开展科普宣传活动，科普大学、科普大讲堂共组织授课366次，

受众人数18325人次，位列全市第一。结合科技周、全国科普日系列主题活动，组织各街道和企业科协举办形式多样的主题活动17场次。活动期间，各社区科普大学围绕老百姓关心的饮食健康、安全、养生等内容举办科普讲座40余场次，受众人数2000余人次，开展科普宣传20余场次，受众人数

2015年9月26日，区科协举行青少年科普体验活动。

2018年1月4日，省科协副主席到青岛国际院士港调研。

1700 余人次。

【助力院士港建设】 助推政策落地。山东省科协副主席纪洪波到院士港开展调研，主动向省科协领导汇报李沧区院士港发展及人才工作情况，得到省科协领导充分肯定与支持，推动省市科协支持院士港政策落地实施。在市科协的支持帮助下，将院士港的基本情况、主要发展计划和目标、目前进展、存在问题和下一步发展计划等 4 个方面向中国科协进行书面汇报，为优化院士港发展环境做出贡献。

举荐人才。在市科协大力支持下，推荐院士港 5 名科技工作者加入首届青岛市青年科学家协会；推荐 12 名院士及相关情况提供给院士港；在团结服务科技工作者方面发挥主渠道作用，努力为服务全区创新驱动发展提供人才条件。

（胡萍）

李沧区
妇女联合会

【概况】 2018 年，李沧区妇女联合会（以下简称"区妇联"）坚持以习近平新时代中国特色社会主义思想为指导，紧紧围绕区委区政府中心工作，以"服务妇女儿童 共享美好生活"为主题，转变作风、创新实干，圆满完成妇女儿童发展"十三五"规划中期测评工作。打造特色家园，开展公益教育活动。发挥职能优势，扶危济困，引领创业。加强自身建设，强化思想引导，带动广大妇女群众"巾帼心向党，建功新时代"，全区妇联工作取得突出成效。

【党建引领】 自身建设。抓实日常学习，抓活"主题党日＋"活动，坚持过好每周组织生活，确保"两学一做"学习教育常态化、制度化。履行"一岗双责"，加强日常监督管理，党建工作与业务工作互相促进，确保队伍不出问题。健全基层妇联组织架构，充实领导力量，选聘基层妇联兼职副主席 131 人。

红色教育。各级妇联组织坚持党建带妇建，以"巾帼心向党 建功新时代"为活动主题，开展"巾帼心向党 喜迎十九大""李沧姐妹热议十二大（中国妇女第十二次全国代表大会）"等活动，"李沧女性"微信公众号每周定期发布党建妇建信息，引领广大妇女群众听党话、跟党走，开展红色基因传承活动 100 场次。

【特色家园】 在兴城路街道坊子街社区建立以"重温红色经典·追寻红色印记·传承红色基因"为主题的"红色基因"妇儿家园；在振华路街道四流中路第一社区建立以"关心海洋·认识海洋·经略海洋"为主题的"蓝色海洋"妇儿家园，在李村街道大崂路社区建立以"明大德·守公德·立贤德·严私德"为主题的"国学美德"妇儿家园。将沧口街道紫荆苑社区、浮山路街道旭东社区的妇女儿童家园升级为区家庭教育指导中心，坚持开展父母学堂、亲子教育等活动。共累计开展各类活动近百场，参与家长和儿童近 3000 人次。

【公益活动】 联合区关工委、老年大学、疾控中心、红十字会、戒毒所、检察院等单位，组建由老党员、老干部、专业优秀志愿者等 20 余名指导老师组成的公益团队，精选全区 4 个硬件设施好、覆盖面广、交通便利的社区妇女儿童家园，为孩子和家长制作传统文化、健康知识、法制教育等方面课程 10 余种，举办家庭教育公益活动 100 余场次，国学李沧活动近 100 场次，举办大型公益讲座 5 场，参与家庭和儿童共计近 2000 人次。组织"牵起爸妈的手 共建美丽家园"诵读大赛。组织"环保一日游"等环保类主题活动 10 余场次。举行各类巾帼创业就业活动近 10 场次。

【扶危解困】 救助贫困"两癌"妇女和白血病儿童 140 人，救助资金 143 万元。救助"春蕾女童"183 人。在春节、三八节、中秋节等传统节日开展走访慰问，累计走访困难妇女群众 340 人，发放救助物资 8 万余元。完善 12338 妇女维权服务热线，依法提供法律咨询、心理疏导、化解矛盾工作，共接待妇女来电来访 38 起，逐

2018年7月6日，在沧口街道紫荆苑社区活动中心举行"宜心李沧·德润家园"家庭教育公益活动暨"重温红色经典·追寻红色印记·传承红色基因"宣传教育活动启动仪式。

一疏导化解。

【荣誉成果】 获"青岛市十佳最美家庭"1户，"青岛市最美家庭"3户；"青岛市绿色家庭"11户；"青岛市最美母亲"1人，"青岛市教子有方十大优秀母亲"1人，"青岛市教子有方十大优秀父亲"1人，"青岛市教子有方十大优秀母亲提名奖"1人；"青岛市春蕾之星励志奖"1人，"青岛市春蕾之星提名奖"5人；"青岛市市级示范家长学校"4所，"青岛市市级示范父母学堂"6个。

（许菊）

李沧区
归国华侨联合会

【概况】 2018年，李沧区归国华侨联合会（以下简称"区侨联"）在区委正确领导下，在区委统战部和上级侨联的精心指导下，认真学习贯彻习近平新时代中国特色社会主义思想和习近平总书记视察青岛的重要讲话精神，加强思想建设，增强"四个意识"，紧紧围绕李沧区中心工作，发挥自身优势，积极建言献策，努力服务社会，为李沧区"宜业宜居宜身宜心创新型花园式中心城区"建设，做出应有贡献。

【思想建设】 2018年3月31日下午，区侨联组织侨联委员、部分归侨侨眷，举办党的十九大精神及全国"两会"精神学习座谈会。认真研读党的十九大报告、政府工作报告，交流学习心得，进一步增强思想上政治上同以习近平同志为核心的党中央保持一致的自觉性。教育引导广大归侨侨眷，自觉接受中国共产党领导，立足自身优势，努力在为侨服务、为社区大局服务中提升思想境界，体现自身价值。

【参政议政】 区侨联班子成员中，有市政协委员1名、区人大代表2名、区政协委员3名。市区政协委员在各自的岗位上充分发挥侨界界别作用，积极参政议政，深入基层体察民情，了解群众诉求，提出代表建议和委员提案。市政协委员陈黎明提交《关于唐山路打通工程建议》和《关于切实落实省市区三级联动机制，推进青岛国际院士港经济生态系统建设方面的建议》等议案；区政协委员李斌《关于规范我市城管工作的建议提案》《关于未成年人法制教育进校园》《关于整治私自占道停车的建议》《关于加强人行道管理的问题建议》议案4件，得到相关部门的重视，并分别在市区政协会上做交流发言。王军委员提交《关于在晋中路南侧区域建设公共卫生间的建议》，得到政府有关部门的高度重视，区建管局有关领导多次组织设计、建设部门现场勘查选址，2018年12月28日，公厕建成投入使用，赢得周边群众称赞。

【服务社会】 投身经济建设。区侨联委员充分发挥侨界优势，在各自领域为李沧区经济社会发展做贡献。2018年上半年，作为企业家的区侨联副主席肖金鸣，完成青岛三紫文化、青岛航运融资租赁、青岛融金商业保理、青岛鸣海邮轮、青岛微电网智能制造等集团全

2018年4月10日，区侨联联合省侨联和省侨星志愿服务团举行"关爱侨界空巢老人志愿服务行动"。

资控股的12家子公司在李沧区落地，共投入资金5200余万元。

法律服务。 区侨联秘书长李斌发挥律师专长，带领律所团队与七个社区签订法律顾问合同，多次举办侨联侨务知识讲座和普法宣传活动，宣传讲解《中华人民共和国归侨侨眷权益保护法》及其实施办法、《山东省归侨侨眷权益保护条例》以及其他涉侨法律法规，引导帮助侨胞、归侨侨眷通过法律手段维护自身权益，自觉遵纪守法。区侨联和省侨联青委会共同举办法律宣传进侨企活动，省侨联青委会副会长、德衡律师集团高级合伙人段志刚、省侨星志愿者服务团成员、泰和泰律师事务所律师路伟分别就企业家刑事法律风险防控、企业合同风险防范等相关法律法规和案例进行讲解，得到与会人员好评。

志愿服务活动。 4月10日，区侨联联合省侨联和省侨星志愿服务团举行"关爱侨界空巢老人志愿服务行动"，通过走访慰问提供服务，为空巢侨胞送温暖。12月26日，区侨联和筑爱志愿者在区统战部、区侨联主要领导带领下，到紫荆苑社区长者照护中心，帮助老人们整理床铺、打扫卫生，并赠送生活用品。

（王军）

李沧区
台胞台属联谊会

【概况】 李沧区台胞台属联谊会（以下简称"区台联"）始终把握两岸关系和平发展这一主题，遵循服务于祖国统一大业，服务于李沧经济社会发展原则，加强学习教育，进一步统一思想。充分发挥广泛联系、人才荟萃的优势，广交朋友，凝聚人心，为台胞台属排忧解

难。抢占网上阵地，开展政策宣传，积极开展社会服务工作。为促进青台经贸文化等各领域的交流合作，推动两岸关系和平发展做出积极贡献。

【统一思想】 区台联始终把抓好党的十九大精神和习近平新时代中国特色社会主义思想的学习作为对全区台属的思想政治教育、加强自身建设的重要内容抓紧抓好，切实把全区台属的思想认识统一到党中央对台工作要求上来，做到从思想上行动上服从于大局，服务于党的中心工作。面对蔡英文当局蓄意破坏两岸关系，阻挠隔断两岸交流的行径，积极宣传党的和平统一，"一国两制"的两岸政策，教育台属认清形势，认同一个中国原则，发挥自身优势，为促进祖国和平统一贡献力量。

【服务台胞】 李沧区现有去台人员800余人，台属6000余人。区台联会成员及广大台属中大多数与台湾亲人保持着密切联系，还有一部分台属与台湾工商界人士保持着往来。区台联广交深交各个领域的台湾朋友，并通过他们牵线搭桥，大力推动和开展两岸双向交流工作。2018年，持续开展"走基层、关心台属疾苦，为台属排忧解难"专项活动，全面开展对全区老台属、特别是困难台属走访慰问工作，了解实际情况，掌握一手资料，努力为他们办好事、办实事。为广大

台胞台属提供法律援助，帮助解决生活中遇到的实际困难和问题，让台胞台属感受到"台胞之家"的温暖。组织专业人员进行基础法律知识讲座，提高老年人防欺诈能力，收到良好效果。

【网站宣传】 当前两岸交流与合作正处于关键时期，网络阵地斗争激烈，区台联发挥"台胞之家"网站优势，抢占舆论高地，及时有效宣传有关政策，解疑释惑，并帮助解决困难。区内台属通过"台胞之家"网站方便快捷地了解国家政策，时事要闻，法律法规等信息。

（赵延涛）

李沧区
民族团结进步协会

【概况】 李沧区民族团结进步协会（以下简称"区协会"）坚持以习近平新时代中国特色社会主义思想为指引，突出重点，多措并举，深入开展民族团结宣传教育工作；深入少数民族群众中开展调研工作，帮助解决实际困难；全力配合相关部门做好各项民族工作，推进我区民族团结进步事业全面发展，发挥团结少数民族群众的桥梁纽带作用。

【宣传教育】 组织培训。组织少数民族代表参加市民宗局举办的少数民族代表人士培训班，系统学习习近平新时代中国特色社会主义思想、中国特色民族理论与实践、民族知识和政策法规，并组织到毛泽东故居参观，接受革命传统教育。

民族团结宣传教育活动。扎实开展民族团结宣传月活动，发放民族团结宣传资料1000余份，宣传党的民族政策，巩固和发展平等、团结、互助、和谐的社会主义民族关系；宣传一批少数民族典型致富带头人的先进事迹，并在少数民族多的社区、居委会开展民族知识、民族政策的宣传教育活动。聚焦上海合作组织青岛峰会，要求全体少数民族干部切实提高政治站位、增强政治自觉，以最高标准、最实措施、最严作风、最好效果完成各项服务保障任务。

文化活动。与青岛市民族团结进步协会、虎山路街道百通花园社区共同承办"金秋迎国庆共叙民族情"文艺演出，少数民族观众约300人观看了节目，赢得少数民族群众赞誉，市、区领导给予充分肯定。协会成立老年分会，并为老年舞蹈队购置演出服装。

表彰奖励。2018年底，对表现突出的少数民族干部进行表彰奖励，激励更多少数民族干部积极投身民族团结、各民族共同繁荣事业中贡献力量。

【调研工作】 结合"大学习、大调研、大改进、大督促""解放思想大讨论"，深入少数民族比较集中的社区进行调查研究，通过调研了解少数民族同胞工作生活状况，了解少数民族群众最关心、需求最迫切的问题，并制定相应工作举措，为更好地开展民族工作明确目标任务和方向。

【"10×10"联系交友工程】 区协会根据市民族团结进步协会的工作部署，实施"10×10"联系交友工程。通过面向少数民族群众联系交友，掌握其工作、生活、家庭情况及生活、工作中遇到的困难和问题，积极想办法帮助解决。开展向少数民族困难群众送温暖活动，走访慰问困难家庭2户，赠送价值2000元慰问品。

【促进民族团结】 不断完善工作体制机制，发挥在促进民族团结进步、参与社会管理方面的独特优势，全力配合区委统战部等相关部门，扎实开展各项少数民族工作，积极推进全区民族团结进步事业全面发展。2018年，区协会配合相关部门做好发放牛羊肉补贴、清真食品安全检查等工作，上海合作组织青岛峰会期间，全力配合各相关部门顺利完成接待外国元首的相关准备工作。

（李帅）

李沧区新的社会阶层
代表人士联谊会

【概况】 李沧区新的社会阶层代表人士联谊会（以下简称"区新联会"），坚持以习近平新时代中国特色社会主义思想为指导，大力加强思想政治建设；立足自身优势，积极参政议政；充分发挥联系新的社会阶层人士的主渠道作用，全力开展社会服务工作，组织开展特色活动，为助力建设宜业宜居宜身宜心创新型花园式中心城区做出应有贡献。

【思想政治建设】 2018 年培训新的社会阶层人士 50 余人次，组织专题学习和座谈交流 9 次；组织收看党的十九大报告、庆祝改革开放 40 周年大会视频，进一步帮助新的社会阶层人士增强"四个意识"，坚定"四个自信"。开展"传承红色基因，担当时代重任"主题活动，搭建为民服务平台，支持新的社会阶层人士为助力建设宜业宜居宜身宜心的创新型花园式中心城区贡献力量。打造世园街道金水东路社区悦读书房实践点，为新的社会阶层人士提供学习和互动交流平台；打造浮山路街道旭东社区党群服务中心实践创新点，搭建新的社会阶层人士联系党群服务社区平台；打造李村街道北山社区军旅情文化空间实践点，建立新的社会阶层人士军民共建服务社会平台。紧扣"红色基因传承"主题，启动"红色细胞工程"。组织新的社会阶层人士先后赴莱西市、西海岸新区、胶州市、城阳区等调研学习新的社会阶层人士统战工作，借鉴有益做法。充分利用线上学习平台，及时在区新联会微信群发布国家和省、市相关统战工作精神。

【参政议政】 区新联会现有市、区两级人大代表和政协委员 10 名，推荐其中优秀市、区级人大代表或政协委员进入青联、工商联等部门任职，表达群众意愿和诉求，提出意见建议 30 条，部分建议被采纳。新联会李斌、汤云青获 2018 年度区优秀政协委员。

【服务社会】 依托"快乐沙爱心帮扶中心"，将其运营的 9 处悦读书房建成红色书屋，每周讲 1 次红色故事，2018 年，共举办 5 场教育引导活动。打造"拥抱海洋"海洋知识宣讲品牌，先后 80 余次深入社区和学校开展活动和公益宣讲，累计服务青少年上万名。成立"故事爸爸""领读妈妈"阅读志愿服务队，开展深受青少年喜欢的动手参与、知识拓展等特色活动 50 余场次。区新联会与驻地部队结对共建，走访慰问部队官兵；举行爱心义卖活动，关爱帮助困难退役老兵。与团区委共同打造李沧区青年之家和志愿者之家，引导青年志愿者和会员开展书法家送福进社区、到书屋等活动。深入社区开展家庭教育讲座，开展法律知识宣讲，举办摄影展等公益服务活动 40 余次，援建快乐沙小学 1 所，精准扶贫捐款 38000 元。

【特色活动】 围绕"关爱、培育、支持、发展"主题与驻地部队签约共建，打造法律服务、心理服务、志愿服务等五支队伍。举办"红色筑梦　乒出精彩"庆祝改革开放 40 周年乒乓球联谊赛；开展"观我战舰，壮我国威"红色教育活动，组织新的社会阶层人士参观我军新式导弹驱逐舰和到访俄罗斯舰队，并为《红海行动》故事原型——海军临沂舰捐赠价值 4 万元厨具；组织参加北部战区海军 2018 年新兵授衔仪式暨入伍训练结业典礼和北部战区某部现役部队官兵参观"军旅情文化空间"活动，进一步强化共建效果。

（孟平平）

法治·军事

政法委工作

【概况】 2018年，全区政法机关在区委、区政府的正确领导下，坚持以习近平新时代中国特色社会主义思想为指导，深入学习贯彻党的十九大和十九届二中全会、三中全会精神，贯彻落实中央和省、市委对政法工作的部署，着力增强"四个意识"，坚定"四个自信"，做到"两个维护"，扎实履职，勇于担当，出色完成上级党委交办的重大活动安保维稳、扫黑除恶专项斗争等重大任务，深入推进平安李沧、法治李沧和过硬队伍建设，全区治安秩序和法制环境稳步向好。

【打造队伍】 思想政治建设。区委常委带头，政法机关主要负责同志扎实履行从严治党"一岗双责"主体责任，将治党管党工作与政法主业同研究、同部署、同调度，实现党建工作与政法工作深入融合、相互促进。区委常委定期深入政法部门，就增强政治定力、坚定政治立场进行座谈，要求干警决不做政治上的"两面人"，坚决服从服务于区委总体部署推进各项工作。落实政法机关班子成员定期讲党课制度，提升干警的党性意识和政治觉悟。在全区政法系统继续扎实开展"不忘初心　牢记使命"主题教育。各政法机关党组织认真组织学习《习近平谈治国理政》《习近平新时代中国特色社会主义思想三十讲》等书目，以及习总书记视察山东、广东等系列重要讲话精神，学习党的路线方针政策和党内法规文件，努力掌握精神实质。围绕清除"个人主义、圈子文化、码头文化""新时代、新担当、新作为、新奇迹"等主题，组织全体干警深入开展大研讨、大交流，提升政治站位，坚定理想信念，坚决树牢"四个意识"。

分层分类组织培训。着眼提升干警队伍革命化、正规化、专业化、职业化水平，聚焦政法工作实际需要，科学设置思想政治教育、专业法律知识、新兴领域知识等培训科目，采取邀请专家学者来青授课、与地方高等院校合作、到传统教育基地见学等形式，分层、分级、分类开展政法队伍教育培训工作。2018年，区委政法委在江西省委党校，法检部门分别在西北政法大学、吉林大学等高等院校组织干警集训。同时，切实抓好部门内部培训，确保每名干警得到轮训。全年各部门共组织各类业务培训活动110余次，累计参训人员1500余人次，干警政治素养和业务能力明显提升。

持之以恒正风肃纪。坚持把纪律和规矩挺在前面，抓早抓小，防微杜渐，零容忍惩治违法违纪行为。完善权力约束监督机制，加强对党员干部特别是"关键少数"的监督管理。

严格执法执纪督查。认真阅办并跟踪督查群众举报、来信来访中涉及的违法违纪和党风廉政问题线索。结合扫黑除恶专项斗争，对中央督办的7起案件线索以及辖区重点案件和举报线索，均成立工作专班，坚决跟踪落实。严格管理监督干部考核及任免工作，从严掌握政法部门干部选拔任用标准和程序。今年以来共开展"双治双民"、解放思想大讨论、省委巡视问题整改、吃空饷等专项整治6次，针对问题制定责任清单和整改清单，并全部在时限内整改完毕。宽严结合，审慎处置干部工作中出现的失误，正确甄别并落实容错纠错机制，出台保护干警依法行使职权的具体实施意见，鼓励干部担当作为。

【维护社会稳定】 打击刑事犯罪。聚焦维护稳定工作目标，依法严打影响群众安全的违法犯罪行为。在上合组织青岛峰会等重大活动安保维稳重压下，年内打击处理犯罪嫌疑人仍同比提升8.4%，现行命案破案率继续保持100%。深入推进打击"盗抢骗"专项行动，全力提升居民安全感。

扫黑除恶专项斗争。2018年年初，按照中央和省市部署，全区政法机关坚持制度、宣传、打击、彻查整治"四到位"，扎实履职担当，深入开展扫黑除恶专项斗争。建立健全扫黑除恶工作机制与职责体系，新建制度性文件近20件，规范线索摸排、案件移交、举报奖励、案件推进等工作流程；共发放扫黑除恶宣传材料174480份，印制并张贴通告及公开信11.57万份，悬挂横幅标语520条，制作展板283块，发放调查问卷12030份，赠阅知识读本4000余本，推送短信30余万条，积极引导全社会共同参与；年内共打掉恶势力犯罪集团4个、涉恶类犯罪团伙12个，打击处理犯罪嫌疑人90人，打掉恶势力团伙数居全市首位；对中央和省督办、转办及群众举报线索逐条进行核查，加强对黑恶势力渗透基层政权相关痕迹甄别，严防"村霸"及涉黑涉恶人员进入村"两委"班子，区级领导挂帅，对6个软弱涣散党组织进行集中整顿。

重大活动安保。上海合作组织青岛峰会及第二届海外院士青岛行活动期间，区委政法委作为维稳指挥中枢，调度政法机关及涉稳部门，整合发动各类志愿者14000余人，会同公安干警深入开展基础摸排，建成重点部位防冲撞隔离设施80处，并将全区7400余处各类安全隐患全部清零，确保峰会、院士行等活动安全，进一步夯实基层安全防范基础。全年出色完成各类重大活动涉会

2018年12月27日，区委主要负责同志主持召开全区扫黑除恶专项斗争领导小组全体扩大会议。

场所及行经路线周边安全保卫任务，各项维稳及警卫工作零差错、零失误，全区"大事没出、小事也没出"，取得了政治效果、安保效果、社会效果的高度统一。

【平安建设】 基层综治规范化建设。在基层社区建立综治信息动态收集掌控制度，全面推进街道、社区两级综治中心标准化建设，除浮山路街道涉及搬迁、九水街道北王社区未回迁外，其余10个街道、114个社区均按要求得到落实。

稳步推进网格化服务管理工作。将该项工作纳入平安建设考核，制定出台相关奖励政策，对有效协助侦查破案及防止各类刑事及治安案事件发生的，除给予考核加分，对线索举报人及时给予物质奖励。目前全区已划分基础单元网格483个，配备网格工作人员1287名，全区无命案街道、无刑事案件社区创建率分别达72.7%和80.86%。

治安防控体系建设。夯实基础信息大排查制度基础，流动人口出租房屋核实率、重点人纳控率、重点人口人户分离双控率均达100%。着力提升政法智能化建设水平。建成700路固定监控点位、100路移动4G监控点位及500处无线围栏卡口，将社会面高清视频监控逐步覆盖居民楼院外围区域，为反恐维稳、打击犯罪提供有

2018年4月3日，区政法委领导带领相关负责人前往青岛—亚马逊AWS联合创新中心调研，征求运营平台及入驻企业在司法服务方面的需求。

力支撑。加快居民楼院内部技防设施建设，在楼院内部普遍增设视频监控系统，协助破获各类案件20余起。与青岛广电合作，在上流佳苑、毕家上流等6个社区推广智慧社区建设，在李村街道东兴社区试点建设雪亮工程。

持续开展平安楼院创建活动。设立100万元平安楼院整治工作专项奖励资金，对14个老旧小区实施基层治安管控设施升级改造，减少治安防范死角。

创新矛盾调处机制。加强专、兼职调解员和信息员队伍建设，搭建区、街、社区三级矛盾纠纷多元化解综合平台。及时分类登记、上报矛盾纠纷隐患，适时分类梳理纠纷信息，制定改造预案，及时化解各类矛盾隐患，确保安定和谐。积极拓展民主协商、律师参与等矛盾化解渠道，虎山路街道创建"有事来商量"矛盾纠纷排

查调处品牌等经验做法，先后在《大众日报》《青岛日报》刊发，全国政协"基层协商推动基层社会治理"专题调研座谈会给予充分肯定。

【保障经济发展】 法律保障。区委常委带领政法机关相关人员，实地走访院士港、青岛—亚马逊AWS联合创新中心、丝路协创中心等重要产业创新平台，在全面征求意见建议基础上，研究制定司法服务优化举措。协调公安部门，针对省、市出台的《外国人才签证制度》和《关于深化户籍改革的实施意见》，研究落地实施细则，推进服务事项提速增效；协调上级法院，稳妥执结2起涉及青岛国际院士港二期项目规划用地的土地腾迁案件，为重点项目推进消除障碍；加强与司法部门和律协合作，从全市遴选专家学者及政法一线资深干警，围绕企业关注焦点、难点、痛点问题，定期组织开展法律培

训课堂，提升企业法律风险防范意识和能力。

司法服务。协调政法机关，围绕企业关注的外籍人才签证办理、外地员工居住证登记与办理、外来人才留青落户政策等方面，在政策咨询、流程公示、证件办理、登记管理等各个环节，及时拓展公示渠道、增加服务窗口、提升办理效率，着力推动"放管服"改革质效双提升。区法院着眼以司法手段

推动市场化破产重整，从中小民营企业入手，探索"执行转破产"进程，保障公平实现债权清偿。区检察院探索在青岛国际院士港所在辖区派出所设立刑事案件检察工作室，与公安机关形成打击合力，强化司法办案风险联合防控。

司法改革。以规划司法行为、执法尺度，提高审判质量为目标，严格按照上级要求，稳妥有序抓好司法改革、内设

机构改革的贯彻落实，无缝对接监察体制改革。区法院在现有 26 个办案团队基础上，新设 2 个速裁团队和 1 个保全团队，办理速裁案件 1021 件，有效实现分流减压。区检察院组建专业化办案团队，被山东省院确定为全面强化法律监督试点单位，大胆探索公益诉讼新领域，成功办理全国首例文物保护类行政公益诉讼。

（田绪宏）

法治建设

【概况】 2018 年，李沧区政府法制办坚持以习近平新时代中国特色社会主义思想为指导，严格落实国务院《法治政府建设实施纲要（2015～2020 年）》以及青岛市《关于加强法治政府建设实施意见》各项要求，紧紧围绕"职能科学、权责法定、执法严明、公开公正、廉洁高效、守法诚信"法治政府建设总体目标，健全制度机制，完善程序流程，依法全面履行政府职能，为加快建设宜业宜居宜身宜心的创新型花园式中心城区提供有力的法治保障。

【落实机制】 组织领导。严格落实中共中央办公厅、国务院办公厅关于《党政主要负责人履行推进法治建设第一责任人职责规定》，党政主要领导

坚持将建设法治政府摆在工作全局的重要位置，明确责任分工，积极谋划，部署落实，跟踪问效，确保法治政府建设扎实推进。

目标管理和考核。制定《2018 年李沧区法治政府建设工作计划》，规定 8 大块、37 个方面的内容。完善计分细则，加强对街道办事处、各执法部门的日常考核，并每月及时通报考评情况。

法治工作报告制度。各街道办事处、各政府部门实行法治政府年度工作报告制度并及时公开；将区政府法治政府建设工作报告向区委、区人大常委会和市政府报告，并向社会公开，推进工作落实。

宣传推动。组织报送法

治政府信息，在李沧电视台制作法治政府专题节目——《李沧区行政审批服务实现"零跑腿"》，定期在"李沧在线"发布依法行政工作动态信息和典型经验、做法，营造氛围，推动工作。

【依法决策】 重大行政决策程序规范化建设。组织征集李沧区重大行政决策建议项目，公布 2018 年度李沧区重大行政决策事项目录。实行重大行政决策全过程记录机制，对重大行政决策事项的提出、确定、调整、公布、论证、监督等程序环节进行节点管理、流程控制，确保规范运行。2018 年，两个重大行政决策事项均按照公众参与、专家论证、社会风险评估、合法性审查、集体研

究的五个法定程序完成。

执行规范性文件备案制度。向市政府、区人大备案区政府规范性文件2件，报备率、及时率、规范率达100%。围绕"放管服"改革、生态文明建设、公平竞争等方面开展专项清理工作，清理区政府失效文件8件。

完善合法性审查工作流程。按照市法制办《重大行政决策合法性审查程序规定》要求，完善合法性审核工作机制，明确审查范围及责任人，优化审签流程，实现审签全过程留痕，提高审核质量。截至12月底，审签以区政府以及政府办名义发文的文件、会议纪要等1200余件，21次区政府常务会议139件议题全部依法进行合法性审查。

【行政执法】 规范重大行政执法决定法制审核程序。制定《李沧区重大行政执法决定法制审核办法》，编制法制审核目录清单以及流程图，明确送审材料、规范审核程序、审核载体、时限要求、协调解决机制和责任追究机制等，全面系统规范重大执法决定的法制审核行为。2018年，对58件以区政府名义做出的重大执法决定进行法制审核。

实行行政处罚与行政强制网上运行。严格落实行政执法"三项制度"要求，督促全区相关执法单位将行政处罚与行政强制权力事项清单录入山东省行政权力事项动态管理系统，实现权力运行信息网上公布查询、权力流程网上运转、执法结果网上公示、执法监督网上实施。

推进行政执法案卷评查工作。制定《2018年李沧区执法监督工作实施方案》，加强对各执法部门的日常监督。2018年，开展案卷集中评查2次，由部门自评行政执法案卷900余卷，集中评查367卷。

严格行政执法人员资格制度。及时办理执法证件申领受理、资格审查、证件注销清理等工作。2018年，组织561名行政执法人员参加年审换证考试、组织44名新申领证件人员参加培训，清理111件行政执法证。

坚持开展依法行政测试工作。围绕法治思维能力培养与提高、行政执法三项制度主要精神、行政执法存在主要问题，制定年度培训计划，组建培训师资队伍。采取闭卷形式对上年度考试成绩低于90分行政执法人员进行统一考试，提高了培训效果。

【矛盾纠纷解决】 推进行政复议工作规范化与网络化建设。完善《行政复议案件受理（不受理）审批表》《行政复议案件有关事项审批表》《行政复议案件集体讨论记录》《行政复议案件决定审批表》等办案文书，以行政复议应诉信息管理系统为载体，严格把关、层层审查，实现行政复议案件办理全过程留痕。截至12月底，收到行政复议案件61件，其中维持9件、驳回复议申请13件、终止复议10件、撤销原行政行为1件、确认违法1件、未按期补正视为放弃复议12件，不予受理5件。

加强行政机关出庭应诉能力建设。定期组织各单位应诉业务人员培训，对案情较为复杂案件，及时召集案件研审会，创新思路，深入研讨，依法采取对策。严格落实行政负责人出庭应诉制度，除行政负责人外，要求确定1名分管领导专职负责出庭应诉工作，并纳入我区依法行政考核细则。

运用法治方式解决信访问题。为推动全区信访积案化解工作依法依规、公平、公正进行，专门制定《李沧区关于聘用律师参与化解信访积案付费管理暂行办法》，进一步规范我区聘用律师参与化解信访积案付费的范围、标准和方式。区法制办作为政府风险防范和化解的参谋，本年度参与区信访工作联席会议10次，参与研究区信访专题事项13次，协助梳理全区信访积案95件，为协助化解信访积案，请相关单位主要领导对信访积案包案攻坚化解，使信访积案如期有效化解。区法制办邀请律师全程参与，对信访案件均依法依规有理有据地提出信访化解意见，逐一啃下信访积案的硬骨头，确保案结事了，切实维护群众合法利益。

普遍建立法律顾问制度。根据法律顾问专业特长，以及各单位职能需要，分别完善律师参与专项事务服务方式、范围以及费用支付标准等，充分发挥法律顾问在规范政府行政决策、提升应诉能力、防范合同风险、监督执法行为、化解社会矛盾等方面的重要作用。年内，政府法律顾问按照"三关管理模式"参与审核完成约6800个合同，提出修改意见、建议12000余条；参与"一次性办好"、证明事项清理、安全生产执法等非诉讼事项867次，其中法律咨询及文件审核423次、参与处理信访事项217次、参与法律援助26次。

（李风娟）

公　安

【概况】 李沧公安分局围绕上海合作组织青岛峰会安保这一核心任务，抓安保、强主业、扫黑恶、打基础、优服务、树形象，各项工作迈出新步伐，取得新成效。扎实推动安保维稳实战化、常态化机制建设，顺利完成习近平总书记视察李沧安保警卫任务以及上海合作组织青岛峰会要人住地、灯光秀焰火表演和路线警卫等重大安保任务，实现上级要求的"六个坚决防止"和"三个确保"的总体目标。开展6轮次反恐基础摸排，压实反恐防暴主体责任，督促涉恐重点目标整改安全隐患120余处，暴恐和个人极端事件实现"零发生"。元旦、春节等重大节日及敏感节点，全区社会治安大局保持稳定。李沧公安分局被省委、省政府授予上海合作组织青岛峰会安保先进集体。年内，开展六个专项行动，打击处理犯罪嫌疑人数同比提升3.1%，现行命案破案率继续保持100%，街面"两抢"发12破11，破案率达91.7%；扫黑除恶专项斗争取得阶段性成果，打掉恶势力犯罪集团4个、涉恶类犯罪团伙10个。破获经济案件40余起，移诉犯罪嫌疑人100余人，涉案金额10亿余元，为企业挽回经济损失8000余万元。破获涉毒案件100余起，在全省公安机关扫毒大比武中名列前茅。打击处理涉黄涉赌嫌疑人540余人，其中刑事拘留40余人，行政拘留490余人，打击成效位居全市前列。

【峰会安保】 上海合作组织青岛峰会安保作为全年公安工作的核心任务，提早动手、统筹谋划，梯次推进"铁拳""清场""六个不发生创建""净网"等系列专项行动，启动战时勤务运行机制，统筹网上、网下

多次召开专题会议研究上海合作组织青岛峰会期间安保工作。

两个战场，搜集掌握各类涉稳信息 300 余条、涉警信息 2800 余条，组建 100 余人的常备应急处置队伍，开展冬训练兵，做实做细应急响应和处置工作预案，组建反恐大队，严密反恐基础防范，开展反恐防范培训和实战演练 9 场次。建立战时大巡防格局。6 月份，全区刑事接警同比下降 92.7%，其中 8 天实现"零发案"。峰会期间，连续 6 天保持刑事零发案。建立战时查控勤务模式，在升级南渠、桃园两处公安检查站的基础上，设立跨海大桥高架路、青银高速两处战时查控点，严密市区防控圈。上海合作组织青岛峰会安保决战阶段，启动最高等级别的战时查控勤务，严查严控可疑人、车、物品。累计查缉车辆 31.2 万余辆，核查人员 37.9 万余人，查获违法犯罪嫌疑人 90 余名，各项峰会安保任务做到万无一失，绝对安全，守住了青岛"北门"和市区外围防线。

【**扫黑除恶专项斗争**】 把扫黑除恶专项斗争作为一项重要政治任务和"全警工程"，成立扫黑除恶专项斗争领导小组及办公室，分局党委召开 10 余次会议，专题研究扫黑除恶工作，党委班子成员深入基层调度、督导扫黑除恶工作 260 余人次。制定印发《李沧分局扫黑除恶专项斗争实施方案》，建立涉黑涉恶线索排查、核查、双向移送及工作保障、激励问

守卫李沧商圈的金刚卫士。

责、有奖举报等 6 项工作机制，将扫黑除恶专项斗争纳入分局绩效考核单独计分。组建 40 余人的扫黑除恶线索核查工作专班，建立完善统一受理、分类核查、共同负责的线索核查机制，严格执行线索核查"三长负责制"，压实线索排查责任，明确派出所所长为线索排查"第一责任人"。聚焦 11 类黑恶势力打击重点，对辖区重点行业、重点场所和易滋生黑恶势力的行业领域，滚动开展线索摸排；全媒体宣传发动，出台有奖举报措施，公布 24 小时举报热线和现场举报地址，广泛发动群众检举揭发涉黑涉恶犯罪。行动开展以来，受理上级转办线索 90 余条，查结 70 余条；群众举报获取有效线索 30 余条，已有 10 余条成功转化为打击战果。开展扫黑除恶专项斗争"山东战役""铁拳""金剑"等系列行动，共打掉恶势力犯罪集团 4 个、涉恶类犯罪团伙 10 余个，打击处理犯罪嫌疑人 100 余人。

【**治安管理**】 完善治安防控网络建设。落实重点部位常态化武装巡守，广泛发动社区网格员、治安志愿者参与治安防控，强化社区自治长效化巡防措施，最大限度把防控力量摆上街面、布防社区。全区刑事接警同比下降 19.7%，其中，街面"两抢"警情同比下降 53.8%，抢包扒窃、居民户盗窃和盗抢机动车警情同比分别下降 37.8%、27% 和 50.3%。

开展火灾隐患"清场"攻坚等专项行动。建立完善行业火灾移交督改机制，年内，共检查单位和"九小场所"1.8 万余家次、高层建筑 780 余栋、涉危涉爆企业 40 余家、寄递物流企业 470 余家、加油站 30 余家，督促整改安全隐患和违法行为 3.4 万余处，火灾亡人、

伤人数同比分别下降100%和80%，全区未发生群死群伤的火灾事故。

【基础建设】 在李沧区政府支持下，投入资金6100余万元，在全区重点部位新建高清视频监控，完成食品快检实验室建设任务。按照一级标准建设跨海大桥高架路检查站，在旅馆、网吧等重点场所全面推广安装人脸识别系统和公安社采应用程序，深度推广应用联指联勤平台、智能云民爆物品末端管控平台等信息化管控系统，智慧公安建设和信息化应用能力取得新突破。提高以人为核心的基础要素管控率，流动人口出租房屋核实率、人口人户分离双控率达100%。更新警械装备，单警装备配备实现全面提升。选点李村派出所探索打造情指勤一体化勤务运行机制。9月份试点运行以来，主动巡控发现、驱离、震慑扒窃嫌疑人30余人次，商圈扒窃警情发案率下降30%。

【行政审批】 梳理编制45项"一次办好"事项清单，落实36条便民服务工作措施，优化消防、治安等行政许可审批事项和流程8项，精简审批程序7项，压缩企业开办许可等办理时限5项，减免企业办事证明材料7项，有力服务全区新旧动能转换和青岛国际院士港建设运营等重大项目、重点工程。落实首接负责、一次性告知、限时办结等服务机制，

2018年11月26日，群众向李村派出所赠送锦旗。

开通微信、支付宝等第三方支付方式，实行公安派出所出具证明"五个一律"，下放落户审批权限4项，缩短居民办证时限7项，最大限度为群众提供便捷服务。在李沧区"三民"活动中，连续三年蝉联第一序列第一名。

【社区警务】 以创新完善"1+2+N"社区警务模式为抓手，配齐配强社区警务力量，实施社区警务融合工程，警力最大限度向社区倾斜，社区民警比例达到派出所警力总数的40%。协调综治部门牵头，发动引导辖区单位、社会组织、群团组织等各类社会力量广泛参与社区警务工作。上海合作组织青岛峰会安保期间，将网格员和志愿者队伍工作重心转移到社会面巡防上来，加强重点部位值守和社区内部流动巡防，有力辅助峰会安保工作。5～6月份，全区刑事接警同比下降

63.5%，其中，80余个社区刑事"零发案"达40天以上。

【队伍建设】 坚决执行"对党忠诚、服务人民、执法公正、纪律严明"总要求，以战时党建统领安保维稳工作和队伍管理，保持民警队伍战斗力。上海合作组织青岛峰会安保期间，全体公安民警、现役官兵、特勤辅警全力投入安保维稳工作各条战线，完成了各项安保任务。25个集体荣获上级表彰，1名民警荣记个人一等功，30余名民警记个人二、三等功，390余名民警被嘉奖表彰。李村派出所民警李嘉顺获评新时代"十佳人民警察"；兴城路派出所民警王建利家属赵奉华获"十佳警嫂"提名。分局实战化练兵工作做法被省厅推广，全市公安机关教育训练暨基地建设攻坚现场推进会在李沧分局召开。

（田莉）

检　察

【概况】　李沧区检察院全面贯彻党的十九大精神，坚持以习近平新时代中国特色社会主义思想为指导，紧紧围绕区委"18844"工作格局，坚持"走在前列"的目标定位，立足检察职能，全力服务全区经济发展，保障改善民生，大力开展平安李沧建设，全面强化法律监督，锐意推进改革创新，各项检察工作扎实推进并取得突出成绩。先后获评全国检察文化示范院、全国检察宣传先进单位、全国新媒体建设优秀单位等荣誉称号，承担省检察院"全面强化法律监督""审查逮捕案件繁简分流""自行补充侦查"等多项改革试点任务。

【服务经济发展】　制定《李沧区人民检察院服务保障新旧动能转换实施方案》，强化司法办案风险联合防控。年内，办理涉及青岛国际院士港片区刑事案件35件48人，对可能影响稳定的涉黑涉恶案件、非访人员聚众扰乱社会秩序等案件均予重点关注、优先办理。积极参与经济金融风险防控化解，办理涉众型经济犯罪15件41人。结合"非法集资"等典型案例到枣园、旭东等12个社区进行法治宣传。

【保障民生】　扎实开展环境资源领域专项立案监督。突出加强对特殊群体的司法保护。推动司法救助与精准脱贫相衔接，发放司法救助金9万余元；切实保障未成年人合法权益。丰富联系服务群众载体，深入开展"四下基层""送法律、送救助、送温暖"等活动，将组建"普法宣讲团"与"12309检察服务中心""掌上检察院"建设相结合，全年共开展普法宣传50余次，受到群众广泛欢迎，被区委宣传部推荐参加"秩序李沧"栏目录制，青岛电视台新闻栏目予以报道。

【平安李沧建设】　依法严惩各类刑事犯罪。审查逮捕285件349人，审查起诉556件691人，对近年来发案率较高的毒品案件予以重点关注和打击，共批捕79件88人、起诉95件104人。积极配合公安机关开展缉枪治爆、"净网2018"等专项行动，共办理涉枪案件1件4人、侵财类案件223件271人；加大刑事打击非访力度，参与研究案件20余起，批捕涉刑事犯罪非访案件4件5人，提起公诉3件5人，有力维护大局稳定。

【法律监督】　做强刑事检察监督，坚持和完善重大案件提前介入等制度，监督立案11件、撤案8件，不捕100件130人，不诉42件42人，追捕15人，追诉23人，抗诉采纳3件3人。做实刑事执行检察监督，办理羁押必要性审查案件34件，办理又犯罪案件7

在紫荆苑社区开展家庭教育公益活动。

件 7 人；开展监督维护刑事被执行人合法权益专项检察活动，及时监督纠正违法情形，有效维护被执行人的合法权益。做精民事行政检察监督，突出抓好民事检察监督，办理二审抗诉案件 18 件；着力强化行政检察监督，办理行政执法监督案件 1 件。紧抓检察改革前沿热点，大胆探索公益诉讼新领域，将涉税、文物保护、海洋环境作为重点突破口，办理公益诉讼诉前程序 31 件，起诉 1 件。做好控告申诉检察监督，全年共受理来信来访 700 余件，立案复查刑事申诉案件 3 件。全力抓好重大活动、重要节点的信访稳控，妥善处理涉检信访，实现涉检信访案件到省进京零上访的目标。做优未成年人检察监督，健全完善"捕、诉、监、防"一体化工作机制，办理未检批捕案件 21 件 29 人、审查起诉案件 19 件 27 人，开展附条件不起诉考察帮教 6 人。先后到 6 所学校、3 个社区举办 11 场讲座，受益学生及居民达 2000 余人次。2018 年获评全市青少年普法教育活动先进单位、先进个人等多项荣誉。

【扫黑除恶专项斗争】 办好重点案件，形成办案规模。在李沧区扫黑除恶专项斗争领导小组的统一部署下，抽调业务骨干成立工作专班，共提前介入案件 11 件 27 人，批捕 14 件 36 人，提起公诉 9 件 23 人。开展集中攻坚，强化线索摸

排。对 2017 年至今的信访申诉、刑事检察、民行监督等近 2000 起案件逐一排查，发现并向公安、纪委监察委移送线索 11 件。发挥检察监督职能，铲除黑恶势力滋生土壤。针对办案中发现的物业管理领域可能引发黑恶势力滋生蔓延的隐患问题，及时发出检察建议，督促有关部门堵漏建制、强化管理，从源头遏制黑恶势力滋生蔓延。

【安保维稳】 根据区委统一部署，抽调 23 名检察骨干参与全区上海合作组织青岛峰会安保维稳工作；全力完成信访稳控任务，妥善处理重点涉检信访案件 14 件、群体访 1 件；从严从速对朱某等 14 人利用邪教组织破坏法律实施案提起公诉；参与区委政法委牵头的维稳联席会议，共同研究、妥善解决辖区两社区个别人员利用上海合作组织青岛峰会特殊节点制造非正常信访压力案件。圆满完成峰会期间的安保维稳

任务，获评全区安保维稳先进集体。

【推进改革】 稳步推进司法体制改革，完成三类人员分类定岗，落实员额检察官办案责任制，所有员额检察官全部一线办案；认真推进检察改革，办理认罪认罚从宽案件 404 件 440 人，占起诉总数的 73.3%；贯彻监察体制改革要求，抽调多名政治素质过硬、具备丰富经验的员额检察官组成专办团队，在认真开展积案清理的同时，建立健全与纪检监察机关无缝衔接机制以及检察机关内部协作配合机制，有力打击贪腐犯罪行为。

【创新机制】 主动适应以审判为中心的诉讼制度改革，作为全市唯一基层院代表，承担省检察院"全面强化法律监督""审查逮捕案件繁简分流""自行补充侦查"等多项改革试点任务，大胆探索司法办案新机制。创新制定表格式办案文书，在确保重点审查内容、

承办全市检察机关酌定不起诉工作会议，并在会上做经验交流发言。

监督项目无遗漏的前提下，大幅提高办案效率；针对辖区危险驾驶案件实际情况，制定《李沧区人民检察院关于危险驾驶案件酌定不起诉实施意见（试行）》，成功办理 31 起该类案件，在全市检察机关酌定不起诉工作会议上，李沧检察院经验做法得到市检察院主要领导批示肯定并被高检院转发。

【从严治检】 严格落实党的建设主体责任和机关党建工作标准化机制，层层签订党风廉政建设责任书。以落实区委、市检察院部署的各项巡察、督察任务为契机，结合李沧区"治官治吏便民利民"专项行动，成立院"四位一体"督察组，强力推进重点事项的监督整改和日常监督执纪，真正把巡察检查成效体现到全面从严治党、从严治检上。

【业务建设】 认真组织学习修改后的人民检察院组织法和刑事诉讼法，结合涉及检察改革和大局发展的金融犯罪、知识产权犯罪、公益诉讼等新型案件，组织各类业务轮训120 余人次；建立检察官教检察官平台，并分批组织赴高校专题学习；注重领军人才培养，各部门及干警共计 40 余人次获得荣誉表彰，队伍建设经验先后在正义网、《山东法制报》《青岛日报》等媒体转发推广。

【检务公开】 主动接受人大监督，依法向区人大及其常委会做出全面工作报告以及未检、侦监等专题报告；主动邀请人大代表、政协委员参加观摩座谈、检察建议公开送达、"检察开放日"等活动，全年经人民监督员程序审议案件 10 件10 人；充分发挥新媒体平台作用，适时将重点工作、重大案件向社会各界及人民群众公开，提高检察工作透明度。

（谭玉婷）

司　　法

【概况】 2018 年，李沧区司法局深入贯彻落实党的十九大精神，坚持法治李沧建设方向，立足李沧实际，发挥职能优势，全力做好上海合作组织青岛峰会期间"两类人员"管控维稳工作，加大矛盾纠纷调处力度，扎实推进基层法律服务体系建设，优化法律服务，做好法治宣传，全面提升司法行政工作水平。

【重点管控】 领导高度重视。上海合作组织青岛峰会期间，司法局将全区社区矫正安置帮教安保维稳工作作为压倒一切的政治任务，峰会活动初期，市局主要领导亲自到我区与区委区政府、区政法委主要领导对接我区"两类人员"安保维稳工作，并做出指示，同时科学指挥、周密安排、及时研究调度，解决了重大活动期间遇到的经费保障、充实人员力量等一系列问题。为顺利完成对重点人员的教育管理，协调市司法局、区战时指挥部、区公安分局、区综合行政执法局调派多名干警参加培训管理工作。

严密管控措施。峰会期间区司法局成立 5 个督导小组狠抓落实，机关全体人员下沉到基层一线，滚动摸排 240 名社区服刑人员和 701 名安置帮教对象信息，各司法所与派出所比对排查信息，确保服刑人员定位监管全覆盖。对"两类人员"实行一人一策、个案矫正，有针对性地进行管控。严密有力的措施，确保实现全区社区服刑人员和安置帮教对象"两类人员"安全稳定目标。

【法治宣传】 实施"七五"普法规划。制定印发执法主体单位普法责任清单，明确各执法单位任务目标，高标准完成"七五"普法确定的中期目标任务。精心谋划"七五"普法中期检查验收各项工作，确定 5 个法治宣传检查验收点代表青岛市迎接山东省普法办验收。2018 年 10 月 17 日，经省"七五"普法规划中期检查验收小组现场检验，荣获"全国民主法治示范社区"荣誉称号 1 个。

培育普法品牌。在落实"谁执法谁普法"责任制过程中引导培育一批以区行政服务大厅"一次办好"和"零跑腿"执法服务、区综合行政执法局"三步走执法方式"、区法院少年法庭等为代表的普法品牌。针对"关键群体"打造校园个性普法品牌"枣花学法""小脚丫法治行"得到省、市肯定。

丰富载体。打造全省首家非企业公益性服务平台"李沧区枣花法治宣传教育服务中心"，整合全区公共法律资源进行精准普法；依托社区人民调解室设立"百姓说事中心"，全方位听民声、知民情、解民意；建立全市首家"道德与法治教育示范基地"，每季度接待参观学习的在校学生 1600 人次，社区居民 2300 人次。

创新方式。与《读者》杂志合作推出李沧普法专刊，扩大普法理念推广范围；组织专案宣讲组，以案释法，解答群众感兴趣、有需求的法律问题；建立精准服务普法团队，在全区共宣讲 469 场次，受众人数达 4 万多人次。"12.4"宪法宣传日，在全区 32 个集中宣传点开展宪法宣传活动，共有 2 万多人次参加，发放各种宣传材料、宣传品 36000 多份。在第一个宪法宣传周（12 月 2 日至 8 日），除在学校机关开展宪法主题活动外，青岛市司法局、青岛市普法办、李沧区司法局、李沧区依法治区办与铁路青岛北站联合举办"列车行万里宪法万里行"主题宪法宣传活动，在车站、列车为旅客们发放普法材料 9000 余份。市普法办、市司法局法制宣传处、区领导参加活动启动仪式。

【纠纷调处】 认真贯彻落实市司法局、区综治办关于开展矛盾纠纷排查化解活动工作部署，依托各级人民调解组织、"市 12348 人民调解指挥分流平台"、街道公共法律服务站、社区司法行政工作室，做好春节、三级两会、上海合作组织青岛峰会、"社区两委"换届、扫黑除恶专项斗争及法治扶贫等重点领域、重点时段的安全稳定工作，有效地发挥人民调解"第一道"防线的作用。2018 年，共排查矛盾隐患 1122 次，预防纠纷事件 1157 件，调解各类案件 1901 件，通过"12348"平台分流处理案件 27 件，成功率达 99%。

【服务基层】 公共法律服务站建设。区委、区政府支持、协调财政专项资金 60 余万元，按照省级规范化要求打造李村、浮山路、兴城路、九水、世园 5 个街道公共法律服务站，设置公共法律服务大厅、背景墙及服务窗口，悬挂司法所业务职责制度，设置法律服务、社区矫正、法治宣传等功能室，完善平台各项功能，真正实现司法所标识统一化、制度规范化、档案标准化、服务便民化。2018 年底，李沧区李村司法所被司法部授予"全国先进司法所"称号。

建立规范化社区司法行政工作室。2018 年以来，区司法局积极协调社区，预留办公场所，为 13 个具备独立司法行政工作室的社区进行规范统一建设，按考核标准投入 18 万元统一制作制度牌、桌牌、标语口号等，同时为全区所有社区制作"一社区一法律顾问"宣传公示栏、"1+1+N"矛盾纠纷制度牌。目前，李沧区统一规范的社区司法工作室达到 50 个，约占社区总数的 50%。

"一社区一法律顾问"。区司法局在"一社区一法律顾问"在线管理系统基础上，联系软件公司共同开发微信小程序版本，添加坐班签到定位、分数统计及工作提醒功能，增强法律顾问服务质量和服务效能。2018 年 9 月，在市委改革办"一社区一法律顾问"工作专项督查中，李沧区获得高度评价，"李沧区一社区一法律顾问在线管理系统"先进管理经验在《青岛改革动态》刊登。

建立律师行业委员会。

2018年9月，批复建立中共李沧区律师行业委员会。在区司法局党组指导下，严格落实党建工作责任制度，切实加强律师行业委员会建设，为律师行业发展提供政治和组织保障。8月末，组织律师行业党委和各党支部书记及部分党员干部骨干共11名同志，在革命圣地延安，举办为期5天"重温延安精神锤炼党性修养"培训班，强化政治引领，确保党建工作在律师行业落地生根。

【优化服务】落实律师对接扶贫项目计划。举办"李沧－康县2018年东西交流律师业务座谈会"，实现两地律师事务所之间大数据信息共享，为康县优秀年轻律师提供到李沧区律师事务所实习机会，加强沟通互动，强化扶贫协作。10月，选派3名优秀律师事务所负责人赴陇南康县进行交流指导。

推进刑事案件律师辩护全覆盖。区法律援助中心围绕财政支持、机制保障、监督规范"三个到位"，全面贯彻落实《青岛市开展刑事案件律师辩护全覆盖试点办法》，提高办理刑事案件质量。10月16日，青岛市刑事案件律师辩护全覆盖现场经验交流暨工作推进会在李沧区召开，经验做法在全市推广。

健全法律服务网络。在市司法局精心指导和区政府的大力支持下，率先建成总面积750平方米，集法律服务、社区矫正、人民调解、法治宣传教育等多种功能于一体的公共法律服务中心，2018年荣获"山东省公共法律服务示范中心"称号。分别在区政务服务大厅、区法院、区检察院、区信访局、区交警大队、区劳动争议仲裁院等设立法律援助便民岗，在区属21家律师事务所设立法律援助受理点，在全区11个街道办事处成立法律援助工作站、115个社区建立法律援助联络点，形成覆盖全区的"半小时法律服务圈"。

（徐三阳）

法　　院

【概况】2018年，李沧区法院以习近平新时代中国特色社会主义思想为指导，全面落实习近平总书记视察山东、视察青岛重要讲话精神，坚持"努力让人民群众在每一个司法案件中感受到公平正义"目标不变，坚持"司法为民、公正司法"主线不偏，坚持服务保障区委创新发展"18844"工作格局的力度不减，扎实履行职责，深化司法改革，加强队伍建设，工作稳中有进，整体持续向好。全年共受理各类案件8971件，审执结8601件，同比分别上升18.49%和15.15%。连续两季度被区委授予全区科学发展突出贡献单位，14名干警立功受奖。

【审判工作】审判执法。共受理各类诉讼案件6587件，审结6218件，同比分别增长12.56%和8.14%，结收比94.40%。受理刑事案件557件，审结556件，结收比99.82%，判处罪犯669人；受理民事案件3997件，审结3709件，结收比92.82%。受理商事案件1904件，审结1820件，结收比95.59%。受理行政案件130件，审结133件（含旧存），结收比102.30%。

扫黑除恶。严格落实上级部署，成立工作专班，院庭长直接办案。完善办案规程，实行"四个优先"。加强与纪委监委、检察、公安机关沟通配合，定期召开联席会议。成功审结首起涉恶案件，4名被告人全部认罪伏法。对近三年审结的所有案件逐案筛查，发现并移送线索5条。通过网站、微信、微博等新媒体公布举报方式，深入街道社区开展专项宣传，大力营造社会氛围。

小案办理。严肃办理侵蚀党的健康肌体、败坏社会风气的"小官贪腐"案件4案4人、其他职务犯罪案件7案7人。打击假借信访违法犯罪案件3件9人。适用速裁程序和认罪认罚从宽制度审理案件359件。与区司法局合作推进律师辩护全覆盖试点工作，实现刑事案件律师参与率100%。挂牌成立家事审判庭，审结各类家事纠纷814件。妥善审结某小区火灾系列赔偿案件。调解结案2118件，服判息诉率89.42%。提高小额诉讼程序适用率，平均审理周期仅27天。建立保全案件保险担保工作机制，办理使用保函担保的保全案件232件。审理全省首例合伙企业强制清算案件。李沧区行政争议审前和解中心于2018年12月在区法院挂牌运行。行政机关负责人出庭应诉率同比提高3.47%。成功审理全国首起文物保护领域行政公益诉讼案件。

【破解"执行难"】 多部门配合。区委高度重视"基本解决执行难"工作，区委常委会专门听取汇报，区委主要领导做出批示。区人大常委会先后两次听取审议执行工作报告，并出台《关于进一步加强区法院执行工作的决定》。区政协领导多次现场视察调研。区政府多部门配合参与，形成强有力的协调联动机制。与保险公司

2018年12月20日，全市法院执行工作现场会在李沧区法院召开。

合作推出"执行+保险"工作机制，与区公安分局联合签订《关于推进解决执行难协作备忘录》，有力地促进了执行难问题的解决。

集中攻坚。开展"春雷""夏雨""秋风""冬暖"系列执行行动，执结民生案件1700余件，结案标的额5600余万元。开展"反规避、惩失信"活动，累计曝光失信名单1214人次，限制出境3人次，"限高"894人次，拘传421人，司法拘留137人，与公安和检察机关协力打击拒执犯罪，已累计判决6案6人，另有5件正在查办当中，典型案例被最高法院选用拍摄，并在中央电视台播出。设立破产重整案件管理人援助基金,在全市率先实现"执转破"工作破题。探索跨行政区域车辆查控机制，已与崂山交警合作查扣成功。全市法院执行工作现场会在李沧召开，工作经验在全市推广。

优化功能。整合优化网络查控中心功能，累计冻结资金7600余万元，查询车辆531辆、证券1.8万股、互联网理财存款31万余元。执行指挥中心实体化运行更加平稳流畅。2018年11月29日，参加由最高法院主办，《人民日报》、中央电视台等60多家新闻媒体全程参与的"蓝色风暴"执行行动全媒体直播，1500多万网友在线观看并大量点赞。

提高质效。推进实施"一案一账户"制度，司法拍卖全部上网，已累计发布131件，成交34件，成交金额1.82亿元，溢价率13.04%，为当事人节省佣金近2000万元。开展执行质量评查并立行立改，全国执行数据平台录入差错率、违法违纪投诉率、最高法院督办案件数均为零。《法制日报》《人民法院报》《青岛日报》等主流媒体深入报道。结案平均用时98.65天，达到全市最

快。全年共受理执行案件2383件，结案2383件，同比分别增长38.63%和38.55%，结收比100%。"三个90%一个80%"核心指标分别为98.98%、100%、100%和95.68%，在省高院连续37周的执行质效通报中，始终位居全市法院榜首，在全省155家法院中名列前十。

【服务民生】 妥善化解涉区重点项目纠纷6件。到民营企业实地走访，制定出台《关于支持民营企业发展的实施意见》。坚持因案施策、逐案逐策、打化结合，认真审理涉军全面停止有偿服务案件。建立矛盾纠纷排查化解对接机制，信息互通、优势互补，与街道联手做好信访化解稳控，连续两年实现重要节会"零进京"。加快构建立体化诉讼服务网络，拓展服务中心功能，开通"12368"热线，推行电子送达、微信送达模式。优先办理涉及群众"衣食住行、业教保医"案件1354件。扩大司法鉴定前置程序适用范围，为困难当事人缓减免诉讼费67.87万元，提供司法救助23.8万元。打造一体化诉调对接平台，诉前化解纠纷481件，办理司法确认129件。深入校园、企业、街道开展普法讲座8次，组织社区开庭3次，提供法律咨询1400余人次。向有关单位发送司法建议并得到积极反馈，促进公共决策和社会治理科学化。

【司法改革】 完善组织体

2018年12月4日，李沧区法院举行国家宪法日员额法官集体宣誓仪式。
（摄影：张清皓）

系。扎实开展第二批员额法官遴选工作，3名同志入选。院庭长带头办理案件4767件，占比55.42%。员额法官人均办案246件，同比提高25.51%。在现有26个团队基础上，新设2个速裁团队和1个保全团队，办理速裁案件1302件。财产保全率69.12%，位于全市前列。

改革运行机制。通过改革调整，形成团队自主运行、审管办统筹管控、院庭长协调调度的管理机制。完善审委会议事规则，发挥专业法官会议功能。推行"三项监督"，坚持"谁办案谁负责"，健全二审改发案件分析评价制度，案件上诉率和改发率实现"双降"（同比分别下降3.78%和2.04%）。结案均衡度位居全市法院第一。

【智慧法院】 更新法院审判一体化云平台，引进"智审"系统。开通远程庭审系统，

速裁和简易刑事案件实现视频庭审。"网上法院"建设进展顺利，民商事案件网上立案率79.32%，走在全市前列。不断完善司法公开四大平台，裁判文书上网7331份，庭审网络直播21次。

【自身建设】 党建工作。始终把政治建设摆在首位，坚持党对法院工作的绝对领导。及时向区委请示报告重要工作和事项。举办党的十九大精神主题宣讲党课3次，每月组织党组理论中心组学习，各党支部每周进行研习讨论，推动"两学一做"学习教育常态化制度化。组织开展主题党日和宪法宣誓活动，开展"不忘初心、牢记使命"主题教育，教育干警牢固树立"四个意识""四个自信"、坚决做到"两个维护"。

队伍建设。招录招聘7名年轻同志，弥补梯队断档。实

施"一线磨砺"计划，在审判执行阵地前沿锻炼干部、选育人才。加大教育培训力度，组织各类业务轮训180余人次，安排法官赴西北政法大学作短期集训。落实法官导师制，做好传帮带。加强理论调研，组织优秀调研文章和裁判文书评比，3篇学术论文和6篇裁判文书获奖，内设机构和干警受到区级以上各类表彰60人（件）次。

廉政建设。结合区委"治官治吏便民利民"专项行动和"大学习、大调研、大改进、大督促"活动，强化监督制约，出台《2018年党风廉政建设和反腐败工作意见》《开展司法作风专项督察实施方案》等7个文件，深入业务庭室开展专项督察3次。健全廉政风险防控机制，每季度开展述职述廉活动，廉政谈话和警示提醒259人次。

（张清皓）

边　　防

【概况】　李沧边防大队以习近平新时代中国特色社会主义思想为指导，紧紧围绕上级部署，敢于担当、善于作为，团结带领全体干警以更高的标准、更严的要求、更高的质量推动各项工作落实，圆满完成上级赋予的各项工作任务，保持部队建设稳步推进良好势头，实现辖区和部队内部"双稳定"目标。

【思想政治建设】　坚持把学习习近平新时代中国特色社会主义思想和"忠诚、为民、公正、廉洁"人民警察核心价值观教育实践活动与社会主义法治理念教育、纪律作风教育、廉洁从政教育紧密结合，引导民警始终保持对党忠诚的政治品格，牢记为人民服务根本宗旨，坚定理想信念，为公安业务工作和队伍建设提供思想保证、精神动力。在日常工作和重大安保任务中，深入分析队伍状况，有针对性地开展思想政治工作，筑牢思想政治根基，自觉把思想和行动统一到上级党委的各项工作部署上来，不断激发民警立足岗位无私奉献精神，以饱满的热情、昂扬的斗志投入到各项工作中去。2018年12月，按照国家相关规定，全部划转为地方公安。期间，组织全体干警认真学习上级有关政策、公安规章制度和公安业务知识，抓紧抓实安全教育和责任落实，确保队伍稳定和辖区安全。

【辖区管控】　扎实开展出海船舶边防治安综合整治、夜海清查等行动，共走访渔船民700余人，化解矛盾纠纷38起。在上海合作组织青岛峰会期间，合理安排增援民警和单位民警顺利完成上合安保相关任务。采取"人防、物防、技防"手段，确保青岛跨海大桥李村段、李沧区海岸线所有来往船只安全有序通行。全年共摸排登记"三无"船舶96艘，签订责任状110份，做到情况明，底数清，责任明确。

【队伍管理】　从生活点滴抓起，从作风养成严起，广泛开展日常行为强化养成活动，规范全体人员仪容举止。结合贯彻《公安机关执法质量考核评议规定》要求，健全完善绩效考评实施办法，进一步完善各项规章制度，从警容风纪、内务卫生、行为礼仪、会务会纪等基本方面严格管理，抓细节、抓养成、抓教育、抓管理、抓建设，使基础管理工作进一步规范，不断提升队伍管理建设水平。进一步完善安保处突预案，一年来，共组织人员参加分局、地方政府相关部门处突演练、应急拉动、抗震救灾、森林防火等行动20余次，提高应对处置突发事件能力。

（王美钰）

交 警

【概况】 2018年，交警李沧大队以习近平新时代中国特色社会主义思想和党的十九大精神为指导，按照上级公安机关和区委区政府部署，围绕中心，服务大局，立足自身职能，扎实推进各项工作，圆满完成上海合作组织青岛峰会等各项重大道路交通安保任务，为全区经济社会发展提供良好的道路交通安全保障，全年辖区交通事故发生起数同比下降1.37%、死亡人数同比下降5.56%、受伤人数同比下降2.82%。在全市交警系统考核中连续三年位列第一序列第一名，荣获"青岛市文明单位标兵"称号，连续两年荣立集体二等功，上合组织青岛峰会期间荣立集体三等功；被山东省档案局评为"2018年度全省档案工作科学化管理先进单位"；"畅安李沧"党建品牌荣获齐鲁交警党建品牌评选一等奖；事故科被省公安厅评定为"一等事故处理岗位"。

【交通安全保障】 建立安保体系。大队成立重大活动交通安保工作专班，搭建完成由"五大板块，四级指挥"组成的交通安保组织架构，提前制定完善重大活动交通安保工作体系方案45个、制作安保示意图

2018年5月21日，交警李沧大队组织上海合作组织青岛峰会外援警力进行业务技能培训。（摄影：李先平）

12幅。

提升硬件水平。在区政府强力支持下，逐一量化交通安全设施建设提升标准，倒排工期、挂图作战、整体推进，按期完成辖区交通设施提升任务，实现与市容环境提升高度融合。2018年，共优化路口67个，施划交通标线4560米、20万平方米，更新标牌347块、隔离护栏15546米，调整安装交通信号灯520组，疏通、铺设交通管线5741米；完成2018年度区政府实办实事项目之一的4个小区交通"微循环"改造工程。

科学调配警力。按照任务主、副、备路线和公安检查站等勤务工作要求和"重要岗位以大队民警、辅警为主，其他岗位以外援普警为主"用警原则，将包括361名外援普警在内的779名警力分成7个作战单元，设立275处执勤岗位。

加强指挥调度。成立重大活动交通安保任务指挥所，通过"重大安保活动指挥平台"，圆满完成对包括上海合作组织成员国元首理事会第十八次会议、习近平主席到李沧区视察等375起（其中一级加强16起、一级75起、二级52起、三级86起）高级别道路交通安保任务的高效指挥和精准调度；启动恶劣天气应急预案8次，成

功处置各类突发警情 140 余起。

实战演练。聚焦峰会实战打赢，提前制定"厉兵秣马强素质　护航峰会展形象"岗位练兵培训计划，开展各类实战培训 50 余次、业务比武 3 次、实战拉动演练 18 次，锤炼队伍，提升实战技能。

应急处突。在任务核心区、外围区安排 16 个快处警组引领 16 辆专业清障车和 30 名待命力量、10 个摩托车警组，按照"就近用警""扁平化指挥"的原则，启动恶劣天气应急预案 8 次，精准调度就近警力快速妥善处置各类突发警情 140 余起。

【交通执法】"六项整治"专项行动。先后组织开展"雷霆行动""利剑行动""金盾行动"等六项整治及查酒驾、毒驾、渣土车、违规摩托车等专项行动 80 余次，通过异地执法、错时执法、定点查纠、分散设卡等方式，加大对酒驾、醉驾、毒驾、超载各类严重交通违法行为的查处力度，并依法予以上限处罚。

社会面交通管控。深入开展缉查布控执法行动，严格落实多警种合成勤务机制和多部门联合执法长效机制，依托跨海大桥高架路、南渠、桃园三个公安检查站，不断强化社会面交通管控，坚决做到"酒毒同检""逢嫌必检"，上海合作组织青岛峰会期间共协助公安李沧分局查获非法管制刀具、

枪支弹药 9 起，抓获犯罪嫌疑人、涉访人员等 22 人。

校园周边道路交通安全保障。按照"一校一警一辅警"的模式，每天早晚上放学高峰时段在校园周边增设"护学岗"，维护交通秩序；主动协调解决中高考、社会资格考试等各考点周边出行难、停车难等问题，为广大考生提供良好的交通安全保障。

执法成果。共查处重点交通违法行为 45.2 万起（同比上升 19%），其中酒（醉）驾 1693 起（同比上升 1.5%）、毒驾 86 起（同比上升 13.2%）、超载 3220 起（同比上升 27%）、涉牌涉证 9613 起（同比上升 37.2%）、违法停车 37.1 万起（同比上升 18.9%）。办理危险驾驶刑事案件 267 起，刑事拘留 255 人，行政拘留 197 人。

【高效便民】按照上级公安交管"放管服"改革总体部署，落实区政府专项资金 348 万元、自筹资金 30 余万元购置"放管服"必需办公设施，增设兴华路警务工作站、机动车"通道式"查验场地、新车注册贵宾服务区、警银亭；通过预约办理、登门服务、延时服务、先行先试、特事特办等方式，全面推行交管业务"一次办、马上办""网上办、掌上办""就近办、便捷办"等便民利民 28 条服务措施，共安装"放管服"自助设备 14 台次，办理车驾管业务 17.94 万起。深化完善"五位一体"交通事故调解机制，交通事故调解中心受理调解案件 38 起、调解成功率 100%，为当事人免费提供法律咨询 570 余人次、代写法律文书 100 余份，办理法律援助案件 30 余件，为当事人挽回经济损失 90 余万元；快速理赔中心受理交通事故 4930 余起，通过"12123"手机应用程序处

2018 年 12 月 31 日，交警李沧大队开展酒驾集中整治行动。（摄影：李先平）

理交通事故 4380 余起；通过交通事故救助绿色通道为交通事故受害人申请社会救助基金 16 万余元。

事故快处。全面推广交管"12123"手机应用程序在线快速处理轻微道路交通事故的深度应用，在快速理赔中心专门设置在线认定点，安排专职民警负责事故责任认定及认定书打印。

案件侦破。抽调业务精干民警成立追逃专案组，通过调解、规劝、蹲守、追捕以及依靠大数据图侦、与刑侦技侦等部门进行联侦联判等手段，成功侦破各类交通肇事逃逸案件 7 起，抓获网上逃犯 4 人。

【事故预防】 重点源头监管。联合相关部门深入运输企业 1300 余家，排查车辆 2850 辆，下达《隐患整改通知书》651 份，整改隐患 355 个，重点车辆审验率、报废率、违法记分清零率得到明显提升，在全省"六个不发生"创建活动中，名列全市基层车管所前茅。

安全隐患排查治理。严格落实隐患排查治理长效工作机制，以辖区 53 处事故易发路段为重点，动态排查，完善台账，综合施策，限期整改，将事故安全隐患消灭在萌芽状态。共排查整改交通安全隐患 163 处，整改率达到 100%。

疑难案件集体研究制度。对案情复杂及责任认定、处理意见有分歧的疑难交通事故案

2018 年 5 月 4 日，交警李沧大队组织文明交通志愿者进行培训。
（摄影：李先平）

件，坚持由大队主要领导、分管领导、法制员、事故科负责人、办案民警等进行集体研究制度，确保责任认定清晰准确。

【信访维稳】 严格落实群众来信来访接待制度、交通事故回访制度和重大案情通报制度，在支队正确领导和李沧区、市北区委政法委大力支持下，于上海合作组织青岛峰会召开前夕，成功结服市局督办持续访、越级访近 20 年的信访案。省总队《公安交通管理简报》（〔74〕期）专门刊登大队交通事故处理工作经验；市委政法委《青岛政法》（第 21 期）和市局《信访工作简报》（第 4 期）分别发专稿对大队信访维稳工作予以推广。

【安全宣传】 依托公安内网"工作交流""政工视窗"等专栏平台，及时推送上海合作组织青岛峰会交通安保战地快

讯、战地专刊，宣传典型、表彰先进、弘扬正能量。依托报纸、电台、电视台等传统媒体和微博、微信、腾讯、蓝睛等网络平台，通过开展"微直播"执法活动、开辟宣传专栏、邀请记者随警采访，积极引导正确舆论导向。在滴滴代驾和清华大学法学院共同举办的 2018 警企共建酒驾治理体系研讨会上荣获"警企共建酒驾治理体系研讨会标杆引领奖"。联合区委宣传部、交运公司、滴滴代驾等单位、企业相继开展"欢乐女人节　榜样好妈妈"等主题宣传活动 30 余次。2018 年，在媒体刊稿 1087 篇（其中中央级 52 篇、省级 38 篇），开展"五进"宣传活动 3200 余场次；开展"微直播"活动 48 次。市政府办公厅《政务信息》刊发《李沧区成立我省首个道路交通公益联盟》一文。

【队伍建设】 以党建带队建。严格落实党风廉政建设"两个责任"、党务公开、政务公开、"三会一课"和民主生活会制度，巩固维护"畅安李沧"党建品牌，不断激发队伍工作热情和整体活力。上海合作组织青岛峰会期间，大队党总支、各党支部会同枣庄、东营、烟台3个外援单位临时党支部充分发挥战斗堡垒作用，层层进行战时动员，激励斗志，举行"决战峰会安保"授旗宣誓仪式20余场次，订立军令状700余份、手写决心书501份。一年来，组织开展"追寻习主席足迹，重温入党誓词"等党组织活动50余次和"畅安李沧 健步青山"等警营文体活动16次。

排查整改问题。牢固树立问题导向，通过定期召开党总支会、季度队伍问题隐患会商研判会和支委会等形式，全面分析排查队伍中重点人员、重要环节可能存在的各类问题和隐患，采取集体谈话、个别约谈、家庭走访、抽查执法记录仪音视频资料等措施，切实将各类苗头性、倾向性问题消灭在萌芽状态，共召开队伍分析会50余次，排查队伍隐患6次，开展谈心谈话560余人次、约谈20余人次，化解各类问题10余个。

从优待警。成立增援警力专项工作小组，为外援普警开辟就医绿色通道，提供优质贴心服务，为21人次举办战地生日晚宴。省厅道路交通安全组《重大活动交通安保战地快报》（第11期）刊发专稿予以充分肯定。

强化警务督察。警务督查小组平时注重对执勤执法、规范办案、窗口服务等进行督察，战时着重对勤务安排、安保措施、警容风纪、规范执法、安全保密等情况进行督察，共制发督察通报50余期。峰会期间，部局、省总队、市局领导、支队等各级领导先后莅临大队一线执勤岗位督导战时工作、看望慰问参战干警，分别向大队和青岛火车北站中队授予"上合峰会安保先锋队""上海合作组织青岛峰会安保先锋岗队"奖牌，并对整个李沧辖区交通安保工作予以充分肯定。

【典型案例】 信访人孙某某于2003年4月28日，乘坐杜心明驾驶的鲁BM0285号车辆与鲁VZ5830号车辆发生碰撞，致使孙某某受伤，杜心明承担事故全部责任。受害人孙某某经过一段时间治疗后，就本次交通事故民事赔偿起诉到青岛市市北区人民法院，法院判决由鲁BM0285号车车主"青岛华旅运输有限公司"赔偿孙某某各项损失共计人民币223212.2元，并承担鉴定费及诉讼费6000元。但由于种种原因，时隔10余年，孙某未得到任何赔付，致使孙某某多次到青岛市公安局、交警李沧大队、李沧区信访局、市北区人民法院、青岛市中级人民法院等地反映情况，要求有关部门帮助其解决赔偿款的问题，尤其在党的十九大和全国"两会"期间，多次产生到济南、北京等地上访的想法。经大队派人反复对其做安抚工作，孙某某暂时放弃了上访、信访念头，表示将等待各部门尽快为其提出解决方案。

加强领导，落实责任。孙某某信访案引起李沧大队党总支的高度重视，根据交警支队支队长的指示要求，大队成立了由大队长任组长，副大队长任副组长，事故科、宣传科有关人员为成员的孙某某信访案件结服工作小组。在对案件重新进行全面分析研究基础上，专门制定《孙某某信访案件结服工作方案》，明确任务，细化措施，确保一名包案领导、一个责任单位、一个工作班子、一套化解方案、一套稳控措施等"五个一"责任落实，力争在5月底前结服此案。

寓情于理，打通思想。大队主要领导多次召集专题会议，听取工作小组关于孙某某信访案的分析论证，对案件处理提出具体指导意见，并主动接谈当事人孙某某，认真听取其信访诉求，耐心做其思想工作。大队分管领导带领工作组民警主动登门回访，先后10余次深入孙某某家中进行探望慰问，及时反馈案件进展情况，并向其亲属和朋友讲明反复上访、非法上访所要承担的法律后果；工作组还多次带孙某某到市中级人民法院、市北区人民法院咨询赔偿款执行方面的相关问题。通过耐心细致的规劝说服工作，当事人对交警部门的看法逐渐好转，由以前的排斥抵触逐步转变为听取接纳，并改变了越级上访的想法，为成功息访创造了条件。

争取支持，结复案件。鉴于孙某某交通事故伤害案发生在李沧辖区，肇事车辆所属单位"青岛华旅运输有限公司"在市北辖区，而无法向肇事车辆所在单位追偿的实际，在交警支队多次调度下，大队本着服从上海合作组织青岛峰会安保大局和以人为本、从速从快的原则，一方面加强与李沧区委政法委的沟通对接，争取资金支持。大队等领导多次到李沧区委政法委就孙某某信访案件进行专题汇报，共同协商问题解决办法，力争尽快解决信访人孙某某资金赔付问题。另一方面，加强与市北区委政法委和市北区人民法院的沟通对接，共同协商解决方案。在大队主要领导积极斡旋努力争取下，最终商定由李沧区委政法委和市北区委政法委共同通过司法救助方式，解决孙某某23万元人民币的赔付资金。2018年5月30日，信访人孙某某到交警李沧大队自愿签订了《息诉罢访协议书》。至此，市局督办的孙某某信访案件在上海合作组织青岛峰会召开前夕成功结服。

（冷相文）

消 防

【概况】 2018年，李沧消防救援大队在区委区政府的正确领导和大力支持下，以上海合作组织青岛峰会安保工作为核心，全面落实消防安全责任制，大力推进火灾隐患专项整治整顿，狠抓执勤训练和消防监督执法，不断深化全民消防宣传教育，全年辖区消防安全形势持续平稳。

【政府主导】 李沧区委、区政府高度重视消防安全工作，今年组织召开六次全区消防专题会议，宣传贯彻《消防安全责任制实施办法》，对辖区火灾防控工作进行动员部署；区委、区政府充分发挥统一领导作用，分片包干，多次率队各监管部门深入辖区重点行业领域进行消防安全检查，及时发现并整改火灾隐患；上海合作组织青岛峰会期间，区政府召开5次调度会部署隐患整改工作和实名制看护工作，组建以区政府分管领导为总指挥，11个街道、115个社区、601个网格的三级指挥架构，指定3731名社区消防安全巡防看护责任人进行实名看护，区委督察组定期对实名制看护工作落实情况进行督导抽查，确保峰会期间辖区消防安全工作有序开展和推进。2018年，区政府将高层建筑和老旧小区排查、安装1.3万个独立烟感、智慧消防平台建设三个项目纳入民办实事工程，有效实现了辖区消防火灾防控信息化、智能化管理。

【责任机制】 明确和落实政府各部门的消防工作职责，将消防安全纳入辖区行业系统安全生产法规政策和应急预案，与行业部门、街道办事处逐一签订目标责任书，压实消防责任，完善"主要领导全面抓、分管领导具体抓、其他领导协调抓"的消防工作组织领导机制；建立健全"消防部门查隐患—消委会下清单—行业部门、街道促整改—政府抓督办—行业部门、街道、主管部门出结论—消委会销清单"的闭环式隐患整治机制，在全区形成"上下合力、齐抓共管"的良好局面。

【隐患整治】 大队围绕全年工作重点，在抓好常态化火灾隐患排查整治基础上，相继开展居民楼院、小区、人员密集场所、九小场所、群租房、大型商业综合体、在建工程工地、高层建筑、文博单位、电气火灾、电动自行车、垃圾火灾综合治理、"零点"夜查行动等一系列消防安全专项整治和重大火灾隐患专项排查行动，严厉打击消防安全违法行为，为维护辖区消防安全形势稳定奠定坚实基础。峰会期间李沧大队在全市范围内率先提请开展垃圾火灾综合治理工作，引领全市范围内垃圾火灾综合治理工作全面展开。2018 年，大队共检查单位 21285 家，督促整改火灾隐患 48420 处，发放消防宣传材料 40 余万册，下发《责令改正通知书》1723 份，责令"三停"单位 19 家，下发《行政处罚决定书》72 份，罚款 150.85 万元，依法拘留 1 人，临时查封 12 家。

【优化服务】 以落实《新旧动能转换转换重大工程消防服务十条措施》为目标，深化消防"放管服"改革，畅通快速审批通道，落实业务解答"一口清"、申报材料"一次清"、文书发放"一日结"、各项业务"一窗办"工作要求，对重点项目工程进行"一对一"指导跟进；推行"容缺受理"服务，实现让群众"最多跑一次"的工作目标。

2018 年 11 月 9 日，消防安全宣传进学校，教授学生灭火设备正确使用方法。

【业务培训】 全面落实"1+2+3"工作要求，结合辖区实际成立督导小组，每月指导辖区派出所做好九小场所、高层建筑的隐患排查和信息录入等工作，全面提升派出所消防监督执法能力和水平；深化"两书两报告一考试"，对辖区相关单位消防安全责任人或管理人进行约谈培训，逐一签订《消防安全主体责任告知书》及《消防安全责任承诺书》，督促强化消防安全自查自纠，每月组织单位消防安全管理人进行考试，确保社会单位消防安全管理水平稳步提升；积极引导和规范消防安全重点单位志愿消防队伍建设，将微型消防站统一纳入 24 小时灭火救援联勤联动体系，定期开展消防人员培训考核，增强消防队伍扑救能力。

【宣传教育】 建立与新闻媒体密切配合的消防宣传教育社会协作机制，在上海合作组织青岛峰会、重大节庆等活动期间进行集中报道，不断扩大消防安保宣传面和影响力；充分利用广播、电视、报刊、楼宇电视、大屏幕显示屏、户外视频、交通工具机载视频等载体，广泛播放消防安全常识和消防公益广告；依托"青岛李沧消防"微信平台进行消防安全宣传；利用"安全生产月""全国防灾减灾日""暑期消防安全宣传教育行动""消防进军训""119 消防安全宣传月"等特殊节假日，结合冬春火灾防控、夏季消防安全检查等各项检查活动，努力拓展消防宣传教育面，增强社会各界消防安全意识；采取点对点、上门培训的方式，大力开展消防安全"大宣传、大培训"活动，有效提高居民消防安全意识和防范能力。

（孙爱娟）

人民武装

【概况】 在警备区党委和区委、区政府正确领导下，坚决贯彻中央、中央军委重大战略决策，按照军委国防动员部、北部战区、省军区党委和警备区党委部署要求，以强军目标为引领，着眼有效履行使命任务，扭住根本，聚焦打赢，改进作风，狠抓落实，重点工作扎实推进，大项活动组织严密，全面建设保持良好势头。警备区授予区人武部"征兵工作先进单位"。

【党建工作】 认真贯彻落实民主集中制原则，严格落实党委11项组织生活制度，在决定和处理人武部建设的重大问题上，坚持集体把关定向；对重点工作、难点问题通过召开党委会、基层武装部长例会，集思广益，制定对策并确保落地见效。围绕习主席提出的"六个必须"召开民主生活会，警备区司令员王春杰到会指导。部党委成员勇于进行批评与自我批评，敢于触及灵魂，达到红脸出汗效果，形成团结奋进的良好局面。推进"两学一做"学习教育常态化制度化落实，严格制定党委年度学习和个人自学计划，有组织有检查，确保学习效果。深入开展党风廉政教育，强化党性锻炼，党员

2018年7月21日，邀请著名军事专家杜文龙为李沧区党政领导做"军事日"专题报告。

干部自觉做到遵纪守法、廉洁奉公、以身作则、真抓实干。

【思想政治建设】 理论学习。把学习贯彻习近平新时代中国特色社会主义思想和党的十九大精神作为首要政治任务，突出抓好习近平强军思想学习，与上级联动抓好党委中心组理论学习，按照"五个第一时间"要求，建立并落实周五"理论学习日"制度，认真组织开展"每周一学、每月一讲、每季一悟"学习活动，人武部党委学习贯彻党的十九大精神的做法在省军区简报刊发。

主题教育。围绕庆祝改革开放40周年，广泛开展"国防教育进校园"活动，扎实开展

"传承红色基因，担当强军重任"主题教育。"七一"前夕，组织现役干部和基层专武干部、民兵专业分队人员到青岛市烈士陵园举行"传承红色基因，牢记使命担当"活动，进一步强化官兵使命感责任感。

国防教育。抓好"军事日"活动落实，邀请著名军事专家杜文龙到李沧区为全区党政领导干部做"国家安全形势新变化与战略选择"国防教育授课辅导；为李沧区中青年干部培训班进行"党史军史"教育。注重抓好国防教育新闻宣传，在各媒体刊发稿件8篇（中央级4篇、省部级4篇）。

【民兵工作】 优化调整。

2018 年 3 月 28 日，举行民兵调整改革工作推进会暨基层武装部正规化建设试点观摩。

区委区政府对民兵调整改革工作高度重视，区主要领导先后三次召开常委会或专题会议，专题学习研究民兵调整改革，成立工作领导组织，做出部署安排。明确提出，要坚持要精要管用的原则，建设保持一支十分机动精干的民兵队伍。结合民兵调整改革时机，按照以街道编组为主、行业编组为辅、企业编组为补充的原则，对基干民兵队伍进行了优化调整。调整后人员成分结构合理，应急水平较强。

提升战力。针对上级赋予基干民兵训练任务，定期组织党委议战议训，按照训练阶段划分，科学筹划民兵训练工作。依托市民兵训练中心和崂山区民兵训练基地抓好共同基础训练和分队专业训练，借助陆战 5 旅教学骨干抓好 1 个民兵应急连和 2 个民兵应急排的针对性科目训练。

投入保障。坚持党委预算向备战打仗聚焦，投入 30 余万元保障民兵训练，投入 40 余万元购买了反恐维稳装备以及部分防汛抗洪和森林灭火装备。

【国防动员】 区委成立以区委书记挂帅的工作专班，建立联合指挥所，健全领导体制，打牢组织基础。先后 3 次组织全区有关部门召开动员部署会、任务协调推进会，明确责任分工，理清工作思路，按照时间节点稳步推进。按照军委国动部、省军区国防动员潜力核查工作要求，对照体系化、要素化、信息化、联合化动员新模式目标，突出抓好"七个重点领域"潜力资源及动员潜力数据统计，建设完善数据库。全区 20 个部门主动与上级业务部门对接，合力制定方案计划，先后 2 次组织集中办公，制定完成主体方案和若干预案、配套计划。

【兵役工作】 动员发动。坚持早筹划、早宣传、早发动，持续推进兵役登记和征兵宣传工作，兵役登记率 100%。采取发放征兵宣传手册、宣传手提袋、悬挂横幅标语等形式深入开展征兵宣传，在驻区三所高校巡回开展"国防教育暨征兵宣传进高校"主题宣讲活动。在全市率先实现报名数达到预分任务数的 4 倍以上。

2018 年 9 月 2 日，举行李沧区 2018 年度定兵工作会。

兵员征集。认真组织体检、政治考核人员培训、考核，严把体检、政治考核关口。组织预定新兵役前教育训练，确保兵员质量。坚持集体定兵原则，依托兵员辅助决策系统，高标准完成上级赋予的兵员征集任务。严格落实征兵"五公开、五公布"制度，结合征兵宣传，将廉洁征兵监督电话印在《征兵宣传手册》上向全区公布，聘请5名区级和42名街道廉洁征兵监督员，组织全体征兵工作人员及应征青年和家长签订廉洁征兵责任书，实现零上访零退兵。

【基层建设】 规范化建设。3月份，在虎山街道进行规范化建设试点，组织召开现场观摩会，规范基层武装部建设标准。全区11个街道"三室一库"基本达标，每个街道设立1至2个民兵连（营）"部室家"。

干部培训。6月份，集中3天时间在民兵训练中心组织专武干部集训，学习政策规定，邀请专家授课，到市北区海伦路街道参观见学，到青岛市革命烈士纪念馆实践感悟，针对民兵调整改革中存在的问题集体讨论交流，有效提升专武干部能力素质。结合全市基层专武干部资格认证考核，组织全区专武干部进行针对性业务集训，切实提升岗位履职能力。

经费及人员保障。请示协调区委区政府，为每个街道武装部设立专项办公经费列入预算，并根据工作实际和任务情况适时增长。结合党政机构改革，解决基层武装工作专人负责问题，有效解决制约基层武装工作多年的难题。

【安全管理】 组织开展"学习贯彻新条令，塑造军队好样子"条令学习活动，加强安全常识教育，筑牢安全思想防线。定期分析安全形势，统一思想认识，持续抓好各项安全制度落实。结合各项工作开展，及时进行安全风险评估，制定防范措施。扎实开展"百日安全活动"，成立"百日安全活动"领导小组，定期组织安全隐患排查。认真开展保密清查工作，对办公电脑和涉密载体进行摸底，及时堵塞漏洞，杜绝失泄密隐患。加强军车和私家车管理，定期组织安全行车教育，严格派车审批，坚决杜绝车辆事故的发生。

（吕凤训）

人民防空

【概况】 2018年，区人民防空办公室（以下简称"区人防办"）紧紧围绕上级人防部门下达的年度目标任务和区委区政府部署，突出抓好人防工程建设、安全生产、队伍培训、人防宣传等工作，着力提升人防工程管理服务水平，努力开创全区人防工作新局面。区人防办荣获2018年全市人民防空工作"军政联合考核标兵"单位。

【党建工作】 制定区人防办党组理论中心组学习计划、党员学习计划，推进"两学一做"学习教育常态化制度化落实；开展"大学习、大调研、大改进、大督促""示范支部创建""新时代、新担当、新作为、新奇迹"活动；开展以"践行新思想，瞄准新目标，展现新作为，开启新征程"为主题的解放思想大讨论。严格落实党内政治生活若干准则、党内监督条例和意识形态工作责任制，制定《人防办落实意识形态工作责任制实施方案》《实施细则》《整改方案》。落实"三会一课"制度，开展主题党日＋活动11次，党组成员上党课4次，撰写调研文章3篇。

【人防工程建设】 人防工程维护。按照市办2018年度维护管理计划，完成区属4000余平方米早期人防工程的维护管理工作。完成25家单位新建项目地块内早期人防工程及设施情况现场调查及审核备案工作。

人防指挥系统建设。完成全区防空警报维护保养及设施设备的安全管理工作，新增多媒体防空警报器7台。修订和完善《李沧区人防工程突发事件应急处置预案》。

疏散体系建设。按照建设多形式的人防疏散基地要求，新完善重点经济目标单位指挥、疏散体系建设1家。完成《防空袭方案》修订和《街道社区居民疏散安置接收方案》制定。

【安全工作】 完善《区人防系统安全生产网格化管理方案》，将安全工作纳入常态化制度化管理，建立敏感时期每日派一名工作人员到人员密集区域驻点督导安全工作制度。与青岛市人防办、青岛市消防大队联合举行消防、断电、疏散、人员救治等应急处置实战演练。2018年4月27日晚，在李沧区开展人防地下商场应急处置演练。重点演练市、区两级人防部门与人防工程使用管理单位应急处置与协同救援能力，进一步增强从业人员自我安全防范意识和市、区人防系统有效防范和遏制重大事故的能力。2018年9月，在全市人防工作会上做"高点定位、底线思维、多措并举，李沧区人防办安全生产工作再上新台阶"典型发言。

【"放管服"】 按照行政审批"跑一次腿"、行政审批事项"一次办好"要求，理顺核实规范审批事项2项，规范审批事项名称和服务指南，建立"一次办好"工作流程，将行政审批事项由法定20个工作日，提速为6个工作日。办理15家新建工程项目早期人防工程及设施情况现场调查，出具10份早期人防工程调查报告；办理4家企业5000平方米人防工程质量监督等人防服务事项。办理市长、区长公开电话、信箱信访、咨询200余件（次），采取到现场、电话等形式全部予以答复，满意率100%。

【队伍培训】 依托和利用社会力量、社会资金，建立李沧华梅人防疏散基地和青岛海丽雅人防技能培训中心，培训志愿者骨干150人。在11个街道办事处组建人防志愿者队伍，并对志愿者队伍人防技能进行培训。在苏家社区建立人防工作站，为社区人防宣传教育工作、人口疏散体系建设和建立群众性防空组织等工作提供平台；在李沧华梅人防疏散基地、青岛海丽雅应急培训中心，历时2天对40名人防志愿者队伍进行集中培训和演练，收到良好效果。

【宣传教育】 开展人防宣传教育"六进"活动，实现社区全覆盖。在全区开展创建人防宣传教育"示范社区""示范学校"活动。先后有30个社区、13所中小学获评全市人防教育工作示范社区和示范学校；先后在李沧有线电视台、李沧政务网、李沧在线开辟人防工作专栏，定期播放人防知识，扩大人防宣传教育覆盖面。在30个结建防空地下室建立人防科普知识画廊，共安装宣传挂图600余幅，并定期更换人防知识。撰写《认清形势明确任务多措并举——青岛市李沧区人防宣传教育工作再上新水平》一文在省《齐鲁民防》刊发。

（李辉）

2018年4月27日晚，开展人防地下商场应急处置演练。

经济事务管理

国有资产监督管理

【概况】 2018年2月，根据《中共青岛市李沧区委关于成立李沧区国有企业领导和监督管理委员会的通知》（李沧委〔2018〕33号）要求，成立李沧区国有企业领导和监督管理委员会，下设中共李沧区国有企业领导和监督管理委员会工作委员会（以下简称"国企工委"）和李沧区国有企业领导和监督管理委员会办公室（以下简称"国企领管办"）两个工作机构。一年来，国企工委认真履行出资人职责，切实加强对区直国有企业的领导和监督管理，抓党建、转职能、抓改革、促发展，提质增效，确保实现国有资产保值增值目标。2018年，全区共有区直国有企业7家，企业资产总额789.45亿元，负债总额507.13亿元，所有者权益282.32亿元，平均资产负债率64.24%。营业收入总额88.19亿元，实现净利润2.92亿元。上缴税金总额9亿元。共承担全区重点项目53个，总投资543.34亿元。

【国企党建】 将党建工作写入国有企业公司章程，根据工作情况适时组建国企领管办、中基公司两个党支部，逐步完善"双向进入、交叉任职"领导体制，组织国有企业积极开展"大学习、大调研、大改进、大督促"和解放思想大讨论活动，制定出台《进一步加强区直国有企业党的建设实施意见》，扎实做好党工委书记抓基层党建、意识形态、廉政谈话及党建考评相关工作，确保区委决策部署在国有企业中贯彻落实到位。组织国有企业认真学习党的十九大精神和习近平新时代中国特色社会主义思想，严格"三会一课"、主题党日、党支部书记讲党课、党员档案管理等制度落实，推进"两学一做"学习教育常态化制度化，规范组织生活，创新活动形式，不断强化国有企业党组织的政治功能，提升凝聚力、战斗力。利用科技手段，通过在线学习、网络共享等多种形式学习新理论、新时事、新动态、新风貌，传播正能量激浊扬清弘扬正气；组织全体党员观看廉政教育警示片，学习区纪委下发的每周一案等典型案例，敲响思想上廉政警钟，进一步加强党性锻炼，提升党性修养。组织全体党员干部参观威海刘公岛、青岛市党史纪念馆，督促党员干部勿忘历史、坚定使命担当。

【国企改革】 按照现代化的企业制度要求，不断完善国有企业法人治理结构，明确党组织、董事会、监事会和经理层的职责，落实以党组织决策为统领的"1+3"管理机制。为放大青岛国际院士港功能，完善9+3+1基本架构，适时打造国际院士港集团和融学教育集团，并结合工作实际对融智公司、融鼎公司、融盛公司等进行战略整合重组，优化国有资本配置，提高优势企业竞争力。根据区委区政府工作部署，结合国有企业发展趋势，探索开展国有企业混合所有制改革、员工持股试点等改革工作，拟定实施意见，并于2018年11月组建成立我区首家混合所有制企业——青岛信联科创科技有限公司。

【推动发展】 严格落实重大事项备案制度，全年共受理国有企业投融资、战略重组等方面的重大事项备案120余项，通过重大事项备案，有效督促国有企业严格按照区委区政府战略部署，聚焦主业发展，依法依规开展业务。对区直各国有企业2017年度经营业绩、经济指标、税收贡献、党风廉政建设及安全生产等情况进行综合考核，并严格落实考核等次

与企业绩效薪酬挂钩制度，以考核促国有企业加快发展、规范发展，实现国有资产保值增值。按照推进构筑创新发展"18844"工作格局和完善院士港"9+3+1"基本架构战略部署，督促相关国有企业大力推进院士研究院、院士产业核心区实验区、信联天地、永平路76号、荣花边地块商务楼宇等辖区内重点工程项目建设，引导国有企业积极参与学校、幼儿园、医院等公益项目建设，支持国有企业积极与银行、证券等金融机构和央企、省企及大型民企开展合作，有效拓宽融资渠道，壮大资金、资产规模，实现企业高质量发展，发挥"四梁八柱"作用，助力我区新旧动能转换和经济建设。

【区直国有企业】 青岛海创开发建设投资有限公司。2009年9月成立，是经青岛市政府批准成立的国有控股企业，注册资本金7.25亿元。主要业务涵盖土地整理、房地产开发、资产管理、园区运营管理、贸易、金融等领域。是辖区重点项目永平路76号项目的开发建设主体。

青岛金水控股集团有限公司。2010年7月成立，是区政府直属的国有企业，注册资本7.7亿元。主要业务板块涵盖房地产开发、金融控股、贸易、园区运营管理等领域。是辖区重点项目信联天地项目的开发建设主体。

青岛融海国有资本投资运营有限公司。2016年4月成立，是区政府直属的国有企业，注册资本2亿元。主要业务板块涵盖金控、投资、资产管理等领域。是辖区重点项目院士产业核心区试验区项目的开发建设主体。

青岛四维空间建设发展有限公司。2017年6月成立，是区政府直属的国有企业，注册资金4亿元。主要业务板块涵盖项目建设、城市地下空间开发及运营管理等领域。是辖区重点项目院士研究院项目的开发建设主体。

青岛融源影视文化旅游产业发展有限公司。2017年6月成立，是区政府直属的国有企业，注册资金2亿元。主要业务板块涵盖影视文化旅游项目的策划、开发、管理等领域。

青岛国际院士港集团有限公司。2018年1月成立，是区政府直属的国有企业，注册资金10亿元。重点围绕青岛国际院士港进行投融资与开发建设，主要业务板块涵盖房地产开发、资本运营、资产管理、园区管理、科创加速器运营管理、风投创投等领域。

青岛融学教育集团有限公司。2018年10月成立，是区政府直属的国有企业，注册资金2亿元，主要从事教育领域相关产业。

（王超）

国土资源管理

【概况】 李沧国土资源分局在市局党委和区委、区政府的正确领导下，以习近平新时代中国特色社会主义思想为指导，全面贯彻党的十九大精神，认真贯彻落实习近平总书记视察山东视察青岛重要讲话和对上海合作组织青岛峰会圆满成功举办重要指示精神，进一步解放思想、开拓进取，牢固树立国土资源管理为经济建设服务意识，以加强土地规划、管理、保护与合理利用为前提，以积极开拓的工作思路和主动服务的工作理念，保障国土资源事业健康发展。

【思想政治建设】 深入学习贯彻党的十九大精神，开展集中学习讨论，制作宣传栏并及时更新内容。继续做好"两学一做"学习教育，认真学习党章、习总书记重要讲话精神，坚定理想信念，打牢思想基础。扎实开展"大学习、大调研、大改进、大督促"学习教育活动，制定实施方案，部署全年学习安排，确保活动效果。严格落实主题党日制度，每月进行一次主题党日活动，坚持理论学习与深入基层一线相结合，不断增强主题党日的针对性、实效性。2018年，支委会集中学习12次、全体党员集中学习39次、讲党课4次。开展"治官治吏便民利民"专项行动，聚焦党员干部存在的问题，认真落实整改，改进工作作风，提升工作质量和便民利民服务水平。按照构筑18844工作格局、"新时代、新担当、新作为、新奇迹"和解放思想大讨论要求，进一步解放思想，拓宽工作思路，勇于开拓进取，推进国土资源事业健康发展。

【农转用及集体土地征收】 根据区政府、市国土资源房管局部署安排，国土分局及时下达李沧区2018年农转用指标需求函，协助提报部门、单位对涉及农转用指标项目判定地类。通过汇总区建管局、区商贸办等单位提报的农转用指标需求情况，经请示区政府，将我区2018年农转用指标需求情况上报市局，2018年全区上报申请农转用指标450亩。按照区政府和原市国土资源房管局部署安排，将九水东路小学项目作为存量建设用地作为农转用及集体土地征收上报，涉及农转用及集体土地征收面积9.969亩，国土分局已于2018年12月30日完成了该批次农转用省政府的审批。

【批而未供土地消化处置】 根据省厅《关于明确2018年批而未供和闲置土地处置任务的通知》有关要求，下达李沧区2018年批而未供土地处置任务1096亩。按照区政府部署安排，国土分局积极与区建管局协调沟通，确认李沧区已随项目代征的道路、绿化带用地约1700亩近期可以推进供地手续办理。部分土地中涉及农转用及集体土地征收中的批而未供土地，分局已完成对该部分随项目代征的部分道路、绿化带用地的供地工作和土地市场动态监测与监管系统内批而未供土地核销工作，圆满完成省厅、市国土资源房管局下达李沧区2018年批而未供土地消化处置任务。

【土地登记及土地调查】 积极探索简化土地管理中的工作环节，制定《关于简化不动产登记和土地权属及地籍调查前置工作有关规定的通知》，对不动产登记初审和地籍调查前置中四邻盖章确认、原地籍调查表等地籍成果适用、组织现场指界、权属主体及法定代表人的确认、首次登记的地面附着物、相关村庄土地调查成果的适用等方面做出明确界定。根据市局《关于进一步做好要储备土地权籍调查及成果应用的通知》要求，分局立即在办理不动产登记初审和地籍调查前置工作中应用和落实，解决此前部分首次登记业务重复开展地籍调查问题。针对房地产开发企业已取得《国有建设用地使用权出让合同》申请办理土地证，因邻界方拒绝四邻指界导致土地证无法办理，项目无法开工的情况，分局依据《地籍调查规程》规定，在调查清楚土地权属前提下，在市内三区首先开展地籍调查现场指界和违约缺席指界程序，破解该类型办证难问题。2018年分局先后高效完成青岛国际院士产业核心区先导区项目地籍调查工作，院士港二期C4、C9地块、院士产业核心区土地证办理工作；完成李沧区东山二路幼儿园、平川路幼儿园、铜川路幼儿园、滨河路幼儿园、上臧幼儿园、金水路幼儿园、君峰路中学等14所区属学校、幼儿园的土地证办理、划转工作；完成30号线、39号线、虎山东路、下王埠G区配套路、六号线、河南南庄小学配套道路、地铁三号线安顺路车辆段、地铁二号线等重要道路交通工程的地籍调查工作；完成荣花边三角地、重庆中路199号、大崂路1001号、东李商圈改造二期等重点项目的土地证办理工作。

【土地执法监察】　顺利完成2017年度土地卫片执法监督检查工作，积极开展例行督察整改工作，李沧区不实耕地和闲置土地已全部完成整改工作。空闲土地已按上级要求完成每年盘活利用的工作目标。积极查处整改违法占用土地问题，2018年立案查处土地违法行为2件，已全部下达处罚决定，共计罚款5.3万元，全部收缴到位。认真完成领导交付的信访和市长热线督办件等工作任务，共办结市长热线55件，每件均做到实地查看并按时回复，做到零投诉。加快闲置土地处置进度，主动协调解决存在的困难，于2018年5月30日全部开工建设。充分利用青岛市一张图遥感监测系统，监测与发现国土资源违法行为，对合法情形予以备案，对非新增建设用地做好后续监管工作，对核实确属违法用地的，依法依规立案查处。认真做好矿山地质环境治理示范工程项目验收工作，严格按照有关法律、法规和相关规定执行验收。加强地质灾害防治工作，完善《李沧区地质灾害应急预案》，对容易引发地质灾害的重点区域安排专人现场进行动态监控，对各风险点进行现场查看，做好灾害预警人员疏散，保障灾害防治工作落实。

【第三次全国土地调查】　区国土资源局根据省、市相关文件制定并印发《李沧区人民政府关于开展李沧区第三次土地调查的通知》《李沧区第三次土地调查实施方案》等文件，于2018年4月11日成立由分管副区长任组长，区各相关部门分管负责人为成员的李沧区第三次土地调查领导小组及办公室。按照第三次国家和省国土调查电视电话会议精神和市三调办工作进度安排扎实开展工作。与李沧区财政局招标办、采购办等部门沟通，做好经费保障工作；明确招标流程，拟定代理机构，顺利完成第三次全国土地调查招标工作。

（李欣）

财　　政

【概况】　2018年，李沧区财政局围绕李沧区经济社会发展大局，坚持实施积极财政政策，聚焦减税降费、降低实体经济成本，加快李沧区产业转型升级，着力保障和改善民生，为李沧区经济社会平稳健康发展提供财力保障。区级一般公共预算收入完成100.17亿元，同比增长 24.96%；税收收入完成 57.79 亿元，占区级一般公共预算收入的 57.69%；非税收入完成 42.38 亿元，占区级一般公共预算收入的 42.31%。

【预算管理】 强化"全口径"预算，定期清理结转结余资金，盘活存量资金 3544 万元，有效化解一般公共预算收支矛盾；调整优化支出结构，应对财政紧平衡，继续按照 5% 的比例压缩一般性支出；倡导厉行节约，"三公经费"支出同比下降 18.38%。依法接受人大及其常委会预算监督，进一步规范预算调整，依据《中华人民共和国预算法》，对经青岛市政府批准并由青岛市财政局代为发行的新增政府债券 26 亿元及支出预算的调整使用计划草案向区六届人大常委会第十五次、第十八次会议进行汇报并调整 2018 年预算方案；关注预算单位预算执行进度，执行率与次年预算安排相挂钩，进一步提升财政资金使用效益。

【民生保障】 2018 年，坚持民生为先的发展思想，持续加大民生投入，全区民生支出 58.87 亿元，占全区一般公共预算支出的 76.21%。

教育投入。共投入 13.81 亿元，主要用于区实验初中、青山路幼儿园等 9 所学校、幼儿园投入使用，新增学位 4950 个，缓解"入学难""入园难"，有效解决中小学大班额问题。进一步完善九年义务教育基本保障能力，中小学生均公用经费标准实现 9 连增，免费为学生配发校服 6 万余套，配备环保桌椅 7000 余套。

医疗卫生投入。共投入 2.75 亿元，主要用于免费为适龄儿童接种一类疫苗 25.3 万人次；在全省率先实施免费儿童运动体质检测，惠及 1.2 万余名儿童；落实困难群众医疗救助制度，救助困难居民 19395 人次；为失业无业独生子女父母发放退休后一次性补助 3990 万元。

社会保障。共投入 7.01 亿元，主要用于落实各类社会救助，投入资金 2850.40 万元，其中，为 1242 户低保家庭发放低保金 2009.90 万元；为 70 周岁以上老人发放养老补贴 746 万元；举办各类招聘会、政策宣讲累计 300 余场次，开发就业岗位 4 万余个，实现新增就业 4.9 万余人。

平安李沧建设。共投入 2.04 亿元，主要用于维护公共安全和道路交通秩序；公共单位、校园周边、公共场所等区域实现视频监控系统全覆盖；平安李沧建设和平安楼院整治，社区治安防控体系建设；无线上网场所互联网安全保护建设。

社区文化建设。共投入 7833 万元，主要用于改善提升 15 处社区文化活动中心功能；为社区和群众文化活动队伍配备文化设备及器材 5000 余件；为基层配送新书 5 万余册；开展各类综合文化活动 1000 多场次；开展百场国学经典下基层、百场优秀儿童剧进校园活动。

改善人居环境。共投入 32.48 亿元，主要用于落实建设"美丽青岛行动"，投入 4 亿元；加大城市街头绿化维护、环境卫生提升、道路人工清洁洒水抑尘及市政设施维护等，以维护促建设成果巩固，投入 1100 万元；对符合条件的老旧小区进行应急性维修维护，用于既有建筑节能改造，投入 2906 万元；实施海绵城市建设等环境提升工程，投入 6.37 亿元。

【财源建设】 产业平台建设。投入 11.2 亿元，推进青岛国际院士港、青岛—亚马逊 AWS 联合创新中心等产业平台建设，支持国有企业创新发展及重点项目建设；投入 3600 万元，设立各类企业扶持专项资金，加大"小升规""规改股""三板、四板挂牌""内外贸易奖励"扶持力度；落实市级支持青岛国际院士港运营补贴资金 2000 万元。

落实财政政策。落实中央、省市各项财政补助政策，兑现补助资金 9801 万元；为企业发展减负，确保涉企收费"只减不增"，并聘请 2 名涉企收费监察员，在李沧在线公开监督电话，确保政策落到实处。

扶持高新技术和新兴产业。落实高新技术企业所得税优惠、企业委托境外研究开发费用税前加计扣除、重大新产品研发补助等减税政策；设立政府性引导基金（含国企出资设立）5只，计划基金规模104亿元，引导更多社会资本支持新兴产业发展；投入4540万元，实施招才引智战略。

【"三大攻坚战"】 防范债务风险。出台《李沧区人民政府关于加强政府性债务管理的实施意见》，依法依规举借政府债务，严格在批准的债务限额内新增政府债券，切实保证政府债务风险预警、预防、应急处置机制规范运行。

对口扶贫。继续加大扶贫资金投入力度，拨付对口扶贫资金3171万元，其中，陇南康县1576万元、菏泽单县933万元、贵州安顺651万元、湖北夷陵11万元。

污染防治。投入8636万元用于新能源汽车推广应用；投入2303万元用于燃煤锅炉淘汰；投入777万元用于大气污染防治等环境整治工作；投入8713万元用于世园会周边环境综合整治、枣儿山综合治理等重点生态工程建设；投入3.45亿元用于推进李村河、大村河、楼山河等重点流域水环境综合治理。

【重点项目建设】 资金投入。通过发行新增地方政府债券筹集资金33亿元（其中，新增一般债券5亿元、新增棚改专项债券21亿元、新增土储专项债券7亿元），保障院士港产

业核心区建设、棚户区改造等重点项目建设，推进青岛市海绵城市试点区（李沧区）建设等PPP项目落地实施。

项目资金管理。加强政府投资项目预算评审力度，全年共评审项目60个，项目预算报审值6.88亿元，批复值6.03亿元，审减不合理费用0.85亿元，审减率12.35%；继续推进政府投资项目竣工财务决算，做好项目资金收尾工作，全年共审核项目25个，批复值2.55亿元，确保政府投资项目资金规范高效使用。

【财政监督】 全年开展专项监督检查65家次，涉及医疗卫生、养老、就业等方面，提出整改意见、建议51条；对我区21家行政事业单位2017年度、2018年上半年财经纪律执行情况开展监督检查，对40家社会团体、民办非企业2017年财政资金使用情况进行监督检查，对监督检查发现的问题提出针对性整改意见，促进财政资金安排更加科学合理。

【会计管理】 2018年完成6521人的会计专业技术初级资格考试报名工作，完成1720人的会计专业技术中级资格考试报名工作，完成15人的高级会计师资格评审材料审核工作。根据《青岛市代理记账管理实施办法》规定，新增登记备案代理记账公司20家，办理年度备案63家。举办李沧区2018年政府会计制度暨内控建设培

训班，对全区所有行政事业单位财务负责人和业务骨干进行专门培训，督促全区152个行政事业单位做好内控编报工作，进一步做好全区内部控制报告编报、审核工作。

【支付转轨】 规范会计核算。根据财政部《2018年政府收支分类科目》，更新部门预算支出经济分类科目。将执行中有关制度和核算要求调整、更变事项及日常业务中存在的问题，要求核算单位严格执行和加以整改，确保会计核算工作规范化。

制度衔接。成立政府会计制度实施小组，集中采购学习资料310本，向全区180余个单位发放。更新升级单位核算系统，根据制度要求并结合我区实际设置会计科目及核算方法，印发《2019年政府会计制度新账设立工作指导意见》，指导全区行政事业单位做好新旧制度衔接及新账设立工作。

集中核算向国库集中支付转轨。总结前二批取消远程报账审核工作经验，扎实推行第三批、第四批取消远程报账审核工作，完成会计核算向国库集中支付转轨，进一步明确预算单位会计核算权和财务管理权。

资金拨付监管。完善资金支付环节动态监控系统。结合政府采购相关文件修订变更5类18项动态监控规则720余条，

要求各单位严格执行相关规定。改进实拨资金拨付方式，将各街道办事处土地账套的实拨资金纳入财政一体化系统实行无指标管理，并依托动态监控，对拨款信息进行监控。

【政府采购监管】 全过程监管。按照青岛市统一部署，2018 年 1 月 1 日，全面启用"青岛市政府采购一体化交易管理平台"，实现政府采购全过程监管，全年政府采购预算 8.45 亿元，节约财政资金 7690 万元，节约率 9.10%。

投诉处理。依据《财政部政府采购供应商投诉处理办法》，畅通政府采购投诉渠道，规范投诉受理方式，严肃处理政府采购工作中的违法违规行为，2018 年处理政府采购业务投诉 2 起。

【资产监管】 行政事业资产监管。明确行政事业资产监管职责，完善机制和规范程序，开展房、地清产核资，理顺产权关系，加强资产管理；进一步将行政事业单位闲置资产、经营性资产分类整合，实现集中管理、统一运营，提高国有资产使用效益。

社区"三资"监管。对 79家城市社区 2017 年"三资"运行情况进行专项检查，将检查报告送达街道，对发现的问题，督促限期整改。对棘手问题，采取走访、面对面交流方式，全面了解情况，征求意见，完善对策，加以解决。

（刘巍）

税　　务

【概况】 2018 年 7 月 5 日，国家税务总局青岛市李沧区税务局正式挂牌成立。全局以"确保税务队伍稳定，确保收入平稳增长，确保征纳关系和谐，确保干部遵规守纪"为目标，深入推进两个机构全面融合，圆满完成国税地税征管体制改革任务，得到区委主要领导的充分肯定。新机构管理从事生产经营的各类纳税人 72591 户。其中，市属重点税源 87 户，占比 0.12%；中小企业 36936 户，占比 50.88%。全年完成各项税收 122.27 亿元，同比增长12.36%；区级财力 60.86 亿元，同比增长 13.2%，税收占比 57.8%。

【党建工作】 按规范成立25 个党支部，发展新党员 5 名。组织党委中心组理论学习和局长办公会 25 次，"一把手"和纪检组长为全体干部上党课 3次。开展改革"回头看"，查摆问题 6 大类 80 项，制定整改措施 62 条。坚持典型引路，推出改革先进事迹 11 期，培树改革典型 19 人。发挥工青团妇桥梁纽带作用，组织青年干部成长感悟汇报会、青春故事分享会、制作改革专题党建文化墙，开展"党员情怀　融合家园"文体活动。组织主题廉政党课、警示教育专题讲座、主题道德讲堂、廉政诗歌征集朗诵、《廉政之窗》典型案例系列解读、参观"青莲苑"廉政教育基地、向干部及家属发送节日廉政短信提醒，向青年干部发出廉政倡议、实施青年干部廉政教育"八个一工程"。组织对八项规定落实及"四风"问题专项监督，对涉及子女升学的 14 名干部提醒谈话。对机构改革期间纪律执行和落实"放管服"情况进行检查。连续 18 年开展"廉内助"评选活动，完成"一案双查" 11 件。

【税收改革】 认真落实市局机构改革工作部署，顺利打赢 3 场主攻战，完成 22 批次112 大类 169 项市局督办清单任务。积极与市局汇报沟通，从李沧局长远发展出发，科学设置职位、合理安排干部，"三定"方案精准落地，科室调整快速有序，7 名干部，顾全大局，

2018 年 12 月 24 日，举办李沧区税务局中层干部研讨会。

由正转副。全力推进方案制定、业务培训、费源调查、数据核实等工作，社保费和非税收入征管职责划转稳妥有序。走访调研企业 50 多家，培训近 20 场 2 万多户，数据核实 4 批次 3000 余户。推进个税两步改革，通过专项培训、上门辅导、座谈研讨、组织 ITS 系统现场观摩等多种形式，强化宣传辅导，组织各类培训 10 场 3238 户次，完成错误数据清理 4000 多笔。

【纳税服务】 按照"服务到企业，服务到社区、服务到个人、服务到项目"的工作要求，进一步优化营商环境，在全市税务系统满意度调查中李沧分局列第 4 名。推进深化增值税、个人所得税改革、七项减税政策、印花税优惠政策落实等工作，设置个税、税收减免政策专窗，开展效应分析和督导监控，组织各类培训 23 场 1 万多户次，组织民营企业"大调研大走访"36 家次，收集问题建议 33 条。推进"一厅通办"，除房地产交易厅外，其他 3 个厅均实现"一厅一窗一人双系统"三级办税模式。提出"服务前置、辅导分流、流动指导"导税理念，推出引导、分流、咨询、预审"一站式""迎宾"服务和智能移动导税，增设纳税人发票专厅，修缮纳税人停车场，推出潮汐窗口、分时预约、延时服务、一次性告知等措施，有效缓解办税压力，提高服务成效。深化线下转线上、前台转后台、厅内转厅外"三转"服务，建立系统首家 24 小时自助办税厅和办税体验区，推出 239 项"最多跑一次"办税服务和"容缺受理"服务，努力实现让纳税人"零跑腿"；推出"移动办税厅"进社区服务，为 7 个社区 7200 户居民解决了办证难问题，3 次收到纳税人锦旗感谢；积极响应区政府号召，主动送政策、送服务进院士港，最大程度为院士港发展提供税收支持。规范涉税中介管理，经验做法市局转发。

【依法治税】 强化风险管理。建立"1234"执法风险防控机制，即 1 个平台（内控监督平台），2 个制度（法核制度和执法过程全记录制度），3 级把关（应对人员初审，风管局复审，集体会审），4 道防线（源头把控风险、专业筛选风险、内控核查风险、市局推送风险），制定防范虚开增值税发票工作指引和快速反应工作机制，阻断 70 余家存在风险企业；联合公安破获代某虚开发票串案，补缴税款 1100 余万元；开展增值税发票风险防控专项督察，查处 4 大类 18 项问题，发票虚开现象得到有效遏制。

强化税种和行业管理。深化房地产建筑业一体化管理，推进个人所得税双向互动服务模式，自主申报率明显提升；对 301 家企业 3500 条零申报和减免申报信息进行筛选比对，提高房产税、土地使用税申报数据质量，实地抽查和案卷检查 400 家房产交易企业和个人，规范契税等交易税收管理；顺利完成 24729 户个体户核定征收调整。

落实优惠政策。认真落实各项税收优惠政策，全年减免各项优惠 21.68 亿元，其中改善民生 14.36 亿元，鼓励高新企业发展 0.48 亿元，促进小微企业发展 2.34 亿元；退库

10036 户次 6.52 亿元，其中出口退税 5 亿元，同比增长 15%。加强基础管理、基础制度、基本技能"三个基础"建设，建立完善风控应对、注销规程等 20 项规章制度，完成 10 大项 10345 条金三指标数据修正、自然人数据清理和系统调整切换工作，完成金三并库双轨测试。

【组织收入】　坚守组织收入原则，坚持依法收好税，坚决不收"过头税"，坚决落实减免税，坚决打击偷骗税，确保"应收尽收，应享尽享，应退尽退"，积极应对区域大规模经济结构调整等因素给组织收入工作带来的严峻挑战，攻坚克难，实现收入稳定增长。成立税源调查团队，局领导带队逐一走访重点税源，摸清税源，提升控管能力。层层分解收入任务，纳入绩效考核，形成工作合力。组织 26 次专题和日常分析，并与区财政、街道联合开展三方分析，找准工作着力点。向地方党委政府呈报经济税收分析报告 12 篇。健全"三级审核、部门联动"风险管理机制，加大评查和清欠力度。通过评估、清欠等方式组织入库 8.63 亿元，同比增长 2.98%。对 150 户纳税人强制扣缴税款 9.19 万元。在生产企业外迁、出口额大幅下滑情况下，审核通过免抵税额 16931 万元，同比增长 29.4%。密切与财政等部门配合，紧盯区域重点项目及时跟进；各科所到位后迅速与所属办事处对接，合力管控税源。主动联合财政、办事处、企业召开四方收入核实会，逐项逐企业梳理核准税源，控管好收入质量。

（袁文波）

审计监督

【概况】　2018 年，区审计局以习近平新时代中国特色社会主义思想为指引，紧紧围绕李沧区中心工作，依法履行审计监督职能。突出重大政策跟踪审计、预算执行审计和政府投资审计，扎实开展经济责任审计，首次开展领导干部自然资源资产离任审计。注重发挥宏观服务作用，服务领导决策，提高审计监督效能。全年共开展审计项目 189 个，完成项目 121 个，查出管理不规范资金 20.68 亿元。先后荣获审计通联宣传工作先进单位、全国审计宣传工作先进单位等荣誉称号。

【重大政策跟踪审计】　按照审计署统一部署，开展重大政策落实情况跟踪审计，推动宏观政策落地落实。2018 年，按季度对贯彻落实重大政策措施情况进行跟踪审计，重点关注科技创新驱动、"放管服"改革、企业税费负担、保障性安居工程专项资金使用情况，聚焦"三去一降一补"、加快新旧动能转换重大工程、简政放权、重点项目和民生资金使用等方面，共审计部门单位 7 个，涉及资金 1.25 亿元，抽查沔阳路拓宽改造工程及周边环境整治等 32 个市级重点项目，涉及计划投资总额 549.2 亿元，披露部分项目未按计划进度推进、部分行政审批事项未入驻审批大厅、上级专项转移支付资金未及时拨付到位等问题 9 个，有效促进了改革政策落地、民生事业发展、重点项目推进。

【预算执行审计】　按照"揭示问题、规范管理、促进改革、提高效益、维护安全"工作思路，依法对财政资金进行审计监管，财政资金运用到哪里，审计就跟进到哪里，实现财政资金审计全覆盖。坚持在审计领域、审计方式等方面不断拓展创新，推动财政预算执行审计"扩面增效"。探索运用大数据技术审查部门预算执行情况，揭示预算下达不全面、专项资金管理使用存在制度漏洞等管理绩效问题，发现管理不规范资金 20.68 亿元，促进相关单位出台多项制度加强财政管理。《关于李沧区 2017 年区级预算执行和其他财政收支情况的审计工作报告》，得到区人大常委会和参会代表的广泛认可。

【经济责任审计】 以促进领导干部遵纪守法、循规尽责为目标，不断拓展经济责任审计内容。科学合理制定经济责任审计计划，坚持任中审计和离任审计相结合，重点审计领导干部贯彻执行党和国家经济方针政策、决策部署和中央八项规定精神情况，遵守有关法律法规和财经纪律情况；重点监督贯彻落实区委区政府决策部署情况，重大经济政策制定及执行情况，资产购置管理和项目建设管理情况；跳出财务审计的范围，掌握单位承担的重点项目、重点任务，对标区委区政府目标要求，科学评价领导干部履行经济责任情况。

2018 年，对全区行政事业单位、国有企业的 34 名领导干部开展经济责任任中和离任审计，聚焦领导干部权力运行和责任落实，重点关注领导干部依法履职情况以及保障和改善民生情况，持续跟进民生资金和民生项目，对低保、医疗、救助、文化等资金的管理使用，跟进延伸至社区，督促资金到位、项目落地。

【自然资源资产离任审计】 按照区委、区政府工作要求，以森林资源审计为突破口，首次开展领导干部自然资源资产离任审计。通过审计，摸清李沧区森林资源现状，促进领导干部树立绿色发展理念和正确的政绩观，切实履行自然资源资产管理和生态环境保护责任。

【政府投资审计】 认真贯彻审计署《关于进一步完善和规范投资审计工作意见》精神，进一步深化政府投资审计。修订《政府投资审计办法》，将审计关口前移至项目建设前期，更加注重建设项目质量和效益。制定《李沧区审计局社会中介机构选用办法（试行）》，实行"专家组复核"工作机制，对情况复杂和投资额较大的政府投资审计项目进行二次专家复核，确保审定造价质量。全年累计完成各类审计项目 73 个，平均审减率 11.88%，审减工程结算价款 2.99 亿元，切实为政府看好"钱袋子"。

【宏观服务】 坚持把开展绩效审计贯穿全部审计项目，提高宏观服务能力。特别关注普遍性、宏观性、倾向性问题，注重从制度、机制、体制层面提建议找对策，为区委区政府宏观决策提供有益参考。开展审计整改"回头看"，促进问题整改落实到位，提高审计监督效能。发挥对国有企业的监督服务职能，举办区属国有企业业务培训，促进国有企业提高企业运营管理能力，加强经营风险管控，强化法制意识和规范意识。举办全区财政审计业务专题培训班，增强领导干部法规意识、责任意识、纪律意识，提高财务人员业务水平。

（陈璐）

统计管理

【概况】 区统计局贯彻落实区委、区政府各项决策部署，围绕全区创新发展"18844"工作格局，扎实推进经济普查工作，加强统计调研和信息服务，先后荣获中国国情国力基层宣传先进单位、省统计宣传先进集体、省 1% 人口抽样调查先进集体、市统计行风建设先进单位、区考核优秀单位等荣誉称号。国家统计局服务业司、社科文司先后到李沧区调研服务业及科技创新工作开展情况，对李沧区统计工作给予积极评价。在全市统计巡查中，李沧统计工作得到上级充分肯定。5月份，代表区政府向区六届人大常委会汇报《中华人民共和国统计法实施条例》贯彻落实情况，并认真落实审议意见，票决通过。

【全国第四次经济普查】

领导督办。2018年9月1日，清查工作正式展开，区委领导先后5次做出批示。区经济普查办公室（简称经普办）落实市相关要求，建立双挂制度。区经济普查领导小组成员分别带队，与街道、社区负责同志开展座谈，进入社区、企业和个体经营户现场指导。对普查小区"飞地"问题、企业主营业务填报等单位清查中遇到的重点问题和困难现场解决。

日常实地督导。区经普办将辖区街道划分为5个组，组织区统计局17名业务骨干靠上开展实地督导。建立日调度机制，每2日调度汇总各街道清查进展，清查攻坚和数据录入审核纠错期间，每半日调度一次。区经普办利用全市普查系统"微矩阵"网络，与各街道指导员、普查员第一时间通过微信、QQ群落实上级要求，及时解决清查工作中遇到的困难和问题。

工作进度。全区600余名普查工作人员在中秋、国庆、周末时间，组织开展地毯式清

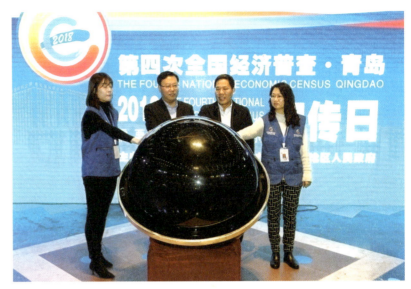

2018年12月26日，青岛市第四次经济普查正式登记启动仪式暨宣传日活动在李沧区乐客城举行。

2018年6月20日，国家统计局社科文司司长张仲梁（右一）到李沧调研科技创新工作开展情况。

查，并做好查遗补漏工作，涌现出一批先进个人和先进事迹。全区共清查法人、个体经营户等各类经济主体7万余家。省、市经普办先后5次到李沧区实地调研，督导员制度得到省统计局领导肯定并推广。目前，第四次经济普查正式登记工作已全面展开。

宣传工作。建设"李沧统计"微信公众号宣传阵地，发布统计信息120条，发布的普查宣传沙画、清查微信长图，日阅读量2000余次。在"李沧在线"设置经普专栏。开展第九届"中国统计开放日""网络在线问政""全市经济普查宣传日"等集中宣传活动。2018年12月26日，在乐客城举行青岛市第四次经济普查登记启

动仪式，现场发放《统计法》《实施条例》《全国经济普查条例》手册和普查台历等宣传资料 5000 余份。《青岛日报》《半岛都市报》、青岛新闻、凤凰网、网易、搜狐等媒体均予报道。

【统计调研】 重点课题。密切关注辖区经济社会发展热点，围绕新旧动能转换、新经济发展、现代金融等重点产业确定并完成《加快亚马逊 AWS 发展 助推新旧动能转换》等调研课题 13 项。全年发布各类统计信息 237 篇，撰写提供各类统计分析材料 53 篇，获得区主要领导批示 11 篇，国家、省级媒体发表 4 篇，获得省统计科研优秀成果评比三等奖 2 项，获得全市优秀分析奖调研报告 2 篇。

重点调查。围绕构建新型政商关系、民生服务和社会热点开展营商环境、人口变动抽样、城镇住户、劳动力调查、互联网购物等多项调查，调查企业 1200 余家，居民近 500 户、1000 余人，丰富统计数据来源，及时反映民生领域热点情况。

企业纳统。与区相关责任部门、街道联动，建立企业注册、经营和纳统跟踪监测机制，通过召开业务培训会议、制发纳统工作明白纸、对预纳统企业业务指导等措施，及时做好规模以上企业纳统工作。2018 年新纳统规模以上企业 167 家。

【创新与改革】 统计指标监测。区统计局利用统计联网直报平台、固定资产投资项目管理平台、基本单位调查平台、"数·李沧"经济运行分析平台动态监测全区投资项目 113 个，规模以上企业 580 余家，法人单位 1 万余家，并对国内生产总值、社会消费品零售总额等 30 余项主要经济指标进行月度监测。企业联网直报期间，启动"日监测"，每日汇总指标进展供区领导和相关责任部门参考。

院士港统计监测体系。落实省人才工作领导小组支持青岛国际院士港建设政策，设立青岛国际院士统计监测体系，统计分析世界级巨匠大师、国内外知名院士签约数量、目标实现程度信息和院士港科学研究与试验发展（R&D）情况，为全省、全市新旧动能转换重大工程提供经验参考和数据支撑。

统计体制改革。向区委全面深化改革领导小组第十九次会议做出报告，在街道经济发展管理中心加挂"李沧区 xx 街道统计站"牌子，成为全市第一个完成任务的区市。组织"国民经济核算体系"区委理论学习中心组专题讲座和经济部门业务人员专题培训，共培训区领导、区机关、区属国有企业干部 450 余人，为落实国内生产总值核算改革部署打下坚实基础。

【基层基础工作】 统计法制建设。围绕"依法治统年"，开展企业注册源头普法、统计开放日集中普法、依法纳统事迹采访、普法进党校等活动。印发《统计法》《实施条例》《全国经济普查条例》5 万余册，结合全国经济普查、统计开放日、12·4 宪法日，开展发放宣传工作，经验信息得到山东法治网采用。对影响统计数据质量的关键环节开展重点执法检查，对经济普查和常规统计调查开展经常性"双随机"抽查。全年集中执法检查工业、批发零售贸易业、房地产业企业 33 家。

业务培训。组织参加国家和省、市培训班 50 余人次；组织培训规模以上企业统计人员 1500 余人次。围绕第四次经济普查工作对街道、社区开展培训，各级累计培训普查指导员、普查员 1500 余人次。区统计局 2 名同志获任首席经济分析师，1 名同志荣获市劳模称号。

廉政建设。制定统计行风建设责任分解办法，将廉政建设任务量化、明确，每月调度推进。制定全局、科室、个人层面正、负面清单并及时做好周、月总结。根据区委"四大""四新"及解放思想大讨论活动部署，开展专题研讨、书记讲党课、党校老师授课，并建立整改落实长效机制。对照好人主义、圈子文化、码头文化二十种表现形式进行专题研讨和自查自纠。制定《李沧区统计局 2018 年党组中心组理论学习实施方案》，累计集中学习 150 学时。创新内部刊物《数情先锋》，打造全局党员干部思想业务交流平台。

（蔡丽丽）

物价管理

【概况】 2018 年，李沧区物价检查根据区委区政府 2018 年价格监管工作部署，充分发挥职能作用，突出市场价格整治，严格价格执法，强化重点领域收费监管，物价工作取得明显成效。全年检查经营主体 390 余家，立案处罚单位 2 起，限期整改单位 41 家，受理各类价格投诉 2600 余起，关注回应价格舆情 40 余起，及时处置回应应急事件 41 起。

【市场价格整治】 重点开展元旦、春节等法定节假日市场价格巡查，维护节日期间市场价格稳定；开展春运价格专项检查和上海合作组织青岛峰会期间价格巡查，确保价格稳定。在日常工作中，灵活运用价格提醒、告诫、约谈等方法，促进经营者自觉遵守价格法律法规，规范价格行为。对实行政府定价、政府指导价的停车场，加大监管力度和巡查频次，确保辖区内道路停车场经营者明码标价，合理收费。

【价格执法改革】 区综合执法方案下达后，区发改局积极与市价格主管部门、区编办、法制办等有关部门对接协调，参加部门联席调度会议，界定区发改局与区综合行政执法局双方职责边界，明确工作职责，推进价格综合执法工作顺利完成。

【投诉办理】 保持"12358"价格咨询、投诉举报电话畅通，分管领导在岗带班，设专人值班。对受理的价格咨询、投诉举报热情回应，快速查办，及时反馈，回复率、办结率均为 100%。针对《山东省物业收费管理办法》出台后大量涉及物业收费投诉举报，多次约谈中海国际、中南世纪城、海岸华府、万科、绿城等物业公司负责人，责令规范物业及停车收费行为。督促物业公司依规办理空置房物业退费申请登记，有效化解矛盾，减少冲突。

【重点领域收费监管】 对万达广场、乐客城、银座等大型商业综合体以及中海、中南世纪城、万科等规模较大的物业公司进行重点监督检查，相关转供电主体均在较短时间内将电费与其他收费完全剥离。对辖区内其他转供电主体进行抽查，对不执行目录电价、与目录电价捆绑收取其他费用、不执行国家和省各项降低电价措施、随意分摊收取公共用电和损耗等费用行为坚决查处。经过 2 个多月集中监督检查，全区 117 家转供电主体单位均较好地落实相关政策，电价降价幅度分别为 50% 至 10% 不等，退还违规价款 2400 元。

（邱仁德）

市场监督管理

【概况】 区市场监督管理局认真贯彻落实区委区政府决策部署，立足市场监管职能，以"追赶式"发展为导向，加强谋划，突出重点，整体推进，发展市场主体、名牌商标创建、农贸市场监管、行政执法、消费维权等各项工作取得明显成效，先后荣获全区 2017 年重点工作突出贡献奖、2017 年信用李沧先进单位、信息工作先进单位，在全区党的十九大知识竞赛中荣获一等奖。

【发展市场主体】 持续推行企业登记全程电子化改革，逐步实现以电子营业执照为支撑的网上申请、网上受理、网上审核、网上公示、网上发照等全程电子化登记管理模式。安排专人负责业务指导和办理工作，做到随时提交随时核准；加强电子化业务全员培训和代理机构专题培训，提高业务申报成功率。2018年，共有5460家企业通过全程电子化完成设立、变更、备案、注销等业务，其中全程电子化设立企业占所有新设立企业的40.87%。新发展市场主体23198户，同比增长22.31%；其中新发展企业8979家，同比增长16.30%；新发展个体业户14219户，同比增长26.43%。

【名牌商标创建】 指导青岛爱尔家佳新材料股份有限公司申报"爱尔家佳与图"注册商标，被认定为中国驰名商标，指导青岛妙品巧克力股份有限公司等四家企业申报驰名商标。在马德里商标国际注册方面，根据辖区规模以上企业名单、出口企业名单，选择规模大、效益好、纳税高的595家企业作为重点培育对象，建立健全企业商标数据库，通过登门服务为企业宣讲相关政策，全程跟踪企业注册进度，并帮助小微企业申领马德里商标注册补助。2018年，共收到马德里商标国际注册受理通知书64件，办理国内商标注册2546件，办理商标国际注册资金补助申报五批，协助102家415件马德里国际商标申领资金补助金290.5万元。

【农贸市场监管】 农贸市场升级改造。将农贸市场工作列入区办实事，积极推进河南农贸市场升级改造，组织区商务、建管、城管执法、食药、消防部门进行项目评审，对市场改造方案、建设周期、建设标准等进行全面评估，会同主办单位提出合理化建议。组织市场开办单位按照计划节点部署安排，积极推进升级改造工作。全部验收完成河南农贸市场升级改造工作，并按政策拨付补助资金73.8万元，改善提升硬件设施落后农贸市场购物环境。市工商局在李沧区李村大集召开全市星级农贸市场创建工作现场会，推广李沧经验。西安、郑州、武汉、荆州、泰安等先后到李沧区考察学习农贸市场管理，《青岛日报》、青

2018年5月15日，孟凡利市长现场调研我区农贸市场统一配置"智能液化气瓶"工作。

2018年12月6日，市委书记张江汀视察李村大集。

岛电视台等媒体进行了宣传报道。

农贸市场安全生产。组织开展安全生产培训12次，安全演练86次，现场发现纠正消防隐患32起。完善消防安全视频监控系统，按照每2000平方米配备1个微型消防站标准，督促建立微型消防站18处。率先在正规农贸市场统一推广使用智能液化气瓶，协调液化气公司免费统一配置液化气瓶、智能液化气阀、防爆软管，消除液化气瓶使用安全隐患，得到市政府主要领导肯定，青岛市城市管理安全生产专业委员会刊发简报予以推广。

【消费维权工作】 积极开展"品质提升迎峰会 放心消费树形象"创建活动，创建向阳路放心消费示范街1条，示范店22家，承诺店264家。开展"3·15"等宣传咨询活动13场次，印发宣传材料8000余份，接受群众咨询2600余人次。召开行政约谈会8场，约谈136人次；发布消费警示15条次，在投诉量较大的7处经营场所实行消费警示制度，使其投诉数量下降2.77%。组织开展高考、中考期间校园周边环境综合整治行动，检查校园周边主体536户次，发现并整改问题21个。通过12345政务服务热线等渠道受理消费投诉举报共16082件，按期办结率、反馈率均达100%。依法开展流通领域商品质量抽检145批次，对不合格的12个批次立案调查。有效处置网络消费舆情100余起，未造成舆情升级和扩散，其中涉及2000余名消费者的星光海贝尔消费纠纷舆情和投诉处理得当，得到区委主要领导的肯定性批示。

【消费市场秩序整治】 继续牵头做好全区消费市场秩序专项整治，不断巩固专项整治工作成果。针对元旦、春节、中秋、国庆等重点节日和重点时段，积极组织各成员单位开展专项检查、联合执法、普法宣传等消费市场秩序专项整治活动，消费市场秩序明显好转，违法行为得到及时有效查处。2018年，全区各责任单位共出动执法人员11123人次，检查经营主体18122户次，整改问

2018年3月15日，区市场监督管理局联合食药、消防等部门开展"3·15"宣传咨询活动。

题 352 个。

【行政执法】 防范打击传销活动。始终保持对非法传销活动的高压态势，围绕辖区闲置房屋较多、流动人口密集的区域，如李村商圈、青岛火车北站附近、长途客运汽车站周边地带和闲置、废弃旧厂房等区域，以及近年来传销活动频发、传销人员聚集、群众投诉量较大、媒体关注报道的宾馆、写字楼等，进行逐一排查，提前防范。畅通举报渠道，传销行为得到及时有效查处，社会秩序进一步稳定。

执法办案。2018 年，全局共立案 41 起，结案 31 起，罚没款入库 35.25 万元。在国家商标局开展的 2017 年工商和市场监管部门查处商标侵权十大典型案例评选中，李沧区市场监管局查处的 1 起商标侵权案件入选并在《中国工商报》刊载；在市工商局组织的 2017 年度优秀案件主办人和法制员评选中，李沧区市场监管局有 2 名执法人员被评为优秀案件主办人，2 名执法人员被评为优秀法制员；在市工商局组织的 2017 年度全市工商和市场监管系统"十佳"执法典型案例评选中，李沧区市场监管局 1 起行政执法案件入选。

【事中事后监管】 规范市场主体资格。制发"清无照、排隐患、保安全"专项整治行动实施方案，按照属地监管要求，对辖区无照经营开展集中排查整治，共出动人员 2550 人次，排查市场主体 4807 户，发现无照经营户数 232 户，取缔户数 4 户，其余均已按规定办理营业执照，实现无照变有照，促进市场主体资格有效规范。

信用信息公示。2018 年，共依申请移出异常名录 664 户；依据投诉、举报、日常监管发现企业不在住所地经营将企业列入异常名录业户共计 289 户。所有一般程序案件均已在全国企业信用信息公示平台公示，有效运用信用体系依法对市场主体实施监管。

年报公示。通过在政府审批大厅、各市场所登记大厅、税务登记大厅等场所发放宣传材料、利用联通短信平台向未年报企业发送提示短信、召开银行体系信用工作会议、代理记账公司年报培训会等多种渠道提高年报知晓率、年报率和准确率。2018 年，企业年报率 87.93%，个体年报率 99.92%，农专年报率 100%，合计年报率 95.19%。将未年报的 44 户个体工商户标记为异常状态，4240 户未年报企业列入异常名录，其中海关企业因未年报被列入经营异常名录的 98 户。

"双随机一公开"。圆满完成国家市场监督管理总局双随机定向抽查任务，共抽查全区市场主体 3549 户，其中未发现问题单位 2641 户，已通过登记但经营场所无法取得联系的 670 户，公示信息隐瞒真实情况的 32 户，不配合检查的 6 户，发现问题待后续处理的 1 户，注销的 199 户。所有检查结果均已归集到企业名下并通过国家企业信用信息系统向社会公示。

【干部队伍建设】 "两学一做"学习教育。组织召开领导班子民主生活会工作，在全区"两学一做"学习教育常态化制度化督查综合评价为优秀。组织开展"大学习、大调研、大改进、大督促"工作，组织集体学习、讨论 23 次，制定党委班子和书记个人清单，查找问题、制定整改措施 32 条，有关经验做法被区委组织部以简报形式刊发。

大力夯实支部建设基础。开展支部建设"强基工程"，突出抓好支部"五个一"学习制度，组织"三会一课"档案集中检查，查找汇总问题 17 项，并逐一落实整改。部署各党支部开展"主题党日＋"活动，组织党员赴青岛国际院士港开展现场教学，进一步增强党性意识和进取精神。结合市场监管工作职能，开展普法宣传、真假商品展示等活动，得到业户和群众的好评。六月份机关第三支部"主题党日＋"活动借助网易网平台进行全程现场直播，点击量达到 23 万余人次。

（韩鹏飞）

质量技术监督

【概况】 李沧区市场监督管理局在区委区政府正确领导下，紧紧围绕中心工作和上级工作部署，以"追赶式"发展为导向，加强谋划，突出工作重点，把握关键时点，科学谋划，敢于担当，积极履行质量技术监督管理职责，各项工作持续有效推进。荣获全市质监系统2018年度综合考核优秀单位荣誉称号。

【质量管理】 品牌创建。先后通过"李沧在线"网站、"李沧区中小企业服务"微信公众号等平台，宣传品牌培育扶持相关政策，引导企业开展品牌创建工作。制定出台《李沧区质量品牌提升专项资金管理暂行办法》，设立区级质量品牌提升专项资金，对新认定山东服务名牌的企业实施奖励，通过政策引导激发企业争创名牌积极性。有针对性地开展质量提升和品牌建设等培训，利用5月10日"中国品牌日"等契机，组织企业进行品牌培训。组织企业积极申报山东名牌，先后推荐17家企业申报2018年度山东名牌。指导推荐青岛市模具行业协会和青岛鲁强模具有限公司创建2018年山东省优质产品基地和龙头骨干企业。注重高端品牌培育，青岛食品股份有限公司成功列入2018年山东省百家制造业高端品牌培育企业名单。

产品质量监督。2018年，李沧区生产企业先后经国家和省、市、区四级监督抽查，基本实现产品监督抽检全覆盖。抽查产品涉及家用电器、建筑装饰装修、日用杂品、车用汽柴油、肥料、电控配电用电缆桥架、木制家具、食品相关产品、汽车用品及配件、定配眼镜、低压成套开关设备、儿童学生用品、服装鞋帽及床上用品、瓦楞纸箱、配电箱等15类。共抽查92家企业128批次产品，合格124批次，合格率96.87%（见表一）。同时，强化不合格

表一　2018年李沧区工业产品监督抽查情况统计表

序号	产品分类	涉及企业（家）	抽查批次	合格批次	合格率
1	家用电器产品	8	8	8	100%
2	建筑装饰装修产品	13	18	18	100%
3	日用杂品	2	2	2	100%
4	车用汽柴油	1	4	4	100%
5	肥料	1	1	1	100%
6	食品相关产品	5	9	9	100%
7	儿童学生用品	5	5	5	100%
8	定配眼镜	15	17	17	100%
9	汽车用品及其配件	4	8	8	100%
10	电气产品	19	26	24	92.31%
11	家具产品	7	9	8	88.89%
12	燃气器具	3	3	3	100%
13	电控配电用电缆桥架	4	6	6	100%
14	服装鞋帽、床上用品	9	10	9	90%
15	瓦楞纸箱	1	2	2	100%
合计	——	——	128	124	96.87%

企业的后续监督管理工作，先后对 4 家企业依法进行立案查处。

政策激励。认证、检验检测机构制定出台扶持企业开展质量认证的相关政策。将新获得质量管理体系认证、职业健康安全管理体系认证和环境管理体系认证的企业纳入《李沧区质量品牌提升专项资金管理暂行办法》奖励范围，并给予 1 万元区级奖励资助。

组织培训。邀请上海质量审核中心的质量专家对辖区 40 多家企业进行集中培训，重点对新版质量、环保和职业健康安全管理体系的相关标准进行宣传，帮助企业掌握三个体系标准新变化和新要求，进一步增强企业质量意识，推动企业开展质量、环境和职业健康安全管理体系认证。

【标准化工作】 组织推动青岛义龙包装机械有限公司等优势企业参与国家、行业标准制修订工作。2018 年，李沧区重点企业参与制修订国家标准 4 项，行业标准 2 项。指导帮助 8 家企业建立健全标准化体系，通过 AAA 级标准化良好行为企业达标验收。指导推荐 3 家企业申报服务业标准化项目列入国家级服务业标准化试点项目，1 家企业的服务业试点项目被确定为省社会治理标准化建设试点项目。

【特种设备安全监察】 日常监督检查。年初印发《2018年李沧区特种设备生产、使用、经营单位日常监督检查实施方案》，将全区 802 家特种设备生产、使用经营单位全部列入年度日常监督检查计划，重点检查特种设备使用管理"三落实""两有证""一检验""一预案"等情况。出动检查人员 2468 人次，检查 802 家特种设备使用单位，下达指令书 157 份。妥善处理特种设备投诉 365 起，办结率 100%，满意率 100%。

特种设备安全保障。为保障上海合作组织青岛峰会期间特种设备安全"零事故、零事件、零故障"，按照全市统一部署，印发《李沧区特种设备安全保障方案》，确定 72 家特种设备核心重点保障单位，成立由局主要领导任组长的特种设备安全保障工作领导小组，召开全区特种设备安全工作会议，部署重大保障任务工作要求，现场签署《特种设备安全保障工作承诺书》，同时组织企业认真开展自查自纠，提高管理水平，主动消除事故隐患。

叉车专项整治。印发《李沧区市场监督管理局叉车安全专项整治方案》，开展为期一年的以叉车使用个体、企业和叉车司机为整治对象，以物流园区、木材市场、建材市场和仓储企业等为重点区域，覆盖全区的叉车专项整治行动。共排查全区叉车使用单位 200 余家，全区新增叉车登记 496 台。

液化气充装单位及加气站执法检查。围绕各充装单位有无违规充装报废、未注册、非自有产权、未检验或检验不合格气瓶、螺丝瓶等违法行为，对 12 家加气站和青岛同源液化气有限公司等 3 家液化气充装单位进行全面检查，其中对 3 家液化气充装单位均进行 3 次以上不打招呼、不定期随机检查，对检查中发现的充装标签不规范问题及时进行纠正，问题未改正的坚决不让出厂。通过检查，各加气站及液化气充装站管理与服务进一步规范。

【计量工作】 加强民生领域计量监督，委托青岛市计量技术研究院对全区农贸市场业户使用的电子秤和市场公平秤统一检定，共检定电子秤 1897台，其中合格 1819 台，责令改正 76 台，并依据《中华人民共和国计量法》相关规定，现场责令停止使用。开展交通工具计量专项整治活动，共检查汽车 4S 店 32 家，计量用户 78 户，发现并整改涉嫌超范围经营等问题 10 个，计量不规范问题 9个。

【行政执法】 重点开展"利剑"和"双打"专项行动以及特种设备为重点的行政执法工作。2018 年，累计立案查处违法行为 12 起，结案 7 起，罚没款入库 9.68 万元，有力打击了各类违法行为，有效维护了公平竞争的市场环境和特种设备安全。

（韩鹏飞）

食品药品监督管理

【概况】 2018年，区食品药品监管工作在区委、区政府正确领导下，在区人大、区政协及社会各界的关心支持下，紧紧围绕上海合作组织青岛峰会保障、国家卫生城市复审、全国文明城市测评、全省食品安全检查、省级食品安全先进区验收等重大任务，强化严防严管严控措施，着力解决重点难点问题，推动全区食品药品安全形势持续稳中向好。8月23日全省食品安全检查、11月11日省级食品安全先进区验收，李沧区均位列全市第一名。11月份全省餐饮服务单位食品安全"双随机"检查，李沧区位列全省第一名。

【安全治理】 全面排查。为确保上海合作组织青岛峰会期间食品药品安全，迎接国家卫生城市复审，从4月初开始，组织开展"双月大会战、食安大提升"活动，对全区11800余家食品生产经营单位开展拉网式排查，突出抓好农贸市场、李村商圈、"三小场所"和学校、医院、车站周边专项整治，着力解决群众反映强烈的热点难点问题，责令整改1600余家，向条件较差的业户免费发放防蝇帘、灭蝇灯等"三防"设施8500余件。

2018年7月17日，在九水农贸市场举办青岛市食品安全宣传周启动仪式。

峰会保障。上海合作组织青岛峰会期间，监督完成对喜来登大酒店及5家外围接待酒店的改造提升工作，提高食品安全保障水平。抽调骨干力量对青岛啤酒二厂、青岛食品股份有限公司进行24小时驻厂全程监管，高标准完成峰会重点品种食品生产供应工作。对包括喜来登在内的26家保障酒店进行驻点全程监管，圆满完成白俄罗斯总统一行以及2500余人次保障警力的食品安全保障任务，确保食品安全零事故。

摊点整治。针对食品摊点（群）管理难问题，与区综合执法局、街道办事处等部门密切配合，通过实地调查和会商研究，在指定经营区域、备案登记和日常管理上，分工负责，共同发力。先后完成向阳路步行街夜市、甘泉路食品摊点等4处摊点群备案管理，"一对一"帮扶率达100%，对不符合备案管理的23家占路经营食品摊点（群）予以取缔。与虎山街道办、综合执法等部门开展联合执法，将卫生条件差，群众反映强烈的山东外贸职业学院北门外摊点群内23家业户全部遣散并清理占路经营的个别摊贩，彻底解决这一"老大难"问题，省市十余家媒体予以报道。

【安全监管】 食品检测。坚持把食品药品检测工作作为一项基础性、经常性的惠民工程来抓，在农贸市场、大中型商超新建15处标准化食用农产品快检室，免费向市民提供检测服务。目前，全区有食用农产品快检室 45 处，年快检食用农产品 30 万批次。10 月 23 日，全市食用农产品快速检测体系建设现场会在李沧区召开，与会人员观摩了利客来集团食用农产品快速检测工作。李沧区的经验做法在市政府办公厅《政务信息》专报刊发。加大食品定性定量检测力度，全年抽检食品 6005 批次，合格率 98.7%，对不合格的 77 批次全部依法处理并公开曝光，引导企业规范经营。

品牌创建。充分发挥示范引领作用，积极组织参加"食安山东"品牌创建活动。青岛海牧源食品有限公司通过"食安山东"品牌答辩评审，创建成为"食安山东"品牌企业，全区"食安山东"品牌企业 5 家。睿星、兴山路 2 家农贸市场顺利通过省级验收，成为省级食品安全规范化农贸市场。推荐利客来购物中心 A 座为国家级放心肉菜示范超市。

餐饮监管。新建青山路小学、徐水路小学、区实验初中 3 处标准化食堂，全区学校标准化食堂比例达到 93%。共对 55 家学校食堂开展季度检查、飞行检查 300 余次，组织食品安全培训班 23 次，有效保障师生就餐安全。针对网络外卖等新生事物，研究出台《李沧区食品药品监管局网络餐饮服务监管方案》，深入开展"净网"

2018 年 10 月 23 日，青岛市食用农产品检测体系建设现场会在我区举行。

行动，努力实现线上线下同标同质，对 37 家存在违法违规行为的餐饮单位予以处罚。

打击违法犯罪。进一步完善与公安部门联合打击食品药品安全违法犯罪常态机制，查处违法案件 220 起，罚没款 243 万元，移交涉嫌犯罪案件线索 28 条，抓获犯罪嫌疑人 42 人。

【安全共治】 问政于民。积极参与"行风在线""网络在线问政"等节目，认真听取群众意见，做到事事有着落，件件有回音。全年办理人大代表建议、政协委员提案 9 件，回复率、满意率均为 100%。加强"12331"举报投诉平台建设，市民参与度不断提高，投诉举报按时办结率 100%。

宣传活动。组织开展"我请代表委员来打分"放心肉菜示范超市公开评价、"十大市民关注食品"抽检等活动，先后承办青岛市"食品安全宣传

周""食品安全用药月"启动仪式，邀请媒体记者及群众代表全程参与。深入开展"五进"活动（进社区、进学校、进市场、进企业、进家庭），广泛宣传普及食品药品安全知识，提高公众自我保护意识和依法维权能力。建立家庭过期药品回收点 55 处，回收并销毁过期药品 1400 千克。在《中国食品报》《中国医药报》《大众日报》等市级以上媒体宣传报道 120 余次。

【政务服务】 坚持以人民满意为宗旨，大力推进"放管服"改革。率先在全区推行食品经营许可"零跑腿"改革试点，变群众跑腿为政府跑腿，极大方便办事群众。目前，涉及食品药品的 5 项行政许可、4 项其他行政权力全部实现"零跑腿""一次办好"。通过优化办理流程，精简申报材料，提高工作效率，食品生产许可、食品经营许可办理时限由原来

的 20 个工作日分别缩短为 6 个工作日、5 个工作日，其他事项审批时限缩短三分之二以上，无须现场核查的事项均实现当日受理、当日办结。

【重点服务】　得悉青岛国际院士港袁隆平院士海水稻项目食品生产许可、食品经营许可办理诉求后，区食药局立即成立服务专班，开辟绿色通道，专人驻点，全程指导，容缺受理，送证上门，使本来需要两至三个月的许可办理流程，仅用 15 天顺利完成，为项目发展赢得宝贵时间。袁隆平院士团队致信区政府、送锦旗到区食品药品安全监督局，表示感谢。

（孙晨阳）

安全生产监督管理

【概况】　李沧区安全生产监督管理局按照区委区政府部署，牢固树立安全发展理念，持续压实安全生产责任，加大监管执法力度，严格隐患排查整治，强化重点行业领域治本攻坚，夯实基层基础建设，强化安全生产宣传教育，全区安全生产形势持续稳定。全年共发生生产经营性道路交通事故 1 起，死亡 1 人，生产安全事故起数和死亡人数同比均下降 87.5%，未发生较大及以上生产安全事故。

【压实责任】　贯彻落实《地方党政领导干部安全生产责任制规定》和山东省实施细则，压实党政领导安全生产责任，把安全生产纳入区委议事日程和区政府重点工作。区委区政府多次召开常委会会议、政府常务会议、专题工作会议研究安全生产工作，解决重大问题。区委区政府主要领导、分管领导先后 60 余次带队，深入联系街道、生产一线、建筑工地、各类生产物流园区进行督导检查。各街道及行业主管部门主要和分管负责同志采取"四不两直"暗查暗访、多部门联合等方式，对辖区及行业领域内安全生产工作进行督查检查，形成全区上下一级抓一级、层层抓落实的安全监管局面。

【基础保障】　增加安全生产资金投入，区政府拨付专项资金为基层一线监管队伍租赁 22 辆新能源执法车辆，切实解决基层安监执法车辆不足问题。政府实事专项投入 80 万元，开展安全知识进社区大讲堂活动 100 场，组织 5000 余名居民观看事故警示片，学习心肺复苏、模拟灭火等安全应急技能；组建 220 人的社区安全应急骨干队伍，指导、督促各街道和企业进行安全生产应急预案演练 100 余次，大大强化基层应急救援力量。区委区政府还在职级并行、充实监管力量等方面给予安全生产工作优先保障。区政府常务会议审议决定，为安监局、各街道安全生产监管工作人员发放岗位津贴，解决了历时多年的历史遗留问题。

【风险隐患预防】　贯彻落实省、市关于风险隐患双重预防体系建设要求，把双体系建设作为安全生产工作的中心任务来抓，完善工作机制、强化部门联动、分步推进实施。成立全区双重预防体系工作领导小组，明确成员单位职责分工，聘请专家对双重预防体系建设"把脉问诊"，切实提高体系建设质量效率。组织双重预防体系培训班 5 期，累计培训街道、部门和生产经营单位人员 600 余名，发放《双重预防体系信息平台用户操作手册》等 400 余册，帮助企业提高双重预防体系建设水平。聘请专家开展双重预防体系建设企业点评工作，推广成熟建设经验，查找剖析问题，研究改进措施。2018 年，全区开展风险隐患双重预防体系建设企业 134 家，其中确定省级标杆企业 1 家、市级标杆企业 7 家、区级标杆企业 24 家，各项工作均按进度要求完成年度目标。

【安全督查】 全面安全检查。2018 年 3 月份，省政府安委会对我区安全生产工作进行巡查，发现问题 35 项，根据区委区政府领导批示要求，全区迅速进行部署整改，所有问题于 5 月 15 日前完成整改并报市安委办验收通过；为保障全国"两会"和上海合作组织青岛峰会顺利召开，3 月到 6 月，全区组织开展安全生产综合整治行动，累计检查生产经营单位近 1.4 万家次，排查整治隐患 6800 余项，顺利完成全国"两会"和峰会期间安全保障任务；贯彻落实上级要求，持续开展暑期汛期安全生产大检查和餐饮场所燃气、建筑施工、大型商业综合体消防安全、特种作业人员持证上岗异地交叉执法等专项整治行动，期间，累计检查生产经营单位 4600 余家次，排查整改隐患 2400 余项；部署开展危化品大检查、消防夜查、道路交通百日攻坚等冬季安全生产大检查行动，各项工作取得明显成效。

重要节点安全生产保障。上海合作组织青岛峰会期间，实行"24 小时执法"，全员执法、下沉一线，对重大风险源等重点区域开展 24 小时全覆盖式执法督查检查。出动检查人员 450 人次。开展"24 小时驻守重点企业"，成立由安监人员、

2018 年 12 月 26 日，区委区政府主要领导对青岛石化安全生产工作进行督导。

2018 年 9 月 21 日，区主要领导带队到青岛啤酒二厂检查安全生产工作。

街道人员和专家组成的检查小组，24 小时值班驻守 5 家重点监管企业，不间断检查。严格管控危化品企业，分正常经营和停产制定不同措施，对已停产的 14 家企业，每日不间断巡查，确保真停、真关；严格实行加油站"一人一枪"，对 36 家加油站全覆盖执法检查，排查整改隐患 70 余项，确保重大活动期间安全生产形势平稳。第二届海外院士青岛行期间，区安监局按照区委、区政府总体部署，根据"安保维稳专班"

工作安排，结合实际情况，制定具体的保障方案和检查内容，逐项梳理检查，确保不漏掉一个隐患点。活动期间，区安监局组织对丝路协创、院士港加速器、院士港二期、亚马逊等院士行参观项目进行全方位安全巡查检查，并联合街道对青岛国际院士港、青岛世博园园区等观摩点周边生产经营单位进行摸排检查，确保周边区域生产安全，随时接受安保组调遣，保障活动安全有序开展。

【执法监察】 安全生产执

法检查。从生产安全隐患易发、多发、频发的领域着手，加大执法频次和力度，扎实开展安全生产综合整治、安全隐患"大快严"等行动，深入排查各类安全隐患，严惩非法违法生产经营行为。2018年，对生产经营单位进行安全生产执法检查6480家次，发现隐患4583项，已全部完成整改。共实施行政处罚48起，罚款168.6万元。挂牌督办重大安全隐患2项，已全部整改完毕。

危化品安全检查和隐患整治。推进全区危险化学品安全综合治理、危化品特种作业专项治理、气体充装企业专项治理、市异地交叉执法检查等专项执法行动，共检查企业135家次，查处隐患190余项，全部整改完毕。处罚企业5家次，处罚金额7.5万元，全部处罚到位。完成危化品行政许可事项52项，应急预案备案60家，办理第三类易制毒备案证明16家。同时创新危化品监管途径，在全区危化品企业推广建立危化品监管"一张网"，摸排危险化学品生产、储存、使用、经营各环节的安全风险883处，全部录入省风险分布信息系统，形成李沧区危化品企业"一图一表"。

职业卫生监管工作。积极开展"职业健康执法年"活动，不断加大职业卫生执法检查力度，对辖区内申报备案的所有用人单位进行全覆盖执法检查，并相继开展用人单位主要负责人职业卫生培训、接害人员职业健康体检、职业病防治评估等执法检查，同企业管理人员"一对一"讲解相关法律法规，切实提升企业人员安全生产意识及工作能力，共检查企业331家次，查处隐患476条，下达责令限期整改指令书143份，立案处罚6起，行政罚款23.5万元。

【业务培训】 邀请应急管理部研究中心理论研究所副所长为全区领导干部做《地方党政领导干部安全生产责任制规定》相关内容的专题辅导，向机关各单位发放《地方党政领导干部安全生产责任制规定》及山东省实施细则2000余份；组织李沧区2018年安全生产业务培训班，各街道、安委会成员单位、区属国有企业的分管领导和业务科室负责人70余人参加。

【宣传教育】 依托全区34处居民安全体验中心，开展安全知识竞赛、学习突发事故应对方法、高层楼宇逃生、应急救援器材使用等，共组织体验活动420次，34000余人参加。联合区消防大队，建设75个三级微型消防站，配备消防器材，提高灭火救援协同作战能力，保护人民群众生命财产安全。组织辖区企业主要负责人等培训考核37期，1404名主要负责人、2454名安全管理人员、800余名特种作业人员参加。组织全区700多家企业10700多名企业职工关注"青岛安监""李沧安监"等微信公众号，利用好平台发布的典型案例、重点工作自主学习。组织参加"5·12防灾减灾日""6·16安全生产月宣传咨询日""11·9"消防安全主题宣传等活动，发放《火灾逃生知识手册》《居家安全知识手册》、明白纸等宣传材料2万余份，安全生产事故警示宣传光盘1000余张。李沧区"安全生产月"活动获得省级"优秀组织单位"称号。

（王丹丹）

2018年6月16日，在李沧文化公园举行"安全生产宣传咨询日"活动。

工 业

概 述

【概况】 2018 年，李沧区发展改革局坚定贯彻新发展理念，深入推进供给侧结构性改革，加大规模以上企业培育力度，大力发展实体经济，加快推进新旧动能转换，突出科技创新，促进军民融合发展，工业经济发展取得明显成效。李沧区 70 家规模以上工业企业总产值 270.51 亿元，同比增长 23.5%；15 家 2017 年新增规模以上工业企业总产值 12.4 亿元，同比增长 40.1%；实现区级税收 4136.67 万元，同比增长 1.22%。青岛石化累计完成产值 141.22 亿元，同比增长 42%，占规模以上工业总产值的 52.2%，实现区级税收 7.55 亿元，同比上升 1.68%。

【重点工作】 规上企业培育。为加快工业企业培育和发展，区发改局牵头分解 10 家新增规上工业企业培育任务，并纳入区科学发展观考核。各街道办事处、区科技局、区商务局、区文新局、区食药局、区市场监管局等责任部门定期梳理达限企业并进行重点走访，积极按照时间节点要求动员企业进行申报，2018 年全区新增规模以上工业企业共 19 家。

发展实体经济。为认真贯彻省政府《支持实体经济高质量发展若干政策》，认真分析研究降本增效、创新创业、产业升级、招商引资、招才引智、金融支持、用地供应、制度保障八个方面 45 条举措，会同各相关单位出台扶持政策，并形成《李沧区支持实体经济高质量发展的若干政策责任分解表》；立足实际，出台《关于加快新旧动能转换促进区域经济创新发展的暂行办法》，包括培育具有带动力的创新型龙头企业、培育有专长的创新型中小企业、鼓励传统优势企业创新发展、支持企业建设创新研发平台、集聚专门工业设计机构和企业、搭建创新型产业载体平台等 6 方面支持政策。

经济运行分析。进一步完善月度经济运行分析调度制度，印发《关于进一步加强月度经济运行分析调度工作的通知》，每月上旬、下旬分别完成两篇经济运行分析报告，对全区经济运行情况进行认真分析，并适时向区委常委会、区政府常务会议报告，为领导决

2018 年 10 月 15 日，区委主要领导带队赴海军研究院进行军民融合工作对接。

策提供参考。坚持定期联系企业制度，全局分为 11 个组，定点联系各街道重点企业，全年走访规上企业 90 余家，中小微企业 150 余家。通过走访，全面了解企业情况、帮助企业解决问题。

军民融合发展。切实履行李沧区军民融合发展委员会办公室职责，推动马伟明院士团队与中车四方股份达成合作协议。积极推进与海军工程大学、海军研究院、空军研究院战略合作相关事宜，发挥地方人才、科研与产业综合优势，打通军地企三方军民两用技术快速转化通道。结合院士项目综合电力系统、电磁发射等技术，加快与本土优秀企业嫁接，实现"民参军""军转民"双向融合。

培育新动能。将"支持青岛国际院士港等平台建设"纳入《山东新旧动能转换综合试验区建设总体方案》，并获国务院批复；青岛李沧信息与新金融产业示范区、青岛国际院士港二期 2 个项目入选山东省新旧动能转换首批重点项目；推进艾普智能、中特科技等优质企业与院士项目嫁接，搭建企业家与科学家互动平台和企业与院士团队沟通合作机制，争取更多院士项目与本土企业合作；争取市规划局在《环胶州湾老城有机更新示范带总体规划》中，将楼山片区定位为先进制造业基地、青岛院士港科研成果转化区；将《李沧区新旧动能转换重大工程实施规划》纳入区政府 2018 年重大行政决策事项，并按期完成规划编制工作。

主动服务。为青岛石化、乐星电子、楼山消防等企业协调办理上海合作组织青岛峰会期间普通货物车辆通行证 19 个，危化品货物通行证 50 个，

有效保障企业生产经营；利用办公结余资金帮助中特科技等企业改善生产经营环境，受到企业高度赞扬；全面梳理闲置厂房资源，共梳理出 40 家企业可利用闲置面积 16 万平方米，与红星化工、海通达等企业就盘活方案进行深入对接。指导企业走专精特新发展道路，深入企业走访调研，积极宣传涉企服务、优惠政策，新培育专精特新企业 9 家，指导 5 家企业申报创新转型项目，2 家企业申报"隐形冠军"。承办"第二届海外院士青岛行暨青岛国际院士论坛"院士企业见面洽谈会，协调省经信委组织 200 余家企业参会，与院士达成合作意向 38 个。

推动科技创新。培育建成泰德轴承、石化检安山东省企业技术中心，中特科技青岛市企业技术中心，袁策生物、海湾研究院市级工程研究中心。对泰德轴承技改贴息项目进行验收，推荐海德包装申报技术改造综合奖补政策。20 家企业 58 个项目列入青岛市 2018 年技术创新重点项目，项目达产后预计年增销售收入 5.6 亿元，年增利税 7382 万元。李沧区致友机电公司在青岛市第四届"工业设计促进月"活动中获 2018 年红点设计大奖、"省长杯"工业设计大赛金奖，未名设计公司获 iF 设计大奖。

（于翠萍）

重点工业企业

【中特科技工业（青岛）有限公司】 成立于 2008 年 4 月，前身为始建于 1956 年的国营青岛微电机厂，是一个专业研发生产智能全自动电机生产设备及生产线的高新技术企业。产品广泛应用于家电、航天、航空、航海、兵器等行业。2018 年，完成销售收入 10028 万元，与去年同期相比翻了一番，利润总额 3108 万元，税收合计 1404 万元。

中特科技是国内最早进入 BLDC（直流无刷电机）生产装备及生产线的企业，2015 年，陆续替代日特、住友、美国联邦等日本及欧美品牌，稳居国内 BLDC 生产装备及生产线第一位。同年，积极响应政府号召，走转型升级之路，基础设施更新换代，引进 ERP 管理信息系统和卓越绩效、6S 及 TMP 等先进管理方法，逐步进入智能制造阶段。2018 年，研制生产的全自动水泵电机定子、整机组装流水线、全自动洗衣机电机组装流水线等自动化生产线替代原有的半自动化生产线，节约人工成本 86%，提高生产效率 210%，能源利用率提高 81%。与马伟明院士合作，将公司研发工作纳入院士港工作站，并将研发成果应用于生产中。中

中特科技工业（青岛）有限公司主要产品展示。

特科技自成立以来一直致力于新技术的研发创新，已获得知识产权 25 项，其中发明专利 10 项，实用新型专利 9 项，软件著作权 6 项。

经过多年努力，中特科技获评"高新技术企业""青岛市企业工程中心培育基地""青岛市市级技术中心""青岛 20 强企业"；通过 ISO 9001:2008 质量管理体系认证；产品荣获"山东省名牌产品"，"科学进步奖"二等奖，"青岛市创业大赛三等奖"等。

【青岛艾普智能仪器有限公司】 成立于 2009 年，主要致力于电机电控测试及工业自动化检测领域，研发并制造高科技、高价值、高性能的测量测试设备。客户涵盖海尔、美的、博士、大疆、比亚迪、艾

默生、美芝、日立、大洋电机、卧龙等国内外一线品牌。2018 年，销售收入 4589 万元，利润 530 万元，纳税合计 488 万元。

公司成立之初建立艾普实验室，展开对新技术新产品的研发并对研发资金给予优先保障。公司拥有注册商标的各项自主知识产权 26 项，电机测试技术实力处于行业领先地位。陆续推出电机测试软硬件集成系统产品 180 余款，主要应用在直流无刷、新能源汽车电机电控、机器人伺服、无人机 BLDC 等方面。公司分别与青岛军民融合协同创新研究院、中国石油大学、青岛职业技术学院形成产学研合作单位。公司拥有健全的运营系统、财务、技术标准和质量保证管理制度，持续进行信息化建设，运用办公 OA 软件、客户关系管理（CRM）

青岛艾普智能仪器有限公司外景。

青岛艾普智能仪器有限公司办公区域。

青岛聚创环保设备有限公司办公区。

软件和数据库技术，提高管理效率。

【青岛聚创环保设备有限公司】 成立于2012年，是一家集设计、研发、生产、销售、服务于一体的高新技术企业，主要产品包括水质检测仪器、环境安全检测仪器、气体检测仪、实验室仪器等。截至2018年底，公司固定资产381.79万元，销售收入2953.23万元，利润37.76万元，目前已成功挂牌登陆新四板（股权代码：801400）。

公司与青岛大学达成战略合作，成立"产学研合作基地"；公司提升自主创新能力，成立研发设计中心、软件系统开发基地、大型实验室。截至2018年，聚创环保取得软件著作权证书19项、产品专利证书4项、产品防爆认证证书2项。运用科学现代化的管理手段，加强企业管理，先后通过ISO 9001质量管理体系认证、ISO 14001环境管理体系认证、OHSAS 18000职业健康安全管理体系认证，顺利通过AAA级标准化良好行为认证。

公司与众多国内外厂商密切合作并成为数十家跨国公司品牌的中国地区战略合作伙伴。客户群体包含环保系统、安监系统、科研院校、第三方检测、石油化工、金属冶炼、污水处理厂、水务公司、职业卫生、各类型实验室、煤矿以及垃圾焚烧、热能、发电、钢厂等污

青岛贝美生物技术有限公司主要研发设备。

染源排污企业。公司设立专业技术服务团队，为客户提供一对一产品咨询、调试、维护及后期开发定制服务，先后成立营销服务中心、技术培训中心、提升满足客户更多需求的能力。

【青岛贝美生物技术有限公司】 成立于2012年8月，是一家从事体外诊断试剂的研发、生产和销售的高新技术企业。公司拥有优秀的研发、生产和销售团队和现代化的经营管理模式。秉承"专业、负责、诚信"的企业精神，向用户提供优质可靠的生物产品和优质高效服务。

公司研发人员占总人数的40%，先后从中国科学院、山东大学、中国海洋大学等高校院所引进多名博士和硕士。申请国家发明专利5项，获授权1项，先后申请并获批85个体外诊断试剂产品注册证书。公司自主研发的胶乳增强免疫比浊诊断技术达到行业内领先水平，围绕该项技术申请免疫比浊类项目33个。公司推出"试剂+仪器"配套销售模式，为即将推出的POCT产品开辟新路径。

（于翠萍）

民营经济

【概况】 2018年，李沧区委区政府坚持把发展民营经济作为经济工作重点，以创新发展为引领，突出技术创新重点项目，加大培育帮扶力度，进一步增进经济发展内生动力。完善亲商安商政策，注重协调解决实际问题。大力优化营商环境，加强对民营企业的高效服务，为促进民营企业发展，助推区域经济提质增效做出积极贡献。依托全市投资项目在线审批监管平台，实现技术改造项目备案全程网上办理。

【发展技术创新】 组织辖区企业申报2018年全市技术创新重点项目计划，全区已有26家企业99个项目通过市级审核，列入青岛市2018年技术创新重点项目，研发费用总投入15947万元，项目完成后预计年增销售收入10.9亿元，年增利税14564万元。2018年新培育"专""精""特""新"企业9家，指导4家企业申报创新转型项目，获扶持资金120万元。组织指导龙飞软件、宇威科技等9家企业申报软件行业资质标准、支持行业系统解决方案能力建设等项目，共获得扶持资金245万元。2018年，李沧区泰德轴承、石化检安被认定为山东省企业技术中心；中特科技被认定为青岛市企业技术中心；袁策生物、海湾研究院被认定为市级工程研究中心；培育楼山消防、百发海水淡化等7家企业申报2019年省、市企业技术中心。中艺1688创意产业园被认定为国家级小型微型创业创新孵化基地，获扶持资金800万元；5个园区被认定为市级中小企业创业创新基地；"海牛双创平台"入驻企业50余家，被认定为市级中小企业公共服务示范平台。

【亲商安商服务】　政策扶持。结合省政府《支持实体经济高质量发展若干政策》，制定《李沧区人民政府关于加快新旧动能转换促进区域经济创新发展的若干意见》，编制完成《经济社会发展现行政策服务指南汇编》，指导企业用足用好政策，拓展发展空间。组织154家企业申报奖励材料，协调19个部门完成2017年新增规模以上重点工作奖励资金发放到位。兑现华润青岛医药有限公司财源建设补助256万元。指导1688创意文化产业园申报省服务业集聚示范园区，组织"诚e贷普惠金融服务平台"等项目申报2019年国家服务业引导资金。

解决问题。对全区企业进行全面梳理，建立企业台账，掌握产值、销售、税收等生产经营情况，摸清企业生产经营过程中存在难点难题，及时协调解决；在融资、技改、土地、市场开拓等方面给予帮助和扶持。2018年，走访服务业企业200余家次，深入了解企业困难和需求，有针对性地开展项目申报、企业培训、融资服务等各项服务活动。

系列服务。汇聚优质专业服务机构和专家资源，进一步完善注册、财税、人力资源、知识产权、金融、法律、政策培训等、高端业务配套八大服务。成立青岛—亚马逊AWS联合创新中心分中心、院士港加速器分中心；与建设银行和邮储银行共同成立金融服务工作站；与畅海律师事务所和瀚衡律师事务所成立法律服务工作站。2018年，提供注册服务、财税服务、法律服务等2万余次，服务企业达4000家。

【优化营商环境】　推进"个转企"。成立由区政府分管领导和相关部门及街道主要负责人组成的"个转企"工作领导小组，制定《李沧区"个转企"工作实施方案》，印发《李沧区促进"个转企"五条意见》，2018年办理"个转企"单位20家。

纳统服务。及时传达相关奖励政策及纳统最新标准要求，协助22家工业企业、144家服务业企业纳入统计，民营企业结构和质量进一步优化。

设立办公园区。租赁1688创意产业园E1楼，设立优质招商企业、留存企业总部集中办公及配套服务区；制定入驻企业标准，采取动态管理，保证财政资金使用效率。

举办活动。2018年举办2场"市长杯"小微企业创业创新大赛，设22个参赛项目，其中6个优质项目被推荐参加全市复赛，海镭激光清洗机项目获全市总决赛二等奖，进入全国决赛。举办2场四新经济路演活动，20个项目参加路演，融资2000余万元。

（边玉卿）

重点民营企业

【青岛楼山消防器材厂】始建于1982年，位于青岛市李沧区遵义路6号，注册资本1000万元，是由乡镇企业改制的股份合作制企业。是山东省唯一一家集消防工程的设计、安装，消防设施的维护保养，消防产品的研发、生产、销售、检测、维修于一体的专业化公司，被公安部消防局批准为消防产品生产和维修定点企业，获得国家消防产品型式认可及 CCC 强制性认证证书；被中国船级社、国家渔检局指定为船舶灭火设施检修定点单位和船用消防产品生产定点企业。2014 年，青岛楼山消防器材厂被认定为高新技术企业、青岛市企业技术中心。青岛楼山消防器材厂生产的"龙霓"牌灭火器产品及商标连续多年荣获山东省名牌产品、山东省消防产品推荐品牌、山东省著名商标。企业先后荣获全国创名牌重点企业、省级守合同重信用企业、山东省 AAA 标准化良好行为企业、青岛市构筑消防安全"防火墙"工程先进单位等 17 项荣誉称号。

青岛楼山消防器材厂注重依靠技术进步，不断优化产品结构，推动企业快速发展。工厂研发的移动式中倍数泡沫灭火装置、手提式泡沫枪装置、喷射延伸管枪等多项新产品填补了国内空白，同时移动式中倍数泡沫灭火装置，荣获山东公安科技进步二等奖，打破了国内高端灭火器只能依靠进口的局面，创造了较高的经济和社会效益。截至 2018 年底，企业先后研制开发多功能报警保护器、投掷式灭火器、移动式中倍数泡沫灭火装置、手提式泡沫枪装置、喷射延伸管枪、自动灭火执行装置等二十几种产品，获得国家专利 20 余项，其中发明专利 5 项。

（袁少伟）

商贸·服务业

商贸流通业

【概况】 全区已形成以市级商业中心李村商贸集聚区，（又称李村商圈）为主体，2处区级商业中心、3条特色商业街区、10处5000平方米以上的大中型超市、6处大中型商业百货零售店、5处大型商业综合体、4处大中型专卖店、40多处商品市场和一批社区商业网点为基础的商业网络体系。

【消费稳步增长】 2018年，全区社会消费品零售总额462.91亿元，列10区市第6位，同比增长12.3%，高于全市平均增速2.3个百分点。限额以上企业零售总额174.05亿元，同比增长16.3%；限额以下企业及个体户零售总额288.86亿元；限额以上批发零售和住宿餐饮企业销售总额（营业额）593.74亿元，总量列10区市第4位，同比增长33.3%，高于全市增速11.3个百分点。

【电子商务】 为拓宽李村大集百年品牌影响力，李沧区政府投资建设李村大集电商平台。目前，入驻商户达67家，在线销售商品618款。2018年，平台累计销售额超过500余万元。建成青岛邮政跨境电商产业园项目，2018年，园区共引进青岛中边国际贸易公司、青岛海业新材料有限公司等企业17家（零资源企业12家），注册资金共计1.58亿元，全年完成进出口贸易额29693万美元，对外贸易国家100多个。跨境商品涵盖重型卡车、家居日用品、机械电子、工艺品等多个种类。李沧区政府与山东外贸职业学院合作建设青岛跨境电商孵化基地，全年入驻企业20余家，含传统外贸企业，平台企业、服务企业、跨境电商B2B企业，跨境电商B2C企业，为李沧区新增贸易额3亿美元。

【经验做法】 抓规划引导。按照我区确定的发展定位和战略布局，编制《李沧现代商贸商务业发展规划》，构筑以主力商圈—特色街区—地铁商业构成的商贸流通格局，推动我区商贸流通业从单一购物功能向购物、旅游、文化、娱乐、休闲、餐饮等全方位体验休闲功能转变。组织实施《李沧区鼓励商贸业发展实施办法》政策兑付工作，进一步激发市场主体活力，培育和催生经济发展新动能，提升全区经济规模和综合竞争力。2018 年 12 月，历时四年的《青岛李村商圈发展规划》编制完成。计划用 10 年左右的时间，全力打造以"时尚消费、购物天堂、国际街区、财富基地、休闲乐园、不夜之城"为主题内涵的中国知名、胶东半岛最具吸引力的一流商圈。主要包括交通组织和停车场及人流组织规划、商圈业态优化提升规划、地下空间发展规划、李村大集发展规划、商圈休闲空间规划等五个方面内容。

抓品牌培育。在突出现代商贸流通业项目招商引资的同时，注重新兴业态和品牌店的引进。苏宁云商、华润万家、喜来登大酒店等一批国内外知名品牌企业相继入驻李沧，丰富提升了业态档次。不断培育维客、利客来等本土品牌企业，把现有品牌企业做强做大，突出集团化、国际化、现代化的发展方向。维客集团在做大做强传统行业基础上，已向电子商务、担保、典当行业进军，实现"连锁驱动，三业互动"的产业新格局。引导商贸企业积极争创服务品牌。维客、利客来、北方国贸集团荣获山东省知名商标，向阳路步

行街被评为山东省特色商业街。

抓特色打造。积极推进李村商贸集聚区、李沧世博会生态都市新区、李沧科技电子（交通）商务区、李沧中央文化商务区等 4 个特色商务区发展。以李村商贸集聚区建设为引擎，着力打造国家级商贸流通集聚示范区。李村商贸集聚区内宝龙城市广场、万达城市广场、伟东乐客城、苏宁胶东半岛总部、银座和谐广场、奥克斯广场等城市综合体和过亿元的商贸大项目相继建成开业，这些大项目对我区打造国家级商贸集聚示范区，增强商贸业发展后劲，具有重要意义。

抓民生工程。围绕方便居民生活，确保消费安全，打造 8 分钟便民消费圈，积极推进社区商业建设，开展商业示范社区创建活动。百通花园社区、百通馨苑社区等 4 个社区先后获得国家级和省级商业示范社区称号，社区商业建设经验得到市政府领导批示肯定，先后在国家和省社区商业建设工作会议上交流。

抓市场流通。按照"政府搭台、企业唱戏、市民参与、

游客互动"原则，在全区所有重点商场、超市、专卖店、城市综合体、餐饮企业等零售企业，开展形式多样的促销活动。开展 2018 年城市购物节活动，激发消费活力。各商贸流通企业大力组织适销对路、物美价廉、品质优良、特色鲜明的商品上市，围绕便利、实惠、热点和品牌消费，突出绿色循环、网络购物、信用消费等现代消费方式，打造消费品牌，扩大消费。

抓市场监管。在全区大力打击侵犯知识产权和制售假冒伪劣商品行为，全面提升我区保护知识产权和规范市场秩序水平。2018 年，共出动执法人员 8564 人次，检查各类经营主体 4972 家，立案 55 件，结案 55 件。其中立案查处商标侵权、假冒伪劣案件 8 起，结案 8 起，罚没款 9.124 万元，案值 10.45 万元；查处假冒伪劣卷烟违法案件 50 起，查获假冒伪劣卷烟 22.494 万支，涉案总案值 28.57 万余元。组织宣传活动 7 次，分发各种宣传材料 5000 余份，上报各类工作信息近 40 篇。

（徐吉成）

服务业

【提质增效】 落实《山东省新旧动能转换重大工程实施规划》《青岛市"十三五"现代服务业规划》《李沧区"十三五"服务业发展规划》,抓重点、补短板、强弱项,促发展,加快构建服务业产业体系。2018年,全区实现服务业增加值320.57亿元,同比增长12%,全区二、三产比例调整为29.3:70.7。

【推进"小升规"】 在青岛—亚马逊AWS创新中心、1688文化创意产业园开设"纳统知识课堂",安排处级干部进街道入企业,开展纳统政策宣讲。2018年纳统入库服务业企业144家,纳统企业数量居全市前列。根据市委、市政府《关于大力培育市场主体 加快发展民营经济的意见》,全面落实"小升规"扶持政策,组织154家企业申报2017年新增规上服务业企业奖励。

【优化营商环境】 健全完善街道、部门、企业工作交流机制,与重点企业建立点对点、面对面服务。梳理完成政策申报台账,明确时间节点、项目要求,为辖区企业落实国家和省、市服务业政策支持。指导1688文化创意产业园申报省服务业集聚示范园区,组织"诚e贷普惠金融服务平台""华通集团厂区改造"等项目申报2019年国家服务业引导资金。协助华润青岛医药有限公司兑现财源建设补助256万元。监督喵星智慧养老服务研发中心项目国家服务业引导资金使用情况,指导企业完成项目验收前期工作。

【人才工程建设】 根据省、市工作要求,组织开展2018年泰山产业领军人才工程(现代服务业及社会民生产业创新类)申报工作,组织青岛喵星信息科技有限公司王涛宇,青岛恒星集团有限公司陈昌行申报泰山产业领军人才。承担青岛市拔尖人才(现代服务业组)申报工作,协助青岛致友机电开发有限公司臧家平、青岛维客集团股份有限公司张贤存等9名入选人员申报青岛市拔尖人才(现代服务业组)。

(吕娜)

餐饮住宿业

【概况】 2018年,李沧区餐饮业继续保持快速增长势头,企业规模不断壮大,经营业绩增速较快。住宿餐饮业持续向中高档次发展,经营环境进一步提升。全区现有星级饭店7家,其中广业锦江大酒店为四星级饭店,利客来商务酒店、山鼎大酒店、蔚蓝假日大酒店、海空苑迎宾馆、恒星大酒店、民联凯旋大酒店等为三星级酒店;鹏程脂渣店为四星级餐馆;绿城喜来登大酒店为国际知名品牌酒店。2018年,全区有餐饮单位2800余户,全区13家限额以上餐饮企业完成销售额(营业额)2.96亿元,同比增长21.1%。

【发展特点】 品牌档次不断提升。随着喜来登品牌酒店、广业锦江、青岛名都凯莱酒店等知名品牌入住和宝龙美食城、万达广场美食城、伟东美食城、银座和谐广场、奥克斯广场等新兴美食企业的兴起，李沧区餐饮业态档次和消费质量大幅度提升。既有传统特色又大量融入现代元素的大小食所在各繁华地带成聚集趋势，越来越受到人们的喜爱，成为旅游接待的重要餐饮服务窗口。

管理服务水平不断提高。全区商务、旅游部门，行业组织和旅游饭店企业，大力实施服务标准化、规范化，全面提高行业服务水平。通过组织开展一系列烹饪大赛活动，提升员工的餐饮技术技能。行业协会以窗口企业一线和重点岗位员工为主体，以服务程序、服务技能、服务礼仪、服务语言、服务心理为核心内容，有计划地组织并推动企业深入开展行业技术技能培训，倡导个性化、亲情化、细微化服务，为提升餐饮服务管理水平提供有力支撑。

本土特色焕发生机。李沧饮食文化底蕴丰厚，以鲁菜为主，各大菜系百花齐放，川菜、粤菜、淮扬菜、东北菜等特色餐馆遍布大街小巷；中式快餐、西式快餐、风味小吃、大排档等经营方式丰富多样，呈现出鲜明地方特色。

【服务秩序】 抽调局机关、稽查大队 19 名工作人员，按照网格化监管要求，协助食药所开展拉网式风险排查，加大对重点景区、商场、酒店及其他重点区域的监督检查；指导各酒店进行后厨软件升级，推行"6T"、色标管理，强化各项制度落实。定期对酒店进行食品安全检查，抓严抓细各个环节，防范漏洞出现，提升管理水平。自 2017 年 11 月 14 日起，历时 211 天，出动执法人员 4562 人次，检查食品经营单位 8541 家，进行食品安全抽检 1634 批次，开展从业人员食品安全培训 26 次。

（孙　晨）

招　　商

【概况】 2018 年，区商务局按照区委、区政府有关招商工作部署，多措并举，拓宽招商渠道，完善招商机制，加强招商管理，加大招商宣传，取得较好成效。全区共落地大项目（投资额 5000 万元以上，含 5000 万元）48 个，已落地企业总部项目 11 个。

【机制建设】 制定印发《李沧区 2018 年招商引资任务分解方案》，做好全年招商引资统筹工作，进一步加大 500 强企业、优秀上市公司、行业龙头企业等投资项目招商力度，引导面向八大产业平台及八大产业方向的现代产业精准招商。加强全区招商机制建设，根据招商工作实际开展情况，对六个定向招商专业团队进行调整，调整后的各专业招商组按其招商方向，加强与青岛市各专业招商团队定向联系，定期与市相关部门对接在谈项目信息。认真做好世界 500 强企业、"独角兽"企业招商计划，积极联络、拜访相关企业，第一时间捕捉企业投资发展信息，做好项目对接工作。建立招商引资工作通报机制，坚持工作通报与督促整改相结合，对招商工作开展不力的单位公开曝光，起到激励先进、督促后进作用。

【招商调研】 做好楼宇载体资源摸排工作。对全区空置楼宇资源进行定期摸排，建立台账，明确责任单位，实行动态管理，及时掌握全区招商载体资源情况，为招商引资工作提供第一手载体资源情况。截至 2018 年，全区在用楼宇总面积 86.1 万平方米，共盘活楼宇面积 70.8 万平方米，剩余可用楼宇 16 处，可利用面积 15.3 万平方米。目前各楼宇已完成招商策划定位。

【招商活动】 招商推介

"新动力　新引擎"2018青岛国际院士港院士项目招商推介会签约现场。

会。成功举办"新动力　新引擎"2018青岛国际院士港院士项目招商推介会，邀请央企、上市公司、知名企业等160余家近400人，中央和省市媒体32家参会。袁隆平、西拉姆等8个院士团队现场展示海水稻、防雾霾纳米新材料等高精尖领域最新科研成果，10个项目在现场集中签约落户李沧区，涵盖生物医药、网络信息等行业领域，合同额近30亿元。

走访院士。先后走访侯立安、陈璞、西拉姆、马伟明、倪维斗等院士团队，对接研究成果市场化及招商合作意向，持续推进企业主体与院士项目展开合作工作。

"走出去招商"。坚持招大引强，多次赴北京、上海开展招商工作，先后对接考察航天科技集团、云途时代、中影研究所、雪松控股、龙观科技、北京产权交易所、中国技术交易所、联想控股、小米科技、新致软件、深圳高发等多家知名企业或机构，积累丰富招商引资经验。

招商引税。引进青岛环山牧业食品有限公司、青岛睿昕信息科技有限公司、青岛海创汇通物联网有限公司、青岛金锐德路科技有限公司、青岛中海教育咨询有限公司、青岛中浩源生物有限公司、青岛源鹏建设有限公司等60余家企业。

业务培训。在山东科技大学（黄岛校区）举办"李沧区2018年招商引资专题培训班"，40个招商工作责任单位从事招商引资工作的一线人员参加培训。加强招商引资新形势、新举措、新方法、新知识的学习交流，全面提高全区招商引资质量和水平。

【招商宣传】　参会宣介。先后参加北京、上海、济南等地举办的青岛市现代产业招商政策推介项目对接会、全国工商联主席高端峰会、青岛市民营经济招商政策说明会等活动。参加2018中意中小企业经贸合作对接会、"儒商大会2018"青岛市现代产业招商政策推介会、2018首届青岛军民融合科技创新成果展、中民投与青岛市战略合作签约仪式、中白工业园（青岛）商务对话会、丝路协创经济合作交流会等活动，宣传介绍我区投资环境和招商政策。

新媒介宣传。多渠道收集区、市招商活动、相关经济政策等信息，及时创作转发微博、微信招商要闻。内容涉及广泛，包括政策利好、微数据、区情区貌、历史文化、热点时政、招商动态等方面，微信主页的每日阅读、转发量平均在30次以上，增加"投资李沧"影响力。

企业宣介。协助企业参加境内外展会，全区会展纳统企业已达十几家，对促进我区会展业的发展起到良好促进作用。加大走访企业力度，向企业详细介绍贸促会的工作职能，宣传有关优惠政策，回应企业诉求，推动企业积极参与境内外展会，提高企业通过内外交流促进企业发展的能力。

（亓辉）

城市建设与管理

城市规划

【概况】 2018 年，规划李沧分局在青岛市局党组和李沧区委区政府正确领导下，紧紧围绕市规划局绩效考核目标及李沧区委区政府工作要点，扎实推进李沧区控规编制和重点片区概念规划编制论证，深化"放管服"改革，助推大项目建设落地，较好地完成全年工作目标及局党组、区委区政府交办的各项任务。全年共核发各类审查意见 374 份，核发《建设工程规划许可证》74 件，其中建设工程 44 件，建筑面积 486 余万平方米（同比提升148%），海绵城市改造用地面积 27.4 万平方米，开工验线约443 万平方米，竣工验收建筑面积约 412 万平方米，编制完成 569 栋建筑（438 栋外立面

整治，131 栋拆除）外立面整治提升方案。

【控规编制论证和重点片区概念规划】 为更快、更好地完成控规编制，规划分局邀请区建管局、区规划建设推进中心和市规划院共同成立控规编制推进小组，每周三下午召开控规编制调度会，研究在控规编制中出现的问题和解决措施，并制订下一步工作计划。在规划工作中，与规划设计院共同进行调研、共同踏勘现场、开展方案论证，针对设计工作中存在的问题，协调相关单位及时解决，提高工作效率。为妥善解决控规推进中出现的突发问题，规划分局还建立控规编制微信群，用于讨论交流和化解控规编制中出现的问题。李

沧区 10 片控规中虎山周边片区、北站北片区、李村中心片区、楼山河南片区、星河湾片区、金水路南片区控规已经市政府批复并向社会发布，已批控规覆盖率达到 68.8%。在做好控规推进工作同时，分局积极协助区政府邀请国内外知名设计机构开展院士产业核心区概念规划、楼山后工业区概念规划等。

【服务基层】 制定街道、社区、企业走访联络制度和走访计划，结合项目进展情况定期到涉及规划服务的社区、街道、区属企业、区属单位进行走访，了解街道、社区、企业在规划方面存在的问题，第一时间加以解决，确保各项目顺利推进。对青岛融海投资控股

有限公司的院士产业核心区及先导区、京口路酒店、重庆路199号改造项目存在的问题，有的放矢地提出工作措施和规划建议；对青岛海创置业有限公司提出的国棉六厂改造项目，在理清工业遗存保护的基础上，提出方案论证建议；在李沧区部分学校用地配建不足情况下，与区教体局、区开发推进中心等从技术论证、与社区沟通等多方面开展工作，保证中小学校等教育设施的足量落地。

【助推重点项目建设】 为贯彻落实全省推进"放管服"改革和青岛市提升一流营商环境的要求，市规划局制定八项措施，对建设项目实施"管家式"服务，确保李沧区的省、市、区重点项目落地建设，审批量同比增长51.9%。分局指定永平路76号、融海国际酒店、太原路立交东延段工程、河南南庄小学配套道路工程、李沧区东部39号线（九水东路-衡水路）中压燃气工程等20个项目的项目管家，在项目编制详规阶段提供规划服务、规划技术指导和支持，直到项目核发《建设工程规划许可证》。针对设计方案、报批程序等问题，分局领导、项目管家进驻工地与建设单位进行讨论研究，开展现场办公，帮助解决问题。针对规划设计图纸设计深度不够、设计内容不全问题，采用先行核发《建设工程规划许可证》，过后优化图纸的方式，便于建设单位办理其他建设手续，加快推进速度。信联天地项目作为2018年省重点项目，为实现早日落地开工，分局实施"图证分离"审批方式，建设单位办理后续手续提前近2个多月时间，为项目推进提供时间保障。在办理信联天地、院士港二期、院士产业核心区先导区、海通车桥等省、市、区重点项目过程中，窗口工作人员先行制作打印《建设工程规划许可证》，经办人主动送至项目现场，实现建设单位"零跑腿"办理。规划李沧分局驻大厅窗口荣获李沧区行政审批服务大厅"优秀窗口"和"党员先锋岗"单位称号。

（晁国发）

基础建设

【概况】 2018年，李沧区城市建设管理局（以下简称"区建管局"）深入贯彻党的十九大精神，坚持习近平新时代中国特色社会主义思想为指导，紧紧围绕"四宜"发展目标和"18844"工作格局，不断完善基础设施配套建设，聚力实施安居惠民工程，高质量推进"美丽青岛行动"，城市基础建设工作取得显著成效。

【建设项目】 海绵城市建设。2018年，试点区累计完工项目达134项，建成区面积达到17平方千米，占试点区总建设面积的70%，覆盖楼山河、大村河、板桥坊三大流域，涉及小区楼院改造、公园绿地改造、水系生态建设等七大类。其中，完成楼院改造73项，公园绿地改造12项，管网建设22项，道路与广场建设14项，防洪工程4项，内涝治理2项，水系生态建设7项；完成海绵在线监测总体方案编制及348台在线设备安装调试，覆盖设施、项目、管网与河道，通过在线监测与分析，为多处调蓄池建设提供数据支持并形成河道水质检测报告。2018年，海绵城市建设指标纳入全市综合考核体系，在全市海绵城市中期考核及年底综合考核中，李沧区在11个区（市）及功能区中均位列第一。

路网、排水管网。2018年新增市政道路19条，其中遵义路东段、大枣园规划10号线等9条道路开工建设，君峰路（虎

省住建厅党组领导到我区现场调研海绵城市建设工作。

君峰路打通工程。

2018年9月13日，全国人大副委员长白玛赤林到我区考察李村河治理情况。

山路－金水路）打通、青山路先期实施工程（万年泉路－黑龙江路)等10条道路竣工通车，新增道路通车里程4.1千米。工程实施进一步完善城市道路路网骨架，有效缓解交通通行压力。完成大崂路、宾川路等24条排水管网建设，新增排水管网约8.2千米。

【河道整治】 大村河整治。结合海绵城市建设，在大村河上游通过初期雨水调蓄池、水质与水量监控系统、雨水回用水池及循环水泵站建设，以及河道清淤、护岸改造、拦水坝改造、防渗等措施，彻底改善上游水质，恢复河道生态功能。实施大村河晓翁村河至金水路段补水管线配套建设和板桥坊河永平路至兴国二路段生态补水项目建设。

李村河下游生态修复。对李村河下游胜利桥至挡潮闸段，清理河道淤泥18万立方米，种植水生植物6000余平方米、补植绿化9万平方米。

楼山河、楼山后河整治。通过实施防洪、截污、清淤等工程，彻底解决楼山河下游及楼山后河下游黑臭水问题。对楼山后河上游文昌路以东段进行生态景观整治，提升河道环境面貌。

污染点源治理。按照"黑臭在河里，问题在岸上，核心在管网，关键在排口"的治理思路，把握"控源截污，内源治理，活水循环，清水补给，水质净化，生态修复"的基本技术路线，把"源头治理"作为工作第一要求，引入污染源普查专业单位"追本溯源"，利用海绵检测设备在大村河流域排查、整治污染点源109处，增加污水纳管量约500立方米/日。同时对大村河暗河进行分流，增设夏庄路、枣园路、重庆路、机场北门、机场西门5处分流口，加设重庆路西导流管，新增入河清水量近5000立方米/日，彻底实现大村河无污水。

【道路及背街小巷整治】整治四流北路、楼山路、十梅庵路、东山四路、夏庄路、书院路、万年泉路等17条道路及背街小巷，主要进行车行道铣刨盖被、人行道翻建、标识标线、排水边沟修正、路缘石调整更换、青荣铁路两侧环境综合整治等。整治道路总长度13.90千米，总面积14.1万平方米。

其中，整治车行道13.2余万平方米，整治人行道0.9余万平方米，改建海绵路人行道2.5万平方米，加固、调整检查井、雨水篦子579个，调整、更换路缘石12.528千米，施划标识标线30.572千米，调整路边边沟暗渠0.92千米。进一步提升市政道路通行能力，缓解交通拥堵，有效提高综合环境和居民生活水平。

（于帅）

民生实事

【保障性安居工程】棚户区改造。李沧区棚户区改造范围约5406户（含邢台路40号、56号118户），已下达征收决定4806户，完成签约4593户。邢台路40号、56号危房已由青啤集团出资完成恢复性重建，118户居民搬进新家。目前尚剩余482户棚户区未进行征收改造。

城中村改造。李沧区共有55个城中村，居民46436户，目前已完成改造43个，正在改造4个，分别为苏家（二期）、杨哥庄、北王、庄子。

安置房项目。2018年，李沧区各安置房项目共涉及居民3541户，建设安置房4838套，安置面积42.63万平方米。

保障性住房。2010年以来，全区在30个项目中配建或集中建设保障性住房14018套，其中廉租房1771套，公租房3571套，经济适用房6516套，限价商品房2151套。共配租配售18636套，其中廉租房配租1836套、公租房配租5327套，经适房配售8335套、限价房配售3138套。2018年，全区保障房房源项目共计825套，今年还首次推出无障碍公租房房源。房源主要集中在保利中央公园项目265套，上臧炉房项目291套，黄岛奋进路项目211套，另外其他剩余房源58套。

【人才公寓建设】开工建设人才公寓6.2万平方米，分别为永平路76号4.8万平方米、东李商圈改造二期项目1.4万平方米。基本建成人才公寓6.7万平方米，分别为青岛国际院士港人才公寓项目1.1万平方米、山东外贸学院人才公寓项目5.6万平方米。

【房产证办理】历史遗留的已入住居民未办理不动产权证问题涉及面广、时间跨度长、解决难度大、群众反映强烈。妥善解决房产证办理，是区委、区政府贯彻落实党的十九大精神，不忘初心，心系于民的体现。为圆满完成任务，区建管局多方协调、攻坚克难，本着"尊重历史、实事求是、解决问题"的原则，啃下了一块块"硬骨头"，自2015年10月开展历史遗留项目办证难集中攻关活动以来，3年来统筹推进完成39个项目，涉及40886户居民不动产权证难题得到解决。2018 年，完成 15 个项目，涉及 15716 户的房产证办理工作，历史遗留的房产登记发证难题逐步得到解决。

【学校建设】 加大学校幼儿园教育设施建设，大枣园小学、王家下河幼儿园等 5 所学校幼儿园竣工交付，积极推进博悦兰庭幼儿园、北王安置区幼儿园建设，预计 2019 年投入使用。学校幼儿园的竣工交付，有效缓解周边适龄孩童就学问题，为李沧东中部区域孩童创造良好的学习环境，进一步优化李沧区乃至青岛市中小学布局，从而推进青岛市各级教育协调发展。

【老旧住宅改造】 以关注民生，改善居民生活环境为目标。2018 年，完成百通馨苑、东大村、金水翠园、畜牧小区等 51 个楼院改造项目，共完成投资约 6.2 亿元，惠及居民约 4.2 万户。通过增加透水铺装、下沉式绿地、生物滞留设施、模块化蓄水池等方式，增强小区雨天防涝能力，给居民出行创造便利。加强新增供热面积

区建管局现场调度百通馨苑海绵工程项目推进情况。

约 100 万平方米，城区供热覆盖率达到 94%。

【建筑节能改造】 为提高居民生活质量，改善居住环境，对西山玉一社区、东山社区、北山社区、少山社区、永河社区、永宁社区、文安社区、永年路社区、邢台路社区、东昌社区、汾阳路社区等 28 个社区 3 个部队楼院进行建筑节能改造。完成节能改造面积约 220 万平方米，共计 583 个楼座，受益居民 3.1 万余户。

【新建便民停车位】 积极破解群众出行难、停车难问题，组织全区各建设单位及交警部门等，建立年度建设计划台账，研究制定实施方案，明确责任分工。结合 12345 市长热线、政府信箱、政民互动、李沧热线等载体，对奇峰路、银液泉路、月龙峰路等 19 条道路施化泊位，缓解小区周边停车困难问题。同时对升平苑社区、永清苑社区等 4 处道路交通拥堵及停车困难重点社区实施微循环改造，提高道路通行效率，解决周边居民停车难问题。2018 年，新增泊位 3967 个，改建车位 4000 余个。

（于帅）

城市管理

【市容环境整治】 市政设施管理。加强市政道路养护，围绕精细化管护，创建达标路，在道路完好率、道路病害处理及时率、缩短沟槽恢复时限、提高道路维修质量上下功夫。对全区 321 条市政道路进行定期检测，根据检测结果归类汇总，按照大修、中修、小

修和预养护，制定合理养护维修方案。2018年，维修车行道约8.39万平方米；修补人行道约33.29万平方米；维修路沿石、界石、树坑石约10.2万米。完成对辖区内信号灯杆等杆件粉刷约850平方米，杆件整治383处，美化箱体约800平方米，更换路名牌中英文标识252处。

桥梁养护。对全区104座桥梁全面进行常规检测，为后期桥梁维修养护提供充分有力的科学依据。今年以来加固维修病害桥梁42座，消除病害121处；粉刷大村河枣园路桥、李村河君峰路桥、百通桥等30余座桥梁栏杆8000余米，有效提高市政桥梁的养护水平。

占掘路管理。严格按照占掘路有关规定进行占掘路许可管理，每月根据市确定的掘路计划，严格掘路申请，同步完善掘路信息电子档案，恢复沟槽约3.92万平方米。

【**环境卫生管理**】 机械化保洁。推行"一洒二扫三冲四吸"模式、"45度冲洗法""对向冲吸组合""1+5"作业模式、"2+5"作业模式及"1+1+1"作业模式等一系列保洁模式，进一步提升了精细化作业水平。李沧区配备各类扫路车、洒水车、高压冲洗车等专业车辆141辆，主干道机扫率、洒水率、高压冲洗率均达到100%，次干道机扫率、洒水率及高压冲洗率达到85%。

公厕建设与管理。完成新建公厕18座，新建公厕在具备基本人性化设施的基础上，增设自动换套马桶盖、智能公厕云平台系统、新风空气净化系统、自动扫码出纸机等一系列智能化设施，依托互联网技术，逐步打造智慧化公厕，为市民提供舒适整洁的如厕环境。

餐厨废弃物管理。以提升餐厨废弃物"收运协议签约率"和收集"质""量"为重点目标，不断完善日常运行体系，区机关、学校及大型企事业单位餐厨垃圾已全部纳入收运体系，餐厨废弃物日收运量约38千克/天，超额完成市局下达30千克/天的工作目标。定期组织执法部门开展联合执法行动，下发限期整改通知书12份，查获违法收运车辆1辆，查扣违法收运餐厨废弃物2000千克。通过狠抓餐厨废弃物分类收集工作，杜绝了餐厨废弃物外流危害群众食品安全的现象，有效改善城区环境质量。

垃圾分类与处理。2018年，在全区65个小区、7.3万户开展垃圾分类工作，10月份铺设完成智慧化垃圾分类回收箱61台，完成垃圾分类减量6.26万千克。同时充分做好宣传发动，积极组织学校、社区开展垃圾分类宣传工作，培养群众分类意识，营造"垃圾分类，人人参与"的社会氛围。更新垃圾容器，购置、发放、更换240升垃圾桶8800个、果皮箱700个。

【**湖长制**】 建章立制。区委、区政府对全面实行湖长制高度重视，主要领导亲自挂帅共同担任总湖长，并召开专题会议进行工作部署，要求在全区水库全覆盖推行湖长制。2018年8月31日，李沧区委办公室、区政府办公室联合印发《关于公布李沧区级湖长名单的通知》（李

2018年12月19日，区领导现场调度河长制工作。

沧办字〔2018〕20号），建立以党政领导负责制为核心的三级"湖长制"组织体系，设区级湖长1名、街道级湖长4名、社区级湖长5名，实现全区重要河库全覆盖管理。辖区4个街道办事处于8月底公布了街道级湖长名单和社区级湖长名单，进一步细化责任。8月底出台区级和街道级湖长制工作制度和考核办法，全面推进李沧区湖长制落实。

河道维护管理。建立完善河长制、湖长制信息管理系统，多次召开各街道办事处河湖长制宣传与培训，学习河湖长制信息系统应用。各级河长湖长定期开展巡河调研，对相关部门和下一级河长履职情况进行督导。开展"清河行动"、河库环境卫生整治活动，组织河长湖长制各成员单位对全区河道、水库进行全面清淤、水体打捞、河岸垃圾及绿化带杂草清理，共投入人力1.5万余人次，清理河道淤泥、垃圾、杂草6万余立方米。同时加大河道日常保洁力度，全面保障河道环境卫生。

设置湖长公示牌。在辖区5个水库设置湖长公示牌5块，详细标明湖泊名称、长度、各级湖长姓名、湖长职务、监督电话、湖泊示意图等一系列信息，群众可第一时间向湖长反映情况，以便及时解决非法排污、捕捞、养殖、侵占水域岸线等违法问题。

河库管护范围划界。完成李村河和张村河李沧区段管理范围和保护范围划定工作，埋设界桩和公告牌，建立了范围明确、权属清晰、责任落实的河道管理保护责任体系。

部门联动执法。区建管局、区综合执法局、区环保分局及相关街道办事处等多部门联动，对中崂路北侧厂房、汽车修理厂，峰山路全好口腔，向阳路步行街维客商场，玉液泉路烧烤店，曲哥庄三角地工厂，虎山路洗车店等30余处私接污水问题进行联合查处，保障河道水环境质量。

（于帅）

防护管理

【森林防火】 坚持"预防为主、积极消灭"方针，延长森林防火期，狠抓责任制落实、野外火源管理及隐患排查，确保责任、保障、人员、措施"四到位"，实现人员伤亡"零事故"和上海合作组织青岛峰会期间"零火情"目标。

强化责任落实。在防火季、防火重要节点和重要时段分别召开防火工作会议，部署、安排森林防火任务和工作要求。及时调整区森林防火指挥部（简称"森防指"）成员，切实发挥森防指组织、协调和指挥扑救森林火灾的应对工作；对《李沧区森林火灾应急预案》进行修订，进一步明确各成员单位职责分工，细化分级预警响应；层层签订责任书，细化责任分工；增配护林员，强化护林员队伍建设，提高护林员工资待遇；印发《李沧区森林防火工作责任奖惩办法》，明确森林资源保护考核内容和奖惩标准，进一步压实街道、社区森林资源保护责任，确保各项防火措施有效落实。

加强基础建设。为全区24个燃煤取暖的护林房安装一氧化碳报警器，强化护林员冬季取暖安全；对上臧山、十梅庵山等6处护林房进行维修、粉刷；在进山路口、防火重点地段加置临时检查站9座；在社区墓地周边及主要进山路段开展墓地围网建设，安装防护隔离网3万余米，进一步规范墓区祭祀用火；组织涉林街道开展墓地及周边防火隔离带及防火通道杂草清理工作，共计清理面积2600余亩，防火通道

20 条；新开建东王埠、佛耳崖、郑庄等 8 条防火通道，共计 6000 余米，新建 5 处防火备用水源，蓄水量 100～200 立方米，不断完善全区森林防火通道网格化体系；对区森林防火应急中队和水灭火中队进行整合，实行公司化管理；开展队员培训及防火演练，进一步提高防火队员实战灭火技能。对广播预警装置，语音警示器，监控及对讲机中基站进行全面检修和维护保养，确保完好率达到 100%。

加强宣传教育。充分利用宣传车、横幅、宣传挂图、微信等载体，因地制宜开展宣传活动，共印发宣传册 17000 套、《森林防火安全明白纸》13 万余份，《以案释法》3000 张，在主要交通道路、重点林区悬挂宣传横幅 400 余条，进一步增强市民森林防火意识。

引导文明祭祀。安排洒水车在重要节点和戒严期无雨日对涉林街道墓地、进山路口、防火通道两侧进行洒水喷湿，共洒水 600 万余千克；实行焚烧池集中焚烧，有效降低森林火灾风险；农历正月十五，九水街道四个社区实行统一购置电子灯约 3000 只放在墓地坟头，改变点蜡烛送灯习俗；清明节防火重要节点，各街道开展鲜花换烧纸，共发放鲜花 6 万余枝。

【林业有害生物防治】 对辖区内 2.4 万亩林地及 1.5 万亩有松林进行松材线虫病疫情监测普查，共发现枯死松树 793 株。8 月，开展第二次飞机施药防治松褐天牛工作，起飞 18 个架次，飞防面积约 3.5 万亩。9 月，开展林业有害生物生物防治，在东部山林释放管氏肿腿蜂 2 万管、约 200 万头，达到较好的防治效果。对已建成防火通道两侧 30～50 米区域实施人工打药，完成防治面积约 5750 亩。

【防汛】 2018 年，降雨量较往年（2017 年除外）偏多。区建管局立足于防大汛、抢大险，各项工作早筹划，早安排，早落实，圆满完成汛期防汛任务，保障全区安全度汛。

组织领导。及时调整防汛组织机构，强化防汛指挥体系，明确成员单位组成，细化部门职责分工。更新防汛通信网络系统，健全防汛应急响应机制。召开防汛工作视频会议，对突发性强降雨天气应对工作进行全面动员、部署，严格落实领导责任、行业责任和部门责任，确保防汛工作有人抓、问题有人管、责任有人负。

人员与物资准备。汛前提前制定《2018 年李沧区各防汛责任单位防汛人员物资准备基本标准》，并要求各成员单位严格按照"资源整合、精干高效、持续发展"的思路，切实做好防汛队伍组建与物资准备工作。按照防汛物资储备规范要求，组织人员对各成员单位防汛物资储备情况进行检查，对不能满足防汛要求的陈旧物资，督促责任单位进行淘汰更新，提高防汛物资使用能效，做到人员、物资、管理三到位。

清淤疏浚。汛前组织市政人员加大辖区泄洪河道、明沟暗渠、雨水斗的清淤疏浚力度，确保汛期排水畅通。清理李村河、大村河、板桥坊河、娄山河等泄洪河道淤泥 27.6 万立方米，垃圾杂物 1.9 万立方米，

暴雨期间，市政人员打开雨水井加快排水。

清理浮萍水草 2.9 万立方米；清理环湾路海沟淤泥 20.33 万立方米；清理甘泉路、十梅庵路、帅潮路等明沟暗渠淤泥、垃圾约 2861 立方米；清理全区雨水斗淤泥约 1.61 万立方米。

隐患排查。不定期组织人员对全区防汛隐患进行深入排查。组织人员在德江路桥下、印江路桥下等 8 处重点积水路段设置水深刻度表，汛期降雨导致桥下积水时，市民可通过刻度表了解桥下积水深度，避免因误入发生意外。对全区易积水点进行排查并集中进行整治。完成铜川路枣山路路口、印江路滨海路路口、安顺路等 10 处积水点整治，保障降雨期间市民出行顺畅。

防汛演练。5 月 15 日上午，组织相关部门在德江路中段铁路桥桥下开展 2018 年防汛应急演练。通过启动防汛Ⅲ级响应、队伍和物资集结、桥下积水强排等演练，进一步提高抢险队伍应急处置能力。

防范与处置。汛期共印发降雨应对工作通知 16 份，发布防汛蓝色预警并启动防汛Ⅳ级应急响应 5 次，发布防汛橙色预警并启动城市防汛Ⅱ级应急响应 1 次。雨前，组织各防汛成员单位提前准备，加强值守，并合理安排防汛队伍做好应急备勤。雨中，按照网格化管理原则加强道路巡查，发现积水部位做好警示并及时进行抽水强排，确保行人安全和城市交通顺畅。雨后，组织相关单位迅速开展清理工作，及时清挖雨水篦子，清理垃圾淤泥，尽快恢复城区环境卫生。

【清雪】 2018 年，为应对可能出现的降雪天气，区建管局以创造出行安全、道路顺畅、提高城区交通和出行环境质量为目标，积极组织各成员单位全力做好预防应急工作。

检修物资器械。提前对全区清雪物资与器械设备进行全面检查，针对检查中发现因老化或损坏等原因不能满足清雪要求的，督促各责任单位及时进行更新、维修，确保设备完好率达 100%。新建 200 立方米液体融雪剂存储池 1 处，并对青山路液体融雪剂存储池进行维护。

制定工作方案。提前制定印发《李沧区冬季清雪工作方案》，进一步明确清雪组织指挥机制，细化清雪成员单位职责分工，严格清雪质量标准，为全区清雪工作有序开展提供保障。

预警与处置。及时发布冰雪灾害预警，并启动清雪应急响应，落实 24 小时值班制度。共印发降雪应对工作通知 7 份，启动城区冰雪灾害Ⅲ级应急响应 3 次，冰雪灾害Ⅳ级应急响应 1 次。降雪期间，按照"以雪为令、边下边清、雪停路畅"要求，采取机械化作业，辅之必要的融雪剂等方式，对全区主次干道进行融雪剂播撒，路面机械清扫等清雪除冰工作。对于桥梁、陡坡、弯道等关键部位，安排人员及时撒布防滑沙，防止出现路面打滑现象。

（于帅）

房产管理

【房屋征收拆迁】 2018 年全区共完成国有土地上房屋征收新增签约 257 户，其中 2018 年新开棚改项目完成 1 个项目收尾清零工作，历年棚改项目完成 2 个项目收尾清零工作。全年提报房产证注销 172 户，接待来访群众百余次，成功化解信访案件 7 起。在房屋征迁工作中，区相关部门充分发挥各自职能，积极探索房屋征迁新思路，互相配合，攻坚克难，突破项目难点、痛点，推动全区房屋征迁工作取得新进展。

地铁建设房屋征迁。2018

年，我区承担地铁1、2、3、8、11号等五条线路的征迁、信访、规划、审计等相关工作。其中地铁1号线涉及兴国路站加油站、安顺车辆段2个地铁站点4户企业的房屋搬迁工作，地铁2号线延长线涉及停车场的选址调规工作。开展南岭加油站、昌泰加油站的搬迁工作，配合办事处与被搬迁人展开谈判，在加油站业主坚持异地换建的情况下，按照区政府要求，配合完成加油站异地选址的规划调整。

推进安顺车辆段橡胶六厂房地产权证变更工作。借助"美丽青岛行动"有利契机，拆除车辆段全部地上建筑物，确保地铁车辆段全面进场施工。协调地铁2号线东延段选址事宜，积极推进地铁2号线停车场选址进程，落实停车场选址和规划调整工作。

地铁占地等工作。完成地铁8号线占地工作；配合市审计部门完成地铁3号线振华路站征迁任务的审计整改工作；完成地铁1号线遵义路站、瑞金路站的审计工作。

基础设施建设征迁。2017年续转项目，沔阳路拓宽改造项目，涉及被征收居民181户，2018年新增签约48户，截至目前累计完成签约170户。

棚户区改造征收。2018年，新启动华泰社区、唐山路社区、兴山社区等3个棚改项目签约工作，涉及被征收居民216户，已签约198户，签约率达91.67%。其中华泰社区项目80户全部签约、腾房。完成往年棚改项目促迁11户，顺利完成永安路58号棚改项目和东山一路棚改项目收尾清零工作。

保障性住房审核。受理公共租赁保障申请2227户，发放符合住房保障申请资格条件通知书1884户，受理公租房年审1200余户；审核经济适用住房、限价商品住房年度审核44户；完成民政审核3471户。整理归档保障性住房审核档案2300余卷；受理政务热线、政府信箱、民政互动等接办件582件，做到有诉必理、有理必果、件件有回复、事事有结果，热线办结率达到100%；受理我区外来务工公租房申请150余户；全年新增发放补贴家庭1025户，累计发放12565户次，累计发放补贴791.3万元；全年实物配租760余套；查处违规使用保障房29户，已全部整改完毕。

【直属公租房管理】 公共租赁住房。2018年，公共租赁住房新增保利中央公园和黄岛和苑2个项目，房源共476套，12月，李沧区住房保障中心对新增项目及上臧炉房等其他剩余房源进行实物配租。本次配租工作面向辖区住房困难的残障人士家庭首次推出32套无障碍保障房，便于特殊人群生活。截至2018年12月底，管理公共租赁住房项目23个，房源5660套，建筑面311540.26平方米，实现公共租赁住房租金收入1767.27万元。

直管公房。区直管公房共107处，其中非住宅43处，建筑面积64759.1平方米；直管住宅63户，使用面积3253平方米。2018年共收缴直管公房房租455万余元。

房屋使用管理。共接收已售公房公共部位维修基金使用申请20份，按规定程序支取使用215户直管公房公共部位维修基金10.7万元。翻新各类防水屋面2795平方米。支付直管公房修缮费30万余元，对李沧区检察院、北九水疗养院、李村卫生服务中心等多处直管公房进行维修，提高直管公房使用质量。

房管执法。全年共接到各类转办单及投诉举报1000余起，其中政务转办单772件，涉及违法装修的440余件，涉及中介机构的188件。对经查实的违法行为下达教育规范通知书106份，督促当事人完成整改或申报装修安全登记63户，采取冻结房屋产权措施39户，其余4户没有权属登记信息，处结率达到96%。

房产中介监管。根据青岛市国土资源和房屋管理局《关于开展非法集资风险专项排查活动的通知》，全面约谈44家备案房产中介机构，未发现备案房地产经纪机构存在非法集资行为。依据建设部《房地产

2018 年 2 月 6 日，华泰社区棚改项目签约现场。

经纪管理办法》等法律法规，向链家、云房、科威、21 世纪等中介机构下达规范公示内容和开展扫黑除恶专项斗争的通知，均按要求进行规范和张贴。办理房地产经纪机构备案 9 件，受理有关投诉中介机构政务热线转办单 200 多份，均及时调查、按时回复，其中约谈中介 23 次，协调处理纠纷 17 件，现场检查 25 家。

【物业管理】　业务培训。组织全区街道和社区举办"李沧区 2018 年业主委员会选举及换届工作培训班"，全面讲解业主委员会工作的法律法规、实际操作程序和内容，破解工作中的难点疑点问题。

规范市场秩序。结合全市物业管理信用档案体系，完成 63 家物业企业的信息审核和 155 个物业项目的信息录入审核工作。信息采集和录入以区物业办和街道办事处为主，社区居委会和业主委员会协助落实，并辅以企业信息申报，企业信用档案数据将直接作为企业评比创优、表彰奖励、接管项目等活动的重要依据，有效规范物业管理市场秩序。

宣传进社区。组织物业管理宣讲团专家深入社区，开展物业管理大讲堂进社区活动，以法律法规结合案例分析的方式进行深入生动地讲解，进一步提高居民物业管理意识，加强居民自治建设的方式，有效解决居民物业问题无处问的难题，赢得居民广泛好评和高度肯定。

指导监督。建立区物业办—街道办事处—社区居委会三级联动、齐抓共管的工作机制，加大宣传力度，引导回迁居民树立物业管理意识。指导上流佳苑社区成立"金水源物业管理有限公司"对回迁区进行服务管理，并荣获"青岛市优秀物业管理住宅小区"称号，成功打造回迁安置区物业管理典范。

（于帅）

园林绿化

【概况】　2018 年，李沧区紧紧围绕"美丽青岛行动"，结合海绵城市建设，重点对环湾路、重庆路、青银高速、黑龙江路、铁路沿线等主次干道进行改造整治及景观提升，打造黑龙江路大花墙、金水路—巨峰路节点、重庆中路节点等多处窗口绿雕。继续加大裸露土地整治力度，同时以海绵城市建设为契机，对全区道路街头绿地、城市公园及山头公园进行海绵化改造及景观提升。

【绿化管理】 病虫害防治。每月统计汇总病虫害发生情况，依据市园林局发布的病虫害疫情及李沧区实际，制定病虫害疫情预报，每月发布一期，已累计发布46期。组织专门人员对病虫害及时进行喷药防治，全力打好园林病虫害歼灭战。

植物修剪。按植物生态习性进行养护管理，做到树木修剪及时合理，确保树型美观，绿篱平整；对草坪、树木进行疏剪，除去多余的嫩芽和生长部位不得当的枝条增强通风透光；对绿篱类、球类植物进行修剪，促使分支，保持枝叶丰满。全年对所有绿地、花灌木进行修剪整形10余轮次。

绿植养护。全年共计浇水近40万立方米，对存在于早市、夜市、小吃摊路段，在凌晨浇水，做到不扰民、不耽误抗旱任务；在春夏秋三季，根据苗木实际生长情况，开展绿地打孔浇水施肥，夏季汛期结合降水，适当补充肥料，促进苗木生长。秋冬季，结合市园林局开展的苗木复壮计划，对城区部分行道树开展生态肥复壮，共计施用肥料20万余千克。

卫生清理。及时除草灭荒、抹除树芽，确保绿地整洁有序、树木长势良好；死树枯枝清理及时，安排专人专车进行巡检，发现一处清理一处；绿地卫生保洁彻底，及时清理绿地杂物、落叶，整顿卫生死角。

山头公园建设。2018年，李沧区继续实施生态修复，大力开展山体绿化，对城区楼山公园、牛毛山公园、老虎山公园、十梅庵公园、烟墩山公园、坊子街山公园开展山体整治，结合海绵城市建设，通过设置生态蓄水池、生态拦蓄沟、雨水花园、对现有水塘扩容改造等措施，改善山体水生态、恢复山体自然水循环，同时对山体生态和人文景观进行改造提升。2018年已完成山体绿化改造10.3万平方米。

【美丽青岛行动】 窗口绿化。大力开展窗口绿化，共在城区各窗口位置设置绿雕7处，分别为黑龙江路区政府西侧大花墙、青银东李收费口大花墙、火车北站广场绿雕、黑龙江路金水路节点绿雕、重庆中路京口路节点绿雕、李沧文化公园主入口广场绿雕及沧口公园南大门绿雕，共计使用各色花卉370余万株，用各色盛开的鲜花，以热烈、祥和的氛围欢迎八方游客进入岛城。

道路绿化。重点围绕"四纵三横两点一线"，开展环湾路、重庆路、青银高速、黑龙江路、铁路沿线等主次干道绿化景观提升，利用现有空间，打造特色景观节点，以点穿线，形成城市绿色框架。开展大村河汇水分区、板桥坊河汇水分区街头绿地改造工程，对各汇水分区内道路街头绿地进行海绵化改造，将人行道改造为透水铺装，对绿地竖向进行梳理，改造为下沉式绿地，增设雨水花园、渗透塘、生态滞留带等海绵措施。截至2018年底，已累计完成城区道路绿地改造46.18万平方米。

公园广场绿化。对试点片

沧口公园南大门绿雕。

区内李沧文化公园、沧口公园、上王埠中心绿地等城市公园进行改造提升，包括更换透水铺装，增设雨水草沟、多功能调蓄设施、生物滞留设施及各种人文雕塑小品。年内，李沧文化公园改造工程、上王埠中心绿地（一期）已全部完成，上王埠中心绿地（二期）正在改造中，2018 年已累计完成公园绿地改造 13.9 万平方米。

裸露土地整治。重点对铁路沿线、青银高速等城区主干道周边裸露土地进行全面普查。以全面覆盖为目标，严格按照"普查延到墙、方案论证细、整治抓彻底、整后长效管理"原则，不遗漏任何裸露面积，全面消除可视范围内裸露土地，使绿化的整体连贯性和景观效果得到进一步提升。已先后开展太原路以南，长治路以西区域、环湾太原路匝道、金水路立交区域、重庆中路沿线、环湾路楼山河区域、青银西侧，枣山路以南区域等 14 处裸露土地整治，截至目前，完成裸露土地整治面积 45.58 万平方米。

2018 年 11 月 11 日，区委书记王希静视察楼山公园海绵改造工程。

河道绿化。开展大村河上游海绵城市改造工程，主要包括海绵改造、河道治理及景观提升三部分。海绵改造包括透水铺装、透水沥青路面、台地绿地、下凹绿地等；河道治理包括河道清淤、拦水坝改造、河道循环水系统等；景观绿化工程包括水系生态系统构建、水系周边水生植物营造、景观绿化栽植等。共计完成河道改造 4.5 万平方米。

口袋公园。2018 年，设计建设香蜜湖游园、东小庄社区游园、规划三号线游园、枣山路小游园以及下王埠社区游园等多处具有海绵特色的口袋公园，新增活动场地近 2 万平方米。铺装主要以透水地坪、透水砖等海绵生态型透水铺装为主，绿化则以下沉式绿地、雨水花园等海绵型绿地为主。部分游园还在各海绵措施处设置海绵简介牌，兼顾科普功能，独具人文特色。随着口袋公园的推广，实现城区"300 米见绿，500 米见园"的目标要求。

（于帅）

综合执法

【概况】 2018 年，区综合行政执法局以《建设美丽青岛三年行动方案》为引领，牢固树立以人民为中心的执法理念，全面开展"执法为民、为民执法"行动，针对居民关心的热点、焦点、难点问题全方位开展综合执法，努力为全区人民营造优美、洁净、有序的生活环境。

【执法体制改革】 根据《李沧区综合行政执法体制改革实施方案》要求，完成综合执法体制改革，将全区城市管理、文化市场管理、房产管理、物价、商务等领域的全部或部分行政处罚权、行政监督检查和行政强制权纳入综合执法范围，由整合组建的区综合行政执法局集中行使。2018年7月，李沧区综合行政执法局完成组建，成立相关科室，确定工作职能，加强业务培训。截至2018年底，各项综合执法职能相继整合到位，各部门密切协调配合，综合执法工作全面展开。针对野蛮装修、无证网吧、不执行明码标价等违法行为进行专项执法，对巡查发现及群众投诉举报的200余件违反行政法规案件依法处置。

2018年10月17日，省司法厅、省委法规室领导一行7人到执法局参观普法长廊。

【法制建设】 规范执法。建立执法全过程监督、行政执法工作规范、执法公开制度等制度，保证执法程序、执法过程严格规范，实现执法可回溯、可查阅，保证执法公平公正，有效维护当事人合法权益。

网上平台建设。充分利用网络、新媒体技术优势，运用"互联网＋普法"，在局机关大厅内设立"谁执法，谁普法"普法宣传长廊，通过现场交互体验、照片视频展播，群众可随时查阅相关执法信息，全方位提高法制宣传和法制教育的覆盖面和影响力。

执法宣传。通过新闻媒体、网络、展示屏全面宣传法律法规、工作动态、执法案例；深入街道、社区、学校，开展一系列贴近群众、成效显著的执法宣传活动。先后在爱在城管发布推文160篇，在各类媒体发稿322篇，其中市级报刊70篇次，电视、电台28篇次，网络媒体216篇次，国家和省级媒体8篇次。

【市容整治】 清理占路经营。建立网格化巡查和责任追踪体系，着力抓好路段管理，全年清理门店占路经营及乱摆乱放19835处，清理游商浮贩17412起，规范便民摊点群539处次。

整治违规广告。对主次干道破损、违规、不当设置的违法广告进行全面清理整治，拆除违规门头牌匾7087处、53810平方米，拆除户外广告5671处、101420平方米。

清除乱贴乱画。采取服务外包方式，健全处置和考核机制，实现小广告"即贴即清"，有效清除城市"牛皮癣"。全年清理小广告及乱写乱画29324处，立案处罚25起，移送停机13起。

联合护绿。与园林、街道、社区、物业配合，针对毁绿种菜、挖掘树木、破坏绿地行为进行监督执法，清理违法毁绿种菜案件160处，查处违反园林绿化案件18起。

规范犬只管理。通过政府购买社会服务措施，建立专门捕捉队伍和犬只收容场所，加强巡查值守，及时消除犬只扰民现象，全年捕捉流浪犬620只。

规范共享单车停放。约谈摩拜、哈罗等运营公司6次，要求规范运行方式；归集乱摆单车3779辆，施划停车位8处。

清理私设地桩。深入社区楼院，积极协助化解停车纠纷，清除私设地桩地锁、挡车柱、拦车索等障碍物2507处。

规范主要道路市容管理。在全区35条示范路、达标路两侧严格按照"店家齐门经营，商家齐门售货，所有经营物品、自有物品全部入室"标准进行管理，通过签订规范经营承诺书、加强日常督查和教育劝导相结合，确保道路市容整洁。

【污染治理】 落实省环保督查意见。制定《省环保督查工作落实方案》，明确治理范围，针对督查问题、重点污染案件及重污染天气进行专项部署，强化责任追究和督查落实，对省环保组反馈问题及时跟踪处置。全年办理省环保督查案件70件，主办19件；办理中央环保督查"回头看"协办案件6件，全部顺利办结。

清理露天烧烤。3月1日开始，成立专门队伍，在全市率先启动夜间烧烤集中清理行动，重点对野烧烤和门店占路烧烤行为进行查处，同时设立2处烧烤疏导场地，引导商贩入内规范经营。全年清理露天烧烤行为3500余处次，暂扣烧烤工具200余件，立案处罚23起，非法露天烧烤行为有效遏制。

排查运输撒漏。对全区建筑工地、主次干道、闲置场地进行全范围监控、无缝隙执法，对30余家建设、施工单位责任人进行约谈，查处运输撒漏行为416起，最高罚款20万元，查处乱倒垃圾25起。

【查处违法建筑】 违法建设严重侵犯公共利益，扰乱正常社会管理秩序，居民反映强烈。区综合行政执法局严格落

2018年11月15日，在香溢紫郡拆除顶楼违法建筑。

2018年2月5日，拆除黑龙江中路海马车行立柱广告。

实"三年治违行动"部署，按照"拆除存量、遏制新增"原则，协调街道办事处，大刀阔斧开展违法建筑拆除工作。通过排查登记、挂牌督办、销号管理、倒排工期、一日一报等措施，推动历史遗留违法建设的消化、吸收，努力通过拆旧实现换新增效。注重前期预防，加强信息系统收集，针对群众反映集中的在高层建筑上扩建、

改建等违法行为，采取行政处罚、联合惩戒、强制拆除等方式，先后对保利中央公园、香溢紫郡二期等多个小区高层违法建设予以拆除。全年共拆除违法建筑220万平方米，拆除数量位居全市前列。

【服务民生】 建立蔬菜销售点。发挥职能优势，在青山绿水、虎山花苑、兴山路居委会等处设置14个蔬菜临时销售

点，统一规范管理，有效解决菜农卖菜难和城市居民需要的两难问题。

统一改造门头牌匾。按照"统一材质、统一设计、统一安装"要求，对京口路、重庆中路等9条道路上部分破旧门头进行统一改造，改造面积3万余平方米。

整治老旧楼院。与区建管局密切配合，将67个老旧居民楼院列入整治目标，对长期存在的管理秩序和社区环境问题进行集中解决，清理私搭乱建163处、乱堆乱放621处、圈绿毁绿134处。

办理市民诉求。设立24小时投诉举报电话，建立限时办结机制，保证市民诉求及时得到处置。全年受理各类群众投诉举报8261件，回复率100%，满意率98%。

【提高办事效率】　将过去递交申请材料、受理等6个环节，压缩为4个环节。为当事人开通"绿色通道"，将办事时间由过去的45天缩短为8天。压缩申请材料，确保一张纸办成事；开通全程网办，随时可到现场办公，全方位提升服务态度和服务标准。

【重大活动保障】　制定《区综合行政执法局重大活动保障工作方案》《区综合执法局重大活动应急处置工作预案》，印发《关于规范队容风纪的通知》，建立应急值守电话，组建应急指挥部，建立50人的应急队伍，统一食宿，实行24小时常备值守，随时处置应急突发情况。实行全体动员、全员上岗，在主要道路、铁路沿线、青银高速沿线、喜来登酒店周边、李村商圈、火车北站、青岛国际院士港周边区域安排执法人员24小时巡查值守，确保重点部位市容环境、管理秩序、安全保障万无一失。在重大活动期间，圆满完成上流佳苑社区重点活动、重点保障区域流浪犬清理、市容环境整治等应急任务。

【健全机制】　根据《青岛市推进城市管理领域失信联合惩戒工作实施意见》，加强对失信主体的提醒、约谈力度，将拒不改正违法行为、拒不履行法定义务及多次被处罚的当事人列入失信目录，对严重失信人员，联合惩戒单位，采取禁止或者限制市场准入、行政许可、信贷、融资等惩戒措施，促使当事人遵法守法、自觉履行法律义务。全年列为严重失信行为目录的案件达到43件。

（宫兆宙）

爱国卫生

【概况】　2018年，李沧区爱国卫生办公室（以下简称"区爱卫办"）深入基层广泛开展形式多样的爱国卫生宣传，大力开展群众性爱国卫生运动，动员社会各界积极参与，扎实推进城市品质和群众健康素质不断提升，顺利通过国家卫生城市复审暗访评估，圆满完成上海合作组织青岛峰会期间重点场所病媒生物防制保障工作。

【宣传教育】　第30个爱国卫生月期间，联合教育、卫计、食药、工商、环保、街道办等部门单位以及二十余家医疗机构，在李沧文化广场、宝龙城市广场、沧口维客广场及翠湖社区开展4次爱国卫生集中宣传活动，发放除四害药品及宣传手册、单页，讲解病媒生物的防治方法。11个街道办事处分别在各辖区内设立1～2个社区宣传点，将宣传单页进行现场发放。

群众性大扫除。在爱国卫生月、国庆节和元旦前夕开展大型群众性卫生大扫除活动，发动全区机关干部、人民群众、学生和爱国卫生志愿者2500余人，清理社区居民楼院卫生死角和病媒生物滋生地 2000 余处、小广告 3000 余处，清除积存垃圾、杂物 20 万余千克，重点对居民反映强烈的各类垃圾死角及蚊蝇滋生地进行集中清理整治。

【病媒生物防制】　灭鼠和毒饵站示范建设。全面动员部署各成员单位开展全区冬、春两季集中灭鼠工作，全年共向各街道和相关部门发放灭鼠药物 1100 万千克，采购并下发灭鼠毒饵站 5000 余个。以城中村、拆迁区域和开放式楼院为重点进行示范性灭鼠毒饵站安置工作，着力抓好示范点，实时进度跟踪。全年共完成搭建 1600 余个规范灭鼠毒饵站。

蚊蝇消杀。组织开展群众性集中灭蚊活动，号召辖区内各行各业、各类场所全民参与、统一行动，对孳生地进行集中清理，向各类场所发放和张贴《居民灭蚊倡议书》10 万份。全年累计消杀 1200 余车次，共计消杀面积 454 万平方米，向社区发放电动喷雾器 240 台、各类消杀药物 6000 余千克。

社区巡讲。为提高群众除害防病意识和防治水平，邀请病媒生物防制专家，围绕春季病媒生物的防控特点，以"清洁家园，远离虫害"为主题，为街道、社区居民群众、学校进行病媒生物防制巡讲。共计开展讲座 26 场，受益群众 2500 余人，发放药品 10000 余份，宣传资料 20000 余份。

重大活动期间病媒生物防制保障。组建 2 支病媒生物防制队伍，对重点保障区域加大监测和消杀力度，不间断开展孳生环境清理活动，足量采购所需药品和器械，及时下发至各相关部门和会议重点保障场所，圆满完成保障任务。

【检查督导】　每周深入各社区、楼院及鼠害多发区域对毒饵站安置情况、鼠药投放情况及问题整改情况进行定期督查，鼠药不足的毒饵站进行补投，需要新建、缺失、损坏的毒饵站位置进行合理选址登记。开展工商、食药、医院、学校等各行业病媒防制工作督导检查，加强对各行业的专业培训、指导工作。建立集中灭蚊灭鼠工作微信群，实时跟进和督导行动进展，通报工作成绩。

【国家卫生城市复审】　成立迎审工作领导小组，制定并印发工作方案和责任分工，对每个阶段迎审工作进行发动、部署和总结报告。迎审期间，区爱卫办和各责任部门建立巡查联动机制，定期联合巡查，定期向分管区长和各成员单位报告查出的问题及问题整改情况。对每日市区督查通报问题以及微信群实时通报问题，进行当天责任分解、督查整改和汇总上报。全年共督办问题 484 个，下发整改通知单 21 期，上报工作信息 200 余条。

【卫生先进单位创建】　切实发挥各级各类卫生先进单位在爱国卫生工作中的示范带头作用，区爱卫办加强指导，严格标准，建立健全创建卫生先进单位动态管理机制，积极组织教育、卫生、商务等系统各单位参加卫生先进创建工作，并加强对申报单位的培训、督导和评估，经过层层筛选和考核，共有 11 个单位被命名为青岛市卫生先进单位，4 个单位被命名为山东省卫生先进单位。

（于帅）

2018 年 4 月 24 日，在社区开展病媒生物防制讲座。

交通·物流

火车客运

【概况】 青岛火车北站是山东省第二大铁路客运站，胶东地区最大的现代化综合交通枢纽。2018年，青岛火车北站每天始发、终到、途经列车最多时达到148车次，全年客流总量约1900万人；站内地铁全年客流量约730万人。青岛火车北站周边区域管理办公室坚持"文明、花园、温馨、秩序、平安"核心理念，发挥总牵头和总协调作用，不断强化部门合力，立足做实精细管理，集中整治难点问题，大力实施亲情服务，强力保障火车北站正常运行秩序，为人民群众创造安全和谐、顺畅整洁的出行环境，被区委、区政府授予"李沧区突出贡献单位"荣誉称号。

【联合执法】 公安、交警、运管和综合执法四部门紧密协作、形成"四位一体"联动巡查执法机制。坚持常态化联合巡逻，保持核心区域早、中、晚24小时徒步巡查，随时处置群众反映问题和各类突发事件以及巡查中发现的问题，被誉为"流动卫士"。定期组织联合执法，先后开展治安、交通、市容、出租车营运等秩序集中整治行动，查处各类违章行为2万余起，其中，通过三分钟抓拍系统处罚违章违规机动车辆1.8万起。采取"违规后禁入"措施严查违规出租车、网约车和黑车拉客宰客等行为；定期开展区域内食品安全、物价等执法大检查。坚持日常清查，实现违法建筑和非法广告"双清零"目标。建立完善冰雪天气、乘客疏散、反恐防暴、消防安全等9项应急预案，组建50人应急队伍，完善人防、物防、技防等安全和安保措施，圆满完成上海合作组织青岛峰会、海外院士青岛行等重大活动安保任务。

【隐患排查与处置】 结合安全生产、反恐防暴、扫黑除恶工作，组织执法人员对北站核心区域及其周边区域的单位、企业的高层设施、临建彩钢瓦、燃气用电等进行安全隐患排查，对所有旅馆、沿街店铺人员进行清查；在东、西广场等人员及车辆密集区域设置反恐防撞花箱30组、挡车柱60个。加大日常巡查力度，及时发现处置滞留人员、非访人员、可疑包裹等隐患。2018年6月5日、

火车北站信息处置中心。

8月9日，分别发生50余名外地务工人员因劳务纠纷滞留西广场、42名旅客因火车晚点到站滞留地下通道事件，火车北站管理办公室立即启动应急预案，相关领导快速到达现场，沟通规劝并帮助解决实际困难，工作人员及时提供食品和饮用水，并联系交运部门调拨专用公交车进行疏散，使两起突发事件得到妥善解决。

【管理创新】 利用临时路、空地增设100余处社会车辆停车泊位，设置150余平方米共享单车停车区域，解决车辆和单车乱停乱放问题；针对济青高铁、青连铁路开通后带来的"大客流"压力，积极协调公交、交通等部门，建立完善信息互通和调度联动机制，保障公交运力全时段运行，确保客流及时疏通疏散，杜绝人员滞留事件。区政府投资190多万元建立北站智能化管理信息系统，设立"信息处置中心"，通过全天候远程监控和即时呼叫系统，实施"一键式"处置模式，准确、迅速处置管理盲点存在的问题。平均每天发现、调度、处置盲点问题20余件，处置率达100%，实现无缝隙监控和精细化管理全覆盖。2018年10月1日夜间，两名智障儿童在北站走失，信息中心迅速调度北站区域公安、交警、运管、综合执法、公交以及出租车司机、旅客等100余人展开长达3个多小时的"地毯式"搜寻，最终找到两个孩子。

【便民服务】 结合"服务为先、情满北站"党建品牌建设，在东、西广场安装便民休息长椅20个，为搭乘出租车旅客搭建遮雨遮阳大棚，设置便民公厕1处；在西广场设立"党员先锋岗"，在东广场设立"便民服务岗"，岗上备有《便民服务手册》以及休息凳、医药箱、针线、热水等便民物品，为乘客提供问询指路、救助救护、扶老携幼、休息等志愿服务，得到过往旅客一致好评。定期联合青岛58中、青岛三中等学校师生和雷锋驿站、馨飞扬服务站的志愿者，以"主题党日"和联建共建的形式，开展助力春运、创城创卫、治安防范、消防安全、文明交通和法律法规等集中宣传宣讲和主题志愿服务活动。

（盖湧）

火车北站便民服务点发放消暑绿豆汤。

汽车长途客运

【概况】 沧口汽车站位于重庆中路513号，承担李沧区长途客运主要任务。占地面积1万余平方米。候车大厅1000余平方米，可容纳1000余名旅客；站前广场约2000平方米；站内停车场10000平方米，可停放车辆50余部；车站设有6个售票口，10个联网式检票口。目前已经实现售票、自助售票、实名制验票、检票及调度系统由集团统一调度管理的信息联网。车站还设有包车、班车业务，速递业务等配套业务部门，是集旅客运输、旅游包车、小件快递于一体的综合性客运站场。

【客运规模】 沧口汽车站营运线路流向覆盖全省及江苏、河北、浙江、河南、福建、陕西、湖北、安徽、北京、上海、天津等全国各主要城市和发达地区，营运线路是以过路班车进站配客为主。2018年旅客发送量50.3万余人。

【管理方式】 车站班次运行由集团实行统一管理、统一调度。发车时间由集团及业务主管部门进行统一规划、统一安排，各正班、流水班次按照规定时间从市内各始发车站发车行驶至沧口站停靠配载。

车站按照交通部和山东省交通厅关于客运站管理的有关要求，建立健全车站各岗位的工作职责、工作流程、工作标准，完善工资分配和经济责任制考核办法。车站秉承"比顾客需求做得更好"服务理念，定期对站务人员开展形式多样的业务培训，制定服务考核制度，对站务人员服务过程实行严格考核，不断提高服务质量。车站设有站长、值班站长、售票员、检票员、稽查员、安全员（含安检员、车场管理员、车检人员、门卫员）、微机管理员、迎门服务员（含广播员、问事员、重点旅客服务员、保洁员）、后勤等服务岗位。

【品牌服务】 沧口汽车站秉承集团"情满旅途"品牌服务旗帜，依托总站创建"温馨驿站"品牌管理，开展"学雷锋"活动，以"交运奉献社会，社会需要交运"为导向，致力打造富有亲情文化的"温馨驿站"。全面扎实落实总站各项特色服务要求，针对因突发状况受困和家庭贫困的旅客，启用"爱心基金"，帮助顺利返乡；为了让儿童旅客在没有父母的陪伴下顺利安全到达目的地，启用"邮寄儿童"业务，全程陪护免除家长的后顾之忧；成立"580我帮您"志愿者服务队，以搬抬行李、指引导向等形式为旅客提供"情满旅途"配套服务；在迎门服务台设立供环卫工人等特需群体休憩的"爱心驿站"，使"情感"文化、"温馨"文化

春运实景。

为旅客提供"情满旅途"配套服务。

和"家"文化不断完善并延伸至社会。沧口汽车站以"比顾客的需求做得更好"服务理念为宗旨，勇于拓展经营，不断提高市场占有率，通过直击市场谋发展，责任营销创效益，规范服务树形象，立志打造全市一流精品车站。

【安全管理】 在春运和其他重要节假日，组织全部领导干部与职工、各处室与班组逐层逐级签订安全运营责任书，并完善安全生产责任制、安全生产管理制度和操作规程；在全体员工中认真落实"一岗双责"，对岗位安全生产职责做到人人有职责，岗岗有规程。建立车站安全生产巡检制，每日对车站辖区所有岗位进行巡检。严格执行"三不进站、六不出站"管理规定，加强人车联检工作力度，对始发车辆全球定位系统损坏或脱网的坚决停班；充分利用安检设备和专职安检队伍，加强对乘客行包、托运物品及寄存行包的严格检查，严防携带易燃、易爆、剧毒等危险物品进站上车。在安全生产月、节假日和新入职职工安全教育以及冬夏"六防"等活动中，强化安全知识和技能培训，增强安全意识和防范能力。进一步完善应急管理体制，建立《青岛沧口汽车站抗震救灾应急预案》《青岛沧口汽车站恶劣天气应急预案》《青岛沧口汽车站人员食物中毒应急预案》和《青岛沧口汽车站突发停电应急预案》，提高对突发安全事故和事件的应急处置能力。

（杨赛）

物　　流

【概况】 2018 年，以东部上臧区域、西部楼山区域两大物流业发展极和专业化物流园区为主体，依据现有区位、资源、交通等优势，加强扶持措施、加大招商引资力度，推进转型提升，全区物流业呈现平稳发展态势。2018 年，全区交通运输仓储及邮政业增加值达到 11.55 亿元，同比增长 2.6%，占服务业增加值比重的 3.6%。截至 12 月，全区有交通运输仓储及邮政业规上企业 44 家。

【扶持措施】 走访有代表性的物流企业，完成"物流降成本最新做法和创新举措""物流业发展势头好转值得关注""油价上涨对公路运输物流企业成本的影响"等调研信息，及时向上级部门反映企业诉求，争取政策倾斜。为符合条件的物流企业申请扶持资金，2018 年，为华润青岛医药有限公司兑现财源建设补助 256 万元。根据市交通委工作要求，对区内仓储物流企业进行摸底，统计提报可支撑军民融合建设的物流项目基础信息，推进军民融合物流项目建设工作落实。

【招商工作】 根据市、区定向招商工作安排，做好与市现代产业精准招商团队交通及现代物流业定向招商专业组各项工作衔接，引进优质交通及现代物流业项目到我区投资。根据市政府主要领导批示精神和《关于安排走访中国 500 强企业》有关安排，与市交通委物流业发展处、市物流协会赴湖南长沙走访服务业 500 强企业大汉控股集团有限公司、现代投资股份有限，介绍我区区位优势及交通、物流业发展情况，宣讲有关招商引资政策、李沧区投资发展优越条件，积极争取两家公司到李沧区投资物流服务业。

【改造提升】 为加快传统物流运营模式改造提升，全面分析李沧区物流业发展现状，向区人大提报《关于全区物流业转型升级工作的建议》。注重培育区内物流企业品牌，在参与中国物流与采购联合会 2018 年物流园区调查工作中，推荐展示楼山智慧物流园商业模式、管理机制、业务流程创新以及新技术、新装备等创新发展成果并得到认可。

（吕娜）

社会事业

科学技术

【概况】 2018年，全区科技工作紧紧围绕区委区政府的决策部署，深入实施产业强区和创新驱动发展战略，坚持以提高区域自主创新能力为核心，以推进产业转型升级为重点，创新思路，强化措施，着力在提升科技服务能力、高新技术产业培育、科技项目申报、创新创业体系建设上下功夫，为加快创新型城市发展做出应有贡献。

【提升科技服务能力】 政策导向。牵头起草《关于在全面展开新旧动能转换重大工程中深入推进科技创新发展的意见》，从科技型中小企业培育、自主创新能力建设、科技创新平台建设、孵化载体建设、科技成果转化、知识产权等6大

方面对企业进行扶持、奖励，引导鼓励企业大力开展科技创新。对170余家企业的2000余万元扶持资金已列入兑现拨付计划。

提高服务效能。深入推进"简政放权、放管结合、优化服务"改革，梳理"一次办好"行政权力事项清单，所有科技审批事项均做到"一次办好"。对区级以上科技项目申报实现统一受理，集中报送，避免企业多跑腿；对科技型中小微企业专利权质押融资等审批推荐事项即来即

李沧区技术交易市场。

政策培训解读。

办。筹建李沧区技术交易市场，对高新技术企业申报、科技成果转化、技术合同交易、专利奖励、知识产权保护及维权援助、科技金融等各项工作进行集中受理和办理，为企业提供"一站式"服务，目前技术服务市场已投入试运营。

【高新技术产业培育】 开展业务培训。年初，区科技局专门制定培训方案，全年共组织高企认定培训、企业研发投入奖励、计划项目申报等各类大型培训15次，培训人员900余人次。在开展全区范围培训的同时，根据实际需要进行定点培训。在院士港主要培训大型仪器设备购置共享、各类高层次人才和项目申报等内容；在亚马逊主要培训中小企业评价系统的申报、企业研发投入奖励等事项。通过培训，院士港今年共完成各类项目申报10余项，1名专家获评青岛市创新创业领军人才，项目依托单位获100万元资金扶持，专家获得30万元安家补贴。

培育科技型企业。深入实施高新技术企业培育工程，通过科技型中小企业评价系统，筛选出一批符合高新技术产业发展方向的企业，作为高新技术企业的后备力量，加快形成技术含量高、特色鲜明的创新链。2018年，组织126家企业申报高新技术企业，新增认定企业80家，每家企业可享受市区两级共计40万元的政策补贴，全区高企总数达到204家，同比增长64.5%。增速列全市第二。走访企业500余家，认真宣传科技创新扶持政策，引导鼓励企业积极实施科技创新。

【科技项目申报】 筛选一批科技含量高、市场潜力大、带动作用强的项目申报各类科技计划。指导青岛袁策集团有限公司李继明、彭既明2人申报高效生态农业创新类泰山产业领军人才；指导吉林大学青岛汽车研究院高炳钊申报2018年泰山学者青年专家计划；组织院士港3名外籍院士申报外专双百计划、3家单位申报2018年度青岛市科技创新高层次人才团队；组织2家单位申报山东省"千人计划"专家工作站。2018年，全区企事业单位共获批各类科技项目132项，帮助企业争取上级资金2648.51万元。

【创新创业体系建设】 专利申报与产业化。深入实施知识产权战略，推动专利申请数量质量持续提升。2018年发明专利申请627件，发明专利授权113件，同比增长50.5%，增幅列全市第一。拓宽企业融资渠道，推进专利技术产业化。推荐青岛瑞宜利特变压器设备有限公司和青岛正沐生物科技有限公司申请专利质押融资400万元。

扶持重点项目。为保障青岛—亚马逊AWS联合创新中心项目顺利运行，区科技局主动帮助入驻企业申报科技项目，协助运营单位解决运营补贴资金申报问题，促进项目的良性发展。截至目前，已累计入驻企业129家，创造就业岗位1700余个，举办各类项目路演活动25场，科技活动60场，遴选优秀创业项目130余项，41家企业获得投融资超过2545万元，2018年全口径税收超过1亿元。

吉林大学青岛汽车研究院展厅。

引进吉林大学青岛汽车研究院。作为全市重点打造的汽车行业创新高地，拥有研发人员57名，吸引济南鑫捷瑞电气、四维图新、中寰卫星、上海众联等30余家相关领域企业主动对接研究院寻求合作，签约服务企业31家。电动物流车、汽车造型中心和汽车评价中心项目稳步推进，11个研发项目正在组建项目公司实行产业化。吉林大学技术转移中心，承接吉林大学所有学科的研究成果，面向青岛、辐射山东进行技术转移和科技成果转化，为经济转型和产业升级提供技术保障。2018年，研究院全职引进泰山学者刘卫东、学术骨干王玉海，柔性引进院士郭孔辉、汽车工程学会会士马芳武、长江学者赵宏伟、杰出青年基金获得者高炳钊等教授、博导10人，招聘汽车行业专业科研人员30余人。在专家人才的共同努力下，研究院发展取得初步进展，逐渐显现品牌效应。

（王振涛）

地震监测

【概况】 2018年，李沧区地震局以习近平新时代中国特色社会主义思想为指导，认真贯彻落实国务院防震减灾工作会议精神，根据省市年度工作要求，按照"强化基层、夯实基础"工作思路，因地制宜，突出重点，不断完善地震监测预报、震害防御和应急救援三大工作体系，加强防震救灾技能培训和宣传工作，完善考评机制，确保各项工作落实。

【地震监测】 认真落实《青岛市2018年度震情跟踪工作方案》，扎实做好重点区域震情监视和周边区域震情动态跟踪工作。做细做实宏观观测点的观测工作，建立宏观观测和异常情况报告制度，确保观测连续、报告及时。落实《青岛市地震会商制度》，定期积极参加市局组织的震情会商，建言献策，提高震情会商质量和效果。建立和完善"三网一员"（地震宏观测报网、地震灾情速报网、地震知识宣传网和防震减灾助理员），依靠社会力量捕捉地震短期与临震宏观异常，提升宏观前兆的辨别能力。

【应急设施建设】 扎实开展地震应急工作检查和应急设施建设完善工作，提高李沧区应对地震灾害的能力。协调建设部门对沧口公园国标Ⅰ类地震应急避难场所应急避难指挥中心（配备通讯、广播、监控、显示屏）、应急避难篷宿区、应急供水、应急供电、应急厕所、应急物资储备用房、应急医疗救助室、应急停机坪8大应急避险功能进行检修维护保养。对区11所临时地震应急避难所标志牌进行加固、更换和补充。

【组建救援队伍】 为加强应急救灾能力，重新组建覆盖辖区所有街道救援队伍，并明确工作职责。对辖区或区外因地震或其他灾害事故造成的建筑物倒塌或破坏导致人员被压埋的灾害情况进行搜索与救援；根据需要服务全区重大活动的专业救援保障；负责所在街道的防震减灾宣传教育工作，组织社区开展防震逃生演练；负责所在街道地震应急预案修订、桌面推演、地震应急队伍建设和地震应急避难场所维护工作；按时参加业务培训、职能考核、应急集结等工作。明确各街道"沧鹰"救援队队员为街道防震减灾工作直接负责人，"沧鹰"救援队队员不仅是救援人员，也是各街道防震减灾工作"宣传员"，逃生演练工作"指导员"，考核落实工作"联络员"，在不增设机构、不增加编制情况下，

让防震减灾工作在基层落地生根。

【应急救援演练】 2018年是汶川地震十周年，适逢上海合作组织青岛峰会召开。2018年5月11日组织"沧鹰"救援队20人参加青岛市地震应急救援综合演练。进行紧急集结、基地布设演示；雷达生命探测仪和组合照明灯使用演示；液压剪切、扩张实操演示；切割、钻凿实操演示，提高应急救援能力。

【专业技能培训】 9月19日至9月21日，组织街道社区150余人在融海世缘酒店开展防震减灾业务技能培训。邀请全程参与"5·12"特大地震应急救援工作的领导和专家授课。通过分享汶川地震视频并结合自身参与的汶川地震应急救援实战的经验和教训，帮助学员了解地震工作开展的难点和重点及应对措施。邀请中央党校（国家行政学院）应急管理培训中心讲师，讲解政府应急管理、社区公共安全治理、教育管理

等相关知识。在创伤处理、简易包扎（绷带、三角巾）、心肺复苏等方面进行模拟演示和单兵操作；讲解多种结绳逃生方法，提高学员消防安全意识及逃生自救技能。组织学员到青岛市安全应急演练实训基地，现场体验地震台风自救、地铁紧急避难疏散等实操科目，锻炼、提升学员临危心理素质和对日常易发灾害事故的应急处理能力。

【防震减灾宣传】 将防震减灾宣传教育工作重点由学校转向社区，依托"沧鹰"救援队，面向辖区所有社区开展宣传教育和逃生演练。自5月7日开始，组织开展"防震减灾知识宣传周"活动。依托少年宫等教育机构组织多场"小手牵大手，防灾一起走"主题沙龙活动，邀请市地震专家为李沧区少年宫孩子和家长进行地震科普知识讲座；各街道每个社区至少完成1次防震逃生演练；宣传周期间，共发放展板260块、宣传手册11万余册、挂图1000余套、手提袋10万余个。

【建立考核机制】 将街道每年组织一次防震减灾业务知识培训、5.12全国防灾减灾日宣传、社区每年至少完成1次防震逃生演练、应急预案完善、救援队伍组建、地震应急避难场所维护等工作纳入李沧区科学发展考核体系，以考核为抓手，强化工作落实。

（兰恭学）

2018年5月11日，"沧鹰"救援队参加青岛市地震应急救援综合演练。

文　　化

【概况】 2018 年，李沧区文化新闻出版局（以下简称"区文新局"）深入学习贯彻落实习近平新时代中国特色社会主义思想和党的十九大精神及习近平总书记视察山东重要讲话精神，紧紧围绕区委区政府创新发展战略部署和重大决策，自觉服从服务大局，坚定文化自信，坚持正确的文化方向，大力加强文化建设和文化惠民活动，繁荣文艺创作，加强文化市场管理，为服务李沧区经济社会发展做出应有贡献。

【创评文化强省先进区】 认真贯彻落实区委关于文化强省先进区创建的部署要求，全面总结展示李沧区连续 13 年办理文化惠民实事成果，持续加大投入，完善公共文化服务体系、弘扬社会主义核心价值观、加强文化设施建设等工作绩效。2018 年 5 月，李沧区成功创评山东省文化强省先进区。组织建立"小小志愿者送文化走基层"演出队伍，深入到残疾人学校、敬老院、军营、社区等基层演出 100 余场次，荣获山东省文化厅 2017～2018 年度山东省文化志愿服务项目，文化部列入"基层文化志愿服务活动典型案例"。

【文化建设】 投入文化实事资金 1200 万元，为 91 个社区配备电脑、音响、乐器、演出服装等文化设备及器材 5000 余件（套），图书 5 万册；打造提升 15 个社区文化活动中心服务功能。在李村街道东兴社区，世园街道金水东社区、炉房社区，兴城路街道沣阳路社区建成图书馆分馆，图书馆分馆达到 29 处，流动服务点 68 处。

【文化活动】 组织开展 100 场国学经典下基层、100 场优秀儿童剧进校园、100 场街道社区够级比赛、100 场市级院团演出和优秀戏曲进剧院进社区进市民文化活动中心、100 场优秀电影进社区活动等大型文化活动。开展公益文化培训 343 场次；组织开展"李沧之春"文化系列活动、李沧群文大舞台、社区文化节等各类文化活动 1000 余场次。成功举办有全区 5 万多名够级爱好者、外省市 600 多人参加的第二届青岛够级文化节，进一步扩大"青岛李沧　够级故乡"文化品牌影响力，活跃了市民文化生活。

【文艺创作】 2018 年，组织创作的文艺作品获得国家级奖项 1 个，省级奖项 2 个，市级奖项 11 个。以习近平总书记视察上流佳苑为主题创作的《心里的话儿对你说》、以反映海水稻测产成功为主题创作的《请您尝尝鲜》，获得"起航新时代·共筑中国梦"青岛市百姓宣讲大赛曲艺类一等奖（第一名）。以致富不忘家乡为主题创作的小戏《回家过年》，被山东

2018 年 3 月 2 日，"李沧之春"民间艺术展演拉开序幕。

省评为优秀小戏，参加全省有关地市巡演。小品《车过英雄岭》入围全省群众艺术优秀新创作品；快板《党旗鲜艳映苍穹》荣获第二届山东省少儿曲艺大赛一等奖。

【文化惠民】　将10余台文艺演出节目、20余个公益培训班和40部公益电影组成"文化菜单"，送文化进基层进社区。全年共举办"您点我送"惠民活动进基层活动200余场次。与李沧剧院合作，通过政府惠民补贴，引进青岛演艺集团40场歌舞、戏曲、话剧等专业演出，免费发放演出门票近24000张，让老百姓能够观看到专业剧团演出。与李村和沧口新华书店联合开展"你看书，我买单"服务活动。2018年以来，读者在新华书店优惠选购图书近3000册，价值近10万元。举办"悦读·悦心"全面阅读推广活动，开展国学讲堂进社区、七彩星书友会、优惠图书展销等阅读活动。为全区近5万名中小学生发放价值35万元图书优惠券。启用李沧区移动图书馆，辖区读者可随时随地免费阅读10万种数字图书、3万集有声图书、3000种数字期刊、100余门清华慕课等内容，实现24小时无障碍、无边界阅读。

【文化管理】　扎实做好全区文化企业发展指导、服务工作，积极推荐文化产业园区、龙头文化企业参加上级各类评先评优及各类扶持资金的申报工作，营造良好发展环境。组织召开全区文化企业负责人座谈会，挖掘文化产业潜力，全年上报国家审批规模以上文化企业15家。对近300家文化新闻出版经营单位开展年审工作，对存在问题企业限期整改并暂缓发证，注销文化经营许可证29家。积极推进"一次办好"改革工作，15项行政许可和非行政许可事项达到"一次办好"要求。加强对文化生产经营业户的安全生产培训，组织全部文化新闻出版企业负责人签订《安全生产责任书》。聘请专业社会机构，对全区印刷企业进行专项检查，维护文化市场生产经营环境。2018年，共检查文化企业242家次，出动检查人员590余人次，确保文化领域零事故。

【文化遗产保护】　加强文物安全保护工作，完善文物保护基础档案，会同规划李沧分局、区建管局、青岛城市规划设计研究院对区级重点文物保护单位保护范围及建设控制地带进行调研及规划论证，编制《李沧区文物保护单位和一般不可移动文物保护范围和建设控制地带图则》。投资20余万元对存在安全隐患的同兴纱厂职员宿舍旧址实施抢救性加固维修，对已征收闲置的部分文物建筑进行维护，并对周边环境进行整治。积极开展文物征集工作，新征集文物84件套（233件）。李沧区非物质文化遗产项目古彩戏法入选青岛市第五批非物质文化遗产代表性项目名录，广陵派古琴入选青岛市市级非物质文化遗产代表性项目名录、扩展项目名录。建立李沧区非物质文化遗产展厅，组织举办"多彩非遗　美好生活"2018李沧区"文化和自然遗产日"非遗作品展。

（王平）

广播电视

【概况】　李沧区广播电视站紧紧围绕服务、民生、发展主题，以"新闻立台、栏目兴台"为支点，为全区经济社会发展提供精神动力和舆论支持。主动服务大局，坚持正确导向，突出重点、加大新闻宣传力度；关注民生，新闻及专题制作在选题、内容、形式上不断有新突破、新成效。以实现"资源通融、内容兼容、宣传互容、利益共融"为目标，立足于传统媒体，拓展宣传渠道，整合跨媒体传播平台，提高宣传成效，成为服务李沧、宣传李沧、推介李沧、美誉李沧的重要阵地和窗口。

【新闻宣传】　把握正确舆论导向，围绕区委、区政府中心工作开展有重点、有深度的主题宣传报道，全方位、多视角、大容量反映李沧经济社会发展情况。持续开办《李沧好人榜》栏目，播出《李沧映像》，报道身边的道德模范、文明市民、身边好人、服务明星等，弘扬社会主义核心价值观，用深情讲好李沧故事。针对中心工作和重大活动，组织记者深入采访，在《李沧新闻》栏目中播出《聚焦区第六次党代会》《两会特别报道》《第二届海外院士青岛行特别报道》《喜迎十九大　砥砺奋进的五年》《喜迎十九大　畅谈新变化》《创建文明城市》《双百攻坚进行时》《晒节点　亮进度》《宜业李沧》《宜居李沧》《宜身李沧》《宜心李沧》《解读区委工作报告》等多组系列报道，展示全区大发展大建设取得的丰硕成果，为全区经济社会发展营造良好舆论氛围。结合重大节日等纪念活动，开辟新闻专栏，进行《巾帼风采》《园丁风采》《劳模风采》等连续或系列报道；关注春节、端午、中秋等传统节日，对全区开展的丰富多彩的活动予以全方位报道。继续与区委组织部合办《党群在线》，全年制作专题节目20多篇，挖掘敬业奉献的典型，报道身边优秀党员先进事迹。完成区委党校中青班纪实专题、安委会安全生产专题等，并配合全区形象宣传片、教育专题片等的制作，提供全面、翔实的素材。结合全市交通秩序大整治活动，与交警联合开办《警官说道》栏目，对文明交通文明出行进行关注。持续开办《安全生产曝光台》，全年播出五十多篇。进一步解放思想、创新思路，配合外宣办做好上大台、上大稿工作。在扎实做好策划、做优稿件的同时，加强与中央和省、市媒体的沟通协调，稿件采用量持续提升，特别是关于海外院士青岛行、海水稻、收看阅兵式等素材多次被中央电视台《新闻联播》直接采用；李沧区"痕迹工作法"、《李沧区学习贯彻十九大精神引起强烈反响》等新闻稿件在山东省电视台播出；一大批新闻稿件、人物专题被《青岛新闻》《党建播报》采用。在中央和省、市广播电台和电视台播出一批反映李沧振兴发展方面的新闻。

【提高节目质量】　为适应当前广播电视事业发展与设备更新需求，提高节目制作水准，李沧电视台购买使用高标兼容制作、播出高清千兆头光纤一体网络系统，有卡编辑工作站5台，无卡编辑8台，200bt节目存储系统配音工作站2台。外采设备参照市台统一标准，采用松下p2高清摄像机8台，提高节目互换性。自办节目、栏目播出时间愈加固定，形成一套采编、制作和播出的标准化程序，逐步形成节目、栏目独有风格，提高了电视台节目采编播工作的规范性和节目质量，实现了本台节目全天化两频道高标清兼容播出，丰富了节目形式和节目内容，满足观众不同需求。加强节目和信息

李沧区广播电视站播出机房现场。

反馈，为加强节目播放规范管理改进提高节目质量提供可靠依据。

【安全播出】 严格执行安全播出值班值守制度，建立畅通、快速、高效的联系协调机制，确保重大节日、重要活动、重点时段的安全播出。加强安全播出管理，认真落实岗位责任制，工作人员做到熟练掌握整个播出系统的操作环节和要领，严格按照节目安排时间、顺序和内容准时播出，并建立健全安全播出的应急、监听、监视制度，一旦发现问题，及时加以解决，实现了安全播出零事故目标。

（王树防）

文化市场管理

【概况】 2018 年，李沧区文化市场行政执法纳入综合执法以来，进一步落实文化市场执法职责，紧扣"建文化环保城区，做岛城文化卫士"目标，以深入开展"扫黄打非"专项行动、文化市场监管等工作为重点，在不断增强执法能力、强化队伍建设的基础上，加大执法力度，扎实完成各项工作任务，有效净化文化市场环境，积极推动文化市场繁荣发展。全年共检查印刷复制企业 164 家次，现场整改 15 家次，限期整改 11 家次，行政罚款处罚 1 家次；检查娱乐场所 376 家次，现场整改 41 家次，限期整改 18 家次，查处无证经营娱乐场所 12 家次；检查网吧场所 673 家次，查处未按规定核对上网人员有效身份证件行为网吧 1 家次，依法取缔无证无照经营黑网吧 5 家次，停止实施管理技术措施 6 家；检查电影放映场所 66 家次，现场整改 5 家次；检查文物保护单位 69 家次，现场整改 12 家次，限期整改 6 家次；全年共立案行政处罚共计 76 件，罚款 776750 元；印制、发放各类法律法规等宣传材料 3500 余份。

【专项整治】 专项行动。按照国家和省、市统一部署及"扫黄打非"行动方案的整体安排，持续深入开展"扫黄打非"专项行动。部署开展 2018 "清源""净网""秋风""护苗""固边"等专项行动，深入实施"扫黄打非"和文化市场管理领域联动执法，坚决扫除文化垃圾。抓住车站、广场、夜市、报刊亭（书店）等重要点位，抓住春节期间、"两会"期间、重大活动、学校开学前后等关键节点，先后组织开展印刷市场整治、打击盗版教辅类图书、版权保护与执法、打击"违禁"出版物、重点地区重点部位集中整治、文化市场综合整治、打击淫秽色情出版物等专项行动。7 月中旬，文化执法部门与市"扫黄"办、文化执法局

2018 年 5 月 10 日，执法人员到辖区印刷厂进行执法检查。

联合破获王某擅自经营出版物案，现场收缴涉嫌非法出版物6500余册。结合扫黑除恶专项斗争，会同市场监督管理、公安李沧分局等职能部门积极行动，深挖案源，依法取缔兴业源市场内长期存在的无证无照经营黑网吧5家次。2018年，共检查书报摊点340余处次，取缔非法书报摊点47处次，收缴涉嫌盗版图书1100余册、音像制品960余张（盘）。

"扫黄打非"进基层。10月下旬，按照区"扫黄打非"工作会议加快推进"扫黄打非"进基层工作要求，各街道办事处迅速行动，积极提报，共上报25处"扫黄打非"基层点，完成全国"扫黄"办《关于推进"扫黄打非"基层站点规范化标准化建设的意见》中要求达到的数量，较好完成考核任务。李村街道办事处向阳路社区被省评为全省"扫黄打非"进基层示范点。

整治卫星电视传播秩序。自年初开始，组织开展创建"四无"小区活动，着力整治卫星电视传播秩序。对辖区东南新苑、福岛小区、百通馨苑三区3个小区部分住户擅自安装卫星地面接收设施行为进行专项治理。张贴国务院第129号令的公告530余张，下达限期整改通知书380余份。引导住户自行拆除，逾期未拆除的聘请专业拆除公司现场拆除，共收缴地面卫星接收设备142套。为创建"四无小区"打下良好基础。

【市场建设】 2018年，文化执法部门严格落实执法流程、进一步规范执法行为、全面提升执法办案水平，有力维护行政处罚合法公正。积极推进全国"扫黄打非"管理系统、全国文化市场监管服务平台等网上执法办公系统的运行工作。认真落实"双随机、一公开"机制，做到文化行政执法工作

透明化、公开化、公正化。按照文化市场经营场所规范化建设标准和要求，进一步落实网吧、娱乐场所、出版物发行和印刷等文化经营场所规范化经营制度，有效推进文化经营单位标准化建设和规范化管理。

【法规宣传】 利用"4·26"世界知识产权日、全国文化遗产日、宪法日等契机，开展各类法律法规宣传活动，制作发放文化市场管理法规宣传材料，大力宣传文化市场管理的法律法规，增强广大群众参与文化市场监管自觉性。8月底，会同区教体局联合举办"扫黄打非"进校园手抄报活动，以净化校园文化环境为重点，引导广大青少年绿色上网、文明阅读、自觉抵制和远离盗版、淫秽色情等各类非法出版物，培养良好生活习惯。活动共收到11所中小学校手抄报作品500余幅，并选出部分优秀作品参加全省"扫黄打非"手抄报评选。通过各类新闻媒体及全国"扫黄打非"工作网站刊发信息20余篇。

【培训工作】 加强从业人员规范化培训，组织娱乐、网吧等文化经营场所负责人集中培训3次，进一步提高从业人员守法经营、诚信经营、安全经营意识。开展文化市场综合执法培训，系统讲解文化市场执法工作的程序和执法要点，推进综合执法工作落实。组织执法人员参加全市文化市场执法人员综合业务技能比武，举

2018年12月4日，执法人员取缔无证网吧。

办执法人员技能培训班和以案说法讲座，累计开展培训 20 余场次，进一步提升文化行政执法人员的综合素质和业务水平。

【制度建设】　积极开展"学习型"文化执法队伍建设，制定并组织实施执法人员岗位培训规划，加强对政治理论、法律法规、执法文书等方面的学习，促进文化市场行政执法工作再上新台阶。建立"节假日值班值守"制度，严格执行节日值班和领导带班制度，安排假期值班表，要求值班人员按时到岗到位，认真履行值班职责，严守值班纪律。节日期间一旦发现异常情况，及时、如实报告，并按照文化市场应急预案要求，妥善处理各类突发事件。举报电话 24 小时保持畅通，随时受理广大群众的来电举报，做到及时受理、及时查处，确保节假日期间文化市场安全有序。

【行政执法】　依法办案。查办案件做到事实清楚、证据确凿、法律法规依据充分，严格把好事实关、证据关、定性关、程序关、量罚关。落实层级责任制，提高办案质量。建立健全"案件受理""案件调查""集体讨论""错案追纠"等各项制度，减少办案过程随意性，维护执法严肃性。

阳光执法。公开执法人员身份、公开行政处罚依据、公开行政处罚程序、公开行政相对人享有的权利、公开处罚决定。不仅要对行政相对人公开，还要向社会公开，接受各方面监督，使行政处罚公平、公正。

（宫海波）

教　育

【概况】　李沧区教育体育局（以下简称"区教体局"）全面落实立德树人根本任务，坚持以多彩教育为基础，以品质课堂为核心，以爱校如家为遵循，以人民满意为目标，着力提升中小学教育质量，加强干部教师队伍建设，加快推进教育现代化，完善公共服务体系，努力打造公平有质量的教育，取得一系列可喜成绩，区教体局荣获全区突出贡献单位。

【学前教育】　增建幼儿园。2018 年全区学前教育经费占财政性教育经费的 19.53%。新增李沧区青山路幼儿园、李沧区惠水路幼儿园、李沧区金川路幼儿园、李沧区合水路幼儿园、李沧区衡水路幼儿园等 5 个独立建制公办幼儿园，1 个公办幼儿园办分园（李沧区君峰路幼儿园文昌园），提供公办学位 2430 个，新增公办幼儿园编制 4 个，幼儿教师事业编制 13 个。

民办园所监管。实施双月拉网式督查，督促规范办园。实行民办幼儿园月例会制度，将亮点工作进行展示和交流，实现经验共享。举行"家庭个体托幼儿区角活动设置与开展"研讨活动，引导个体托所进行游戏化教学，杜绝小学化倾向。采取疏堵结合、分类实施治理，对 45 家无证园进行立案处罚，净化办园环境。

师资建设。加强幼儿园教师队伍建设，开展师德教育活动。加强课程研究工作，2 个游戏获山东省百佳游戏，获 6 节省级优课，7 个青岛市精品课程，2 篇幼儿游戏经验做法进行市级交流。开展"新希望 新征程"教育新秀汇报展演、"名师进李沧"培训，获省百佳园长 1 人，"青岛市名师"5 人。加强科研工作，5 个课题被确定为中国学前教育研究会"十三五"滚动立项课题并顺利开题，承办市幼儿园课题协作体成果交流暨一日活动。

普惠性投入。普惠性民办幼儿园生均定额补助标准提高到最高 2800 元，认定普惠性民办幼儿园 26 个，学前教育普惠率达到 83% 以上；公办幼儿园生均财政拨款标准提高到 1400 元。为困难家庭学前儿童 136 人发放学前助学金 495090 元。每年开展公益亲子早教活动 10 次、公益育儿讲座 7 次，惠及 4400 多个家庭。

【义务教育】 投入双增长。完善财政性教育经费投入机制，确保一般公共教育经费总额和人均一般公共教育经费双增长。进一步落实教育投入保障政策，稳步提高中小学生均公用经费标准。2018 年一般公共财政预算安排的教育经费 14.21 亿，比 2017 年增长 11.24%；中小学生均公用经费拨付标准比 2017 年增长 100 元，达到小学 1600 元，中学 1900 元。

硬件建设。落实教育惠民政策，为一、三、五、七、八年级学生免费配发校服，为全区中小学生免费配发作业本。完成徐水路、青山路小学及惠水路、合水路、金川路、青山路、君峰路、衡水路、九水东路幼儿园内设配套，确保新建学校及幼儿园顺利启用。2018 年，新建改扩建青岛青山路小学、青岛徐水路小学、青岛第六十四中学及新建李沧区惠水路幼儿园、衡水路幼儿园、青山路幼儿园等 7 所幼儿园完工交付使用；青岛东川路小学、青岛大枣园小学、李沧区世园小学、奇峰路幼儿园、东川路幼儿园等 4 所幼儿园及 4 所搬迁建设特教学校主体完工；李沧区君峰路中学、虎山路二小等 5 所学校及金水路幼儿园、武川路幼儿园等 5 所幼儿园开工在建；启动 6 所学校和 6 所幼儿园新建、改扩建工程。建立区实验初中科技馆、宾川路小学比特实验室、永宁路小学国学教室、33 中学美育教室等特色教室 25 间；指导青岛枣山小学获得 2018 年全国"最美校园书屋"。

对外交流。积极创建"丝路精神从娃娃抓起"品牌，13 所学校引进 STEM（科学、技术、工程、数学四门学科教育总称）课程，20 余所中小学分别与英国、德国、韩国等国家的学校建立友好学校，全年举办中英教育论坛四次，开展经常性师生交流互访活动。

【教育信息化】 信息化建设。建立网络安全与信息化领导小组，进一步加强全区教育体育系统网络安全与信息化工作。继续打造"全学通"教育信息化品牌，借助大数据预测分析推动教育的优质、均衡、高效发展。

经验成果。李沧区教育信息化工作经验在山东省教育厅举办的"山东省 2018 年度基础教育信息化应用现场观摩交流活动"上做主题发言。在中央电化教育馆组织的"2018 年新媒体新技术教育应用研讨会暨第十一届全国中小学创新课堂教学实践观摩活动"中，全区共有 69 节课例获奖，获奖数列全省第一，李沧区教育研究发展中心连续四年获得优秀组织奖。成功承办首届全省小学信息技术教师发展论坛，连续三年承办青岛市中小学机器人竞赛活动、承办首届青岛市中小学生创客竞赛。全年师生信息化竞赛获奖总计 723 人次，比去年增长 38%。

【社区教育】 建立健全区、街、居三级社区教育网络，完成 41 所街道社区教育中心及社区教育学校市级标准化建设达标任务。承办青岛市 2018 年全民终身学习活动周启动仪式及系列活动，组织全市终身学习成果展，对青岛市及李沧区 98 个百姓学习之星、终身学习品牌和优秀教育机构进行评选和表彰。开展百节市民公益课系列活动。承担省教科院全国社区教育通用型课程大纲中 5 个子类 7 门课程大纲编制工作。参与承担省教科院课题"家校社共同体构建"，获得山东省教学成果一等奖、山东省社区教育优秀论文一等奖。参与承担山东省、青岛市社区教育机构标准化建设制定任务。开设社区营养餐饮课（与酒管学院合作）、社区航空体验课（与外贸学院合作）、社区健康保健课（与八医合作）、社区茶艺课（与茶博物馆合作）、社区法律课（法律宣讲团）、社区老年计算机课等社区特色课程。联合 5 个街道办事处、区片 125 所中小学

2018年11月16日，李沧区教育信息化工作经验在山东省教育厅举办的"山东省2018年度基础教育信息化应用现场观摩交流活动"上做主题发言。

开展家校社区共建共育活动。2018年，社区教育工作获得12项市级以上荣誉，其中国家级2个，省级3个，市级7个。

【民办教育】 坚持"积极鼓励、大力支持、正确引导、依法管理"方针，鼓励社会力量以多种形式兴办教育，李沧区民办学校队伍逐步壮大。2018年，李沧区共批复成立14所中等及以下民办学校（学历学校2所，非学历学校12所）。截至2018年底，全区共有区管中等及以下民办学校80所（学历学校7所，非学历学校73所）。认真开展民办教育办学行为规范治理，开展校外培训机构专项治理，确保区域内每一所民办学校和校外机构规范办学、安全办学、诚信办学、文明办学。

【素质教育】 普及国学经典。深入开展优秀传统文化进校园活动，相继开展"弘扬传统文化，普及国学经典"展演、"文化传承经典，戏剧点亮童年"

李沧区传统文化戏剧节、"我们的节日"国学经典等内容的诵读活动、开笔礼、名家进校园等，12所学校2000余名师生参与区级展示。开展第九届写字节活动，组织全区教师粉笔字书写和学生规范字书写考核，45所学校、3565名学生、312名教师参加。组织各校参加省市语言文字工作委员会举办的各项评选和全国推广普通话宣传周活动。端午节经典诵读活动获得青岛市优秀品牌，17所中小学创建省市语言文字达标校。

实践活动。推进全区中小学生综合实践、研学旅行、劳动实践教育。发布《李沧区中小学研学旅行工作实施方案》和《关于进一步推进和规范李沧区中小学研学旅行工作的通知》，分批设立16处李沧区中小学社会实践（研学）基地。做好初中学工学农、五六年级拓展励志研学课程、中小学国际交流研学课程。组织参加

"青岛水族馆杯"全市第四届中小学海洋节活动，荣获优秀组织单位；承办全国"美丽中国，我是行动者——小河长小湖长青少年环境志愿行动"项目启动仪式，推进铜川、书院等学校争创国际生态学校。

艺术教育。贯彻落实青岛市促进中小学生全面发展"十个一"项目行动计划，积极推动重点项目发展，加强对少年宫合唱、永安民乐、虎山管乐、李小京剧等现有优势项目扶持，达到省市一流水平；高水平建设李沧区中小学生交响乐团。扩大作为全国啦啦操示范区影响力，吸引更多专家和团队加入并指导引领其发展。组织送戏下乡活动，深化"艺动城乡"主题，助力学校艺术特色项目发展。举办李沧区第二十届中小学艺术节展演活动，全区中小学校200余支队伍3475名学生参加。扎实推进"百场儿童剧进校园"活动，在枣山等4所学校建立"青岛市话剧院戏剧教育实践基地"。在山东省第六届中小学生艺术展演中，区教体局获优秀组织奖，永安路小学参演的6个节目获一等奖；在青岛市艺术节展演中，李沧区9所学校获特等奖，青岛33中学等25所学校获市一等奖；参加市行进管乐比赛，虎山小学获一等奖第三名。组建全免费公益精品艺术团，邀请国家级艺术专家10余人次进行指导，合唱团、民乐团获省六艺

展一等奖，合唱团成为全省唯一一支小学表演队伍赴苏州参加全国六艺展现场展演。

科技教育。承办2018年省全民健身运动会青少年航海模型竞赛。以科技创新、工程搭建、创客奥林匹克、创新创意、科学艺术等五个类别，李沧区科技教育项目联盟成效初显，30余所学校1000多人次在国际、全国和省市级各类科技比赛中成绩名列前茅。2018年DI创新思维大赛中国区选拔赛，获7个全球总决赛资格。

交流合作。与清华大学附属小学、北京十一学校、重庆谢家湾小学等国内知名学校建立一对一合作，提升学校办学品质。全区48所中小学与73所学校签订协议，互派教师交流达887人次。以促进城乡义务教育均衡发展为己任，确定9所优质中小学与平度市学校合作办学，开展活动24次，互派教师112人次。

育人导师制。推进全员育人导师制，推行班级教导会制度，发挥优秀班主任示范、引领、辐射作用，授予任职三十年以上的4名现任班主任老师"李沧区中小学功勋班主任"称号、授予在职班主任十五年以上66名现任班主任"李沧区中小学优秀班主任"称号。设计印制《李沧区中小学班主任工作手册》，规范提高教育教学和班级管理水平。

【教学工作】　教师培训。

2018年，举行市级公开课46节，开放课38节，经验交流46次，城乡交流课37节。在青岛市教育局组织的"一师一优课"评选活动中，118节获奖，其中一等奖35节，二等奖46节，三等奖37节；在青岛市优质课评选中，有40节获奖，一等奖15节，二等奖16节，三等奖9节。

课程与教学改革。围绕"国家课程校本化、地方课程区域化、校本课程特色化"，对课程内容开展整合研究，取得突出成果。2018年，有18项校本课程被评为青岛市精品课程；在省优秀教学成果评选中，获1项一等奖，5项二等奖；在市优秀成果评选中，获2项一等奖，8项二等奖，3项三等奖。制定《李沧区初小衔接实施方案（试行）》，语、数、英三科制定初小课程衔接方案。组织青岛市语文、数学、英语初小衔接现场会，教研员跨中小学开展教研指导。

打造品质课堂。教研室根据《李沧区中小学第一届教学节方案》，紧紧围绕"聚焦课堂　提升品质"活动主题，开展丰富多彩的教学活动，营造出浓厚的教学氛围。教学节中，校长上课14节，学区举行活动32次，30家单位、61人进行经验交流，51人在模拟上课和板书比赛中获奖，骨干教师举行开放课27节，青年教师举行开放课26节，51人积极参与品质课堂大家谈活动。

【教育科研】　青岛第二十七中学《基于合作教学的课堂活动研究》课题，成功立项为全国教育科学"十三五"规划2018年度单位资助教育部规划课题。区中小学、幼儿园共有39项课题立为青岛市"十三五"规划2018年度课题。《"茶馆式"教研模式的构建研究——以初中地理学科为例》等4项教科研成果在青岛市第五届教育科研优秀成果中分获一、二、三等奖，并在市区级教育科研优秀成果推广会上进行成果推广。

举办李沧区中小学第一届教学节暨校长领导力提升工程培训。

坚持推行"滴灌式服务"，问诊学校科研需求，帮助学校解决实际问题，9～10月，深入30余所中小学幼儿园进行青岛市"十三五"规划2018年度立项课题的开题论证活动，帮助学校厘清研究思路，确定实施方案；12月，区教科室创新培训方式，以直播的形式在全区开展科研专项培训，受益教师达3000多名。开展第四批教育研究优秀成果资助出版工作。41项课题新立项为青岛市教育学会课题。推进"研学做"一体化工作模式，建设研究型教师队伍，派出5名教师到上海参加青岛市教育科研访学研修培训。组织45所中小学百余人参加市"课题阶段性成果交流""青岛教育大讲堂""岛城教育家论坛"等活动，努力提升科研带头人综合素养。开展第七届教师小课题优秀成果评选，推出70个优秀成果，汇编了第七届教师小课题成果集。

【队伍建设】 干部培训。全面启动领导干部领导力提升工程，邀请美国教育联合会驻华首席代表孙连成、清华附小校长窦桂梅等知名专家到李沧做报告。拓宽干部培训渠道，丰富培训形式和内容。组织李沧区中小学校长、幼儿园园长80人赴清华大学、兰考红旗渠红色教育基地参加高级研修。组织中小学、幼儿园主要领导干部107人，分两批赴苏州中小学、幼儿园跟岗培训。深化15所学校与东北师范大学合作项目，重点跟进3所小学与山东师范大学合作项目。

选聘与交流。2018年新进聘任制教师110人。面向全国公开选聘优秀教师20人。积极稳妥推进教师交流工作，建立健全有利于义务教育均衡发展的教师管理制度，实现区内交流98人，其中骨干教师38人，占比38.8%。引进齐鲁名校校长1人，提升干部队伍整体层次水平。

教师培训。全面贯彻落实国家和省市区关于积极推进"互联网+"行动的指导意见，以提升中小学教师专业素质和推动教师自主专业发展为目标，逐步健全教师培养体系，完善培训学分管理制度。组织中小学幼儿园教师3383人参加2018年"互联网+教师专业发展"工程网上研修培训。全面推进李沧区中小学"领航"工程。32名首批领航工程学员，依托华师大专家力量，以课题为引领，在课程建设、教研活动、课堂教学、课例研究、教师专业发展等方面进行重点培养，逐渐成长为青年优秀教师领军人物。通过岗前培训、网络研修、跟岗实训、学科导师制等，对新入职教师实施3年一周期的系统培训。理顺校级名班主任工作室主持人队伍，重新申报64个校级名班主任工作室，完成1200余名班主任全员专题培训。着力打造网上学习平台，采取分散自主学习、远程研修与在岗研修、专家引领等相结合的方式促进新教师快速成长。

【学校安全】 围绕打造平安和谐校园，建立齐抓共管、各负其责、密切配合、群防群治的校园安全工作体系，开展学校安全风险评估和隐患排查治理。2018年，获青岛市校园及周边综合治理工作目标考核第一名。印发《李沧区校园安全风险分级管控与隐患排查治理双重预防两个体系建设工作方案》《李沧区教体局扫黑除

2018年8月23日，青岛市2018年教育科研骨干培训会在我区举办。

（摄影：李前）

恶专项斗争工作实施方案》，建立"横到边，纵到底"的校园安全稳定网格化防控体系。组织全区中小学、幼儿园、校外机构全体工作人员5300余人专题学习公共安全和校园安全管理法律法规常识20余项；组织8000余名学生免费参加应急体验。投资近80万元，在地处交通主干道及重点区域的11所学校门口安装防撞柱；投入400多万元为全区中小学幼儿园安装维护视频监控网络80多套，2000多个视频监控摄像机组，实现全区中小学幼儿园视频监控全覆盖；投入70多万元配备100余套校园应急装备；投入70多万元建立107所校园微型消防站。

【教育督导】 专项督导。开展春季、秋季开学暨安全风险防控、中小学起始年级零起点教学、幼儿园教学小学化、两轮规范幼儿园办园行为等6项专项督导。完成学校安全、体育艺术课程开设、信息化建设、新一轮教育现代化建设、自我评估与改进、中小学课程设置等6个督导调研专题，形成督导报告12篇；完成学校、幼儿园《2016～2020五年发展规划》中期自我评估工作，形成中期自评报告；制定2018年中小学、幼儿园年度绩效考核方案，并组织实施中小学（幼儿园）、校外机构绩效考核工作。

教育质量监测。组织完成34所中小学教育质量监测工作和32所幼儿园教育质量监测工作；组织开展"基于教育质量监测的教育改进"工作，对教育质量监测5大领域22项指标的12000多个数据进行梳理，完成五个阶段、6个月时长的优化改进，开展改进情况专项督导，整体推进区域教育改进工作。

【教育宣传】 学习贯彻宣传党的十九大精神，围绕重点工作、惠民政策、优秀师生事迹和经验做法等，充分发挥"李沧教育微信平台"作用，开辟"新校巡礼""教育榜样""教学节""品质课堂"等专题栏目，对学校建设、好老师、教育教学等重点工作进行系统持续报道，全年累计发布信息203次，460条，总阅读量近150万人次；通过电视、广播等平台推送信息80余次，在岛城各主要纸媒累积发布信息200余次，半版及以上专题报道60余次，以此带动网络信息发布近3000条；积极推进国家级媒体的信息发布，中央电视台五次报道李沧教育信息，为李沧教育赢得良好口碑。

【家校合作】 着手打造优质家长学校，促进教育合力的形成。完善各级家委会建设，规范家校组织制度，畅通家校沟通，拓展互动空间，注重家校合作整体推进，构建家庭教育工作新机制。换届选举新一届区级家委会，进一步理顺体制、规范章程。2018年，李沧区教体局荣获"山东省家庭教育实验基地"，有三所中小学荣获"青岛市优秀家庭教育服务站"称号，有两所小学和一所幼儿园获得"青岛市家庭教育示范中小学幼儿园"称号。在第十九届全国海峡两岸家庭教育学术研讨大会上做典型发言。

【团队工作】 2018年，共青团、少先队共开展主题活动30余项，其中市级现场活动9次，区级现场活动10次。各项活动被国家级和省、市级媒体报道233次。重点开展纪念改革开放40周年系列活动、"传承红色基因　争做新时代好队员""大手拉小手"主题活动，引导团员和少先队员听党话，跟党走。积极组织团队干部参加全国和省、市级培训，自主开展全员培训7次，定期开展互观互学和经验交流。全年10所学校和82名师生荣获市级以上表彰，其中毕晓琳老师获全省辅导员大赛第三名、全市第一名。

（陈杰）

附

表一：2018度李沧区幼儿园基本情况表

表二：2018年度李沧区中、小学基本情况表

表三：2018年度李沧区民办学校基本情况表

表四：2018年度李沧区高中、职业学校基本情况表

表五：2018年度李沧区驻区高校基本情况表

表一：

2018 度李沧区幼儿园基本情况表

序号	教育教学机构名称	负责人	班数	幼儿数	详细地址	联系电话
1	青岛永宁路小学幼儿园	牟 青	14	521	李沧区永定路 11 号、李沧区沧台路 16 号	84632428
2	李沧区教工幼儿园	朱咏梅	27	999	李沧区安新路 7 号、李沧区灵川路 10 号、李沧区大同北路 22 号	84611587
3	李沧区夏庄路幼儿园	马雪梅	39	1604	李沧区夏庄路 97 号、李沧区青山路百通花园 629 号、李沧区百通馨苑七区	87896207
4	李沧区实验幼儿园	姚永花	22	810	李沧区邢台路 51 号、李沧区文昌路 378 号	84633162
5	李沧区青峰路幼儿园	陈淑芹	26	1038	李沧区青峰路 74 号、李沧区九水东路 195 号	87896741
6	李沧区君峰路幼儿园	肖作芳	17	663	李沧区少山路 102 号、重庆中路 887 号	87896602
7	李沧区天鹅幼儿园	丁元华	11	464	李沧区青峰路 68 号	87899292
8	青岛海实物业有限责任公司幼儿园	毛利华	6	229	李沧区唐山路 91 号	84686301
9	海军航空工程学院青岛分院幼儿园	梅 红	7	246	李沧区四流中路 2 号	51833346
10	海军 92635 部队幼儿园	郑 伟	4	155	李沧区四流中路 1 号	51851041
11	李沧区雅荷幼儿园	马瑞平	8	253	李沧区邢台路 11-19 号、虎山路 98 号乙	88793152
12	李沧区育才幼儿园	薛芝君	14	554	李沧区黑龙江中路 777 号	87086728
13	青岛雅思贝尔幼儿园	周 波	23	691	李沧区延寿宫路 77 号、李沧区果园路 80 号、李沧区东李社区内、金水路伟东幸福之城 B 区	87601160
14	青岛四十九中学幼儿园	王福清	6	172	李沧区重庆中路 1043 号	84827320
15	李沧区皮卡丘馨苑幼儿园	陈 茹	7	294	李沧区金水路 751 号	87689166
16	李沧区小红帆幼儿园	王 静	9	305	李沧区金水路 1057 号	87977791
17	李沧区戈戈幼儿园	赵晓静	6	193	李沧区重庆中路 412 号	84667444
18	李沧区智慧树幼儿园	张 娣	30	1069	李沧区延寿宫路 68 号、重庆路 967 号	87976975
19	李沧区阳光苗苗幼儿园	李晓彦	8	293	李沧区正定三路 21 号	84676769
20	李沧区李村南庄幼儿园	李玉娟	3	64	李沧区黑龙江中路 619 号	88237827

（续表）

序号	教育教学机构名称	负责人	班数	幼儿数	详细地址	联系电话
21	李沧区海之星幼儿园	马　晶	9	389	李沧区四流中路 187 号翠海宜居小区内	18678992691
22	青岛恒星学院幼儿园	石　鋆	8	240	李沧区九水路 588 号	86667001
23	青岛市李沧区大枣园幼儿园	张珍兰	4	199	李沧区大枣园社区 1157 号	84832765
24	李沧区东方蓓蕾幼儿园	万宿英	9	350	李沧区兴义支路 9 号	86056981
25	青岛市李沧区百合幼儿园	陈瑞玉	7	300	李沧区宜川路 33 号	15863079308
26	李沧区石沟社区幼儿园	孙秀娟	4	130	李沧区大枣园社区 1237 号	13864878091
27	青岛市李沧区黄海幼儿园	曹国红	11	391	李沧区升平路 45 号	84651276
28	李沧区曲哥庄幼儿园	朱桂珍	3	91	李沧区书院路 257 号	13573809769
29	李沧区海贝儿尚风尚水幼儿园	苏　晨	7	210	李沧区金水路 1575 号	66087888
30	李沧区达翁幼儿园	陈文君	6	210	李沧区书院路 127 号	83031238
31	李沧区星星河幼儿园	韩秀萍	6	206	金水路 2117 号金水翠园小区内	87067987
32	青岛红黄蓝春之都幼儿园	于　卉	34	916	李沧区书院路 127 号、黑龙江路 2648 号、虎山路 11 号	81932002
33	青岛大苹果幼儿园	门　秀	9	238	李沧区青山路 265 号	87622500
34	李沧区园艺幼儿园	吕瑞珍	7	242	李沧区夏庄路 67 号	87892375
35	李沧区怡海幼儿园	赵　艳	4	154	李沧区唐山路 37 号御景山庄 6 号楼	13465800555
36	青岛李沧青山绿水儿童之家幼儿园	岳　红	9	216	李沧区黑龙江中路 3184—7 号	67705329
37	青岛李沧广和幼儿园	刘　伟	9	383	李沧区九水东路 496 号 6 号楼	87670011
38	青岛李沧区福临万家幼儿园	冯爱英	11	403	李沧区青山路 265 号 26 号楼	80929680
39	青岛李沧五洲佳世幼儿园	刘海燕	11	334	李沧区金水路 737 号 1～3 层	58701700
40	青岛李沧区小红帽幼儿园	张锦萍	9	257	李沧区沔阳路 1 号 8 号楼	84672550
41	青岛李沧华昱童馨幼儿园	陈海琴	14	457	李沧区李沧区巨峰路 249 号	68071222
42	青岛李沧区湾头馨苑幼儿园	纪忠华	11	371	李沧区湘潭路 30 号 B 区 35 号楼	55787686
43	青岛李沧金水育贤幼儿园	肖琳彬	9	362	李沧区金水路 823 号	87685555
44	青岛李沧区小剑桥中海幼儿园	王　媛	19	834	李沧区金液泉路 10 号	87068669

（续表）

序号	教育教学机构名称	负责人	班数	幼儿数	详细地址	联系电话
45	青岛李沧区音乐之声幼儿园	王玉霞	12	398	李沧区重庆中路 579 号	18561714569
46	青岛李沧区香蜜湖幼儿园	王 祎	9	322	李沧区重庆中路 690 号	13863907929
47	青岛李沧区百果树幼儿园	顾 军	5	129	李沧区青山路 618 号 10 号楼	80934566
48	青岛李沧区中海金色摇篮幼儿园	田海燕	7	165	李沧区九水路 60-104 号	87682822
49	李沧区重庆中路幼儿园	张 花	10	350	李沧区重庆中路 919 号	87695424
50	青岛李沧区智荣幼儿园	苗蕊芳	5	58	青岛市李沧区虎山路 77-158 号	87626567
51	李沧区合水路幼儿园	王彩枫	6	189	李沧区金川路 216 号	66086077
52	李沧区金川路幼儿园	苏秀峰	8	247	李沧区金川路 3 号	84670989
53	李沧区青山路幼儿园	张 华	11	391	李沧区青山路 712 号	58586798
54	李沧区惠水路幼儿园	吴月芳	6	188	李沧区惠水路 626 号甲	84670952
55	青岛市李沧区红黄蓝印象湾幼儿园	王 蕾	6	112	文昌路 699 号	80929911
56	李沧区衡水路幼儿园	朱 琳	15		李沧区衡水路 3 号	18363987670
57	李沧区九水东路幼儿园	刘 伟	12		李沧区九水东路 132 号	18363987675
58	李沧区小螺号幼儿班	韩 朝	7	216	李沧区秀峰路 10 号	87659644
59	青岛市李沧区现代幼儿班	宋 宇	3	89	李沧区西山二路	87619083
60	李沧区乐嘉幼儿班	王秀云	3	50	李沧区兴国路 15 号	13156251098
61	李沧区华荣幼儿班	宋丽君	3	102	河南庄小区 7-8 号	87635677
62	李沧区其云家庭托儿所	翟其云	3	87	永平路 107 号—5—2	84621962
63	李沧区昊贝尔托儿班	马 洁	2	45	青山路 269 号—1	18906488892
64	李沧区山泉家庭幼儿班	王进治	4	140	邢台路 13 号	13553008070
65	李沧区小春芽家庭幼儿班	毕秀峰	2	59	李沧区唐山路 87 号 -12 号甲乙	83259899
66	李沧区智慧家庭托儿班	孙 娟	2	37	唐山路 24 号	13153203027
67	李沧区乖宝宝家庭托儿班	李 燕	2	56	李沧区重庆中路 967 号 9 号楼 1 单元 101 户	13963950107
68	李沧区桂玉家庭托儿班	王桂玉	1	25	四流中路 273 号 31 号网点	13210005798
69	李沧区娟娟家庭托儿班	韩娟娟	2	47	沧和路 3 号	84692971

（续表）

序号	教育教学机构名称	负责人	班数	幼儿数	详细地址	联系电话
70	李沧区金太阳家庭幼儿班	任　洁	2	23	长涧新村 2 号楼三单元 102 二单元 102	13153265768
71	李沧区向华家庭托儿班	彭向华	2	52	四流中路 221-11-13	13953263585
72	李沧区新世纪家庭幼儿班	阚　君	2	32	中崂路 1039 号	87685253
73	李沧区韩德云家庭托儿班	韩德云	1	26	河南庄中小区 12 号楼	13061369259
74	李沧区大风车家庭托儿班	侯　坚	2	56	李沧区永安路 28 号	13864811168
75	李沧区阳光宝贝家庭托儿班	郭永欣	3	65	振华路 152 号	13506486933
76	李沧区新星家庭托儿班	吕美青	2	28	顺河路 197 号 26 号楼一单元 101	13969767575
77	李沧区陈勤家庭托儿班	李　红	1	43	升平东路 22 号 2 小区 21 号楼 22-6	13969622608
78	李沧区秀芹家庭托儿班	李秀芹	1	25	百通花园 1 号楼 1 单元 101	87062605
79	李沧区蕾蕾家庭托儿班	孙　莉	1	43	唐山路翠湖小区 6 号楼 1 单元 102	13969622505
80	李沧区雅韵幼儿班	王　帅	2	49	沧广路 22 号	18661661837
81	李沧区东南渠幼儿班	宋清芬	2	65	李沧区东南渠社区 452 号	13553008164
82	李沧区世园家庭幼儿班	吴海卿	3	129	李沧区宜川路 37 号 75—4	13583247205
83	李沧区文兰家庭托儿班	侯文兰	1	25	曲戈庄 376 号	87652130
84	李沧区王峰家庭托儿班	王　峰	1	26	河南庄北小区七号楼	13678852968
85	李沧区爱佳蓓家庭幼儿班	郝金峰	1	26	九水东路 193—33 号	13969789696
86	李沧区风云家庭幼儿班	赵风云	2	62	湾头社区湘潭路 50—8 号	13697657383
87	李沧区卫霞家庭托儿班	王卫霞	1	26	大枣园村 1220 号	13606481039
88	李沧区赵荣家庭托儿班	赵　荣	2	65	楼山花园 2-3 号网点	13356895688
89	李沧区俊葵家庭托儿班	臧俊葵	1	9	十梅庵村 633 号	15953232960
90	李沧区赵爱云家庭托儿班	赵爱云	1	23	十梅庵 21 号	15866856815
91	李沧区海艺家庭幼儿班	于　清	3	56	李沧区夏庄路 163 号	13361239697
92	李沧区长涧天使幼儿班	张　蕾	3	43	长涧新村 7 号	13730909846
93	李沧区乐乐幼儿班	薛芝君	3	70	曲哥庄 298 号、299 号	87651578
94	李沧区小豆丁家庭托儿班	王　静	2	43	李沧区金水路 803 号 13 号楼 1 单元 101 户	15092182910

（续表）

序号	教育教学机构名称	负责人	班数	幼儿数	详细地址	联系电话
95	李沧区金囡幼儿班	庄桂霞	2	27	李沧区金水路753-2-5网点一楼	13730957059
96	李沧区瑶瑶家庭幼儿班	刘美妮	1	15	李沧区十梅庵村32号	13853247763
97	李沧区张燕家庭托儿班	王丽香	4	130	李沧区百通馨苑753—20号、21号	13335073221
98	李沧区东大村家庭托儿班	于翠杰	1	27	李沧区顺河路197号5号楼2单元102户	13280860800
99	李沧区花果山家庭幼儿班	吴英姬	4	53	李沧区兴国路12—2～4号网点	13730928780
100	李沧区金色童年家庭幼儿班	邹继红	2	60	李沧区兴华路40号2单元102户	13954278906
101	李沧区快乐宝贝亲子园	杨越	2	25	李沧区金水路745号—15	66761600
102	李沧区翠湖天使幼儿班	刘赟	2	48	李沧区唐山路87号	15964981370
103	李沧区鹤立家庭幼儿班	段素花	2	68	东李村1210号	13070826767
104	李沧区巧玲家庭托儿班	王巧玲	1	17	湾头村东山别墅区	15908928963
105	李沧区王燕家庭托儿班	王燕	1	10	湘潭路67号3号楼1单元101	84812989
106	李沧区智凡托儿班	公玲	3	94	李沧区文昌路39号甲1号	15053296071
107	李沧区小葵花托儿班	孙兆华	3	86	李沧区兴山路4号	13127050693

表二：

2018 年度李沧区中、小学基本情况表

序号	教育教学机构名称	负责人	教师数	在校学生数	通讯地址	联系电话
1	青岛永安路小学	姜月英	37	583	李沧区永平路 26 号	84666868
2	青岛四流中路第三小学	高晓燕	58	982	李沧区四流中路 221 号甲	84632659
3	青岛遵义路小学	杨剑英	38	578	李沧区湘潭路 86 号	84812844
4	青岛升平路小学	翟立敏	55	992	李沧区永昌路 11 号	84631677
5	青岛永和路小学	牟英秀	41	780	李沧区邢台路 15 号	84610680
6	青岛湘潭路小学	方建磊	70	1252	李沧区湘潭路 36 号	84830099
7	青岛市李沧区实验小学	綦　峰	99	1757	李沧区东山三路 1 号	87660131
8	青岛市李沧区实验小学文正校区	綦　峰	97	1326	李沧区中崂路 958 号	68076388
9	青岛永宁路小学	赵　宁	69	762	李沧区永定路 11 号	84632725
10	青岛振华路小学	毕宏君	39	629	李沧区振华路 59 号	84632786
11	青岛李村小学	曲春亮	49	846	李沧区九水路 25 号	87895813
12	青岛北山小学	胡　锐	50	807	李沧区枣园路 78 号	87893515
13	青岛金水路小学	蒋元年	68	1249	李沧区金水路 807 号	66085677
14	青岛李沧路小学	毕元敏	75	1350	李沧区君峰路 32 号	87655553
15	青岛唐山路小学	董雪梅	55	1006	李沧区唐山路 87 号	84696088
16	青岛李沧区第二实验小学	相　蔚	61	1038	李沧区银液泉路 256 号	87682302
17	青岛书院路小学	王春蕊	64	1139	李沧区书院路 148 号	87896791
18	青岛永平路小学	杨月峰	39	609	李沧区兴华路 20 号	84639077
19	青岛铜川路小学	郭振虎	77	1398	李沧区铜川路 50 号	68056687
20	青岛大枣园小学	曲　晶	53	1030	李沧区雨湖路 100 号	84836877
21	青岛重庆中路第一小学	于洪达	54	874	李沧区重庆中路 388 号甲	84632710
22	青岛安国路小学	庄宗传	26	507	李沧区安国路 2 号	84623725
23	青岛徐水路小学	侯萍萍	62	1045	李沧区金川路 57 号	87603271
24	青岛汾阳路小学	邵　斌	39	648	李沧区汾阳路 15 号	84632748
25	青岛东川路小学	张惠娆	64	1077	李沧区东川路 120 号	58703896
26	青岛沧海路小学	楚蔚君	51	862	李沧区沧广路 26 号	84691737
27	青岛浮山路小学	方　露	69	1174	李沧区青山路 627 号	87639598
28	青岛虎山路小学	隋玉华	82	1478	李沧区虎山路 108 号甲	66879799

（续表）

序号	教育教学机构名称	负责人	教师数	在校学生数	通讯地址	联系电话
29	青岛四流中路第二学校	江立省	14	55	李沧区四流中路 133 号	84624290
30	青岛枣山小学	刘岩林	68	1343	李沧区华楼山路 11- 号	66082388
31	青岛王埠小学	范明星	74	1349	李沧区巨峰路 260 号	87697377
32	青岛文昌小学	李 莉	51	1232	李沧区文昌路 22 号	66870916
33	青岛市第二实验小学	江建华	78	1543	李沧区黑龙江中路 472 号	58861609
34	青岛弘德小学	吕红军	37	757	李沧区重庆中路 893 号	58661956
35	青岛广水路小学	于 艳	35	664	李沧区柏水路 13 号	58703896
36	青岛宾川路小学	袁海澜	29	515	李沧区宾川路 46 号	58661616
37	青岛青山路小学	袁 玲	13	201	青岛市李沧区青山路 710 号	58586287
38	青岛沧口学校	张 伟	176	2282	李沧区沔阳路 2 号甲	84672200
39	青岛第二十七中学	邓学军	64	402	李沧区重庆中路 907 号甲	84832359
40	青岛第三十一中学	原 红	106	1193	李沧区永清路 46 号	84632607
41	青岛第三十三中学	杨天世	76	803	李沧区永平路 107 号甲	84610523
42	青岛第四十九中学	杨剑英	74	557	李沧区重庆中路 1043 号	84816430
43	青岛第六十一中学	李 刚	130	1408	李沧区东山三路 3 号	87695540
44	青岛第六十二中学	刘文波	135	1385	李沧区万年泉路 51 号	87892378
45	青岛第六十三中学	王明强	127	1415	李沧区虎山路 1 号	87657118
46	青岛市李沧区实验初级中学	李雅慧	115	1252	李沧区九水东路 249 号	58661600

表三：

2018 年度李沧区民办学校基本情况表

序号	学校名称	地　　址	电话	备注
一、中等及以下学历民办学校（7 所）				
1	青岛志远学校	青岛市李沧区九水东路 7 号	87689566	
2	青岛银河学校	青岛市李沧区铜川路 47 号	88808315	
3	青岛索斯兰学校	青岛市李沧区龙川路 7 号	68898855	
4	青岛李沧智荣小学	青岛市李沧区虎山路 39 号	87672000	
5	私立智荣中学北校	青岛市李沧区通真宫路 79 号	88066633	市教育局审批
6	青岛启慧双语学校	青岛市李沧区天水路 17 号	87669866	市教育局审批
7	青岛爱迪学校	李沧区广水路 777 号	18669788056	
二、中等及以下非学历学校（68+5 所）				
1	青岛翰墨艺术专修学校	青岛市李沧区京口路 47 号	88238897	
2	青岛市李沧区商业职工学校	青岛市李沧区书院路 52 号	87895826	
3	私立青岛东海岸科技专修学校	青岛市李沧区瑞金路 37 号甲	87980571	
4	私立青岛雅虎外语培训学校	青岛市李沧区果园路 82 号	87612112	
5	青岛市李沧区少年儿童艺术培训学校	青岛市李沧区永平路 19 号甲	84612978	
6	青岛百特科技培训学校	青岛市李沧区京口路 47 号 10 楼	66765789	
7	青岛明德阳光艺术教育培训学校	青岛市李沧区万年泉路 237 号 20 号楼 3 层	87660600	
8	青岛加油亲子岛艺术培训学校	青岛市李沧区九水路 227 号	58803377	
9	青岛国泰教育培训学校	青岛市李沧区峰山路 117 号	88874666	
10	私立青岛爱尚文理培训学校	青岛市李沧区峰山路 86 号	87629618	
11	青岛励步英语培训学校	青岛市李沧区夏庄路 1 号乐客城一楼	58661700	
12	青岛华洋科技专修学校	青岛市李沧区京口路 47 号	87639660	
13	私立青岛奥卡斯外语培训学校	青岛市李沧区九水东路 193-37 号网点	87665849	
14	青岛李沧金石文理培训学校	青岛市李沧区大崂路 1088 号	87618222	
15	青岛李沧区新思源文化培训学校	李沧区京口路 28 号苏宁电器 C 座 902、903 室	15863085685	

（续表）

序号	学校名称	地　　址	电话	备注
16	青岛李沧区明星艺术培训学校	青岛市李沧区峰山路 86 号星光大道 512 室	66767398	
17	青岛育成传统文化培训学校	青岛市李沧区龙水路 318 号	18153276807	
18	青岛托普科技培训学校	青岛市李沧区金水路 1577-10 号	58703999	
19	青岛阳光优加文化艺术培训学校	青岛市李沧区临汾路 77 号	18678461181	
20	青岛李沧区智远文化艺术培训学校	青岛市李沧区临汾路 110 号	15265237085	
21	青岛韵声文化艺术培训学校	青岛市李沧区灵川路 6 号	13370831308	
22	青岛市李沧区天鹅艺术培训学校	青岛市李沧区青峰路 68 号	87899292	
23	青岛李沧区宏成科技人才专修学校	青岛市李沧区峰山路 111 号	87611383	
24	私立青岛博帆科技培训学校	青岛市李沧区京口路 28 号 2 号楼 1209	13012423832	
25	私立青岛李沧区爱心艺术培训学校	青岛市李沧区重庆中路 412 号	15153255590	
26	私立青岛开天电脑培训学校	青岛市李沧区京口路 60 号	89676779	
27	私立青岛蓝天科技专修学校	青岛市李沧区四流中路 136 号	13105187128	
28	青岛思文外语培训学校	青岛市李沧区永平路 24 号	84628166	
29	私立青岛皓月艺术培训学校	青岛市李沧区振华路 156 号	18660217769	
30	青岛名扬艺术培训学校	青岛市李沧区金水路 1157 号	83780309	
31	私立青岛盛世兰亭科技培训学校	青岛市李沧区南崂路 1070 号	15866823900	
32	青岛青师知能培训学校	青岛市李沧区九水路 176 号	82733670	
33	青岛日月辉外语培训学校	青岛市李沧区升平路 36 号 4 楼	84632202	
34	私立青岛昕维外语培训学校	青岛市李沧区振华路 155-1 号	84629866	
35	私立青岛天龙文化艺术培训学校	青岛李沧区向阳路桥南头西侧 2 楼网点及三楼	87892267	
36	私立青岛新朗文英语培训学校	青岛市李沧区书院路 74 号	86770777	
37	私立青岛正德文化艺术培训学校	青岛市李沧区通真宫路 79 号	15666229122	
38	私立青岛利泽现代外语专修学校	青岛市李沧京口路 88 号	88036856	
39	私立青岛华泰科技培训学校	青岛市李沧区金水路 753-15 号	81769366	
40	青岛李沧区查理语言培训学校	青岛市李沧区铜川路 216 号 7 号楼 206、207 室	13553065192	
41	青岛新学堂文化艺术培训学校	青岛市李沧区黑龙江中路 629 号	18953273106	

（续表）

序号	学校名称	地 址	电话	备注
42	青岛李沧区学大考前辅导学校	青岛市李沧区京口路 20-42 号 3 楼 302	58715887	
43	青岛网文创客实践培训学校	青岛市李沧区金水路 68 号青岛创业大学二楼	58661929	
44	私立青岛凌海电子技术专修学校	青岛市李沧区瑞金路 17 号	84815250	
45	私立青岛紫棋艺术培训学校	青岛市李沧区金水路 768 号晟业小区	68075166	
46	青岛艺文书画培训学校	青岛市李沧区万年泉路 162 号	87628167	
47	私立青岛圣爱艺术培训学校	青岛市李沧区夏庄路 139 号丁	13210173811	
48	私立青岛汇智科技培训学校	青岛市李沧区源头路 25 号	13964869387	
49	私立青岛小百合外语培训学校	青岛市李沧区通真宫路 77 号	13589265156	
50	青岛铭仁文化艺术培训学校	青岛市李沧区黑龙江中路 797-95 号	18661443337	
51	青岛海梦圆文化艺术培训学校	青岛市李沧区巨峰路 199 号新锦华广场南栋	13455286986	
52	青岛六艺学堂文化艺术专修学校	青岛市李沧区九水东路 369-24 号	87665261	
53	青岛沃盈语言培训学校	青岛市李沧区向阳路 116 号和谐广场 6 楼	18669899988	
54	青岛瑞海英语培训学校	青岛市李沧区夏庄路 7 号乐客城 3 楼	15589899977	
55	青岛鑫小神龙艺术文化培训学校	李沧区金水路 746 号金秋小区一期院内网点	18561672836	
56	青岛蒲公英艺术培训学校	青岛市李沧区铜川路 216 号绿城天地 7 号楼 3 楼	18560682692	
57	青岛李沧蓝砜证券投资专修学校	李沧区九水路 112 号中海国际广场 1902、1910	18661877157	
58	青岛正心教育培训学校	李沧区文安路 26 号	68072929	
59	青岛丝路协创专修学校	李沧区铜川路 216 号丝路协创中心 14 楼	58538888	
60	青岛蓝港文化艺术培训学校	李沧区金水路 766-13 号	66886068	
61	青岛市李沧区上源文化科技培训学校	李沧区虎山路 77-（179-197）号	87650606	
62	青岛市李沧区世纪启航文化培训学校	李沧区九水路 29-7 号 1 层 1-2	13953225755	
63	青岛市李沧区文远文化培训学校	李沧区京口路 1 栋 3001-3007、3010、3012-3014、3048	18561717792	

（续表）

序号	学校名称	地　　址	电话	备注
64	青岛市李沧区学海文化艺术培训学校	李沧区夏庄路195-4号	18661698850	
65	青岛市李沧区白石艺术培训学校	李沧区滨河路1017号甲	17605323539	
66	青岛市李沧区立立源文化培训学校	李沧区永安路50号	18653208118	
67	青岛市李沧区首辅文化培训学校	李沧区东山四路37-13、37-14号	15165320098	
68	青岛市李沧区蓓乐文化艺术培训学校	李沧区书院路37号英湟大厦三层南区	15269202553	
69	青岛新东方语言培训学校	青岛市李沧区峰山路86号星光大道5楼	66760033	市教育局审批
70	私立青岛港归科技培训学校	青岛市李沧区夏庄路137号	87665957	市教育局审批
71	私立青岛山木科技培训学校	青岛市李沧区书院路60号交通银行5楼	87890972	市教育局审批
72	青岛巴洛克艺术培训学校	青岛市李沧区青山路624号2楼	1589882797	市教育局审批
73	私立青岛新华科技艺术培训学校	青岛市李沧区振华路128号	18678977780	市教育局审批

表四：

2018年度李沧区高中、职业学校基本情况表

教育教学机构名称	负责人	通讯地址	联系电话
山东省青岛第五十八中学	袁国彬	青岛市李沧区九水路20号	87627218
山东省青岛第三中学	黄　杰	青岛市李沧区永平路57号	84628922
青岛财经职业学校	兰明传	青岛市李沧区京口路78号	87616555
青岛工贸职业学校	刘永才	青岛市李沧区永年路25号	84620086
青岛艺术学校	王　伟	青岛市李沧区九水路176号	82711012

表五：

2018年度李沧区驻区高校基本情况表

教育教学机构名称	负责人	通讯地址	联系电话
青岛广播电视大学（青岛创业大学）	张锡科	李沧区金水路68号	58661918
山东外贸职业学院分校	刁建东	青岛市李沧区巨峰路201号	55761108
青岛酒店管理职业技术学院	姜玉鹏	青岛市李沧区九水东路599号	86051688
青岛恒星科技学院	陈昌金	青岛市九水东路588号	86667103

体　育

【概况】　区教体局认真贯彻落实区委、区政府关于体育工作部署和要求，不断出台政策措施，加快推进学校体育和群众体育发展。大力开展阳光体育，全面提升全区中小学生体质健康水平。进一步加强各学校体育特色发展，重点项目布局合理，发展成效明显。持续加大设施投入，开展全民健身活动，积极打造"悦动李沧"体育品牌，满足群众体育运动需求。体育彩票工作蓬勃发展。

【学校体育】　坚持普及与特色发展相结合，做好全区学校体育项目布局，突出特色，整体推进，积极探索开展丰富多彩、内容多样的体育活动。在全区二年级普及乒乓球项目。青岛汾阳路小学在全国幼苗杯、娃娃杯乒乓球比赛中获6个团体冠军，2个单项冠军，汾阳路小学王晓彤正式入选国家乒乓球队。投入200万元，与职业足球俱乐部合作，聘请专业教练员进校园，开展足球普及和学生足球队训练，完善市、区、校三级足球联赛竞训体制，为学生搭建高水平竞训平台。10所学校在2018年青岛市"市长杯"足球比赛中获得前八名和道德风尚奖，两位同学入选2019年全国青少年校园足球精英运动员集训队。投入200余万，为全区四年级学生免费开设游泳课，累计31000余名学生掌握游泳技能。李沧区实验小学段昊禹获全国青少年游泳U系列比赛8枚金牌，打破10个小项的赛会纪录。李沧区小学生中国象棋、柔道、武术等12个项目训练场所被定为青岛市少儿培训基地。沧海路小学在"润天丰"杯中国青岛国际柔道公开赛暨第二届青岛国际学生柔道公开赛中获3枚金牌、4枚银牌、7枚铜牌。李沧路小学幼儿体操队获中国学生艺术体操锦标赛5个单项、5个全能、1个团体共8个冠军。虎山路小学、枣山小学获全国青少年U系列沙滩橄榄球、触式橄榄球锦标赛8个组冠军。组织全区52所中小学近5万名学生进行年度体质检测，上报率100%，组织两次全区学生体质健康抽测，中小学达标率、优良率均高于青岛市体质健康水平标准，在2018年青岛市中小学生体质监测抽测中，李沧区优秀率位居全市第一。

【社会体育】　加大投入建设社区居民健身场所，鼓励居民参加文体活动，提高身体素质。丰富"悦动李沧"健身品牌内容，进一步完善"8分钟健身圈"，新建40处健身路径，新建改扩建5处笼式足球场，进一步做好学校体育场地免费向社会开放工作，累计办理发放"悦动李沧运动卡"14万余张，入校锻炼居民达200余万人次。积极参与举办市区

2018年11月8日，青岛市第二十八届中小学生艺术节啦啦操比赛由青岛枣山小学承办，图为青岛李沧路小学在比赛中展示花球操。（摄影：王俊力）

级体育活动，组织参加青岛市全民健身健康跑，举办李沧区全民登山节、第十届"百县篮球、千人乒乓、万人象棋"比赛、第五届"公益体彩"李沧羽毛球球王赛、第六届"文昌杯"武术邀请赛等赛事活动。组织参加青岛市"畅游汇泉湾"游泳赛、青岛市球王羽毛球比赛、青岛市"百千万"篮球赛。承办市"百千万"乒乓球和象棋比赛。组织承办山东省第二十四届运动会排球项目决赛。

组织社区居民进行国民体质检测。认真做好山东省第24届运动会保障工作，获评服务保障"先进单位"。

【体育彩票】　根据省体彩中心"加强渠道建设，提高渠道运营质量"方针，李沧体彩办把扩大终端扩容，大力发展兼营店（友客、可好、优同、中商、天猫小店、菜鸟驿站等）、多业态并举作为今年销量增长主要途径。全年新增门店58个，其中普通专兼营店9个，渠道兼营店11个（世纪星企7个、中商创投3个、京东1个），新型终端38个（优同19个、友客14个、可好5个）。普及体彩知识，共开展站点培训17场次，驻点培训48站次，培训人员1967人次。以世界杯为契机，建立世界杯主题店和临时网点，营造氛围，加大销售力度。全年共计销售3.028亿元，为李沧区筹集体彩公益金1000余万元。

（陈杰）

医　疗

【概况】　2018年，区卫计系统深入贯彻落实党的十九大精神、习近平总书记视察山东重要讲话精神，按照区委区政府部署，以"健康李沧"为目标，大力推进重点项目和政府实事落实，推行公立医院改革，切实提高医疗水平，改进社区卫生服务，加强公共卫生服务体系建设，全方位、全周期维护和保障人民健康。通过全国基层中医药先进单位复核，荣获山东省医养结合示范先行区、山东省卫生计生先进集体、全国生育状况抽样调查优秀单位、全区一季度重点工作突出贡献单位和二季度重大活动先进集体等荣誉称号。

【重点工程】　重点项目。市八医东院区暨地下工程项目，由市八医和中基四维公司共同建设，按照推进组工作部署，现已完成地下三层基坑开挖工作，进行阶段性竣工验收；世园街道社区卫生服务中心康养项目扎实推进，初步完成规划方案。

政府实事。新建3处急救点。建成满足7.1万名儿童需求的19处温馨化、数字化预防接种门诊，为适龄儿童接种疫苗约25万针次，接种率达95%以上。为1万余名60～64岁李沧户籍老年人进行免费查体。

【医改与医疗】　公立医院改革。建立合理控费机制，落实取消药品加成后的财政补偿。根据《李沧区公立医院法人治理结构建设实施方案》，审核批准区中心医院法人治理结构建设工作方案，各项工作按分工及时间进度要求完成。

推进分级诊疗。区政府制定《李沧区分级诊疗工作实施方案》，2周内居民在社区首诊率达70%以上。启动互联网＋医疗信息化平台建设，建成14家"互联网远程会诊中心"，患者可在家门口享受北京、上海等三甲医院专家的优质服务。区中心医院及13家社区卫生服务中心全部与市级医院（市立医院、市八医、市三医等）签订医联体协议，落实专家定期门诊及定向培养机制，通过双向转诊、专家支援社区、远程会诊等措施，提升全区社区卫生服务整体能力，引导优质医疗卫生服务资源下沉社区，服务群众 1 万余人次。基层首诊、分级诊疗就医格局进一步完善。

中医药诊疗。李沧区现有省级中医药特色社区卫生服务中心 2 家，2018 年全区基层医疗卫生机构门诊量 350.8 万人次，其中中医药服务量为 108.6 万人次，占 30.8%，顺利通过国家中医药综合改革试验区先行区验收工作。完成 5 家中医诊所备案工作，建成 3 个国家级全科医师中医实践基地、2 个山东省中医特色社区卫生服务中心、1 个市级中医特色社区卫生服务中心、2 个"养生保健基地"、33 个养生保健指导门诊、2 家膏方服务示范单位、20 个国医示范门诊，形成健全的中医药服务网络，全区受益居民比例达 95%。建设 3 处中医药文化主题公园，新建精品国医馆 2 家，推广 20 项中医适宜技术，免费为 2.6 万名老年人开展中医体质辨识及"冬病夏治""三伏贴"服务。开展中医药"三名"工程及互联网＋中医药服务，通过"李沧区中医药"微信平台宣传中医药传统文化知识，中医药服务能力和水平整体提升。

【社区卫生服务】 标准化建设。规范统一全区社区卫生服务机构的门头标识，积极推进基本公共卫生服务项目承担机构信息公开，将相关信息通过李沧在线、区卫计局官方微

2018 年 12 月 28 日，李沧区中心医院联合青岛阜外医院开展"医联体"特色诊疗服务。

免费为辖区老年人提供中医体质辨识及"冬病夏治""三伏贴"服务。

信等方式进行社会公示。加快调整社区卫生服务机构布局，完成年度标准化建设目标任务，建成覆盖 11 个街道的 57 家社区卫生服务机构，其中社区卫生服务中心 13 家，社区卫生服务站 44 家，"十五分钟健康服务圈"服务功能得到进一步完善。

家庭医生签约服务。制定印发《李沧区家庭医生服务综合考核工作方案》《李沧区家庭医生签约服务规范落实年活动方案》等文件，全力推进家庭医生签约服务。推行 3+X+1 特色家庭医生签约服务，组成 164 支家医签约服务队伍，共签约 18 万余人，其中 65 岁以

2018年9月28日，社区卫生服务中心特色家庭医生与居民签约服务。

上老年人签约4.9万人，特殊家庭人群签约637人。启动"我承诺、我服务"为主题的家庭医生签约宣传活动，开展家庭医生签约服务"五进"，并通过电视、微信、微博、电子屏、报纸、宣传栏等途径进行宣传。区委主要领导对我区家庭医生服务的做法给予肯定性批示。2018年9月，青岛市卫计委"家庭医生签约规范落实年"现场观摩会在我区举行。

基本公共卫生服务。 14项基本公共卫生服务项目顺利推进，全区13家社区卫生服务中心销售基本药物4519万元，让利群众1582万元。开展居民健康档案专业化复核升级行动，复核率100%，全面完成居民电子档案向居民开放工作。

【公共卫生体系建设】 疾病防控。认真贯彻落实《传染病防治法》，重点传染病得到有效控制。巩固全国慢病防控示范区成果，积极争取癌症早诊早治、脑卒中免费筛查、高血压、糖尿病免费治疗等项目。全面推进"山东省健康促进示范区"，开展健康教育"六进"活动，率先推出"名医专家手机直播课堂"活动，点击量40余万人次。全市健康教育促进暨健康"六进"活动启动仪式在我区举行。

执法检查。启动重大活动卫生保障机制，承办全市重大活动卫生保障工作现场观摩会，圆满完成上海合作组织青岛峰会保障任务，得到国家卫计委综合监督局和省市领导充分肯定。巩固国家卫生城市创建成果，切实做好复审迎检，监督检查辖区内公共场所1537家，医疗机构409家，监督覆盖率达100%。继续推进"智慧卫监"工程，实行全程执法记录、智能移动执法。严厉打击非法行医、公共场所卫生不达标等违法违规行为，行政处罚118起，罚没款43万元。国家卫生健康委监督中心领导对我区卫计监督工作给予肯定和表扬。

妇幼保健。实施妇幼健康"十二免十二优"服务活动，惠及妇儿9万余人次。率先推广实施《母子健康手册》规范使用和管理，发放1.6万余册。开展婚孕前检查、"母婴三病"筛查等1.3万余人次。在全省率先实施免费儿童运动体质检测，惠及1.2万余名儿童。持续加强母婴安全管理，户籍孕产妇死亡率连续16年为零，婴儿死亡率控制在全市较低水平。

【医政工作】 行政审批。开展45项行政审批、5项依申请政务服务"四到"工作，大胆创新，使审批工作变"事难办"为"贴心办""零跑腿"。全区11个街道实现计生"一门式"服务全覆盖，分娩补助等4项公共服务事项实现四级网办。设置14处便民服务点，配备28名监督协管员，率先在全市取消医疗机构年检纸质档案，450余家医疗机构实行无纸化办公。率先在全市试行公共场所"卫生行政许可承诺制"，简化申请材料和流程，强化信用监管，努力打通服务群众、企业最后一公里。全年受理并办结许可事项3500余件，"零跑腿"比例达99.71%。

医疗机构院感管理。邀请市级专家，开展医疗机构院感知识培训。统一院感工作规范、建档内容，各机构按要求完善相关档案资料。制定印发《李沧区医疗质量安全专项整顿工作方案》，集中检查机构 300 家，确保安全。

医师护士队伍建设。邀请市级专家对全区医疗机构进行口腔、院感、应急、护理、医师、药物等业务培训 6 次，参加培训人员 2500 余人。举办李沧区护士长三项全能技能大赛和李沧区第三届医师技能大赛，23 家医疗机构 81 人参赛。

抗菌药物管理。对各级各类医疗机构药剂科主任或主管药剂科室负责人进行培训，并对培训内容进行考试，共 320 人通过。组织对个体诊所、医务室和社区卫生服务站等单位开展使用抗菌药物及静脉输注进行评审，公布 200 名授予非限制使用级抗菌药物处方权的医师、抗菌药物调剂资格的药师名单。对新核准的 150 家具备开展抗菌药物静脉输注资格的医疗机构抗菌药物供应目录实行备案表制度，组织开展年度基层医疗机构抗菌药物合理使用培训、考核及核准工作。

卫生应急工作。组织开展年度卫生应急综合实战演练，重新调整卫生应急队伍，及时更新、补充各类应急物资。认真组织开展传染病应急演练工作。圆满完成上海合作组织青岛峰会、海外院士青岛行、啤酒节、高考等重大活动医疗保障任务 500 余次，出动人员 1350 余人次，车辆 500 余车次。

对口帮扶。按照市对口支援和扶贫协作工作领导小组《关于 2018 年东西部扶贫协作考核指标责任分解的通知》精神，结合工作实际，派出 14 名医务人员对甘肃康县、贵州黄果树、单县开展义诊帮扶活动。

【党建及医德医风建设】抓实基层党建。抓党建"三张清单"，推进"两学一做"学习教育常态化制度化。深入开展"双治双民"专项整治，各支部定期梳理"担当清单"，对照差距改进工作。抓好"党建四季医路行"突破项目，中心医院与翠湖社区党委共建、李村社区卫生服务中心与平度云盘山健康扶贫、沧口社区卫生服务中心"一对一"送健康到特殊家庭等 11 个特色党建服务载体成效显著。成立市首批"示范性社区青年志愿服务站""红马甲党员志愿者"等 160 支志愿者队伍。深入街道、社区开展暖民义诊活动、传授健康知识共 800 余次，发放健康包 4000 个，宣传品 6 万余份。开展"党员亮身份践承诺塑形象"和"党员示范岗"等活动。践行"一个党员一颗星"，开展"我奉献我快乐""庆七一体验红色之路""健康扶贫""主题党日＋"等活动 120 次，1000 余名党员参加。做好 4 名预备党员转正、发展 6 名预备党员和培养 18 名入党积极分子等工作。选派 4 名党员对口扶贫，在"岛城先锋"栏目报道。

廉政与医德医风建设。与班子成员、科室负责人、基层书记、支部委员廉政谈话 27 人次。内容涉及政治规矩、落实从严治党"一岗双责"、八项规定、整治四风、秉公用权、班子成员从政等情况，11 名支部书记定期述责述廉。针对医生收受红包、行政审批和行政执法吃拿卡要、服务态度等廉政风险点，采取建立 12 个投诉箱、举报电话、及时回应处置 12345、每周一案教育、逢会必讲廉洁自律、定期廉政谈话提醒、执法处罚集体讨论等措施，从源头上预防腐败。

【精神文明建设】充分发挥正面典型的引导激励作用，2018 年，申报市级文明单位 1 个，复审省级文明单位 2 个，市级文明单位 5 个，区级文明标兵单位 3 个，获青岛市卫生计生系统"最美护士"1 人，第二届"寻找百家健康守门人"活动获"最美家庭医生"1 人，青岛市第六届"健康杯"基层卫生技能大赛团体二等奖，青岛市基层妇幼健康服务技能竞赛市级决赛团体成绩第三名、个人成绩第一名，山东省基层妇幼健康服务技能竞赛省级决赛团体三等奖。加强与重点新闻媒体合作，围绕重点工作开展主题宣传活动，在各级各类新闻媒体发表文章 1000 余篇。

（高献青）

医疗卫生服务机构

青岛市李沧区疾病预防控制中心　在职职工 41 人，其中卫生技术人员 35 人，占职工总数的 85.4%；中级以上职称 24 人，占 58.5%；内设行政职能科室和业务科室 12 个。

为 60 岁以上老年人免费接种 23 价肺炎球菌多糖疫苗 1100 人次；继续做好市办实事两剂次水痘、第一剂次灭活脊灰疫苗的免费接种工作，全年接种水痘Ⅰ、Ⅱ剂次 1.1 万余人次；灭活脊灰第一剂次接种 11000 余人次、第二剂 1.3 万余人次。将"关爱儿童健康，完善预防接种服务网络"纳入区政府实事。

全力做好上海合作组织青岛峰会保障工作，重点做好严重精神障碍患者服务管理及病媒生物监测工作；在国家卫生城市复审期间，为农贸市场、城中村、社区等人口密集区域新建 180 个宣传栏并定期更换宣传内容。

新增四所预防接种门诊，为辖区 16 所预防接种门诊儿童预防接种取号系统进行升级更新和大屏幕补充安装，实现了辖区所有预防接种门诊网络升级。加强我区生物制品管理工作，规范第二类疫苗省级平台集中采购行为，保证疫苗质量安全，顺利完成二类疫苗采购工作。

认真开展国家级健康素养调查暨控烟调查预调查工作，协调、组织开展癌症早诊早治项目、脑卒中项目、中英慢病项目、居民日常食物消费量调查等国家项目。组织完成 5 万余名中学生查体工作，顺利通过实验室评审。

电话：84610288

地址：李沧区永年路 20 号

电子邮箱：qdlclsl@126.com

李沧区妇幼保健计划生育服务中心　在职职工 45 人，其中卫生技术人员 36 人，占职工总数的 80%；中级以上职称 17 人，占 37.8%；设行政职能及业务科室 8 个。2018 年继续保持山东省文明单位称号，荣获李沧区优秀妇女维权岗荣誉称号。

实施妇幼健康"十二免十二优"服务活动，惠及妇儿 9 万余人次。在市区率先推广使用《母子健康手册》，发放 1.7 万余册。全年两次为 2.1 万余名儿童进行免费口腔涂氟护齿，学龄前儿童免费运动体质监测和自闭症早期筛查服务 1.5 万余人，先天性心脏病筛查 1 万余人次。孕前优生检查 2800 余人，覆盖率 100%；为 9479 人建立《母子健康手册》；孕妇产前及新生儿疾病免费筛查、基因检测和产前诊断免费服务、"母婴三病"筛查服务 3.3 万余人次。建立计生药具免费发放点 153 个、设置网络发放自取机 38 台，年服务 4.4 万余人。

电话：66766602

地址：李沧区永年路 20 号

电子邮箱：qdlcfybgs@126.com

李沧区疾控中心疫苗接种现场。

李沧区卫生计生综合监督执法局　现有编制 13 人，职工总数 12 人，其中卫生技术人员 9 人，占职工人员总数的 75%；高级职称 1 人，占 11.11%；中级职称 2 人，占 22.2%；初级职称 6 人，占 66.7%。内设科室 5 个。2018 年，荣获青岛市卫生计生监督执法技能竞赛团体二等奖，李沧区卫计系统先进集体。

2018 年，受理公共场所卫生许可 916 家；供水单位卫生许可 2 家；医疗机构设置 54 家；母婴保健技术服务执业许可 7 家；放射诊疗许可 32 家。受理群众投诉举报 161 起，开展行政处罚 118 起，拟罚没款 43 万余元，申请法院强制执行 4 起，收缴罚款 2.72 万元，实现行政处罚网上透明运行。组织卫生执法稽查 4 次，开展公共场所经常性监督 1938 户次，医疗机构监督 847 户次，监督覆盖率 100%。及时完成国家卫生监督信息录入。参加卫生集中宣传咨询活动 10 余次；上报政务信息 45 篇；在报纸、微信、微博发布原创信息 112 篇。

电话：87061437

地址：李沧区永年路 20 号

电子信箱：qdlc006888@sina.com

李沧区社区卫生服务工作办公室　在职职工 9 人，其中卫生技术人员 5 人，全部是中级职称，占职工人员总数的 55.6%，单位内设行政及业务科室 3 个。2018 年，继续保持"李沧区文明单位"称号。

组织全区社区卫生服务机构开展贫困人口和计划生育特殊家庭家庭医生签约服务"暖冬关爱行动"，特殊家庭人群签约 637 人；组织 20 名医生参加全科医师转岗培训。积极推进 14 项基本公共卫生服务项目，对全区社区卫生服务机构覆盖人口及范围进行重新划定；建立基本公共卫生服务项目半月通报制度；开展居民健康档案复核升级行动，符合率 100%；严格执行亮牌警告和末位淘汰举措，撤销 2 家社区卫生服务站社区卫生服务准入资质。组织全区社区卫生服务机构规范建立家庭医生工作室及健康驿站，确保形成家庭医生服务团队门诊医疗服务的固定场所，实现签约居民定向分诊。组织第三届基层卫生技能大赛，推选出两支代表队（6 名队员）代表我区参加青岛市"第三届健康杯"技能竞赛，获得团体二等奖 1 个、个人二等奖 1 个。

电话：87617986

地址：李沧区永年路 20 号

电子信箱：lcsqbgs@163.com

青岛市李沧区中心医院　在编在职职工 133 人，其中卫生技术人员 116 人，占职工总数的 87.2%；高级职称 14 人，占职工总数的 12%，中级职称 53 人，占职工总数的 45.7%。内设行政职能科室和业务科室 38 个。

2018 年，医院门、急诊接诊 161798 人次，出院 1457 人次。通过每月一次开展住院病人工休座谈会、每月两次病区行政查房、每周一次业务查房，院长与住院病人及家属代表面对面交流，听取病人及家属意见和建议，为提高医院管理水平赢得主动权。做好疾病预防工作，内二科的糖尿病防治讲座、妇产科的孕妇保健知识讲座、预防接种科的妈妈课堂分别每月开展一次。"暖民行动进社区"健康知识讲座及义诊每月两次，共惠及社区居民 3000 余人次。参与各种广场义诊活动等 9 次，受益群众 2000 余人次。医护人员深入辖区为行动不便的居民义务上门诊疗 300 余户。与市立医院、山东大学齐鲁医院内分泌科、青岛思达心脏医院、青岛眼科医院等结成医联体。通过了青岛市医疗卫生机构三级安全生产标准化评级。

电话：87668895

地址：李沧区东山四路 51 号

电子邮箱：lcjdsqwsfw@126.com

李沧区李村街道社区卫生服务中心　现有在职职工 49 人，其中卫生技术人员 40 人，占职工总数的 81.7%；中级以上职称 16 人，占 32.7%；内设行政职能科室和业务科室共 16 个。

建立医联体便民利民服务，每周三上午青岛大学附属医院老年医学专家团队现场坐诊，为社区居民进行免费体检和就医指导。十二导联动态心电图连线青岛大学附属医院远程心电监护中心，实现"心电中心平台"与"心电图检查点"互联互通，心电网络化，为基层心电图检查点提供准确有效的检查报告。通过全国基层中医药工作先进单位复审和提升工程"十三五"行动计划中医药省级督查。

电话：87668895

地址：李沧区东山四路51号

电子邮箱：lcqlc.jdsq@qd.shandong.cn

永清路社区卫生服务中心占地面积6456.8平方米，其中业务用房面积5259.36平方米。现有职工29人，其中卫生技术人员22人，占职工总数75.9%；中级以上职称11人，占37.9%。内设行政职能科室和业务科室共18个。2018年，荣获由青岛市卫生和计划生育委员会、青岛市中医药管理局评选的"首批精品国医馆"称号。

2018年，实现国家12项社区公共卫生服务工作全覆盖，电子健康档案建档数26680人，60～64岁免费查体872人，65岁及以上老年人免费查体及中医体质辨识服务2355人，门诊量53365人次，办理门诊统筹签约7413人，开展"三伏贴"、"三九贴"服务1956人次。全面实施基本药物零差率销售政策，基本药物销售额599万元。与市立医院脊柱治疗中心、市

第八人民医院骨科开展联合门诊，与区中心骨伤科强强联合，开展颈、肩、腰腿痛、脊柱等骨病诊疗，提高患者治愈率，改善生活质量。上级医院派专家坐诊180人次，微医会诊36人次，开展"暖民行动进社区"7次，举办"医联体专家进社区大型义诊活动"3次。

电话：84662702

地址：李沧区振华路15号

电子邮箱：qdlc002888@163.com

李沧区九水街道社区卫生服务中心业务用房面积1500平方米。在职职工24人，其中卫生技术人员20人，占职工总数的83.3%；高级职称1人、中级职称3人，占职工总数的16.7%。

2018年，总服务量7.6万人次。基本药物品种596种，中草药382种，中医服务1.5万人次。门诊统筹较去年增加18%，门诊大病较去年增加15%。建立居民健康档案23014份；65岁以上及老年人免费查体及中医体质辨识服务1316人，慢病管理1858人。开设中医特色门诊，采用的浮针疗法（FSN）是符仲华博士于1996年发明，运用一次性使用浮针在非病痛区域的浅筋膜层进行扫散手法的针刺疗法，起源于传统针灸又不同于传统针灸，被称为"现代针灸"。

联系电话：68076605

地址：李沧区宜川路37-1

电子信箱：lcq.js.jdsq@qd.shandong.cn

李沧区湘潭路街道社区卫生服务中心业务用房面积1400平方米，现有在职职工23人，其中卫生技术人员22人，占职工总数的95.7%；高级职称1人，中级职称7人，占34.8%。内设科室14个。2018年荣获2016～2017年度山东省癌症早诊早治项目先进集体荣誉称号；2018年李沧区护士长三项全能技能比武优秀组织奖。

2018年累计建立居民档案数10167人，家庭医生签约重点人群777人。通过日常门诊诊疗、居民健康体检、老年人健康管理等方式，增强了高血压、Ⅱ型糖尿病等慢性疾病患者筛查，及时纳入慢性病管理并进行健康指导和防治干预。通过成立家庭医生签约服务团队、建立医联体协作、聘请专家坐诊、延时医疗服务、节假日医疗服务及"微医"互联网医院远程会诊服务、"送温暖送健康"关爱计划生育特殊家庭等行动和措施，为居民提供优质医疗服务。进一步完善家庭医生签约服务团队职责及服务流程，发挥团队作用。突出社区卫生服务特点，以全科医疗服务为基础，以国医馆为依托，将中医辨证施治药物治疗与针灸电疗等综合治疗手段相结合治疗颈肩腰腿痛为特色，完善社区常见病、多发病的预防、医疗和保健服务，注重信息化建设和医联体服务建设，增设远程心电监护诊疗服务，不断

满足社区居民就医服务需求。学雷锋志愿小组长期结对帮扶社区孤寡老人；医护人员积极参与上海合作组织青岛峰会、海外院士青岛行等重大活动保障。

电话：87669120

地址：李沧区湘潭路 38 号

电子信箱：13863925987@163.com

李沧区沧口街道社区卫生服务中心 在职职工 53 人，其中卫生技术人员 44 人，占职工总数的 83%；中级以上职称 23 人，占 43.4%；内设行政职能科室和业务科室共 12 个。2018

年，荣获 2018 年"青岛市青年志愿服务先进集体""青岛市文明单位""李沧区先进基层党组织"等荣誉称号。

积极推动基层医联体建设，与青岛眼科医院合作组建首个李沧区眼科医联体合作试点，眼科专家带专业设备定期到我中心坐诊，并为社区建档居民免费提供眼底疾病基本筛查。开展全方位特色家庭医生服务，每个家庭医生团队中增加中医、药学、医联体专家等人员，创新开展"菜单式"家庭医生签约服务包，在现行基

础包、慢病包的基础上，增加备选服务项目，居民可根据自身需求灵活选择诊疗项目组成个性化服务包。中心全面普及开展中医适宜技术达 26 种，现有青岛市中医专病专科特色门诊 3 个，中医药人才队伍中有副高级以上专家 3 名，齐鲁基层名医 1 名，李沧名中医 2 名，2018 年获得青岛市首批"精品国医馆"称号。

电话：87667120

地址：李沧区平顺路 3 号甲

电子邮箱：ckjdsqws@163.com

（高献青）

民　　政

【概况】 李沧区民政局认真贯彻落实党的十九大精神和习近平总书记视察山东、视察青岛重要讲话精神，围绕李沧区创新发展"18844"工作格局，以打造宜业宜居宜身宜心的创新型花园式中心城区为目标，主动作为，扎实工作，构建以公共设施为基础、普惠性服务为依托、精细化服务为补充的惠民服务体系，取得突出成效。2018 年，区民政局荣获"全省民政标准化建设先进单位""全省民政系统深化文明行业创建示范单位"。

【养老服务】 建社区助老大食堂。按照市、区部署，精

心筹划，先后建成炉房、上臧、枣园、永河路等 6 处社区助老大食堂。全区社区助老大食堂

数量达到 52 处，覆盖 11 个街道 5 万余名老年人。助老大食堂较好地缓解了老年人、残疾

2018 年 12 月 6 日，兴国路社区助老大食堂投入使用。

人、环卫工人等群体中午就餐不便问题，全年直接服务居民40余万人次。

扩大养老设施规模。打造沧口紫荆苑、中南世纪城、虎山路77号3处面积1000平方米以上省级社区养老服务中心，满足周边老年人在日间托管、临时托养、文体娱乐、居家照料、助餐助浴、医疗护理、精神慰藉、家庭支持等服务需求。全区现有养老床位数3830张，户籍每千名老人平均49张，各类养老服务机构总面积13.7万平方米。全年对符合条件的9家养老机构按标准给予财政奖补资金109万元。颐福养老院、青鸟颐居长者照护中心获得"青岛市敬老文明号"称号。2名社工获得"齐鲁和谐使者"荣誉称号，区福利院1名同志获得"齐鲁敬老使者"称号。

【惠民服务】 改善社区办公用房。全年投入880万元，完成移交枣园路、炉房等8处社区办公用房装修，改造面积1.2万平方米，11个街道所有社区综合服务用房面积均达到600平方米以上，直接服务居民30余万人次。

兜底保障。2018年，共落实各类社会救助保证金2850.4万元。其中，发放低保家庭1242户1922人低保金2009.9万元；审批医疗救助（含"一站式"结算）710.3万元，救助困难群众19395人次；办理临时救助293户次，发放救助

军旅情文化空间站。

金86.6万元；单独发放6名孤儿养育金8.9万元，15名特困供养金34.7万元，救助流浪乞讨人员55人。投入资金600万元，为辖区居民投保"家庭财产保险"和"政府公众责任保险"。

退役军人保障。全年共发放优待抚恤补助金和义务兵家庭优待金2983.5万元，为102名立功受奖现役军人发放奖励金8.2万余元；为744名符合政府安置条件的失业退役士兵办理专项公益性岗位就业；为164名符合政府安置条件的失业退役士兵办理保险救助，累计拨付资金1993.6万元。

【公共服务】 实现"一次办理"。按照"四到"服务工作要求，逐项梳理简化事项办理程序，对难点事项现场调研，制定解决方案。制作相关政策一次告知宣传彩页2万份，梳

理民政领域56项行政审批服务项目和35项公共服务项目，全部实现"一次办理"或"零跑腿"。

创新社区治理。按要求组织完成所有115个社区居委会换届工作，在全市率先完成基层群众性自治组织统一社会信用代码证书发放，依照程序组织所有社区建立居民公约。以虎山路街道东王埠社区作为试点社区，探讨推进社区"二元治理"体制改革，取得初步成效。全区"三事"社区工作法、社区"小两会"得到群众广泛认可，并在各级媒体宣传推广。

拥军优抚。创造条件，开展争创山东省双拥模范区"六连冠"工作，顺利通过省级评审。建成全市首家军民融合公共服务中心，面积1.2万平方米；依托社会组织，打造"军旅延长线——退役军人文化空

间"，形成政府和社会力量互办互补的良好格局。

社会事务服务。全年完成社会组织各类审批业务 350 件，名称核准 256 件，依法登记社会组织 458 家。完成 37 条道路命名、更名、调整、注销，查看 23 条新建道路，完善更新第二次地名普查信息 400 余条。全年共办理婚姻登记 2775 对，补发结婚证 441 件。

（李升德）

人力资源与社会保障

【概况】　李沧区人力资源和社会保障局（以下简称"区人社局"）以党的十九大精神为指导，认真学习贯彻落实习近平总书记视察山东视察青岛重要指示批示精神，围绕中心，服务大局，深入推进"一次办好""零跑腿"改革，创业倍增效应充分释放。开拓创新，完善就业服务体系，全区就业工作成效突出。拓宽思路，创业服务提质增效，创业带动就业，超额完成指标任务。扎实做好干部人事管理和人才引进等工作，为李沧区人事人才队伍建设做出新贡献。中央电视台、《工人日报》《中国劳动保障报》及省、市各新闻媒体多次报道李沧区人社工作经验。2018 年，区人社局获得山东省就业工作先进集体称号。

【就业工作】　把"稳就业"放到更加突出位置，将去产能企业分流职工、大龄失业人员、高校毕业生、复退军人等群体作为就业帮扶重点，提供"精准诊断""精准施策""精准跟进""精准安置"等服务，搭建

2018 年 2 月 25 日，区人社局在翠湖小区举办去产能企业分流职工专场招聘会。

独具李沧特色的"跟进式"公共就业服务体系。深入开展"服务到企业、服务到项目、服务到社区、服务到居民"活动，组织干部进企业、进高校、进基地、进社区、进家庭，营造全方位、多层次、广覆盖的政策宣传氛围。在坚持将每周二、五固定招聘会做大做强的同时，引导中蓝社工等第三方力量参与更大范围的就业招聘活动，打造市场招聘定期化、网上招聘常态化、岗位发布日常化、线上线下联动化的就业招聘新模式。全年累计举办各类

招聘会、社区大讲堂、政策宣讲等 300 余场次，开发就业岗位 4 万个。累计为 3000 家企业发放补贴 5826 万元，发放灵活性就业保险补贴 1074 万元，惠及就业困难群众 1.96 万人次；为失业人员发放失业金 7212 万元；为 665 名公益性岗位人员发放补贴和社保费用 656 万元。通过政策引导，全区实现新增就业 4.9 万人，同比增长 13%；2441 人有就业意向的分流职工全部实现再就业，3476 人困难群众就业安置率达 93%，比上级要求高出 8 个百分点。通过

政策引导，全区就业总量和就业质量实现双提升，因企业搬迁等因素造成的就业紧张局势得到有效改观。

【创业扶持】　持续加大创业扶持力度，积极破解创业难题，促使创业服务提质增效。创建创业项目共享库，帮助有创业意愿人员拓宽创业思路，增加创业成功率。全年组织创业培训2154人次，发放贷款1.29亿元，完成全年计划指标131%；发放创业扶持资金1997万元，惠及创业人员2411人，创业带动就业5638人，完成指标的155%。围绕创业经营过程中存在的落地难、经营难、资金难问题，实施创业灯塔工程，充分发挥省级创业孵化示范基地作用，积极整合市、区创业项目资源，挖掘一批投入少、见效快、易于加盟的创业项目，供创业者选择，"一对一"落实"精益孵化"模式，形成省、市、区、街道相互补充的创业基地体系。2018年青岛市认定7家单位为"青岛市创业孵化示范基地"，我区百特恒基创业孵化基地和区家庭服务业就业创业广场2家单位入选，入选数量位居全市第一。

【职业培训】　持续加大职业技能培训力度，为全区失业人员提供职业指导6654人次，组织技能培训5310人次，发放各类培训补贴148万元。全面落实"先垫后补"技能培训政策，进一步加强就业技能培训工作

监管力度，实行动态监管模式，不定期对各培训学校课程设置、学籍档案进行抽查，有效推进培训监管工作由被动反应向主动预防转变，实现对全区民办职业培训学校日常管理全覆盖。为服务产业发展，围绕"百名能工巧匠出李沧"行动，健全完善高技能人才引进、培养、评价、激励机制，坚持以赛促训，在技能竞赛中培养人才，探索出"制定培养计划普惠一批人、搭建信息平台便利一批人、统筹培训基地孵化一批人、专业技能比拼赛出一批人、利用评价机制激励一批人"的高技能人才培养新路径。先后承接青岛市第十五届技能大赛中式烹调师、安全评价师2场竞赛，出台《李沧区技师工作站认定办法》，首次创建1家区级技师工作站，累计培养高技能人才1097人，成功推荐1名高技能人才获"山东省突出贡献

技师""山东省技术能手"荣誉，实现历史性突破。

【干部人事管理】　严格干部人事管理，规范干部人事队伍建设，按程序做好科级干部职务职级晋升工作。累计晋升一级主任科员146人，三级主任科员83人，四级主任科员19人，累计提拔重用科级干部25人。选调47名优秀中青年干部参加全区中青年干部培训班，选调48名优秀科级干部及"双基"公务员赴山东大学脱产培训。全面做好公务员和事业单位面向社会公开招聘工作，招录公务员26名，部分事业单位工作人员15名，聘任制教师107人。完成2018年军转干部安置工作，按照区委区政府要求，对计划分配安置的14名军转干部和7名退伍士官全部安置到各街道工作。以季度表彰选树优秀典型，精神奖励与物质奖励并重，激发全区干

2018年5月25日，区人社局组织餐饮行业商会开展用工专题培训。

部干事创业，累计记三等功人员 145 人，嘉奖 296 人。梳理汇总各单位 2017 年度考核优秀人员，记三等功 38 人，嘉奖 1059 人。进一步规范职称评聘工作，对 12 个事业单位进行岗位调整及重新设置，完成 78 个事业单位 3706 人的岗位新聘、续聘、解聘等工作。加强工资统发管理，深入推进机关事业单位养老保险制度改革，建立"吃空饷"整治长效机制；研发在职工作人员工资明细查询功能，严格落实事业单位绩效工资总量核定，及时保障干部职工各项福利待遇。

【人才服务】 2018 年，累计引进留学回国人员 174 人，外国专家 244 人，引进博士、正高职称人才 56 人，引进硕士、副高职称和高技能人才 757 人，引进本专科及其他专技人才 8725 人，引进其他学历和技能人才 3609 人，完成全年指标的 142%，同比增长 172%。注重以大数据提升服务精准度，搭建"人才李沧"数据平台，已上线企业 2231 家，纳入人才信息 13010 条。新建专家工作站 14 家，新建蓝色经济区引智成果示范基地 1 家。秉承"妈妈式"服务理念，先后为 8 位高层次人才办理服务绿卡，为西拉姆院士签发李沧首张《外国高端人才确认函》，并落实国家外专局"千人转高端外国专家项目"；推荐王玉田院士入选省泰山产业领军人才工程；协助

2018 年 1 月 25 日，市委市政府督导组到李沧区检查保障农民工工资支付工作情况。

帕克院士入选省"外专双百计划"。倾力促进高校毕业生就业，开展"缘起李沧 梦想成真"系列活动，全区新增见习毕业生 822 人，完成大学生创业引领计划人数 302 人，促进高校毕业生就业创业能力提升。

【劳动维权】 不断完善"政府、工会、企业"三位一体协商协调机制，积极开展劳动人事争议宣传预防工作，全年受理劳动争议案件 696 件，审结劳动争议案 633 件，调撤率 60.18%，帮助劳动者追回案款 750 万余元。受理投诉举报案件 507 件，按期结案率 100%，下达责令改正通知书 167 份，申请法院强制执行 15 件。积极开展农民工工资专项检查，主动排查劳动密集型企业 242 家，为 198 名农民工追缴工资 143 万元，对 8 家欠薪企业拒不配合调查的违法行为依法向社会

公布。与工会、工商联、企业联合会推进三方四家和谐劳动关系创建、集体合同推进办法、劳动工资网上备案和工资指导线备案落实举措，不断完善劳动合同网上备案和劳动工资网上备案工作，提升劳动合同备案数、工资备案数。坚持公开、公平、公正，评选出 44 家李沧区劳动保障守法诚信示范用人单位，其中 15 家获评市守法诚信示范用人单位称号。

【"放管服"改革】 把实现好、维护好、发展好最广大人民的根本利益作为人社改革工作的出发点和落脚点，聚焦"证明材料多、办事来回跑、排队时间长、退休认证不方便"等难点堵点问题，以信息化手段为牵引，把办事窗口建设作为人社改革重点。启动"局长进大厅"活动，发现解决各类问题 28 个；在每个办事大厅统一

设置导服台、自助服务区、休息等待区，服务环境进一步优化；启动"智慧认证"服务，购置智能认证设备24台，社保服务一体机14台；为服务窗口配备57套高拍仪、扫码枪、复印机等设备。全面推行分类综合柜员制，精简各类证明材料62项，办事时间节省40%以上。成立22人便民服务小分队，通过双向免费快递、帮办代办等方式，65项政务服务事项在全市人社系统率先实现100%"零跑腿"，为1.1万余名老人提供上门服务。启动"政策宣传互通互联"工程，借助"微李沧"、区电视台、各街道、社区等自媒体平台，同步转发人社政策微视频，扩大政策覆盖面和影响力。

（李旭东）

人口与计划生育

【基层基础】 目标管理。全区户籍人口出生5811人，同比减少8%，合法生育率99.5%，出生人口性别比为106.72，孕情上报及时率92.22%，生育登记覆盖率88.84%，出生上报及时率98.06%，出生上报准确率95%，免费孕前优生健康检查覆盖率100%，免费产前筛查率99.71%。各项指标均达到目标管理责任制要求，并位于全市先进行列。

卫生计生联席会议制度。建立街道卫生计生联席会议制度。每月召开一次例会，共享孕妇建册（母子健康手册）、预防接种以及流动人口基本公共服务等信息，研究决定辖区内卫生计生深度融合，提升服务质量重要事宜，协调解决卫生计生重大问题；在卫生计生宣传教育、避孕药具发放、孕产妇和新生儿入户访视等方面，通力协作，为居民群众提供高质量卫生计生服务。联席会议制度建立以来，各街道卫计办与辖区医疗机构联合开展160余场讲座、体验及宣传活动，积极协调社区、物业小区，新安装184块健康教育宣传栏。

流动人口均等化服务。在全市率先启动"把健康带回家"流动人口卫生计生关怀关爱专项行动，开展各类宣传活动150余次，发放宣传品7万余份。利用社区卫生服务中心专业服务资源，为5.5万名流动人口建立健康档案、开展孕产妇保健、儿童体检、卫生防疫等免费服务，切实增强流动人口的归属感和幸福感。

【依法行政】 网办服务。14项计生服务事项全部纳入"零跑腿"网办服务和"一次办好"事项范围，共受理各类计生服务事项网办项目300余件，提高了工作效率，赢得群众赞誉。

专项巡查。严格落实孕情包保责任制和孕14周以上终止妊娠倒查制度，开展有奖举报"两非"活动，春季集中开展出生人口性别比综合治理宣传活动，秋季组织开展"两非"专项巡检。全年出生人口性别比较2017年降低1.2%。

【惠民利民】 利益导向。以计划生育家庭需求为中心，建立"三级联动、关怀一生"计生家庭救助新模式，提高计生利益导向政策的可及度。全年共落实各项计生奖励政策及特殊家庭救助5459.67万元。开展"计生助福"行动，为全区307户计生特殊家庭送去人口关爱基金30.7万元。各街道落实联系人制度，为计生特殊家庭送上关爱及慰问品价值26万元。

生育全程服务。全年为辖区3900余名困难群体妇女进行免费"两癌"筛查，群众满意率达100%。建立宣传、检查、评估、随访等环节完整的出生缺陷防控服务体系，目标覆盖率 100%，确保把好出生缺陷第一关。在市内三区率先配备常温库和阴凉库，实现办公仓储设施配置先进化。

科学育儿。借力卫生计生资源整合优势，试点开展"新家庭计划—健康厨房"及"新家庭计划—儿童早期发展训练营"两个项目。年内开展新家庭健康厨房讲座 19 期，0～1 岁早教发展亲子课 6 期，近 500 余个家庭受益。

母婴设施建设。规范生育全程基本保健服务，加强母婴设施管理，共设母婴设施 82 处，各项服务指标均达到省市考核要求。

【宣传教育】 系列活动。开展"春暖三月"系列宣传活动，利用元宵节、学雷锋日、妇女节等节日组织宣传活动 133 场。连续三年开展健康暖民行动，全区 80 多位专家深入基层开展宣讲 130 场次，受益人群近 1.2 万人。利用各类媒体大力宣传计生服务管理转型发展工作典型经验，在主流新闻媒体发表稿件 102 篇，其中国家级新闻媒体 2 篇，省级头版 1 篇。

节庆计生教育。农历"小年"对计划生育特殊家庭进行走访慰问，中国计划生育协会网站予以登载。在第 29 个"7·11"世界人口日，组织 11 个街道近 140 个计生家庭开展"健康快乐动起来"亲子趣味运动会。

健康直播课堂。邀请名医专家用手机直播的形式，每周一期向全区居民传播健康养生、营养保健、疾病预防等知识。全年共开展直播 33 期，累计点击量 40 万人次，《人口健康报》《青岛日报》等 20 多家媒体进行报道。

【政策保障】 坚持党政"一把手"负总责不变。区委、区政府与 11 个街道、9 个责任部门签订目标责任书。相关部门密切配合、积极履职，保持齐抓共管的良好局面。坚持计划生育目标责任制考核不变。区委、区政府办公室制定印发《坚持完善计划生育目标管理责任制的意见》，科学设立计生目标责任制考核指标，采取平时抽查、每季巡检、定期通报相结合方式强化工作督导，全年下发季度考核及专项通报 26 份。坚持计划生育"一票否决"制不变。审核审查各类拟表彰的先进单位 153 家，先进个人 148 人，做到落实计划生育"一票否决"制度常态化。

（辛军）

红十字会

【概况】 2018 年，李沧区红十字会以习近平新时代中国特色社会主义思想为指导，大力弘扬"人道、博爱、奉献"的红十字精神，充分发挥红十字会作为党和政府在人道领域的助手作用，在"三救三献"、开展红十字志愿服务、宣传红十字精神等方面履职尽责，为建设宜业宜居宜身宜心的创新型花园式中心城区做出积极贡献。

【"三救"工作】 应急救护培训。大力推进应急救护培训进社区、进学校、进企业活动。先后与恒星科技学院、酒店管理学院、李沧区中小学校、街道、社区、企业等单位分期分批进行 680 名"第一响应人"应急救护培训，完成市政府规定培训 600 名的任务。启动"应急救护知识进社区"活动，通过现场培训、网络培训、广场活动等方式，让 9000 余人学习到应急救护知识。

提升备灾救灾能力。在李沧文化广场等地开展红十字防灾减灾应急救援演练，向市民演示现场救护、心肺复苏和包扎等方法。在李沧文化广场、

2018 年 5 月 8 日，举办世界红十字日宣传活动。

政务服务大厅、市民活动中心、人力资源市场、青岛国际院士港等人员密集公共场所安装 AED。举办"李沧区 AED 应急救护爱心接力行动启动暨悟空智联 AED 捐赠仪式"，为李沧社会福利院、上流佳苑社区、区政府机关大楼捐赠安装 AED 设备。在社区、学校、企业等开展应急救援志愿服务网络建设，初步织就惠及千家万户的民间自救互救安全网。

人道救助。开展以扶贫帮困、博爱助学、医疗救助等为主要内容的救助活动。在元旦、春节期间开展"新春送温暖"系列活动，筹集资金人民币 4.43 万元，为 230 户困难家庭发放了米、面、油等物品；为 11 个街道及东山社区、金水翠苑社区的困难群众申请发放省、市红十字会救助物资 70 份；救助困难大病居民 3 人，支出救助款人民币 6900 元；定向募捐人民币 5.85 万元，救助贫困学生 55 人，为 50 名学生申请"微尘"阳光少年救助基金 2.5 万元；帮助 3 名居民申请办理"微尘"大病救助基金。在全区发出募捐倡议，发动社会各界为寿光灾区捐款 3.497 万元。

【"三献"工作】 在全区大力宣传推动"三献"工作，发展壮大"三献"志愿者队伍。先后举办"三献"广场宣传活动、为遗体和人体器官捐献者缅怀祈福等活动，引导市民广泛参与。全年爱心献血屋共接受无偿献血 9067 人次，献血量 2504000 毫升；居民办理遗体捐献登记手续 30 人，2 人完成捐献；造血干细胞留样 38 人，成功捐献者 1 人，进入高分检测阶段 30 人。全区造血干细胞留样人数已累计 3500 余人。2018 年 4 月，区红十字会荣获 2017 年度青岛市关爱生命工作先进集体，并受到山东省红十字会的表扬。

【宣传活动】 3 月份，以"弘扬雷锋精神—红十字在行动"为主题，组织基层红十字会开展"2018 年红十字志愿服务月"活动，围绕"三救三献"红十字核心工作，结合各会员单位专业优势，因地制宜开展红十字特色志愿服务。先后组织开展"世界防治结核病日""全国中小学安全宣传教育日""世界红十字日""世界献血者日""世界骨髓捐献者日"宣传活动。依托新闻媒体、网络、微信平台，紧扣热点，传播红十字理念和红十字精神。全年开展宣传活动 20 余次。《大众日报》、"新锐大众"、青岛电视台"生活在线"等先后报道相关活动和做法。

（赵元茂）

慈善总会

【概况】 2018年，李沧区慈善总会根据区委区政府部署，发挥自身职能，全力开展社会募捐、社会救助工作，广泛开展慈善宣传，切实加强内部管理，全年慈善工作取得明显成效。全年接收社会各界捐款398万余元。组织实施助困、助医、助学、助残等救助项目，救助困难群众1047人，发放救助金249万余元。大枣园社区慈善工作站在全市开展的2018年度"青岛慈善十佳"评选活动获得创新奖。

【社会募捐】 "慈善一日捐"。为抓好今年"慈善一日捐"活动落实，李沧区慈善总会坚持定期召开办公会议，进行全面部署。7月10日，在区政府举行"慈善一日捐"活动捐款仪式。区委区政府主要领导带头捐款，区委、区人大、区政府、区政协和区委区政府各部门38个单位共捐献善款38万余元。区教体局慈善分会募捐善款61.1万余元，比去年增长16.2%。卫计局慈善分会共募集善款14.4万余元，比去年增长5.83%。李村、虎山路、浮山路等8个街道慈善分会募捐款额均比去年有不同程度增长。全区"慈善一日捐"活动募集善款260万余元。

基金募集。募集青岛康太源商砼有限公司企业冠名慈善基金3万元；青岛市李沧区青年企业家商会企业冠名慈善基金21万余元；山东单润律师事务所企业冠名慈善基金3万元；青岛市于家下河社区居委会企业冠名慈善基金3万元；大枣园社区居民委员会社区冠名慈善基金100万元；青岛东建建设有限公司企业冠名慈善基金1万元；青岛百果山实业有限公司企业冠名慈善基金捐款3万元。王忠於、徐超、惠邦个人（家庭）冠名慈善基金各1万元。

【社会救助】 慈善助困。2018年元旦、春节期间，开展"慈善春风暖千家"活动，共救助困难群众423人，发放慰问金33万余元；各慈善分会共救助困难家庭和职工54人，发放救助金12.86万余元；为区统战部工商联精准扶贫白沙河街道出资26万余元；为李沧区青年企业家工商会冠名基金扶贫甘肃康县工商北联合会出资10万元；为大枣园社区发放冠名慈善基金100万元。救助3名先天性心脏病儿童各1.5万元；临时困难大病救助15人，发放救助金5.2万元。

慈善助学。开展"慈善春风助学系统"工程，每季度与区民政局联合救助低保家庭学龄前儿童，共救助126人，发放救助金5.3万余元；与教体局联合救助小学初中困难学生161人，发放救助金10.5万余元；"慈善助力圆梦大学"项

2018年7月10日，区机关干部踊跃参加"慈善一日捐"活动。

目救助大学生 47 人，发放救助金 10.2 万元；与区妇联联合开展救助春蕾女童活动，共救助 194 人，发放救助金 12.1 万元。

慈善助残。出资 15 万元为区残联儿童康复机构购买设备。

【慈善宣传】 与区有线电视台等媒体合作，在"慈善一日捐"期间，李沧电视台及时报道捐款情况并公布数据信息。

利用"每周一影"，报道捐款中出现的典型事例。在《青岛日报》全面刊登 2018 年"慈善一日捐"、平日捐款、企业冠名慈善基金、个人（家庭）冠名慈善基金和寿光救灾捐款情况，使慈善工作公开、透明。坚持以《李沧慈善》《慈善简报》、李沧慈善网等形式进行报道，及时宣传慈善活动中表现突出的捐款人和单位。

【内部管理】 区慈善总会严格遵守《青岛市李沧区慈善总会章程》，建立健全各项规章制度，使财务管理规范、公开、透明。突出抓好救助公示工作，每一户、每一人逐一公示不遗漏，公示照片附在救助表上，以备查验。及时向社会公布捐赠款物使用情况，自觉接受行政监督和社会监督。

（尹伊）

残疾人联合会

【概况】 2018 年，李沧区残疾人联合会（以下简称"区残联"）坚持以加快推进残疾人全面小康进程为统领，认真实践"以康复促教育、以教育促就业、以就业促发展"工作理念，大力推进残疾人就业和社会保障，健全完善残疾人康复服务，依法维护残疾人合法权益，积极营造扶残助残社会氛围，全区残疾人事业呈现出蓬勃发展良好态势。7 月 17 日、10 月 25 日，市政协主席杨军、中残联理事长周长奎先后到区残疾人综合服务中心视察，对李沧区残疾人康复工作给予充分肯定。

【社会保障】 促进就业。实施市残联关于"城镇百千万残疾人就业工程"和"就业援助月"活动，加强与企业联系

并收集企业用工信息，组织 10 家企业参加市残疾人招工专场活动，送就业信息、送岗位进残疾人家庭。全年实现残疾人就业 155 人，其中按比例就业 151 人，集中就业 4 人，个体

就业 9 人。依托社会资源打造残疾人辅助性就业机构，全区 5 处残疾人辅助性就业机构安置精神、智力残疾人 209 人。

推进社会保障。继续实施"阳光家园计划"，实现重度困

2018 年 6 月 21 日，李沧区关工委调研残疾人就业和社会保障等相关工作。

难残疾人托养服务全覆盖，全年投入354.73万元为全区有需求的重度困难残疾人提供托养服务456人。继续做好残疾人个体户参加基本养老保险和基本医疗保险补贴工作，为171名残疾人个体户参加基本养老保险和基本医疗保险补贴167万元；上半年为28名低保边缘残疾人发放生活补贴8.3万元；为244名困难重度残疾人发放就业生活补贴77万元；为300名符合条件的二级残疾人进行健康查体。春节、"助残月"期间入户走访慰问困难及部分精神智力残疾人4000余人次。

【康复服务】 对口扶贫中的残疾人康复服务。按照李沧区委、区政府的统一部署，李沧区残联赴山东康县进行对口扶贫，组织协调青岛新视界眼科医院专家10余人在康县开展贫困白内障患者筛查工作，为当地43例贫困白内障患者免费实施复明手术，手术成功率100%。新视界眼科医院为当地小学开展爱心捐赠活动，捐赠学习用品100余套；对菏泽市单县残疾儿童小春雨实施康复救助，捐赠电动轮椅、助行器、手杖等辅助器具。国庆节期间，区残联委派专业康复机构赴山东单县对残疾儿童进行上门康复训练指导。

康复救助。全年为156名残疾儿童实施康复训练救助，救助金额290余多万元；为

142名困难残疾人家庭0～14岁儿童实施健康奶救助，救助金额7万余元；为712名精神病人实施免费服药救助，救助金额35万余元；救助1100余例白内障患者复明手术，救助金额130余万元；救助80名肢体残疾人实施免费康复训练，配发残疾人辅助器具200余件。

康复教育。"爱眼日"期间在湘潭路街道举办爱眼护眼知识讲座，现场为居民免费进行眼科检查；在沧口街道开展骨伤及偏瘫后期护理知识讲座；在兴城路街道开办心理健康知识讲座。

【维护合法权益】 受理诉求。严格执行信访工作制度，健全残疾人信访维权机制，完善领导干部接访工作制度，全年受理各类残疾人来电来访150余件次，受理率及答复率均为100%。配合区人大做好《青岛市残疾人保障条例》执法检查工作，全力维护残疾人合法权益。

解决突出问题。以区残工委名义制定印发《李沧区2018年度困难及重度视力、肢体残疾人家庭无障碍改造实施意见》，对全区117户视力和肢体残疾人家庭进行无障碍改造。根据实际需求给每户家庭配置洗衣机、遥控窗帘、自动晾衣架、智能马桶盖、智能安全引导插座、遥控电灯、智能扫地器和移位车等无障碍产品。全年新增沧口街道升平苑社区、世园街道上流佳苑社区和楼山街道翠湖社区三处残疾人无障碍出行试点社区，对社区公共设施进行无障碍改造，开展"助视、助听、助行"工程，为社区配备基本辅助器具，解决残疾人出行难问题。为11名符合条件的残疾人发放机动车驾驶学费补贴；为48名符合条件的

2018年10月26日，李沧区残联代表队参加山东省第十届残疾人运动会举重项目比赛。

残疾人机动轮椅车驾驶员发放2018年度燃油补贴。

【宣传工作】　以宣传残疾人"两个体系"建设、"十三五"发展规划为重点，围绕全国助残日等重大活动开展宣传工作。全年共报送信息50余篇，其中市级电视、报刊、网络媒体宣传报道信息11条；

做好官方微博、微信的更新发布工作，多渠道宣传残疾人工作。

【体育活动】　举办李沧区第九届残疾人田径运动会；组织由李沧区人民政府协办的山东省第十届残疾人运动会轮椅羽毛球项目比赛，来自青岛、淄博、东营、威海等4个地市

的5支队伍20余名运动员参加比赛；组织由李沧区人民政府协办的山东省第十届残疾人运动会举重项目比赛，来自青岛、淄博、枣庄、东营、潍坊、泰安、威海、日照、菏泽等9个地市的9支参赛队伍30余名运动员同台竞技。

（张孟强）

老龄工作

【概况】　2018年，李沧区老龄工作办公室（以下简称"区老龄办"）积极贯彻落实党的十九大和习近平总书记重要讲话精神，紧紧围绕区委区政府中心工作，立足部门实际，加大力度为老年人做好事、办实事，推动老龄事业又好又快发展，圆满完成各项工作任务。组织参加全国手杖操、太极拳剑等各级各类比赛活动，获得多项第一名；组织参加全市老年人文艺调演，获得多个一等奖。

【物质帮扶】　普惠性高龄补贴。为户籍70岁以上老年人发放高龄补贴740余万元，普惠老年人3万余人，对70岁以上老年人信息进行重新审核，建立全区老年人口信息管理系统，老年人口管理实现信息化、台账化、精细化。

银龄幸福工程。为近200

名60岁以上孤寡、80岁以上独居的困难老年人提供居家养老服务，对民政助老政策予以补充，全年共计服务7000余人次。六大节日和老人生日为老人送去花生油、夏凉被、生日蛋糕等慰问品。同时，通过电话、入户聊天等形式积极开展精神关爱。

【文体活动】　依托老年大

学、老年艺术团等专业单位、团体，积极开展文化活动，全年组织区级以上老年人文化活动40余次，参加人数2万余人。组织60个节目参加市级老年人文艺演出，获得一等奖4个、二等奖7个。组织参加全国和省、市等各级体育比赛、展演50余次，获得多项佳绩。积极开展创建"太极拳之乡"等体

2018年9月15日，李沧区老年人运动会在虎山军体中心举行。

育活动，参与人数达 3.2 万人次。组织开展区第十届老年人运动会，共设田径、太极拳剑、健身气功和健身球操 4 大项、39 小项比赛，开幕式举行太极拳千人展演。

【老年教育】　星光老年大学开设书法、绘画、养生、唱歌、摄影、诗词、乐器、舞蹈等数十个特色课程，154 个教学班，每学期毕业学员 6000 余人次。采取"菜单点课"方式，在各社区开展百场公益讲座，课程分为科普、法律两类，内容涵盖健康养生、科学普及、心理疏导、防诈骗、法律维权等方面，由一线专家、律师结合实际案例授课，惠及老年人 1 万余人次。

【敬老活动】　"敬老月"活动。9 月下旬至 11 月 25 日，组织为"营造敬老爱老社会氛围、纪念改革开放 40 周年"敬老月活动，惠老内容更加细致，资金分配更加科学。2018 年投入近 800 万元，惠及老年人达 4 万余人。充分发动老龄委成员单位、各街道和社会力量结合自身优势，在各部门、各单位的大力支持下，开展全方位、立体化爱老敬老活动，敬老氛围更加浓厚。

树立宣传先进典型。组织老龄委各成员单位、各街道社区及辖区相关单位开展推荐、评选青岛老人、孝亲敬老模范活动，其中省级评先 1 次、市级 2 次、区级 40 次；通过鲁网平台，宣传历年青岛老人、孝老爱亲模范事迹，进一步营造敬老爱老氛围，全年在市级以上媒体刊登李沧区老龄新闻 90 余条次。

【维护老年人权益】　通过接听老年人维权咨询电话和接待老年人来访，热心帮助解决维权问题。全年接听老年人维权咨询电话 80 余次，接待老年人来访 20 余次。经过调研，分析现代老年维权工作中存在的新问题和新对策，增强老龄工作决策科学化和针对性，为后续工作打开新局面进一步厘清思路。

（王婷）

旅　　游

【概况】　全区旅游工作坚持以习近平新时代中国特色社会主义思想为指导，紧扣市委"一三三五"新举措，围绕加快构筑李沧创新发展"18844"工作格局，以全区百项重点工作为统领，结合实际，高起点谋划全区旅游工作，培植新业态，推出新产品，打造新亮点，旅游业发展取得突出成效。共获批 4A 级旅行社 2 家、出境游资质旅行社 2 家，新增旅行社（分社、网点）13 家。

【新业态】　借助上海合作组织青岛峰会、世界城市旅游联合会青岛香山峰会等平台，对全区旅游资源打包推介，成功引进鸣海国际邮轮公司、牵手国旅，培育发展邮轮游等旅游、民宿业新业态，填补现有旅游业空白。根据青岛市《关于推进旅游业新旧动能转化促进高质高效发展的实施意见》，发挥政策、区位和资源优势，对现有旅游项目再提升再招商，百果山森林公园挖掘推出时光印记——非遗小镇、百乐园青少年拓展与玩乐项目，引进小路易芬兰自然中心新民宿项目。

【新产品】　设计推出日游精品线路 20 条（半日游精品线路 10 条，一日游精品线路 5 条，二日游精品线路 5 条）；依托青岛世博园研学旅游基地、百果山森林公园、丝路协创签证中心等平台，打造世博园研学游、百果山亲子游、自驾游等旅游新产品；打造文化影视旅游特色街区，推出 BC 书店、咖啡店等网红产品。

【旅游节】　第二十届中国青岛梅花节。以"梅好李沧　相约早春"为主题,自3月22日始,举办为期30天的第二十届中国青岛梅花节。组织开展游园赏梅、赏花咏梅诗会、"文润湘潭"群众文艺表演、"梅励人生　向幸福出发"青少年教育等多项活动,清明节踏青赏梅人数达5万人。

"5·19"中国旅游日。邀请专家走进社区为市民深入解读《旅游法》,提高市民依法维权意识;组织多家旅行社进行文明旅游公益宣传活动;发动组织旅游景点推出优惠门票、旅行社推出特色优惠旅游线路。

【宣传推介】　新闻采风。早春踏青季在中新社、人民网等中央媒体发稿4篇,省市级媒体发稿4篇,市级媒体发稿13篇。第二十届中国青岛梅花节期间,邀请全市电视、广播、报纸等二十余家媒体现场采风报道,发稿20余篇.

新媒体、自媒体宣传。省市新媒体刊登旅游信息20余条,李沧区旅游官方微信、微博发布原创作品400余条,李沧在线发布旅游工作动态150余条。

新载体宣传。编印发放《李沧茶时间》《李沧商圈手绘地图》;与QTV-6频道合作,拍摄制作李沧旅游风光片;挖掘"一带一路"沿线国家旅游资源,建立丝路协创中心旅游战略联盟,宣传扩大丝路协创中心旅游板块影响力。

【安全监管】　举办旅游行业安全生产应急救援培训班,与旅游企业签订安全责任书。聘请安全生产咨询公司专家对区内旅游企业展开安全生产检查,督导旅游企业切实负起主体责任并进行自查。分组不定期到旅游企业进行抽查,重点检查旅行社风险管控、安全用车、安全培训等方面存在的问题,共出动检查人员130人次,检查旅游企业56家次,发现问题5个,并限期整改。编制发放《旅游安全应急手册》,督导旅游企业做好应急预案演练工作,3月16日、6月21日,在伟东·乐客城景区组织开展2次消防疏散演练。

【市场整治】　印发《关于加强旅游安全生产暨市场秩序整治工作的通知》,组织开

2018年3月22日,梅花节咏梅诗会开幕。

2018年11月18日,旅游惠民进社区活动走进毕家上流社区。

展旅游市场秩序大检查。针对旅客投诉，对 3 家涉嫌合同签订不规范情况的旅行社进行规范，将 2 家旅行社涉嫌不合理低价的旅游产品下架。收到旅游服务质量投诉 68 起，处置率 100%、答复率 100%、满意率 98%，维护旅游市场秩序和消费者正当权益。

【亮点工作】　圆满完成上海合作组织青岛峰会接待任务。李沧区绿城·喜来登大酒店按照李沧区《重点酒店内部改造提升工作方案》《重点酒店外围综合整治工作方案》《重点酒店接待总体保障工作方案》，共完成内部食药、卫计、消防、电力、燃气等方面改造 15 大项，45 小项，并对酒店周边绿化、美化、亮化和卫生保洁工作改造提升。6 月 9 日，成功接待白俄罗斯亚历山大·格里戈里耶维奇·卢卡申科总统一行；6 月 9 日下午，蒙古国总统哈勒特马·巴特图勒嘎与白俄罗斯总统亚历山大·格里戈里耶维奇·卢卡申科在酒店贵宾室顺利完成双边会晤。区旅游局荣获"上海合作组织青岛峰会先进单位"。

新项目建设。百果山森林公园新增无动力亲子乐园——百乐园。项目占地面积 1 万平方米，采用原木、绳网和不锈钢等柔韧度好的环保材料打造，设有萌宠乐园、开心农场、BBQ 等娱乐活动场所。以"手工艺体验 + 文创衍生品"模式，将活字印刷、古法造纸扎染、丝网印刷、雕版印刷、凸版印刷等传统工艺开发成实践体验课堂，使儿童在快乐中了解、学习中国传统文化。新引进小路易芬兰自然中心和民宿项目——迤畔民宿，一个院子，一分田地，一栋民居，诗意栖息的田园生活，为游客提供一个心灵逸养的空间。三个项目建设，特色鲜明，内涵丰富，颇得好评。园区实现年营业收入 1000 余万元。

伟东乐客城系列庆典。相继举办"5 与伦比，乐在城中"伟东·乐客城 5 周年庆典、清明小长假举办"礼乐·清明"伟东·乐客城汉礼大典、暑假"流氓兔·嗨一夏"主题展山东首展，平均日游客量超过 10 万人次，创日营业收入过千万元大关。

（盛忠波）

节　　庆

【"李沧之春"文化系列活动】　2018 年，成功举办第二十四届"李沧之春"文化系列活动。春节期间"福进万家"送春联、民间艺术展演、拔河比赛、戏曲票友大赛、谜语竞猜、主题征文等 8 项大型活动、比赛和表演持续上演。农历正月十五民间艺术展演将系列活动推向高潮，来自全区近 50 支民俗表演队伍分别在李沧文化公园广场、维客沧口广场、沧口公园和绿城中心公园广场等地同时展演，场面壮观，气氛热烈。高跷、秧歌、杂耍、舞龙、锣鼓等传统节目精彩纷呈，老中青和少年儿童同台竞技，数万名群众驻足观看，欢声笑语、乐在其中。

【社区文化节】　2018 年 8 月 24 日，由李沧区文化新闻出版局主办、李沧区文化馆承办、李沧区各街道办事处、李沧区有线电视台、李沧剧院等单位协办的"2018 年青岛市李沧区第十八届社区文化节"在李沧文化公园广场隆重开幕，历时两个月。通过开幕专场文艺演出、第九届锣鼓展演、第八届合唱展演、第十届舞蹈展演、第四届歌手大赛、首届传统技艺表演赛、闭幕式暨群众文艺创作文艺汇演等 7 场精彩活动，展示李沧区群众在舞蹈、锣鼓、合唱、声乐、传统技艺等领域取得的新成果，传承和

2018 年 3 月 2 日，"李沧之春"民间艺术展演开幕。

2018 "融源杯"第二届青岛够级文化节全国邀请赛现场。

发扬优秀传统文化，活跃丰富社区文化生活，推动李沧区文化繁荣兴盛，参与活动近 20 万人次。

【青岛够级文化节】2018 "融源杯"第二届青岛够级文化节，由青岛市文化广电新闻出版局、李沧区人民政府主办，李沧区委宣传部、李沧区文化新闻出版局、青岛市广播电视台 QTV-4 承办，李沧区文化馆、青岛融源影视文化旅游产业发展有限公司、李沧区老体协协办。自 2018 年 9 月 21 日开始，至 10 月 24 日结束。包括够级扑克海选赛、友谊赛、电视邀请赛、"指间沧海"视频展播、"够级精神"征集等多项活动。本届青岛够级文化节，共组织大小比赛 100 余场，近 1000 支够级队伍参加比赛，线上线下各项活动吸引约 10 万名市民参与。期间电视展播 23 次，各界媒体报道 50 余次。首次制作够级系列专题片《指尖沧海》，并在 QTV-4《青岛全接触》栏目进行展播。通过拍摄李沧居民身边人身边事，拓展与传播"团结友爱、协作互助、顾全大局、并肩前行"的李沧够级文化，展示"青岛李沧·够级故乡"文化品牌。

（江源）

生态文明建设

【概况】 2018年，李沧区环保局以习近平新时代中国特色社会主义思想和习近平生态文明思想为指引，深入贯彻落实党的十九大精神，严格环境执法，狠抓污染防治，大力改善环境质量，完成上海合作组织青岛峰会环境保障、省环保督察和中央生态环保督察"回头看"保障任务，全区生态环境工作取得明显成效。

【"回头看"督查】 为全力保障中央生态环保督察"回头看"和省环保督察任务，提前组织开展4轮"回头看"检查工作，完成2017年中央环保督察转办的41件群众信访问题整改，完成12件省督察热线转办群众信访件问题整改，梳理排查全区重点难点环保信访问题。

中央和省督察组进驻后，分局组织成立工作专班，并筹建区级工作协调联络组，全面保障完成上级交办的各项工作任务。对于重点案件，多次召开协调交流会和现场会，执法人员连续多日驻守现场夜间检查。严把案件办理、报告质量关，严防"表面整改、虚假整改、敷衍整改"和"一刀切"。两轮督察结束后，均未反馈李沧区具体突出生态环境问题。

【大气污染防治】 环境空气质量。细颗粒物（$PM_{2.5}$）平均浓度38微克／立方米，同比改善9.5%；可吸入颗粒物（PM_{10}）平均浓度78微克／立方米，同比与去年持平；二氧化硫（SO_2）平均浓度9微克／立方米，同比改善30.8%；二氧化氮（NO_2）平均浓度33微克／立方米，同比改善2.9%。

重点监管。以开展美丽青岛环保专项行动为契机，组织

2018年11月12日，召开保障中央生态环保督察"回头看"工作座谈会。

开展大气源清单调查，建立区大气源清单台账，对19家重点挥发性有机化合物排放企业实施重点监管，完成空气质量保障任务。组织18家建材生产企业召开环保管理工作现场观摩会，推动10家重点企业安装扬尘在线监控装置。协调推动区政府成立建设工地与渣土整治管理指挥部，派员参与联合办公，每日对全区重点工地及道路进行巡查，督促土石方外运建筑工地全部加装冲洗设备，累计查处超载、撒漏等违法运输车辆30辆，罚款2.1万元。推进企业大气污染防治项目治理，指导完成青啤四厂4台4蒸吨燃气锅炉建设、后海热电非供热季停产，实现煤炭压减2600万千克；指导完成上流建材拌和站全封闭改造，金泓热电完成煤库全封闭改造。建立完善220家单位、2400辆重型柴油车管理台账，紧盯"黄改绿"过户车辆转入、转出信息，及时将转入李沧区的车辆纳入监管台账，实施重点监管。加大停放地机动车抽检力度，抽检单位80家次、车辆1560辆次，下达责令整改53起。加强环检机构日常监管，检查企业78家次，下达不合格项整改通知12起，督促按时完成整改。

协调与监督。切实履行区环委会办公室职责，充分发挥区环委会的统筹协调与监督考核职能。定期组织召开区环委会全体会议，适时召开专题会

2018年10月9日，市委领导到莱茵化学（青岛）有限公司调研环保工作。

议，重要工作及时向区委常委会、区政府常务会专题汇报。制定大气、水和土壤污染防治等专项工作方案，强化事项督办；建立环境质量通报制度，制发空气环境质量通报10期，水环境质量通报12期。不断完善考核机制，将污染防治攻坚、河长制落实情况纳入全区综合考核体系，设置20分考核权重，对各街道进行考核。

【水污染防治】 重点流域监察监测。印发《2018年李村河流域水环境保护工作方案》，对6条重点河流及流域周边进行定期巡查，定期监测水质，全面分析各断面各类指标的变化情况。出动人员420人次，巡查监测点位540点次，出具有效数据650个，制发李村河流域简报21期。通过采取"双随机"抽检、日常巡查、专项执法检查等方式加强涉水企业执法监管，严厉打击不正常运

行污水处理设施、偷排漏排、超标排污等环境违法行为。

水源整治。详见204页【河道整治】条目。

【土壤污染防治】 有序推进土壤污染防治，组织23家重点企业开展用地调查信息采集，推动索尔维白炭黑等3家重点企业完成土壤环境调查评估，组织青岛石化与区政府签订土壤污染防治责任书，推进红星化工厂完成铬污染土壤修复一期工程。按照"以防为主、先急后缓"原则，联合区发改部门督促加油站分批实施地下油罐防渗改造，率先完成32家加油站地下油罐防渗改造任务。

【依法监管】 组织各街道办事处，开展多轮排查，完成99家"散乱污"企业整治销号工作。出动执法人员2100人次，检查企业3000家次，立案查处环境违法案件160起，罚款643万元，实施查封扣押1起，

涉刑移送公安部门 3 起，其中 1 起违法倾倒危险废物案成为省公安厅直接督办的重点案件，抓获犯罪嫌疑人 15 人，网上追逃 1 人。与区发改、综合执法、建管等部门组织开展联合执法检查 20 次，对加油站监管、砂石厂关停取缔、餐饮油烟和工地扬尘监管等方面进行严格管控，形成监管合力。开展化工生产企业环保评级评价，危险化学品企业、陆源溢油专项执法检查，督促企业切实落实环境安全主体责任，及时排查整改隐患问题。重新修订突发环境事件应急预案和重污染天气应急预案，组织青岛石化液氨泄漏事故实战演练，开展区重污染天气桌面推演等应急演练，强化涉源单位辐射安全监管。全区未发生环境污染事件。

【整体优化】　制定行动计划。落实市"四减四增"三年行动方案，制定区"四减四增"三年行动计划。探索生态环境损害赔偿试点任务，实施全区环境空气网格化预警比对监测，工作经验在《中国环境报》报道推广。科学制定 2018 年减排计划，实现大型燃煤锅炉超低排放改造全覆盖，小型燃煤锅炉清零。对后海热电和青啤二

厂锅炉超低排放改造、对娄山河污水处理厂管网扩建新增污水处理能力、对中石化和后海热电核发排污许可证，有效削减大气、水污染排放总量。

严格审验。严格建设项目审验工作，依法审批建设项目 77 个，验收建设项目噪声和固体废物污染防治设施 31 个。违规建设项目现状环境影响评估备案 32 个，辐射安全许可证核发延续 1 项。落实五级"一次办好"改革要求，审批窗口实行"一次性告知""一站式服务"，切实简化审批程序和环节。开展第二次全国污染源普查，全面清查 545 家污染源，完成普查入户阶段工作。

【舆情处置】　重视解决群众关心的生态环境问题。收到群众来信、来访、公开电话等 4500 起，处理率、处结率、答复率均达 100%。监控、处置舆情 170 起，起到正确引导作用。办理"三民"建议、行风在线、民生在线等群众反映问题 60 件，处理率与答复率 100%。办结并面复市、区两级人大代表建议、政协委员提案 6 件。开展环保大走访活动，走访 11 个街道，走访人大代表、政协委员 50 人。征集区办实事意见建

议 204 条，聘请 3 名民主党派和非党派人士任环保监督员。

【宣传教育】　强化"绿水青山就是金山银山"的宣传，树立广大市民新的生态环境理念。全市"六五"世界环境日宣传在李沧启动，成功举办"万名市民看环保—走进青啤二厂"活动，青岛电视台、网络广播电台及报刊媒体进行专门报道。上海合作组织青岛峰会期间，青岛电视台制作《变化在身边》走进李沧翠湖社区、《有一种蓝叫李沧蓝》《李村河还原生态景观》和《整治一条河、扮靓一座城》专题报道，宣传李沧区环境改善成果。《生活在线》《今日》栏目对区环保局组织开展的"清明环保祭祀倡导"活动、"绿色先行"志愿团活动进行报道。相继开展李村大集"环保春联挂起来""我们来看母亲河""环保玩具玩起来""陪老人绿色过节"环保互动等活动。协助青岛 45 中圆满创建省级绿色学校，协调区教体局在铜川路小学启动全国小河长仪式。李沧生态环境宣传教育基地建设顺利通过市验收组的验收。运用"李沧环保"微信公众号，开展微信线上活动 3 次。

（王美林）

街道办事处

李村街道办事处

【概况】 李村街道坚持以习近平新时代中国特色社会主义思想为指导，全面贯彻落实习近平总书记视察山东、视察青岛重要讲话、重要指示批示精神，按照区委、区政府统一部署，结合辖区实际，求真务实，狠抓落实，大力推进党建、经济、民生、安全等各项工作，取得突出成效。先后荣获山东省文明单位、山东省扫黄打黑示范点、共青团青岛市委五四红旗团委、青岛市总工会"工人先锋号"、青岛市先进工会等荣誉称号。

【党建工作】 筹划确立"红色基因·国学讲堂"党建突破项目。采取评比竞赛，遴选8支优秀团队组建"红色基因"党建及国学理论宣讲团，打造一批主题鲜明的宣讲课题，在南山社区建立面积250平方米的李村街道红色基因·国学讲堂，坚持定期宣讲，收到良好效果。打造区域化党建新平台。通过调研走访，整合商圈共享资源，打造向阳路社区"七彩向阳 和谐商区127"商圈党建品牌，推进社区资源共享、党员共管、活动共抓，打造共建共治共享的区域化党建项目。向阳路社区联合党委和社区共建联盟理事会开展共建活动40余场。发挥基层党组织战斗堡

2018 年 11 月 9 日，李村街道区域化党建联盟成立。

垒作用，为民办实事，凝心聚力。通过联合青岛亨得利眼镜店出资 1.5 万元，彻底更换小区厕所下水管，得到商圈周边居民、商户的一致好评。

【经济工作】 2018 年，街道实现区级财政收入 56865 万元，完成年计划的 109.87%。中心商圈各行业规模以上企业 140 余家，东部 1688 产业园二期 7.5 万平方米完成招商 70%，西部重庆中路 299 号海牛暖通平台注册企业 110 余家，实体经济发展格局初步形成。年初统计上报闲置资源 82000 平方米，通过以商招商、产业招商等方式积极为企业牵线搭桥，大力引进优质企业。2018 年，辖区新注册企业 2400 多家，完成引进内资注册资金 8 亿元，引进注册资金过 5 亿元项目 1 个；新培育规模以上企业 9 家，完成规模以上企业股份制改造 7 家，完成企业四板挂牌上市 6 家，超额完成区下达的全年目标任务，各项经济指标位于全区前列。在第四次全国经济普查中，李村街道分为 58 个普查小区，清查阶段共清查摸排企业 7800 余家、个体工商业户 13600 余家。

【社会事业】 优化行政服务。扎实做好"一次办好""零跑腿"等行政服务工作，落实"放管服"改革，选派专业人才进驻街道便民服务大厅，做好窗口服务，定期组织开展业务培训，改善大厅硬件设施，全面提升服务质量。

矛盾纠纷调处。切实发挥基层人民调解"第一道防线"作用，建立健全矛盾纠纷排查制度，形成楼长日排查，社区周排查，街道月排查，敏感时期集中排查工作机制，预防矛盾纠纷激化。发挥"一社区一法律顾问"、基层人民调解委员会作用，依法及时调解各类矛盾纠纷。全年共排查调解各类矛盾纠纷 418 起，受理率 100%，成功率 98% 以上。没有发生因工作失误导致民转刑案件或群体性事件，有力维护辖区和谐稳定。

计划生育工作。充分利用李村街道西山片区市民服务中心这一公共服务平台，开展计划生育"七星级示范点"工作。联合幼儿园、中小学、医院和社区卫生服务中心等单位，为全体居民宣传讲解计生政策。及时提供育龄妇女孕环情、婴幼儿保健、老人查体等方面的服务。采取排查紧盯方式，加强对流动人口的计生服务，确保计生政策和各项服务到位。

重点区域整治。李村街道联合辖区李村派出所、消防大队、城管中队、工商所、食药所，组织综治办、安监办、河北社区、滨河路社区，对李村河滨河路段"水上漂"区域开展集中整治行动。对此区域商户、住户人员进行排查登记，对存在的消防安全、私搭乱建、安全生产、食品卫生等隐患问题进行集中整治。共排查住户 512 户、800 余人、九小场所 75 处，打通"水上漂"建筑内部消防通道，内部整体卫生清理完毕，外运垃圾 70 车，清运垃圾 35 万千克。对辖区开放式楼院卫生保洁实施网格化管理。按照就近原则，以楼座为单位，每 300 户左右设置一个网格，每个网格配备 1 名保洁员，每 3 个网格配备 1

2018 年 7 月 1 日，李村街道举办"和谐李村•颂歌献给党•传承红色基因"第六届合唱比赛。

名垃圾收集工,切实提高辖区开放式楼院环境卫生水平。

文化活动。将李村街道划分为东山片、西山片、北山片,组织李村街道社区演出队伍开展文艺巡演,得到居民群众好评。6月29日至10月7日,组织开展李村街道第十五届社区文化节,举办"和谐李村·颂歌献给党·传承红色基因"第六届合唱比赛,参赛人员650余人;第四届"乐在李村·舞我风采"舞蹈大赛,参赛人员300余人;够级比赛,参赛人员600余人。文化节期间组织开展各项活动100余场次。

【重点项目】 突破银座项目回迁安置房房产证办理难题,街道办事处协调区拆迁服务中心与银座公司开展回迁安置房房产证办理工作,共198户231套住宅,完成网签158户181套。对其中30户身体不便的老人上门办理,被居民称为暖心办理。推进君峰路中学建设项目。街道提前入驻长岭路社区开展施工前调研工作,准确掌握居民诉求,逐个答疑释惑,消除疑虑,全力以赴实施施工保障,仅用一天时间平稳完成空地车辆移除并设置围挡。君峰路中学在全区第三季度项目观摩评比中获得第三名。

【安全稳定】 扎实开展日常安全检查和隐患排查。根据上级安全主管部门的各专项整治行动部署,结合街道具体情况,2018年,累计检查大中型生产经营单位371家次,发现并排除安全隐患872项;社区(公司)累计检查住户、"九小场所"等近1.8万家次,发现并排除安全隐患1.2万余项;组织24次联合执法整治行动,发现并排除重大安全隐患116项,关停、罚处了一批安全隐患较大且拒不整改的企业商户;在重大活动、节假日安保工作中,根据辖区重点单位台账,制定"地毯式"大活动专项检查计划,圆满完成各项应急巡查任务,确保辖区安全稳定。

【党风党纪】 对街道各项规章制度全面梳理,完善请销假、会议、车辆管理、涉及"三重一大"等相关制度,从制度机制上杜绝各类问题发生。加强干部作风建设,不定期抽查在岗在位情况,切实消除工作中"慵懒散慢拖瞒"现象,对发现的问题严格按规定严肃处理。加大社区资金监管力度,严格规范"三公经费"支出及公务卡使用。5月17日,街道党工委召开全面从严治党专题研究会议,研究并通过《李村街道党工委落实全面从严治党主体责任2018年工作计划》,制定全面从严治党主体责任及监督责任清单,主体责任清单包括10方面30项工作,监督责任清单包括8方面22项工作,进一步强化责任担当,做到任务清、责任明、可操作、易执行。2018年以来,受理问题线索76件,处置率100%。其中,处分党员26人,其中党内警告19人,严重警告4人,留党察看1人,开除党籍2人,通报批评10人次,诫勉谈话7人次。

(邵琦)

虎山路街道办事处

【概况】 2018年,虎山路街道办事处按照区委区政府部署,紧密围绕全区工作大局,开拓进取,真抓实干,突出重点,整体推进,经济发展运行良好,重点项目建设取得新的突破,其他各项工作扎实推进,经济社会发展呈现良好局面。

【党建工作】 思想政治建设。精心组织基层理论宣讲,开展党的十九大精神、全国"两会"精神、区委百项重点工作、社会主义核心价值观等宣讲100余次,组织社区微讲员拍摄红色故事、党课微课堂展播 20 余场。打造以"礼义廉耻"为主题的"四维课堂"，教育党员、群众讲礼义，重廉耻，守底线。虎山路街道荣获青岛市社会科学普及示范街道，金秋社区荣获全国"社区学雷锋志愿服务联络工作示范站"。

作风建设。2018 年 1 月，辖区 19 个社区的换届选举工作圆满完成，结合区双治双民专项行动，开展"社区两委新官上任一百天"活动，激励干事创业和担当创新精神。结合"大学习、大调研、大改进、大督促"和解放思想大讨论，开展"八个一"大走访，查找难点堵点问题 20 个，定人定责定时定效进行解决。开展机关工作流程再造，梳理完善 14 项工作制度，严格内部管理。进行街道服务型小政府建设，设置"6+N"科室架构，人员调整轮岗常态化，探索"低职高挂"，对庸政懒政怠政行为"零容忍"，干事创业氛围进一步提升。

【经济工作】　服务企业发展。持续开展"十大暖商行动"，深入融创、保利、跃龙升等房地产开发企业，掌握工程进展、纳税现状及房屋销售情况，实行跟踪服务，全力保障企业发展，各纳税企业各项经济指标均取得较好成绩。2018 年财政收入 73748 万元，完成全年任务的 115.52%，超额完成 9909万元，同比增长 19.39%，实现完成总量、比例、增幅三第一。

招商引资。累计完成内资招商 8.04 亿元，完成目标任务的 100.5%；招商项目引进注册资金过五千万项目 1 个（青岛伟佳雷克萨斯汽车销售服务有限公司）、总部企业 1 家（青岛盛宝林环保科技有限公司）。

培育新增长点。完成"四上"企业股份制改制企业 8 家（任务 5 家）、蓝海股权中心企业挂牌（四板）9 家（任务 3 家）。纳统达限工业企业 2 家、文化产业 2 家、服务业 12 家（任务文化产业 1 家、服务业 8 家）。上报拟申报高新技术企业 14家，已过审 9 家。

经济普查。成立由街道党工委书记、办事处主任"领导双挂"的街道第四次经济普查领导小组，配备 5 名指导员、91 名普查员。虎山路街道底册法人和产业活动单位 4523家，清查数 4497 家，查找率99.4%，上报数 4497 家，上报率 100%；个体经营户底册 5763个，清查数 4150 个，查找率72%，上报数 3997 个，上报率96.3%。相关工作扎实推进，得到省、市、区经普办领导的现场指导和表扬，为全区经济普查工作打下坚实基础。

【重点拆迁】　经过大量的说服教育、政策规劝和落实补偿等措施，顺利完成区委区政府交付的重大拆迁项目。李家庵二小、虎山路二小、石沟幼儿园、君峰路中学等重点项目拆迁工作取得突破性进展。2018 年 4 月完成虎山路二小搬

迁，项目被列为全区 2018 年一季度重点观摩项目，并作为"大学习、大调研、大改进、大督促"案例在《青岛日报》刊载。2018 年 4 月实现石沟幼儿园拆迁，2018 年 10 月完成君峰路中学项目拆迁。上海合作组织青岛峰会期间，重点解决 S6-3地块拆迁遗留问题，依法将 4万余平方米厂房全部拆除，立项项目已开工建设。

【环境整治】　结合开展"美丽青岛行动"，做好上海合作组织青岛峰会期间环境保障工作。以主次干道秩序整治为重点，清理青银路周边菜地 10余处，绿化补植 300 余平方米，增设围挡 1000 余米，清理违法门头牌匾、乱贴乱画、占路经营等 2000 余处，协调外墙粉刷、亮化、绿化、市政施工 12处。结合辖区 19 个楼院海绵城市改造，扎实做好小区"三化"整治工作，受到市级观摩肯定。落实街长制、河长制，定期开展巡查，在 21 个小区进行阳台排污治理。在人流密集区域发放宣传材料 2 万余份，张贴宣传标语 300 余条，对背街小巷、开放式楼院进行集中清理，清理卫生死角 1000 余处，圆满完成创卫复审工作。迎接省环保督查，处理疑难问题 12 件。逐一整改落实 17 个环保督查"回头看"信访件。妥善处理保利中央公园、蓝山湾工地配套房等违建，共拆除违章建筑 23 万平方米。处理物业服务、私搭

乱建、开发商规划建设等热线投诉1万余件。

【民生工作】 落实"一次办好"工作要求，打造"从零开始无止境"政务服务品牌，办理服务事项1100余件，便民小分队上门服务86次，群众满意度不断提升。对6800余人次进行低保、养老、残疾人、计生失独、伤残家庭等帮扶救助；打造"一居一品"特色文化，举办各类文化惠民活动730余场次，为社区配送图书1万余册、电脑40余台；采集退役士兵信息1994条。

【平安建设】 组建700余人的群防群治队伍，投入40余万元在3个社区开展平安楼院整治。上海合作组织青岛峰会期间，开展基础信息、高层楼宇消防隐患、九小场所安全隐患、影响社会稳定矛盾隐患、安全生产等五大排查专项行动，摸排整改辖区隐患2000余处，确保社会安全稳定。开展辖区企业安全生产检查700余次，整改隐患200余处，确保生产安全。

【社会治理】 打造"有事来商量"社会治理模式，发挥基层党组织在社会治理中的领导核心作用，民政、综治、信访、司法、统战等部门发挥职能优势，共同参与，形成合力，全力化解社会矛盾纠纷，共调解矛盾纠纷159起，化解初信初访53起，化解信访积案6起，与去年同期相比，治安案件发生率下降95%，刑事案件发生率下降98%，进京到省信访量下降99%。街道党工委书记受邀参加全国政协副主席、民进中央常务副主席刘新成主持的"基层协商推动基层社会治理"专题调研座谈会，并作主旨发言；相关经验做法在《光明日报》《法制日报》《中国社会报》《人民政协报》《大众日报》《青岛日报》、新华网、中央统战部网站刊登。

（张晓语）

浮山路街道办事处

【概况】 浮山路街道办事处在区委区政府领导下，以习近平新时代中国特色社会主义思想为指导，紧紧围绕李沧区委"18844"工作格局，以促进辖区经济社会发展和民生改善为己任，以党建为统领，在经济发展、民生实事、项目推进、综治管理、环境整治等各方面取得明显成效。

【党建工作】 打造亮点。围绕街道"1112"党建工作思路，打造旭东社区党群服务中心，探索打造党建群星工程，在全区一季度项目观摩中取得第3名；打造青岛—亚马逊 AWS 联合创新中心"红帆动力驿站"楼宇党建平台，创新实施"三联两创一促"党建工作法，探索创新基层党群共建机制，在全区三季度项目观摩中获得第5名。创新主题党日+活动，12月在网易平台直播"党建引领服务，科创激发活力"主题党日活动，近50万网友参与，创"主题党日+"直播活动观看人数最高纪录。

思想政治建设。切实抓好意识形态工作责任制落实，制定《2018浮山路街道关于贯彻落实意识形态工作责任制实施方案》，成立街道意识形态工作领导小组，召开理论中心组意识形态专题学习会1次，街道党工委意识形态工作专题会议2次，发布半年意识形态领域有关情况通报1次，组织理论中心组学习12次，召开务虚会3次；在全区第一家创办社区报《浮山闻汇》，现已出版7期，发行覆盖辖区居民5万余人次。按照"两学一做"常态化制度化要求，认真组织学习党章、习近平新时代中国特色社会主义思想和党的十九大精

在旭东社区打造的党群服务中心。

神，并联系工作实际，领会精神实质，努力做到学懂弄通做实。牢固树立"四个意识"，坚定维护以习近平同志为核心的党中央权威。把落实党风廉政建设责任制情况作为民主生活会重要内容，开展批评与自我批评。持续开展"治官治吏便民利民"和"十治"活动，着力解决突出问题，健全监管长效机制，切实转变工作作风。

【经济工作】 梳理经济发展考核指标体系，定期调度指标进展。出台浮山路街道促进经济发展10条意见，提出"楼宇＋特色街"经济发展战略。汇总李沧区近年来促进经济发展政策汇编，结合走访送政策到企业。积极协调做好青岛同盛房地产开发有限公司、青岛中海华业房地产开发有限公司、青岛广瑞置业有限公司等本地企业纳税大户的税收工作。发挥街道商会和大企业作用，注

重以商招商，辖区经济实现较快发展。配合做好重点项目推进、落地工作，主动做好对接，提前研判风险，靠上协调解决，加快项目进度。对辖区青银东侧地块项目、巨峰路两侧万达二期项目，以及在街道辖区内开工建设的枣山路打通、枣儿山山头公园建设、李村河中游整治、河南庄小学、河南庄幼儿园等项目，及时与区建管局、

现代商贸办等牵头部门沟通，积极配合财政部门对接万科地产等房地产公司，确保项目各类税收及时足额入库，超额完成区里下达的目标任务。

【民生事业】 疏通堵点，解决居民"办证"难题。针对南庄百姓亟待解决的房产证办理问题，浮山路街道全面落实"零跑腿"工作要求，征求梳理群众需求，在李沧区不动产登记中心大力支持下，积极与市不动产登记中心对接，推进解决南庄回迁房产证难办的遗留问题。12月21日，南庄社区983套回迁房的不动产权证全部办好，居民在家门口领到了不动产权证。河南社区、新河东社区、九水花园不动产初始登记证办理完成，为3829户居民办理不动产权证扫清障碍。

深入开展"四到"工作，全面提升民生服务质量。按照"服务到企业、服务到项目、服务到社区、服务到居民"工作

南庄社区不动产权证集中发放仪式。

要求，全面落实"一次办好"及"零跑腿"工作，从抓好居民服务和队伍建设两方面提升社区治理。根据"互联网+"政务大厅的建设要求，高标准打造街道便民服务大厅和南庄社区、新河东社区便民服务中心，梳理便民服务事项办理指南，不断完善社区便民服务点建设。一年来，组织14个社区开展公共服务事项网上办理，48件公共服务事项实现网办。对社区专职类工作人员特别是新增人员进行轮训，完成社区组织机构代码证更换。调解处理业主委员会纠纷和诉求15起。

丰富居民文化生活，提升居民幸福感。 2018年共承办区级文化活动9次，代表全区参加省年度文化工作检查，成为全市唯一一个获得满分的街道；打造"欢动浮山，悦享生活"文化品牌，立足社区、面向群众，组织国学讲堂、安全教育、健康养生、科技普及、法律知识等各类文化教育、文化宣传及文化培训320余场次，组织舞蹈、器乐、锣鼓、合唱等技能培训360余课次，自编自导文艺节目180余个，进一步丰富了社区文化生活。

【社区建设】 推进社区自主自管自治。按照社区治理专业化、社区管理精细化要求，根据小区楼座地理位置、分布情况和结构特点，把辖区划分为52个管理单元，通过业主委员会（管理委员会）规范管理和积极作为，31个单元实行物业管理，12个单元实行自我管理，9个单元实行自治管理。通过推行"推荐+自荐"模式，"联审+谈话"制度，"直选+承诺"程序，圆满完成宝龙国际社区业主委员会改选工作。在万达中央公馆业主委员会更换物业企业、东李花园管理委员会小区改造自治、万年泉路108号业主自理自管等工作中，充分发挥业委会主体能效，解决诉求焦点、化解矛盾冲突、有效推进社区自主自管自治。

拆违整治。 共拆除违法违规建筑7.6万平方米，清理菜地17万余平方米，整治"十乱"420余处，清理河道100余米，河道截污1处，清运各类垃圾废弃物815车，拆除居民私建旱厕3处，设置遮蔽围挡700余米。为辖区老旧楼院更换破损古力井盖70余个，疏通排污管道70余处，改造化粪池1处，修补破损路面5处，投资58万元对万年泉路102至118号居民楼院进行综合整治，获得居民一致好评。

【安全工作】 打造高层住宅社区消防应急处置体系。在14个社区开展高层住宅消防逃生演练，建立微型消防站、成立应急响应队，打造社区消防应急体系，填补专业消防与居民自救之间的空白地带，形成"消防安全浮山经验"。开展广泛宣传和系列培训，居民消防安全意识有了大幅提升，基本掌握初起火灾自救逃生技能；九小场所和生产经营单位安全防范制度措施更加全面系统。进一步加强"安全生产工作平台"应用程序的推广使用，保证安全生产工作有序开展，形成人人参与共建美好家园的良好氛围。

安全生产大检查。 将日常执法检查与重大节日、重要时间节点执法检查相结合，按照"全覆盖、重实效"要求，在辖区深入开展安全生产大检查活动。以危险化学品、液化气钢瓶使用等作为检查重点，开展专项整治。抓好"烟花爆竹""李沧区加油站安全生产专项检查""非法液化气钢瓶专项整治行动""餐饮单位液化气钢瓶违规使用"等各项专项检查。针对辖区各重点部位开展巡查，对风险进行有效管控，发现隐患及时进行处置。

【重点项目】 重点拆迁。在无既定工作任务，无拆迁资金的困难情况下，街道党工委与社区两委成员自我加压，自筹资金，主动推进，仅用20天拆除厂房8.5万平方米，超前完成拆迁工作，再创"浮山效率"，圆满完成河南社区51亩补亏用地拆迁工作。

区域项目规划。 2018年，对辖区内重点项目和房地产项目进行梳理汇总，按照两条主线（分别是黑龙江路和万年泉路）划分为东中西三个片区。

东部片区包含信联天地项目、青银东侧万科项目、白果树地块。中部片区主要涉及河南补亏项目用地，以及河南、南庄沿街网点房的盘活。西部片区涉及荣海新华锦项目、山东高速奥维俊杉的实体体验店项目、河南庄经济发展用地、河南庄新华锦养老项目。东中西部优劣互补，区域联动，统筹发展。

（夏夏）

振华路街道办事处

【概况】 2018 年，振华路街道办事处在区委区政府领导下，紧紧围绕区委区政府工作部署，紧密联系辖区实际，抓党建、兴经济、惠民生、保稳定，有力促进了辖区经济社会协调发展，群众满意度进一步提升。

【党建工作】 将"壮大党建教育阵地，建设军民融合服务中心"作为党建突破项目，结合区委部署开展的各项活动，扎实推进。开展"治官治吏便民利民"专项行动、"大学习、大调研、大改进、大督促""新时代、新担当、新作为、新奇迹"活动和解放思想大讨论，扎实推进"两学一做"学习教育制度化常态化，理论中心组集中学习 14 次，开展学习教育 30 余次，开展"主题党日＋"活动 100 余次，领导讲党课 6 次。认真落实民主集中制，制定完善《振华路街道会议制度》，进一步明确议事范围、议事规范等内容。顺利完成社区"两委"换届工作，将 7 名优秀社区人员选进"两委"班子。组织党员到沂蒙红嫂纪念馆参观学习，加强党性教育。加强区域化党建，与中铁十七局、92212 部队签订党建共建协议，与威海环翠街道开展结对共建，提高党建工作成效。

【经济工作】 推进"零资源"招商，2018 年，完成招商引资注册资金 4 亿元，引进企业总部 1 家。针对企业不同情况，定期走访，帮助企业协调解决有关手续、配套等问题，全年走访企业 40 余家，新注册企业 130 家。全年财政收入 1.36 亿元，列全区第六名；股份制改造企业完成 3 家，规模以上纳统企业完成 8 家，四板挂牌企业完成 1 家。率先完成经济普查清查工作，共清查企业 870 家、个体工商户 298 个。

【行政服务】 依托海军航空大学科技楼打造军民融合综合服务中心，在保障社区办公和基础服务功能的同时，突出军民融合特色，打造国防教育室、军人权益保障法律援助室、军嫂之家、退伍军人创业室、寒暑假军人子女小课堂等特色功能室，建成一体化军民融合综合服务功能体。作为全区基层便民服务试点单位，严格落实"2＋1＋N"工作模式，优化服务流程，回复政务服务热线等群众反映问题 300 余件，为群众办理各类服务事项 800 余件；组织开展政务服务培训 60 余次，指导便民小分队入户 70 余户，邮件快递 40 余件，网办事项 140 余件，零跑腿率达 88%。

【城市管理】 累计投入 200 余万元，为胜利花园小区平整路面、沧口飞机场北门院修建广场、振华路社区粉刷楼道、永清路 16 号院整修排水管。投入 10 余万元，为 3 个社区安装休闲座椅。对接区建管局，对弘信家园进行节能改造，为四中社区进行楼院整治，清理违法建设 20 余万平方米。圆满完成"散乱污"企业整治、中央环保督察"回头看"、文明城市创城迎检、铁路两侧环境提升工作。严格落实河长制、湾长制、街长制，加强监督检查，确保责任落实。设立智能垃圾回收机 9 处，建立垃圾分类示范小区 2 个。大同南路周边环

2018 年 5 月 20 日，振华路街道组织党员和居民志愿者开展洁净家园活动。

境整治项目，作为 2018 年区一季度观摩项目，得到区委、区政府充分肯定。

【民生保障】 帮扶低保家庭 65 户，保障人口 96 人，低保边缘家庭 4 户，临时救助困难人员 13 人，发放各类帮扶救助金 114 万余元。办理廉租房补贴 73 户、保障性住房 98 户。为残疾人发放各类补贴 24 万余元。办理 80 岁以上老年人体检补贴 730 人，70 岁及以上老年人高龄补贴 1542 人。累计为 105 人办理一次性养老补助，发放补助金 180 万余元；为 134 人办理生育登记服务，发放分娩补助 6 万余元；为 116 人发放独生子女费 1 万余元。赴康县长坝镇，送去慰问救助金 5000 元；联系辖区 2 家企业与长坝镇签订扶贫协议，捐赠衣物 2700 件和价值 1 万余元的食品。完成了中兴路 8 号、10 号两座 D 级危房，130 套房屋、

139 户居民的入户摸底工作。

【维稳工作】 按照"六个不发生"和"三个零"要求，做好特殊人员群体稳控工作，25 名重点人员未出现失控、脱管及越级上访问题，圆满完成党的十九大、全国"两会"、上海合作组织青岛峰会期间维稳工作。会同消防、公安、市场监管、综合执法等相关部门，对辖区 287 家生产经营企业进行全面检查，制定"负面清单"，检查整改安全隐患 82 处。建立微型消防站 3 个，开展联合检查 200 余次，排查整改消防隐患 298 处。全面落实"扫黑除恶"工作各项要求，公布举报电话，设置举报箱，悬挂宣传横幅，协助公安机关打掉恶势力团伙 1 个。衔接安置帮教人员 13 人，接收矫正人员 1 人，解除矫正人员 6 人，开展集中教育 12 次，个别谈话教育 58 人次。发放法律宣传资料 800 余份，解答群

众咨询 120 多人次。排查调解各类矛盾纠纷 67 起，调处成功率达到 100%。全年化解信访积案 3 起。

【文宣工作】 向区委宣传部推荐"最美李沧人" 7 人、"文明市民" 4 人。举办"感动振华 2018"颁奖典礼，凤凰网、搜狐网、市党建频道等多家媒体予以报道；街道理论惠民宣讲选登青岛新闻网。"阳光振华"微信公众号和微博共发布信息 2698 条。组织文艺演出 120 余场，开展趣味运动会、棋牌比赛、节日庆祝等活动 80 余次，约 1.5 万余人次参加。

【纪检工作】 从严治党。召开全面从严治党工作专题会议 2 次。制定《关于落实党风廉政建设党委主体责任和纪委监督责任推进全面从严治党的工作方案》《2018 年党风廉政建设和反腐败工作要点》《街道领导班子成员党风廉政建设责任范围与 2018 年反腐倡廉重点任务责任分工》，分解任务，落实责任，确保工作到位。移交、提供和发现各类问题线索 9 件，问责 9 人。通过收集、核实问题线索，立案 3 起、结案 3 起。被市、区纪委作为典型案例通报 2 起，杜绝党风党纪"失之于宽、失之于软"现象。

巡察反馈问题整改。围绕防止"好人主义、圈子文化、码头文化"开展专题调研 4 次，撰写报告 3 篇。对干部裙带关系，领导干部在企业、社会团

体兼职，干部跑官要官问题进行深入排查。积极配合区委第六巡察组对街道的巡查工作。对巡查组指出的问题立行立改，并专门上报整改情况报告。对巡察后反馈意见中指出的四大类33项问题，坚持高标准、严要求，全面落实整改，收到良好效果。

转变作风。通过开展"治官治吏便民利民"专项行动，解决发生在群众身边的"四风"和腐败问题，整改机关作风问题32项。坚持领导包社区制度，每周二"社区工作日"，包社区领导坚持进社区指导工作，为社区、居民协调解决各类问题28件。修改完善《街道公务用车管理制度》，建立公车派发、加油、修理维护工作台账，完善管理档案；健全街道后勤保障和物资领用制度，做到账物两清，规范有序，保障有力。

（纪臻）

沧口街道办事处

【概况】 沧口街道办事处以习近平新时代中国特色社会主义思想为指导，按照区委区政府部署，紧紧围绕李沧区中心工作，突出重点，整体推进，狠抓工作落实，街道经济、社会事业、社区建设等各项工作取得明显成效。荣获山东省安全生产工作先进街道等荣誉称号。

【党建工作】 建立微信小程序和公众号的"四化"信息平台，加强党建宣传。紫荆苑社区"让党组织暖起来"和沧顺社区"绿色生活"等党员提案项目扎实开展，广受群众欢迎。探索区域化党建服务项目，亮出"服务"和"需求"两张清单，通过搭建党建共建议事会平台，组织开展志愿服务大集等活动，形成"联席联动"共建机制。推进"两学一做"学习教育常态化制度化，抓好街道领导干部民主生活会和144个基层党组织组织生活会。做实基层党员教育工作，全面启动2018年党员轮训工作。充分发挥24人宣讲队伍积极作用，开展65场惠民宣讲，社区党员匡延珍的"我的党龄40年"微视频宣讲在齐鲁网等媒体广泛报道。指导社区开展"主题党日+"活动，永宁社区第一支部利用网络直播主题党日活动，吸引33万人观看；文安社区、永河社区分别开展"楼院里的红色党课""行走中的党课"活动，特色鲜明，感染力强，收到良好效果。

【经济工作】 主动走访辖区泰德汽车轴承、越秀地产等重点规模以上企业20余家，结合惠企政策扶持企业发展，并通过企业以商招商，引入有实际成果转化的企业10余家。协调推进文体中心、北京中公教育等辖区重点项目，首创置业文体中心项目已于2018年12月进入规划公示阶段，沧口大厦进入内部装修和招商阶段。积极对接财政、税务、金融等相关职能部门，以街道商会为平台，组织开展民营企业家交流活动4场，促进辖区企业健康发展，推进企业股改上市。2018年，沧口街道实现财政收入9000万元，引入内资注册资金3.3亿元，引入企业总部1家，新增规模以上服务业企业9家，在蓝海股权交易中心挂牌企业4家，股份制改造企业1家。

【社会事业】 社会保障工作。全年共保障低保户354户、531人，保障特困群众6人，孤儿3人；新增低保户45户、65人，办理停保109户、172人，完成低保换卷395份；办理临时、医疗、慈善等各类救助180人；办理老年证1351人次，为8170名70岁以上老人发放高龄补贴，为3835名80岁以上老人发放体检补助；办理保障房申请400

2018年6月26日，举行"七一"主题党日暨百姓惠民宣传展演。

余份，完成年度保障房复核420户；为2665名残疾人提供各类助残服务，为768名重度残疾人发放重度护理补贴。

卫生计生工作。全年共办理生育服务手册、独生子女证等733本，向969人核准发放分娩补助、一次性养老奖励金共计7300多万元；走访失独家庭96户，审核发放特别扶助金200多万元；开展暖民行动进社区、进企业和进学校的讲座活动10次；开展微信名医专家直播课堂22期；组织孕前体检新婚家庭178个、305人次，跟踪服务孕育待孕对象950人。

普法教育。打造永昌、永河、永青苑、沧怡路4个规范化社区司法行政工作室，组织开展法治宣教65场次。全年组织法律顾问提供各类法律服务839件次，其中为居民提供法律咨询369次，调解矛盾纠纷53件，举办法律知识讲座47场，组织大型户外普法宣传18场。

管理社区矫正人员63人，解矫26人，在矫34人。

【社会稳定】 安全生产。全年排查用煤取暖居民900余家和九小场所300余处，发放安全须知1.8万余份。联合辖区鑫通圆液化气有限公司回收、报废旧液化气罐182个，对辖区264家餐饮场所、2万余户居民燃气使用情况进行隐患排查，联合处置6处燃气泄漏突发事故，对20余处隐患整改完毕。对辖区加油站、液化气充装和零售批发点加强属地管理，进行联合执法；对兴邦茶城和华中批发市场存在安全隐患的违法建筑进行拆除。对296家存在消防隐患的社会单位进行复查督促整改，约谈18家重点企业并签订消防承诺书。建立12个社区微型消防站，组织网格员和社区微型消防站工作人员培训。将后海热电、泰德轴承、嘉都丽服装、康捷汽车4家规模以上生产企业纳入省"双体

系"建设监控平台。对海博家居、沃尔如泰、兴邦茶城、沧口维客、蔚蓝假日酒店、民联凯旋大酒店、颐福养老院等人员密集场所进行消防隐患排查和安全检查。对永清路18号院，振华路58号院，兴华路8、12号院，文安路8、9号院等"三合一"场所进行交叉不间断隐患排查。全年现场整改安全隐患86项，指令整改14项，全部整改完毕。扎实开展食品药品安全治理整顿，规范市场秩序，保障群众食品安全。

维稳工作。全力做好重要敏感时期信访稳控工作。在"两会"、上海合作组织青岛峰会等重大活动期间，成立街道维稳工作群，及时传达上级指示，掌握重点信访人的动态，及时发现和劝返，实现"零登记"目标。加大对信访老户教育规劝力度，积极协调属事单位约谈信访人，制定可行的稳控化解方案，努力打通"梗阻点"，成功化解多起信访事件。与119名安置帮教对象家属建立良好沟通监管机制，协助26名生活困难安置帮教对象办理低保、保障房、临时救助等，帮助他们融入社会；对辖区300多名精神疾病患者、180余户失独残疾人家庭和流动人口群体进行排查摸底，做好重点人员一对一跟踪服务监管措施；配合做好制高点管控工作。严格落实上级政策，对困难退役士兵在生活上给予关怀帮

助，共办理退役士兵公益性岗位 129 人，为困难涉军人员发放救助金 5 万余元。

社会治安。举办"沧口街道'平安之夏'集中宣传月暨万人签名誓师动员安保行"活动，广泛动员，营造群防群治氛围。构建由站、角、哨、队、岗组成的"五环治安网"，发挥巡防员、治安信息员和反宣品清理员作用，形成社会面防控机制。改善文安路社区和永宁路社区的治安环境，维修防盗门 59 套，施划车位 76 个。在 8 个楼院安装监控探头 48 个，实现辖区视频监控全覆盖。实施以强化阵地、亮剑鸣雷、组团作战为主要内容的"开展地雷战，扫黑除恶护平安"行动，取得初步成效。

【社区建设】 楼院整治。全年共完成楼院整治 34 个，清理楼道小广告 8 万余处，完成地面硬化 7500 余平方米，更换老旧损毁的污水管道、雨水管道 1000 余米，更换楼体外墙破损的落水管道 1700 余米，更换破损污水井盖 400 余个，清理各类垃圾 2400 余车，设立围挡 2000 余米。在上海合作组织青岛峰会期间，协调交警清理僵尸车 94 辆。协调解决社区道路堵塞、漏雨楼顶维修、居民楼顶养狗等问题；做好保温墙工程改造工作；办理区爱卫会、城管办督办单 3300 余件，办理青岛市市容办督办单 300 余件，化解信访积案 2 起；清理背街小巷和卫生死角 3000 余处，在物业和开放式楼院喷洒灭"四害"药剂 160 余次。

环保工作。在中央环保督查回头看和山东省环保督查中，主办和协办督察件 11 件，并再次摸排整改相关环保问题，确保问题不反复。开展全国第二次污染源普查企业 320 家。对辖区晓翁村河和西流庄河以及环湾沿线进行巡河巡湾检查 150 余次，整改问题 16 处。对辖区各主干线路巡街 5000 余次，整治巡查发现问题 600 余件。协调建管局对西流庄、西流庄北村暗渠进行改造，将污水统一排放到城市污水管线，保护晓翁村河和西流庄河。全年共计投资约 200 万元用于城市建设改造和民生实事。全年累计拆除振华路茶叶市场、华中蔬菜批发市场周边等违建 10 万余平方米，重点区域违建拆除完成率超过 97%。全年累计拆除各类大型户外广告和门头牌匾 309 处、1717 平方米。

【政务服务】 街道服务中心落实"2+1+N"的窗口设置要求，统一服装，完善设置自助办理区和休闲服务区的服务设施。实行首席员 AB 角管理制度和延时工作制度，提升服务质量和群众满意度。打破业务科室界限，对大厅服务人员每日轮岗轮训，让每一名工作人员熟悉大厅所有服务事项，方便解答办理服务群众事项。在开展网上办理服务的同时，成立 88 人组成的便民服务小分队，统一服装、标识，对有特殊困难的居民实行"到家服务"。全年共完成网上受理 345 项，办结率 100%，快递办理 119 件，便民小分队上门服务 699 次，基本实现"零跑腿"。

（修建勇）

兴华路街道办事处

【概况】 兴华路街道办事处以习近平新时代中国特色社会主义思想为指导，坚持以人民为中心的发展理念，紧密联系辖区实际，突出重点，整体推进，扎实开展经济建设、城市管理、社会稳定、重点项目、基层党建、"两委"换届等各项工作，取得突出成效。荣获青岛市上海合作组织青岛峰会服务保障工作先进集体、李沧区先进基层党组织、"李沧之春"

民间艺术展演优秀组织奖、李沧区第七届戏曲票友大赛优秀组织奖和李沧区社区艺术节优秀组织奖。"奋斗兴华、幸福家园"建设五项行动被《大众网》《青岛日报》等多家媒体宣传报道。

【党建工作】 党建活动。扎实推进"大学习、大调研、大改进、大督促"活动，指导各基层单位落实各项任务，组织开展"回头看"，防止"走过场""两张皮"，各社区共撰写调研报告29篇。组织开展"传承红色基因、庆祝党的生日"主题系列活动21场。成立"兴华理论惠民宣讲团"，开展"传承红色基因"理论宣讲进社区活动24场，组织理论惠民宣讲200余场次，受众9000人次。抓牢抓实"三会一课""主题党日+"等活动。邢台路社区党委第五支部9月份"主题党日+"活动被区委组织部推荐网易

平台进行全网直播，广受好评。完善街道区域化党建工作联席会制度和社区共建议事会制度，同驻辖区16家单位党组织签订区域化党建工作共建协议，研究共建议题17项。进一步加强"两个覆盖"工作，新成立2家非公企业党支部；成立街道离退休干部党委和社区离退休干部党支部，为老干部党委、老干部协会、老干部志愿服务站打造专门活动场所。用好"灯塔——党建在线"综合管理服务平台，做好网上组织关系转接和动态信息上报。组织开展六期"灯塔——党建在线"学习竞赛答题活动。

楼院党建示范工程。通过坚持"一个目标"、突出"三个着力点"、抓实"五项内容"、推进"七项措施"、落实楼院"网格书记责任制"，组织实施"楼院党建示范工程"。"网格书记"带领楼院党员亮身份、亮承诺、

亮成绩、比奉献；发挥316名"一心"服务队的作用，围绕创建阳光、活力、平安、文明、美丽楼院五项行动，扎实推进党建示范楼院工作具体化、多元化、常态化。通过引导培育，打造新禧苑小区、邢台路小区等一批党建示范楼院。坊子街社区新禧苑小区党群活动中心被列入区委第四季度观摩项目。

【经济工作】 按照"抓大不放小、增新不放旧"的原则扩大税源。主动与财税部门和辖区企业对接沟通，每月跟踪掌握纳税情况，确保辖区企业各类税收及时足额缴纳、超额完成指标任务。2018年，蓝海股权挂牌企业1家，新增企业主体284家，注册资金过千万企业12家，当年新注册企业产生税收的企业82家，新增税源1100余万元。规模以上企业股份制改造5家，完成年度任务200%；服务业纳统企业12家（含规模以上文化企业1家），完成年度任务150%。经济普查清查法人和产业活动单位1185家，清查个体工商户2281户。

【阳光政务】 全市公共服务"零跑腿"试点。积极推动"互联网＋政务服务"改革，成功完成全市公共服务事项"零跑腿"试点工作。建立标准化便民服务中心，打通"零跑腿"服务堵点，45项公共服务事项均可通过网上办理、快递邮寄、上门服务等多种方式全部实现"零跑腿"。全区加快推进"互

2018年7月10日，兴华路街道召开区域化党建工作联席会议成立大会暨第一次全体会议。

联网＋政务服务"现场会、全市"互联网＋政务服务"现场培训会、全市政务服务向基层延伸工作现场会、李沧区公共服务事项"零跑腿"媒体见面会在兴华路街道召开，"零跑腿"、便民服务小分队服务等做法在《大众日报》《青岛日报》等多家省市级媒体报道。探索为老年人提供精准服务途径，通过大数据筛选，为60岁以上、70岁以上和80岁以上不同年龄阶段的老年人推送政策办理提醒短信613条，受到广大社区居民好评。

民生保障。2018年，发放低保金2693566.40元；办理临时救助、医疗救助72户，救助金额311971.85元；开展残疾人帮扶2057人次，发放救助821438.50元；开展保障房申办等服务2078户次，发放补贴845868.04元；开展拥军优属服务131人次，发放救助补贴1678040元；开展老年人帮扶3592人次，发放各类补贴975550元。

受理政务热线。全年办理热线问题1315件次，完成区委、区政府及《李沧政务网》信息上报298件次，公开各类政务信息227件。提报"治官、治吏、便民、利民"各类信息、正负清单46篇，整理归档文字、图像材料97件。

【社会维稳】　扫黑除恶专项斗争。加大宣传力度，制作横幅70条，发放《告居民信》1万余封，张贴通知5000余张，每个社区设立大屏幕，营造浓厚氛围，提高群众知晓率。组建550人群防群治队伍，协助辖区派出所开展线索摸排和社会面治安防范。召开群防群治专题会议，组织各社区广泛发动社会力量，积极投身扫黑除恶专项斗争。

平安家园建设。联合消防、公安等多部门对九小场所进行3次拉网式隐患排查，查出安全隐患323处并责令整改；开展隐患整改"回头看"，确保问题整改到位。组织楼长、志愿者以及社区片警对社区350座多层、28座高层进行楼道安全隐患进行排查，对发现的问题及时处置。在1处公园、4所学校、7条道路、10个社区张贴"漫话治安防范"公益海报；组织社区文艺演出队自编自演歌舞、小品、评书等节目，宣传安全防范知识；通过微信、微博和社区QQ群等新媒体制作安全宣传材料并广泛传播。组织112名少数民族群众参与民族团结进步宣传讲座3场次，开展宗教政策法规宣传2场次，开展走访慰问困难少数民族群众16人次，办理政策性补贴67人次。大活动期间，重点对辖区4家清真食品场所进行排查。顺利完成"两会"和上海合作组织青岛峰会等重要时段的安保维稳工作。

化解信访积案。建立完善街道信访人基础台账47册，办理中央第五督导组交办的两批次4件扫黑除恶事项，做好9项满意度信访事项的化解，满意度加分项列全区第一。成功化解积案3件，法律程序终结办结1件，完成上级交办21件，其中，国家信访局交办件1件，省满意度16件。

法治建设。扎实推进"七五"普法，落实民主协商和调解制度，把与群众面对面交流形成常态化制度，充分保障群众的

2018年7月12日，青岛市政务服务向基层延伸工作现场会在兴华路街道召开。

参与权、话语权、选择权、评判权。借鉴"枫桥经验"，充分发挥"一社区一法律顾问"和社区调解员作用，做到"小矛盾不出社区，大纠纷不出街道"，一则调解案例被青岛市司法局司法调解安全案例选用。全年共调解、化解矛盾285件。加强"两类"人员管理，全年无重新违法犯罪现象发生。

【城市管理】 创城工作。完成街道复查省级文明单位和6个社区申报文明社区工作。完成前三季度创城测评迎检工作，制定《兴华路街道创城工作实施方案》，分解落实责任，召开社区书记、主任参加的创城工作部署会，狠抓落实；根据《文明城市创建实地考察重点项目、要求及责任分工》以及后期下发的一系列测评标准，要求各社区逐项落实到位，推进创城工作常态化、精细化。11月下旬，在迎接国家测评工作中，街道主要领导带队到每个社区巡查，具体部署并督促落实。从街道抽调人员组成工作组进行暗访，并将暗访情况进行通报，督促问题整改落实，圆满完成创城工作任务。期间，累计开展各类志愿服务活动210余次。

美丽家园建设。拆除违法户外广告横幅等47处，查处占路经营烧烤和占路施工违章等行为9起。对沿街单位、店铺、居民落实"门前五包"责任和社区乱堆乱放物品清理责任，

清运各种垃圾400余车。结合"美丽青岛行动"，拆除违章建筑板房11处，拆除违法建筑共计51处，153030平方米。排查清理僵尸车45辆。对重庆中路、南岭三路、坊子街社区等四处渣土堆进行平整降高，并用密目网覆盖，平整面积20万平方米。在重庆路北段设置3米高砖混结构围挡580米，在南段设置3米高普通围挡720米，对渣土堆进行遮挡，确保辖区内环境整洁有序。

老旧楼院整治。对辖区55个居民楼院内违法建筑、乱搭乱建、乱堆乱放、圈占绿地等进行摸底，并制定整治计划，按月推进，已完成55个楼院整治，清理毁绿种菜180处、1242平方米，拆除违章建筑30处、1980平方米，乱搭乱建107处。

联合执法。通过在全国"两会"和大活动期间大练兵，摸

索出一套符合街道实际情况的联合执法长效机制。联合建管局、安监局、卫生局、食药局等部门，每月开展联合执法2次，对查出的问题，限期整改，每月组织1次"回头看"，检验整改效果。检查九小场所及生产企业378家，查找隐患476项，整改率100%；依法关停整顿散乱污企业3家，取缔存储危化品企业等存在安全隐患企业7家，依法取缔群众反映强烈的邢台路早市。

【文化建设】 成立"兴华路街道艺术团"，以"永远跟党走"为主题开展"主题文艺巡演进社区"活动，组织送文化到社区演出22场；创作歌曲《奋斗啊，兴华》《春到华泰来》《兴华歌友之歌》和小品《都是手机惹的祸》等文艺作品，深受群众好评。承办市、区两级文化活动18场次，受益群众7000余人，街居两级演出160

2018年6月，兴华路街道"兴华文化惠民艺术团"成立，开展"永远跟党走"艺术巡演进社区活动。

场次，受益约 4 万人次。开展趣味运动会、扑克比赛、健步行、大合唱等各类活动 125 次，辖区老年人参与率达 88% 以上，《大众日报》予以报道。

【重点项目】 棚改拆迁。采取"人盯事、人盯人"督办措施，2018 年 1 月 22 日，顺利启动四流中路 221 号 11、12 号楼华泰社区棚户区改造项目，10 月底全部完成拆迁

工作。兴华路 27 号棚户区改造项目 2016 年上半年签约完毕并搬离。由于诸多原因，房屋一直未拆除，环境脏乱差，群众反映强烈。街道主要领导果断部署，2018 年 8 月 21 日再次启动该项目，迅速完成拆除工作，共拆除危旧房屋 1600 余平方米，在拆除后的空地上为居民建起公共活动场所。

完成"两证"注销。南岭三路北侧地块（坊子街社区片区）"两证"注销项目历史遗留问题多，历时时间长、破解难度大。年初采用全面摸底、分批推进的方式，于 4 月 27 日全面完成"两证"注销工作，注销土地证 379 个，分四批注销房产证 355 个，比规定时间提前 1 个月完成。

（李静）

兴城路街道办事处

【概况】 兴城路街道办事处深入贯彻党的十九大精神，坚持习近平新时代中国特色社会主义思想为指导，扎实落实区委区政府工作部署，紧密联系辖区实际，统筹推进经济工作、社会事业、城市管理、社会稳定、民生建设、基层党建等各项工作，辖区经济社会发展迈出新步伐，取得新成效。

【党建工作】 学习与调研。组织理论中心组集体学习 12 次，专题研究党建和意识形态工作 2 次，突出强化"四个意识""四个自信""四个服从""两个维护"，严格做到讲政治守规矩。结合"大学习、大调研、大改进、大督促""新时代、新担当、新作为、新奇迹"和解放思想大讨论活动，认真落实党建工作"三张清单"，主

要领导到社区和企事业单位调研、指导党建工作 26 次。指导打造"奉献八方"基层党建和宣传思想文化阵地，征集老物件、老故事线索 40 余个，举办奉献精神主题党日活动 2 次。

先锋堡垒作用。在重大活

动、突发事件中发挥党员干部"排头兵"和党组织战斗堡垒作用。上海合作组织青岛峰会期间，街道党员领导干部带头到 5 处盯防点蹲守，每晚 3 组人员配齐车辆器材彻夜不间断巡查。及时救助沔阳路社区突发

兴城路街道打造的常春藤园区党员红色驿站。

火灾生活受困户低收入家庭20户。协调有关单位做好房屋修缮、保险理赔、法律援助工作，消除集体上访隐患。将板企家委会纳入板桥坊社区党委管理，实现党的领导对居民自治组织全覆盖。整顿组织领导薄弱的汾阳路社区党组织，建立问题台账，明确整改时限，逐一督促整改；打造"党建+物业到家"党组织服务群众项目，解决社区老旧楼院下水道堵塞、楼梯破损等11项居民期盼解决的问题，赢得民心。

监督管理。加大纪工委对各级党组织全面从严治党及督导反馈问题整改情况督查力度，坚持利用"痕迹工作法"，坚持跟踪问效，将全面从严治党落到实处。深入开展"小官贪腐"整治，在街道各科室、各社区，着力推进中央八项规定精神落实，驰而不息纠正"四风"；街道党工委、纪工委主动"走出去"，开展社区"三资"使用情况内部审计工作，确保账目清楚，资金使用依法合理。

整改问题。2018年11月第二巡察组对兴城路街道开展为期3个月的巡察，街道党工委高度重视，街道党员干部、各社区党委书记主动配合，把巡察工作作为政治考验和党性锻炼提升的重大机遇，自觉接受"政治体检"。对于巡察组提出的制度建设缺失、护照管理不规范等问题，高度重视，分析原因，制定措施，扎实整改，取得实效。

【经济工作】 街道辖属青岛市老工业区，企业生产经营项目涉及化工、交通运输、水泥建材、文化服务业。辖区内现有各种企业570家，国有企业9家，股份有限公司23家，有限责任公司367家，私营企业170家，中外合资企业1家，各类个体工商户344个。为实现2018年区财政收入过百亿目标，狠抓税源建设，引进青岛

瑞思汽车服务有限公司、安诚保险李沧支公司等，加大对车船使用税的引进。动员本地生产异地纳税企业13家变更纳税地。加强跟踪督查纳入区重点项目和街道重点跟踪服务的工程项目，协调企业做好建筑施工企业税收。开展"妈妈式服务"加强企业培育，利用闲置厂房引进100余家中小企业。2018年实现财政收入1.2654亿元，实际利用内资4.03亿元，完成企业总部1家，引进注册资金过5亿元项目1家，完成3家规上企业股份制改革，培育规上企业11家。

【社会事业】 公共服务。推进街道政务服务体系建设，按照"2+1+N"模式，在街道设立综合受理窗口，回复取件窗口和专业服务窗口；实施"互联网+政务服务"，实现线上线下融合，"就近办、一站办"，全面推行审批服务"零跑腿"；深入开展"服务到企业、服务到项目、服务到社区、服务到居民"活动。完成公共服务事项平台行政许可4项、完善公共服务信息72项；不断完善工作流程、制作"一次办好"服务指南，为各社区制作"明白纸"30余种；受理线上线下各类业务500余件，办结率100%，办理"零跑腿"业务41件，出动便民小分队上门服务41次。

人口计划生育。以"关爱一生"为理念，跟踪服务2124

兴城路街道办事处"三明一重"街长制工作法。

名育龄妇女、孕产妇和新生儿，健全系统档案信息 2639 条，排查流动人口 1582 人次，为辖区流动已婚育龄妇女发放孕检报告 150 人次，为无业、失业育龄妇女查体 182 人次。帮扶独生子女伤残及失独家庭 50 人次，发放扶助金 1.8 万余元，发放退休后独生子女费一次性奖励。围绕"计生助福宣传月""5.29 协会纪念日"等主题活动，举办健康讲座 10 场。

民生保障。全力做好社会救助工作，办理各类救助 59 户，发放救助金 20 万余元；办理保障房新增及年审 186 户，配租房年审 148 户；发放重度残疾人护理补贴 390 人，共计 297340 元；做好高龄补贴、体检补助办理工作，清退不符合条件低保家庭 52 户、94 人；春节走访慰问困难群众 228 人次。

【城市管理】　市容环境管控。积极配合相关部门做好中央环保督查"回头看"和山东省环保督查工作，圆满完成各项环保督查任务。协调会同有关部门和单位，保质保量完成辖区 3 千米铁路沿线整治任务，把原本脏乱裸土地段修建成宜人景观。扎实推进辖区"街长制"，扎实开展巡查治理工作，街道主要领导巡查 100 余次，分管领导巡查 300 余次，街道城管中队巡查执法出动 1200 余人次。共清理占路经营 800 余处，拆除商户及道路两侧非法广告、门头牌匾、指示标牌

200 余处，清理小广告 1200 余处、3000 余平方米，拆除违建 8 处、1400 余平方米，拆除地锁 30 处。

征收促迁工作。依托社区"三事"议事协商平台，顺应群众呼声，积极担当作为，完成唐山路 91 号 19 号楼危旧筒子楼全部 104 处房屋、92 户居民征收签约工作，消除房屋质量安全隐患和火灾隐患。多方协调，完成青连铁路涉及的青岛碱业、阻燃材料厂、汽运公司等企业土地厂房征收工作，为青连铁路顺利施工、按时通车奠定基础。

【社会维稳】　上海合作组织青岛峰会安保。成立峰会安保维稳工作战时指挥部，下设 9 个专门工作组，由班子成员担任组长，明确分工，落实责任。针对社区人员力量薄弱问题，峰会前期从街道选派得力人员作为联络员派驻社区，与社区班子成员进行责任捆绑，确保工作到位，按照"全面摸排、突出重点、分类施策、确保稳控"原则，对各辖区各类安全问题进行拉网式排查，发现隐患，及时消除，确保在上海合作组织青岛峰会期间无一人上访滋事、无一起安全事故发生。

安全生产。每季度按照上级要求组织安全生产会议，全年组织辖区企业开展安全生产培训 3 次，培训 300 余人；组织"双重预防体系建设"讲评

会 3 场，参与企业 8 家，辖区内青岛百发海水淡化有限公司和青岛莱茵化学有限公司受区安监局邀请为全区企业做示范讲评。组织开展居民安全体验活动 12 次，参与人员 2000 多人次。对辖区企业拉网检查 660 余家次，督查企业整改安全隐患 500 多项，配合市、区安监部门及有关科室联合执法检查 8 次，对存在安全隐患整改不力企业加大处罚力度，全年下达责令整改书 50 余份，行政处罚金额 10 万元。

信访维稳。通过社区联络员与社区领导无缝对接，每日摸排更新各级各类上访人员信息，经综合分析研判对全部 10 个类别 560 人定出风险等级，分级配备力量，切实做好防范管控工作。

场所安全。党政主要领导带队检查整治九小场所各类隐患，警告违规单位 15 家、处罚 16 家，收缴罚金 13200 元；会同公安、消防、工商等部门端掉 1 处快递骑手群租群充电聚集点，发现并关停 1 处藏身于居民楼院的冷库，消除了重大火灾隐患。

社会治安综合治理。积极开展普法宣传工作，充分利用民情日、微信群、宣传栏、法律顾问、普法大讲堂等载体，开展法律宣传。做好"六进"活动，营造平安建设良好氛围。深入开展矛盾多元化解调处，扎实开展"三事"活动，解决

化解调处各种矛盾纠纷,打造和谐文明街道。组织开展治安清查,组织夜间清查3次,检查九小场所45家次,开展法律服务200余次。对刑满释放26人进行风险性评估,进行24小时有效管控。深入开展扫黑除恶专项斗争,组织开展"党建统领、普法先行、扫黑除恶"送法进社区文艺演出活动和扫黑除恶专项斗争千人签名活动,现场发放普法宣传材料1200余份;深入企业开展扫黑除恶专项斗争宣传活动,为230余家企业发放宣传材料2000余份,配合辖区派出所破获涉黑涉恶案件7起。

【社区建设】　组织建设。依托社区党群服务中心,在5个社区建立"两代表一委员"工作室,组织代表、委员与所联系的社区开展年度共建,走访困难家庭39户。结合"大学习、大调研、大改进、大督促"工作,对党建薄弱的汾阳路社区党员和居民提出的13项问题组成帮包队伍,13项问题均予整改。针对在街道工作的流动党员和在职党员组织生活参与度低等问题,召开红星化工园区流动党员组织生活会1次,座谈会2次,开展夜间"主题党日"活动1次。以常春藤园区为阵地,为流动党员和在职党员提供活动场所。

社区环境整治。依据各社区环境卫生状况、薄弱环节制定工作计划,实施网格化分组、分片区包干管理,明确目标和工作重点,强化责任落实,确保楼院环境卫生整洁。结合市、区老旧楼院整治工作分别对原青岛阀门厂宿舍、原青岛油漆厂宿舍进行集中整治,对破损严重的煤屋进行维修,对楼体重新粉刷。对乐亭路楼院、四流北路10号楼、18号楼院、碱厂宿舍等楼院乱搭乱建进行拆除。借助海绵城市建设对乐亭路、汾阳路社区周边楼院内的8处花坛进行整修,平整修复破损地面1000余平方米,安装设立石桌、条椅、长凳等便利设施。投入30余万元对四流北路5号、7号楼院、唐山路91号楼院、板桥坊北村高大树木、危树进行修整,对碱厂宿舍破损排水沟盖板进行更换,对原油漆厂宿舍5号楼楼顶坍塌及时进行维修。针对楼院僵尸车问题,联合交警部门进行清理,清理僵尸车69辆。

(张滨)

楼山街道办事处

【概况】　楼山街道办事处坚持以习近平新时代中国特色社会主义思想为指导,按照区委区政府部署,深入贯彻落实新发展理念,因地因事制宜,采取有力措施,扎实推进经济、城市管理、社会稳定、民生建设、党的建设等各项工作,辖区经济和社会事业发展取得明显成效。

【党建工作】　学习提升。建立中心组"述学、评学、考学"机制,全年中心组学习11次,专题讨论8次;街道党工委主要领导讲党课2次,基层党组织书记讲党课12次;举办"办事处机关干部讲堂"32次,基层所属支部、党小组学习216次,"主题党日+"活动80次,党员学习覆盖率98%。举办基层党务工作者能力提升培训班,组织辖区47名基层党务工作者开展培训学习。党工委班子突出问题导向,组织撰写调研报告9篇,查摆并整改问题12项。

基层组织建设。在各社区建立"党员服务点",实行网格化管理,建成党员服务网格57个。利用党组织服务群众经费和党建奖励经费,为社区党委专职副书记、二级支部书记全体配备手机;为优秀党支部拨付活动经费。翠湖社区党委书记荣获市委优秀党务工作者，街道党工委荣获李沧区先进基层党组织。制作"党员之家"门牌标示115块、优秀党员奖牌22块。

意识形态工作。制定印发《楼山街道贯彻落实〈青岛市党委（党组）意识形态工作责任制实施细则〉实施方案》，与14个党组织签订《意识形态工作责任书》，压实拓宽意识形态覆盖面。把意识形态工作纳入《党组织工作考核办法》，研究并听取意识形态汇报，开展专项督查2次。采取有效措施加强网上意识形态阵地建设。成立舆情监控及引导工作小组，制定《舆情监控及引导小组工作细则》，增强政治敏锐性和鉴别力，对敏感舆情主动采取应对措施，共处置舆情8条，反馈舆情8条。完成转发评论任务40次，撰写网评文章12篇。另外，在社区QQ群、旗聚楼山微信群等化解处理内部网络舆情20起。

宣传工作。举办街道宣讲员培训会2次，辖区2名百姓宣讲员参与"启航新时代·共筑中国梦"宣讲竞赛活动。发动社区文艺骨干创作排练《老兵赞》等理论宣讲文艺节目6个；邀请"国学李沧"及上级部门宣讲团宣讲16次；在翠湖社区打造"树下言堂"宣讲品牌；打造小范围、近距离、短时间的"微宣讲"，累计开展理论惠民宣讲6次。

2018年8月21日，楼山街道在翠湖社区举办树下言堂活动。

2018年8月31日，楼山街道联合综合执法局拆除滨海路一非法石子加工厂。

2018年11月5日，街道工作人员在徐家企业公司开展全国第二次污染源普查工作。

【经济工作】 经济规模。2018年，楼山"四上"企业共51家，其中规模以工业企业15家（新增1家）；限额以上批零住餐企业14家；规模以上服务业企业20家（新增2家）；规模以上建筑施工企业2家。企业纳统完成新增规模以上服务业企业8家，完成规上工业企业1家，规上文化企业1家。1～12月份在辖区新注册成立企业368家（统计数据），不断形成新税源。紧跟大项目建设进度，督促建筑施工单位及时缴纳税收全口径399.97万元，实现区级财政收入210.1万元；加大对本地经营异地纳税企业变更注册地到李沧的动员力度，2018年2家企业完成变更手续。

经济普查。组织开展第四次全国经济普查工作。选派街道业务骨干到区普查办参加绘图工作，为确定普查区域范围提供依据；选聘9名普查指导员、30名普查员，组织"两员"参加市、区普查办举办的培训班，为高效率开展普查工作打好基础；在清查阶段，清查法人和产业活动单位2017家、个体工商户991个。

【环境卫生治理】 市容卫生整治。联合综合执法局取缔安顺路、遵义路路口废品收购点1处；整治安顺路、长顺路门头牌匾12处、户外广告400余平方米；拆除安顺路长顺路私搭乱建4处，面积40余平方米；清运原徐家村、刘家村拆迁区域内堆积垃圾渣土等1000立方米。定期组织人员对瑞金路两侧、辖区老村内卫生死角进行清理，清运垃圾渣土等1000余立方米。

卫生城市建设。广泛开展国家卫生城市复审宣传工作，发放宣传材料2000余份。开展洁净家园义务奉献活动8次，街道辖区各社区安装、更换鼠屋100余个，投放鼠药50千克。积极协调将四流北路213路公交总站车场进行硬化，有效减少路面扬尘。协调社区对楼山路6号大面积裸露土地进行硬化整治，减少大型车辆进出场地导致的大量扬尘。

【环保工作】 污染源普查。克服人员少、任务重困难，协调争取各社区、各企业支持，配合环保局完成对辖区1000多家注册企业的清查工作，对最终纳入普查范围的160多家企业进行集中普查填表，顺利完成全国第二次污染源普查任务。

环保问题整改。在迎接环保督查过程中，完成中央环保督查交办件1件、省环保督查交办件5件。配合职能部门关停取缔2家非法石子加工厂，积极协调一汽集团对楼山后闲置地块进行清理整治。

【安全生产】 落实责任制。年初分别与6个社区、4家工业、物流园区、12家直管单位签订年度安全生产目标管理责任书，督促各社区、园区分别与辖区660余家生产经营单位签订年度安全生产责任书，层层落实安全生产责任制。

安全检查。会同相关职能部门和生产企业实行安全生产联席会议制度，全年共召开安全生产联席会议10次，开展安全生产联合执法活动21次，取缔无证无照、存在重大安全隐患企业3家。重要时段、重点区域、重点环节开展集中检查，共检查企业426家次，查处各类安全隐患326处，当场整改280余处，限期整改42处，下达责令限期改正指令书46份。

风险管控。指导辖区企业开展全员教育培训、风险辨识、评估，有效开展风险分级管控，辖区16家高危行业及规模以上企业已全部完成双重预防体系建设并在双体系信息平台有效运行。

【民生工作】 成立便民服务中心。分别成立街道、社区便民服务中心3处、服务点1处，为居民提供"一站式、一条龙、全覆盖"便捷服务。组建便民小分队，对有特殊情况和行动不便的居民上门服务，做到便捷、周到、"零跑腿"。

民生救助。全年共发放涉及低保金、救助金、投保报销、教育补助、老龄补贴等32项资金，共计500多万元，帮扶救助群众680余家次；发放社区办公经费、人员经费100余万元。按照"应保尽保、应保必保"要求，从严把控、严格筛查已有低保户中的错保、隐瞒收入、违规吃低保等问题，停保 15 户、34 人。

退役军人服务保障。根据市区部署和要求，组织对辖区退役军人信息进行采集、梳理，同时做好安抚工作，实现"零进京、零上访、零登记"；为辖区符合条件的退役士兵办理公益性岗位，为部分退役士兵发放投保补贴。

【维稳工作】 扫黑除恶专项斗争。在街道和各社区张贴《通告》《一封信》5000 张，悬挂条幅 10 条，发放调查问卷 800 余份，通过微信群等途径发布有关内容，增加群众知晓率。充分利用辖区内显示屏，滚动播放开展扫黑除恶专项斗争口号，扩大社会宣传覆盖面。积极动员群众举报揭发各类涉黑涉恶违法犯罪线索，与辖区派出所形成联防联控工作机制。

矛盾隐患调处。对青荣铁路搬迁等引起的热点问题、矛盾纠纷和群体性、突发性事件苗头，做到及时发现并切实从源头上加以解决，以消除影响、干扰社会稳定的隐患。认真贯彻落实上级确保社会稳定的一系列通知精神，从狠抓信访工作机制入手，加大对矛盾纠纷调处力度，确保及时化解。

【文化惠民活动】 举办合唱、舞蹈等各类公益性文化培训、美术展览 20 次，开展青少年图书阅读服务活动 50 次，开展棋牌、健身娱乐等群文活动 2100 余次；举行好戏连台、百姓舞台综合性文化活动 56 场；承办李沧之春福进万家送春联活动，组织街道舞龙队、锣鼓队参加上海合作组织青岛峰会青年交流营演出和第二届够级文化节开幕式演出；组织各社区参加李沧区第 18 届社区文化节比赛和社区文化节闭幕式演出 10 余次。全年组织各社区文化队伍参与各级演出、比赛 100 余次。

（周潇）

湘潭路街道办事处

【概况】 2018，湘潭路街道办事处按照区委区政府部署，紧紧围绕李沧区中心工作，精心组织，扎实工作，着力抓好经济、社会民生、城市管理、社会稳定等工作，取得突出成效。荣获青岛市文明单位标兵、青岛市工人先锋号、青岛市上海合作组织青岛峰会服务保障工作先进集体、2018～2019 年度青岛市理论宣教基地、青岛市"为民服务示范岗"等荣誉称号。

【党建工作】 扎实推进"两学一做"学习教育常态化制度化。持续深入学习贯彻党的十九大精神、习近平新时代中国特色社会主义思想，组织开展"党的十九大精神集中学习月"活动，组织全体党员参加"灯塔 - 党建在线"党的十九大精神学习竞赛，获得李沧区党的十九大精神知识竞赛第二名。借助"互联网 +"开展支部每周在线测学 7 次，运用大数据分析成绩，推动学习教育具象化常态化。不断强化基层党组织建设，围绕"大学习、大调研、大改进、大督促"和"新时代、新担当、新作为、新奇迹"开展"三个一线"活动，发挥党员干部先锋模范作用和基层党组织战斗堡垒作用。以基层党组织评估工作机制统筹推进基层党的工作，大枣园、南岭社区分别获评省党史教育基地和市、区先进基层党组织称号。在枣园社区大力实施"5U 幸福家"书记突破项目，探索破解新市民融合难问题新模式。有效推动区域化党建工作，深入落实中央关于加强城市基层党建工作部署和省、市、区委工作要求，统筹共建资源平台，完善共驻共建机制，与农行湘潭路支行、49 中学等 19 家单位签订合作协议，亮出"资源"和"需求"双向清单，共建共

2018 年 10 月 12 日，湘潭路街道召开解放思想大讨论动员部署会。

享共赢良好局面。开展离退休干部新机制试点工作，建立街道、社区两级离退休干部党组织和老干部协会，开展组织生活和协会活动，得到省、市、区老干部局领导充分肯定及离退休干部一致好评。

【经济工作】 坚持稳中求进工作总基调，全年围绕财政收入、招商引资、规上企业培育和四板上市挂牌等经济考核指标工作，经济指标完成取得新进展，累计实现财政收入 3.1 亿元，100% 完成目标任务。实际利用内资 4.03 亿元，成功培育市级总部 1 个，实现四板挂牌企业 2 家，股份制改造 3 家，规上企业 8 家，年度各项经济指标考核工作全面完成。对口扶贫康县两河镇，签订结对帮扶协议，资助困难户 10 户，完成两家企业与两河镇巩坝村、丁山村签订对口扶贫协议。精心组织实施入户宣传和入户核实清查，有序推进第四次全国经济普查摸底工作。

【城市管理】 以"美丽青岛行动"、大活动保障、国家卫生城市复审、中央和省环保督察为重点，拓宽思路，迎难而上，扎实推进城市管理各项工作。采取将辖区重点、难点区域转交专业化队伍管理服务外包模式进行长效化管理，整治一大批"三不管"地带"老大难"问题。结合开放式楼院网格化管理模式，制订《湘潭路街道办事处城市管理工作奖惩办法》，调动社区工作积极性，形成街道、社区齐抓共管格局，进一步扭转环境卫生面貌差的现状。完成重庆中路 1049 号、南岭风情小区、梅庵新区、大枣园老小区（北区）四个区域海绵城市改造提升工作，进一步改善居民群众居住生活环境。成功解决"烂尾"10 年的重庆中路 929 号楼（原油漆厂宿舍楼）遗留问题，整体拆除完毕。规划十号线涉及的部分企业厂房全部拆除。大力推进楼山河二支流、老虎山周边违建拆除工作，为海绵工程建设创造有利条件。青义锅炉征迁工作取得重大突破，南岭三路地块达到净地条件。

【民生工作】 坚持"应保

2018 年 12 月 24 日，湘潭路街道办事处联合安监、综治、公安、城管中队，开展安全生产夜查活动。

尽保、应退则退"原则，对各个环节严格审核，层层把关，阳光操作，全程留痕，确保社会救助工作公平公正。承办全区社救工作半年总结暨现场观摩会，街道社救工作经验做法被推广学习。针对个别家庭因病或突发事件造成困难的情况，开展临时困难救助、医疗救助等，形成全方位、立体化救助模式。扎实推进"一次办好"行政服务工作，设置2个街道便民服务中心综合受理窗口、7个社区便民服务中心，方便群众办事。组织"国学讲堂""情聚湘潭""悦读悦心"、社区运动会等143场文体活动，不断满足辖区居民精神文化生活需求。

【社会稳定】 重大活动期间辖区内安保维稳工作实现"零进京""零上访""零登记"，未发生一起到市以上信访或邪教人员扰乱社会治安事件。认真落实扫黑除恶工作部署，广泛宣传、全面动员，积极推进。坚持"安全生产、预防第一"的方针，提高安全生产基础投入，加大安全监管力度，强化安全生产专项整治，建立健全安全生产责任制度，各方积极参与，齐抓共管，确保安全生产不出问题。扎实做好省安委会巡查组对街道安全生产工作巡查迎检任务，确保顺利通过。以"安全生产责任落实年活动"为抓手，认真贯彻落实"党政同责、一岗双责、失职追责"要求，强力推动主要领导、部门监管、企业主体"三大责任"落实，积极开展安全专项检查、安全生产月等活动，要求辖区各单位严格按照"网格化"监管责任，对各生产经营单位进行安全生产监管，从源头上排查消除安全隐患，确保辖区安全生产形势稳定。

（宋晓彤）

九水街道办事处

【概况】 2018年，九水街道办事处按照区委区政府部署和要求，围绕创新发展"18844"工作格局，以党建工作为引领，以青岛国际院士港服务保障、社区治理、扫黑除恶为重点，全力做好经济、社会事业和社会稳定工作，各项工作取得明显成效。

【党建工作】 教育管理。街道工委召开专门研究党建工作会议14次，深入支部开展调研指导4次，组织党委中心组成员集中学习、交流研讨12场次。为党员上党课4次。以"两学一做"常态化制度化为抓手，开展"主题党日"活动12次。围绕"双治双民"和解放思想大讨论活动，建立"治官治吏便民利民"专项行动正负面清单、九水街道人员考核评议办法等制度3项，开展党员培训教育活动5次，通报纪委典型案例8次，与社区"两委"开展明纪谈话50余次。完善机关工作人员日常考核办法，树立先进典型22人，利用"九水风采·人物"专栏进行宣传。

"党建+"建设。完善"大党工委"制度，与社区进行"共建联建"活动。在已回迁的6个社区建立共建议事会制度，与"两代表一委员"和驻社区"第一书记"所在单位开展结对共建，开展文化活动20余次，走访慰问27人次，开展主题党日活动5次。把党建与服务平台建设相结合，围绕新回迁及新成立社区党群服务中心建设，构建"区域化党建堡垒、养老医疗平台、便民服务驿站、文体活动阵地、公益互助场所"5大功能版块，完善区域化党建联席会、党员居民议事会、社区"两委"会三项工作制度，打造社区工作者、党员、社会组织、志愿者4支队伍建设。

【经济工作】 保障服务院士港建设。按照区委区政府部署，把服务保障院士港建设作为重点工作来抓，为保障核心区拆迁顺利推进，办事处率先抓紧时间进行搬离，为工业园区其他需搬迁企业做表率。完成院士产业核心区郑庄地块拆迁，拆迁总面积1.77万平方米，腾地450亩，拆除企业20家，拆除面积约9.5万平方米。协助完成院士核心产业区先导区项目内剩余企业拆迁工作，拆迁面积约8600平方米。在海外院士青岛行、省委党校现场教学等重大活动中，抽调专人负责服务和安全保障。

新增企业与财政收入。引进总部企业1家，招商引进注册资金5000万项目企业1家；新增规模以上企业9家，超额完成1家；完成个转企公司1家，完成归改股企业3家，四板挂牌上市企业2家。全年财政收入累计完成43397万元，内资完成8.91亿元，完成率111.38%；

【社会建设】 社区治理。探索形成以党组织为引领的"党组织、社区组织、社会组织、社会智库"四位一体的社区治理新机制和"互联网+""项目+""标准+""品牌+"社区治理新方法。2018年，街道先后引进6个社会组织，实施12个社区治理大项目以及50余个子项目，直接服务群众2000多人，辐射带动数万人。精心打造宾川路社区"情暖家园，聚力宾川""小小积分卡，激励你我他"等服务品牌10个。强化社区治理队伍建设，动员驻社区单位积极参与社区治理，组建居民各类骨干队伍50多支。九水街道社区治理开展情况在全国和省、市媒体报道30余条，"今日头条"报道10余次。

回迁安置。自2018年下半年以来，利用三个月时间先后完成侯家庄自建楼、王家下河社区、于家下河3个社区居民安置房回迁工作，回迁居民1432户，安置房屋2466套。在回迁过程中顺势化解一批长期积攒的矛盾，得到百姓认可和区委肯定。在尤家下河社区房产证办理中，邀请李沧区不动产交易中心和李沧区国税局的工作人员到社区集中为居民办理房产证登记，赢得居民好评。

办事服务。结合"治官治吏便民利民"专项行动，以"一次办结、群众满意"为目标，抓好行政服务工作。组织成立12支便民服务小分队，统一着装，将窗口服务和各项业务整合，配强配齐人员并进行集中培训，配备专用车辆，对"不会、不能、不便"的群众进行上门服务，确保实现群众办事"零跑腿"。

新建小区业委会建设。成立专项工作组，配备律师团队，指导并推进新建小区业委会选举工作。实施"物业办指导—街道组织—工作站配合—第三方具体实施"工作模式，组织选出米罗湾小区首届业委会，破解业主、物业、政府之间的多重矛盾，维护业主利益，赢得群众称赞。

文化惠民。组织开展"欢歌九水—迎新年合唱比赛""十九大精神进社区暨送福进万家""迎新春 闹元宵"等节庆文化活动。组织开展够级象棋比赛、小型文艺演出、特色项目展演等社区文化活动。开展群文大舞台—九水文化志

九水街道举行"喜迎七一·颂歌献给党"文艺演出。

愿者进社区文艺演出活动，在6个社区进行巡演。组织夏季纳凉晚会、优秀电影放映、特色队伍展演、舞蹈大赛，开展"悦读·悦心"居民阅读活动。全年共举办各类文化活动200余场次、各类培训80余场次，文化惠民3万余人次，丰富居民文化生活。

对口扶贫。按照区委精准扶贫要求，2018年11月25日，组织对口帮扶考察团赴甘肃省陇南市康县白杨乡开展对口帮扶工作，对康县旅游项目、工业园及贫困村进行实地调研。11月26日上午，在白杨乡政府召开青岛市李沧区九水街道办事处与陇南康县白杨乡扶贫协作对口帮扶签约座谈会并举行捐赠仪式，九水街道办事处联合辖区企业向白杨乡捐赠帮扶资金10万元。

【社会安全】安全生产。组织500余人次检查辖区企业安全生产工作，发现一般隐患130余处，并监督整改；组织辖区居民、企业员工600余人到安全体验中心参观，对140余家企业进行安全管理和职业卫生培训，培训人数210人，督促企业对员工进行自主培训1500余人，全年辖区安全形势持续稳定。

2018年11月26日，举行九水街道办事处与陇南康县白杨乡东西部扶贫协作对口帮扶签字仪式。

防火防汛。在防火季节，设置防火宣传横幅260条、防火警示牌45块，发放文明倡议书1万余份，组建10支社区应急队伍24小时轮守值班，确保辖区山林不出问题。在汛期，做好应急预案，安排专人值守辖区内5座水库、塘坝以及建筑工地的基坑、渣土堆，防止溃坝、人员溺水等危险情况出现，保证汛期安全。

社会治安。严格落实区委部署，全面扎实开展扫黑除恶专项斗争，向社区发放调查问卷3000余份，对辖区市场发放调查问卷1000余份，宣传发动率、参与率100%；配合李沧公安分局摸排打掉苏家社区一起家族涉恶势力组织，维护了辖区和谐稳定。联合李沧公安分局九水路派出所对辖区所有住宅、网点、市场等进行拉网式排查，共排查人员4万余人次，入户率98%以上。加强老旧居民小区重点整治，投入5万余元，为苏家社区老小区加装安全门禁系统，改善周边环境，居民安全感、满意度明显上升。

信访工作。扎实做好重要和敏感时期信访维稳工作，稳步推进"四个重点"信访矛盾化解攻坚工作。全年共接访150余起500余人次，处置集体访15起，化解信访积案3起、普通信访问题10起；对缠访闹访事件坚决予以打击。

（赵爽）

世园街道办事处

【概况】 2018年，世园街道办事处坚持以习近平新时代中国特色社会主义思想为指导，深入贯彻落实习近平总书记视察上流佳苑社区重要讲话和重要指示精神，按照区委、区政府部署，采取有力措施，推动经济工作、社会事业、社会稳定、城市管理等各项工作再上新台阶。荣获青岛市文明单位等荣誉称号，辖区上流佳苑社区荣获青岛市先进基层党组织称号。

【党建工作】 开展区域化党建。党工委书记牵头与广水路小学、青岛体育运动学校、青岛农商银行九水路支行、武警青岛支队、海军潜艇学院等20余家单位建立联系，召开区域化党建联席会，研究规划区域化党建工作。在习近平总书记视察上流佳苑社区和其他重大活动期间，各共建单位与街道密切配合，提供高效服务保障，确保安全稳定。与海军潜艇学院召开区域化党建暨军民融合座谈会，共同开展"庆八一"书画联谊会、国防知识讲座等活动，促进"军民融合一家亲"。

党员队伍管理。对各社区党支部、党小组进行合理划分，建立基层党支部书记、党小组长微信群，开展常态化交流互动，实现党员精细化管理，抓好正反面两个典型。针对机关干部违反工作纪律问题、入党积极分子培训不合格、部分社区连续两年出现吸毒寻衅滋事问题，追究个人、党组织负责人等相关人员责任20余人次。结合山林防火、大活动服务保障和庆祝建党97周年召开三次表彰大会，树典型、立标杆，带整体。在各社区全面开展"十佳筑和谐"评选活动，"抓两头，带中间"，弘扬新风尚，传播正能量。

打造社区党建示范点。协助上流佳苑社区进一步丰富扩展党员联户工作模式及成效，在社区引入"智慧世园"应用程序，不断完善智慧社区频道，将"智慧党建"与基层治理、服务群众等深度融合，推动党组织活动和工作进楼入户，实现更高质量发展，上流佳苑社区项目在全区二季度观摩评比中取得第一名。

【经济工作】 2018年，注册法人和产业活动单位1353家，个体户1358个。辖区共有规上企业52家，其中工业3家，批发零售业12家，住宿餐饮业3家，建筑业5家，房地产业5家，服务业24家。全年实现财政收入6.4亿元；总部企业备案1家，四板挂牌企业2家，股份制改造企业3家，引进内资9.15亿元。

【社会事业】 社区换届选

2018年7月12日，世园街道区域化党建暨军民融合共建合作签约仪式。

举。2018年初，制定社区换届选举实施方案，根据各社区实际情况合理安排时间节点，认真组织社区换届选举。2018年1月21日，顺利完成全部10个社区（3个城市社区，7个村改居社区）换届选举工作。

社会保障。街道会同各社区为群众宣讲各项救助政策，开展走访慰问活动，切实为群众解决各类实际困难。2018年度办理各项民政救助21人，救助金额74900元；慈善救助贫困大学生21人，发放救助金45000元；"慈善春风暖千家"活动慰问困难群众4人，发放慰问金2400元；办理住房保障资格准予登记通知书109户；办理老年优待证2224份，发放高龄补贴361200元。组织辖区退役老兵进行座谈，主动做好政策解释工作；走访慰问困难退役军人家庭，积极协助解决生活困难，本年度累计走访退

役军人110余人次。11月退役军人信息录入工作开展以来，信息采集工作完成率100%；在"八一"建军节，评选出"十佳自强退役军人""十佳奉献退役军人""十佳最美退役军属"，表彰一批优秀退役军人和退役军人家属。全年办理残疾人免费乘车卡27张，办理青岛市困难重度残疾人就业生活补贴23人，共计33800.40元；办理残疾人护理补贴291人，残疾儿童康复救助22人；办理李沧区就业困难人员补贴60人、3.6万元。

计划生育。办理一孩生育服务手册124本，二孩生育服务手册164本。整理上报生育证办理申请材料8份，发放生育证8本，新办独生子女父母光荣证15本，补办独生子女父母光荣证165本；整理上报独生子女父母退休一次性养老补助材料205份，发放250余万元；

整理上报分娩补助材料344份，发放17.2万元；为20户计划生育特殊困难家庭31人，发放帮扶救助金21.4万元。

文化惠民。2018年，组织大型综合性文艺演出200余场次，组织各类文化活动300余场次。各社区组建合唱团、舞蹈队等群众演出队伍，在节假日为社区居民表演节目。南王社区成立南王家上流足球俱乐部，炉房社区新进图书2000册，金水东社区打造"悦读悦心"工作室，配备图书3000余册。上臧社区、戴家社区拓建多处群众文化活动场所，文化惠民软硬件水平不断提升。

【社会稳定】 上海合作组织青岛峰会安保。上海合作组织青岛峰会期间，街道启动战时值班模式，机关干部与社区干部、联防队员、志愿者1000余人，全力保障安全生产、信访稳定、重点区域路段、楼座管控等重点领域不发生问题，顺利完成辖区安保任务。严格按照中央和省、市、区各级要求，精心组织，严密措施，落实责任，圆满完成习近平总书记考察上流佳苑社区筹备接待工作。

安全生产。根据"党政同责，一岗双责，齐抓共管"要求，建立安全生产工作包干责任制。由街道领导、分管科室长，分别包干负责辖区重点企业的安全生产工作。2018年，计检企业单位270余家（次），现场出具检查记录120余份，查出

2018年6月1日，毕家上流社区举行庆六一社区艺术节。

各类安全事故隐患 180 条，全部整改完毕。针对防范一氧化碳中毒和安全用火、取暖安全等发放宣传材料 8000 余份。充分利用辖区三处安全体验中心，让群众亲自参与安全体验，全年聘请安全专家对群众进行消防安全等安全知识教育讲座 10 余场。在重大活动期间，共检查企业和九小场所 500 余次，发现各类安全隐患 520 个，全部整改完毕。

社会治安。街道成立重点工作大排查领导小组，并分别与辖区民警、网格员进行工作对接，按要求印制张贴《青岛市人民政府通告》3000 余份，入户采集填写《居民信息采集表》2.4 万余份，按期完成排查工作；组织社区对辖区高层楼宇和九小场所等消防安全隐患进行 7 轮排查，整改隐患 700 多处。大型活动期间，采取消防实名制看护，组织 220 多名群防群治人员对重点楼宇、路段进行看护，确保辖区不冒烟、不起火、不发生有影响力的火灾事故。组织社区 320 多名群防群治人员在主要路口和公交站点巡逻，做到"四个熟悉""五个做好""六个到位"。用实用好网格员、志愿者等 800 多名骨干力量，严管严查。继续深化"无命案街道、无刑事案件社区"综治主题创建活动，2018 年辖区命案、刑事案件、涉众型经济犯罪均为零。与街道 4 名严重精神障碍患者的监护人签订责任书，发放监护补贴共计 7200 元。把 11 名社区戒毒人员纳入综治网格化管理，配合社区民警做好社区戒毒、社区康复人员法制教育、跟踪帮教等日常管理工作，防止漏管失控。协助解决广水路小学长期反映未予解决的流浪狗、拾荒人员乱倒煤气残液影响孩子身心安全等问题。组建学校周边义务护路队，保障师生安全上下学。

山林防火。街道与社区、护林员层层签订森林防火责任书，严格执行《世园街道办事处护林防火管理的实施意见》及应急预案，对分管领导及各科室进行网格式责任划分。按照区开发办要求，对社区安装墓地隔离网 5000 多米，对社区护林员发放灭火机 2 号工具，进入防火期前清理防火隔离带 1000 亩，在进山入口处设置警示牌 24 个，筑牢护林防火隐患排查、监督管理及自觉防范三条防线。

信访维稳。在重大活动期间，街道领导包社区深入了解群众关心的热点、难点问题，及时关注因拆迁等引发的信访动向，联合综治、街政对生活困难家庭进行走访慰问，有效减少信访矛盾发生。立足于"事要化解"，各社区集中力量，攻坚克难，解决历史积案、难案。全年共受理上级交办信件 33 件次，接访、约访信访群众 90 余件次，200 余人次，化解信访积案 3 起。

【城市管理】 重点抓好环境保护，完成中央环保督察和省、市督察"回头看"工作，辖区涉及 4 个问题无一反弹。开展"清河行动月"活动，组织集中清河行动 6 次，对辖区河道、水库区域进行集中整治；发动街道干部、社区人员 120 余人次，累计清理垃圾死角 10 余处、清理河道 200 余米、清理水库沿线 1000 余米。严格落实"河长制"责任制度，每周巡查河道 2~5 次，确保河道周边无新增排污点；共拆除新城香溢紫郡二期楼顶、金水路木材市场、佛耳崖烂尾楼、广水路胶建工地板房、天水路和达玺悦小区 59 号楼私自搭建露台、天水路 887 号、广水路北侧宾川路西侧等违法建设 300 处，面积 15 万平方米；整治出店经营 600 余起、流动摊贩 1200 余处；拆除户外广告 2000 余平方米；规范运输车辆 400 余台，清理无主垃圾 20 万余千克；处理 12345、12319、政民互动等投诉件 1500 余件，处罚运输撒漏、乱倒垃圾、工地排污、违章建筑、占路经营、擅自设置户外广告等违章行为 116 起、罚款 361700 元。积极推进第二次全国污染源普查工作，实地走访辖区企业 200 余家，全部完成企业信息清查登记工作，并全部完成污染源普查信息登记录入工作。

（张琪）

人 物

2018年入驻青岛国际院士港院士简介

侯立安院士 中国籍，1957年8月出生，环境工程专家，2009年12月当选中国工程院院士。由于成绩突出，2005年10月29日荣获中国发明协会颁发的发明创业奖。

侯立安院士长期致力于密闭空间环境工程领域的科学研究、工程设计和技术管理工作，在饮用水安全保障、分散点源生活污水处理和人居环境空气净化等方面，率先提出并成功研发具有自主知识产权的水处理及空气净化技术和系列装备，取得多项突破性成果和富有创造性的成就，对推动我国环保行业及导弹阵地环境保护事业的技术起步做出创造性的重要成就。获国家科技进步奖5项，军队、省部级科技进步奖23项，获国家专利22项，出版专著3部，编写国家军用标准5项，发表学术论文150余篇。荣立一等功1次、三等功4次。1996年享受政府特殊津贴，2001年获中国科协"求是"杰出青年奖，2005年获首届"发明创业奖"，2006年获全军首届杰出专业技术人才奖，2010年获"全国科普工作先进工作者"称号。

倪维斗院士 中国籍，1932年出生，中国工程院院士。现任清华大学热能工程系教授、中国能源学会会长、清华大学原副校长、北京市科协副主席、教育部技术委员会两届主任、国家大规模非并网风电基础理论研究"973"计划项目专家组组长，是我国新能源与传统产业融合发展科学的奠基人。倪院士以"973"计划大规模非并网风电基础理论研究为突破口，将风电为主的可再生能源在海水淡化、制氯碱、制氢等领域逐一进行装备专项研发和实践，使这一领域新技术应用走在国际前沿。2017年，获得莫斯科国立鲍曼技术大学杰出贡献勋章。

自2005年，由国家科技部、中国工程院的持续支持，倪维斗院士团队研发出全球领先的海水淡化装备技术，取得填补世界空白、拥有完整知识产权的核心技术和装备工艺，建设了示范工程，开辟了人类重要的淡水保障新途径。

王子才院士 中国籍，1932年出生，中国工程院院士，系统控制专家，现任中国系统仿真学会副理事长、哈尔滨工业大学控制科学与工程系教授、博士生导师，发表论文110 余篇，培养博士、硕士 60余人。获国家科技进步二等奖1 项、三等奖 1 项、省部级一等奖 2 项。

王子才院士在自动控制、系统仿真领域，发展了伺服系统理论，提出并实现了复合驱动控制系统、变阻尼及大摩擦系统的控制技术，为开辟研制电动转台新途径和产业化发展做出重大贡献，提出建模－算法－评估的系统仿真基础理论新思想、复杂大系统分布式仿真工程设计方法、多种建模方法以及复杂仿真系统评估理论与方法，首次研制成功分布式仿真系统，并提出次时间最优控制理论及设计方法、一类非线性系统建模与最优控制设计方法，为现代控制理论在飞行器控制中应用、分布式复杂仿真系统达到工程实用新阶段做出重大贡献。

雅克·鲁热力院士　法国籍，1945 年 11 月出生于巴黎，法兰西艺术院院士，拥有自己的工作室－雅克·鲁热力艺术之家，1974 年创立海空间建筑中心，致力于海洋开发工程的研究，是一位有远见的建筑师。

雅克·鲁热力院士花费大量时间在法国等国家和地区进行教学活动，1981 年获得国际建筑师联合会奖，并且成为海事优秀勋章的拥有者。

主要作品有 1977 年创作的水底房屋，1981 年创作的海洋空间和梦幻小屋，2012 年创作的“海洋轨道器”的漂流船、神户的海洋馆、布洛涅海滨的海洋中心等。雅克院士一直坚守着自己的人生格言：凡是人类所能想象的，都是可以实现的。

丹尼·舍特曼院士　以色列国籍，1941 年 1 月 24 日出生，美国国家工程院院士、以色列科学与人文学院院士，著名化学家和材料科学家。以色列国 2014 年总统候选人之一，中国旅美科技协会荣誉顾问。现任以色列理工学院菲利普托比亚斯材料科学教授、美国能源部埃姆斯实验室（Ames Laboratory）助理和爱荷华州立大学材料科学教授。1998 年以色列奖获得者、1999 年沃尔夫物理学奖获得者、2000 年瑞典皇家科学院爱明诺夫奖获得者、2011 年度诺贝尔化学奖获得者。

20 世纪 80 年代初，丹尼·舍特曼发现了具有准晶体结构的合金，在晶体学研究领域和相关学术界引起了很大震动。目前，准晶体的相关研究成果已被应用到材料学、生物学等多个领域。

容淳铭院士　挪威籍，祖籍广州，1969 年出生，挪威工程院院士。现任挪威斯塔万格大学教授。国际数字化领域知名专家，IEEE（美国电气与电子工程师学会）国际电气电子学会云计算委员会主席、区块链委员会联合主席、欧盟研究署大数据首席科学家、国际云计算协会主席。容淳铭院士主要研究领域为云计算，大数据分析，区块链和信息安全。尤其是其领导发展的区块链技术，被认为是未来改变互联网的革命性技术、IEEE 未来技术委员会 2018 年唯一关注的技术。其领导的 IEEE 区块链委员会，是包括美国、中国、欧盟在内的世界主要国家政府都高度重视的领域。在他主持和参与负责的课题项目中，应用领域包括企业云平台安全、石油自动一体化工程（4.0）、智慧能源网、智慧城市、智慧医疗等。

附　录

2018年青岛市李沧区国民经济和社会发展统计公报

2018年，全区以习近平新时代中国特色社会主义思想为指导，深入贯彻落实党的十九大精神和习近平总书记视察山东重要讲话、重要指示批示精神，坚持稳中求进工作总基调，坚持新发展理念，以供给侧结构性改革为主线，加快推动新旧动能转换重大工程，加快落实创新发展"18844"工作格局，努力打造经济发展新优势，经济运行呈现总体平稳、稳中有进的良好发展态势。

一、综合

初步核算，全区实现生产总值（GDP）453.53亿元，按可比价格计算，同比增长10.5%。其中，第二产业增加值132.96亿元，同比增长7.4%，对GDP的贡献率为22.6%，拉动GDP增长2.4个百分点；第三产业增加值320.57亿元，同比增长12%，对GDP的贡献率为77.4%，拉动GDP增长8.1个百分点。全区二、三产业结构比例为29.3∶70.7。

全年新发展各类市场主体23933户，同比增长26.19%。其中，新发展企业8979户，同比增长16.3%；新发展个体工商户14954户，同比增长32.98%。全区登记在册市场主体108635户，相较于2017年底市场主体总数增长15.67%。其中，企业45518户，较2017年年底企业总数增长23.62%；个体工商户63112户，较2017年年底个体工商户总数增长10.54%。

二、财政和金融

全年完成一般公共预算收入100.17亿元，同比增长25%；完成区级财政支出86.99亿元，同比增长35.92%。区级财政支出中，卫生文教事业经费18.19亿元，同比增长14.91%，其中教育经费14.21亿元，同比增长14.97%。

全年完成区级税收收入57.79亿元，同比增长13.13%。其中，二产税收12.22亿元，同比下降4.98%，占区级税收收入的21.15%；三产税收45.52亿元，同比增长15.45%，占区级税收收入的78.77%。三产税收中，房地产业完成税收25.72亿元，同比增长7.17%，占三产税收的56.5%，占区级税收收入的44.51%。

全区共有各类金融机构

102家，其中银行机构22家，证券机构10家，期货公司1家，保险机构53家，基金公司7家，地方性金融组织7家，证券公司另类投资子公司1家，第三方支付机构1家。

新增新三板挂牌企业4家，蓝海股权交易中心挂牌企业205家，规模以上股份制改造企业44家。

三、工业和建筑业

全年全区规模以上工业累计完成总产值270.51亿元，同比增长23.5%。全区22个行业大类中，14个行业保持增长，增速较快的行业有：印刷和记录媒介复制业同比增长53.4%，石油、煤炭及其他燃料加工业同比增长42%，非金属矿物制品业同比增长39.8%，专用设备制造业同比增长34.9%，医药制造业同比增长34.5%。

按经济类型分，全区股份制经济完成产值191.97亿元，同比增长34.6%；外商投资经济完成产值78.45亿元，同比增长2.9%，其他类型企业完成产值0.09亿元，同比下降40%。

全年全区规模以上工业累计实现主营业务收入300.05亿元，同比增长21.9%；实现利润总额10.35亿元，同比增长28.7%；实现利税60.13亿元，同比增长22.8%。

全年有总承包和专业承包资质的建筑业法人单位实现建筑业总产值31.5亿元，增长69.1%。其中，建筑工程产值26.8亿元，增长76.9%；安装工程产值0.7亿元，下降30.2%；其他产值4亿元，增长58.9%。签订合同额101.1亿元，增长48.2%，其中新签订合同

额29.8亿元，下降36.7%。

四、固定资产投资

全区固定资产投资同比增长15.8%，其中在建第二产业投资项目2个，完成投资额占全区投资总额的1%，同比增长486.3%；在建第三产业投资项目113个，完成投资占全区投资总额的99%，同比增长14.9%。第三产业投资中，房地产开发项目34个，累计完成投资125.7亿元，同比下降38.3%。

房地产开发项目房屋施工面积377.7万平方米，同比下降38.6%；其中住宅264.7万平方米，下降37.3%。房屋竣工面积30.9万平方米，下降79.3%；其中，住宅竣工面积6.1万平方米，下降94.2%。

五、国内贸易

全区实现社会消费品零售总额462.91亿元，同比增长12.3%。其中，批发业实现零售额55.15亿元，零售业实现零售额362.09亿元，住宿业实现零售额1.46亿元，餐饮业实现零售额44.21亿元。

全区265家限额以上批发零售和住宿餐饮企业完成销售额（营业额）593.74亿元，同比增长33.3%。其中，限额以上批发业完成销售额414.98亿元，同比增长42.1%；限额以上零售业完成销售额174.06亿元，同比增长16.3%；限额以上住宿业完成营业额1.74亿元，同比增长20.2%；限额以

表1　2018年全区分行业增加值及增速

行　　　业	总量（亿元）	增长（%）
全区生产总值	453.53	10.5
农林牧渔业	-	-
工业	116.16	6.7
建筑业	16.80	13.3
批发和零售业	83.01	6.1
交通运输、仓储和邮政业	11.55	2.6
住宿和餐饮业	17.75	5.3
金融业	36.46	13.8
房地产业	47.71	1.7
其他服务业	124.09	21.9

上餐饮业完成营业额 2.96 亿元，同比增长 21.1%。

六、对外经济

全年实现货物贸易进出口总额 200.39 亿元，增长 51.4%，其中出口 65.09 亿元，增长 0.3%；进口 135.3 亿元，增长 100.7%。货物贸易出口中，加工贸易出口 0.47 亿美元，下降 25%。一般贸易出口 6.53 亿美元，下降 26.6%。全区实现服务贸易进出口总额 1.58 亿美元，下降 22.6%，其中，服务进口 1.26 亿美元，服务出口 0.32 亿美元。实现境外投资贸易营销额 0.49 亿美元，增长 308%。

全年新批准外资项目 33 个，全年实现到账外资（商务部 FDI 数据）3.5 亿美元，下降 17.26%。

引进投资过亿元内资大项目 35 个，总投资过 50 亿元大项目 1 个。百强龙头项目招商取得突破，全区新引进国内 500 强项目 2 个（由国内 500 强或其子公司投资并控股），全区实际利用内资完成 107.94 亿元，增长 13.5%。

七、城市建设和环境保护

全区年末道路总长度（指竣工道路）393.8 千米，铺装人行道板 335.72 万平方米，养护路面 469.71 万平方米。全区公园个数 28 个，公园面积 7.76 平方千米，绿地总面积 41.83 平方千米，绿化覆盖面积 4259.13 公顷，绿化覆盖率

43.7%，公共绿地面积 11.40 平方千米，人均占有公共绿地 22.35 平方米，当年植树 2.01 万株，财政绿化投资额 3.1 亿元。

全区大气可吸入颗粒物（PM_{10}）年平均值 78 微克／立方米，细颗粒物（$PM_{2.5}$）年平均值 38 微克／立方米，二氧化硫年日平均值 9 微克／立方米，二氧化氮年日平均值 33 微克／立方米，区域环境噪声平均值（昼间）53.1 分贝，交通干线噪声平均值（昼间）71.7 分贝。

八、科学技术、文化和卫生

全年专利申请数 1932 件，发明专利申请数 566 件，授权发明专利数 113 件。科技企业孵化器 25 个，在孵企业 1175 家。年末全区累计职称评定人员 16855 人。其中，高级职称 743 人，中级职称 4346 人，初级职称 11766 人。

全区共有街道综合文化站 11 处，建筑面积 22022 平方米，组织文化活动 1130 次，举办培训班 470 次。区图书馆藏书 49 万册，图书室 86 个。

全区共有卫生机构（含诊所）449 处。其中，医院 22 处，社区卫生服务中心（站）60 处，门诊部、诊所、卫生所、医务室 364 处，妇幼保健和计划生

表 2　2018 年全市城镇居民收支情况

行　　业	总量（亿元）	增长（%）
人均可支配收入	50817	7.7
工资性收入	30955	6.8
经营净收入	7836	7.4
财政净收入	4789	11.4
转移净收入	7237	9.9
人均生活消费支出	32890	7.6
食品烟酒	9318	2.9
衣着	3168	1.7
居住	7751	17.3
生活用品及服务	2207	4
交通通信	4765	8.3
教育文化娱乐	3122	8.6
医疗保健	1764	8.6
其他用品和服务	795	3.4

育服务中心1处，疾病预防控制中心1处，卫生监督所（中心）1处。全区拥有医疗床位3002个，各类卫生技术人员7071人，全年诊疗557.3万人次。

九、教育和体育

全区共有教育部门办初中学校8所，九年一贯制学校1所，222个教学班，在校学生9759人、同比增长5.45%；教育部门办小学36所，846个教学班，在校学生35354人、同比增长5.29%；托幼园所109所，709个班，在园人数23705人、同比增长5.56%。

全区共有省、市级体育传统项目教练员47人，运动员570人；业余运动队教练员92人，业余运动员1420人；组织参加国家、省、市级比赛12次。群众体育活动丰富，全区共有老年体育协会、各类辅导站、老年人球队210个。

十、人口和人民生活

年末全区常住人口57.74万人，城镇居民人均可支配收入50817元，增长7.7%；城镇居民人均消费支出32890元，增长7.6%。

注：1、公报中统计数据均为初步统计数。部分数据因四舍五入的原因，存在与分项合计不等的情况。

2、全区生产总值（GDP）及各产业增加值绝对数按现价计算，增长速度按可比价计算。

3、常住人口包括：①住本户、户口在本乡镇街道的人（含户口在本户，外出不满半年的人）；②住本户半年以上，户口在外乡镇街道的人；③住本户不满半年，户口在外乡镇街道，离开户口登记地半年以上的人；④住本户，户口待定的人。

4、规模以上工业企业为年主营业务收入2000万元及以上企业。限额以上贸易企业为批发业年主营业务收入在2000万元及以上、零售业500万元及以上、住宿和餐饮业200万元及以上的单位。固定资产投资项目统计的起点标准为计划总投资额500万元。规模以上服务业企业，一是指年营业收入1000万元及以上或年末从业人员50人及以上服务业法人单位。包括：交通运输、仓储和邮政业，信息传输、软件和信息技术服务业，租赁和商务服务业，科学研究和技术服务业，水利、环境和公共设施管理业，教育，卫生和社会工作；以及物业管理、房地产中介服务、自有房地产经营活动和其他房地产业等行业。二是指年营业收入500万元及以上或年末从业人员50人及以上服务业法人单位。包括：居民服务、修理和其他服务业，文化、体育和娱乐业。

5、资料来源：本公报中市场主体相关数据来自区行政审批服务局；对外经济、利用外资和利用内资相关数据来自区商务局；财政相关数据来自区财政局；金融相关数据来自区地方金融监督管理局；科技相关数据来自区科学技术局；教育、体育相关数据来自区教育体育局；文化相关数据来自区文化和旅游局；卫生相关数据来自区卫生健康局；城市建设相关数据来自区城市管理局；环境污染质量相关数据来自生态环境局李沧分局；常住人口相关数据为市统计局反馈数；其他相关数据来自区统计局。

（刘一鸣）

青岛市李沧区2018年经济社会发展计划执行情况

【概况】 全区经济社会发展实现稳中有进，李沧区第六届人民代表大会第二次会议批准的国民经济和社会发展计划执行情况总体良好，为实现"十三五"规划目标任务奠定良好基础。2018年，预计区内生产总值增长10%左右，固定资产投资增长13%左右，社会消费品零售总额增长12%左右；完成区级一般公共预算收入100.17亿元，增长24.96%。

【新旧动能转换】 院士经济。青岛国际院士港共签约引进院士108名，外籍院士占比85%。纳米新材料、新型工程基因疫苗等32个院士项目落地运营，已有13个项目产出38种产品。成功推动与俄罗斯科学院远东分院的合作洽谈，初步达成合作共识。院士港核心板块建设集中推进，院士港综合服务中心、院士产业加速器一期投入运营，257套人才公寓建成交付。125万平方米的院士产业核心区试验区生物医药板块已见雏形，102万平方米的院士研究院实现地下6层开发；院士港二期基坑开挖和支护施工加速推进。院士技术论坛进入修建性规划设计阶段，院士顶尖荟、院士特色风情居、院士综合服务网等板块协同推进。积极搭建企业家与科学家的互动平台和企业与院士团队沟通合作机制，中特科技、艾普智能仪器、一达生物等多家企业与院士达成合作协议，助推院士项目产业化进程。

新业态。丝路协创中心抢抓"一带一路"建设机遇，累计接洽来自88个国家的经贸代表团，与38个国家有关经贸机构正式签约，12个国家经贸代表正式入驻；丝路协创中心二期启动建设。青岛—亚马逊AWS联合创新中心积极推进创业创新，累积孵化企业384家，在孵企业107家；完成税收过亿元目标。青岛邮政跨境电商产业园注册企业达131家，入园企业45家，实现贸易额100亿元；建成青岛首家邮政跨境电商直购平台。持续推进楼山片区整体开发，打造高端制造业集聚区、青岛院士港科研成果转换区，已完成项目范围内土地权属调查及附着物初步统计工作。融源·文化艺术街区开街运营，移动电影院项目落户李沧。

创新驱动。马伟明院士、何琳院士团队分别与中车四方股份签订合作框架协议，加快推进高速磁悬浮列车项目。紧抓长岛县建设海洋生态文明示范区机遇，推动综合电力系统技术向民用船舶领域转化，签订长岛县首艘沿海纯电动客船示范项目合作协议。培育科谱研发技术中心等"专精特新"企业9家，中艺1688创意产业园被认定为国家小型微型企业创业创新示范基地。泰德轴承、石化检安获评省企业技术中心，32家企业共120个项目列入市技术创新重点项目。深入实施高新技术企业培育工程，新增高新技术企业83家，高新技术企业培育库入库企业达260余家。强化知识产权创造和运用，发明专利申请量500件，增长57.7%，列10区市首位；发明专利授权量101件，获批各类科技项目132项。

招才引智。成功举办第二届海外院士青岛行暨青岛国际院士论坛活动，与会109名院士中71名院士签约院士港。以青岛国际院士港院士及核心团队成员班底，创办"333菁英荟"，搭建高层次人才交流平台。全区共有"千人计划专家""泰山产业领军人才"等高层次人才43人，其中国家级1人、省级17人、市级25人。2018年新引进各类人才1.4万人，其中外国专家293人，博士、正高级职称人才56人，硕士、副高级职称和高技能人才715人。

招商引资。举办"新动力·新引擎"院士项目招商推介会，10个项目现场签约，合同额近30亿元。开展"千企招商大走访"活动，累计开展招商走访476次，走访重点企业343家，城晖新能源、首创文体等53个过亿元项目注册落地，投资额296.7亿元。瞄准世界500强、中国500强、优秀上市企业、行业龙头企业，多次赴北京开展项目洽谈，先后与航天科技集团、天亿集团、云途时代、中影研究院、京东集团等企业进行对接。积极参与中国国际投资贸易洽谈会、丝绸之路国际商协会投资与贸易洽谈会等大型经贸活动，针对性开展城市宣传和项目推介。加强与美国山东商会等国外商协会之间的合作招商和与专业咨询机构及海外顾问的委托招商。

结构调整。加快国有经济结构调整，优化区属国有企业布局，设立院士港集团公司、融学教育集团公司；将融智公司划转至金水公司、融盛公司划转至融源公司、海创公司托管融鼎公司。2018年新增离岸服务外包企业7家，实现离岸执行额2亿美元。丝路协创中心设立对外经贸大学预科教育基地；便民签证中心全面启用，实现获取境外金融牌照重大突破。

重点项目。青岛国际院士港二期、青岛李沧信息与金融产业示范区列入省重点项目；青岛国际院士生物医药产业园列入省新旧动能转换重大项目库第一批优选项目。50个市级新旧动能转换项目中，面向水与空气净化的先进材料产业化、交通商务区楼宇集群等5个项目列入青岛市新旧动能转换重点推进龙头项目。总投资656.1亿元的30个市级重点项目，竣工7个，开工在建25个，累计完成投资264.6亿元。总投资919.5亿元的146个区级重点项目，竣工54个，开工在建56个，累计完成投资228.9亿元。海洋化工厂、文体中心等8个地块完成土地招拍挂。

【建设宜居环境】　城区基础建设。覆盖全区的10个片区控制性详细规划6个通过市政府批复，1个片区完成社会公示，3个片区通过专家评审，城市风貌优化与整治落实至控规层面；积极推进地下空间规划编制工作。加快推进海绵城市建设，竣工项目132个，建成区面积达17平方千米。完成公租房配租配售825套，开工建设人才公寓6.2万平方米；刘家下河社区回迁安置房（844户）和铜川路自建项目（363户）顺利竣工。完善路网工程，遵义路东段等9条道路开工建设，君峰路等10条道路主线通车。完成永清苑、升平苑等4个区域道路微循环改造，新增泊位3967个。扎实推进美丽青岛三年行动，完成11条市政道路提升，共计人行道3.6万平方米，车行道50.6万平方米；完成环湾路、重庆中路、黑龙江中路、重点酒店周边等道路交通设施整治约1万平方米。

环境治理。完成环湾路、重庆中路等重点区域道路、山头、公园、河道绿化栽植面积120万平方米，栽植乔木3.3万余株。推进城镇生活水污染防治，完成大村河暗河分流和溢流口封堵，完成曲哥庄等4个社区7千米雨污分流改造，排查整治李村河流域污水点源61处，取消临时截污措施26处。严厉打击环保违法行为，出动执法人员2100余人次，检查企业3000余家次。立案查处环境违法行为160起、罚款金额643万元。实现规模以上企业煤炭压减2600万千克，12家企业安装扬尘在线监测装置，细颗粒物（$PM_{2.5}$）平均浓度36微克/立方米，空气质量稳中有升。

【社会事业】　社区建设。指导完成辖区115个社区居委会的换届选举，在全市率先完成基层群众性自治组织统一社会信用代码证书发放。完成新移交的枣园路、东兴等8处社区办公用房装修改造，全区社区综合服务用房面积均达600平方米以上，有效覆盖11个街道115个社区，直接服务居民30余万人次。打造四流中路第一社区军民融合社区公共服务中心；新建奥克斯广场等 40 条健身路径和刘家下河社区等 5 处笼式足球场。

文化服务。 为社区文化活动中心、群众文化队伍配送 5000 余件（套）文化活动器材，完成汾阳路、金水东路等 15 处社区文化活动中心服务功能提升。开展"群文大舞台"各类文化活动 985 场次，开展国学经典讲座活动 110 场次，开展优秀电影放映进社区 128 场次，开展市级院团演出和优秀戏曲进剧院进社区进市民文化活动中心 106 场次，开展优秀儿童剧进校园演出 100 场次；为基层配送图书 5 万余册，向全区中小学生发放购书优惠券 5 万张。我区获评文化强省先进区。

民生保障。 突破居民不动产权证办理难题，有 15 个项目、15716 户办理完成不动产权证。建成炉房、上臧等 6 处社区助老大食堂，全区社区助老大食堂数量达 52 处，覆盖 11 个街道 5 万余名老年人，有效缓解老年人、残疾人、环卫工人等中午就餐不便问题。建成 3 处面积 1000 平方米以上的省级社区养老服务中心，满足周边老年人日间托管、临时托养等服务需求。切实发挥社会救助兜底保障作用，共发放低保金 2009.9 万元，发放各类医疗救助金 710.3 万元，临时救助金 86.6 万元，孤儿单独发放养育金 8.9 万元，特困供养金 34.7 万元。免费为 5.2 万名 60 岁以上老年人健康查体，免费为适龄儿童接种一类疫苗 25.3 万人次。在产业、人才、医疗等领域与陇南康县、菏泽单县开展扶贫协作，提供资金支持 2509 万元，连续两年获评甘肃省东西部扶贫协作先进集体。

教育投入。 李沧区实验初中等 3 所学校和金川路幼儿园等 6 所幼儿园投入使用，新增中小学学位 2520 个，幼儿园学位 2430 个；君峰路中学等 4 所学校和平川路幼儿园等 3 所幼儿园开工建设，有力缓解"入学难""入园难"问题。加大新教师招聘力度，面向全国引进骨干教师和新教师 143 名，有效改善教师队伍结构。实施"一带一路"教育国际化战略，打造"丝路精神从娃娃抓起"品牌，全区有 20 余所学校拥有国外友好学校。依托美国教育联合会资源，推动 13 所学校开展 STEM（科学、技术、工程、数学四门学科教育总称）培训；启动"一校一院士牵手伴成长"活动，我区 46 所中小学学生与袁隆平、王玉田等院士、专家进行面对面交流。

扩大就业。 进一步健全完善区、街、社区三级人社联动体系，搭建企业与各类劳动者交流对接服务平台。全年举办各类政策宣讲 300 余场次，开发就业岗位 4 万个，实现城镇新增就业 4.9 万人；认真落实"先垫后补"政策，组织就业技能培训 4919 人次，组织全区失业人员参加职业指导人数 6654 人次。发放失业金和就业创业补贴 1.7 亿元，政策性扶持创业 1707 人，创业带动就业 5638 人。为"去产能"企业分流职工一对一提供"精准跟进""精准安置"等服务，有就业意愿的分流职工就业率达 100%。

主要问题。 2018 年我区经济社会发展计划的执行情况存在的问题和不足。主要表现在：一、经济提速与提质的双重压力很大，主要经济指标增速虽位居全市前列，但相较追赶发展的目标还有差距；二、招商项目在谈多、签约少、落地难的问题依然突出，信息共享路径不畅导致部分落地项目推进速度不快，甚至流失；三、部分民生工作与群众获得感存在不同程度错位，为民服务还需更加精准、更加精细等。这些问题都需要我们高度重视，并在今后的工作中认真加以解决。

（王译晨）

2018年李沧区荣获市级及市级以上主要荣誉和称号

2018年5月2日，获山东省委办公厅授予的2018年"两会"安保维稳工作先进集体。

2018年5月6日，获中共青岛市委、青岛市人民政府颁发2017年度综合考核先进区市的表彰。

2018年6月，根据山东省委省政府《关于表扬第三届山东省文化强省建设先进县（市区）的通报》，我区获评第三届山东省文化强省建设先进区。

2018年10月22日，获青岛市人民政府颁发青岛市创业就业先进单位表彰。

（区委办公室　区政府办公室　区委宣传部）

2018年媒体发稿情况

中央级媒体

序号	时间	媒体	版面	标　　题
1	1月1日	CCTV-1	新闻联播	欢乐迎新年　奋进新时代——习近平主席新年贺词引发强烈反响
2	1月15日	经济日报	11版	当互联网遇到木工
3	1月16日	经济日报	客户端	山东省青岛市李沧区：重拳整治十大"机关病"
4	1月17日	光明日报	头版	重拳整治"机关病"
5	1月22日	经济日报	2版	山东省青岛市李沧区从严整治"四风"问题："机关病"整治常态化
6	1月27日	CCTV-13	共同关注	14岁少年　机智果敢救了全楼居民
7	1月27日	CCTV-13	24小时	14岁少年　机智果敢救了全楼居民
8	1月28日	CCTV-13	新闻直播间	14岁少年　机智果敢救了全楼居民
9	1月28日	CCTV-13	朝闻天下	14岁少年　机智果敢救了全楼居民
10	2月4日	经济日报	2版	"读""听""讲""思"同频共振
11	2月13日	新华社	电稿	买年货　迎佳节
12	2月14日	CCTV-2	第一时间	迎年味　过大年　山东青岛：赶大集置年货
13	2月14日	新华社	电稿	青岛：环卫公寓暖了花甲老人心
14	2月15日	CCTV-13	一年又一年	火红日子，火热的年，百年大集年味儿足！

（续表）

序号	时间	媒体	版面	标　　　题
15	3月8日	*China Daily*	Advertorial	Licang fosters modern economic drivers
16	3月13日	光明日报	9版	地方热议两会（居民热议两会）
17	3月14日	经济日报	12版	把全面学习贯彻宪法提升到新高度
18	3月18日	中新社		山东青岛：二月二志愿者尊老更有"爱"
19	3月21日	光明日报	5版	为了人民的利益和幸福努力奋斗
20	3月24日	央视	朝闻天下	山东青岛 精准服务去产能企业职工再就业
21	4月2日	经济日报	内参	李沧区党建述职"期末考"辣味"问职"促成效
22	4月4日	经济日报	7版	百万底薪诚聘全球英才助力国企发展 青岛市李沧区重金招聘国有企业高级职业经理人
23	4月7日	光明日报	3版	青岛："零碳"祭扫 气清景明
24	4月8日	中央电视台	新闻联播	我国今年首次大范围试种海水稻
25	4月8日	中央电视台	朝闻天下	我国今年首次大范围试种海水稻
26	4月11日	科技日报	3版	盐碱地何以成为大粮仓——青岛海水稻首次在全国大范围试种
27	5月4日	科技日报	6版	纳米纤维新材料让呼吸更美好
28	5月7日	中央广播电视台	中国之声	青岛国际院士港签约的108位国内外院士集中进行项目推介，合同金额30亿元
29	5月7日	科技日报	7版	青岛海水稻：让"农业荒漠"变良田
30	5月8日	科技日报	8版	加拿大院士来了 填补小核酸药物转运研究多项空白
31	5月11日	科技日报	6版	淡化海水，这项技术比"膜"强
32	5月15日	新华社		开放的青岛期待"上合之声"
33	5月15日	新华每日电讯	5版	开放的青岛期待"上合之声"
34	5月15日	科技日报	8版	我国单抗产业尚有近十倍成长空间基因工程技术转化正加速
35	5月16日	*China Daily*	Advertorial	Academicians around the world boost Qingdao's high-tech projects
36	5月17日	科技日报	6版	结缘"发泡帝"，为新材料产业化开疆拓土
37	5月18日	光明日报	4版	文化青岛，涵养美好新生活
38	5月21日	中央广播电视台	中国财经报道	海水稻插秧选育启动 560份材料"同田竞技"

（续表）

序号	时间	媒体	版面	标　　题
39	5 月 21 日	科技日报	3 版	青岛启动 海水稻田间选育
40	5 月 21 日	工人日报	4 版	青岛启动海水稻田间选育
41	5 月 23 日	*China Daily*	Germany Special	Qingdao's Licang district transforms itself into a model of quality education
42	5 月 24 日	科技日报	7 版	院士团队攻克一类创新专利药难关
43	5 月 25 日	中央广播电视台	经济半小时	
44	5 月 25 日	科技日报	7 版	院士带头打造新材料"环保小分队"
45	5 月 28 日	中央广播电视台	新闻直播间	我国六地首次同时试种海水稻
46	5 月 28 日	中央广播电视台	新闻直播间	袁隆平：我期待海水稻的 100 分
47	5 月 28 日	中央广播电视台	新闻直播间	海水稻开始产业化推广
48	5 月 28 日	新华网	中国新闻	青岛海水稻在六大试验基地同时插秧试种
49	5 月 29 日	人民日报	10 版	"海水稻"国内六地同时插秧
50	6 月 2 日	中央广播电视台	朝闻天下	印象青岛 青岛智造 拥抱海洋
51	6 月 2 日	光明日报	4 版	青青之岛 迎我嘉宾
52	6 月 4 日	光明日报	头版	青岛：火热的"百姓宣讲团"
53	6 月 5 日	经济日报	头版	青岛：美丽港城
54	6 月 7 日	科技日报	5 版	寻找地下中子能，满足全国 30% 电力需求
55	6 月 8 日	中国组织人事报	2 版	实干者重"奖"不作为必"罚"
56	6 月 9 日	人民日报海外版	9 版	青岛聚集院士 创新发展初显成效
57	6 月 9 日	*China Daily*	Advertorial	Park injects high-tech innovation into Licang
58	6 月 9 日	*China Daily*		Park injects high-tech innovation into Licang
59	6 月 10 日	光明日报	2 版	美丽青岛 美好人心
60	6 月 12 日	人民日报客户端		习近平：建设海洋强国，我一直有这样一个信念

（续表）

序号	时间	媒体	版面	标　　题
61	6月12日	新华社		习近平：建设海洋强国，我一直有这样一个信念
62	6月13日	*China Daily*	top news	Xi urges development of marine economy during Shandong tour
63	6月14日	*China Daily*	top news	Xi: Build maritime economy
64	6月14日	中央广播电视台	新闻联播	切实把新发展理念落到实处 不断增强经济社会发展创新力
65	6月15日	人民日报	头版头条	切实把新发展理念落到实处 不断增强经济社会发展创新力
66	6月15日	新华每日电讯	头版头条	切实把新发展理念落到实处 不断增强经济社会发展创新力
67	6月15日	光明日报	头版头条	切实把新发展理念落到实处 不断增强经济社会发展创新力
68	6月15日	中央人民广播电台	新闻与报纸摘要	习近平在山东考察时强调：切实把新发展理念落到实处，不断增强经济社会发展创新力
69	6月15日	人民日报海外版	头版头条	习近平：多谋民生之利 多解民生之忧
70	6月15日	科技日报	头版头条	切实把新发展理念落到实处 不断增强经济社会发展创新力
71	6月15日	工人日播	头版头条	切实把新发展理念落到实处 不断增强经济社会发展创新力
72	6月16日	中央广播电视台	新闻联播	牢记嘱托 推动山东高质量发展
73	6月20日	经济日报	10版	8大产业平台激发新动能 青岛李沧区高质量发展引来"源头活水"
74	6月28日	*China Daily*	12版	Majestic mountains prove stunning draw for Licang's tourism sector
75	8月9日	经济日报	7	青岛市李沧区推进审批服务便捷化智能化——一百七十六项行政许可事项"零跑腿"
76	8月10日	人民日报	8版	第二届海外院士青岛行预热广告
77	8月11日	经济日报	客户端	百名海外院士将聚青岛谋共赢
78	8月16日	人民日报海外版	10版	第二届海外院士青岛行16日启动
79	8月17日	中央人民广播电台	经济之声	"百名院士青岛行"系列报道：院士产业什么样？
80	8月17日	*China Daily*	12版	Academicians advance learning about China
81	8月18日	中央电视台	新闻联播	49名海外院士签约青岛国际院士港
82	8月18日	人民日报	4版	第二届海外院士青岛行暨青岛国际院士论坛举行

（续表）

序号	时间	媒体	版面	标　　题
83	8月18日	新华社		第二届海外院士青岛行暨青岛国际院士论坛举行
84	8月18日	中央人民广播电台	经济之声	"百名院士青岛行"系列报道：大健康产业的大趋势，海内外院士怎么看？院士热议：大数据如何引领未来？
85	8月19日	中央人民广播电台	经济之声	"百名院士青岛行"系列报道：智能制造：AI的未来
86	8月19日	工人日报	头版	海外院士青岛行
87	8月20日	光明日报	第四版／要闻	海外院士为何青睐青岛国际院士港
88	8月20日	*China Daily*		Academicians forum held in Qingdao
89	8月20日	科技日报	头版	青岛李沧区院士项目开花结果
90	8月21日	*China Daily*		Qingdao Intl Academician Park introduces more academicians
91	8月23日	光明日报	4版	打出"组合拳" 炼出好干部
92	8月27日	*China Daily*	12版	Nobel Prize winner in chemistry to join Qingdao research facility
93	8月27日	*China Daily*	12版	Academicians at key international forum discuss cooperation
94	9月12日	中央人民广播电视台	新闻联播	2018青岛市邻居节今天启动
95	9月12日	新华社	新华社客户端	2018年青岛邻居节举办现场观摩会
96	9月12日	中央人民广播电台		2018青岛邻居节开幕 多种活动促进邻里情
97	9月13日	光明日报	10版	让传统邻里文化散发新的光芒
98	9月13日	工人日报	4版	青岛"邻居节"：让我们由邻至亲
99	9月21日	人民网		"青岛李沧 够级故乡"2018青岛够级文化节启动
100	9月21日	新华网		青岛李沧 够级故乡第二届青岛够级文化节启动
101	9月28日	学习时报	7版	全民重塑高质量发展基因，推进供给侧结构性改革
102	10月9日	人民政协报	4版	青岛市李沧区政协举办"改革开放四十周年"书画摄影展
103	10月11日	经济日报	头版	耐盐碱水稻试种初步成功
104	10月15日	经济日报	头版	青岛：勇立潮头 不断跨越

（续表）

序号	时间	媒体	版面	标　　题
105	10月18日	人民日报	6版	青岛：改革创新提升发展加速度（庆祝改革开放40年·百城百县百企调研行）
106	10月18日	光明日报	头版	青岛：当好新旧动能转换的排头兵
107	10月22日	中央人民广播电台	中国之声	【百城百县百企调研行】青岛用创新棋子走活国际化大棋盘
108	11月6日	经济日报	15版	网企集聚地 且看"云"深处
109	11月6日	CCTV2	第一时间	贸易商看青岛："一带一路"商品汇集 进口贸易前景看好
110	11月11日	经济日报内参		应加大对原创性科技创新集聚地的扶持力度
111	11月16日	人民政协报	4版	青岛市李沧区探索基层民主协商新模式
112	12月7日	经济日报	头版	用"最强大脑"集聚起创新动能
113	12月18日	光明日报	11版	以全域思维推动基层党建提质增效
114	12月27日	科技日报	3版	打造创新型监测体系 为青岛国际院士港发展提供统计服务

省级媒体

序号	时间	媒体	版面	标　　题
1	1月1日	大众日报	3版	希望河水越来越清
2	1月1日	山东电视台	山东新闻联播	【为梦想奋斗 为人民造福】国家主席习近平新年贺词引发热议
3	1月10日	大众日报	3版	山东清河行动圆满收官
4	1月12日	大众日报	7版	李沧区重点农产品实现随时全覆盖监测
5	1月15日	大众日报	头版	青岛海水稻种到迪拜
6	1月16日	大众日报	8版	为动能转换保驾护航（院士港图片）
7	1月18日	大众日报	3版	构筑全方位动能转换大格局（院士港图片）
8	1月24日	大众日报	26版	岛城市民到甘肃康县旅游可免景区门票
9	1月26日	大众日报	3版	走在前列谋新篇
10	1月27日	大众日报	12版	【新时代·新气象·新作为 省两会特别报道】青岛李沧：在努力率先走在前列中创造新业绩、展现新作为
11	1月27日	山东电视台	山东新闻联播	【两会新观察】抓重点 补短板 强弱项 坚决打好三大攻坚战

（续表）

序号	时间	媒体	版面	标　　题
12	1月30日	大众日报	头版	【新时代　新气象　新作为　深入学习贯彻十九大精神】山东人才发展驶入快车道
13	1月31日	大众日报	5版	【奋进新时代　谱写新篇章　省两会特别报道】抓住重点难点破壁清障，将改革进行到底
14	2月9日	大众日报	10版	李沧区委党校创新教学设计流程"原文导学"促原汁原味学十九大报告
15	2月23日	大众日报	2版	戳中山东人心窝子　点燃山东人新希望
16	2月25日	山东广播电台	山东新闻联播	青岛李沧区举办新旧动能转换专场招聘会
17	2月26日	大众日报	2版	求职者变身招聘者
18	2月26日	山东广播电台	山东新闻	青岛：去产能职工再就业一个不落　兜底新旧动能转换
19	2月28日	大众日报	头版	"痕迹工作法"让李沧抓铁有痕
20	2月28日	山东电视台	山东新闻联播	"春风行动"：不看数量看质量
21	3月3日	大众日报	4版	元宵民俗"闹"出了新滋味
22	3月12日	山东广播电台	山东新闻	【新时代　我奋斗　我幸福】社区养老（紫金苑社区）
23	3月20日	大众日报	4版	勠力同心　苦干实干　再谱新篇
24	3月26日	大众日报	头版头条	辗转九年的遗留难题解决了
25	3月28日	山东广播电台	山东新闻	龚正到青岛调研新旧动能转换等工作
26	4月10日	山东广播电视台	晚间新闻	全球技术领先的风生海水淡化研究院在青岛启动
27	4月11日	大众日报	头版	山东"一事一议"引才领秀全国
28	4月14日	山东广播电视台	山东新闻联播	青岛向大海要淡水　解决水危机
29	4月16日	大众日报	头版	青岛"海水稻"今年将全国大范围试种
30	4月20日	大众日报	7版	李沧聚力突破八大产业平台建设
31	4月25日	大众日报	7版	原位成纤纳米新材料项目：致力于轻质高强度纳米复合材料的量产
32	4月26日	大众日报	5版	王玉田院士新药开发项目：专注于一类创新专利药物的研究和开发
33	4月27日	大众日报	5版	"海水稻"今年将在全国五大类型盐碱地试种
34	5月3日	大众日报	4版	致力于国家领先的小核酸精准医疗产品研发
35	5月4日	大众日报	5版	规模化推进新能源海水淡化节能技术

（续表）

序号	时间	媒体	版面	标　　题
36	5月7日	大众日报	4版	静电纺丝纳米纤维新材料整体解决方案供应商
37	5月7日	山东广播电视台	山东新闻联播	10个新项目落户青岛国际院士港
38	5月7日	山东广播电台	山东新闻	20位院士近百件最新产品或科研成果集中亮相
39	5月8日	大众日报	5版	打造国家级新材料集成及产业化中心
40	5月9日	大众日报	6版	致力于服务国家能源开发和环境保护
41	5月10日	大众日报	2版	青岛国际院士港项目招商推介会举行 14个院士项目产业会落地青岛
42	5月10日	大众日报	4版	打造国家级基因工程抗体研究中心
43	5月11日	大众日报	4版	促进高新技术向民用领域转化
44	5月15日	大众日报	3版	开放的青岛期待"上合之声"
45	5月15日	山东广播电视台	山东新闻联播	青岛军民融合协同创新研究院启动运营
46	5月16日	大众日报	17	青岛国际院士港—科研成果转化初见成效
47	5月21日	大众日报	2版	青岛启动 海水稻田间选育
48	5月21日	山东广播电视台	新闻午班车	2018年青岛首批海水稻插秧田间选育正式启动
49	5月21日	山东广播电视台	闪电直播	青岛2018年首批海水稻试验田插秧
50	5月21日	山东广播电视台	民生直通车	青岛海水稻今年首次插秧
51	5月21日	山东广播电视台	早安山东	2018年青岛首批海水稻插秧田间选育正式启动
52	5月23日	大众日报	7版	李沧区："大督促"倒逼干部干事创业
53	5月28日	大众日报	7版	李沧区：搭平台激发老干部释放正能量
54	5月29日	大众日报	7版	青岛海水稻全国试种
55	6月5日	大众日报	头版	青岛：火热的"百姓宣讲团"
56	6月8日	大众日报	头版	院士港引发"核裂变"
57	6月11日	大众日报	11版	把最美丽的青岛展现给中外友人

（续表）

序号	时间	媒体	版面	标　　题
58	6月13日	大众日报	5版	过硬作风是峰会留下的宝贵财富
59	6月14日	山东广播电视台	山东新闻联播	切实把新发展理念落到实处 不断增强经济社会发展创新力
60	6月15日	大众日报	头版头条	切实把新发展理念落到实处 不断增强经济社会发展创新力
61	6月15日	大众日报	头版头条	跟着总书记走是最幸福的！——习近平总书记视察山东引发强烈反响（一）
62	6月16日	大众日报	头版	带着信仰带着感情带着责任深入学习领会不忘初心不辱使命不负重托奋力走在前列
63	6月16日	大众日报	2版	沿着总书记指引的方向奋勇前行——一论深入贯彻习近平总书记视察山东重要讲话精神
64	6月16日	大众日报	2版	在总书记指引的道路上鼓足劲加油干——习近平总书记视察山东引发强烈反响（二）
65	6月17日	大众日报	头版	不断取得高质量发展新成就——二论深入学习贯彻习近平总书记视察山东重要讲话精神
66	6月17日	大众日报	头版	把深情关怀化为强省建设磅礴动力——习近平总书记视察山东引发强烈反响（三）
67	6月17日	青岛早报	3版	扎扎实实把民生工作做好——习近平总书记视察山东时的重要讲话在我市引起强烈反响环保李沧分局宣教中心负责人 张云 营造公众参与生态保护的良好氛围
68	6月18日	大众日报	头版头条	坚定扛起农业大省的责任——三论深入学习贯彻习近平总书记视察山东重要讲话精神
69	6月19日	山东广播电视台	山东新闻联播	【在习近平新时代中国特色社会主义思想指引下】青岛上流佳苑社区："穷村"变成龙头社区
70	6月19日	大众日报	头版	多谋民生之利　多解民生之忧——四论深入学习贯彻习近平总书记视察山东重要讲话精神
71	7月10日	大众日报	3版	李沧区176项行政审批"零跑腿"
72	7月18日	大众日报	7版	李沧：家门口提供文化"套餐"
73	7月18日	大众日报	3版	铣刨机驾驶员：趁着天热赶紧干
74	7月19日	大众日报	头版	高温橙色预警，9市今迎40℃高温
75	7月19日	大众日报	3版	"四高"隧道内，施工不间断
76	7月29日	山东广播电台	山东新闻	青岛市李沧区积极探索干部激励机制
77	8月9日	大众日报	7版	李沧设立社区城管工作站

（续表）

序号	时间	媒体	版面	标　　题
78	8月11日	大众日报	5版	第二届海外院士青岛行预热广告
79	8月12日	大众日报	2版	22个国家和地区近百名院士将聚青岛共话新发展
80	8月16日	大众日报	头版	"院士牌"为何这么响
81	8月17日	大众日报	新锐大众	百名海外院士聚首青岛话创新
82	8月18日	大众日报	头版	院士为何偏爱院士港？
83	8月18日	大众日报	3版	招引外籍人才，什么最让人动心
84	8月18日	大众日报	3版	院士港这样"牵手"诺贝尔奖获得者
85	8月18日	山东电视台	山东新闻联播	第二届海外院士青岛行暨青岛国际院士论坛开幕
86	8月18日	山东电视台	山东新闻联播	聚焦青岛国际院士港：院士产业点燃创新经济引擎
87	8月19日	大众日报	头版头条	第二届海外院士青岛行及青岛国际院士论坛开幕
88	8月19日	大众日报	新锐大众	一百多名院士齐聚青岛，有大事儿发生！
89	9月11日	大众日报	2版	从生人变熟人从熟人到家人
90	9月13日	大众日报	2版	邻居节上一家亲
91	9月18日	大众日报	22版	李沧区搭建网络责任制和综合执法信息平台"网格化＋卫星"开启违建治理新模式
92	9月26日	大众日报	20版	第二届青岛够级文化节暨够级扑克比赛举办
93	10月5日	大众日报	2版	唱响新时代劳动者之歌
94	10月11日	山东电视台	新闻联播	我国首次进行海水稻大范围测产
95	10月11日	大众日报	2版	青岛"海水稻"大田试种开镰测产
96	10月11日	齐鲁晚报	6版	亩产261公斤，青岛"海水稻"收割
97	10月12日	大众日报	头版	最需要提速的是思想观念
98	10月14日	大众日报	8版	创新驱动，引"凤"入"港"
99	10月17日	大众日报	17版	让老百姓享受健身带来的快乐 一场盛会改变一座城市
100	10月17日	大众日报	18版	现场征集为民办实事项目
101	10月17日	大众日报	19版	李沧区拉开"金秋送岗"帷幕
102	10月18日	山东电视台	山东新闻联播	杨东奇在青岛调研
103	10月18日	大众日报	头版	为新时代现代化强省建设提供更多人才智力支撑
104	10月23日	大众日报	12版	李沧创新驱动实现区域高质量发展
105	10月24日	大众日报	18版	李沧：挖掘扑克牌中的群众文化

（续表）

序号	时间	媒体	版面	标　　题
106	10 月 29 日	大众日报	8 版	吃进垃圾　吐出环保金
107	10 月 31 日	大众日报	11 版	李沧区：全民征集够级扑克精神关键词
108	10 月 31 日	大众日报	22 版	岛城教育，"一校一策"互促发展
109	10 月 31 日	大众日报	24 版	环保文艺汇演传播环保理念
110	11 月 7 日	大众日报	18 版	紧紧握住方向盘，守护全车乘客安全
111	11 月 7 日	大众日报	18 版	李沧启动公租房登记
112	11 月 7 日	大众日报	18 版	失信联合惩戒让"老赖"寸步难行
113	11 月 7 日	大众日报	18 版	计划年底前设置 1000 处固定回收点
114	11 月 8 日	大众日报	14 版	青岛开展安全用药月活动
115	11 月 13 日	大众日报	7 版	构建党建责任体系　推进城市基层党建创新发展
116	11 月 14 日	山东电视台	山东新闻联播	省委常委会会议　认真学习近平总书记在首届进博会开幕式上的主旨演讲
117	11 月 14 日	大众日报	5 版	青岛李沧：加快推动医疗卫生事业高质量发展
118	11 月 14 日	大众日报	14 版	李沧区开展精准医疗扶贫
119	11 月 14 日	大众日报	16 版	院士元素激发经济发展新活力　李沧区加快重点项目建设
120	11 月 15 日	大众日报	头版	为推动新一轮高水平对外开放做出山东更大贡献
121	11 月 15 日	大众日报	6 版	"有事来商量" 化矛盾于基层
122	11 月 17 日	大众日报	2 版	燃煤锅炉退出，环保成创收"新动能"
123	11 月 19 日	大众日报	6 版	李沧区上门办理回迁安置房网签
124	11 月 19 日	山东电视台	山东新闻联播	省委常委会会议学习近平总书记有关重要讲话精神
125	11 月 20 日	大众日报	头版	以更大决心勇气和力度把改革开放推向深入
126	11 月 20 日	大众日报	8 版	李沧区发起 AED 应急救护爱心接力行动
127	11 月 20 日	大众日报	8 版	社区应该扮演什么样的角色？李沧：多元主体"共话"社区治理
128	11 月 21 日	大众日报	19 版	青岛：让失信无小事深入人心
129	11 月 21 日	大众日报	20 版	李沧区公厕用上新风空气净化系统
130	11 月 28 日	大众日报	7 版	加快建设青岛国际院士港
131	11 月 30 日	大众日报	4 版	搜查"老赖"财物媒体现场直播

（续表）

序号	时间	媒体	版面	标　　题
132	12月2日	大众日报	6版	老厂房转型跨境电商
133	12月3日	大众日报	8版	青岛市李沧区："一带一路"进校园，品质教育促成长
134	12月5日	大众日报	19版	李沧区鼓励社会资本参与社区卫生服务
135	12月6日	大众日报	8版	李沧区：办事可以"不见面"
136	12月6日	大众日报	9版	李沧区建成45处食用农产品快检室
137	12月12日	大众日报	6版	"无证房"终于上了"户口"
138	12月12日	大众日报	18版	李沧区召开区办实事征集筛选论证座谈会
139	12月12日	大众日报	19版	李沧区新旧动能转换全面起势
140	12月14日	大众日报	9版	李沧区：党建成非公企业发展的"红色引擎"
141	12月18日	山东电视台	山东新闻联播	【习近平总书记在庆祝改革开放40周年大会上的重要讲话引起强烈反响】将改革开放进行到底
142	12月19日	山东广播电台	山东新闻联播	创新是改革开放的生命，而"创新之道，唯在得人"。
143	12月19日	大众日报	22版	李沧区中心医院打造平安医院
144	12月19日	大众日报	23版	李沧区启动"白菜地图"
145	12月21日	大众日报	头版	坚定信心接续奋斗　开创改革开放新局面
146	12月21日	大众日报	6版	李沧区对工地食堂监管不留死角
147	12月23日	大众日报	9版	省级环保督察反馈意见问题清单（青岛市）
148	12月25日	大众日报	2版	山东提前完成今年公租房分配任务
149	12月26日	大众日报	17版	1家公司引来4名法兰西学院院士
150	12月26日	大众日报	18版	李沧区中心医院不断提升就医获得感
151	12月26日	大众日报	新锐大众	青岛分配首批32套无障碍保障房源 租金最低0.75元

2018年上级采用批转的区情调研文章选录

李沧区突出三个"精准"
破解历史遗留房产证未办难题

房产证涉及房屋交易、落户、孩子入托上学等百姓切身利益，办理房产证是关系社会安全稳定实实在在的民生工程。在李沧，历史上由于建设单位破产、兼并、撤销，欠缴税费或手续不齐等原因，导致一大批业主无法办理房产证，这也是每年"行风在线""民生在线""政务服务热线"等百姓反映的热点难点问题，也是全市普遍存在的疑难杂症。自2016年以来，李沧区在市相关部门大力支持配合下，突出三个"精准"，不断攻坚克难、超越自我，强力破解历史遗留房产证未办难题，2016年，先后办理火车北站安置房、翠湖二期等10个项目房产证11280户，占到全市当年办理总量83%；2017年，办理枣山家园、南岭社区、东小庄社区等14个项目房产证13890户，占到全市办证总量的94%。

一、精准研判，找准问题抓实症结

（一）精准调查摸底，理清遗留问题。通过深入调查摸底，将未能办理房产证的房屋存在问题进行归纳分类，共划分为四类：一类是档案缺失，手续不齐备；第二类是开发单位和施工方存在矛盾纠纷，无法竣工验收；第三类是建设单位未缴纳相关费用或者居民不愿缴纳维修基金相关税费；第四类是个别建设单位缺失（注销、吊销、下落不明）或极其不配合办理手续。

（二）精准分析研究，抓实问题症结。一是高度重视，解决思想症结。房产证办理涉及部门之多，程序之复杂，资料之繁琐，让办理部门望而生畏。该区对房产证办理难问题高度重视，区委主要领导数次在全区会议上强调将房产证办理

列为重点民生工作，同时亲自到市政府请示要求在房产证办理方面给予政策倾斜，协调市办证难联席会议办公室单独召开联席会议2次。主要领导亲自上阵，彻底解决了办证难思想症结。二是找准规划验收这个核心症结。规划验收是办理房产证的前提条件，只有实现这个点上的突破才可进行下一步工作。针对各类规划验收难题，采取联席会调度、社区街道部门"团体作战"、区政府信誉担保的方式综合施策，逐一化解，同时积极探讨解决验收难题新路径，在施工单位不配合的情况下，请示市联席会议办公室采取房屋结构安全鉴定的方式，来替代工程竣工验收报告，解决无法竣工验收难题，有力突破了办证难的核心症结。

二、精准发力，有的放矢破解难题

（一）针对档案缺失、手续不齐备难题。多渠道收集整理原始档案，如东小庄社区安置房档案资料缺失，通过新闻媒体、网站、微博等多种形式，发布通知督促符合办证条件的群众及时申报办证资料，同时到社区做工作，从居民手中收集原始档案，带领开发商和社区多次到城建档案馆等单位查阅收集档案，最终整理补齐所需档案资料。

（二）针对开发单位与施工方存在矛盾纠纷难题。积极创新开辟手续办理路径，对市联席会议办公室同意纳入联席会议解决的项目，由区政府组织规划公示，征得大多数业主同意，市规划局出具符合规划审批建设的现状建筑予以规划确认的函，市国土资源房管局予以认可替代规划综合验收，有效破解因开发单位与施工方矛盾纠纷

无法竣工验收的问题。

（三）针对建设单位或居民未缴纳相关税费难题。如枣山家园项目，办理不动产首次登记，开发单位需缴纳12万元实测、登记费，开发单位拒不缴纳。该区召集开发单位和业主商洽，成功说服25户业主提前将房屋差价款和个人集资垫付款凑齐，完成不动产首次登记。

（四）针对建设单位缺失或极其不配合办理手续难题。如南岭社区项目，开发单位沟通联系非常困难。通过各种途径，千方百计畅通渠道，取得联系，并多次到单位耐心进行政策解读和会议确定事项传达，积极协助开发公司解决各种"疑难杂症"，打消其退缩念头，实现房产证成功办理。

三、精准保障，建章立制持续攻坚

（一）成立专门机构，合力攻坚克难。成立了由区政府主要领导任组长、分管领导任副组长、建管、国土、规划、环保地税等职能部门组成的"李沧区解决历史遗留问题为民办理不动产权证领导小组"，协调处理房产登记办证历史遗留问题。各部门形成联动有力、协调顺畅、便捷高效的工作机制，合力拧成"一股绳"。同时，先后抽调区开发建设办公室、街道、国土、规划、社

区等部门150余人参与保障房产证办理。

（二）强化督查监督，全程留痕管理。区党政干部问责工作领导小组办公室下发了《关于将办理社区已回迁居民不动产权证和社区安置房安置台账审核工作纳入问责观察的通知》，从制度上保证街道办事处和社区按时间节点及时提报台账。每日刊发房产证办理《工作动态》，并通过"痕迹工作法"平台记录在案，将每天办理的具体进程、具体事情汇总分析，第一时间反馈通报，精准保障办理过程，确保办理成果。

市政府领导5月1日批示：很好。诸如此类的问题早晚都要解决，回避和拖都不是办法，只有尽早解决是唯一良策。请办公厅转发给大家看看。并请鲁明同志阅示。

市政府领导3月9日批示：很好。这是关心群众的一件大事，克服了很多困难，来之不易。

市政府领导5月2日批示：这是民生大事，历史遗留问题。李沧区直面困难，攻坚克难，做了大量工作，能破解实属不易，望再接再厉，在城市建设、城市管理、项目建设、工业区改造更新、旧村改造、环境面貌提升、民生实事以及其他一些历史问题的解决上取得更加优异的成绩。

青岛市李沧区加快国际院士港建设
助推新旧动能转换

3月27日，省政府主要领导同志到青岛国际院士港调研，并对院士港下一步发展做出重要指示。青岛市李沧区迅速行动，研究提出具体的贯彻落实措施，着力在加快院士科研成果转化等五个方面下功夫、促突破。

一、加快院士科研成果转化

聚焦院士项目落地和成果转化，印发了《区级领导定向联系院士工作方案》，建立区级领导、部门负责人定向联系院士机制，为签约院士及其团队提供"一对一、个性化、精准化"服务，力

争年底实现1/3的签约院士项目落地，形成聚集效应。筹备召开院士项目与世界500强企业对接会，加快已落地产出项目市场化推广，重点支持袁隆平院士的海水稻研发及土壤改良技术、陈璞院士的小核酸抗肿瘤新药研发、西拉姆院士的静电纺丝纳米纤维材料应用、侯立安院士的环保新材料研发等项目，努力培育百亿级产业集群。

二、加快推进政策机制集成创新

坚持政府引导、市场运作，科学发挥院士港集团公司作用，尽快启动运作规模100亿元的产

业基金，引入世界 500 强、中国 500 强、上市公司，进一步拓宽融资融合、共进共赢渠道。深入研究和承接利用新旧动能转换综合试验区系列政策和省人才工作领导小组支持院士港建设发展的 19 条意见，推动改革红利、政策红利与市场活力有机衔接融合，力争在机制和政策集成创新上有所突破。

三、加快争取大科学装置布局建设

组建专门工作机构，积极争取承接国际大科学计划和大科学工程。坚持一手抓院士科研成果转化，一手抓国际顶尖人才引进和国际顶尖实验设备及装置配备，重点做好承接载体建设。强化协同联动思维，加强院士港与青岛海洋科学与技术国家实验室、海军研究院、山东大学、中国海洋大学、中科院生物能源与过程研究所、海军潜艇学院等科研和教育机构的协同创新，积极推动各方签订合作共建协议，开展重点课题攻关，为争取国家布局大科学装置夯实基础，为承接国际大科学计划和大科学工程创造条件。

四、加快拓展重点功能板块

构筑院士经济生态体系，推进八大功能板块

规划实施。积极开展院士技术论坛、院士特色风情居的规划设计论证。建设院士港二期，在已开工的 184 亩基础上，进一步拓展至 256 亩，建设 150 万平方米科研楼宇。加快规划建设占地 3 平方千米的院士产业核心区，3 月 28 日先导区开工奠基，在此基础上，进一步压荐推进房屋征迁、规划设计、手续办理、土地出让等工作。

五、加快提升经济质量效益

以院士港为龙头，推动实现重点产业平台规模化效益产出，力争平台主营业务收入（贸易额）均突破百亿元。加快邮政跨境电商产业园建设，健全跨境电商海内外服务体系，打造集智能仓储、人才孵化等功能于一体的精品消费平台。加快丝路协创中心建设，扩大国际经贸联络中心数量，将平台优势转化为经济效益。加快亚马逊 AWS 联合创新中心建设，积极拓展离岸孵化体系，打造数字经济成长平台，带动传统产业转型升级。

省政府领导批示：*送为民同志阅研。请科技厅关注李沧区的相关工作，促进创新资源集聚，加快创新成果转化，发挥科技支撑引领作用。*

青岛市李沧区扎实推进"四到"服务
努力实现政务服务"零跑腿"

青岛市李沧区积极贯彻"一次办好"改革部署要求，以"互联网＋政务服务"试点建设为契机，扎实推进服务到企业、到项目、到社区、到居民，全面推进政务服务"零跑腿"。截至目前，该区实现"零跑腿"行政许可事项 98.9%、公共服务事项 96.1%，远超国家市县级政务服务事项网上可办率不低于 50% 的要求。

一、服务到企业，实现注册审批"零跑腿"

一是重点园区"驻点办"。围绕青岛国际院士港、国际特别创新区等重点园区，在项目落地企业密集期，组织专门力量入园开展免费代办服务。

自 2016 年以来，已为 128 个单位提供工商注册、税务登记等代办服务。二是代办服务"多样化"。对重点园区和重点时段之外的招商引资落地企业，主动上门对接、跟踪服务、定期调度，确保全时注册代办"不打烊"。建立审批服务联络卡 150 张，联络企业 300 余人次，每季度汇总代办开展情况资料。三是"排忧解难"常态化。积极开展到企服务，建立"一企一档"服务台账，实现情况清、问题清、进度清、措施清、时限清。开展"营商环境大走访"活动，累计走访外商投资企业 151 家，开展多样化服务到企业活动 90 余次。

二、服务到项目，破除重点建设项目审批难题

一是开通审批"绿色通道"。根据投资额度、项目规模，筛选项目纳入"绿色通道"，实行一事一议、全程跟踪督办和限时快办。在坚持合法合规的前提下，对材料齐全的项目确保2个工作日办结。二是审批事项"全链条"办理。按照"一个窗口办成一件事"的目标，梳理办理条件、申请要件、办理流程，将"一件事"的多个审批事项进行优化整合、流程再造，让办事群众多次报件变为一次报件。三是项目难题"请来办、领着办"。完善项目问题提报收集、梳理汇总工作机制，建立清单台账。带领项目主管单位，直接对接相关审批部门，及时解决个案问题，开展现场"问诊"，累计解决152个建设项目的审批难题。

三、服务到社区，推动政务服务重心下移

一是完善便民服务平台建设。11个街道、115个社区全部建成"一站式"便民服务中心（点），便民服务窗口设置改革为"2+1+N"模式，即2个综合受理窗口，1个回复取件窗口，N个群众办事量较大的专业服务窗口，为民服务能力进一步提高。二是创新政务服务联动工作机制。在李村、振华路等4个街道进行试点，建立"社区代收、街道代录、部门审批"的区、街、居联动工作机制。目前，65项依申请公共服务事项、15项行政审批事项下沉到街道和社区办理，今年以来共办理个体工商户注册、再生育审批等事项8600余件。三是深化"至诚至简"服务品牌建设。优化服务环境，开展"亮诺践行"活动，更新印制3000余册"一窗式"受理办事服务指南，配齐基础便民设备，完善利民服务功能，做好人性化细节服务。

四、服务到居民，提高服务对象满意度

一是试点开展"精准服务"。以转变服务方式、细分服务人群、做实服务内容为出发点，选取兴华路街道作为试点，向市电政办申请60岁以上户籍人口信息，利用社区网络员进行比对完善，建立基础数据信息库，累计推送体检补助申报、高龄补贴发放等服务短信共计600余条。二是"政府跑腿"代替"群众跑腿"。强化工作协同联动，在现场勘查、日常执法等环节收取审批材料。建立14支100余人的便民服务小分队，对无法现场办理的群众提供上门服务。实行双向免费快递服务，解决"零跑腿"工作中的堵点、难点问题。截至目前，公共服务事项网办受理1044件、办结921件，通过免费快递送达证照760余件。三是政务服务事项"一网覆盖"。按照"网办为常态、不网办为例外"原则，依托金宏网和互联网实现外网申报、内网审批、外网反馈，"零跑腿"服务各路经已全面打通。

省政府领导8月13日批示：请维寅同志阅。

李沧区加快国家中医药综合改革试验区先行区建设

近年来，李沧区坚持"中西医并重"，不断提升基层中医药综合服务能力，建成社区中医药卫生服务中心13家，其中省级中医药特色社区卫生服务中心2家；44家社区卫生服务站，有中医药服务人员120余人，年中医药服务量占基层机构门诊量30.1%，超过全国基层中医药工作先进单位的标准。先后获得"全国基层中医药工作先进单位""全国中医治未病试点区""全省中药资源普查工作试点区"等荣誉称号，2017年获批国家中医药综合改革试验区先行区，中医药工作取得明显成效。

一、夯实根基，健全基层中医药服务网络体系

（一）健全社区中医药服务网络。建成国家级全科医师中医实践基地1个、山东省中医特色社区卫生服务中心2个、市级中医特色社区卫生服务中心1个、"养生保健基地"2个、养生保健

指导门诊 33 个、膏方服务示范单位 2 家、国医示范门诊 20 个，全区 13 家社区中医药卫生服务中心全部建立国医馆，为社区百姓提供中医药处方、中医理疗、中医养生保健、健康教育等中医药服务；44 家社区卫生服务站设置中医科 41 家，其余 3 家经过培训后可以提供中医药服务，预计 2018 年底实现中医药服务社区全覆盖。初步形成健全的中医药服务网络，95% 以上的居民在家门口可享受到中医药服务。

（二）强化基层中医药人才队伍建设。建立基层中医药培训基地，编辑《60 项中医适宜技术手册》《中医技术操作规范》等培训教材，定期开展基层医疗卫生机构专业技术人员中医药适宜技术培训，确保基层医疗机构的医务人员至少熟练掌握中医药适宜技术 20 项、中药方剂 10 个、保健穴位 10 个。先后组织 450 名非中医药专业的基层医务人员学习中医药技能，选派 19 人参加"中医全科医师培训班"培训；组织 80 多人参加青岛市"养生保健医师培训班"。

（三）鼓励社会力量举办中医机构。支持有资质的中医专业技术人员特别是名中医在基层开设中医诊所或进行个体行医，鼓励有条件的基层药品连锁企业开办中医坐堂医诊所，对各类社会资本举办非营利性中医医疗机构给予优先支持。目前已经完成了 5 家中医诊所的备案工作，全区共有各类中医医疗机构达 150 多家。

二、多方融合，全面提升基层中医药服务能力

（一）借力国家中医药综合改革试验区先行区建设，多方提升基层中医药服务力。建立"李沧区中医药"微信公众号，普及基层中医药常识，提供中医药服务平台，累计发布各类服务信息 5000 余条；积极开展"山东中医药大学博导专家团李沧行"专家义诊活动；签订《山东中医药大学青岛中医药科学院、青岛市李沧区卫生和计划生育局合作共建框架协议书》；开展基层中医药"三名工程"（名中医、名科室、名诊所）创建工作，评选基层名中医 20 名、国医示范门诊 18 个；选址建设中医药文化公园 1 处，完成选址和设计

工作 2 处；举办"中医慧学子、国术感师恩"中医药文化进校园活动，进入 19 所中小学、7 家幼儿园，开展活动 31 场，涉及班级 25 个，各年龄段参与学生 1200 余人。

（二）借助中医药健康管理基本公共卫生服务项目，率先开展中医体质辨识调养项目试点。2011 年以来，为 55 岁以上居民开展中医体质量化辨识与调养指导，累计服务 5 万人次，受到国家中医药管理局高度肯定。结合"养生保健宣传月"活动，由区财政买单为 65 岁以上老年人免费开展"冬病夏治""三伏贴"服务 3000 余人次、免费开展"冬病冬治""三九贴"服务 2000 余人次，每年合计让利群众 30 余万元。

（三）加强自身中医药特色优势建设。该区形成了中医骨伤、中医眼科、蜂毒疗法、弹针疗法、中医推拿、特色敷贴、浮针疗法、五运六气、中医肛肠等特色专科，特别是不手术小夹板治疗骨折、埋线疗法减肥、五运六气治疗肿瘤等特色疗法；市级中医专病（专技）特色门诊 5 个，为基层中医药可持续发展奠定了坚实的基础。该区在预防保健工作中注重发挥中医药特色优势，有效提升了慢病综合防控服务能力。

三、多措并举，完善中医药服务保障

（一）加强领导，提供组织保障。印发《李沧区创建国家中医药综合改革试验区先行区工作实施方案》，设立由分管副区长为组长的"中医药健康服务业发展联席会议"，专题研究、协调、统筹、督导中医药健康服务业发展的各项工作。成立社区中医药服务工作领导小组，配备卫生专职人员。建立健全公立机构中医药工作绩效考核机制，每季度对基层机构工作进展情况进行考核、公示，各机构也定期对其管理人员开展中医药工作绩效考核。

（二）加大政府投入，提供财力保障。建立"中医服务量给予补助"政策机制，区财政每年设立中医药事业发展专项经费 100 万，定向保障中医药事业发展。同时，加大基层机构医疗设备投入，先后投资 260 多万元为基层机构配备中医体质辨

识仪、骨密度仪、康复治疗仪、煎药机、中药橱、药浴桶、神灯、刮痧板、火罐、三棱针、艾灸盒、梅花针等中医医疗设备 3000 余套。加大对一线中医工作者的补助，将全区公立医疗机构中医人员工资纳入全额补助。

（三）加大宣传，营造良好的社会氛围。连续 12 年开展"养生保健宣传月"活动，在李沧有线电视台开辟"健康园地"专栏，定期宣传社区中医药知识；制定下发具有中医药内容的健康教育计划；在社区设置中医药健康路径；在李村河如意湖公园、星光剧场公园、涟水河公园建成中医氛围浓厚的全市首家中医药文化主题公园；开展健康教育大集、大型广场宣传、中医药健康大讲堂、社区纳凉晚会、健康知识竞赛等各种形式活动，普及中医养生保健，提升居民的中医药健康素养。

市政府领导 8 月 23 日批示：请转市卫计委阅研。

命名表彰文件选录

中共青岛市李沧区委关于表彰李沧区优秀共产党员、优秀党务工作者和先进基层党组织的决定

（2018 年 7 月 25 日）

近年来，全区广大共产党员、党务工作者和各级党组织高举中国特色社会主义伟大旗帜，全面贯彻党的十八大和十八届中央历次全会，党的十九大和十九届二中、三中全会精神，以习近平新时代中国特色社会主义思想为指导，紧紧围绕统筹推进"五位一体"总体布局和协调推进"四个全面"战略布局，开拓进取、扎实工作，着力推动经济社会持续健康发展，积极投身构建创新发展"18844"工作格局、建设宜业宜居宜身宜心的创新型花园式中心城区、加快实施新旧动能转换重大工程、保障上海合作组织青岛峰会等重大任务，充分发挥先锋模范作用和战斗堡垒作用，涌现出一大批优秀个人和先进集体。为表彰先进、弘扬正气，激励全区各级党组织和广大共产党员奋发有为、建功立业，区委决定，授予杨晶海等 101 名同志"李沧区优秀共产党员"称号，戈宁等 37 名同志"李沧区优秀党务工作者"称号，浮山路街道党工委等 32 个基层党组织"李沧区先进基层党组织"称号（名单附后）。

这次表彰的优秀个人和先进集体，是全区共产党员、党务工作者和各级党组织的优秀代表。他们的先进事迹，生动诠释了新时代共产党人的优秀品质和精神风貌，充分彰显了新时代党组织的强大凝聚力和战斗力，集中体现了我们党的先进性和纯洁性，是全区广大党员干部群众和各级党组织学习的榜样。

全区广大党员干部和各级党组织要以先进为榜样，学习他们坚定理想信念、对党绝对忠诚的政治品格，自觉用习近平新时代中国特色社会主义思想武装头脑，树牢"四个意识"，坚定"四个自信"，做到"四个服从"，坚决维护习近平总书记党中央的核心、全党的核心地位，坚决维护党中央权威和集中统一领导，在思想上政治上行动上同以习近平同志为核心的党中央保持高度一

致；学习他们践行宗旨、心系群众的为民情怀，坚持以人民为中心的发展思想，始终把群众利益放在第一位，践行党的群众路线，真心实意为群众干实事谋幸福；学习他们求真务实、担当作为的优良作风，始终保持改革创新、干事创业的精气神，立足本职真抓实干、攻坚克难，创造出经得起实践、人民、历史检验的实绩；学习他们严于律己、清正廉洁的道德情操，始终尊崇党章、遵守党规，带头践行社会主义核心价值观，坚守精神高地，维护先锋形象，永葆先进性和纯洁性。

希望受表彰的优秀个人和先进集体珍惜荣誉、再接再厉，在实现社会主义现代化新征程中继续发挥模范带头作用，不断取得新的成绩。全区各级党组织和全体共产党员要紧密团结在以习近平同志为核心的党中央周围，全面贯彻党的十九大精神，坚持以习近平新时代中国特色社会主义思想为指导，深入贯彻习近平总书记视察山东重要讲话、重要指示批示精神，不忘初心、牢记使命，锐意进取、埋头苦干，为打造宜业宜居宜身宜心的创新型花园式中心城区，在实现社会主义现代化新征程中率先走在前列做出新的更大贡献！

附件1

李沧区优秀共产党员名单

（共 101 名）

杨晶海　李村街道党工委书记

杨晶海　李村街道党工委书记

王　韦（女）　李村街道综治办主任

方　鹏　李村街道安监办副主任

刘维盛　李村街道东北庄社区居委会主任

崔仕俊　青岛东兴工贸实业总公司党支部书记

贾海斌　虎山路街道党政办副主任

吴　洋　虎山路街道安监科科长

金成龙　虎山路街道百通馨苑社区第一党部书记

李　锐　浮山路街道经管科副科长、三级主任科员

王元玉　浮山路街道南庄社区党总支书记、居委会主任

李红卫　浮山路街道枣山路社区党委书记

徐玉明　振华路街道街政科科长、四级调研员

黄国超　振华路街道综治办主任、四级调研员

孙垂金　沧口街道经济发展管理中心副主任

陈建新　沧口街道城管科科长、四级调研员

童　森　沧口街道文安路社区居委会副主任

刁玉忠　沧口街道永定路社区居委会副主任

丁秀荣（女）　沧口街道永河社区第二党支部书记

任燕飞（女）　兴华路街道街政科科长、一级主任科员

王序华　兴华路街道东小庄社区党支部副书记、居委会主任

郭玉芬（女）　兴华路街道邢台路社区第四党支部书记

许德林　兴城路街道党工委书记

李谦德　兴城路街道唐山路社区居民

孟庆兰（女）　兴城路街道四流北路社区第四党支部委员

王诗言（女）　楼山街道政工科副科长

刘世清　楼山街道刘家社区党总支书记、居委会主任

王　华　楼山企业总公司党委书记

张九炎　湘潭路街道计生办主任、一级主任科员

刘丕冬　湘潭路街道十梅庵社区民兵连连长

张　敏　湘潭路街道湾头社区居委会委员

朱迎春（女）　九水街道纪工委副书记、一级主任科员

张朝晖　九水街道安监办副主任、一级主任科员

王俊跃　九水街道刘家下河社区居委会委员

李建军　世园街道上流佳苑社区党支部书记

臧文娟（女）　世园街道上流佳苑社区居委会主任

史晨曦（女）　世园街道政工科副科长

王莉莎（女） 区人民检察院研究室主任

刘 澎 区委区政府信访局联合接访中心主任

胡宇翔 区科学发展综合考核委员会办公室
主任

胡 建 区投资审计中心副主任

纪玲玲（女） 区人民法院政治处四级调研员

王 静（女） 青岛天合医药集团股份有限
公司综合办主任助理、人事
科科长

于 政（女） 区阜康市民中心工作人员

崔艺显（女） 区委党校教研室负责人、二
级主任科员

冀向敏 区发展和改革局四级调研员

王晓光 区教育体育局党委书记、局长

谢树梅（女） 重庆中路第一小学一级教师

葛桂芝（女） 永安路小学一级教师

赵乃强 区教育体育局基建办工作人员

周建刚 区财政国库支付中心副主任

郭笑君（女） 区劳动人事争议调解仲裁院
四级主任科员

李楠楠（女） 区河道景观管理办公室主任

阎 蕾（女） 区物业管理办公室助理工程师

刘万春 区商务局商务科科长、一级主任科员

袁协峰 区烟草专卖局工作人员

刘兴同 李村街道社区卫生服务中心党支部
书记、主任

张振华（女） 区妇幼保健计划生育服务中
心妇保科科长

韩 娟（女） 区食品药品监督管理局生产
流通监管科科长

贾文德 区市场监督管理局公平交易局副局
长、一级主任科员

张东辉 区交通商务办工程师

李洪超（女） 区机关事务管理局办公室副
主任

迟英杰 区综合行政执法局浮山路中队四级
调研员

李红蕾（女） 青岛维客商业连锁有限公司

金水路超市副总经理

包丽菁（女） 区天鹅幼儿园副园长

王 琼（女） 市公安局李沧分局机动大队
一中队副中队长

鲁 俊 市公安局李沧分局兴城路派出所主
任科员

马振富 市公安局李沧分局反恐怖大队副调
研员

牟孝波 青岛海创开发建设投资有限公司工
程管理部部长

陈芊芊（女） 青岛金水控股集团有限公司
办公室工作人员

钟 滨 区委老干部局二级调研员

周泽鹏 院士产业核心区项目指挥部征收拆
迁组副组长，虎山路街道党工委委
员、办事处副主任

盛 祥 院士产业核心区项目指挥部办公室
负责人，区征收办职员

李 勇 青岛国际院士港综合管理委员会办
公室项目资本部负责人，区财政国
库支付中心业务三科科长

白吉祥 青岛国际院士港综合管理委员会办
公室项目主管

吴志清 区食品药品监督管理局二级调研员

王 霞（女） 区市场监督管理局企业注册局注
册审批科科长、一级主任科员

宋一全（女） 区卫生和计划生育局社区卫
生服务工作办公室主任护师

王续达 青岛国际院士港集团有限公司党委
委员，青岛国际院士港开发投资有
限公司负责人

韩 飞 青岛国际院士港开发投资有限公司
财务主管

孙 洁 市公安局交通警察支队李沧大队火
车北站中队指导员

刘 杰 市公安局交通警察支队李沧大队巡
逻中队指导员

陈 煜 上海合作组织青岛峰会保障工作人

员，李村街道四级调研员

倪全辉　上海合作组织青岛峰会保障工作人员，虎山路街道信访办主任

戴欣堂（女）　上海合作组织青岛峰会保障工作人员，浮山路街道福林苑社区党委书记、居委会主任

于　霞（女）　上海合作组织青岛峰会保障工作人员，振华路街道党工委副书记

于永娟（女）　上海合作组织青岛峰会保障工作人员，沧口街道永宁路社区党委书记、居委会主任

高同军　上海合作组织青岛峰会保障工作人员，兴华路街道党工委委员、人武部部长

王　丽（女）　上海合作组织青岛峰会保障工作人员，兴城路街道四流北路社区党委书记、居委会主任

辛利斌　上海合作组织青岛峰会保障工作人员，楼山街道党工委委员、人武部部长

郝金国　上海合作组织青岛峰会保障工作人员，湘潭路街道综治办主任、一级主任科员

孙忠庆　上海合作组织青岛峰会保障工作人员，九水街道经济发展管理中心中级工

唐明光　上海合作组织青岛峰会保障工作人员，世园街道党工委委员、人武部部长

韩会将　上海合作组织青岛峰会保障工作人员，区食品药品监督管理局四级调研员

钱宗武　上海合作组织青岛峰会保障工作人员，区委党校党委委员、纪委书记、三级调研员

李向军　上海合作组织青岛峰会保障工作人

员，区委第三巡察组副组长

徐金利　上海合作组织青岛峰会保障工作人员，区委办公室四级调研员

杨为福　上海合作组织青岛峰会保障工作人员，区统计局高级技工

任宜煊　上海合作组织青岛峰会保障工作人员，区旅游局旅游发展中心主任

刘　畅（女）　上海合作组织青岛峰会保障工作人员，区委区政府信访局办公室主任、一级主任科员

祝　琳　上海合作组织青岛峰会保障工作人员，市公安局李沧分局南渠治安派出所副调研员

王会文　上海合作组织青岛峰会保障工作人员，区人民法院党组成员、政治处主任

附件 2

李沧区优秀党务工作者名单

（共 37 名）

戈　宁（女）　李村街道政工科科长

杨世友　虎山路街道阜康花园社区党委书记

王　磊（女）　浮山路街道政工科科长

车文洁（女）　振华路街道振华路社区党委书记、居委会主任

刘敏业（女）　沧口街道永年路社区党委副书记

王欣厚　兴华路街道坊子街社区党总支副书记

隋　平　兴城路街道板桥坊社区党委副书记

刘炳昌　楼山街道党工委副书记

王春光　湘潭路街道大枣园社区党委委员

吕崇辉　九水街道九水东路社区党委副书记

由红新　世园街道党工委副书记

朱朝晖　区文化新闻出版局机关党支部书记、四级调研员

赵秀莹（女）　区委企业工委副书记

杨　蕾（女）　区民政局社会组织管理局副局长、一级主任科员

谭　薇（女）　区委党校教务处副主任

刘　静（女）　区发展和改革局机关党支部
　　　　　　　　书记、办公室主任

王淑芬（女）　东川路小学党支部书记、高
　　　　　　　　级教师

薛光辉　区财政局一级主任科员

魏延斌　区劳动保障监察局党支部书记、局长

刘克清（女）　区城市建设管理局政工科科
　　　　　　　　长、一级主任科员

于永梅（女）　区商务局党委委员、二级调
　　　　　　　　研员

吕思禄　区疾病预防控制中心党支部书记、
　　　　　　主任

孙黎明（女）　区食品药品监督管理局法制
　　　　　　　　科科长

吕　涛　区市场监督管理局机关第四党支部
　　　　　　书记、市场监管科科长、一级主任
　　　　　　科员

魏立江　区交通商务办党委委员、纪委书记

袁　静（女）　区机关事务管理局党委委员、
　　　　　　　　纪委书记、机关党支部书记

薛振国　区综合行政执法局一级主任科员

牛谞光　青岛鲁强模具有限公司党总支书记

袁义宝　区供销社党委副书记、纪委书记

毕德伟　市公安局李沧分局特勤大队临时党
　　　　　　支部书记、巡警大队副大队长

王　淼（女）　青岛海创开发建设投资有限
　　　　　　　　公司工作人员

陈日峰　青岛金水控股集团有限公司办公室
　　　　　　副主任

徐　建　区委老干部局党支部委员，区委老
　　　　　　干部服务中心主任

隋书杰　区委副处级组织员

高　鹏　青岛融源影视文化旅游产业发展有
　　　　　　限公司工作人员

张晴雯（女）　区行政审批服务大厅党委委
　　　　　　　　员、纪委书记，区政务服务
　　　　　　　　和公共资源交易管理办公室
　　　　　　　　党组成员、副主任

康夕田　青岛国际院士港集团有限公司党委
　　　　　　委员，青岛国际院士港开发投资有
　　　　　　限公司行政部部长

附件3

李沧区先进基层党组织名单

（共32个）

浮山路街道党工委

兴华路街道党工委

楼山街道党工委

区教育体育局党委

区城市建设管理局党委

青岛国际院士港综合管理委员会党工委

青岛中特环保仪器有限公司党支部

虎山路街道金秋社区党总支

青岛—亚马逊AWS联合创新中心党委

振华路街道四流中路第一社区党委

沧口街道紫荆苑社区党委

兴城路街道沔阳路社区党委

湘潭路街道南岭社区党委

九水街道尤家下河社区党支部

世园街道毕家上流社区党委

区委办公室党支部

区政府办公室党支部

区人民法院党总支

区人民检察院党总支

区委党校机关党支部

区发展和改革局机关党支部

区财政局机关党支部

区商务局机关党支部

沧口街道社区卫生服务中心党支部

区市场监督管理局兴城路市场监督管理所党
支部

区机关事务管理局机关党支部

区综合行政执法局协勤大队党支部

市公安局李沧分局李村派出所党支部

区委老干部局党支部

青岛融海国有资本投资运营有限公司党支部

区政务服务和公共资源交易管理办公室党支部

青岛国际院士港开发投资有限公司党支部
中共青岛市李沧区委青岛市李沧区人民政府
关于表彰 2017 年度优秀公务员和事业单位工作人员的通报

（2018 年 7 月 25 日）

2017 年，在区委、区政府的正确领导下，全区各部门、各单位高举习近平新时代中国特色社会主义思想伟大旗帜，深入学习贯彻党的十九大精神，紧紧围绕统筹推进"五位一体"总体布局和协调推进"四个全面"战略布局，按照区第六次党代会各项决策部署，强化率先走在前列的责任担当，加快推进新旧动能转换重大工程，推进经济发展质量变革、效率变革、动力变革，全面做好稳增长、促改革、调结构、惠民生、防风险各项工作，全区经济社会实现了持续健康发展。区委、区政府决定，给予高佃智等 38 名公务员（含参公）记三等功奖励，给予戴兵等 258 名公务员（含参公）嘉奖奖励，给予赵蓉等 838 名事业单位工作人员嘉奖奖励。

希望受到表彰的个人不忘初心，牢记使命，珍惜荣誉，再接再厉，更好的发挥示范带头作用，在新时代新征程中实现新作为，创造新辉煌。全区各部门、各单位要以先进为榜样，以构筑创新发展"18844"工作格局为核心，以群众满意为目标，为打造宜业宜居宜身宜心的创新型花园式中心城区而不懈努力。

附件

李沧区 2017 年度优秀公务员和事业单位工作人员名单

一、记三等功人员（共 38 人）

高佃智	张崇祥	马会周	张　霄	吕振来
丁海涛	刘方堃	张玉翠	周巧凤	丛　媛
吴清泮	刘　超	李朝成	衣娅妹	张德传
赵　鹏	刘克清	孙振涛	王　鹏	牟宝林
王正顺	董振兴	隋　康	刘　文	蒲洪平
韩文汇	栾怀忠	李怀良	宋绍伟	赵正军
江　聪	于召华	韩世聪	于　喜	苗　蕾
任燕飞	陈世杰	张朝晖		

二、嘉奖公务员（含参公人员）（共 258 人）

戴　兵	左效华	包　宏	王晓光	孙兰泉
王海建	王忠于	李　坚	许德林	李振洪
杨晶海	李大鹏	刘　涛	古晓春	马晓蕾
郭可敬	孙黎明	杨晓毅	江　娇	王　超
杜腾腾	黄金栋	杨　帆	矫立峰	刘　蕾
崔志琨	张敦义	周　娜	刘跃勋	冯　勇
郭学群	张　纲	谭　薇	王　军	高连蓬
纪玲玲	柳佳佳	刘洪伟	赵海鹏	张同雨
于　洋	柳宗廷	李　兵	韩雪梅	温洪梅
周　瑾	姜鲁艳	于永攀	杨仲举	王晓艳
孙海翔	张群生	刘寅生	程绍峰	马改蓉
曲　鹏	王莉莎	吴　洋	王洪森	程宏伟
陈文智	纪　峻	杨大伟	孙玉倩	张金玲
王　野	范寿昌	李绍海	于洪亮	魏延旗
杨子娟	陆　海	宋海奇	于秋琴	李敬军
刘国宁	杨健斌	王令成	张　霓	王小辉
冀向敏	方修赏	陈黎明	陈华泉	纪雪艳
孙文洁	万小娟	解秀梅	李东方	王鉴钢
董佩嫣	丛吉林	何　亮	咸　耀	王　凤
李　健	蔡发展	唐太军	徐勤勇	郝荀杰
魏贵德	徐家良	徐同庆	殷宗博	郭笑君
逄子龙	魏延斌	林　棕	李志俊	贾春梅
吕　涛	陈海兰	石俊杰	牟　明	张红燕
高献青	王　英	邵　靖	刘文邦	王　建
王　静	王思阳	池振安	李　超	张吉余

张景森	方明	李明	孟庆娇	孙瑞福	周晓战	蔡民安	邱世凯	孙龙	陈雪林
韩会将	侯方琦	矫春慧	孙黎明	岳豪	姜长江	刘国睿	谭雪梅	潘泽坤	黄慧
田冬洁	李波	刘晓杰	刘斌	贾军	于婷	赵晓鹤	董敏	张晓军	王鑫
杨君文	孙晨阳	黄涛	刘洁	李兆君	周珊珊	王宏杰	马军	聂华丽	王祎琳
崔霞	袁淑平	曹强	段秋敏	杨志林	李岩	仪晓晓	陈令军	江源	胡行燕
范同申	程翔	贾文德	周丽红	吴非	胡海燕	孙全春	艾松林	宫海波	王军政
于恂光	苏雷	廖君	孙红华	邢文杰	刘贞梅	杜惠琴	胡绪峰	于秀丽	崔永凯
胡文平	夏全胜	张衡	冷志平	苏惠林	黄洁	杨晓燕	逄淑青	张旻炜	张志强
林宏	纪琼珉	张辉智	尹智喜	孟宪柱	毛文芳	邱惠芳	董景华	贾真	刘爱玲
李勇	张洪海	姜发顺	王勇	宋良	王娟	辛本明	张兵	吴娟	贺照峰
陆伟祥	郑龙先	赵亮	王海燕	高萍	吴先船	武鹏飞	郭腾徽	苏晋国	杨健
常涛	郑大	刘季寅	杨月兰	苟玉红	张军	李楠楠	孙楠	赵珺萍	阎蕾
王成喜	安宁	王永刚	潘学谔	彭宝林	王玺	王延达	陈伟	胡建	仲维鑫
孙刚	刘峻涛	宁国	魏松华	景士宁	刘一鸣	邵蔚	沈欢燕	王文华	胡维栓
丁磊	郭可瀚	王赛顶	胡水清	高骥	郭丽蔚	贺迎晨	马林	慕贺	王旭波
刘韶华	丛培迁	戈宁	王兴礼	刘洪梅	吕世锋	樊文伟	吴洋	王云	贾海斌
王贵华	张军红	侯洪昌	王冬柏	尚建明	倪全辉	赵浩	杜瑞峰	王开如	刘美洁
卢进贵	向凯	陈军	王磊	朱必保	王大鹏	宋彦	韩磊	魏广庆	王援军
陆蕾	罗强	纪臻	贾英	张德志	赵清	姚光福	孙垂金	刘文磊	牛锋
辛志先	隋毅	胡献军	沈勇	孔凡芝	党茜	杨晓华	吕思广	王平	田昌伟
高宁	李宝泉	王维强	于晓彤	高秀芹	齐春华	李静	秦克英	王文鹏	翟振东
刘京学	贺芸	董晨	易湘国	辛利斌	陈国震	吴世强	郭文俊	韩婷婷	王林
薛延昌	仲佳丽	刘春平	张爱萍	刘炳昌	林山峰	王新	符崇键	裴楠楠	孙卫真
韩锡涛	彭永法	易元平	张九炎	程学军	李贝	董二峰	曹副军	孙忠庆	陈相珂
闫群	刘国语	陈硕	刘友波	杨霁雯	赵树良	吴海燕	邸吉秋	宋涛	于恩正
唐明光	卢绍兵	于倩	侯云	由红新	张志伟	赵倩	赵利贵	韩冰	辛建国
史晨曦	丁肖媛	阎君			丁小林	隆贤仲	钟凯	窦亮亮	臧绍智

三、嘉奖事业单位工作人员（共838人）

					郝永成	王锡亮	杨滨	钟志美	孟宏博
赵蓉	齐颖	宗绪岩	杨镜润	孙丽云	李燕南	杨伟平	王巍	王文峰	袁娜
张默	王伟峰	王树防	于立智	赵佺	刘翔	王斐	孙梦颖	吕坤倩	王慧婕
胡凯亮	李娜	王洋	杨柳依	林维谦	姜窈窈	聂波	纪建辉	张巧	李珺彦
赵桂霞	杨惠春	牟苗	朱世仁	戴俊业	郭燕	纪巧艳	尹君	李志娟	李振涛
惠有坤	潘志华	孙文烨	李洪超	荆滔	苏红艳	惠文杰	高蓬	刘琪	郑勇
李彬	刘学川	高芳	吕娜	王浩	王梅	刘爽	李越	王丽春	王秀爱
王存成	李文文	刘力宾	韩阳	范慧	王怀玲	王春	文迪	朱雷	刘丽芳
于云云	王毅	姚茂艳	孙雁	靳浩	刘桂花	孙德夏	苏强	李仑	李珍
韩秀凤	刘巍	刘啸	高尚	杨海勇	李艳红	李静	陈付亮	金鑫	姜卫红
赵爱萍	姜金波	胡宇	姜帅	杨杭	董玉环	焦甜甜	臧春妮	李文	刘扬

张敬婉	张进清	韩林烜	房婷	徐静	陈秋杰	邓学军	杜海燕	法涛	韩同艳
纪伟峰	匡建华	刘婧婧	安会翠	程海彤	胡学俊	华红艳	姜瑰红	李名学	刘珍芝
葛立东	苟乃江	郭进进	李宁	刘瑞英	栾绍禹	宋双	孙凤仙	孙丽君	孙秀娟
石虎	史立莉	苏明玉	王晓叶	肖昌发	王根华	王海燕	王平绪	王荣堂	王忠
姚长起	张玉梅	赵德华	仲召敏	王燕	魏莉	杨梅芹	张林秋	赵立欣	徐世利
郑美佳	栾尚强	董常青	刘润娟	李晓范	曲杨	刘燕	刘青	刘妮	梁晓慧
徐伦倩	贾帅	李强	杨鹏	袁翡	赵丽	王海霞	郭秀芳	隋双喜	王瑜
杜晓贝	林倞仔	赵峰	于世春	魏红峰	于素贤	孙萍	王鹏	王琳	宗勋
曲媛媛	傅珊珊	李辉志	臧岩	朱可嘉	韩淑娟	张雅琳	刘雪峰	周辰	曲迎春
窦瑶	王克群	王翠娟	冷艳婷	王灵芝	曹琳	章丽	鲍力玮	田冬梅	孙美娜
王言艳	高文鑫	王亚男	韩巍	陆磊	宋兆鹏	王倩	陈卫东	毕启超	王晨
刘冰洁	孙娟	李汉亭	于利	王祥庆	崔静静	李海霞	任雪飞	宋霞	毕雪峰
王颖	王毅	尹德伟	付阿丽	曲彩霞	赵旭婷	臧秋菊	王君	徐青	曲明明
刘媛	闫翠	许迎春	孙娜	孙培田	赵红梅	高晓飞	高卉	宁香	周倩
孙燕	纪凤顺	远立武	李金城	李特	杨海峰	丁晨鸽	崔文超	赵雪亭	宫淑军
李雪梅	邱圣楠	张利利	张绍华	张鑫	李红霞	生洪香	王伟	于楣	苏强
林延萍	郑开慧	战宁	姜蕊	夏顺华	袁超	张艳艳	成玉丽	毕卫卫	焦珊珊
陶登双	矫立华	梁磊	董晓	管昱	吕超	车俊	刘婷婷	王冬梅	韩彬
綦峰	张连庆	刘娣	王霞	李东方	戴丽	李振东	杨静	杨忠高	杨彩敏
杨静	于绍功	纪娟	王芳	曲冰	栾海燕	靳艳霞	李震	曲桂桂	王婵
王威琦	孙艳芳	王莹莹	张宁	王建	张荀	王君	杨青青	王文丽	宋金霞
丁德全	刘沛	徐晓风	李梅	张丽	李静	纪晓露	王美娟	龙清霞	梅秀
孙洁	杨宁	董晓聪	姜晶	赵志勇	程芳	王秀丽	邵波	王新菲	刘鹏
曲学江	周瑞香	鄢雪莲	高宁宁	王建红	杨健	李燕	陈素锦	石现芳	王艳华
赵媛	秦彤彤	孙俭俭	张瑞春	王新	王迎春	逢翠翠	杨潇梦	杜鹃	栾丽燕
张凯	韩锡洲	郭伶勤	臧莉莉	刘会国	梁燕	苏海峰	江珊	王竹君	袁峰
孙桂珍	申艳梅	杨秀芹	李延庆	李鑫	吴培静	侯雪	张妮	郑延蕾	李漾
孙正明	王瑞杰	王振玉	付帅帅	鲍秀云	鲁爱光	孟英	葛桂芝	梁婕	张涛
李岩青	金利华	杨珊	王妮	张桂传	王慧	王芳	王莉莉	战兴华	刘翠兰
孙乐振	单婷	房城	李贺	任娟	刘媛	王素娟	张红春	李珺	李丽泉
宋艳	苏南	唐君	尹庆英	战淑兰	纪晶晶	姜芋	王亚辉	王文妮	曲璐璐
赵文龙	曲成宝	张西彪	顾大友	宁凯	李红娟	徐芳	崔莉	陈玲	刘伟
于珍红	王晶煊	高泗凤	蒲锋英	薛刚	刘璐	于艳	庄宗传	盛娣	方雪英
孙士伟	刘鸿平	陈丽敏	崔娜娜	董安峰	王群瑞	张颖	甄丽泽	肖升介	庄云笑
董立村	胡大海	胡志顺	纪惠霞	纪静	徐凤	金岩	张文	李庆美	徐若霓
刘安科	刘开坤	栾剑慧	栾旭	孙瑞峰	姜春燕	王炜	杨巍	房敦吉	周蓓
谭秋雁	王博闻	王海清	王宏青	王蕾	孙凤	卢倩倩	王鑫	张瑾	刘敏
王塞青	王子玉	于明	袁德利	张玉峰	毕晓琳	张晓燕	潘翠翠	宋吉聆	钟辉

张　怡	董小洁	张　宁	孙玉君	王　妮
王慧莉	曲映华	张鸿波	刘　杰	田　瑶
朱建忠	郝　炜	王卫青	矫　健	尹馨苑
高　波	黄　勇	王高峰	陈伟伟	侯春光
王　艳	马振瑛	解　莉	徐爱华	张健寅
王海峰	孙晓青	崔博文	张　昕	于海波
宁小青	闫　坤	甄可香	王振霞	陈　青
徐惠峰	苏长虹	万春艳	于川梅	刘　霞
韩明叶	张永敏	王翠翠	朱艳妮	王　平
秦佳佳	赵　琦	王　凤	王　玉	王荣英
方　堃	朱千里	许　嫚	侯海妮	刘　斐
韩莎莎	尉　良	孙爱军	薛　涵	刘　晓
高　莉	毕朝竹	田　丽	马蔚华	王春霞
宋青竹	涂长珍	王佩强	王德平	于健红
王明虎	尹　超	刘　军	刘　罡	李　强
张文鹏	赵乃强	黄旭东	蒋　妮	解隆业
张玺玉	陈华洲	王明强	李　刚	张　伟
毕元敏	姜月英	杨剑英	姜远忠	范明星
赵　宁	吕红军	牛旭光	刘岩林	隋玉华
江建华	方建磊	楚蔚君	朱咏梅	牟　青
张　丽	孔　犇	王　诚	史忠洪	辛兆壮
曲　涛	高　峰	脱　皎	王夕英	李　鹏

李　龙	崔丽萍	刘毛平	袁妮娜	李雪梅
方学良	韩先敏	王　丽	高路明	温裕惠
王作生	孙同会	曲　英	刘红英	宫苗苗
邱素稳	庄文传	王菊秋	柳　飞	解沧青
王晓冬	纪平霞	刘维刚	王好爱	胡艳萍
刘兴同	李秀霞	刘丽莉	王宝玲	张文辉
陆　眹	于　毅	姜　虹	白　宇	田　丽
刘吉本	李顺锋	于东辉	魏克顺	王　伟
吴　波	殷克伟	王筱筱	蓝孝钏	董京宁
刘　爽	刘岩慧	吴红梅	刘世玲	毕兆春
强　磊	高珊珊	林　峰	王理磊	丁　云
刘俊丽	孙　英	袁海霞	李　伟	张修波
江旖旎	王　岩	赵秀芳	杨　虹	宫相珍
朱　虹	戴　霞	张　霞	马雪梅	任钦君
任百山	王　岩	刘君鸿	臧树莘	张衍绪
刘　军	王文峰	孙登欣	李　成	岳希文
崔海鹰	丁　金	葛培成	李　俊	姜平信
刘凌燕	马承进	赵永彬	于积亮	祁真平
于　峰	管春生	杨爱春	范洪德	陈毅峰
王玉秀	袁义宝	贾桂祥	郑海峰	孟庆丽
于　霞	宋　玲	苏　凤	纪　艳	牛红琳
李　欣	杨汉华	宋喜鹏		

中共青岛市李沧区委青岛市李沧区人民政府
关于对 2018 年第一季度全区重点工作中做出突出贡献的
单位和个人表彰奖励的通报

（2018 年 4 月 25 日）

2018 年一季度以来，全区广大党员干部紧密围绕区委、区政府工作部署，大力拓展创新发展"18844"工作格局，在全区重点工作推进中，涌现出了一批敢于担当、勇于奉献、主动作为、贡献突出的单位和个人，充分展现了李沧干部"忠诚、干净、担当、表率"的精神风貌和高效办事、真抓实干的优良作风。为表彰先进，鼓舞干劲，激发广大干部的责任感和进取心，进一步推动全区各项工作

再上新台阶，区委、区政府决定，授予李村街道等15 个单位"李沧区突出贡献单位"称号，给予青岛市公安消防支队李沧区大队通报表扬，授予陈煜等 31 名同志"李沧区突出贡献个人"称号、记三等功，给予鲁令云等 115 名同志嘉奖奖励，给予樊文伟等 78 名同志通报表扬（名单附后）。

希望受到表彰的单位和个人珍惜荣誉，努力工作，再接再厉，争取新的更大成绩。全区广大

党员干部要以先进为榜样，立足本职岗位，服务工作大局，抓好工作落实，为打造宜业宜居宜身宜心的创新型花园式中心城区而不懈努力。

附件

2018 年第一季度全区重点工作中做出突出贡献的单位和个人表彰奖励名单

一、授予"李沧区突出贡献单位"的单位（共 15 个）

李沧区李村街道

李沧区虎山路街道

李沧区沧口街道

李沧区湘潭路街道

李沧区九水街道

李沧区人民法院

李沧区委区政府督查局

李沧区教育体育局

李沧区卫生和计划生育局

公安局李沧分局振华路派出所

青岛市规划局李沧分局

火车北站周边区域管理办公室

李沧区刘家社区

李沧区九水东路社区

青安工贸公司

二、通报表扬的单位（共 1 个）

青岛市公安消防支队李沧区大队

三、授予"李沧区突出贡献个人"、记三等功的个人（共 31 名）

陈　煜	倪全辉	赵　浩	陈兴泉	孟德强
王维强	孙垂金	吴世强	辛利斌	韩锡涛
杨　建	唐明光	马会周	田绪宏	姚　锋
高家鹏	韩　闽	王令成	丛吉林	刘婷婷
彭　勃	衣大庆	扈全波	肖继军	王　磊
王晓斌	徐永红	傅　强	苏　健	朱贺平
石　博				

四、给予嘉奖奖励的个人（共 115 名）

鲁令云	高　超	慕　贺	贺迎晨	吕世峰
李成宝	王　云	王　闻	王志显	王冬柏
宋书光	曲兴蛟	丁生年	杨新义	王元玉
李红岗	方敬伟	张万喜	罗　强	杨　剑
王永涵	单法锋	张海屏	姜　勇	陈建新
党　茜	邵守义	高同军	王正顺	王　波
颜少君	史高文	田昌伟	王青舰	周成坤
王建平	张爱萍	刘炳昌	周　鹏	张学猛
张　娟	薛延昌	易湘国	乔　伟	赵　刚
彭永法	林山峰	姜晓明	王　新	蔡吉帅
刘友波	李文兵	周光华	徐战洪	庄仕忠
吕　林	王建美	刘明亮	董思杰	于　倩
陈和平	岳柏宇	杨　帆	矫立峰	刘明金
徐龙龙	吕振来	战祥伟	王　瑛	窦骏平
李安冬	钟　滨	苏　木	张　鑫	贾瑞霞
马改蓉	马秀华	王清华	王文华	刘　涛
王树防	王丽丽	李　强	姜登喜	管遵泉
蔡发展	徐家良	高中正	黄宗付	霍桂涛
葛培成	王正文	王瑞环	薛战龙	李　皓
牟孝宁	朱　滨	陆福祥	刘亚军	刘国泉
张　超	刘　滨	刘新华	赵俊杰	咸树宏
王文韬	张学舰	刘　琨	苏子伦	万　万
邵宗祥	张子恒	王　程	曹颖锐	马克帅

五、通报表扬的个人（共 78 名）

樊文伟	朱　刚	丁伟新	崔仕俊	何晓昌
钟世正	纪玉贤	曲先贵	尹智涛	杨世友
江翠玲	张　鹏	王淑芬	林　蒙	李红卫
杨　彩	杨菲菲	史春燕	刘中彬	王　军
胡艳春	王玉萍	王懔江	韩玉兴	王永平
于永娟	毕建军	姜志坚	刘兴禄	李清萍
韩庆钢	王淑琴	刘　璐	王　丽	贺　芸
赵文岭	刘铭山	刘俊涛	王广昊	李法文
姜伯龙	李　帅	王　峰	于　平	傅大雨
刘德海	于石川	刘　艺	王玉东	毕俊德
张崇刚	陈文学	曲启超	杨建军	齐　伟
梁大伟	王者勇	纪　峻	张文鹏	齐　磊
贾　帅	吕思禄	邵先赞	盛忠波	曹志坤
李　辉	郭国法	张　顺	冯剑英	解亚男
周生坤	孙　波	鲁钢志	王峰涛	孟　刚
田　申	唐　斌	李成树		

中共青岛市李沧区委青岛市李沧区人民政府
关于对 2018 年第二季度全区重点工作中做出突出贡献的单位和个人表彰奖励的通报

（2018 年 7 月 25 日）

在区委、区政府的正确领导下，全区各部门、各单位高举习近平新时代中国特色社会主义思想伟大旗帜，深入学习贯彻党的十九大精神，紧紧围绕统筹推进"五位一体"总体布局和协调推进"四个全面"战略布局，按照区第六次党代会各项决策部署，强化率先走在前列的责任担当，加快推进新旧动能转换重大工程，推进经济发展质量变革、效率变革、动力变革，全面做好稳增长、促改革、调结构、惠民生、防风险各项工作，全区综合考核各项指标名列前茅，重点工作稳步推进。区委、区政府决定，授予许德林等 2 名同志"李沧区突出贡献个人"称号、记三等功，授予邓远明同志"李沧区突出贡献个人"称号、嘉奖，给予杨晶海等 4 名同志记三等功，给予侯云等 12 名同志嘉奖奖励，给予陈黎明等 4 名同志通报表扬。

希望受到表彰的单位和个人珍惜荣誉，努力工作，再接再厉，争取新的更大成绩。全区广大党员干部要以先进为榜样，立足本职岗位，服务工作大局，抓好工作落实，为打造宜业宜居宜身宜心的创新型花园式中心城区而不懈努力。

附件

2018 年第二季度全区重点工作中做出突出贡献的单位和个人表彰奖励名单

一、授予"李沧区突出贡献个人"、记三等功的个人（共 2 名）

许德林　王忠于

二、授予"李沧区突出贡献个人"、嘉奖奖励的个人（共 1 名）

邓远明

三、记三等功的个人（共 4 名）

杨晶海　王晓光　傅　强　崔红红

四、给予嘉奖奖励的个人（共 12 名）

侯　云　董　晨　王　波　王开如
贾　涛　卢绍兵　刘乐乐　王　鹏
宋振彬　毕宏君　刘明好　刘远龙

五、通报表扬的个人（共 4 名）

陈黎明　赵子斌　赵凤晓　李　军

中共青岛市李沧区委青岛市李沧区人民政府
关于对 2018 年第三季度全区重点工作中做出突出贡献的
单位和个人表彰奖励的通报

（2018 年 11 月 11 日）

在区委、区政府的正确领导下，全区各部门、各单位高举习近平新时代中国特色社会主义思想伟大旗帜，深入学习贯彻党的十九大精神，紧紧围绕统筹推进"五位一体"总体布局和协调推进"四个全面"战略布局，按照区第六次党代会各项决策部署，强化率先走在前列的责任担当，加快推进新旧动能转换重大工程，推进经济发展质量变革、效率变革、动力变革，全面做好稳增长、促改革、调结构、惠民生、防风险各项工作，全区综合考核各项指标名列前茅，重点工作稳步推进。区委、区政府决定，授予区建管局等 3 个单位"李沧区突出贡献单位"称号，授予王俊宪等 7 名同志"李沧区突出贡献个人"称号、记三等功，给予杨健斌等 9 名同志嘉奖，给予耿翠萍等 3 名同志通报表扬（名单附后）。

希望受到表彰的单位和个人珍惜荣誉，努力工作，再接再厉，争取新的更大成绩。全区广大党员干部要以先进为榜样，立足本职岗位，服务工作大局，抓好工作落实，为打造宜业宜居宜身宜心的创新型花园式中心城区而不懈努力。

附件

2018 年第三季度全区重点工作中做出突出贡献的单位和个人表彰奖励名单

一、授予"李沧区突出贡献单位"的单位（共 3 个）

李沧区城市建设管理局

青岛市环境保护局李沧分局

李沧区食品药品监督管理局

二、授予"李沧区突出贡献个人"、记三等功的个人（共 7 名）

王俊宪　沈　勇　高　牛　陆兆纲　张益诚

孙嗣清　石俊杰

三、给予嘉奖奖励的个人（共 9 名）

杨健斌　刘俊彤　徐　磊　吉素琴　王晓光

魏贵德　李德岗　宋　强　王　静

四、通报表扬的个人（共 3 名）

耿翠萍　刘元宋　蔡　雷

图书在版编目（CIP）数据

李沧年鉴 . 2019 / 青岛市李沧区档案馆（局），青岛市李沧区史志办公室编 . -- 青岛：中国海洋大学出版社，2019.10

ISBN 978-7-5670-2435-9

Ⅰ . ①李… Ⅱ . ①青… ②青… Ⅲ . ①区（城市）– 青岛 – 2019 – 年鉴 Ⅳ . ① Z525.24

中国版本图书馆 CIP 数据核字 (2019) 第 225397 号

出版发行	中国海洋大学出版社
社　　址	青岛市香港东路 23 号　　邮政编码　266071
网　　址	http://pub.ouc.edu.cn
出 版 人	杨立敏
责任编辑	张　华
电　　话	0532-85902342
电子信箱	zhanghua@ouc-press.com
印　　制	中闻集团青岛印务有限公司
版　　次	2019 年 11 月第 1 版
印　　次	2019 年 11 月第 1 次印刷
成品尺寸	210 mm × 285 mm
印　　张	21.75
字　　数	498 千
印　　数	1-1050
定　　价	200.00 元
订购电话	0532-82032573（传真）

发现印装质量问题，请致电 0532-87662626，由印刷厂负责调换。

◎ 照顾公婆的好儿媳

主要事迹：

"百善孝为先"，做一时易，做一世难。都说久病床前无孝子，可兴城路街道汾阳路社区就有一位十五年如一日，无怨无悔悉心照料、服侍患病公婆的好儿媳——陈锋。

2002年，陈锋60多岁的公公患上了尿毒症，每周要到医院做两到三次透析，老人生活需要专人照顾，陈锋毅然辞去工作，毫无怨言地照顾患病的公公，承担起家务的重担。随着年龄增长，婆婆的身体也大不如前，查出严重的眼疾，几乎什么也看不清。照顾两位老人让陈锋从早忙到晚，一刻不得闲。在老人的房间，紫外线消毒灯、血压计、听诊器等医疗器具一应俱全。一有时间，就要为公公做小型"体检"，还要定期给婆婆做"常规体检"。在照料公婆之余，陈锋经常学习医学知识，如今俨然成为公婆的贴身"医生"。

除了照顾老人的起居，面对高昂的医疗费，陈锋还要精打细算，每天晚上步行半个小时到超市买特价菜，对自己能省则省，公婆的饭菜既要符合老人口味还要讲究营养搭配合理。

"有一段时间，老伴的病情加重了，做完透析后就会大小便失禁，每次都是媳妇不怕脏、不怕累，给老伴收拾。平时还好，冬天手上裂了很多口子。这样的媳妇实在是太难得了。"在老人的眼中，陈锋是一位孝顺的媳妇，有什么心里话，老人总是对媳妇说。

陈锋说："家有一老，如有一宝。我从没因照顾公婆感到心烦，只要老人活得开心就好。孝敬老人是媳妇应尽的职责。"

◎智除火患好少年

主要事迹：

2018年1月20日晚，李沧区金水路805号百通馨苑七区8号楼内弥漫着一股刺鼻的气味，恰巧被家住8号楼1单元501户刚刚放学回家的崔永信闻到。崔永信同学迅速反应，逐家敲门查找气味源头。找到302户时房间无人回应，崔永信从门缝中闻到明显的气味和焦糊味。他随即与家人快速拨打119报警，准确报告了详细信息，为救援节省了宝贵时间。在消防员到达之前，崔永信将全楼人员安全疏散到楼下。同时，通过302邻居的车牌号，崔永信联系警方，迅速查到了302室房主电话号码并通知他回家，消防员配合户主及时进行了处置，避免了一场大火的发生。

一个14岁的少年机智果断，临危不惧，拯救了整栋楼居民的人身财产安全。崔永信的见义勇为行为受到了社区、学校和社会的高度赞扬。

◎老兵退伍不褪色，服务社区作用大

主要事迹：

翠湖社区活跃着一支巡逻队伍——老兵应急分队。他们身着迷彩服、佩戴红袖章，每天在辖区居民小区、院落和重点路段进行巡逻，宣传防盗、防火、防漏气、防漏电等安全知识，提醒居民做好安全防护，维护院落环境卫生，倡导文明出行，这群平凡的身影成为辖区一道亮丽的风景线。

2017年，在社区组织的建军90周年座谈会上，几名退伍老兵主动提出组建一支志愿队伍，继续发扬军队的优良传统，为社区建设和发展做贡献。开始时只有6个人，他们发现社区有的复退军人思想有不稳定的苗头，便以战友、邻居、大哥等身份"一对一"地做起思想工作，与复退军人谈心谈话，取得了很好的效果。随着这个团队影响力越来越大，街道和社区又协助他们吸收了一批有意愿、有担当的老兵充实进来，让更多的退伍人员重新找到思想和心灵上的归属感。2017年11月底，翠湖社区"老兵应急分队"正式挂牌成立，社区为他们配置了统一的服装和徽章，目前在册成员35人，其中年龄最大的78岁，最小的60岁。

近年来，翠湖社区始终是零上访，零发案。社区居民感谢他们，社区"两委"感激他们。但他们认为，这都不算什么，这是他们的责任，也是军人的承诺。在老兵们的示范引领下，越来越多的党员和居民加入了社区志愿服务的行列，这令老兵们欣喜万分。"年轻人有朝气、能力强、作风优，让我们看到了未来的希望。"董福洲说。

日前，老兵应急分队中的26名党员成立了翠湖社区的第十个支部——老兵党支部，并选配了老党员作为支部委员。在党的领导下，老兵党支部和老兵应急分队一定能更好地发挥战斗堡垒和先锋模范作用，更好地为居民服务，为社区的稳定和发展发光发热、添砖加瓦。

◎以丹青绘佳作，用爱心助公益

主要事迹：

韩淑清自幼喜爱书画，但由于忙于工作与其无缘。2001 年，她抱着试试看的想法到李沧区老年大学学习山水画、花鸟画和书法，在学习中得到快乐。这一学就是十七年，她在书画艺术上学有所成。2007 年参加国美成人艺术考评，书法和山水画获九级的最高级别，花鸟画获八级，同年被青岛市美术家协会和书法家协会接收为会员。现任中国画家协会会员、青岛市美术家协会会员、书法家协会会员、中国老年书画研究会会员、青岛市翰墨艺术研究院副院长、李沧区老年大学金秋书画院副院长。韩淑清多次参加比赛、个人作品展、出版作品集等，取得较好成绩的同时在与艺术家交流中收获了友谊，多幅作品被青岛市图书馆永久收藏。

韩淑清热心公益、关心青少年的成长和教育、注重中华传统文化的发扬与传播，将千册价值万元的"姊妹书画集"赠送给学校、书画培训机构、亲朋及同道之友，得到了社会及朋友的高度认可和好评。多次参加赈灾义卖、为病危产妇捐画筹款等社会公益活动，经常组织去敬老院关心慰问老人，送书送画送爱心，为禁毒所的吸毒人员教书画课，使他们体会到社会的关怀。1996 年韩淑清就开始每年捐助学费 400 元，资助一名身处湖北郧西大山里的贫困生童乾坤，直到 2004 年童乾坤考入大学，共捐助 5000 元。韩淑清多年来一直义务为李沧西山社区少年儿童义务教画，经常与小朋友交流，鼓励他们好好学习。赠送给北京中关村二小、青岛上马小学、夏庄小学和虎山路小学等学校书画作品累计达百余幅，还多次通过拍卖筹款资助偏远边区小朋友。十多年来，韩淑清为继承和发扬中华文化不断贡献自己的力量，在基层文化团体活动中发挥一个共产党员应尽的责任和义务，韩淑清却总是说自己做的还太少，要在有生之年，尽其所能、继续努力，为共筑"中国梦"贡献力量。

◎坚守传承的义务教练

主要事迹：

黄保清是一位业余中国式摔跤教练，练习中国式摔跤 20 年，多次在青岛市级比赛中获得冠军，在第十八届山东省运动会上获得这个项目的第二名。

25 年前，因为比赛项目的取消，黄师傅在最好的年纪告别了正式比赛，但是他并没有放弃，利用业余时间免费教授学生中国式摔跤的各种技法，传承这项技艺。聊起中国式摔跤的现状，黄师傅还是一肚子的不甘心。今年 50 岁的黄师傅之所以强调"业余"，并不是因为黄师傅水平不行，而是教摔跤不足以养家糊口，因此白天黄师傅在厂里打工，晚上给自己的爱好打工。

永清路大村庄河的交汇处，晚上六点半之后，这里就成了黄师傅和徒弟们训练的地方。先铺旧地毯、再铺防摔垫，周围再点上蚊香，一切准备妥当之后就开始训练。虽说露天的道场，条件艰苦，但好在场地免费，黄师傅和徒弟们也就咬咬牙坚持了。在过去的 20 多年里教出了 300 多个学生，其中有的还参加了全国大赛。

为了每天按时教学，他没有随原来的企业搬迁，买断了工龄，快退休的人了，又从头开始找工作。师傅的牺牲，徒弟们都看在眼里。令黄师傅欣慰的是这几年环境好了，越来越多的人开始了解中国式摔跤，尤其是中国式摔跤已经正式成为全国青运会的项目，对于这些执着的摔跤人来说，又有了新的希望。

"只要能动，我就一直练下去，只要有人学，我就一直教下去！"他不想把遗憾留给下一代，他希望中国式摔跤可以像柔道一样走向世界，让更多的人见识到中国人的智慧和力量！

◎为居民的美好生活而奋斗的社区书记

主要事迹：

李存业，中共党员，青岛市李沧区世园街道上流佳苑社区党委书记、青岛上流建设集团股份有限公司董事长。曾荣获"全国五一劳动奖章""全国孝亲敬老之星""山东省担当作为好书记""山东省劳动模范""山东省富民兴鲁劳动奖章""齐鲁乡村之星""青岛市优秀共产党员"等称号，并被省委记一等功奖励。

1993年，29岁的李存业当选为上流佳苑社区（原李家上流村）的当家人。在李存业的带领下，上流佳苑社区先后荣获"全国民主法治示范社区""全国人口和计划生育基层群众自治示范村居""山东省文明社区""山东省优秀残疾人之家"等荣誉称号。"我们时刻把百姓的需求放在第一位，把老百姓的事当作天大的事来办，老百姓心里也有杆秤。"25年来，上流佳苑社区"两委"每次换届选举，党委成员和居委会成员均以高得票率当选。

在担任社区党组织书记的23个年头里，李存业不忘初心、牢记使命，带领一穷二白的李家上流村，一步步发展壮大到集体组织经济资产总值达29.8亿元、年纯收入达5000余万元的上流佳苑社区。

2018年6月12日，习近平总书记来到社区，亲切关怀社区的发展和居民的生活情况，令社区上下备受鼓舞，也提高了上流佳苑社区的知名度。"总书记亲切的关怀，对我来说是莫大的嘉奖和巨大的鼓舞，增加了我们两委班子干事创业的干劲。"李存业说，他将牢记总书记的嘱托，为居民做好更精细化的服务，让居民的幸福指数更高，让改革的红利惠及每一位老百姓。

◎秉承"工匠精神"的治安民警

主要事迹：

李嘉顺是青岛市公安局李沧分局李村派出所一名从事治安工作9年的民警，是辖区闻名的化解群众矛盾纠纷的"拉架顺"。连续8年被上级嘉奖，连续3年被评为优秀公务员，2013年、2015年荣立个人三等功，2015年被省公安厅授予"齐鲁先锋警员"荣誉称号，2017年被青岛市公安局荣记个人二等功，2018年首届青岛市新时代"十佳人民警察"，2018感动李沧十佳人物。各级新闻媒体先后十多次报道了他的先进事迹。

2001年从青岛警校毕业后，他先后在特警、刑警、派出所等一线岗位摸爬滚打。先后参与破获"4.21"章某某被杀害案，"10.3"李某某伤害致死案，"11.3"一家三人被害案，吕春雷、郝宗涛伤害致死案等多起命案，将犯罪嫌疑人绳之于法。查获某某咨询有限公司非法吸收公众存款案，抓获违法犯罪嫌疑人7人，为百姓挽回上千万元经济损失。查获柳彩峰销售假冒注册商标案，缴获假冒伪劣茅台酒526瓶，价值约100万元。成功捣毁一组织、容留卖淫嫖娼窝点，一举抓获违法犯罪嫌疑人15人。数年来，李嘉顺参与侦办的违法犯罪案件600余件，打击处理违法犯罪嫌疑人1000余人。

到派出所工作后，每天面对的是鸡毛蒜皮的矛盾纠纷，但是如果不能很好地化解，最终可能酿成悲剧。八年来，他妥善运用实践中总结出的"热、冷、站、坐"四调解法，苦口婆心化解各类群众纠纷5000余起，获赠锦旗28面，感谢信20余封，没有发生一起群众不满投诉事件。

不忘初心，牢记使命。正是因为入警以来对公安事业执着的追求和热爱，为百姓守一方平安的责任心，激励他全身心地扎根基层，持之以恒、爱岗敬业、守正创新，彰显了"工匠"精神的时代气息。

◎ 照顾瘫痪小叔子的好嫂子

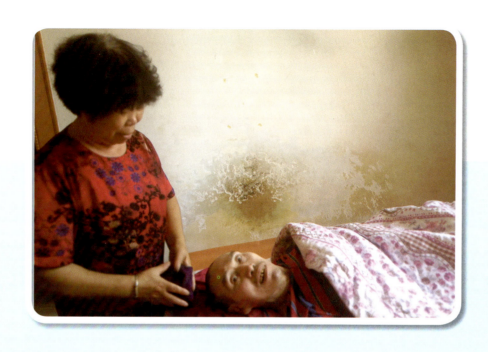

主要事迹：

宋爱美是李沧区世园街道北王家上流社区居民，照顾因脑血栓瘫痪在床的小叔子十年之久，无怨无悔。

2006年，宋爱美的小叔子因为脑血栓身体瘫痪，开始部分肢体还能活动，也能说话，表达自己的想法。2008年，宋爱美的小叔子病情恶化，无法行动，下半身失去知觉，大小便失禁。医生说没救了，活不长久，只能回家调养。当时婆婆还在，虽然身体不是很好，多少可以照应一下，宋爱美按时过去，两个人一起照顾着。2011年，婆婆去世了，瘫痪在床的小叔子无人照料，索性就把他接到了家里方便照顾。

宋爱美几乎一天24个小时都在为了照顾小叔子而忙碌。一天要给他喂三顿饭，而且不能吃太硬的东西，要给他把食物炖烂弄软，方便吞咽。喂过饭后，把小叔子换下来的衣服和被单洗净晾干，按时给他擦身体。有时候他便秘，还要给他打开塞露。夏天天气炎热容易出汗，宋爱美还细心地买来痱子粉，给小叔子擦拭。宋爱美家庭条件并不好，她在家里全职照看小叔子，老公是一名清洁工人，一月收入两三千块钱，除了日常生活开销，还要支出医药费，给本来就不富裕的家庭增加了负担。但宋爱美和老公从来没有这么想，宋爱美总是笑着说："他们兄弟关系可好呢，我都不敢说，偶尔我可能抱怨那么两句，老公都不让。"宋爱美说这么多年，她基本把他当自己孩子照看，把照顾小叔子当成自己的一份责任和义务，也就不觉得是自己的累赘了。

走进宋爱美的小叔子的房间看得出来，病人被照顾得很好。房间虽不大但整洁干净，虽然长期卧床不起，病人两眼有神，精神状态很好。邻居们都说这是奇迹，也都被宋爱美的这份善良和无私奉献的精神感动。

◎坚守乒乓球教育一线的临时教练

主要事迹：

吴乃蝉是青岛汾阳路小学没有编制、不享受教职工待遇的临时乒乓球教练。1973 年起他就全身心地投入到体育教学和少年乒乓球训练事业中，经过近 40 多年的呕心沥血，他已向国家和省、市输送近百名运动员。

在工作实践中，吴乃蝉得出了从幼儿园 4~5 岁的"娃娃抓起"的训练理论，为青岛市培养了一大批优秀少年乒乓球运动员。他自编的乒乓球训练操得到了专家公认，在全省基层乒乓球活动中予以推广。他撰写了多篇专业论文，其中《培养少儿乒乓球队刍议》荣获山东省体委、省教委颁发的一等奖。

1976 年，吴乃蝉带领队员们获得第一个全市小学生乒乓球冠军，之后他带领的校乒乓球队荣获全国和省、市 253 个第一名，银牌 223 枚，铜牌 309 枚，向国家一队输送队员 1 名、国家二队输送队员 2 名，向省市专业队共输送队员 80 余名。

他训练的队员陈梦，2007 年入选国家队，获得 2011 年世青赛女团、女单、女双和混双冠军，2012 年国际乒联职业巡回赛卡塔尔公开赛女单冠军，2012 年中国苏州公开赛女单冠军，现在世界排名第四。队员王晓彤，获得 2014 年山东省运动会乒乓球比赛 2 枚金牌，已入选国家二队参加集训。

吴乃蝉的工作得到各级领导和同志们的认可，先后荣获全国传统体育项目学校先进工作者、全国"幼苗杯"乒乓球突出贡献奖、山东省先进儿童少年工作者、全省青少年体育工作先进工作者、山东省优秀教练员、青岛市优秀教师、青岛市体育工作先进个人、青岛市体委授予输送人才荣誉证书、青岛市优秀党员、青岛市劳动模范、李沧区优秀教师。事迹多次在《中国体育报》《中国教育报》《青岛日报》《青岛晚报》刊登。中国奥委会主席钟师统称赞：像吴乃蝉这样的教练员全国少有。

◎传承爱与光明的阅读推广人

主要事迹：

辛怡茜是青岛市李沧区图书馆副馆长，长期从事全民阅读推广工作。近年来荣获李沧区十大杰出青年、青岛市最美青年提名奖、青岛市文化之星、山东省阅读推广人等称号。

辛怡茜在文化宣讲、文化传承等方面做出突出成绩。参与青岛民俗文化节、李沧之春等多项区级重大节庆活动的策划组织实施。2014年以来，是"悦读悦心"李沧区全民阅读活动品牌的主要实施者，每年策划组织活动百余场，李沧区全民阅读氛围日益浓厚。她策划的各类阅读活动立意新颖、活动生动，深受读者喜爱。

2017年承担中国关心下一代"十三五"国家规划教科研重点课题《素质教育模式的创新研究》中子课题项目《大数据时代少儿阅读推广的创新型策略研究》研究任务，荣获子课题科研成果一等奖；《文化自信之我见》荣获青岛市首届理论惠民优秀精品课评选活动获奖精品课评选二等奖，并入选青岛市出版社出版的《理论宣讲秀惠民精品课》；2018年承担"百场国学经典活动"，搞活动办讲座，弘扬传统文化，为国学李沧的建设做出了贡献；同年在青岛市百姓宣讲大赛中荣获一等奖第一名。

辛怡茜还是一位多产作家，创作了大量的诗歌、散文、小说等作品。她创作的歌曲《月儿又圆》《书香青岛》《留一份谦让在心里》等，在省市比赛中获奖并制成专辑；2017年，诗歌《花重四宜城》荣获李沧区六次党代会歌谣征集优秀作品一等奖。西藏组诗发表在《西藏日报》《昌都报》等报刊，并在网络广泛传播与转载；《青岛文学》《上海歌词》《美术大鉴》等专业刊物及报纸多次发表她创作的诗歌、散文、画评等作品；2010年，诗集《凡尘绛草》由中国戏剧出版社出版；2016年，长篇小说《青城青》由山东友谊出版社出版。

◎ 2018 年度山东省劳动模范　毕仕俊

主要事迹：

中共党员，现任青岛百果山实业有限公司董事长。

1990 年，毕仕俊当选为毕家上流社区党支部书记。在不到 3 年的时间里，他带领全体居民打通了毛杨路和天水路这两条社区外延的主干线；把社区九个自然村的道路进行拓宽改造，做到了村村互通，实现了资源共享；集中财力物力，在百果山主景观区修建 3 条生态休闲旅游线路。经过十年的不懈奋战，毕家上流社区道路建设实现了外延内联和区域互通全覆盖，通车总里程达到 50 余千米。

路修好了，毕仕俊又开始谋划招商工作，邀请优质资源进山投资。1990 年以来，社区先后引进并建设了"李沧银达生态建材基地""毕家上流节能环保公司"、投资 6000 万元占地 300 余亩的"青岛市中小学素质教育基地"、占地 400 亩的"广业休闲度假村"、投资 3000 万元占地 300 余亩的中华睡莲等项目。社区每年拿出巨资给百果山补绿增绿，不断优化植被品种。2002 年，社区成立"青岛百果山农业生态园"，组建了 60 人的专业绿化队伍，常年负责植物的绿化工作，并开通建成 10 千米环山路和 5000 多米的人行观光小径，建成 3 条 2800 多米长的樱桃沟、400 米长的仿木瓜果长廊和 200 米长的花廊。他还远赴异地引进经济性水果，木瓜、猕猴桃、玫瑰香葡萄、山楂、枣庄石榴、沾化冬枣等果树共计 5 万多株，使百果山成为名副其实的"百果山"。世界园艺博览会的成功举办，给毕家上流社区的经济发展带来了更大的发展机遇期。社区利用旧村改造实现了 10 万平方米商业网点的配置和商业中心的建设，利用经济发展用地建设三星级宾馆项目正在紧锣密鼓地进行中，社区 1.2 万平方米养老院项目即将建设完成，利用百果山森林公园被评为国家 AAAA 级旅游景区契机，开发百果山森林公园休闲度假等景点，为广大游客提供了休闲度假、特色餐饮、登山健身的好去处。

◎ 2015~2017 年度青岛市劳动模范　杨艳

主要事迹：

2007 年参加工作，曾任青岛国际院士港产业园运营管理有限公司职员。

自加入院士港运营公司以后，以专业的素养，带领运营管理部出色完成院士港综管办交办的各项工作，发挥自己在招商、运营、物业管理方面的专业经验，按照要求及时完成园区餐厅、专家保健中心的开业，为院士及团队的日常就餐、就医提供贴心服务；带领运营管理部及服务团队，搭建运营服务体系，开发院士港应用程序，利用科技手段，为院士团队科研、工作、生活等方面提供线上平台；带领物业公司，按照公司急综管办要求，做好物业服务保障工作。

2017 年第十届海外高层次人才座谈会暨海外院士青岛行活动期间，杨艳同志带领运营管理部积极协调物业、服务公司，做好园区内的环境提升、安全保卫、院士接待等各项服务保障工作，接待当日园区井然有序、服务周到，配合综管办出色地完成了"海外院士青岛行"接待任务，为院士港赢得了好评，为活动的成功举办增光添彩。

杨艳同志以良好的服务意识、专业要求和敬业精神，时刻牢记院士港精神和院士港的服务理念，为院士及团队提供细心、贴心、周到的服务，得到了院士团队的一致认可和肯定，为院士港的发展贡献自己的智慧和力量。

◎ 2015~2017 年度青岛市劳动模范　杨菁菁

主要事迹：

2016 年参加工作，现任青岛国际院士港综合管理委员会办公室引才推介部项目主管。

杨菁菁同志作为引才推介部业务骨干，认真细致对待每一次与院士或引才机构的对接合作，确保其负责的每一次接待任务万无一失。截至目前已接待并外出拜访院士 20 余名，发挥其在法语方面的特长优势，为青岛国际院士港打通法语国家院士引进渠道，促成青岛院士港与法兰西艺术院建立合作关系。

"第十届高层次人才座谈会暨海外院士青岛行"活动自 2017 年 4 月中旬开始筹办，为了更好地配合活动策划与前期对接，杨菁菁等同志赴北京欧美同学会借调工作，开始了与参会院士的前期对接，打响人才引进工作的第一战。她负责联系对接来自全球 22 个国家的 108 位参会院士。由于此次涉及大多数为外籍院士，涉及时差等各种客观因素，所有沟通联系主要依靠邮件。通过发送几千封邮件的沟通联系，协助院士办理签证、购买机票、酒店预订、接送机以及规划行程管理等，无一纰漏，3 个多月来工作至深夜已成为常态。

杨菁菁秉持着院士港人直面问题、排除万难、无中生有、始终顶尖、永远领先的精神，为院士们提供最优质的"妈妈式"＋互联网式服务，提高院士团队满意度，促进院士项目尽快落地，为青岛国际院士港的发展、为建设宜业宜居宜身宜心的创新型花园式中心城区做出贡献。以耐心细致的服务树立了青岛国际院士港良好的形象，成为海外院士们最熟悉的"菁菁姑娘"。

◎ 2015~2017 年度青岛市劳动模范　田勇瑞

主要事迹：

中共党员，1993 年 5 月参加工作，现任青岛李沧环境卫生有限公司机械化分公司管理员。

田勇瑞是一名退伍军人，曾在部队里锻炼多年，有较高的思想觉悟和品质，在工作中不计较个人得失，敢于吃苦、乐于奉献，对上级领导安排的各项工作任务均能出色完成。来到李沧区环卫公司后，他将部队上的优良传统和作风带到了工作中。机械化清扫队的工作除了要不怕脏、不怕苦、不怕累外，更要有过硬的技术支撑。他刻苦钻研技术，熟练地掌握了各种环卫车辆的驾驶、操作技术。凭着过硬的专业技能，在多年的工作中，没有发生过一例交通安全事故，荣获 2014 年青岛市职业技能竞赛个人第一名、2015 年全省环卫行业职业技能竞赛二等奖。

由于是机动岗位，没有固定的工作路线，要 24 小时接受机动指令。为了能够快速到位，提高工作效率，田勇瑞有空就坐着公交车"逛"李沧，熟悉李沧区的大街小巷，每当接到清理道路上突发的撒漏或污染任务，他总是第一时间开车过去，完成清扫任务。

田勇瑞没有惊天动地的壮举和业绩，凭着尽善尽美完成任务的追求，给市民创造一个整洁舒适环境的责任感，用自己平凡辛勤的工作谱写着爱岗敬业、无私奉献之歌。

◎ 2015~2017 年度青岛市劳动模范　王德兰

主要事迹：

曾任青岛李沧环境卫生有限公司三分公司保洁员。

王德兰 2009 年来到李沧环卫公司从事道路保洁工作，对自己负责区域的保洁工作日复一日，毫不懈怠。王德兰负责保洁的区域为四流中路与太原路交界处，大型自卸车穿梭频繁，拐弯时撒漏沙土比较严重，几乎每天都要清理厚重的沙土、石块。她经常用双手把大块石头和成堆的沙土捧进簸箕里，再用小扫帚清理干净，路过的行人看到了都会驻足，为王德兰的认真工作竖起大拇指，对环卫工人艰辛和认真的工作充满敬意。

保洁工作看似简单，但是"简单的工作重复做"，就是对敬岗爱业精神的考验。王德兰经受住了考验，用心地日复一日地保洁着自己负责区域的道路，用自己的实际行动展示了李沧环卫优秀城市美容师的形象。

◎ 2015~2017 年度青岛市劳动模范　张州

主要事迹：

2007 年 7 月参加工作，青岛金水控股集团有限公司员工。

自 2013 年 4 月担任青岛金水控股集团有限公司部门主管以来，坚持稳中求进工作基调，以集团公司发展及新旧动能转换为主线，开拓进取、扎实工作，全身心地投入工作，圆满完成各项工作任务。秉承"限价不限质"的理念，高质量推进工程建设，累计完成配电室建设 10 座，总供电容量 18520 千伏安，完成保障房建设 34 万平方米，获得山东省建筑工程质量"泰山杯"奖、青岛市建筑工程质量"青岛杯"奖。

承担集团公司负责建设民生项目供电设备、线路迁移及供电任务以来，抓重点、克难点，累计迁移高压供电线路 2000 米，完成建设供电装机总容量 3260 千伏安，完成三座配电室总供电容量 12530 千伏安的批复，同时完成李沧区图书馆、档案馆、百度创新中心基础配套装修及供电配套工作，协调完成青岛一亚马逊 AWS 联合创新中心总装机容量 12500 千伏安的配电供电及相关基础配套建设，奠定了新旧动能转换的基础，为加快李沧区新旧动能转换提供了有力支撑。

◎ 2015~2017 年度青岛市劳动模范 刘宏涛

主要事迹：

中共党员，曾任李沧交通商务区建设办公室招商部部长。

刘宏涛在工作中兢兢业业，认真负责，多次出色地完成招商引资任务和土地招拍挂工作，为招商引资、项目落地做出贡献。特别是在完成区委、区政府交办的长达 9 年的海通车桥有限公司规划、土地手续补办任务中，作为项目具体负责人，面对时间跨度长、资料缺失严重、政策法规变化大等诸多困难，敢于担当，勇于奉献，提前谋划，灵活应对，开拓工作思路，创新工作办法，对项目办理过程中涉及的政策、程序等瓶颈问题，提出合理解决方案。在项目规划上创新工作思路，建设性地提出"近期保留工业用地，远期向科研用地转型的工作思路"，得到市规划局认可。协调青岛市城市规划院加快完成规划调整论证，并顺利通过市城规委会审议。在土地手续办理上，开创青岛市工业用地带地上建筑物招拍挂新模式，为同类问题解决提供范例。在招拍挂方案报批汇签环节上，主动靠上，1 天完成 13 位领导程序性汇签。

海通车桥项目手续的完成，解决困扰企业长达近 9 年的发展难题，为企业技术革新、信用等级以及发展壮大打下坚实基础；也为全区协税护税工作做出积极贡献。

◎ 2015~2017 年度青岛市劳动模范　田超

主要事迹：

中共党员，现任中国邮政集团公司青岛市分公司电商产业园项目负责人。

田超带领项目组成员，坚决执行各级政府及邮政部门要求，以建设全国一流、国际领先园区为目标，高标准高定位规划园区运营管理，园区整体招商运营取得优良成绩。他带领团队团结协作，攻坚克难，高质量推进园区跨境电商产业快速发展。开园以来，园区贸易额实现 11 亿余元人民币，产业园被列为青岛市级重点项目，先后获得中国（青岛）跨境电商综试区重点园区、省跨境电商产业聚集区、省青年创业孵化基地、李沧区重点项目评分第一名、"双百攻坚会战"青年文明号等称号。园区发展得到各级部门及社会广泛认可，国家交通运输部、国家邮政局、山东省委、青岛市委等单位领导多次莅临园区视察指导，国内外多个观摩团体、数千人到园区参观交流。

在各级部门支持下，田超同志带领项目组不断完善园区配套服务，与国际知名电商平台亚马逊、wish、速卖通及青岛各高校合作，培育百余名电商精英；举办中国（青岛）首届跨境电商高峰论坛，吸引全国企业 600 余人参会，提升了园区知名度。园区海关保税仓库、进出口产品直销中心等机构有序筹建，一站式、妈妈式服务日趋完善，入园企业快速发展，促进了李沧区新旧动能转换工作加快推进。

◎ 2015~2017 年度青岛市劳动模范　栾珊珊

主要事迹：

2013 年 9 月参加工作，现任青岛丝路协创中心职员。

栾珊珊自入职以来，一直立足为留学生来华留学事业提供服务。作为公司的留学部部长，她积极调动大家的思想，工作一丝不苟，认真踏实，每天都是最后一个离开。公司的各项创新事业都由她主动牵头，与其他部门沟通协调，带领大家按时按质完成任务。留学生、高校、员工之间遇到棘手问题，她敢于迎难而上，很好地予以解决。

2017 年度，因工作需要，她服从公司安排，调任青岛非创投资集团有限公司，继续从事留学中国事业。带领团队成功帮助数万名国际学生实现留学中国的梦想。

◎ 2015~2017 年度青岛市劳动模范　朱沂

主要事迹：

1998 年参加工作，任青岛万国云商互联网产业有限公司业务负责人。

朱沂在工作上严格要求自己，时刻以实际行动做表率，带动其他员工，具有吃苦耐劳和坚持不懈的精神，做到吃苦在前，享受在后，深受同事们的敬佩。长期以来，朱沂同志一直以工作为主，不管遇到什么困难，都能努力克服。工作勤勤恳恳、任劳任怨、认真负责，具有较强的责任心和团队精神。

朱沂在工作中不断开拓进取，勇于创新，具有适应当前工作新形势、新要求、新发展的能力，并能在工作中一直保持清晰的思路和敏锐的判断力，善于用理性思考问题，富于改革创新精神。在青岛一亚马逊 AWS 联合创新中心工作期间，充分贯彻新发展理念，在推进新旧动能转换重大工程，强化科技创新等方面积极作为，做出突出贡献。他运用丰富的经验和理论知识指导实践工作，在紧凑的工作安排中，努力提高工作效率，凡事亲力亲为，使该项目保质保量高效完成。

朱沂严以律己宽以待人的品质、时刻为他人着想的精神、客观公道的处事原则、耐心细致的工作作风和全身心投入工作的满腔热情，受到同事们的一致好评，在公司发挥着模范先锋作用，为自己所从事的事业做出了最大的努力，奉献了全部的真诚，也做出了重大贡献。

◎ 2015~2017 年度青岛市劳动模范　刘澎

主要事迹：

中共党员，1997 年 12 月参加工作，现任李沧区联合接访中心主任。

信访工作是为人民群众排忧解难的工作，是联系政府和人民群众之间的桥梁和纽带，工作比较琐碎、容易得罪人，许多人不愿干。信访局联合接访中心是直接与信访人面对面打交道的一线窗口，整天面对的是带着怨声和怒气的上访群众，来访人群复杂、素质参差不齐，诉求各有不同，时常听到叹声、骂声、怨声，甚至会碰到摔砸物品、倒地不起、拉横幅示威的场面。面对这样的工作环境，刘澎同志没有抱怨，也没有因为这些负能量动摇自己为民服务的初心。针对来访人员的诉求，他及时调整和完善自己的工作方式，始终做到"一张笑脸相迎、一声热情问候、一把椅子让座、一阵促膝谈心"。在长期的接访工作中，形成了接待群众热心、倾听诉求耐心、协调化解细心的"三心"式工作方法，接待了一个又一个信访群众，协调化解了一件又一件信访事项。刘澎同志的付出不仅得到了领导和同事的认可，也得到了来访群众的理解和肯定。几年来，刘澎同志共接待来访 6000 余起 3 万余人次，多次收到来访群众表扬信及感谢锦旗。

作为窗口的排头兵，刘澎同志身体力行，做了大量的尝试与探索。每逢区级领导值班日，刘澎同志都提前梳理领导分管领域的来访事项以及存在的信访隐患，向领导做专题汇报，以便问题得到及时有力的调处。在区、市领导的关心指导下，接访中发现的信访隐患均能及时得到解决，部分集体访得到有效化解。

◎ 2015~2017 年度青岛市劳动模范　朱玉松

李沧年鉴

2019

LICANG YEARBOOK 2019

主要事迹：

中共党员，1984 年 10 月参加工作，现任青岛市李沧区司法局科长。

在开展普法工作中，总结出"三要、三读、三看"的理论学习心得，全面提升自身理论水平和工作技能，工作成效显著。多次荣获区委区政府、市委市政府先进个人，6 年获得优秀公务员，2 次荣记区委区政府三等功；2 次荣记青岛市司法局三等功；1 次荣记省司法厅二等功；2015 年、2017 年两次荣获省司法厅司法行政工作年度人物。

在负责全区法治宣传教育和依法治理工作期间，李沧区获得"全国'六五'普法先进单位""全省法治创建先进县（区）""省级先进普法办公室"等荣誉称号；2 个社区荣获全国民主法治示范社区荣誉称号；2 个社区荣获全省民主法治示范社区荣誉称号；李沧区青少年法治教育基地荣获省级法治宣传教育示范基地荣誉称号。在全区中小学校创新推出青少年法治教育"枣花学法"标识及系列青少年普法宣传手册、"数字普法""法治步道""一班一法，一师一法""小脚丫法治行"等法治品牌学校。建成李沧区青少年法治宣传教育基地 3 处；省级法治文化建设示范基地 2 处，省级法治文化宣传教育示范基地各 1 处；区级法治文化公园（广场）3 处。推出全市首家以个人姓名命名的"吴玲普法工作室"；建成"李沧干部法律法规学习测试系统"软件和手机应用程序学法系统；建立"李沧普法"微信、微博公众号和李沧"QQ 社区法律俱乐部"等新媒介普法模式；印制普法宣传品 20 多个品种，为提高普法宣传效果发挥了很好的作用，在全社会营造了"崇法向善、循法而行"的浓厚氛围。

◎ 2015~2017 年度青岛市劳动模范　秦磊

主要事迹：

中共党员，1984 年参加工作，国家税务总局青岛市李沧区税务局科长。

自担任管理一科党支部书记、科长以来，切实履行党支部书记抓党建工作"第一责任人"职责，时刻牢固树立抓党建是最大政治任务的思想，正确处理抓业务与抓党建工作的关系，坚持把主体责任落细落实，做到责任主体全面到位、履责范围全面覆盖，让党委领导放心。管理一科连续两年荣获"先进科室"，2015 年度荣获青岛市总工会"工人先锋号"，2017 年荣获青岛市地税局第一批"六有六好党支部"。秦磊连续 5 年获评先进个人；2014 年荣立三等功。

管理一科肩负全分局 80% 以上的收入任务，全年组织入库收入 35.2 亿元，全年评估及预警分析补缴税款 5150 万元，与市局清算团队一起审核土地增值税税款 7300 余万元；全年清理欠税入库税款 1410 余万元；辅导企业入库税款及滞纳金 3100 万元；清理入库某企业往年欠缴的水利基金 3574 万元；通过关联交易调增应纳税所得额 9542 万元。

秦磊在工作中不怕苦、不怕累、敢于担当，勇挑重担，坚持做到以人为本，以情感人，树立肯干、实干、会干的思想。在他的带领下，打造出一支业务精湛、作风过硬、清正廉洁的"精品团队"。

劳动模范

◎ 2015~2017 年度青岛市劳动模范　张建勋

李沧年鉴 2019

LICANG YEARBOOK 2019

主要事迹：

中共党员，2009 年参加工作，现任青岛市李沧区投资审计中心职员。

张建勋是西拉姆院士项目牵头单位具体对接专人，在院士引进、产业落地过程中尽心尽责，奋勇争先，最终实现静电纺丝技术在李沧区的产业化生产。

在院士项目引进过程中，张建勋第一时间联系院士团队，真情引智、全程跟踪，以"妈妈式"服务展示出李沧干部干事创业的精神，用行动打动西拉姆院士。通过大量沟通、周到服务，协助青岛国际院士港管委会成功引进西拉姆院士团队。院士签约后，寻遍李沧区闲置厂房，在楼山街道办事处找到符合条件的生产厂房。配合院士团队完成项目公司注册，督促按进度推进装修、投产达效、协助内控管理、市场营销。在不懈努力下，院士 4 月签约入港，9 月项目启动并选址，10 月装修完毕，11 月达产，12 月产品销售，项目落地体现李沧速度。项目公司预计 2020 年前累计实现销售收入 2.4 亿元，利润 5360 万元，区级财力贡献 3080 万元，在此基础上每年递增 10%。

◎ 2015~2017 年度青岛市劳动模范　刘一鸣

主要事迹：

中共党员，2004 年参加工作，现任青岛市李沧区统计局科员。

刘一鸣在工作中以身作则，以敬畏之心对待肩负的责任，以进取之心对待从事的工作，以真诚之心对待同事。始终把岗位职责放在第一位，坚持科学的态度和求实的精神，兢兢业业地做好各项工作，从不懈怠，每年对外提供统计咨询服务 200 余次，撰写各类统计调研分析 30 余篇，超过 10 万字，多次获得各级领导的肯定性批示。

身兼综合统计和国民经济核算两项重任，服从安排，顾全大局，人员不够用加班补，时间不够用效率补，从不计较个人得失，坚持用"使命必达"的态度对待每一项工作。

在艰巨繁重的任务面前，从来没有畏难退却，在历次经济普查工作中勇挑重担，多次获得"山东省经济普查先进个人"等荣誉称号。

◎ 2015~2017 年度青岛市劳动模范　毕元敏

主要事迹：

中共党员，1981 年 7 月参加工作，现任青岛李沧路小学校长。

毕元敏认为，孩子的培养是关乎国家未来的大事，孩子天性是有差异的，顺木之天，致其性，为每个孩子提供适合成长的优质教育，是教育者的职责和使命。从教 37 年来，他坚守奉献，锐意进取，怀着对党的教育事业的执着追求，不断攀登，是一位实干开拓型的教育工作者。

他主持研究了多项国家级和省级科研课题，多次在省、市级教育家论坛上做经验交流，撰写的论文在《现代教育》《未来教育家》等核心期刊发表。

从永宁路小学的多彩教育到李沧路小学的养正教育，他始终坚持从做人、求知、健体、创新等方面，为每一个孩子的发展提供能够促进他们成长的多彩课程。学校荣获全国体育工作示范学校、全国奥林匹克教育示范学校、NOC 全国信息技术教育示范校、山东省文明校园、山东省教学示范学校、山东省优秀少先队大队、山东省少年科学院科普基地学校等称号。他本人也荣获"全国创新名校长""山东省创新教育先进个人""青岛市优秀教育工作者""李沧区劳动模范""李沧区十佳校长"等荣誉称号。

◎ 2015~2017 年度青岛市劳动模范　肖红燕

主要事迹:

1986 年参加工作,现任山东省青岛第六十一中学校长。

肖红燕长期搞教学研究并担任两个班的数学教学任务及班主任工作,始终以一个优秀教师的标准严格要求自己,任劳任怨、师德高尚、治学严谨、施教有方、成绩显著,深受学生的爱戴、家长的欢迎及社会各界的赞誉。

担任班主任期间,管理的班级严而不死、活而不乱,受到学生、家长的一致好评。班级学风正,成绩突出,在中考中名列学校同级部榜首,所带班级荣获市级先进班集体。她也被选拔为青岛市师德优秀讲师团成员之一赴各区市巡回演讲。

在教学工作中,潜心教学研究和改革。带领青岛市青年骨干教师大胆探索实验,参与了教育部重大评价项目课题的数学学科课题研究。多次为其他市区的教师进行新教材培训和专题讲座,为各试验区全面实施新教材提供有益的实践经验。参加山东省青年教师优质课比赛获一等奖;首届全国新世纪杯初中数学优质课比赛中,荣获优质课说课二等奖;录像课被评为北师大版基础教育课程标准实验教材优秀课堂案例一等奖。教育、教学论文多次在省、市获奖;多次在市级、省级、国家级刊物上发表论文和教学设计。结合新课标和教学实践参加编写了与实验教材配套的国家和省市级教辅材料 12 册。

◎ 2015~2017 年度青岛市劳动模范　张砚华

主要事迹：

中共党员，1997 年 9 月参加工作，现任青岛市李沧区中心医院科主任。

张砚华利用一切机会，学习钻研糖尿病有关知识，2003 年到青医附院内分泌科进修学习，糖尿病诊疗水平大大提高。她自考了内分泌专业的在职研究生，通过系统学习，对糖尿病及并发症有了更加全面的认识，成为山东省中西医结合学会会员、全国老年骨质疏松及骨矿盐代谢学会委员及青岛市骨质疏松及骨矿盐疾病学会委员、山东省疼痛研究会老年病专业委员会委员，健康管理师 3 级，营养师 3 级。

她利用中西医结合方式，突出以人为本，因病施治，个体化治疗糖尿病等慢性病及其并发症，使患者得到全面有效地治疗。她带领的内二科每年都出色完成医院交给的各项任务，取得了良好的经济效益和社会效益。2014 年，青岛市人力资源和社会保障局批准设立"青岛市防控糖尿病并发症专家工作站"；2017 年带领全科人员参与了糖尿病的全国研究项目"路标研究"。

近 15 年来，她每月按时为患者及家属进行糖尿病健康教育，不定期到社区为居民举办健康讲座，每年 20 余次，将健康的生活理念和生活方式传播给每一位慢性病患者及家属。为老年慢性病防治工作尽心尽力，真正做到"为患者排忧解难，替健康精打细算"。

◎ 2015~2017 年度青岛市劳动模范　王海建

主要事迹：

中共党员，1995 年参加工作，现任青岛市李沧区城市管理局局长。

作为建管局党委书记，落实"两个责任"，善于做群众工作，提升群众反映问题的落实率。牢记信访工作职责，坚持亲自安排部署，定期调度重点案件，定期约谈来访群众，带领研究化解方案，指导实施了信访工作每日动态、每周通报制度。李沧东部违建处置办公室整体并入区建管局以来，多次召开会议研究调度，加班加点研究工作方案。特别在党的十九大召开期间，多次对违建片区实地调研，先后 5 次约谈重点信访群体代表 25 人次，约谈适园雅居开发商及信访代表 12 次 57 人次，约谈云龙山庄福馨苑部分购房人代表 4 次 26 人次；参与市区信访局、政法委综治办等部门做好重点人信访稳控协调 5 场 15 人次；就适园雅居完善项目费用进行商谈取得部分成果。

突破了许多"堵点""痛点"和"难点"。强力突破解决了居民不动产权证办理 1.3 万余户，全力推进沧口大厦复建，成功突破了海绵项目招标堵点。创新性启动地下空间资源利用规划方案，积极推进治理工程，加大幼儿园及中小学建设。2017 年，我区城市管理工作在全市考核中连续三个季度全市第一。"厕所革命"的经验做法获得市政府主要领导的肯定性批示。

◎ 2015~2017 年度青岛市劳动模范称号　张益诚

主要事迹：

中共党员，1983 年参加工作，现任青岛市公安局李沧分局副局长。

张益诚以党的十八大、十九大精神为指引，遵照上级部署，充分发挥模范带头作用，带领基层民警圆满完成公共安全监管、打击非访、应急处突、打击"黄赌"、社会面防控、基层基础建设攻坚等任务，受到领导和同志们一致好评。深入分管的治安、巡警、边防、特勤及联系点派出所，指导完善全区网格化巡防机制。2017 年全区刑事警情同比下降 24.5%，其中"两抢"警情同比下降 42.1%。

严格监管力度，确保旅馆业实名登记 100%，易制爆危险化学品购买销售实名登记 100%，寄递物流实名登记开箱验视 100%，散装汽油实名登记购买 100%；制定完善应急预案，成立打击非访专案专班，妥善处理出租车司机聚集、小涧西垃圾场聚集、涉军群体等群体性事件 22 起，圆满完成 83 场次大型活动安保、警卫任务；严打"黄赌毒"违法犯罪，2017 年治安拘留打击指标完成率 215%，刑事拘留打击指标完成率 109%。

基层基础建设三年攻坚战稳步推进。上流佳苑社区"1+2+N"社区警务模式、兴华路派出所四位一体创安模式、战训基地、李村派出所勤务创新模式等观摩项目受到市局观摩组一致好评。

深入开展"110 情系民生"警务活动。2017 年妥善处置各类警情 57439 起，救助服务群众 13371 起，全年实现零投诉。把特勤大队维稳处突放在重要位置，努力提高 PTU 特警突击队的反恐防暴技能水平。明确联系点派出所职能定位，严格落实李村商圈、李村大集、火车北站治安特点的勤务运行模式，强化公共安全监管，及时发现处置苗头性问题，辖区社会治安秩序安全有序稳定。

◎ 2015~2017 年度青岛市劳动模范　李珂

主要事迹：

中共党员，2002 年参加工作，现任青岛融海国有资本投资运营有限公司总经理。

围绕国有企业使命责任，贯彻青岛"一三三五"重要工作举措、李沧"18844"战略格局，坚持公司金融控股集团发展定位，将股权投资、产业基金、资产管理等与招商引税有机结合，创新实施"资本招商"策略，形成"投资＋产业"的密切协同。

带领公司全体人员，通过院士产业核心区项目，引进中冶集团设立全资子公司，以股权投资方式引进上海建工、中科融海融资租赁、海尔日日顺物联网等中国 500 强、中字头、国字号企业，以股权收购方式实现海尔乐赚金服、善缘金黄金金融等异地公司总部落户李沧（乐赚金服在国内已排名前十）。公司参股的联储证券将在李沧设立公募基金公司，成为省内首家拥有公募基金牌照的独立法人机构；公司参股的首个城市商业银行——齐商银行将设立一级分行，确定落户李沧万达广场；威海银行设立支行。进一步丰富李沧金融牌照和金融体系，为打造新金融先导示范区、服务产业转型升级增添新动能。

李沧年鉴 2019 LICANG YEARBOOK 2019

◎ 2015~2017 年度青岛市劳动模范　王暖章

主要事迹：

致公党党员，1987 年参加工作，曾任青岛中基四维空间发展有限公司总经理。

担任李沧区东部开发区管委会规划建设部主任期间，负责李沧东部新城区的规划与建设工作。组织完成李沧东部城市规划的编制与报批工作；完成对东部开发的投资测算和成本测算，为城市规划的调整、旧村改造、基础设施建设提供决策依据。2005 至 2008 年，任李沧区拆迁管理办公室副主任兼李沧区中西部开发建设管理办公室副主任，负责李沧区中西部的旧城改造、筒子楼改造和基础设施配套工作。2008 年 6 月至 2012 年 8 月任李沧区楼山街道办事处副主任。先后分管经济、城市管理、翠湖小区居民房产证遗留问题处理、楼山工业区村庄拆迁、石家和徐家社区楼房搬迁改造等工作。担任中基四维空间公司总经理期间，组织《李沧区东部地下空间开发利用控制性规划征集》，拟定《李沧区地下空间开发利用的规划构想和实施办法》，综合开发利用地下空间是未来城市发展的必然趋势。为李沧区经济社会发展做出积极贡献。